首届向全国推荐优秀古籍整理图书

陶淵明集校箋

（修訂本）

上

【晉】陶淵明 著
龔斌 校箋

上海古籍出版社

圖書在版編目(CIP)數據

陶淵明集校箋 /（晉）陶淵明著；龔斌校箋．—修訂本．—上海：上海古籍出版社，2019.3（2024.4重印）
（中國古典文學叢書）
ISBN 978-7-5325-9123-7

Ⅰ.①陶… Ⅱ.①陶… ②龔… Ⅲ.①中國文學—古典文學—作品綜合集—東晉時代 Ⅳ.①I213.722

中國版本圖書館 CIP 數據核字(2019)第 034736 號

中國古典文學叢書

陶淵明集校箋(修訂本)

（全二册）

［晉］陶淵明 著

龔 斌 校箋

上海古籍出版社出版發行

（上海市閔行區號景路159弄1-5號A座5F 郵政編碼201101）

（1）網址：www.guji.com.cn

（2）E-mail：guji1@guji.com.cn

（3）易文網網址：www.ewen.co

上海展强印刷有限公司印刷

開本 850×1168 1/32 印張 25.625 插頁 12 字數 511,000

2019 年 3 月第 3 版 2024 年 4 月第 4 次印刷

印數 4,351—5,450

ISBN 978-7-5325-9123-7

I·3354 平裝定價：98.00 元

如有質量問題，請與承印公司聯繫

電話：021-66366565

陶淵明像

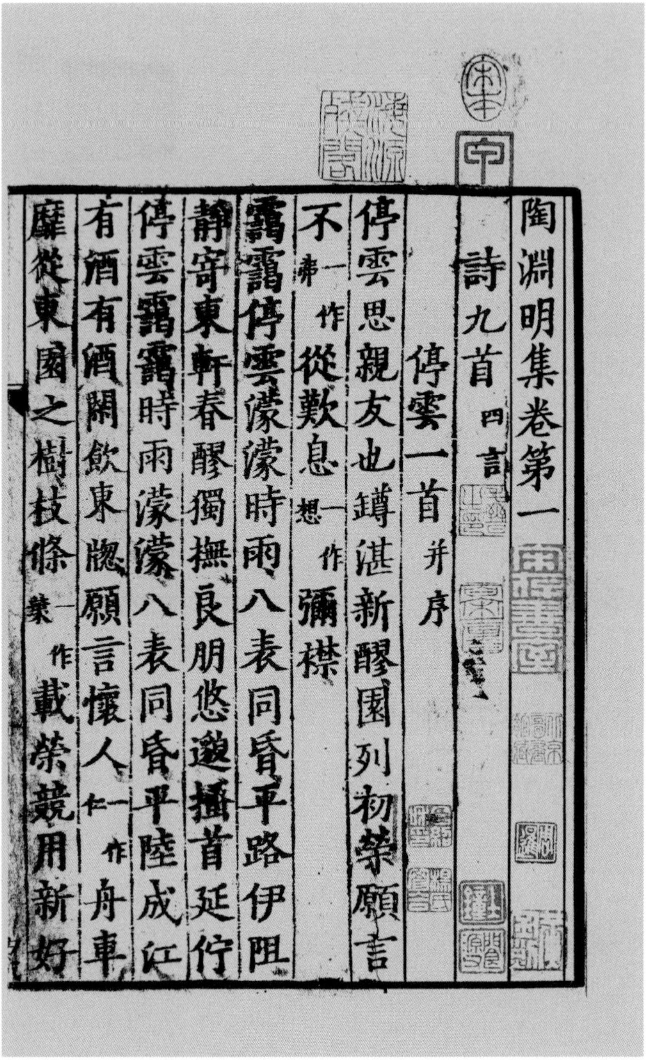
陶淵明集卷第一
詩九首 四言
停雲一首 并序
停雲思親友也罇湛新醪園列初榮願言
不一作弗從歎息一作想彌襟
靄靄停雲濛濛時雨八表同昏平路伊阻
靜寄東軒春醪獨撫良朋悠邈搔首延佇
停雲靄靄時雨濛濛八表同昏平陸成江
有酒有酒閑飲東牕願言懷人一作仁舟車
靡從東園之樹枝條一作葉載榮競用新好

宋刻遞修本《陶淵明集》書影

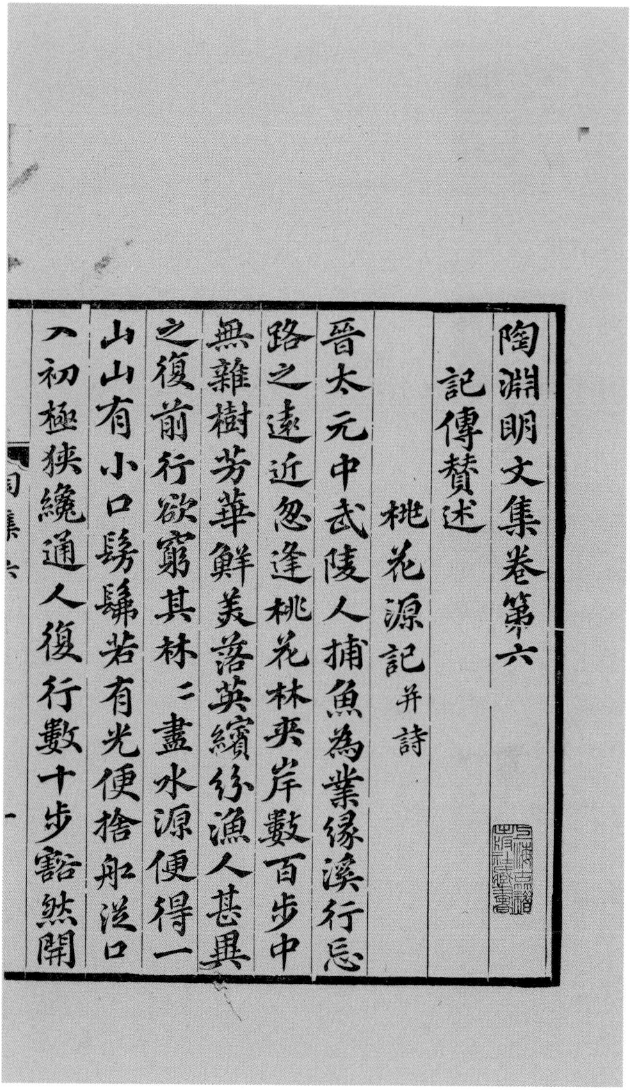
陶淵明文集卷第六

記傳贊述

桃花源記并詩

晉太元中武陵人捕魚為業緣溪行忘路之遠近忽逢桃花林夾岸數百步中無雜樹芳華鮮美落英繽紛漁人甚異之復前行欲窮其林林盡水源便得一山山有小口髣髴若有光便捨船從口入初極狹纔通人復行數十步豁然開

蘇寫本《陶淵明集》書影

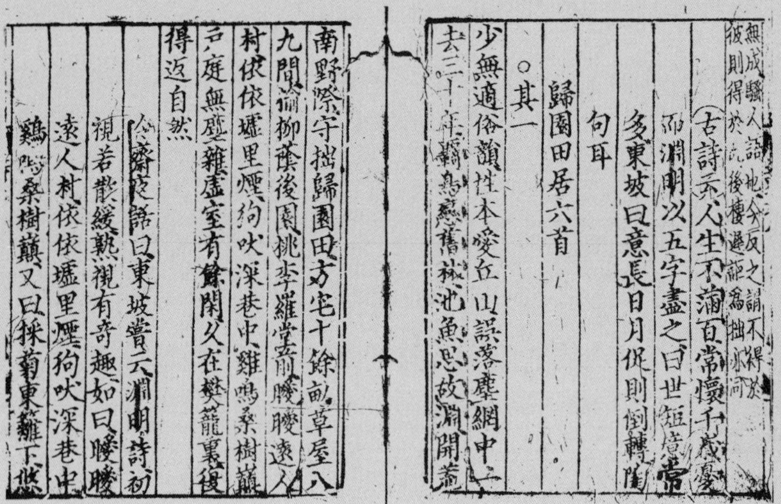

無成騷人語也今反之謂不得於彼則得於此後樓遜語爲拙亦可
古詩云人生不滿百常懷千歲憂而淵明以五字盡之曰世短意常多東坡曰意長日月促則倒轉陶句耳

歸園田居六首

○其一

少無適俗韻性本愛丘山誤落塵網中一去三十年羈鳥戀舊林池魚思故淵開荒南野際守拙歸園田方宅十餘畝草屋八九間榆柳蔭後園桃李羅堂前曖曖遠人村依依墟里煙狗吠深巷中雞鳴桑樹巔戶庭無塵雜虛室有餘閑久在樊籠裏復得返自然

公濟陵語曰東坡嘗云淵明詩初視若散緩熟視有奇趣如曰曖曖遠人村依依墟里煙狗吠深巷中雞鳴桑樹巔又曰採菊東籬下悠

李公焕《箋注陶淵明集》書影

序

魏晉南北朝時期的傑出詩人中，當推陶淵明爲第一。這可説是唐代以迄現代衆多評論家與讀者的共識。可是，陶淵明被公認爲此時期最傑出的一位詩人，並非歷來如此，而是有着一段曲折的歷史過程。在南北朝詩歌與評論都相當發達的時代，對陶淵明的評價並不高。鍾嶸詩品把他列入中品；文心雕龍全書廣泛評述歷代許多作家，却隻字不提淵明；蕭統很喜愛陶淵明的作品，文選選陶詩七題八首和歸去來辭一篇，數量雖較多，但仍遠遜于曹植、陸機諸家。這種現象是由當時評論者的審美標準所決定的。

原來在魏晉南北朝駢文長足發達並在文壇占主導地位時期，人們評論文學作品的藝術成就，首先是看是否具有駢體作品的語言美，即對偶工致、辭藻華美、音韻和諧諸要素，它們被稱爲辭采或文采。詩品對曹植評價最高，譬之爲詩界中的聖人，稱其詩「骨氣奇高，詞采華茂」，認爲曹植詩兼有高昂的風骨（風骨指明朗剛健的語言風貌）與華茂的辭采。詩品序也以爲詩歌藝術應「幹之以風力（即風骨），潤之以丹采（即指辭采）」，而陶詩的特點却是「真古」、「質直」，被世人目爲「田家語」。詩品舉出陶詩「歡言酌春酒」、「日暮天無雲」句有「風華清靡」之美，但此類詩句在陶詩中畢竟不多。文心雕龍風骨認爲，作品應風骨與文采二者兼備，因而對缺少文采之美的陶詩不予重視。北齊陽休之陶集序録也説淵明作品「辭采未優」。南朝時代，衆多駢體作品片面追求文采，缺少明朗剛健的風貌，柔靡不振。劉勰、鍾嶸大力提倡風骨與文采兼具以補偏救弊，蕭統能認識陶詩價值，文選選其作品較多，在當時具進步意義，但他們畢竟不能擺脱重視文采的時代風氣影響。

唐代駢體文學仍占主導地位，但詩文風貌有所轉變，注意改革南朝柔靡之弊，文風趨向樸實雄健，古文運動也告興起並初步開展。在此種風氣影響下，唐代詩人對陶淵明的評價有所提高，最明顯的例子是杜甫、白居易的言論。杜甫詩中屢屢提到陶淵明，對其人其詩給予肯定。他把淵明與謝靈運並稱爲陶謝。如「陶謝不枝梧」（夜聽許十一誦詩愛而有所作）、「焉得思如陶謝手」（江上值水如海勢聊短述）。南朝文人常常把謝靈運、顔延之兩人並稱爲顔謝，杜甫則陶謝並稱，表明對陶詩的價值、地位有了提高。白居易更是十分喜愛陶淵明及其作品。他在早年一度退居下邽渭村時，即寫了效陶潛體詩十六首組詩。到了後期，由於他長期過着半官半隱生活，着重寫閒適詩，對陶淵明的嚮往與模擬更是增多，如自戲三絶句學習陶的形影神三首，醉吟先生傳規仿陶的五柳先生傳。唐代是對陶淵明評價轉變的過渡階段，而白居易則是宋人極尊陶淵明的有力的前驅者。

到了宋代，歐陽修等宣導的第二次古文運動取得重大勝利，古文從此取代了駢體文的主導地位，文風普遍趨向樸素清淡，因而對陶淵明的評價日高，確立了他在漢魏六朝詩歌領域的首席地位。我們看胡仔編的苕溪漁隱叢話專門纂集宋人詩話，其前集「國風漢魏六朝」共二卷，而淵明一人占二卷；後集「楚漢魏六朝」二卷，淵明一人一卷。可見陶詩已成爲宋人評論漢魏六朝詩人的熱點。蘇軾認爲，陶詩「質而實綺，癯而實腴，自曹、劉、鮑、謝、李、杜諸人，皆莫及也」（與蘇轍書）。這一評價達到了宋人尊陶的高峰。蘇軾的推崇陶詩，和他譏評以駢體文學標準選録作品的文選是相輔而行的。

由上可見，對一位作家的評價，隨着各時代審美標準、創作主流風氣的變化，也會産生明顯的轉變。一位作家在樸素外衣下蘊藏的内在藝術魅力，終將獲得大多數讀者的認知。

陶詩自宋代得到崇高評價與普遍重視以後，其集子即有注本出現。宋代即有湯漢的注，李公焕的箋注，明清時注本更多，包括各種評本、選本等，達數十種。其中清代中期陶澍所注陶靖節集，内容最爲詳實，因而廣泛流行。二十世紀中，又有古直、丁福保、王瑶、逯欽立諸家之箋注，各有特色與優長，惜均較簡略。

龔斌學弟這部陶淵明集校箋則是彙校集注性質，内容頗爲詳備。其校記據曾集、魯詮等六家時代較早的刻本，羅列異文。箋注則主要采湯漢、李公焕以至陶澍、逯欽立等近十家重要注本，彙萃衆説；遇有疑難，則予以考辨，其論斷大抵比較客觀合理，愜人心意。除校記、箋注外，又有集評一項，採録前人有關評論，也具有參考啓發意義。綜觀全書，内容詳贍而不繁蕪，爲陶淵明作品研究者和一般讀者提供了一個優良的集注本，這是值得稱道的。中國古代的一部分大作家，往往注本頗多，使人有眼花繚亂之感。經過一段時間的注釋積累，需要有一個彙萃衆説的集注本，使讀者獲得觀一書而衆説備的樂趣和方便。龔斌這本箋注適應了這一要求，它完成于二十世紀末葉，總結了宋代以來以至近百年陶淵明作品的研究成果，不愧爲陶集注本中具有集大成意義的佳著，我爲此異常欣喜。龔斌對陶淵明作品十分喜愛，長期沉浸于陶淵明及其作品的研究中。他另有陶淵明傳論一書（二〇〇一年華東師範大學出版社出版），對陶淵明的生平、思想、作品的思想藝術等作了全面深入的研究，見解通達敏鋭，讀者可取而與本書並觀之。

王運熙於上海寓所

二〇〇六年二月

前　言

一

陶淵明是中國文學史上最優秀的作家之一。他的詩文平淡自然，情韻醇厚，以其獨特的藝術魅力，傾倒了古往今來無數讀者。他的任真自得的人格，堪稱魏晉風度的傑出代表，歷來爲人們津津樂道。自唐宋以來，陶淵明的地位越來越高，影響極其深遠。在中華文化史上，陶淵明具有永恒的意義。

陶淵明約生於東晉廢帝太和四年（三六九），卒於劉宋文帝元嘉四年（四二七）。故里在尋陽柴桑（今江西九江）。曾祖父陶侃，爲東晉重臣，曾任侍中、太尉，都督八州諸軍事、荆江二州刺史，封長沙郡公，進贈大司馬，卒謚桓。祖父陶茂，爲武昌太守。父親也曾出仕，但並不以出處爲意，或許有點隱逸思想。大概到淵明父輩時，家道已趨衰落；而到他出生後，更是每況愈下。所以淵明自稱：「自余爲人，逢運之貧，簞瓢屢罄，絺綌冬陳。」（自祭文）淵明青少年時代「游好在六經」，頗受儒家思想的薰陶，孕育出「猛志逸四海，騫翮思遠翥」（飲酒其十六）的遠大抱負。在另一方面，他又深受魏晉玄學崇尚自然的哲學思想以及當時隱逸之風的影響，自稱「少無適俗韻，性本愛丘山」（歸園田居其一）。我們知道，「儒玄雙修」是東晉普遍流行的學風與士風。這一時代風氣影響了淵明的一生，對他的人格、個性以及詩文風格的形成，均有很大關係。

大約在太元二十一年（三九六），淵明二十八歲時，初仕江州祭酒。以後歷任桓玄幕僚、劉裕鎮軍參軍、劉敬宣建威參軍，最後爲彭澤令。在彭澤令任上僅八十餘天，解綬賦歸去來兮辭，時在義熙元年（四〇五）。前後十年，淵明數次仕隱，每次長則幾年，短則數月。如此頻繁地忽仕忽隱，其中原因究竟何在？對淵明情有獨鍾的蘇軾以爲這是「真」的表現，說：「淵明欲仕則仕，不以求之爲嫌；欲隱則隱，不以去之爲高。」（書李簡夫詩集後，東坡題跋）似乎淵明的仕隱一任其內心感情的變化，而與世事無涉。實際上蘇軾的這種看法並沒有揭示出淵明仕隱的複雜動機。我們認爲，他的忽仕忽隱，大致有三方面原因：一是爲貧，即出仕以救家乏；二是與當時的政治局面有關；三是個性與社會的衝突。

淵明在歸去來兮辭、與子儼等疏等許多作品中，一再說他是爲貧而仕。證以顏延之陶徵士誄「少而貧病，居無僕妾，井臼弗任，藜菽不給，母老子幼，就養勤匱」等語，淵明的話是可信的。然而他的出仕，還有他未曾明白道出的其他更深刻的原因。如果能深入探究他的數次仕隱與當時各派政治軍事勢力消長兩者之間的關係，那麽，就有可能揭示出淵明仕隱的內在政治動機。

最值得探究的是淵明先後入桓玄與劉裕幕府。晉安帝隆安三年（三九九），淵明復出爲桓玄僚屬。當時把持朝政的司馬道子、王珣、王國寶等人，圖謀削弱方鎮力量，因而與王恭、殷仲堪之間的矛盾日益加深。佔有西楚地盤的桓玄集團乘機而起，舉起討伐司馬道子父子和剿滅孫恩以勤王的義旗，借此籠絡人心。淵明外祖父孟嘉生前受桓玄之父桓温賞識，淵明本人亦曾有「猛志逸四海」的抱負，而桓玄勤王的旗幟又堂而皇之。多方面的原因，促使淵明入桓玄幕府。至於後來桓玄篡晉，那是淵明始料未及的。晉安帝元興二年（四〇三）歲末時，淵明因母喪居家二年了，而此時蒙塵的皇帝就在咫尺之間的尋陽。他作癸卯歲十二月中作與從弟敬遠詩説：「寢迹衡門下，邈與世相絶。」「歷覽千載書，時時見遺烈。高操非所攀，謬得固窮節。平津苟不由，栖遲詎爲拙？」以固窮自勉，以栖遲自詡，隱約表達了反對桓玄篡晉的政治態度。元興三年（四〇四）春天，淵明居喪期滿。剛剛贊美過「栖遲詎爲拙」，又出來作劉裕的鎮軍參軍了。初看起來，淵明真有點「言行不一」。其實，這次出仕最能表明他的政治立場。這年二月，劉裕舉起討伐桓玄的義旗，風響景從，推爲盟主。風雲突變，激動了淵明濟時救世的夙願，給他創造了重新出仕的機會。始作鎮軍參軍經曲阿詩説：「時來苟冥會，踠轡憩通衢。投策命晨裝，暫與田園疏。」這幾句詩真實地反映了淵明出仕劉裕的深層原因。

可是那種不期而遇的機緣和寄迹風雲的熱情，並没有維持多久。義熙元年（四〇五）秋天，淵明辭去彭澤令，最終離開了仕途。對淵明辭官彭澤，前人有種種説法：有的説是陶潛不能爲五斗米折腰向鄉里小兒；有的説是赴程氏妹喪，而非督郵事；有的説是傷閔晉祚之將終；有的説是有託而逃。然而從淵明感士不遇賦、歸去來兮辭等作品可以發現，他辭官歸隱的真正原因乃是意識到世途的欺詐險惡，匡時救世的遠志不僅不可能實現，反而會遭受没頂之災；此外，質性自然的本性也與虚僞的世俗多忤。于是，淵明急流勇退了。前人或説他辭官是「恥事二姓」，或説是「閔晉祚之將終」，皆不合事實。因爲在義熙元年，所謂將移晉祚純屬子虚烏有，劉裕的篡晉是十餘年之後的事。

淵明辭官彭澤，是他生活道路上的一座分水嶺，標誌着他從仕隱矛盾中最終解脱出來，也表明他所宗奉的崇尚自然的哲學思想的勝利。此後二十多年，他過着躬耕隴畝的平凡又艱辛的生活。悠然的南山，東籬的黄花，庭園中的青松，夕嵐中的飛鳥，常常與詩人進行着無言的交流，讓詩人體悟到無形的「道」所顯現的具體之美。同時，淵明也年復一年地飽嘗着勞動與生活的艱辛不易。他晚年生活日益貧困，甚至落到乞食的地步。他在詩里不止一次寫到因生活的窘迫而嘘唏感慨。在他歸田後期，至少還有一次出仕的機會。南史隱逸傳説：「義熙末，徵爲著作佐郎，不就。江州刺史王弘欲識之，不能致也。」飲酒其九也反映出時人或勸其出仕的情況。當時，與淵明同稱爲「尋陽三隱」之一的周續之爲刺史檀韶苦請，與祖企、謝景夷共在城北講禮，淵明不僅不應徵命，而且對周續之諸人的行爲頗不以爲然，作詩勸他們與其同隱。入宋後，淵明貧病轉劇，江州刺史檀道濟往候之，並説：「賢者處世，天下無道則隱，有道則至。今子生文明之世，奈何自苦如此？」勸説淵明放棄隱居之志，且饋以粱肉。但淵明心如磐石，不爲所動，不受饋贈。無論是貧困的煎熬，時人的異議，新朝的誘惑，都不能改變他的隱居之志。這是難能可貴的。試看當時不少名士，調和名教與自然二者的矛盾，主張名教中自有樂地，一面清談玄理，以隱居遺世爲高，一面却作官干禄，名利雙收。淵明之隱與那些所謂「通隱先生」之隱，實在是兩碼事。中國歷史上有過無數隱士，但像淵明這樣長期躬耕，堅持己志而終老的隱士，是絶無僅見的。從某種意義上説，正是堅持隱居，堅持躬耕，才造就了無可比匹的陶淵明，造就了他的不朽詩文。

二

在陶淵明研究領域，關於他的哲學思想歷來衆説紛紜。多數人把淵明歸入儒家。如陸九淵説：「李白、杜甫、陶淵明皆有志於吾道。」（象山全集卷三十四）真德秀説：「淵明之學，正自經術中來。」（跋黄瀛甫擬陶詩，真文忠集卷三十六）沈德潛推淵明爲「聖門弟子」（古詩源）。朱熹却説：「淵明所説者莊老。」（朱子語類）葛立方據淵明自祭文、挽歌詩、飲酒諸作，稱淵明爲

「第一達摩」（韻語陽秋）。上述現象説明，淵明思想複雜而不易把握。筆者認爲，陶淵明的哲學思想是獨特的，它既受到魏晉玄風的影響，又繼承前代思想傳統中的一些合理成分，並根據自身的仕隱經驗，表現出獨特的思想風貌。

陶淵明的哲學思想大體有三個重要部分：化遷的宇宙觀、神滅論和委運自然的人生觀。陶詩中經常出現「化遷」（或作「遷化」）一詞。所謂「化遷」是指自然萬物固有的發展與運動。宇宙有沒有終極？萬物是否遵循一定的規則在運動？在這兩個人類認識史上的重大問題上，淵明的看法具有樸素唯物主義傾向。在最具哲理的形影神三首詩中，假設形、影、神三者的問答，闡明了作者對天地、生死、禍福、人生態度等一系列根本問題的獨到見解。他認爲世上只有天地和山川是永恒的，萬物依照其「常理」榮悴代謝。淵明化遷的宇宙觀明顯受到西晉玄學家郭象理論的影響。郭象莊子注廣泛地論述了萬物變化，認爲「無力之力莫大於變化者也」，「天地萬物，無時而不移也」（大宗師注）。郭象是位唯心主義哲學家，但他關於萬物發展變化的思想因子無疑是合理的。當然，淵明的化遷宇宙觀也同郭象一樣，沒有指出萬物變化的物質原因，其局限性是不言而喻的。

從自然化遷的基本思想出發，就必然得出神滅的觀點。在中國哲學史上，圍繞生死問題的爭論，形成唯物主義與唯心主義兩大陣營。前者認爲形盡神滅，精神依附於物質，人的形體一旦消亡，靈魂也隨之消滅。後者認爲形盡神不滅，猶如薪盡而火獨傳。淵明堅定地主張形盡神滅，在形影神、怨詩楚調示龐主簿鄧治中、悲從弟仲德、挽歌詩等作品中，一再言及人生而必死，對道教的神仙長生之説深表懷疑，給予明確批評。當時，廬山高僧慧遠等宣揚神不滅論和因果報應説，淵明形盡神滅的觀點，與釋理針鋒相對，具有强烈的現實意義。

淵明委運自然的人生觀最具獨創性，表現爲既不同於傳統的儒家人生哲學，又不同於神仙家和佛家，在中國思想史上獨標一幟。儒家推崇的人生態度是積極的入世主義，視「立德、立功、立言」爲人生的三不朽。然其末流淪爲追名逐利者。另有一種頹廢的人生哲學，面對生與死這無法克服的矛盾，主張日日沉湎於酒色歌舞，消遣急如流水的光陰。第三種是服藥煉丹，希企羽化升天；或者皈依佛教，以期到達西方極樂世界，幻想逃脱形影俱滅的恐懼。淵明的人生觀與上述三種人生態度都不同，早在歸去來兮辭中就説：「已矣乎，寓形宇内復幾時，曷不委心任去留？胡爲乎遑遑欲何之？富貴非吾願，帝鄉不可期。……聊乘化以歸盡，樂夫天命復奚疑。」既破建功立業以求富貴，又破服藥煉丹以求長生的兩種人生態度，主張樂天知命，委運任化。後在形影神第三首神釋中又説：「甚念傷吾生，正宜委運去。縱浪大化中，不喜亦不懼。應盡便須盡，無復獨多慮。」作者意識到人不如草木那樣榮悴代謝，騰化之術又屬愚妄之舉，日醉不過是促齡之具，孜孜以求富貴亦非本願，那麽，正確的人生態度就不宜過多思慮，應該聽任自然的變化，不喜不懼，了此一生。淵明委運自然的人生哲學，是他安身立命的基石，也是形成其詩文風貌及人格之美的最主要原因。這種人生哲學，無疑受到魏晉玄學的很大影響，但又不同於玄學的自然説，所以陳寅恪先生稱之爲「新自然説」（見陶淵明之思想與清談之關係）。與陶淵明思想密切相關的一個問題是淵明的人格特徵。歷史上曾有許多人贊美並想仿效他的人格，却無人能得其仿佛。這説明淵明的人格也是獨特而無法企及的。

概括淵明的人格特徵是困難的。勉强説來，大致有三點——

一是任真自得。五柳先生傳便是作者任真自得個性的自畫像。而最早概括淵明人格特徵的是蕭統，他説：「淵明少有高趣，博學善屬文，穎脱不羣，任真自得。」所謂任真自得，即順應自然，達生任情。二是耿介狷潔。淵明「少無適俗韻」（歸園田居），懷正志道，真率坦蕩，與虚僞的俗世格格不入，常以孤松、孤雲、孤鳥、秋菊、幽蘭等物自況穎脱不羣的品格和安貧固窮的操守。他爲人及交游，都秉持一定的準則。三是平和實際。淵明並不是任誕不羈或性情孤僻的怪人。他鄙夷俗世，不願與「俗中愚」爲伍，但表現出來的舉動却是平和的。他是歷史上的著名隱士，但與割舍妻子、入山林而不返的傳統隱士不同。他的朋友劉遺民招他隱居廬山，他婉言謝絶，稱是「未忍言索居」。可見，淵明連隱居的方式也是平和的、獨特的。顔延之陶徵士誄稱淵明「和而能峻」。和，謂平和、謙和；峻，指穎脱不羣，品格超拔。淵明待人接物的態度是謙和中顯得脱俗，任而不誕，放而不狂，與不少以任誕爲高的魏晉名士很不同。

淵明獨特人格的形成，與魏晉玄學的崇尚自然密切相關，也與儒家的「君子固窮」精神及他的躬耕經歷有關。淵明任真自得、穎脱不羣，顯然深受魏晉名士任情自放、脱略形骸的人格之美的影響；而他耿介狷潔的品格，與阮籍、嵇康爲代表的竹林名士作風相通。另一方面，淵明的人格也得力于儒家精神的汲取。自西晉向秀、郭象調和名教與自然的矛盾之後，儒玄雙修成爲普遍的學風。淵明歸田之後，生活日趨貧困，但固窮守道之志却老而彌堅，這固然主要取決於他的委運自然的人生觀，但也同汲取儒家的君子固窮氣節大有關係。淵明的平和實際，則主要與他參加農村勞動有關。

三

陶淵明留傳下來的詩文數量雖有限，却大多言約旨遠，情趣高妙，具有極高的藝術成就。陶詩在中國詩歌史上佔有崇高的地位，這首先是由于高妙的田園詩。對於田園美的發現及描繪，應該首先歸功於陶淵明。在此之前，人們已發現並贊美着壯麗的山川之美，但對平淡恬静的鄉村田園，却幾乎無人青睞，更説不上從中發掘出詩美。淵明開始把田園作爲審美觀照的獨立對象，將自己獨特的審美情趣融進其中，把它生動地表現出來。如歸園田居五首、飲酒其五、和郭主簿二首、移居二首、癸卯歲始春懷古二首、讀山海經其一等詩，清新、自然、純樸，不僅在當時成爲空谷足音，甚至也是後代的田園詩人無法超越的。

因爲淵明的田園詩最有創造性，所以他被一些人視作「隱逸詩人」，或被稱爲「渾身静穆」的田園詩人。這些看法其實是片面的。除田園詩外，淵明寫過不少感情深沉的咏懷詩。陳沆詩比興箋曾指出讀陶詩有「二蔽」：「一則惟知歸園、移居及田間詩數十首，景物堪玩，意趣易明，至若飲酒、貧士，便已罕尋，擬古、雜詩，意更難測，徒以陶公爲田舍之翁，閑適之祖，此一蔽也。二則聞淵明恥事二姓，高尚羲皇，遂乃逐景尋響，望文生義，稍涉長林之想，便謂采薇之吟，豈知考其甲子，多在强仕之年，寧有未到義熙，預興易代之感？至於述酒、述史、讀山海經，本寄憤悲，翻謂恒語，此二蔽也。」陳沆所説的「二蔽」，主要是談不可忽略及如何正確理解淵明的咏懷詩。確實，他的咏懷詩寓意深沉，尤其如述酒、讀史述九章等晚年之作，寄托着難言的易代之感。這説明淵明決不是心如古井，完全忘却世事的一個隱逸詩人。總之，論淵明其人其詩，既要重視他的田園詩，也要深入探討他的咏懷詩，庶幾不致於以偏概全。

古今論者一致以平淡自然論陶詩的藝術特色。如秦觀説：「陶潛、阮籍之詩長於沖澹。」（王儉論）惠洪冷齋夜話説淵明詩「似大匠運斤，不見斧鑿之痕」。朱熹説：「淵明詩平淡，出於自然。」（朱子語類卷一百四十）誠然，陶詩善用自然、平淡、質樸的語言寫景抒情，豈止不見斧鑿之痕，簡直若不經意。但也須指出，陶詩的平淡質樸既非如陳師道所説的「切於事情，但不文耳」（後山詩話），亦非如某些人所説的似乎不假思索，指點即成好詩。陶詩的語言是平易中見精粹，樸素中見華彩。清人趙文哲媕雅堂詩話説：「陶公之詩，元氣淋漓，天機瀟洒，純任自然。然細玩其體物抒情，傅色結響，非率易出之者，世人以白話爲陶詩，真堪一哂。」在指出陶詩純任自然的同時，也指出其體物抒情，並非率易出之。這一看法較爲中肯。陶詩中如「翼彼新苗」之「翼」，「飢來驅我去」之「驅」，「良辰入奇懷」之「入」，「中夏貯清陰」之「貯」，「日月擲人去」之「擲」，「嚴霜結野草」之「結」，達到了高度準確、精煉，乃至不可改易的地步。陶詩的語言，粗看平易、通俗、質樸，熟視之乃覺新奇傳神，不同凡響。

陶詩的另一大特色是情韻醇厚，志趣高遠。蘇軾曾精辟地指出陶詩「質而實綺，癯而實腴」（與蘇轍書）。又以爲其「外枯而中膏，似淡而實美」（評韓柳詩）。胡應麟詩藪說：「元亮得步兵之淡，而以趣爲宗。」沈德潛説詩晬語説：「陶詩胸次浩然，其中有一段淵深樸茂不可到處。」這些評論從不同角度指出陶詩在平淡質樸的語言形式中，包蘊着極其豐厚的情韻和高妙的志趣。陶詩具有永久魅力的原因主要在於此。與謝靈運的詩精細雕琢物象不同，陶詩大多是寫意傳神的，即使描寫景物，也不作純客觀的再現，而是將詩人的主觀感受投射到外物之上。除了述酒、擬古等少數咏懷之作意旨幽渺不易探尋之外，陶詩中的絶大多數篇章坦露出作者的真情和妙趣。

陶詩重在抒發意趣的特色，與魏晉玄學及漢末以後崇尚神似的審美觀有内在聯繫。魏晉玄學的學術特徵乃在虛無玄遠，脱略事物的外部具體形態，而探究抽象的精神本體。玄學的「言意之辨」，對當時學風、士風、詩風都產生很大的影響。淵明五柳先生傳自述：「讀書不求甚解，每有會意，便欣然忘食。」顔延之陶徵士誄稱淵明：「簡棄煩促，就成省曠。」「博而不繁。」凡此皆可見淵明人格受魏晉學風與士風的影響。陶詩不重外物刻畫，以寫意爲主，顯然與魏晉玄學的「得意忘言」之説相通，也同淵明任真自得的人格有關。

陶詩富有理趣。其中詩人委運自然的人生哲學在詩中有大量的反映。整個東晉時期流行玄言詩，陶詩不可能不受其影響。事實上陶詩理趣之「理」，與玄學有很多瓜葛。不過，陶詩與玄言詩迥然有别，它不像後者，詩中充滿枯燥的説理，而是融進了詩人活生生的情韻志趣，反映出詩人獨特的個性。如形影神三首、連雨獨飲、飲酒二十首、挽歌詩三首等優秀之作，談理而没有「理障」，理與情、理與趣渾然一體，堪稱説理詩的典範。

陶淵明的散文與其詩風完全一致，外若平淡質樸，内實豐腴無比。五柳先生傳以極短的篇幅，寫出了作者任真自得的人格，讀來趣味無窮。其他如與子儼等疏、自祭文，無不真趣流動。值得一提的還有陶詩的小序，語言平淡雅潔，同樣真意淋漓。如答龐參軍詩序、飲酒詩序、有會而作詩序，言約旨遠，是不可多得的抒情小品。淵明散文中的代表作桃花源記是古代散文中的神品，這篇寓意深遠的文章，以小説的筆法，虚構出與黑暗現實相對立的桃花源境界，表達了作者的社會理想，具有值得肯定的進步意義。淵明的辭賦以歸去來兮辭造詣最高。此文風格雖本於楚騷，但語言簡約，不作肆意鋪陳，真意妙趣「沛然如肺腑中流出，殊不見斧鑿痕」（李格非語）。

陶淵明的詩文具有鮮明的獨特風格，明浄純潔猶如水晶。讀者不難見出其高妙，但道出其所以高妙却非易事。這是因爲淵明詩文是作者整個人格與思想的結晶，只有正確把握這一點，並進而理解其與魏晉學風、士風與文風之間的關係，才有可能闡釋淵明詩文的奧妙。

四

以下對陶淵明集的校箋情況作一簡略的説明。

此書草創於一九八七年，當初擬彙集歷代陶淵明集注本的精華，編本雅俗共賞的注本，亦未打算作校勘。後依照上海古籍出版社中國古典文學叢書的體例要求，補作校勘，並對注釋作了根本的修改。本書校勘所據諸本均爲有價值的易得之本。惟明萬曆焦竑所刻陶靖節集八卷本，尋覓不獲，雖對校勘有所影響，然並無大礙。因爲通過清陶澍陶靖節集注本的校記，已基本看到焦竑刻本的面貌。關於陶淵明集版本流傳的情況，日人橋川時雄陶集版本源流考及近人郭紹虞陶集考辨言之已詳，讀者自可參考，本書不再撰文專論。

在編著本書時，廣泛吸取了前人及時賢的研究成果。如校記部分，曾參考徐復先生陶淵明集舉正一文；附録年譜部分，參考鄧安生先生陶淵明年譜。編著本書過程中，自始至終得到多方人士的幫助。華東師範大學圖書館、復旦大學圖書館、南京大學圖書館、上海圖書館等單位爲我熱情查找有關資料。鄧安生先生知我需要參考其陶淵明年譜，即惠贈大著，令我感動不已。在我赴江西、安徽考察民間所藏陶氏宗譜期間，江西九江縣縣志辨公室張人鑫先生、九江縣陶淵明紀念館、安徽灊山縣政府、黟縣縣委組織部，爲我提供了很大的便利。尤其是張人鑫先生無私借給我多本他手抄的陶氏宗譜，使我銘感在心。在修改本書過程中，上海古籍出版社的同志提出了許多寶貴意見。凡此，一併致以謝意！

古今陶淵明研究代有成果，但由于淵明生平資料的缺乏，淵明思想的複雜，以及陶淵明集流傳過程中出現的舛誤，致使問題不少，歧見紛呈。筆者雖兀兀窮年，數易其稿，然以淺薄之學殖，而探古人之幽渺，深知錯誤在所難免。敬請方家、讀者不吝賜教。

最後我要感謝復旦大學教授王運熙先生，他欣然命筆爲本書題籤，使本書增色。

龔斌

一九九五年十月於上海華東師範大學

例言

一、陶淵明集最初爲梁蕭統編的八卷本，序、目、誄、傳爲一卷，詩文實七卷。其後，北齊陽休之編成十卷本，增益五孝傳、四八目（即集聖賢羣輔録）。北宋時，流行的陶集有數十種之多，淆亂紛歧，不知何者爲是。宋庠考訂江左舊本，編爲陶潛集十卷。以後流行的各種陶淵明集大多出於宋庠本。今依陶澍注靖節先生集編次，編爲十卷。

二、陶澍注靖節先生集博採前代陶淵明集諸本之長，在校勘、注釋、評論及陶淵明生平行事考訂等方面，多所發明，是近代以前對陶淵明集最具水平、最有總結性的系統整理。本書校勘，即以陶澍本爲底本，然陶本有誤，而他本爲是者，則仍奉擇善而從的原則，予以取舍。

三、據以校勘者有以下諸本：曾集刻本、宋刻遞修本（汲古閣藏十卷本）、魯銓刻蘇寫大字本、湯漢注陶靖節先生詩四卷本、李公焕箋注陶淵明集本、焦竑序凌濛初刊朱墨套印八卷本，分別簡稱曾本、汲古閣本、蘇寫本、湯本、李本、焦本。

四、陶淵明集因無數次轉寫翻刻，魯魚亥豕，觸目皆是，早在宋人就有「校之不勝其異，有一字而數十字不同者，不可概舉」之歎（蔡寬夫詩話）。此種情況，多數因轉寫致誤，也有少數係後人臆改。本書校勘，在排列異文的同時，辨别是非，訂正訛誤。訛誤較明顯者，即在【校記】中加按語指明，或略作考辨。異文另須釋義，且考辨文字較長者，爲了不使【校記】龐雜不類，則將考辨置於【箋注】中。陶本校語對考辨異文有價值者，或能從中見到本書所用諸本之外其他本子面貌者，則予採録；其餘不録，以免煩瑣。

五、陶淵明生活年代距今已遠，有關資料缺乏，加上陶淵明集訛誤極多，致使訓釋難明，歧義紛紜。爲披尋真義，本書【箋注】採用集注形式，彙萃衆説，時加辨正。所採湯漢注陶靖節先生詩、李公焕箋注陶淵明集、何孟春注陶靖節集、吴瞻泰陶詩彙注、陶澍注陶靖節集、丁福保陶淵明詩箋注、古直陶靖節詩箋、逯欽立陶淵明集，分别省作湯注、李注、何注、吴注、陶注、丁注、古注、逯注。王瑶編注陶淵明集則作王瑶注。所引有關陶淵明傳記資料及年譜，亦作已有之省稱，如顔延之陶徵士誄作顔誄，蓮社高賢傳作蓮傳，宋書隱逸傳作宋傳，蕭統陶淵明傳作蕭傳，南史隱逸傳作南傳，晉書隱逸傳作晉傳；王質栗里譜作王譜，吴仁傑陶靖節先生年譜作吴譜，顧易柳村譜陶作顧譜，丁晏晉陶靖節年譜作丁譜，陶澍陶靖節年譜考異作陶考，梁啓超陶淵明年譜作梁譜，傅東華陶淵明年譜作傅譜，古直陶靖節年譜作古譜，逯欽立陶淵明事迹詩文繫年作逯繫年，鄧安生陶淵明年譜作鄧譜。其他採用之書，一般直書其名。

六、箋注偏重於典故的徵引，通常詞義視其難易程度，略作解釋。採用各家舊注，一般覆覈其中典據部分，時加校正。如有增補，則冠以「又」字以示區別。凡常見典據，直接採用原書者，不再標明原注者之名。

七、集説介紹前人有關陶淵明生平行事及詩文旨意之異説。如有己見，則作考辨或下簡略斷語。集評選擇前人對陶淵明詩文有代表性的評論，以便讀者了解作品之寫作背景及思想藝術價值。所選評論並非一定代表選者的觀點，且是否採録允當，亦未敢自信也。

八、陶淵明年歲有沈約六十三歲説，吴汝綸五十一歲説，梁啓超五十六歲説，古直五十二歲説，鄧安生五十九歲説。本書取鄧譜五十九歲説。

九、各地陶氏宗譜多藏民間，頗不易得。本書附録二節録江西彭澤縣定山陶氏宗譜及江西都昌縣西源陶氏宗譜有關陶淵明部分。雖史料價值不高，亦可供讀者窺見各地陶氏宗譜之一斑。諸陶氏宗譜之異同，詳見本書附録三陶氏宗譜中之問題。

十、本書附録五陶淵明評論輯要，大多録自一九六二年中華書局出版的陶淵明研究資料彙編及陶淵明詩文彙評，其餘乃搜檢羣書所得。前代典籍浩如烟海，遺漏必多，聊拾遺補闕而已。

目録

卷之三

陶淵明集卷之一

詩四言

停雲〔一〕并序

停雲，思親友也。罇湛新醪〔二〕，園列初榮〔三〕，願言不從〔四〕，歎息彌襟。

靄靄停雲〔五〕，濛濛時雨〔六〕。八表同昏〔七〕，平路伊阻。靜寄東軒〔八〕，春醪獨撫〔九〕。良朋悠邈〔一〇〕，搔首延佇〔一一〕。

停雲靄靄，時雨濛濛。八表同昏，平陸成江〔一二〕。有酒有酒，閒飲東窗。願言懷人，舟車靡從〔一三〕。

東園之樹，枝條載榮〔一四〕。競朋親好〔一五〕，以怡余情。人亦有言，日月于征〔一六〕。安得促席〔一七〕，説彼平生〔一八〕。翩翩飛鳥〔一九〕，息我庭柯。斂翮閒止〔二〇〕，好聲相和。豈無他人，念子實多。願言不獲，抱恨如何。

【校記】

罇湛新醪　陶本原校：「休陽程氏梓本作『樽酒新湛』。」

不從　「不」，曾本、汲古閣本云，一作「弗」。

歎息　「息」，曾本、汲古閣本云，一作「想」。

彌襟　蘇寫本此下有「云爾」二字。

懷人　「人」，曾本、汲古閣本云，一作「仁」。

枝條　「條」，曾本、汲古閣本云，一作「葉」。

載榮　「載」，蘇寫本、李本、焦本作「再」。按，作「載」是，參見注〔一四〕。

競朋親好　陶本原作「競用新好」。陶本原校：「焦本作『競朋親好，以怡余情』。云，宋本一作『競用新好』，非。『怡』一作『招』，非。」曾本、汲古閣本云，一作「朋新」，又云，一作「競朋親好」。蘇寫本云，一作「競朋親好」。按，作「競朋親好」是，今據改，説見注〔一五〕。

以怡　「怡」，陶本原作「招」。曾本、汲古閣本云，一作「怡」。

飛鳥　「飛」，曾本云，一作「輕」。蘇寫本、汲古閣本同。

聞止　「止」，曾本作「上」，云，一作「正」。汲古閣本作「止」，云，一作「正」。按，作「止」是，參見注〔二〇〕。

【箋注】

〔一〕停雲：凝而不散之雲。王瑶注據榮木詩「四十無聞，斯不足畏」二語，以爲停雲等三詩「都是四言四章，而且前冠小序，序文句法也完全相同；詩題又都是以首句命名，當爲同年而作」。乃繫于晉安帝元興三年甲辰（四〇四），淵明年四十歲時。按，王瑶對於此詩的繫年，乃據宋傳所謂淵明得年六十三歲説。楊勇陶淵明年譜彙訂（以下省作楊譜）亦謂停雲、時運、榮木作於元興三年春夏季節，且在京都建康，任劉裕鎮軍參軍之後。然考淵明詩文及行事，楊説頗有疑問。據晉書卷一〇安帝紀、資治通鑑，元興三年三月，劉裕行鎮軍將軍。四月，劉裕大破桓玄軍，進據尋陽。故淵明仕劉裕的時間，最有可能在劉裕至尋陽時。停雲詩云：「園列初榮」、「枝條載榮」，明是初春景象。時運詩則寫暮春獨游。楊譜謂作時運詩地點實在東都，淵明今年春季實在建康。但事實上這年四月之前，淵明尚未入劉裕軍府，豈能分身在建康「春醪獨撫」、「偶影獨游」，欣賞「有風自南，翼彼新苗」之佳景？楊譜又謂榮木詩作於這年五月，時淵明邁往圖功，已不復在柴桑。然榮木詩序云「總角聞道，白首無成」，「無成」與祭從弟敬遠文「余嘗學仕，纏綿人事，流浪無成，懼負素志」之「無成」同義，指學仕無成。然楊譜謂淵明此時已在京都。名車既脂，名驥已策，爲何又有

「白首無成」之慨歎？凡此皆可證停雲等三詩不可能作於元興三年。淵明既歎「白首無成」，可見此時已辭官歸隱。晉傳謂淵明：「既絶州郡覲謁，其鄉親張野及周旋人羊松齡、龐遵等或有酒要之，或要之共至酒坐，雖不識主人，亦欣然無忤，酣醉便反。」停雲詩序云「思親友也」，可能即指張野、羊松齡諸人。今繫停雲三首於晉安帝義熙四年（四〇八）。

〔二〕湛：猶滿也，盈也，義同挽歌詩其二「在昔無酒飲，今但湛空觴」之湛。詩小雅湛露：「湛湛露斯。」毛傳：「湛湛，露茂盛貌。」李注「湛讀曰沈」，古注釋湛爲清，皆不確。醪：濁酒。玉篇：「醪，滓酒也。」廣韻：「醪，濁酒。」

〔三〕園列：猶園樹。初榮：剛萌芽。文選王粲雜詩：「列樹敷丹榮。」

〔四〕願：集韻：「願，一曰每也，雖也。」詩邶風二子乘舟：「願言思子。」毛傳：「願，每也。」

〔五〕靄靄：文選王延壽魯靈光殿賦：「遂排金扉而北入，霄靄靄而晻曖。」張載注：「言深邃也。」

〔六〕濛濛：詩豳風東山：「零雨其濛。」毛傳：「濛，雨貌。」蔡邕述行賦：「雨濛濛而漸唐。」時雨：季節雨，此指春雨。擬古其三：「仲春遘時雨。」

〔七〕八表：八方。古注：「淮南子墬形訓：『八殥之外，而有八紘。』高誘注：『紘，維也。維絡天地而爲之表，故曰紘也。』直按：尚書：『光被四表。』此云八表，蓋本淮南。晉書蔡謨傳：『經營八表。』桓温傳：『洽被八表。』然則二字蓋晉人常用之詞也。」又，歸鳥詩：「遠之八表。」連雨獨飲詩：「八表須臾還。」

〔八〕「静寄」句：謂在東邊長廊寄托閒静之趣。軒：文選曹植贈徐幹詩：「流猋激檽軒。」李善注：「軒，長廊之有窗也。」飲酒詩其七：「嘯傲東軒下。」

〔九〕獨撫：謂獨飲。撫，楚辭九歌東皇太一：「撫長劍兮玉珥。」王逸注：「撫，持也。」

〔一〇〕悠邈：遥遠。桓玄鶴賦：「諒誕生于悠邈。」

〔一一〕「搔首」句：詩邶風静女：「愛而不見，搔首踟蹰。」延佇：久立引頸而望。楚辭九歌大司命：「結桂枝兮延佇。」王逸注：「延，長也；佇，立也。」禰衡鸚鵡賦：「眷西路而長懷，望故鄉而延佇。」

〔一二〕平陸成江：言平地因時雨而成江河。湯注：「二句蓋寓飇回霧塞，陵遷谷變之意。」逯繫年據湯漢等舊注，亦以爲「平陸成江」等句暗寓元興三年（四〇四）時事。逯按：「晉書安帝紀，是年春，晉安帝遷在尋陽。二月，建武將軍劉裕起兵討桓玄。三月，桓玄衆潰，各地有戰事。詩言『八表同昏，平陸成江』指此。」湯、逯之説非。

〔一三〕靡：廣韻：「靡，無也。」詩鄘風柏舟：「之死矢靡他。」毛傳：「靡，無也。」

〔一四〕載榮：始榮。載：詩秦風駟驖：「載獫歇驕。」鄭玄箋：「載，始也。」嵇康贈兄秀才入軍詩：「春木載榮，布葉垂陰。」潘尼巳日詩：「靄靄疏圃，載繁載榮。」按，「東園」二句實寫「園列初榮」之景。何注：「東園再榮之樹，指列事新朝之人也。」其説非。

〔一五〕競朋：猶高朋。廣雅釋詁：「競，高也。」祭從弟敬遠文：「樂勝朋高。」競朋即朋高。親好：親戚好友。沈約傷王諶：「心從朋好盡，形爲歡宴留。」

〔一六〕「日月」句：謂時光流逝。詩小雅小宛：「我日斯邁，而月斯征。」鄭玄箋：「征、邁，皆行也。」

〔一七〕促席：謂坐席互相靠近。文選左思蜀都賦：「合樽促席，引滿相罰。」李善注：「東方朔六言詩曰：『合樽促席相娱。』」

〔一八〕説彼平生：嵇康與山巨源絶交書：「時與親舊叙闊，陳説平生。」

〔一九〕翩翩：詩小雅四牡：「翩翩者鵻。」廣雅釋訓：「翩翩，飛也。」王念孫曰：「魯頌泮水傳云：『翩，飛貌。』重言之則曰翩翩。」

〔二〇〕歛翮：猶止飛。閒止：猶閒静。止，句末語氣助詞。詩召南草蟲：「亦既見止，亦既覯止，我心則降。」毛傳：「止，辭也。」命子詩：「於皇仁考，淡焉虚止。」嵇康琴賦：「非淵静者不能與之閒止。」

【集説】

關於此詩意旨，大致有兩説。一曰「寓規諫之意」。劉履選詩補注卷五云：「蓋元熙禪革之後，而靖節之親友，或有歷仕於宋者，故特思而賦詩，且以寓規諫之意焉。」又謂：「『停雲』、『時雨』以喻宋武陰凝之盛，而微澤及物。『表昏』、『路阻』以喻天下皆屬於宋，而晉臣無可仕之道矣。」

黄文焕陶詩析義卷一亦稱：「四首皆匡扶世道之熱腸，非但離索思羣之閒悰也。『八表同昏，平路伊阻』、『平陸成江』，日月山河，交失其恒，此復何等景象，可乏同心亟商匡扶哉！園樹雖凋，猶有再榮之日，世界雖壞，豈無再轉之手，所以朋愈邈而席愈思促也。」又引沃儀仲曰：「『伊阻』、『成江』，分指世運。『八表同昏』，專咎臣子，一語兩章複用；且先揭於阻、江之上，尤有味，正見舉世暗濁，無一明眼堪扶社稷，故至於比，我即獨身孤憤，濟得甚事！乃難冀之世，復難冀之朋。末句『抱恨如何』，真當悶絶。」一曰此詩並無悲憤之意，只是春日思友之情。蔡正孫精刊補注東坡和陶詩話云：「『八表同昏，平路伊阻』、『良朋悠邈，搔首延佇』，有以見懷賢尚友之切。」（韓國高麗大學藏本，下同）蔣薰評陶淵明詩集卷一駁劉履説：「撫醪望友，欲從舟車，促席無由，悵然抱恨。詩分四韻，情屬一章。龐參軍、劉柴桑而外，不多人也。劉履謂元熙禪革後，或有親友仕於宋者，靖節賦此以諷。詩中無此意，惟『競用新好』者，蓋謂他人言耳，非所指『念子實多』者。」王堯衢古詩合解卷二謂停雲四首是詩秦風蒹葭之後的「千古懷人之作」。吴瞻泰陶詩彙注卷一説：「尊晉黜宋，固淵明一生大節，然爲詩詎必乃爾！如少陵忠君愛國，只北征、哀王孫、七歌、秋興等篇正説此意，其餘豈盡貼明皇、貴妃、安禄山耶？停雲四章只思親友同飲不可得，託以起興，正如老杜『騎馬到階除』，待友不至之意。」

按，湯漢、劉履、黄文焕諸人欲由時事深求此詩「規諷之意」，顯然與詩序「思親友」之旨相悖。吴瞻泰等認爲此詩僅「待友不至之意」，絶無寄託，則又太淺。惟郭紹虞陶集考辨解停雲詩，庶幾能得其旨意。其文云：「余嘗謂自來解停雲詩者，惟辛稼軒賀新郎詞，最爲恰到好處，辛詞云：『甚矣吾衰矣。悵平生、交游零落，只今餘幾？』『一尊搔首東窗裏。想淵明、停雲詩就，此時風味。江左沉酣求名者，豈識濁醪妙理。回首叫、雲飛風起。不恨古人吾不見，恨古人、不見吾狂耳。知我者，二三子。』此數語正得淵明意趣。所謂『抱恨如何』，所謂『搔首延佇』者，均可於此『春醪獨撫』之際，窺其上下今古獨立蒼茫之感。」

【集評】

劉克莊後村詩話：「四言自曹氏父子、王仲宣、陸士衡後，惟陶公最高，停雲、榮木等篇，殆突過建安矣。」

王夫之古詩評選卷二：「停雲、歸鳥，四言之佳唱，亦柴桑之絶調也。」

沈德潛説詩晬語卷上：「淵明停雲、時運等篇，清腴簡遠，別成一格。」

張謙宜絸齋詩談卷四：「停雲温雅和平，與三百篇近；流逸鬆脆，與三百篇遠，世自有知此者。」

時運〔一〕并序

時運，遊暮春也。春服既成〔二〕，景物斯和，偶景獨遊〔三〕，欣慨交心〔四〕。

邁邁時運，穆穆良朝〔五〕。襲我春服〔六〕，薄言東郊〔七〕。山滌餘靄，宇曖微霄〔八〕。有風自南，翼彼新苗〔九〕。

洋洋平津〔一〇〕，乃漱乃濯。邈邈遐景〔一一〕，載欣載矚。人亦有言，稱心易足〔一二〕。揮茲一觴〔一三〕，陶然自樂。

延目中流，悠想清沂〔一四〕。童冠齊業〔一五〕，閒詠以歸。我愛其靜〔一六〕，寤寐交揮〔一七〕。但恨殊世，邈不可追〔一八〕。

斯晨斯夕，言息其廬。花藥分列，林竹翳如〔一九〕。清琴橫床，濁酒半壺。黃唐莫逮〔二〇〕，慨獨在余。

【校記】

偶景　「景」，曾本云，一作「影」。汲古閣本同。焦本作「影」。

欣慨　「慨」，曾本云，一作「然」。按，作「慨」是，參見注〔四〕。

邁邁　「邁」，曾本、汲古閣本云，一作「靄」，又作「藹」。

餘靄　「靄」，曾本、汲古閣本云，一作「藹」。按，靄，雲氣。停雲詩：「靄靄停雲。」晉書卷八七涼武昭王傳：「蔭朝雲之菴靄。」謝靈運廬山慧遠法師誄：「雲靄巖峯。」作「靄」是。

宇曖微霄　陶本原校：「焦本作『餘靄微消』。云，一作『宇曖微霄』，非。」澍按，『宇曖微霄』，即歸園田居詩『曖曖遠人村，依依墟里烟』景狀，若作『餘靄微消』，則與『山滌餘靄』詞重意複矣。」曾本、汲古閣本云，一作「餘靄微消」。湯本同。

翼彼　「彼」，曾本、汲古閣本云，一作「我」。

平津　「津」，曾本作「澤」，云，一作「津」。汲古閣本同。湯本云，一作「澤」。按，作「津」是，參見注〔一〇〕。

乃濯　曾本、汲古閣本云，一作「濯濯」。

人亦有言，稱心易足　陶本原校：「焦本云，宋本一作『稱心而言，人亦易足』，非。」曾本、汲古閣本作「稱心而言，人亦易足」，又云，一作「人亦有言，稱心易足」。湯本作「稱心而言，人亦易足」。李本同。按，「人亦有言」乃詩經常見句式，如詩大雅蕩：「人亦有言，顛沛之揭。」詩大雅抑：「人亦有言，靡哲不愚。」後世四言詩亦常用，如袁嶠之蘭亭詩：「人亦有言，得意則歡。」淵明停雲詩：「人亦有言，日月于征。」作「人亦有言，稱心易足」是。

陶然　「陶」，曾本、汲古閣本云，一作「遥」。

悠想　陶本原校：「一作『悠悠』，非。澍按，『悠想』，猶『懸想』。」各本皆作「悠悠」。曾本、汲古閣本云，一作「悠想」。按，「悠想」作遠想、遐想解。陸機大暮賦：「敷幄席以悠想。」文選袁宏三國名臣序贊：「遐想管樂。」作「悠想」是。

但恨　「恨」，曾本作「悵」，又云，一作「恨」。湯本、汲古閣本同。

花藥　「花」，曾本、汲古閣本云，一作「華」。

横床　「床」，曾本、蘇寫本云，一作「膝」。

在余　「余」，蘇寫本作「予」。

【箋注】

〔一〕時運：指日月運行。方言十二：「日運爲躔，月運爲逡。」注：「運，猶行也。」淮南子要略：「順時運之應。」

〔二〕「春服」句：論語先進：「暮春者，春服既成，冠者五六人，童子六七人，浴乎沂，風乎舞雩，詠而歸。」

〔三〕偶景：與影爲偶。張衡鴻賦序：「偶影獨立。」王沉釋時論：「志陵雲霄，偶景獨步。」王胡之贈庾翼詩：「迴駕蓬廬，獨遊偶影。」景，影本字。

〔四〕「欣慨」句：王胡之釋奠表：「仰望雲漢，伏枕欣慨。」文選袁宏三國名臣序贊：「遇之不能無欣，喪之何能無慨。」王羲之蘭亭序：「當其欣於所遇，暫得於己，快然自足，不知老之將至。及其所之既倦，情隨事遷，感慨系之矣。」王叔岷陶淵明詩箋證稿（以下省作王叔岷）云：「欣慨交心者，欣景物之和，慨遊春之獨也。」

〔五〕穆穆：詩大雅文王：「穆穆文王。」毛傳：「穆穆，美也。」良朝：猶良辰。

〔六〕襲：穿。文選潘岳藉田賦：「襲春服之萋萋兮。」

〔七〕薄：近也，至也。淮南子本經訓：「旁薄衆宜。」高誘注：「薄，近也。」文選潘岳射雉賦：「飛鳴薄廪。」李善注：「薄，至也。」言，語助詞，無義。郗曇蘭亭詩：「薄言遊東郊。」

〔八〕曖：暗昧貌。霄：丁注：「玉篇：『霄，雲氣也。』」

〔九〕翼：何注：「翼，猶披也。」古注：「詩大雅：『以引以翼。』毛傳：『翼，敬也。』按，風吹苗偃如鳥翼之拱蔽。」按，以上二説非。廣韻：「翼，羽翼。」易明夷：「明夷于飛，垂其翼。」翼本義爲鳥翅，此作動詞用，言新苗在風中如鳥翼之飛動。此翼字歷來爲人稱賞。如古詩歸卷九譚元春曰：「翼字奇古之極。」鍾伯敬曰：「翼字看得細極静極。」陳祚明采菽堂古詩選卷十三：「翼字渾朴生動。」沈德潛古詩源卷八：「翼字寫出性情。」陶注引王棠曰：「新苗因風而舞，若羽翼之狀，工於肖物。」

〔一〇〕洋洋：詩衛風碩人：「河水洋洋。」毛傳：「洋洋，盛大也。」平津：癸卯歲十二月中作與從弟敬遠詩：「平津苟不由。」帛道猷陵峯採藥觸興爲詩：「修林帶平津。」

〔一一〕邈邈：廣雅釋詁：「邈邈，遠也。」楚辭離騷：「神高馳之邈邈。」王逸注：「邈邈，遠貌。」

〔一二〕稱心易足：謂以任情適意爲滿足。荀悦申鑒：「中心好之，是稱心也。」飲酒其十二：「死去何所知，稱心固爲好」二句可與此句參看。

〔一三〕揮：逯注：「還舊居：『一觴聊可揮』；雜詩：『揮杯勸孤影』；和胡西曹示顧賊曹：

『每恨靡所揮』，諸揮字義並同。禮記曲禮：『飲玉爵者弗揮。』注：『振去餘酒曰揮。』」

〔一四〕沂：沂水，流經山東曲阜，西入泗水。

〔一五〕童冠：童，指兒童；冠，指成人。三國志蜀書向朗傳：「上自執政，下及童冠，皆敬重焉。」齊業：習完課業。

〔一六〕我愛其静：謂愛好和向往静的境界。按，静乃道家重要的哲學命題之一，屬于「無爲」的範疇。老子十六章曰：「致虛極，守静篤。」「歸根曰静，是爲復命。」老子二十六章曰：「重爲輕根，静爲躁君。」老子四十五章曰：「躁勝寒，静勝熱，清静爲天下正。」莊子天道：「静則無爲，無爲也則任事者責矣。無爲則俞俞，俞俞者憂患不能處，年壽長矣。夫虛静恬淡寂寞無爲者，萬物之本也。」淮南子原道訓：「是故清静者，德之至也。」可見，静能達道，静能療躁，静能養性，静能養德。浴沂之志，與道家致虛守静相通。但據此便稱淵明是孔門中曾點一流人物，就似是而非了。

〔一七〕寤寐：詩周南關雎：「寤寐求之。」毛傳：「寤，覺；寐，寢也。」交揮：猶並發。交，並，俱。國語越語下：「君臣上下，交得其志。」韋昭注：「交，俱也。」揮，發也，動也。易説卦：「發揮於剛柔而生爻。」潘岳夏侯常侍誄：「迸涕交揮。」曹植七啓：「琴瑟交揮。」丁注：「此言我愛其閒静之心，無論或寤或寐，皆極奮發而不忘也。此即詩『寤寐求之』之意。」

〔一八〕邈不可追：楚辭九章懷沙：「禹湯久遠矣，邈而不可慕。」追，追慕，向往。

〔一九〕翳如：茂密成蔭貌。

〔二〇〕黄：黄帝。唐：唐堯。逮：及。王叔岷云：「案陶公贈羊長史詩：『愚生三季後，慨然念黄虞。』讀史述九章之一夷齊章：『采薇高歌，慨想黄虞。』史記伯夷列傳：『神農虞夏忽焉没兮，我安適歸兮！』陶公所慨，與夷齊正同也！」

【集評】

黄文焕陶詩析義卷一：「四首始末迴環，首言春，二、三漱濯、閒詠言遊，終言息廬，此小始末也。前二首爲欣，後二首爲慨，此大始末也。」

張潮、卓爾堪、張師孔同閲曹陶謝三家詩陶集卷一：「浴沂之志，尼父已與曾點。千載而後，復有知己，靖節若在聖門，與點真一流人物。」

温汝能陶詩彙評卷一：「序語『偶影獨遊』，末章結語『慨獨在余』，二『獨』字有無限深意在，當是時天下早已忘晉，淵明遊影安得不獨。因遊而『欣慨交心』，然則遊爲淵明所獨，慨亦爲淵明所獨，其欣處人知之，其慨處人未必知之，其欣慨交迫之際，則人尤未易知之也。一時遊興，寓意深遠乃爾。淵明之心亦良苦矣哉。」

榮木〔一〕并序

榮木，念將老也。日月推遷，已復九夏〔二〕。總角聞道〔三〕，白首無成。

采采榮木〔四〕，結根於兹，晨耀其華，夕已喪之。人生若寄〔五〕，憔悴有時。静言孔念〔六〕，中心悵而。

采采榮木，於兹托根，繁華朝起，慨暮不存。貞脆由人〔七〕，禍福無門〔八〕。匪道曷依，匪善奚敦〔九〕。

嗟予小子，稟兹固陋，徂年既流〔一〇〕，業不增舊。志彼不舍〔一一〕，安此日富〔一二〕。我之懷矣，怛焉内疚〔一三〕。

先師遺訓，余豈云墜〔一四〕。四十無聞，斯不足畏〔一五〕，脂我名車〔一六〕，策我名驥。千里雖遥，孰敢不至！

【校記】

九夏　「九」，陶本原校：「從何校宣和本作『九』。各本作『有』，云，一作『九』。」曾本、蘇寫本、湯本、汲古閣本云，一作「九」。按，作「九」是。參見注〔一〕。

總　陶本原校：「湯本云，一作『鬈』。」

晨耀　「耀」，曾本、汲古閣本云，一作「輝」。按，和郭主簿其二「芳菊開林耀」，作「耀」是。

悵而　「悵」，曾本、汲古閣本云，一作「恨」。

貞脆　「脆」，曾本、汲古閣本云，一作「慎」。按，作「脆」是，參見注〔七〕。

嗟予　「予」，曾本作「余」，又云，一作「予」。湯本同。

既流　曾本、蘇寫本云，一作「遂往」。按，徂既訓往，下又云「遂往」，意嫌重複，當作「既流」是，參見注〔一〇〕。

志彼　「志」，湯本云，或曰「志」當作「忘」。李本同。按，作「志」是，參見注〔一一〕。

不舍　「不」，曾本、汲古閣本云，一作「弗」。蘇寫本作「弗」。

余豈　「余」，蘇寫本作「予」。

云墜　「云」，汲古閣本作「之」，又云，一作「云」。

足畏　「足」，曾本、汲古閣本云，一作「可」。

名車　汲古閣本云，一作「行車」，非。曾本云，一作「行車」。「名」，焦本云，一作「行」，非。

名驥　「驥」，曾本、汲古閣本云，一作「鑣」。

【箋注】

〔一〕榮木：木槿。淮南子時則訓：「木堇榮。」高誘注：「木槿，朝榮莫落，樹高五六尺，其葉與安石榴相似也。」「雜家謂之朝生。詩云『顏如舜華』也。」此詩與停雲、時運同作于義熙四年戊申（四〇八），據詩序「已復九夏」，則此詩大致作于此年夏季。

〔二〕九夏：指夏季九十天。蕭統錦帶書十二月啓林鍾六月：「三伏漸終，九夏將謝。」

〔三〕總角：束髮爲小髻，指童年時代。詩齊風甫田：「總角丱兮。」禮記內則：「拂髦，總角。」鄭玄注：「總角，收髮結之。」

〔四〕采采：茂盛貌。詩周南卷耳：「采采卷耳。」

〔五〕人生若寄：亦作「人生如寄」。古詩十九首：「人生忽如寄，壽無金石固。」曹丕善哉行：「人生如寄，多憂何爲？」

〔六〕孔：詩周南汝墳：「父母孔邇。」毛傳：「孔，甚也。」

〔七〕貞：堅貞。脆：脆弱。古注：「班倢伃擣素賦：『雖松梧之貞脆，豈榮枯其異心。』」又，文選殷仲文南州桓公九井作詩：「何以標貞脆，薄言寄松菌。」李善注：「松，貞；菌，脆也。松菌殊質，故貞脆異性也。」

〔八〕禍福無門：左傳昭公二十三年：「禍福無門，惟人自召。」

〔九〕奚敦：何以勉勵。丁注：「禮記曲禮：『敦善行而不怠。』爾雅釋詁：『敦，勉也。』」湯注：「屈子之九章曰：『善不由外來兮，名不可以虛作。孰無施而有報兮，孰不實而有穫。』與此四語，皆文辭中之格言也。」

〔一〇〕徂年：往年，行年。後漢書卷二四馬援傳贊：「徂年已流，壯情方勇。」傅毅迪志詩：「徂年如流，鮮兹暇日。」

〔一一〕志：藴藏在心謂之志。論語爲政：「吾十有五而志於學。」皇疏：「志者，在心之謂也。」不舍：荀子勸學篇：「騏驥一躍，不能十步；駑馬十駕，功在不舍。」舍，漢書卷三〇藝文志：「舍人事而任鬼神。」顔師古注：「舍，廢也。」

〔一二〕安此：安然于此。孫楚井賦：「絶彼淫飾，安此璞慎。」日富：指飲酒。詩小雅小宛：「彼昏不知，壹醉日富。」鄭玄箋：「童昏無知之人，飲酒一醉，自謂日益富，夸淫自恣，以財驕人。」湯注謂淵明「蓋自咎其廢學而樂飲云爾」。一説日富指增業。蔣薰評陶淵明集卷一：「增業在不舍，不舍故日富。日富者，易所云富有之謂大業，日新之謂盛德是也。雖我懷於兹，不無内疚，此所以嗟固陋乎？或引詩『一醉日富』，靖節自咎其廢學而樂飲。觀其自挽曰：『但恨在世時，飲酒不得足。』肯自咎耶？」陶注駁蔣説「全與詩意相違」，謂淵明「望道未見，歸咎沈酣，刻責之心，固當如是」。按，「志彼」二句自言雖常思志道，却安此沉醉，自咎之意甚明，故下文云「怛焉内疚」。湯、陶之説是。

〔一三〕怛焉内疚：嵇康幽憤詩：「心焉内疚。」怛，廣韻：「怛，懼也。」

〔一四〕墜：失去。三國志魏書公孫度傳裴松之注引魏書：「奉以周旋，不敢失墜。」晉書卷七五范甯傳：「洙泗之風，緬焉將墜。」

〔一五〕「四十」二句：論語子罕：「四十、五十而無聞，斯亦不足畏也。」此二句即「先師遺訓」。依舊譜，晉安帝元興三年甲辰（四〇四），淵明年四十歲，入建威將軍劉敬宣幕府，故或以爲「四十無聞」以下數語乃寫邁往圖功之意。然合本詩及停雲、時運三詩觀之，多半抒寫隱逸自得情懷，「四十無聞」數語，亦不過言學仕無成不足畏，仍可惜時求道。

〔一六〕脂：油，作動詞用。脂車即以油塗車軸，使其潤滑。詩小雅何人斯：「爾之亟行，遑脂爾車。」夏侯湛抵疑：「僕固脂車以須放。」

【集評】

李公焕箋注陶淵明集卷一引趙泉山曰：「『四十無聞，斯不足畏』。按晉元興三年甲辰，劉敬宣以破桓歆功，遷建威將軍、江州刺史，鎮潯陽，辟靖節參其軍事，時靖節年四十也。靖節當年抱經濟之器，藩輔交辟，遭時不競，將以振復宗國爲己任；回翔十載，卒屈於戎幕佐吏，用是志不獲騁，而良圖弗集，明年決策歸休矣。」

蔡正孫精刊補注東坡和陶詩話云：「此詩托物之榮而枯，以喻人之壯而老。秦穆公有云：『我心之憂，日月逾邁。』然所謂『匪道曷依，匪善奚敦』，則其行道拳拳爲善，可謂存而順事者矣。末以聖賢自警，而言『脂我名車，乘我名驥，千里雖遠，孰敢不至』，是又以遠大者自期，所謂老當益壯也。」

温汝能陶詩彙評卷一：「孔子云：『朝聞道，夕死可矣。』聞道殊非易事，淵明謂『總角聞道』句，宜善解。蔣丹厓謂其『聞道』二字，只作志學用，良然。何義門謂斯人非頹然自放，觀其歎白首之無成，則其志已可知矣。」

贈長沙公〔一〕 并序

長沙公於余爲族，祖同出大司馬〔二〕。昭穆既遠〔三〕，以爲路人〔四〕。經過尋陽，臨別贈此。

同源分流〔五〕，人易世疏。慨然寤歎〔六〕，念茲厥初。禮服遂悠〔七〕，歲月眇徂〔八〕。感彼行路〔九〕，眷然躊躇〔一〇〕。

於穆令族〔一一〕，允構斯堂〔一二〕。諧氣冬暄〔一三〕，映懷圭璋〔一四〕。爰采春華〔一五〕，載警秋霜〔一六〕。我曰欽哉〔一七〕，實宗之光〔一八〕。

伊余云遘〔一九〕，在長忘同〔二〇〕。言笑未久，逝焉西東〔二一〕。遥遥三湘〔二二〕，滔滔九江〔二三〕。山川阻遠，行李時通〔二四〕。

何以寫心〔二五〕，貽此話言〔二六〕。進簣雖微，終焉爲山〔二七〕。敬哉離人，臨路悽然。款襟或遼〔二八〕，音問其先〔二九〕。

【校記】

贈長沙公　曾本作「贈長沙公族祖一首」。汲古閣本、湯本同。李本、焦本作「贈長沙公」。陶本原校：「各本皆作『贈長沙公族祖』。楊時偉曰：序，『長沙公於余爲族』一句，『祖同出大司馬』一句。題中族祖二字，乃後人誤讀序文祖字爲句，因而妄增詩題也。何孟春、何焯亦皆以族祖二字爲衍。今删之。」吴譜誤讀詩序爲「余於長沙公爲族祖」，並據晉書陶侃傳所載陶氏世系，淵明於陶延壽爲諸父行，今既自稱於長沙公爲族祖，「詩題當云『贈長沙公族孫』，而云族祖者，字之誤也。」其説非，參見【集説】。

長沙公於余爲族　曾本、汲古閣本、湯本、李本、焦本云，一作「余於長沙公爲族」。曾本、宋本、湯本又云，一無「公」字。按，各本皆於族字下斷句，可从。吴譜考證長沙公爲陶延壽之子，淵明爲其族祖，故主族祖二字連讀。其説非，參見【集説】。

以爲　「以」，曾本、汲古閣本、湯本云，一作「已」。蘇寫本、李本、焦本作「已」。

尋陽　陶本及各本皆作「潯陽」。按，晉書卷一五地理志作「尋陽」。廬山記：「尋陽縣在大江北，尋水之陽也。」尋陽記：「蘄州界古蘭城，一曰尋水城，即漢尋陽縣。咸和後始移於江南。」故作「尋陽」是。今據改。

慨然　「然」，曾本、汲古閣本、湯本云，一作「矣」。

歲月眇徂　曾本云，一作「歲往月徂」。汲古閣本同。

躊躇　「躇」，曾本云，一作「蹰」。汲古閣本同。

今族　「族」，蘇寫本作「祖」。

斯堂　「斯」，曾本、汲古閣本云，一作「新」。焦本云，一作「新」，非。按，作「斯」是，參見注〔一二〕。

冬暄　「暄」，曾本、汲古閣本、蘇寫本作「輝」，又云，宋本作「暄」。焦本云，一作「輝」，非。

春華　「華」，各本作「花」。曾本云，一作「華」。湯本、汲古閣本同。曾本又云，一作「爰來春苑」。蘇寫本、汲古閣本同。

載警　「警」，曾本、汲古閣本云，一作「散」，又作「驚」。蘇寫本作「驚」。按，作「警」是，參見注〔一六〕。

忘同　「忘」，曾本云，一作「志」。湯本、汲古閣本同。曾本、汲古閣本又云，「忘同」，一作「同行」。

言笑　陶本原作「笑言」。曾本、汲古閣本作「笑言」，云，一作「言笑」。蘇寫本作「言笑」。按，詩衛風氓：「總角之宴，言笑晏晏。」與殷景安別詩：「山川千里外，言笑難爲因。」作「言笑」是。

遥遥三湘　陶本原校：「一作『遥想三湘』，一作『遥想湘渚』。」曾本作「遥想湘渚」，又云，一作「遥遥三湘」。湯本同。汲古閣本作「遥想湘渚」，又云，一作「遥想三湘」。

貽此　「此」，曾本、汲古閣本作「茲」，又云，一作「怡此」。

雖微　「微」，曾本、汲古閣本云，一作「少」。

終焉　「焉」，曾本、汲古閣本作「在」，又云，一作「焉」。湯本同。

【箋注】

〔一〕長沙公：指陶延壽。參見【集説】。此詩作年不易確定。吴譜繫於元嘉二年乙丑（四二五）。蓋吴譜以爲淵明爲長沙公族祖，在尋陽所見者乃陶延壽之子，宋受禪，長沙公延壽降爲吴昌侯，其子仍稱長沙公，乃從晉爵也。宋人張縯吳譜辨證駁吳譜之説：「按晉書載：長沙公侃卒，長子夏以罪廢，次子瞻之子弘襲爵。弘卒，子綽之嗣。綽之卒，子延壽嗣。宋受晉禪，延壽降爲吳昌侯。若謂詩作於元嘉，則延壽已改封吳昌，非長沙矣。」張縯又據此詩詩意，以爲淵明世次較長沙公爲長，「視延壽乃諸父行」，「如年譜以族祖族孫爲稱，乃延壽之子，延壽已降爲吳昌侯，其子又安得稱長沙公哉？要是此詩作于延壽未改封之前」。逯注贈長沙公詩，亦以爲淵明以族祖自居，所遇之長沙公爲延壽之子，並據宋書武帝紀、何承天傳、資治通鑒，考定「長沙公陶延壽義熙五年（四〇五）尚任軍職」，元熙二年（四二〇）宋代晉，長沙公降爲醴陵侯，「則延壽子嗣公爵當在義熙五年以後元熙二年之前，其路過尋陽亦當在此期間」。逯氏雖考出淵明見長沙公之時間範圍，但其間長達十五年，仍有詳考的必要。楊譜繫於義熙十四年（四一八），從張縯吳譜辨證，以爲淵明所遇乃長沙公陶延壽：「宋書高帝紀曰：『義熙五年，慕容超率鐵騎來戰，命諮議參軍延壽擊之。』知延壽於義熙間頗立功業。尋陽兵要之地，延壽或因軍公出入於此，偶與淵明邂逅，語之則知長沙公之後，淵明贈以詩，故有歎爲『路人』者。張辨云：『要是此詩作于延壽未改封之前。』其説是。」鄧譜「義熙六年庚戌（四一〇）」條，以爲淵明所遇之長沙公必是陶延壽，並詳考晉書桓玄傳、宋書何承天傳、宋書武帝紀中所載延壽之行蹤，得出結論：「就全詩所述情事與延壽在元興、義熙中行蹤而論，詩亦當作于劉裕平南燕以後，劉還衛京師，延壽返長沙，途徑尋陽之時」。鄧譜考證較楊勇翔實，今從之。

〔二〕大司馬：指陶侃。一説指西漢陶舍。李注：「漢高帝時陶舍。」閻若璩、閻詠亦謂陶舍，并謂序中大司馬當作右司馬，陶考已詳辨其非。

〔三〕昭穆：古代宗族制度，宗廟按世系排列：始祖居中，二世、四世、六世居左，稱「昭」；三世、五世、七世居右，稱「穆。」禮記祭統：「夫祭有昭穆。昭穆者，所以别父子、遠近、長幼、親疏之序而無亂也。」

〔四〕路人：指昭穆既遠，情誼疏遠，彼此視若陌路之人。

〔五〕分流：猶分支。何注：「班孟堅幽通賦：『術同源而分流。』曹大家曰：『如水同源而分流也。』」

〔六〕寤歎，詩曹風下泉：「愾我寤歎。」鄭玄箋：「寤，覺也。」三國志吴書周魴傳：「未嘗不寤寐勞歎，展轉反側也。」

〔七〕禮服：禮制所規定的喪服。古注：「漢書夏侯勝傳：『善説禮服。』顔師古注：『禮之喪服也。』」又，漢書卷二二禮樂志：「立明堂，制禮服，以興太平。」古代喪服有五等，名爲五服，即斬衰、齊衰、大功、小功、緦麻是也。五服以不同質料製成，以别親疏。賈誼新書六術：「喪服稱親疏以爲重輕，親者重，疏者輕，故復有麤衰、齊衰、大紅、細紅、緦麻，備六，各服其所當服。」淵明與長沙公同出於大司馬陶侃。據儀禮喪服卷一一：「族曾祖父母族祖父母族父母族昆弟。」正義「鄭氏康成曰：曾祖昆弟之親也。賈氏公彦曰：此即禮記大傳云：『四世而緦服之窮也，名爲四緦麻者也。』族，屬也，骨肉相連屬，以其親將盡，恐相疏，故以族言之耳。」（欽定儀禮注疏卷二五）淵明爲陶侃曾孫，淵明之祖乃延壽族曾祖。延壽與淵明，骨肉雖相連屬，但與二人的親屬關係已經非常疏遠，當服最輕之喪服「四緦麻」，故詩序稱「昭穆既遠，已爲路人。」又陶侃乃延壽高祖，據漢儒解釋，高祖有服，即高祖在五服之内，服宜緦麻。儀禮喪服卷一一鄭玄注：「注正言小功者，服之數盡於五，則高祖宜緦麻，曾祖宜小功也。」（同上）故詩云「禮服遂悠」。悠，遠也。若淵明是陶侃六世孫或七世孫，長沙公是延壽子，延壽子是侃六世孫，則禮服已竭，疏遠不親，等同陌路，何必再稱「禮服遂悠」？「禮服遂悠」者，正説明陶侃爲延壽高祖，高祖雖仍有服，然喪服已是最輕最疏遠之緦麻矣。

〔八〕眇徂：遠往。

〔九〕行路：即詩序所云「路人」，謂不關痛癢之人。文選王儉褚淵碑文：「有識留感，行路傷情。」李善注：「論衡曰：『行路之人，皆能論之。』」

〔一〇〕眷然：思戀貌。歸去來兮辭：「眷然有歸歟之情。」

〔一一〕於穆：詩周頌清廟：「於穆清廟。」毛傳：「於，歎辭也。穆，美。」令族：美族。

〔一二〕允構斯堂：比喻繼承祖業。允，信。構，構築。古注：「書大誥『若考作室，既厎法。厥子乃弗肯堂，矧肯構？』孔傳：『父已致法，子乃不肯爲堂基，況肯構立屋乎？』」又，陸機與弟清河雲詩：「俯慚堂構，仰懵先靈。」陸雲答兄平原詩：「先公克構，乃崇斯堂。」按，吴騫拜經樓詩話卷四謂：「長沙公猶敦族好，經過尋陽謁祖居，故曰：『於穆令族，允構斯堂』，『實宗之光』。當時或更加葺治，故以肯構美之。」陶注與吴氏相近，謂：「此蓋長沙公經過尋陽，建桓公祠堂，以展親收族。」其説非。

〔一三〕諧氣：和諧之氣度。諧，書堯典：「克諧以孝。」孔傳：「諧，和也。」暄：暖和。張協七命：「暄氣初收。」孫綽丞相王導碑：「柔暢協乎春風，温煗侔于冬日。」「諧氣冬暄」即「温煗侔于冬日」之意，言長沙公氣度温和，若冬日之暄。

〔一四〕圭璋：寶玉。喻長沙公之美德。文選郭璞遊仙詩李善注：「禮記：孔子曰『圭璋特達，德也』。」

〔一五〕春華：喻長沙公爲學有得。顔氏家訓勉學：「夫學者猶種樹也，春玩其華，秋登其實。講論文章，春華也；修身利行，秋實也。」

〔一六〕警：戒懼之意。文選陸機歎逝賦：「節循虚而警立。」李善注：「警，猶驚也。」三國志吴書張温傳：「故得及秋冬之月，赴有警之期。」秋霜：喻長沙公志操嚴厲。後漢書卷七〇孔融傳：「懔懔焉，皜皜焉，其與琨玉秋霜比質可也。」晉書卷九一范弘之傳：「志厲秋霜，誠貫一時。」文選王儉褚淵碑文：「君垂冬日之温，臣盡秋霜之戒。」按，王瑶注引禮記祭義「霜露既降，君子履之，必有淒愴之心」等語，謂「秋霜即指祭祀時的淒愴之心，大概長沙公過尋陽時，曾祭陶氏宗祠」。陶注亦云：「堂成祭祀，不勝秋霜怵惕之思。」其説非。

〔一七〕欽哉：欽，敬也。哉，語助詞。書堯典：「帝曰：往，欽哉！」

〔一八〕宗：左傳昭公十三年：「肸之宗十一族。」杜預注：「同祖爲宗。」禮記大傳：「尊祖故敬宗，敬宗故收族。」

〔一九〕伊：作語助，與「維」同，無義。詩小雅正月：「伊誰云憎。」爾雅釋詁下：「伊，維也。」遘：遇見。

〔二〇〕長：尊長。長沙公乃陶侃一族之大宗之傳，故曰長。同：同族。以上二句寫長沙公位居尊長，初見時若忘淵明是同族之親。吴注引王棠曰：「淵明年長於長沙公，初遘面，忘其同出於大司馬也。」方東樹昭昧詹言卷十三云：「詩云『在長忘同』，謂此族祖忘其在長，而同與己游也。」按，長沙公爲陶侃嫡系，淵明不會不知，王棠之説不可信。詩序云：「昭穆既遠，以爲路人。」詩云：「感彼行路，眷然躊躇。」可見長沙公幾已視淵明爲陌路人。方氏似謂長沙公屈尊與己同游，不合淵明本意。

〔二一〕逝焉西東：猶各奔西東。逝，離去。

〔二二〕三湘：指長沙公封地。太平寰宇記：「湘潭、湘陰、湘鄉，是爲三湘。」

〔二三〕九江：此指淵明居地。

〔二四〕行李：使者。左傳僖公三十年：「行李之往來，共（供）其乏困。」杜預注：「行李，使人也。」摯虞贈李叔龍以尚書郎遷建平太守詩：「既有行李，以通其音。」

〔二五〕寫心：詩小雅蓼蕭：「我心寫兮。」文選向秀思舊賦：「援翰而寫心。」

〔二六〕話言：善言。此指本詩。詩大雅抑：「其維哲人，告之話言。」毛傳：「話言，古之善言也。」世説新語言語：「仁祖聞之曰：『時無豎刁，故不貽陶公話言。』」孫綽贈庾冰詩：「古人重離，必有贈遷。千金之遺，孰與片言。」

〔二七〕「進簣」二句：簣，盛土竹器。論語子罕：「譬如爲山，未成一簣。止，吾止也；譬如平土，雖覆一簣，進，吾往也。」

〔二八〕款襟：款誠情懷，此指披誠暢談。款，廣韻：「款，誠也。」荀子修身：「愚款端愨則合之以禮樂。」楊倞注：「款，款誠也。」

〔二九〕音問：音信。索靖月儀帖：「談面既闊，音問又疏。」王羲之雜帖：「音問不數。」

【集説】

贈長沙公詩的詩序有異文，且斷句不同，難於解讀，自宋迄今，歧見紛呈。兹擇其難解之要者，縷述并作考辨如下。

一、詩題與詩序之異文及斷句。各本皆作贈長沙公族祖。陶注原校引楊時偉曰：「序『長沙公於余爲族』一句，『祖同出大司馬』一句。題中『族祖』二字乃後人誤讀序文『祖』字爲句，因而妄增詩題也。」陶注又云：「何孟春、何焯亦皆以『族祖』二字爲衍，今删之。」吴譜「文帝元嘉二年」條從「余于長沙公爲族祖」斷句，並據晉書卷六六陶侃傳所載陶氏世系，以爲見淵明於尋陽者爲陶延壽之子，「詩題當云『贈長沙公族孫』，而云『族祖』者，字之誤也。」按，各本皆作贈長沙公族祖，楊時偉以爲乃後人誤讀詩序「長沙公於余爲族」，以「祖」字爲句，因而妄增詩題，其説極是。吴譜以爲詩題當云「贈長沙公族孫」，原因是從詩序的異文「余於長沙公爲族」，且以「祖」字爲句，即「余於長沙公爲族祖」，長沙公遂成淵明之「族孫」。清人全祖望、姚瑩、洪亮吉、孫志祖等人皆以「祖」字斷句。如孫志祖陶淵明世系一文云：以「族」字斷句，「既不成句，且與題所云『族祖』相戾矣」。故「族祖」「族孫」之謬，既與詩序異文有關，更與詩序的斷句有關。厘清詩序及正確斷句，是破除千年謎團，還原淵明與長沙公兩人世次之關鍵。查宋代陶集的幾種最有價值的善本，如宋刻本、曾集刻本、湯漢注本，詩序的原文皆作「長沙公於余爲族，祖同出大司馬」，並有原注：「一作『余於長沙公爲族』。」由此可知，「長沙公於余爲族」一句，至遲在宋代就已出現「一作『余於長沙公爲族』」的異文。朱自清陶淵明年譜中之問題疑心「『一作』乃經人校改，非本來面目」。其疑不無道理。蓋各本正文皆作「長沙公於余爲族」，而詩題爲贈長沙公，細加體味，詩題與詩序的邏輯及語氣都較「余與長沙公爲族」更通順。出現「一作」的異文，乃後人因「族祖」二字連讀，遂不明淵明與長沙公兩人的輩份關係而妄改。詩序異文再加上斷句，乃是此詩一切異説産生的根源，而尤以斷句關係最大。若僅是異文，「長沙公於余爲族」與「余於長沙公爲族」，不過是詞序的顛倒，皆交代淵明與長沙公爲同族。若在「祖」字下斷句，即成「族祖」，謎團頃刻生成。若讀作「長沙公於余爲族祖」，則長沙公爲族祖，淵明是族孫；若讀作「余於長沙公爲族祖」，則淵明是族祖，長沙公爲族孫。這兩種情況在陶侃世系中可以形成多種排列，遂致各種異説，簡直不可董理。諸多異説中，李注引宋人張縯吴譜辨證格外值得重視。吴譜從「祖」字斷句，遂致族祖、族孫之辨。張縯據贈長沙公詩「伊余云遘，在長忘同」二句，説：「蓋先生世次爲長，視延壽乃諸父行。序云『余與長沙公爲族』，或云『長沙公於余爲族』，皆以『族』字斷句，不稱爲祖。」張縯據宋代各善本陶集，正確讀解詩序，以「族」字斷句，以爲不稱「族祖」。後來李本亦以「族」字爲句，明人楊時偉同張縯之説，四庫總目提要以爲「其説頗確」。張縯以「族」字斷句，否定「族祖」，走出了正確理解贈長沙公詩的關鍵一步。

然以「族」字斷句爲是之理由，尚須申述。「族」之基本意義爲姓氏。左傳隱公八年：「無駭卒，羽父請謚與族。公問族于衆仲，衆仲對曰：『天子建德，因生以賜姓，胙之土而命之氏；諸侯以字爲謚，因以爲族；官有世功，則有官族，邑亦如之。』」杜預注「因生以賜姓」一句曰：「因其所由生以賜姓。」由杜注可知，上文「羽父請謚與族」一句之「族」，義即姓氏，「請謚與族」，意思是請（隱公）賜以謚號與姓氏。「諸侯以字爲謚，因以爲族」二句杜預注：「或使即先人之謚稱以爲族。」意思是用先人的謚號以爲姓氏。又戰國策秦策二：「費人有與曾子同名族者而殺人。」高誘注：「族，姓。」又晉書卷五九汝南王亮傳叙汝南王司馬亮之子宗謀反，庾亮使右衛將軍趙胤殺宗，「貶其族爲馬氏」。意思是貶司馬宗之戚屬的姓氏爲馬氏。世説新語文學七七劉孝標注引中興書説：庾闡，「太尉（庾）亮之族也」。意思説庾闡與庾亮是同族。鄭樵通志卷二五氏族略論姓氏的來歷及「族」的多種意義，説：「三代之前，姓氏分而爲二，男子稱氏，婦人稱姓。氏所以別貴賤者。貴者有氏，賤者無名無氏。」「三代之後，姓與氏的意義合一。鄭樵又指出，「族」的意義多種，「族者，氏之別也，以親別疏，以小別大，以異別同，以此別彼」，並舉例説，「遂人之族，分而爲四；商人之族，分而爲七。此支分之别也」。這是説同一姓氏，據親疏或小大或貴賤，區别爲衆多的族。故「長沙公於余爲族」，意思是長沙公與余同姓（陶氏），爲同一宗族，即「祖同出大司馬」，長沙公與余皆是大司馬的分支。詩云「同源分流」，即是「長沙公於余爲族」二句的概括。「爲族」之「族」，用其同姓同宗的意義。

二、「祖同出大司馬」一句「祖」字之解釋。「祖」之常用義指祖父。但此句中「祖」字不作祖父解。否則余之祖父與長沙公之祖父同出大司馬，膚淺之事實，何用述説？此「祖」字，義爲始也，初也。「族祖」兩字連讀者，蓋不明禮記的饗祀之禮，也就不明「祖」義。詩商頌長發序：「長發，大禘也。」鄭玄箋：「大禘，郊祭天也。禮記曰：『王者禘其祖之所自出，以其祖配之是謂也。』」朱子辨説詩序卷下：「禘嚳於后稷之廟，而以后稷配之，所謂禘其祖之所自出，以其祖配之者也。」「祖」之義爲始，見於孔穎達的解釋。詩大雅生民序：「生民，尊祖也。」孔穎達疏：「祖之定名，父之父耳。但祖者，始也，己所從始也。自父之父以上皆得稱焉。」據此，禮記「禘其祖之所自出」之「祖」，其義爲「始」，爲「初」。祭宗廟是不忘己之由何處而來，而以初祖祭之。明瞭禮記的饗祀之禮及「祖」之意義，詩序「祖同出大司馬」一句就迎刃而解。「祖」者，謂你我雙方之始；「同出大司馬」

者，謂你我之始同自大司馬來，即大司馬是我們共同祖宗。這一句完全符合禮記「王者禘其祖之所自出，以其祖配之是謂也」的古義。由此可見，淵明非常熟悉禮記。至此，詩序「長沙公於余爲族，祖同出大司馬」二句可以得到確解，千百年來的「族祖」、「族孫」之辨可以休矣。

三、關於長沙公的種種異説。考證長沙公的主要史料依舊是晉書卷六六陶侃傳所載長沙公世系。陶侃世子夏早在淵明出生前就已辭世，故淵明所見之長沙公，不可能是世子夏。夏卒，瞻子弘襲爵位。弘卒，子綽之嗣。綽之卒，子延壽嗣。弘、綽之、延壽祖孫三人，誰是淵明所見之「族祖」？爲了找到子虚烏有的「族祖」，確定長沙公是誰，學者便將陶侃世系中的長沙公一一排列考量，結果無不牴牾。因無法自圓，遂懷疑宋書及蕭統陶淵明集序所叙陶侃是淵明曾祖的記載。以下逐一考辨有關長沙公的各種異説：

（一）長沙公爲陶弘説。此説爲陶淵明世系研究中的新説。吴國富君數年前作陶淵明尋陽覓蹤一書，第二章「尋陽與陶淵明的家世」探討陶侃、淵明祖父、父親、家叔等與淵明的關係，其中重要的考證結論是：淵明非陶侃曾孫，陶侃爲淵明高祖；陶弘爲淵明族祖。淵明不是陶侃曾孫的説法，參見命子詩注。兹先繼續考辨所謂「族祖」。長沙公陶弘，是否就是淵明在尋陽所遇之「族祖」？國富君據陶侃、淵明的年紀，以爲淵明「完全有可能在年輕時見到年高的長沙公陶弘」。但事實上若根據陶侃及淵明年齡爲起點再推論，年輕的淵明與年高的長沙公陶弘相遇的幾率爲零。晉書卷六六陶侃傳載，侃子瞻爲蘇峻所害。考晉書卷七成帝紀，咸和三年（三二八）二月，蘇峻攻建康，王師大敗，廬江太守陶瞻與卞壼、羊曼等並遇害。世子夏病卒後，以瞻子弘襲侃爵。按，陶侃卒於咸和九年（三三四），年七十六，則其生年是魏高貴鄉公曹髦甘露四年（二五九）。假定侃二十五歲生子瞻，則瞻生年是西晉太康四年（二八三）。又假定瞻亦二十五年生子弘，則弘生年在西晉永嘉元年（三〇七）。假定淵明二十歲見長沙公陶弘，以淵明享年六十三歲推算，時在太元九年（三八四），而此時陶弘年齡已七十八歲。雖説並非絶對不可能，但可能性微乎其微。再從陶延壽行蹤考察淵明所遇之長沙公是否陶弘。晉書卷九九桓玄傳載：元興二年（四〇三），「陶延壽以（桓）亮乘亂起兵，遣收之」。又宋書卷六四何承天傳載：「義旗初，長沙公陶延壽以爲其（指何承天）輔國府參軍。」義旗初指元興三年（四〇四）劉裕建義旗討伐桓玄。據此可知，陶延壽至遲在元興二年或三年已爲長沙公。假定陶弘太元九年（三八四）年尚健在，並有事經過尋陽遇見淵明，則至元興二年陶延壽嗣長沙公，相距只有二十年，期間歷經陶弘卒，弘子綽之嗣，綽之卒，子延壽嗣長沙公等一系列變故，雖並非絶無可能，但總覺未免太快了。由此反證淵明所遇之長沙公幾無可能是陶弘，而是陶延壽。再者，陶弘果爲淵明族祖，則正如吴譜所説「使侃諸子而在，乃先生祖之昆弟，服屬近矣，安得云『昭穆既遠』？當曰從祖，亦不得云族祖也」。更難解釋者在於贈長沙公詩的語氣充滿人世滄桑感，顯然是老者情懷。詩第二章曰：「於穆令族，允構斯堂。諧氣冬暄，映懷圭璋。爰采春華，載警秋霜。我曰欽哉，實宗之光。」味其詩意，是對晚輩的讚美。詩末章曰：「何以寫心，貽此話言。進簣雖微，終焉爲山。」殷勤希望長沙公道德學問日進不止，口吻明顯是長輩對晚輩的勖勉。若淵明此時二十歲，對高齡的族祖説這樣的話就太不合情理了。

（二）長沙公爲陶綽之説。此説出於姚瑩與方植之論陶淵明爲桓公後説。姚氏考證的邏輯起點也是淵明以長沙公爲族祖。姚氏云：「今淵明以長沙公爲族祖，其同高祖實無疑義。」此説依據爲古代喪服制度。儀禮喪服曰：「族曾祖父母，族祖父母，族父母，族昆弟。」鄭玄注：「族祖父母者，亦高祖之孫，祖父之從父昆弟之親也。」據鄭注，族祖者，乃祖父之從父昆弟，高祖之孫。姚氏根據儀禮鄭注，進而推論淵明世次：「至於昭穆之次，則此所謂贈長沙公爲先生族祖，等身而上，是爲三代，上溯高祖，則五代矣。」然後再據晉書陶侃傳所記的世系，排除陶弘及陶延壽，得出綽之爲近是的結論：「以綽之爲族祖，則高祖乃瞻也……數傳至淵明，上及桓公已及六世。」姚氏之説可表述如下：侃——瞻——弘——綽之——延壽——淵明。又方東樹贊同閻詠陶侃非淵明曾祖説，而主詩序以「族祖」斷句，謂此詩所贈長沙公爲淵明族祖；又稱此長沙公之爲綽之、延壽不可定，要之於侃實爲曾玄行，淵明又下此人二世，已七世矣（見昭昧詹言卷一三陶詩附考）。按，方氏連長沙公究爲何人也不能確定，卻稱淵明又下此人二世，爲侃七世孫，其説不可信亦明矣。參見命子詩【集説】。

（三）長沙公爲陶延壽説。此説始于宋人張縯吴譜辨證。張縯據贈長沙公詩「伊余云遘，在長忘同」二句，謂「先生世次爲長，視延壽乃諸父行」，並説詩序以「族」字斷句，不稱爲「祖」，「蓋長沙公爲大宗之傳，先生不欲以長自居，故詩稱『於穆令族』，序稱『於余爲族』，又云『我曰欽哉，實宗之光』，皆敬宗之義也。」張縯讀詩序是正確的。然清代學者多不從其説，以致「族祖」「族孫」，異説紛紜。梁譜、鄧譜同張縯説，謂長沙公乃延壽。鄧譜考證精詳，依據有三：一是晉書陶侃傳叙長沙公世次，「降爲吴昌侯者當是延壽」。二是延壽在晉季行跡歷歷可見。三是詩序云：「長沙公於余爲族。」族，即同族。「淵明爲陶侃四世孫（曾孫），延壽爲陶侃五世孫，論世次淵明於延壽爲三從父兄弟，延壽與淵明之子則四從昆弟，正大傳所謂『四世而緦，服之窮也』之義。序稱長沙公爲『族』，爲『昭穆既遠』，詩云『禮服遂悠』，宜矣。」鄧譜三證，尤其第三證以禮經解釋什麽叫族祖，論據很堅實。

（四）長沙公爲延壽之子説。吴譜首唱長沙公爲延壽之子説，依據是詩序一作「余於長沙公爲族祖」。既然淵明爲長沙公「族祖」，而長沙公又是延壽子，則長沙公便是「族孫」了。但這種推論與晉書陶侃傳所叙長沙公世次不符。長沙公世次爲侃——瞻——弘——綽之——延壽。延壽入宋，降封吴昌侯。長沙公自陶侃始，傳至五代而絶。延壽子不見史傳，若延壽果有子，也是襲爵吴昌侯，豈可「從晉爵」再稱長沙公？吴譜的辯解牽强不可信。據鄧譜所考，長沙公延壽在晉末的行跡歷歷可見，且詩序云「昭穆既遠」，詩云「禮服遂悠」，延壽爲陶侃五世孫，雖尚在五服之内，但親情已經十分疏遠了。若長沙公爲延壽之子，則出於五服之外，骨肉不屬，豈可謂「禮服遂悠」？

酬丁柴桑〔一〕

有客有客，爰來爰止。秉直司聰〔二〕，惠于百里〔三〕。飧勝如歸，聆善若始〔四〕。匪惟諧也〔五〕，屢有良游。載言載眺〔六〕，以寫我憂〔七〕。放歡一遇〔八〕，既醉還休〔九〕。實欣心期〔一〇〕，方從我遊〔一一〕。

【校記】

酬丁柴桑　陶本于詩題下原有「并序」二字。按，此詩無序，各本亦無「并序」二字，今删去。

爰止　「爰」，曾本云，一作「官」。湯本、汲古閣本同。蘇寫本作「官」。逯本從文館詞林作「宦」。

惠于　陶本、湯本、李本、汲古閣本作「于惠」。按，詩大雅思齊：「惠于宗公。」詩大雅抑：「惠于朋友。」作「惠于」是，據改。

聆善　陶本原校：「湯本、焦本作『矜善』。又一本作『聆音』。」聆，曾本、湯本、汲古閣本作「矜」，又云，一作「聆」。「善」，曾本、蘇寫本、汲古閣本云，一作「音」。

匪惟　「惟」，曾本云，一作「忤」。汲古閣本云，一作「怍」。

諧也　陶本原作「也諧」。原校云：「各本作『諧也』，此亦焦本。」曾本、汲古閣本云，一作「也諧」。按，三國志魏書杜恕傳裴松之注引杜氏新書：「殺胡之事，天下謂之是邪，是僕諧也；呼爲非邪，僕自受之，無所怨咎。」各本作「諧也」是，今據改。

良游　「游」，陶本原校：「焦本云，宋本作『游』。一作『由』，非。按古人不以重韻爲嫌，作『游』是也。」各本皆作「由」。曾本云，一作「游」。湯本、汲古閣本同。按，古注：「游、由古通用。魏志蘇由，文選作蘇游。李善注：『游與由通。』」

載言載眺　曾本、汲古閣本云，一作「載馳」，又云，一作「載馳載驅」。蘇寫本作「載馳載驅」，又云，一作「載言載眺」。

【箋注】

〔一〕丁柴桑：柴桑丁縣令。此詩可能作于義熙末。據晉傳，義熙末「其鄉親張野及周旋人羊松齡、龐遵等，或有酒要之，或要之共至酒坐，雖不識主人，亦欣然無忤；酣醉便反，未嘗有所造詣，所之唯至田舍及廬山游觀而已」。則淵明與丁柴桑交游，或亦在其時。

〔二〕秉直：秉公持正。司聰：爲皇帝聽察民情。聰，聽。丁注：「左傳昭公九年：『汝爲君耳，將司聰也。』」

〔三〕惠于百里：意謂施順道於一縣。詩大雅抑：「惠于朋友。」鄭玄箋：「惠，順也。」百里，指一縣。文選陸機贈馮文羆遷斥丘令：「我求明德，肆于百里。」李善注：「漢書曰：『縣大率百里，其人稠則盛，稀則曠也。』」

〔四〕「殆勝」二句：古注：「餐勝如歸，謂餐服勝義，如歸家之樂；聆善若始，謂雖習聞者，亦若始聞。言其謙遜也。」勝，勝義，勝理。聆善，猶聞善。潘岳楊荆州誄：「聞善若驚。」按，此詩首章六句，次章八句，疑首章有佚句。徐仁甫古詩別解卷六：「察次章首句曰『匪惟諧也』，此承遞前章之詞。可見首章末缺二句，其末句必有『諧』字，而今本佚矣。」其説頗有見。

〔五〕「匪惟」二句：意謂不僅情趣相合，且常相從游樂。諧，合洽也。玉篇：「諧，調也。」書舜典：「八音克諧。」

〔六〕載言載眺：又是説笑，又是眺望。

〔七〕以寫我憂：詩邶風泉水：「駕言出游，以寫我憂。」鄭玄箋：「寫，除也。」

〔八〕一遇：猶一晤。與殷晉安别詩：「一遇盡殷勤。」

〔九〕既醉還休：盡醉方休。既，後漢書卷二明帝紀：「日有食之，既。」李賢注：「既，盡也。」

〔一〇〕心期：謂兩心相許。南史卷一七向柳傳：「我與士遜心期久矣，豈可一旦以勢利處之。」

〔一一〕方：詩小雅正月：「民今方殆。」鄭玄箋：「方，且也。」文選孫綽游天台山賦：「方解纓絡。」李善注：「方，將也。」

【集評】

温汝能陶詩彙評卷一：「淵明詩體質句逸，情真意婉，即偶然酬答，而神味淵永，可規可誦，姜白石謂其天資既高，趣詣又遠，故其詩散而莊，澹而腴。旨哉斯言也。」

答龐參軍〔一〕并序

龐爲衛軍參軍，從江陵使上都，過尋陽見贈。

衡門之下〔二〕，有琴有書。載彈載詠，爰得我娱。豈無他好，樂是幽居〔三〕。朝爲灌園〔四〕，夕偃蓬廬〔五〕。

人之所寶，尚或未珍。不有同好，云胡以親〔六〕？我求良友，實覯懷人〔七〕。懽心孔洽，棟宇惟鄰〔八〕。

伊余懷人，欣德孜孜〔九〕。我有旨酒，與汝樂之〔一〇〕。乃陳好言，乃著新詩。一日不見，如何不思〔一一〕！

嘉游未斁〔一二〕，誓將離分〔一三〕。送爾於路，銜觴無欣。依依舊楚〔一四〕，邈邈西雲〔一五〕，之子之遠，良話曷聞〔一六〕。

昔我云别，倉庚載鳴〔一七〕。今也遇之，霰雪飄零。大藩有命〔一八〕，作使上京。豈忘宴安，王事靡寧〔一九〕。

慘慘寒日，肅肅其風〔二〇〕。翩彼方舟〔二一〕，容與江中〔二二〕。勖哉征人，在始思終〔二三〕。敬茲良辰〔二四〕，以保爾躬〔二五〕。

【校記】

未珍　「未」，曾本云，一作「非」。湯本同。

同好　「好」，曾本、汲古閣本、湯本作「愛」，云，一作「好」。焦本作「好」，云，一作「愛」，非。按，作「好」是，參見注〔六〕。

云胡　「云」，蘇寫本、汲古閣本作「去」。汲古閣本又云，一作「云」。按，各本皆作「云」，詩鄭風風雨：「既見君子，云胡不夷？」讀史述九章箕子：「哀哀箕子，云胡能夷？」作「云」是，「去」乃形近而誤。

以親　「以」，曾本云，一作「已」。

良友　「友」，曾本云，一作「朋」。

惟鄰　「惟」，曾本云，一作「爲」。焦本同。

不思　「不」，曾本、湯本云，一作「弗」。

未斁　「斁」，曾本云，一作「數」，又作「款。」按，作「斁」是，「數」、「款」皆形近而誤，參見注〔一二〕。

離分　曾本作「分離」。

邈邈　曾本、湯本作「藐藐」，又云，一作「邈」，按「邈邈」義同「藐藐」，謝靈運石室山詩：「藐藐苔嶺高。」

云別　「云」，曾本、汲古閣本云，一作「之」。

豈忘　「忘」，汲古閣本云，一作「妄」。蘇寫本作「妄」。

宴安　「宴」，陶本原作「晏」，餘本皆作「宴」。曾本又云：「一作燕。」左傳閔公元年：「宴安酖毒，不可懷也。」作「宴」是，今據改。

容與　「與」，曾本、湯本作「裔」。曾本又云，一作「與」，一作「融洩」。按，「容與」同「容裔」，參見注〔三〕。

江中　陶本原作「沖沖」。原校：「從何校宣和本。各本『容裔江中』。」曾本云，一作「沖沖」。汲古閣本作「容裔江中」，云，一作「容與沖沖」。今據曾本、汲古閣本改。

良辰　「辰」，蘇寫本作「晨」。汲古閣本云，一作「晨」。

【箋注】

〔一〕龐參軍：其人事迹不詳。陶淵明集中有答龐參軍詩兩首，一爲四言，一爲五言。兩詩中之龐參軍爲一人，與怨詩楚調示龐主簿鄧治中詩之龐主簿不是同一人。何注引吴正傳詩話：「本傳：江州刺史王弘欲識潛，不能致。潛游廬山，弘令其舊人龐通之，賫酒半道栗里邀之。此龐參軍四言及五言，皆叙鄰曲契好，明是此人。」梁譜亦以爲龐參軍即龐通之。按，何、梁之説不確。陶考云：「先生答參軍詩，并非素識，因結鄰始通殷勤，冬春僅再交，爲時尚淺，故曰『相知何必舊，傾蓋定前言』。而於主簿遵，則怨詩楚調示之，歷叙生平，備訴艱苦，至以鍾期相望，視參軍交情，有深淺之别矣，此可即兩詩對勘而得也。」其説是。 關於此詩作年，陶考以爲同五言，皆營陽王景平元年所作，并稱其時衞軍將軍王弘鎮尋陽，宋文帝劉義隆爲宜都王，以荆州刺史鎮江陵，龐參軍奉弘命使江陵，又奉宜都王之命使都。逯繫年謂五言詩作于宋文帝元嘉元年（四二四）春，其時龐赴江陵，爲劉義隆鎮西參軍；四言詩作于此年冬，龐作衞將軍謝晦參軍，詩中「大藩」亦指謝晦。按，據宋書卷四少帝紀、宋書卷五文帝紀、宋書卷四二王弘傳、卷四四謝晦傳，永初元年（四二〇）劉義隆封宜都王，進號鎮西將軍。景平二年（四二四）七月中，少帝廢，劉義隆入奉皇統。秋八月丁酉，大赦天下，改景平二年爲元嘉元年。永初三年（四二二），江州刺史王弘入朝，進號衞將軍。景平二年，徐羨之等謀廢立，召弘入朝。可知從永初元年至景平二年七月，劉義隆以宜都王、荆州刺史鎮江陵；王弘於永初三年後，以衞將軍鎮尋陽。而謝晦進號衞將軍，進封建平郡公，時在劉義隆即位後。詩云「大藩有命」，陶考謂「非宜都不得稱大藩」，其説較逯氏爲勝，今從之。

〔二〕衡門：横木爲門，爲賤者所居。詩陳風衡門：「衡門之下，可以棲遲。」

〔三〕幽居：禮記儒行：「幽居而不淫。」鄭玄注：「幽居謂獨處時也。」

〔四〕灌園：猶農耕。古注：「列女傳：『楚王聞於陵子終賢，欲以爲相。妻曰：夫子織屨以爲食，左琴右書，樂亦在其中矣。遂相與逃而爲人灌園。』」扇上畫扇：「蔑彼結駟，甘此灌園。」

〔五〕偃：臥。蓬廬：猶言茅舍。淮南子本經訓：「民之專室蓬廬，無所歸宿。」高誘注：「蓬廬，籧篨覆也。」文選張衡歸田賦：「感老氏之遺誡，將迴駕乎蓬廬。」

〔六〕「人之」四句：蔡正孫精刊補注東坡和陶詩話云：「『人之所寶，尚或未珍。不有同好，云胡以親。』此數語有賢賢易色之意，蓋金玉之貴，未足爲寶。友朋同心，親愛之樂，殆有甚于金玉之寶也。邵康節詩曰『金玉過從舊朋友』，亦是此意。」古注：「禮記儒行：儒有席上之珍以待聘。又曰：儒有不寶金玉，而忠信以爲寶云云，其近人有如此者。又曰：儒有合志同方，營道同術云云，其交友有如此者。此四句蓋隱括其意。」同好，謂愛好相同。曹植與楊德祖書：「雖未能藏之于名山，將以傳之于同好。」曹羲至公論：「保明同好者，朋友之至交。」

〔七〕覯：遇見。詩豳風伐柯：「我覯之子。」

〔八〕「懽心」二句：由詩小雅正月「洽比其鄰」句化出。

〔九〕欣德：好德樂道之意。孜孜：書泰誓下：「爾其孜孜，奉其一人。」孔傳：「孜孜，勤勉不怠。」孫楚顔回贊：「鑽仰孜孜。」

〔一〇〕「我有」二句：詩小雅鹿鳴：「我有旨酒，以燕樂嘉賓之心。」

〔一一〕「一日」二句：詩王風采葛：「一日不見，如三月兮。」詩王風君子于役：「君子于役，如之何勿思？」

〔一二〕斁：詩周南葛覃：「服之無斁。」毛傳：「斁，厭也。」文選左思魏都賦：「復之而無斁。」

〔一三〕誓將：同「逝將」。逝，去，往。參見後飲酒其一注。

〔一四〕依依：文選蘇武詩：「胡馬失其羣，思心常依依。」李善注：「依依，思戀之貌也。」舊楚：指荆州江陵，楚國曾建都于此，故云。

〔一五〕邈邈：廣雅釋詁：「邈邈，遠也。」楚辭離騷：「神高馳之邈邈。」王逸注：「邈邈，遠貌。」

〔一六〕「之子」二句：詩小雅白華：「之子之遠，俾我獨兮。」良話，善言。索靖月儀帖：「隔恨遐塗，莫因良話。」

〔一七〕倉庚：離黄鳥，即黄鶯。詩豳風七月：「春日載陽，有鳴倉庚。」毛傳：「倉庚，離黄也。」

〔一八〕大藩：藩王，指宜都王劉義隆。

〔一九〕靡寧：不寧。靡，無。詩小雅采薇：「王事靡盬。」

〔二〇〕肅肅：詩召南小星：「肅肅宵征。」毛傳：「肅肅，疾貌。」

〔二一〕翩：詩魯頌泮水：「翩彼飛鴞。」毛傳：「翩，飛貌。」此指船輕捷若飛貌。方舟：莊子山木：「方舟而濟於河。」司馬彪注：「方，並也。」爾雅釋水：「大夫方舟。」郭璞注：「並兩船。」

〔二二〕容與：船緩行貌。楚辭九章涉江：「船容與而不進兮，淹回水而疑滯。」

〔二三〕在始思終：古注：「左傳昭公五年：『敬始而思終，終無不復。』」

〔二四〕敬：說文：「敬，肅也。」廣韻：「敬，恭也，肅也，慎也。」可引申爲「愛惜」義。敬茲良辰，猶言愛惜此美好時光。

〔二五〕以保爾躬：陶考以爲王弘與徐羨之等謀廢少帝，必先使龐參軍往來京都。淵明陰察龐參軍使都當有異圖，故以慎終保躬勗之。古注贊同陶考之説。按，據宋書卷四少帝紀、宋書卷四二王弘傳，徐羨之、王弘、檀道濟等謀廢少帝在景平二年（四二四）夏五月。龐參軍於景平元年春奉王弘之命使江陵，其年冬又奉宜都王劉義隆命使京都，是否必爲謀廢事，實無法猜度。至于説在謀廢少帝前一年，淵明已陰察龐參軍使都當有異圖，恐難取信。

【集評】

黄文焕陶詩析義卷一：「六章氣象聲響，最肖三百篇。」

孫人龍纂輯陶公詩評注初學讀本卷一：「高雅脱俗，喻意深闊。交情篤摯，妙能寫出。」

馬璞陶詩本義卷一：「六首首首相接，層層相生。第五首言今日之别乃爲王事，不得已也。末首臨别贈言，相勗以德，而德則始終歸重之意，見於第二首之懷人，第三首之『欣德』者也。六首之章法皆藕斷絲連，其情勝也。」

勸農〔一〕

悠悠上古，厥初生民〔二〕。傲然自足，抱樸含真〔三〕。智巧既萌〔四〕，資待靡因〔五〕。

誰其贍之，實賴哲人。哲人伊何，時爲后稷〔六〕。贍之伊何，實曰播殖。舜既躬耕〔七〕，禹亦稼穡〔八〕。遠若周典〔九〕，八政始食〔一〇〕。

熙熙令德〔一一〕，猗猗原陸〔一二〕。卉木繁榮，和風清穆。紛紛士女，趨時競逐〔一三〕。桑婦宵興〔一四〕，農夫野宿。

氣節易過〔一五〕，和澤難久。冀缺攜儷〔一六〕，沮溺結耦〔一七〕。相彼賢達〔一八〕，猶勤壟畝。矧伊衆庶〔一九〕，曳裾拱手〔二〇〕。

民生在勤，勤則不匱〔二一〕。宴安自逸，歲暮奚冀？儋石不儲〔二二〕，飢寒交至。顧爾儔列，能不懷愧。

孔耽道德，樊須是鄙〔二三〕。董樂琴書，田園不履〔二四〕。若能超然〔二五〕，投迹高軌〔二六〕。敢不斂衽〔二七〕，敬讚德美。

【校記】

生民　「民」，曾本、李本、焦本作「人」。曾本云，一作「民」，一作「正人」。汲古閣本云，一作「人」。按，「人」乃避唐太宗諱字。

既萌　「既」，曾本、湯本云，一作「未」。按，作「未」與詩意悖，作「既」是。

靡因　「靡」，汲古閣本云，一作「無」。

誰其　「其」，汲古閣本云，一作「能」。

時爲　「爲」，曾本、汲古閣本作「惟」。

播殖　「殖」，曾本、蘇寫本、湯本、汲古閣本作「植」。按，「殖」與「植」古通。淮南子主術訓：「五穀蕃植。」曹植社頌：「克明播植。」國語鄭語：「周棄能播殖百穀蔬。」文選潘岳藉田賦：「后妃獻穜稑之種，司農撰播殖之器。」

令德　「德」，曾本、汲古閣本云，一作「音」。李本、焦本作「音」。

趨時　「趨」，蘇寫本作「趣」。按，「趨」通「趣」。

宵興　「興」，陶本原校：「焦本作『興』。各本作『征』，非。」曾本、汲古閣本云，一作「征」。蘇寫本、李本作「征」。按，作「興」是，參見注〔一四〕。

易過　「過」，陶本原作「邁」。各本皆作「過」。今據各本改。

冀缺攜儷，沮溺結耦　曾本、汲古閣本云，一作「缺攜尚植，沮溺猶耦」。

猶勤　「猶」，曾本、汲古閣本云，一作「尤」。

矧伊　「伊」，陶本原作「兹」。按，歲暮和張常侍詩：「矧伊愁苦纏。」作「矧伊」是。今據各本改。

宴安　「宴」，曾本、汲古閣本云，一作「燕」。

歲暮　「暮」，蘇寫本作「莫」。按，「暮」通「莫」。

不儲　「不」，曾本、湯本、汲古閣本云，一作「弗」。

飢寒　「飢」，曾本、汲古閣本云，一作「饑」。

顧爾　「爾」，曾本作「余」，又云，一作「爾」。湯本、汲古閣本同。

田園　陶本原校：「何校宣和本作『園井弗履』。」曾本云，一作「園井」。湯本、汲古閣本同。

不履　「不」，曾本、汲古閣本作「弗」，又云，一作「不」。

若能　「若」，蘇寫本作「苟」。

敬讚　曾本、汲古閣本云，一作「難讚」。蘇寫本「讚」作「歎」，又云，一作「贊」。按，「歎」有贊美之義，作「歎」亦通。

德美　「德」，蘇寫本作「厥」。按，作「德美」是。賈誼新書道德説：「德有六美。何謂六美？有道、有仁、有義、有忠、有信、有密。此六者，德之美也。」三國志魏書董昭傳：昭稱曹操「德美過于伊周」。

【箋注】

〔一〕癸卯歲始春懷古田舍詩云：「秉耒歡時務，解顔勸農人。」本詩題曰勸農，當亦作于元興二年癸卯（四〇三）。

〔二〕厥初生民：詩大雅生民：「厥初生民，時維姜嫄。」

〔三〕抱樸含真：老子十九章：「見素抱樸。」河上公注：「見素者當抱樸守真，不尚文飾。」謝靈運過白岸亭詩：「未若長疎散，萬事恒抱樸。」含真：顧愷之虎丘山序：「含真藏古。」真，指自然。

〔四〕智巧既萌：老子十九章：「絶聖棄智，民利百倍。」「絶巧棄利，盜賊無有。」淮南子俶真訓：「澆淳散樸，雜道以僞，儉德以行，而巧故萌生。」智，智慧。巧，奇巧之器物。

〔五〕資待：莊子大宗師：「堯何以資汝？」郭象注：「資者，給濟之謂也。」史記卷八七李斯列傳：「今乃棄黔首以資敵國。」索隱：「資，猶給也。」待，義同「資」。周禮天官外府：「待國之用。」鄭玄注：「待，猶給也。」謝靈運山居賦：「資待各徒，隨節競逐。」

〔六〕后稷：舜時農官。史記卷一五帝本紀：「舜曰：『棄，黎民始飢，汝后稷播時百穀。』」

〔七〕舜既躬耕：史記卷一五帝本紀：「舜耕歷山。」

〔八〕禹亦稼穡：論語憲問：「禹稷躬耕，而有天下。」稼穡，耕種和收穫。

〔九〕周典：即尚書周書。

〔一〇〕八政：尚書周書洪範：「三，八政，一曰食，二曰貨，三曰祀，四曰司室，五曰司徒，六曰司寇，七曰賓，八曰師。」王粲務本論：「八政之民也，以食爲首。」

〔一一〕熙熙：漢書卷二二禮樂志郊祀歌：「衆庶熙熙。」顔師古注：「熙熙，和樂貌也。」

〔一二〕猗猗：詩衛風淇奥：「瞻彼淇奥，緑竹猗猗。」毛傳：「猗猗，美盛貌。」原陸：平田。文選張衡東京賦：「勤稼穡於原陸。」葛洪抱朴子外篇正郭：「雖在原陸，猶恐滄海横流，吾其魚也。」

〔一三〕趨時：謂趨趕農時。競逐：競相追趕，指不失農時去勞作。文選劉琨答盧諶詩：「羣妖競逐。」袁崧白鹿詩序：「行人見之，乘刀競逐。」按，張玉穀古詩賞析卷十二：「士女趨時競逐，指嬉春者言。」其説非。

〔一四〕宵興：夜起。孫綽游天台山賦：「晝詠宵興。」文選潘岳哀永逝文：「啓夕兮宵興，悲絶緒兮莫承。」

〔一五〕「氣節」二句：言農時節氣過得很快，和風澤雨不會長久，故不應錯過。逯注作比興解，謂「二句言堯舜之世一去不返」。非是。

〔一六〕冀缺：春秋時人。李注：「左傳僖公三十三年：臼季使過冀，見冀缺耕，其妻饁之，敬，相待如賓，與之歸。」儷：配偶，此指妻子。

〔一七〕沮溺：論語微子：「長沮桀溺耦而耕。」結耦：二人並耕。

〔一八〕相彼：猶看那。詩小雅伐木：「相彼鳥矣。」鄭玄箋：「相，視也。」王胡之婦德箴：「相彼七出。」葛洪抱朴子外篇嘉遯：「相彼鳥獸，猶知爲患。」

〔一九〕矧伊：詩小雅伐木：「矧伊人矣。」毛傳：「矧，況也。」謝靈運武帝誄：「四海等哀，矧伊下臣。」

〔二〇〕拱手：謂斂手不事事。史記卷六秦始皇本紀：「秦人拱手而取西河之外。」後漢書卷一三公孫述傳：「天水、隴西，拱手自服。」陳祚明采菽堂古詩選卷十三：「『曳裾拱手』，甚有致。」蔣薰評陶淵明詩集卷一：「『曳裾拱手』，説惰農趣甚。」

〔二一〕「民生」二句：左傳宣公十二年：「民生在勤，勤則不匱。」

〔二二〕儋石：漢書卷四五蒯通傳：「守儋石之禄者，闕卿相之位。」應劭曰：「齊人名小甖爲儋，受二斛。」晉灼曰：「石，斗石也。」漢書卷八七上揚雄傳上：「家産不過十金，乏無儋石之儲，晏如也。」

〔二三〕「孔耽」二句：論語子路：「樊遲請學稼，子曰：吾不如老農；請學圃，曰：吾不如老圃。樊遲出。子曰：小人哉！樊須也。」

〔二四〕「董樂」二句：漢書卷五六董仲舒傳：「少治春秋，景帝時爲博士。下帷誦講，弟子傳以久次相授業，或莫見其面。蓋三年不窺園，其精如此。」不履，足迹不到，即「不窺園」。

〔二五〕超然：滿不在意。老子二十六章：「燕處超然。」王弼注：「不以經心也。」此指不以農務經心。

〔二六〕投迹高軌：謂追蹤古人的高尚行跡。

〔二七〕斂衽：猶斂袂，整一整衣袖，以示恭敬。國策楚策一：「一國之衆，見君莫不斂衽而拜，撫委而服。」王念孫廣雅疏證卷七下：「史記貨殖列傳云：『齊冠帶衣履天下，海岱之間，斂袵而任朝。』袵，亦袂也。」孫綽答許詢詩：「斂袵告誡，敢謝短質。」吴注：「汪洪度曰：末章歇後語，言若果能超然投迹，如孔如董，即不稼穡，我敢不斂袵以敬讚之哉。言外見得若不能如孔如董，即不得藉口而舍業以嬉也。」陳祚明采菽堂古詩選卷十三：「反復證辨，故以作趣，有此一結，詩便超然。」

【集評】

鍾惺、譚元春古詩歸卷九：鍾惺曰：「即從作息勤厲中，寫景觀物，討出一段快樂。高人性情，細民職業，不作二義看，惟真曠遠人知之。」

吴菘論陶：「勸農六章，節節相生。第三章言虞、夏、商、周，熙熙之世，士女皆農。第四章言叔季即賢達亦隱於農，矧衆庶而可游手乎？第五章正言勸農，第六章反言勸農，章法好絶。」

張謙宜絸齋詩談卷四：「勸農詞淡而意濃，此最是難學處。全集俱以是求之，乃見其高絶。」

命子〔一〕

悠悠我祖，爰自陶唐〔二〕。邈爲虞賓〔三〕，歷世重光〔四〕。御龍勤夏，豕韋翼商〔五〕。穆穆司徒〔六〕，厥族以昌。

紛紛戰國〔七〕，漠漠衰周〔八〕。鳳隱于林〔九〕，幽人在邱〔一〇〕。逸虬遶雲，奔鯨駭流〔一一〕。天集有漢〔一二〕，眷予愍侯〔一三〕。於赫愍侯〔一四〕，運當攀龍〔一五〕。撫劍風邁〔一六〕，顯茲武功。書誓山河，啓土開封〔一七〕。亹亹丞相〔一八〕，允迪前蹤〔一九〕。

渾渾長源〔二〇〕，蔚蔚洪柯〔二一〕。羣川載導，衆條載羅〔二二〕。時有語默〔二三〕，運因隆窊〔二四〕。在我中晉〔二五〕，業融長沙〔二六〕。

桓桓長沙〔二七〕，伊勳伊德。天子疇我〔二八〕，專征南國〔二九〕。功遂辭歸，臨寵不忒〔三〇〕。孰謂斯心，而近可得〔三一〕。

肅矣我祖〔三二〕，慎終如始〔三三〕。直方二臺〔三四〕，惠和千里〔三五〕。於皇仁考〔三六〕，淡焉虛止〔三七〕。寄跡風雲〔三八〕，冥茲慍喜〔三九〕。

嗟余寡陋，瞻望弗及。顧慚華鬢〔四〇〕，負影隻立。三千之罪，無後爲急〔四一〕。我誠念哉，呱聞爾泣〔四二〕。

卜云嘉日，占亦良時。名汝曰儼，字汝求思〔四三〕。温恭朝夕〔四四〕，念茲在茲〔四五〕。尚想孔伋，庶其企而〔四六〕。

厲夜生子，遽而求火〔四七〕。凡百有心〔四八〕，奚特于我！既見其生，實欲其可〔四九〕。人亦有言，斯情無假〔五〇〕。

日居月諸〔五一〕，漸免于孩〔五二〕。福不虛至，禍亦易來。夙興夜寐，願爾斯才〔五三〕。爾之不才，亦已焉哉〔五四〕。

【校記】

邈爲　「爲」，陶本原作「焉」，今據各本改。

歷世　曾本作「世歷」，云，一作「歷世」。湯本、汲古閣本同。

重光　「重」，宋書作「垂」，册府元龜同。按，作「重光」是，參見注〔四〕。

紛紛　曾本作「紛紜」，又云，一作「紛紛」。湯本、汲古閣本同。

遶雲　「遶」，蘇寫本作「撓」。

眷予　「予」，曾本、汲古閣本、蘇寫本作「余」。

風邁　「風」，陶本原校：「各本作『夙』。從何校宣和本作『風』。」曾本、汲古閣本云，一作「夙」。蘇寫本、李本、焦本作「夙」。焦本又云，一作「風」，非。

書誓　「書」，曾本云，一作「參」。湯本、汲古閣本同。

山河　曾本、汲古閣本作「河山」，云，一作「山河」。

蔚蔚　曾本、汲古閣本作「鬱鬱」。

隆窊　「窊」，曾本云，一作「窳」。湯本、汲古閣本同。按，「窳」爲器物粗劣之意。荀子議兵：「械用兵革窳楛不便利者弱。」楊倞注：「窳，器病也。」作「窊」非。

斯心　「心」，曾本云，一作「遠」。蘇寫本、汲古閣本同。

二臺　「二」，曾本云，一作「三」。湯本、汲古閣本同。

於皇　「皇」，曾本作「穆」，云，一作「皇」。湯本、汲古閣本同。

冥茲　「冥」，各本皆作「寘」。曾本云，一作「冥」。湯本、汲古閣本同。按，作「冥」是，參見注〔三九〕。

負影隻立　曾本、汲古閣本云，一作「貧賤介立」。

無後爲急　曾本作「無復其急」，云，一作「無後爲急」，一作「後無其急」。汲古閣本同。焦本云，一作「無復其急」，非。按，作「無後爲急」是，參見注〔四一〕。

占亦　「亦」，曾本、汲古閣本云，一作「云」。

字汝　「汝」，蘇寫本作「爾」。

【箋注】

〔一〕此詩作于得長子儼後，淵明年約二十六七歲。據怨詩楚調示龐主簿鄧治中詩：「弱冠逢世阻，始室喪其偏。」則淵明三十歲時（「始室」）喪妻，後續娶翟氏。又與子儼等疏：「汝等雖不同生，當思四海皆兄弟之義。」可知儼爲前妻所生。命子詩爲儼命名作。梁譜因創淵明得年五十六之説，將此詩繫于淵明二十一歲，而推斷生儼時淵明十九歲，並稱吴譜三十喪偶爲杜撰。逯繫年謂此詩作于義熙二年丙午（四〇六），淵明四十二歲時：「命子詩，所命者長子儼，詩有云：『日居月諸，漸免于孩。』漸免于孩，近成童八歲，即已七歲。儼年十六，陶五十一歲，則儼七歲時，陶作命子詩，爲四十二歲。」「是長子生時陶三十五歲。」按，逯肯定太元十九年甲午（三九四）淵明三十歲時喪妻，則前妻不及生育即已死去，那麽他的五個兒子（見責子詩）皆繼室翟氏所生。依逯繫年推出的這一結論，顯與與子儼等疏「汝等雖不同生」之語不合。逯説非。傳譜太元十五年庚寅條據歸去來兮辭序「幼稚盈室」一語，謂淵明二十九歲初仕時不止一子，並指出梁譜假定儼爲元配出，餘子均繼室所出爲非，以爲前四子俱爲前妻所出，翟氏僅生一佟，其間相隔四年，定淵明生儼時二十六歲。李文初關係陶淵明生平的幾個問題推斷長子儼生時，淵明當爲二十七歲，其説與傳譜接近。梁譜謂生儼時十九歲，古譜謂二十一歲，皆非。

〔二〕陶唐：堯稱陶唐氏。漢書卷一下高帝紀贊顔師古注引許慎説文解字云：「陶，丘再成也，在濟陰。夏書曰東至陶丘，陶丘有堯城，堯嘗居之，後居於唐，故堯號陶唐氏。」

〔三〕虞賓：指堯子丹朱。書益稷：「虞賓在位。」孔傳：「丹朱爲王者後，故稱賓。」

〔四〕重光：指日和月，喻功德前後相繼。書顧命：「昔君文王武王，宣重光。」陸雲答兄平原詩：「赫赫重光。」

〔五〕「御龍」二句：指陶唐氏的後代，在夏爲御龍氏，在商爲豕韋氏。史記卷二夏本紀：「夏后氏德衰，諸侯畔之。天降龍二，有雌雄，孔甲不能食，未得豢龍氏。陶唐既衰，其後有劉累，學擾龍於豢龍氏，以事孔甲。孔甲賜之姓曰御龍氏，受豕韋之後。」裴駰集解引賈逵曰：「劉累之後至商不絶，以代豕韋之後。祝融之後封於豕韋，殷武丁滅之，以劉累之後代之。」

〔六〕「穆穆」句：詩大雅文王：「穆穆文王，於緝熙敬止。」毛傳：「穆穆，美也。」司徒：指周時陶叔。左傳定公四年：「殷民七族，陶氏、施氏、繁氏、錡氏、樊氏、饑氏、終葵氏。」「陶叔授民，命以康誥，而封於殷墟。」杜預注：「陶叔司徒。」

〔七〕紛紛：騷亂貌。晉書卷九二張翰傳：「冏時執政，翰謂同郡顧榮曰：『天下紛紛，禍難未已。』」

〔八〕漠漠：寂寞無聲貌。荀子解蔽：「掩耳而聽者，聽漠漠而以爲哅哅。」楊倞注：「漠漠，無聲也。」陸機君子有所思行：「街巷紛漠漠。」

〔九〕鳳隱：喻退隱。猶言「鳳藏」「鳳戢」。古注：「法言問明篇：或問：『君子在治曰若鳳，在亂曰若鳳，或人不諭。』曰：『未之思矣。』曰：『治則進，亂則隱。』」直案：鳳隱二字本此。」

〔一〇〕幽人：幽居之人，指隱士。易履卦：「幽人貞吉。」孔穎達正義：「故在幽隱之人守正得吉。」文選班固幽通賦：「覿幽人之髣髴。」

〔一一〕「逸虯」二句：古注：「離騷『駟玉虬以乘鷖兮』。王逸注：『有角曰龍，無角曰虯。』文選陳孔璋爲曹洪與魏文書：『我軍過之，如駭鯨之決細網。』」李注：「二句喻狂暴縱橫之亂也。」

按，「蚪」同「虯」。「逸蚪」、「奔鯨」，喻周末諸侯之亂，如揚雄解嘲所謂「往者周網解結，羣鹿争逐」也。王叔岷以爲此二句「喻不義之人得勢也」，並引王逸離騷序「虯龍鸞鳳，以託君子」、文心雕龍辨騷篇「虯龍以喻君子」爲證；又謂蚪當作蛇，蛇亦能游雲霧云云，牽扯曲折，似不確。

〔一二〕集：書武成：「大統未集。」孔傳：「大業未就。」詩小雅黍苗：「我行既集。」鄭玄箋：「集，猶成也。」

〔一三〕眷：眷顧。愍侯：指開封愍侯陶舍。史記卷一八高祖功臣侯者年表：陶舍「以右司馬漢王五年初從，以中尉擊燕，定代，侯」。

〔一四〕於赫：文選韋孟諷諫詩：「於赫有漢。」李善注引顏師古曰：「於，讀爲烏。烏，歎辭也。赫，明貌。」

〔一五〕攀龍：舊時以龍鳳喻天子。此句言陶舍追隨劉邦建功立業。古注：「後漢書光武帝紀上：『從大王於矢石之間者，其計固望其攀龍鱗，附鳳翼。』」又，晉書卷七六王廙傳：「思欲攀龍鱗附鳳翼者，有年矣。」

〔一六〕風邁：猶「風驅」，趨前如風，形容勇猛迅疾。

〔一七〕「書誓」二句：李注：「高帝與功臣盟曰：『使黄河如帶，泰山如礪，國以永存，爰及苗裔。』書誓山河，謂此盟也。」

〔一八〕亹亹：勤勉貌，不倦貌。詩大雅文王：「亹亹文王，令聞不已。」丞相：指陶舍子陶青。據漢書卷一九下百官公卿表上，漢孝景二年，陶青爲丞相。

〔一九〕允：詩小雅車攻：「允矣君子。」鄭玄箋：「允，信。」迪：書皋陶謨：「允迪厥德。」孔傳：「迪，蹈。」

〔二〇〕渾渾：水流盛大貌。荀子富國：「財貨渾渾如泉流。」

〔二一〕蔚蔚：廣雅釋訓：「蔚蔚，茂也。」王念孫曰：「蔚蔚，猶鬱鬱耳。」

〔二二〕「羣川」二句：史記卷一五帝本紀：「旁羅日月星辰。」索隱：「羅，廣布也。」丁注：「羣川導於長源，衆條羅於洪柯，喻枝派之分散，皆導源於鼻祖也。」

〔二三〕語默：指出處、顯隱。易繫辭：「君子之道，或出或處，或默或語。」

〔二四〕隆窊：禮記檀弓上：「道隆則從而隆，道汙則從而汙。」鄭玄注：「隆，盛也。」文選馬融長笛賦：「窊隆詭戾。」李善注：「窊隆，高下貌。」後漢書卷三七桓彬傳：「辭隆從窊，潔操也。」窊，義同汚。廣雅辭詁：「窊，下也。」陶注：「此指長沙所出之高曾而言，自父丹仕吴揚武將軍以上無聞，故曰運有隆窊也。」

〔二五〕中晉：指東晉。

〔二六〕長沙：指陶侃。晉書卷六六陶侃傳：「論平蘇峻功，以陶侃爲侍中太尉，封長沙郡公，卒謚桓。」

〔二七〕桓桓：威武貌。書牧誓：「尚桓桓，如虎如貔，如熊如羆，于商郊。」

〔二八〕疇：漢書卷八宣帝紀：霍光「功德茂盛，朕甚嘉之。復其後世，疇其爵邑，世世毋有所與」。顏師古注引張晏曰：「疇者，等也，言不復減也。」後漢書卷二〇祭遵傳：「死者疇其爵邑，世無絶嗣。」李賢注：「疇，等也。言功臣死後，子孫襲爵，世世與先人等。」

〔二九〕專征：謂將帥受命典兵得專自征伐之權。白虎通考黜：「賜以弓矢，使得專征。」南國：詩周南漢廣序：「文王之道，被於南國，美化行乎江漢之域。」國語周語上：「宣王既喪南國之師。」韋昭注：「南國，江漢之間也。」陶侃曾都督荆、湘、江等州軍事，故稱專征南國。

〔三〇〕「功遂」二句：晉書卷六六陶侃傳載，侃于逝世前一年曾上表遜位，懇請歸國。不忒，不差。詩曹風鳲鳩：「其儀不忒。」

〔三一〕「孰謂」二句：言陶侃心志，近世不可復得。湯注：「言長沙公心期之高遠也。」陶必詮萸江詩話：「桓公力恢晉室，而以功高震主蒙謗，晚年深以盈滿爲懼，懇請歸國。東坡言陶公忠義，橫秋霜而貫白日，朱子稱之。其始終一節如此，以視桓温父子、劉寄奴諸人，真猶麒麟之於破獍也。先生詩以臨寵不忒，特表桓公之心，而致慨於近不可得，其旨深哉！」

〔三二〕肅：書太甲上：「罔不祇肅。」孔傳：「肅，嚴也。」禮記玉藻：「色容厲嚴。」我祖：指淵明祖父陶茂。晉傳：「祖茂，武昌太守。」陶考引豫章書，謂孟嘉以二女妻陶侃子茂之二子，一生淵明，一生敬遠。然晉書卷六六陶侃傳載侃有子十七人，只有洪、瞻、夏、琦、旗、斌、稱、範、岱等九人見于史籍，内中無陶茂。故洪亮吉更生齋文集卷三後蕭陶氏族譜序懷疑陶茂爲陶侃子。李注命子詩引陶茂麟家譜謂淵明祖名岱，爲散騎員外，父名逸，爲姿城太守，生五子。宋鄧名世古今姓氏書辨證謂「侃生員外散騎岱，岱生晉安城太守逸，逸生彭澤令、贈光禄大夫潛，潛生族人熙之，宋度支尚書」。近時江西彭澤縣發現殘缺的定山陶氏宗譜，卷首「本宗遷居」載：陶侃生子十七，曰洪、瞻、夏、琦、旗、茂、斌、範、岱、稱，餘皆早世。第十女適長史孟嘉，第二世，茂。侃公第七子，行量二，字梅九。生于晉懷帝永嘉二年戊辰九月十六日。娶朱氏。生于晉懷帝永嘉三年己巳十月十六日。生子三，曰淡、敏、實；女一適羅遵生。公任武昌太守，卒于晉孝武帝太元三年戊寅十月二十日。夫人卒于晉孝武寧康三年乙亥八月十八日。另有江西都昌縣西源陶氏宗譜世系排列爲：侃生茂、稱、斌、旗、琦、夏、瞻、洪。茂生夔、敏。敏生淵明、熙之、恂子。淵明生佟、佚、份、俟、儼。按，茂麟家譜謂淵明祖名岱，爲散騎員外（晉書卷六六陶侃傳稱岱爲「散騎侍郎」），與命子詩所云「惠和千里」不合；至于「贈光禄大夫」及「生族人熙之」云云，尤謬誤不足信，故陶考稱「熙之以上世系，剥落不全」「疑以傳疑，信以傳信」。定山陶氏宗譜、西源陶氏宗譜謂陶茂任武昌太守，與晉傳合，可信程度較高。今仍從晉傳。參見本書附録三陶氏宗譜中之問題。

〔三三〕慎終如始：書太甲下：「慎終于始。」

〔三四〕直方二臺：丁注：「漢官儀御史内掌蘭臺秘書，外督諸州刺史，故以蘭臺爲内臺，刺史治所爲外臺。」直，正直。方，方正。易坤文言：「君子敬以直内，義以方外。」

〔三五〕惠和千里：太守管轄千里，施惠于人，故云。

〔三六〕於皇：於，歎詞。皇：詩周頌烈文：「繼序其皇之。」毛傳：「皇，美也。」楚辭離騷：「朕皇考曰伯庸。」王逸注：「皇，美也。」仁考：慈父。禮記曲禮：「生曰父，死曰考。」按，李注謂淵明父姿城太守，生五子，史失載。又引趙泉山曰：「靖節之父，史佚其名，惟載於陶茂麟家譜，而其行事亦無從考見。」陶考已辨其誤。鄧名世古今姓氏書辨證謂淵明父名逸。定山陶氏宗譜等謂淵明父名敏。今從之，參見本書附録三陶氏宗譜中之問題。

〔三七〕淡焉虚止：謂己父虚静恬淡。

〔三八〕寄跡風雲：指托身仕途。易乾：「雲從龍，風從虎，聖人作而萬物覩。」意謂同類相感應。後因以「風雲」比喻遇合、相從。後漢書卷二二末范曄論中興二十八將曰：「咸能感會風雲，奮其智勇。」

〔三九〕冥茲愠喜：丁注：「論語公冶長：『令尹子文，三仕爲令尹，無喜色；三已之，無愠色。』」冥，幽隱，泯滅。晉時常語。莊子天地郭象注：「此乃不識不知而冥于自然。」晉書卷七五韓伯傳：「苟理有未盡，情有未夷，存我之理，未冥於内。」冥茲愠喜，指泯滅愠喜之情。按，以上四句謂淵明父或仕或隱，皆虚静恬淡，不以爲意。

〔四〇〕顧慚：但慚。華鬢：斑白的鬢髮。

〔四一〕「三千」二句：孟子離婁上：「不孝有三，無後爲大。」趙岐注：「於禮有不孝者三事。謂阿意曲從，陷親不義，一不孝也。家窮親老，不爲禄仕，二不孝也。不娶無子，絶先祖祀，三不孝也。三者之中，無後爲大。」丁注：「孝經：五刑之屬三千，而罪莫大于不孝。」按，無後之罪居三千之刑之首，故稱無後爲急。

〔四二〕呱：小兒啼聲。詩大雅生民：「鳥乃去矣，后稷呱矣。」鄭玄箋：「后稷呱呱然而泣。」

〔四三〕「名汝」二句：禮記曲禮上：「儼若思。」鄭玄注：「儼，矜莊貌。人之坐思，貌必儼然。」此二句言依禮記「儼若思」義爲子命名。

〔四四〕温恭朝夕：書舜典：「濬哲文明，温恭允塞。」孔穎達疏：「温和之色，恭遜之容。」詩商頌那：「自古在昔，先民有作。温恭朝夕，執事有恪。」

〔四五〕念兹在兹：書大禹謨：「帝念哉，念兹在兹。」

〔四六〕「尚想」二句：言希望儼長大後能像孔伋繼承孔子的盛德一樣，也能發揚祖先的功業。孔伋，字子思，孔子之孫。

〔四七〕「厲夜」二句：莊子天地：「厲之人夜半生其子，遽取火而視之，汲汲然惟恐其似已也。」成玄英疏：「厲，醜病人。遽，速也。」

〔四八〕凡百：衆人。詩小雅雨無正：「凡百君子，各敬爾身。」

〔四九〕可：佳，好。晉人贊人常語。世説新語賞譽：「王大將軍稱其兒云：『其神候似欲可。』」「桓温行經王敦墓邊過，望之云：『可兒，可兒！』」宋書卷六三殷景仁傳：「求之公私，未見其可。」

〔五〇〕「人亦」二句：丁注：「此言凡一切有心之人，皆如厲之望其子真切，奚獨於我如此。既見其子之生，實欲見其可，不欲見其不可。人言此情最爲真確。」

〔五一〕日居月諸：言光陰迅速。詩邶風日月：「日居月諸，照臨下土。」

〔五二〕漸免于孩：漸漸脱離了幼孩的階段。孩，孩提。孟子盡心上：「孩提之童。」趙岐注：「孩提，二三歲之間，在繈褓知孩笑，可提抱者也。」按，此二句表達希望儼快快長大的心情，并不能據此定此詩作于得儼子二三年後。前明言「三千之罪，無後爲急」。儼與次子俟只差二歲，説明作命子詩時俟尚未生。

〔五三〕斯：語助詞，用於句中，無實義。經傳釋詞：「詩小弁曰：『鹿斯之奔。』詩瓠葉曰：『有兔斯首。』斯字皆語助。」願爾斯才，即願爾成才之意。

〔五四〕「爾之不才」二句：〇詩衛風氓：「反是不思，亦已焉哉。」蔡正孫精刊補注東坡和陶詩話云：「父子，天性也。安有爲人父而不願其子之賢者哉！所謂掛懷抱而鍾情者，亦未爲過。特子之賢不肖皆天也，非人之所能爲也。康節有詩曰：『我欲教汝爲大賢，未知天意肯從否。』故曰『爾或不才，亦已焉哉。』鄭康成戒子詩末語亦云：『若忽忘不識，亦已焉哉。』陶或本諸此。」

【集説】

陶侃爲淵明曾祖，晉宋諸史及佚名蓮傳記載一致，並無異辭。至清代始有人懷疑。全祖望鮚埼亭集外編四〇陶淵明世系考謂淵明爲侃七世孫，其證據之一是贈長沙公詩，以爲長沙公陶延壽乃淵明族祖，延壽爲侃五世孫，因而稱淵明當爲侃七世孫。閻詠左汾近稿謂贈長沙公詩序中「大司馬」當作「右司馬」，指漢高祖功臣陶舍，據而否定陶侃爲淵明曾祖。姚瑩東溟文後集一與方植之論陶淵明爲桓公後説一文，以爲長沙公是侃四世孫綽之，淵明爲侃六世孫。方東樹昭昧詹言卷十三陶詩附考稱閻詠之説「卓絶千古」。錢大昕潛研堂文集卷三〇跋陶淵明詩集力辟閻詠淵明非侃後之説，文云：「靖節爲陶桓公曾孫，載於晉宋二書及南史，千有餘年，從無異議。近世山陰閻詠，乃據贈長沙公詩序『昭穆既遠，已爲路人』二語，辨其非侃後。且謂淵明自有祖，何必藉侃而重。詠既名父之子，説又新奇可喜，恐後來通人，惑於其説，故不可不辨，靖節自述世系，莫備於命子詩，首溯得姓之始，次述遠祖愍侯舍，丞相青，然後頌揚長沙勳德，即以己之祖考承之，此士行爲淵明曾大父之實證也。六朝最重門第，百家之譜，皆上於吏部。沈休文撰宋書，在齊武帝之世，親見譜牘，故於本傳書之。梁昭明太子作靖節傳，不過承宋書舊文，而詠乃云，始於昭明誤讀命子詩。則是宋書亦未寓目。其謬一也。昭明傳云，自以曾祖晉世宰輔，恥復屈身後代。此亦出宋書之文，而閻又以訾昭明。曾不知休文卒時，昭明才十有三歲。即使傳有舛誤，亦當先訾休文，況傳本不誤乎。其謬二也。且使士行與淵明，果屬疏遠如路人也者，則命子篇中，何用述其勳德，攀援貴族？鄉黨自好者不爲，靖節千秋高士，豈宜有此？其謬三也。閻所據者，惟有贈長沙公詩序，而序固言同出大司馬矣。大司馬之稱，非侃而誰？雖閻亦知其不可通也。詞遁而窮，因檢史、漢表，陶舍嘗以右司馬從漢王，遂謂序中大司馬，當作右司馬，謂舍非謂侃也。不知漢初軍營，有左右司馬，品秩最卑，不過中涓舍人之比。舍既位爲列侯，不稱侯而稱右司馬，在稍通官制者，且知其不可，豈可以誣靖節乎？夫擅改古書，以成曲説，最爲後儒之陋，況此大司馬，又萬無可改之理。其謬四也。惟是長沙公與靖節屬小功之親，而云『昭穆既遠，已爲路人』，似有罅隙可指。今以晉書考之，士行雖以功名終，而諸子不協，自相魚肉，再傳之後，視如路人，固其宜矣。昭穆猶言兩世，兩世未遠，而情誼已疏，故詩有『慨然寤歎，念兹厥初』之句。其云『昭穆既遠』者，隱痛家難，而不忍斥言之耳。若以爲同出於舍，則自漢初分支，已閱六百餘年，人易世疏，又何足怪？其謬五也。閻又云：侃廬江郡尋陽人，淵明尋陽郡柴桑人，其址貫不同。考尋陽郡廬江所分，南渡後移於江南。士行生於郡未分之前，淵明生於僑立郡之後，史各據實書之，似異而仍同也。顔延之作靖節誄，雖不叙先世，而其辭云：『韜此洪族，蔑彼名級。』藉非宰輔之胄，焉得洪族之稱。此亦一證。戊申八月，讀靖節集竟，因書於後。」按，錢大昕力駁閻詠所謂淵明非陶侃曾孫説，言而有據，邏輯嚴密。今于錢氏未盡之義及當代之新説，再作考辯。閻詠謂淵明非陶侃之後，證據是贈長沙公詩序中的「大司馬」是「右司馬」之誤，指漢高祖之功臣陶舍。閻詠此説可能受李公焕注贈長沙公詩序的啓發。詩序云：「祖同出大司馬。」李注：「謂漢高帝時陶舍。」然李注並不否認淵明爲陶侃曾孫，此由其注命子詩可知。因閻詠説甚新奇，故頗有附和者。參校各種陶集版本，「大司馬」從無異文。姚瑩詳考終晉之世爲大司馬者共十一人，陶姓唯陶侃爲大司馬，稱閻詠遂改大司馬爲右司馬，「其言謬矣」，以爲淵明確爲桓公之後，然非侃曾孫，而是六世孫。原淵明爲侃五世孫、六世孫、七世孫之説，致誤之根源皆在誤讀、誤解贈長沙公詩序的異文，遂有子虚烏有的「族祖」「族孫」之説。關於此詩如何正確解讀，可參看贈長沙公詩的【集説】，此處不重複。

陶侃爲淵明曾祖，始見於沈約宋書。沈約生於宋文帝元嘉十八年（四四一），距淵明卒年元嘉四年（四二七）僅十四年。他在青年時代聽聞陶侃及淵明的舊事是可能的。沈約於齊永明年間奉命撰宋書，距淵明之卒僅六十年，他記淵明「曾祖侃，晉大司馬」，依據必是當時所見晉代的譜牒。按氏族之書，由來遠矣。兩晉之世，譜牒興盛，成爲專門之學。隋書卷三三經籍志二載：「摯虞作族姓昭穆記十卷，齊、梁之間，其書轉廣。」齊王儉撰百家集譜十卷，梁王逡之撰續儉百家譜四卷、南族譜二卷、百家譜拾遺一卷，王僧孺撰百家譜三十卷、百家譜集抄十五卷，賈執撰百家譜二十卷，傅昭撰百家譜十五卷。尚有佚名百家譜世統十卷，百家譜抄五卷，江州諸姓譜十一卷等。陶氏是江州望族，王儉、賈執、王僧孺諸人爲著名學者和譜學專家，不可能不諳陶氏族譜。可以肯定，齊、梁之世所見的各種舊譜，以及王儉等譜牒專家所撰的百家譜，必定有陶氏的族譜。既有江州諸姓譜，若其中無陶氏族譜，那是不可思議的。沈約是當時著名學者，非常重視譜牒，曾上奏梁武帝，以爲東晉譜籍「既並精詳，實可寶惜，位宦高卑，皆可依案」。武帝因之留意譜籍（南史卷五八王僧孺傳）。沈約此奏，説明他不僅見過，且研究過晉代的譜牒，故能得出晉籍「精詳」的看法。很難想象，「精詳」的晉牒，會不記陶侃及其子孫的世系。故宋書記陶潛尋陽柴桑人，曾祖陶侃，必有所據，不必懷疑。蕭統陶淵明傳稱淵明「曾祖侃，晉大司馬」，也應該是據所看到的晉牒，並非一定照抄宋書。

沈約宋書、蕭統陶淵明傳記淵明「曾祖侃」，南史、晉書則作淵明「大司馬侃曾孫也」，兩者是否有矛盾？曾孫的概念是不是與曾祖對應？是否所指意義模糊？筆者以爲史傳或記曾祖，或記曾孫，兩者是一致的，並不矛盾。曾祖、曾孫屬於古代九族的概念。書堯典：「克明俊德，以親九族。」孔傳：「以睦高祖、玄孫之親。」高祖至玄孫爲九世，據馬融、鄭玄的解釋，高祖一、曾祖二、祖三、父四、己五、子六、孫七、曾孫八、玄孫九。王夫之詩經稗疏卷二：「曾孫者對曾祖而言也。大夫三廟：一始祖，二祖，三禰。不祀曾祖，不得稱曾孫。」可見，曾祖曾孫是自古有之的一組相對應的稱呼，不應該引起誤解。至於六世孫七世孫之説，方東樹以爲不可信，謂「侃卒於成帝咸和九年（西三三四），下逮哀帝興寧三年（西三六五）而淵明生，相距三十一年而得七世，何得如是之遽！」（轉引自朱自清陶淵明年譜中之問題）方東樹的質疑是有道理的。這裏不妨以長沙公的世次、侃子旗的世次、淵明與其曾孫的各自的生年爲參照，證明五世孫、六世孫、七世孫諸説不可信：

晉書卷六六陶侃傳載：世子夏卒，詔復以瞻子弘襲爵。弘卒，子綽之嗣。綽之卒，子延壽嗣。宋受禪，降爲吴昌侯，延壽爲侃五世孫，生存于晉、宋之交。再看侃子旗的世次。亦見陶侃傳：旗卒，子定嗣。定卒，子襲之嗣。襲之卒，子謙之嗣。宋受禪，國除。由侃至謙之亦爲五世，表示如下：侃——旗——定——襲之——謙之。由此可見，侃傳至第五世延壽、謙之一輩，時在晉、宋之交了。史載陶侃富貴之後「媵妾數十」，侃有十七子便是妻妾成羣的結果。可以肯定，侃十七子非一母所生，而侃又長壽（年七十六卒），十七子年長及年幼者，歲數必相距甚遠。淵明之祖爲小宗，在十七子中排行，年齡雖皆不可知，但按其常理推測，不會排在前面。淵明生活在晉末，年齡可能與延壽、謙之等相去不遠。而他爲侃曾孫，延壽、謙之爲玄孫，原因正是其祖在侃諸子中年齡較小故也。若淵明爲侃六世孫、七世孫，則生存年代還在延壽、謙之之後，當已入宋。由長沙公及陶旗世次推測，可作爲宋書稱淵明曾祖陶侃之旁證，證明宋書的真實性不容懷疑。

淵明一支的世系史所缺載。梁書卷二二安成康王蕭秀傳記秀於天監六年（五〇七）出爲江州刺史，及至州，聞前刺史取徵士陶潛曾孫爲里司，秀歎曰：「陶潛之德，豈可不及後世。」即日辟爲西曹。據舊譜，淵明生於晉哀帝興寧三年（三六五），距天監六年爲八十年。假定淵明曾孫作里司多年，此時年三十，則其生年爲宋元徽五年（四七七），曾祖曾孫兩人的生年相距一百一十二年。再據陶侃以咸和九年（三三四）卒，時年七十六計，推其生年是魏甘露四年（二五九），距淵明生年一百零六年。兩者年數大體相近。

陶侃爲淵明曾祖，這在淵明詩文中有數處内證，贈長沙公詩之外，如命子詩、征西大將軍長史孟府君傳。尤其是後者，可稱確證。考晉書卷七三庾亮傳：陶侃卒，庾亮乃鎮武昌，時在咸和九年（三三四）。此時孟嘉已過弱冠之年。假定孟嘉爲庾亮僚屬年二十五左右，則其生年約在永嘉四年（三一〇）。文云孟嘉年五十一卒，據上可以大致推斷出孟嘉卒年約在晉穆帝升平四年（三六〇)。孟府君傳云:「孟嘉娶大司馬長沙桓公陶侃第十女」,「淵明先親,君之第四女也。」據此,確知孟嘉乃陶侃婿,爲淵明外祖父,外祖母乃陶侃第十女,即淵明祖姑。淵明父母中表爲婚。

試據以上資訊及推斷爲基礎,再作推斷:陶侃嫁第十女較晚,或在成帝咸和中(三三〇年左右)。侃多妻妾,第十女或生於陶侃五十歲之後,這並非不合情理。假定陶侃第十女年齡與孟嘉仿佛,而生三子(女)後再生淵明母,則淵明母生年約在咸康年間(三三五——三四二)較爲合理。據舊説,淵明生於晉哀帝興寧三年(三六五),時孟夫人大概二十余歲。以上雖據孟嘉行事推斷所得,但與事實不會相去太遠。

古人撰人物傳都很重視史料的真實,何況爲外祖父作傳。淵明説:「謹按採行事,撰爲此傳,懼或乖謬,有虧于大雅君子之德,所以戰戰兢兢,若履深薄云爾。」可見撰此傳之謹慎認真。故孟府君傳的真實性完全可以信從。上述推斷,旨在再證陶侃爲淵明曾祖,淵明爲陶侃曾孫,並破所謂五世孫、六世孫、七世孫之類新奇易惑之説也。

【集評】

陳祚明采菽堂古詩選卷一三:「前半序述安雅,後半抒寫淋漓,安雅爲四古常格,其淋漓處筆騰墨飛,非漢、魏以來所能擬似。」

温汝能纂集陶詩彙評卷一:「此詩自首章追溯唐、虞、夏、商,蓋厚陶姓氏族之所自來也。次章『眷予愍侯』,言陶舍從漢破代封侯,因亂而獲武功也。三章『亹亹丞相』,謂陶青爲丞相,能迪前蹤也。四章言『運當隆窊』，謂陶青以後未有顯者，迨至中晉而業融長沙也。五章言長沙公勳德并及其心期之高遠也。六章叙祖若父，風規已見。七章以下方説生子命子之意。然觀其自嗟寡陋，自慚影隻，諄諄誡勉，其切望於諸子深矣。乃子俱不才，委之天運，究何嘗有所牽滯於其間哉！」

歸鳥〔一〕

翼翼歸鳥〔二〕，晨去於林。遠之八表，近憩雲岑。和風弗洽，翻翮求心〔三〕。顧儔相鳴〔四〕，景庇清陰〔五〕。

翼翼歸鳥，載翔載飛，雖不懷游，見林情依。遇雲頡頏〔六〕，相鳴而歸。遐路誠悠，性愛無遺〔七〕。

翼翼歸鳥，馴林徘徊〔八〕。豈思天路〔九〕，欣及舊棲。雖無昔侶，衆聲每諧。日夕氣清〔一〇〕，悠然其懷。

翼翼歸鳥，戢羽寒條〔一一〕。游不曠林，宿則森標〔一二〕，晨風清興〔一三〕，好音時交。矰繳奚施〔一四〕，已卷安勞〔一五〕。

【校記】

近憩　「近」，曾本、汲古閣本云，一作「延」。

弗洽　「弗」，曾本、汲古閣本云，一作「不」。蘇寫本、李本作「不」。

情依　曾本、汲古閣本云，一作「飄零」。

相鳴　曾本、汲古閣本云，一作「鳴景」。

馴林　「馴」，陶本原作「相」。陶本原校：「各本作『馴』。湯本云，一作『相』。何校宣和本作『相』。今從之。」曾本、湯本云，一作「相」。逯本云：「原字當作循，音訛爲馴，形誤爲相。南史劉霽傳：『常有雙白鶴循翔廬側。』梁書循作馴。」按，「馴」、「循」音近義通，皆可訓爲「順」。今據各本改。

欣及　「及」，曾本作「反」，云，一作「及」。湯本、汲古閣本同。

寒條　「寒」，曾本云，一作「寋」。湯本、汲古閣本同。按，作「寒」是。「寋」乃形誤。

宿則　「則」，曾本云，一作「不」。湯本、汲古閣本同。蘇寫本作「不」。

奚施　「施」，曾本、湯本作「功」，曾本云，一作「施」。汲古閣本同。焦本作「已卷」，云，一作「卷已」，「卷與倦通」。按，作「施」是，參見注〔四〕。

已卷　曾本作「卷已」，云，一作「已卷」。湯本、汲古閣本同。

已卷安勞　曾本云，一作「旦暮逍遥」。湯本、汲古閣本同。蘇寫本作「旦莫逍遥」。

【箋注】

〔一〕據詩中「豈思天路，欣及舊居」、「矰繳奚施，已卷安勞」等語，此詩作於淵明歸田之初。

馬璞陶詩本義卷一云：「歸鳥詩四首殆與歸去來兮辭一時之作，以比爲賦作也。」其説是。今繫此詩爲義熙二年（四〇六）作。

〔二〕翼翼：王粲贈蔡子篤詩：「翼翼飛鸞，載飛載東。」李善注：「翼翼，飛貌也。」

〔三〕「翻翮」句：翻轉羽翮，尋求志同道合者。湯注：「托言歸而求志。下文『豈思天路』意同。」陳祚明采菽堂古詩選卷十三：「翻翮求心，此旨大顯。」

〔四〕顧儔相鳴：鄭豐答陸士龍鴛鴦詩：「顧侶鳴羣。」

〔五〕景庇清陰：謂鳥影庇於林木樹蔭之中。景，同影。

〔六〕頡頏：詩邶風燕燕：「燕燕于飛，頡之頏之。」毛傳：「飛而上者曰頡，飛而下者曰頏。」潘岳楊仲武誄：「歸鳥頡頏。」

〔七〕性愛無遺：古注：「鳥生而依林，故曰性愛。束廣微補亡詩云：『物極其性。』極，盡也。物盡其性，則性愛無遺矣。」

〔八〕馴林徘徊：謂依順林木周飛。晉書卷五一束皙傳：「羽族翔林。」馴，漢書卷四六石奮傳：「皆以馴行孝謹。」顏師古注：「馴，順也，音巡。」蓮傳曇恒法師傳：「常有羣鹿，馴遶座隅。」

〔九〕天路：張衡西京賦：「要羨門乎天路。」文選曹植雜詩：「高高上無極，天路安可窮。」李善注：「仲長子昌言曰：『蕩蕩乎若昇天路。』」

〔一〇〕日夕氣清：此句與飲酒其五：「山氣日夕佳」同一境界。

〔一一〕戢羽：猶「戢翼」，謂收斂翅膀。孫楚雉賦：「遂戢翼以就養。」鄭豐答陸士龍鴛鴦詩：「有嚶其友，戢翼未翔。」寒條：寒樹。

〔一二〕森標：說文：「森，木多貌。」「標，木杪末也。」即木梢。何焯義門讀書記陶靖節詩：「不曠林而森標，則深潛山澤，物色不至，已起末二句。」

〔一三〕「晨風」句：丁注：「晨風清興，猶言清風晨興耳。舊注晨風鳥名，與語意不合。」

〔一四〕矰繳：以絲繫矢的射鳥工器。文選司馬相如子虛賦：「微矰出，孅繳施。」李善注：「周禮曰：『繳矢也。』鄭玄曰：『結繳於矢，謂之矰。』說文曰：『繳，生絲縷也。』」奚施：何所施用。史記卷五五留侯世家：「雖有矰繳，尚安所施。」華山畿：「君既爲儂死，獨生爲誰施？」

〔一五〕已卷安勞：言鳥已倦歸舊林，不勞弋者施用矰繳。卷，同倦。

【集評】

吳師道吳禮部詩話：「歸鳥四章，一章和風，二章接清蔭句下，三章日夕氣清，四章寒條，具四時意。」

沈德潛古詩源卷八：「他人學三百篇，癡而重，與風雅日遠；此不學三百篇，清而腴，與風雅日近。」

邱嘉穗東山草堂陶詩箋卷一：「此詩皆比也，與歸去來辭同意。公飲酒詩其四『棲棲失羣鳥』一篇，亦用此意，而變化出之，皆可見其託物言情之妙。」

陶淵明集卷之二

詩五言

形影神〔一〕并序

貴賤賢愚，莫不營營以惜生，斯甚惑焉〔二〕，故極陳形影之苦，言神辨自然以釋之〔三〕。好事君子，共取其心焉。

形贈影

天地長不没，山川無改時。草木得常理〔四〕，霜露榮悴之〔五〕。謂人最靈智，獨復不如兹〔六〕。適見在世中，奄去靡歸期〔七〕。奚覺無一人，親識豈相思〔八〕？但餘平生物，舉目情悽洏〔九〕。我無騰化術〔一〇〕，必爾不復疑〔一一〕。願君取吾言〔一二〕，得酒莫苟辭〔一三〕。

【校記】

無改時　「無改」，曾本云，一作「如故」。蘇寫本、汲古閣本同。

榮悴　「榮」，曾本云，一作「憔」。湯本、汲古閣本同。焦本云，一作「憔」，非。按，作「榮」是，參見注〔五〕。

不如茲　「如」，陶本原校：「各本作『如』。何校宣和本作『知』。」曾本、蘇寫本、汲古閣本作「知」。曾本、汲古閣本云，一作「如」。

親識　「識」，曾本、汲古閣本云，一作「戚」。按，葛洪抱朴子道意：「余親識多有及見寬者。」謝惠連順東門行詩：「華堂集親識。」晉書卷九四宋纖傳：「素有遺屬，屬諸知識。」作「識」是，識，知也。

豈相思　曾本云，一作「相追思」。蘇寫本、汲古閣本同。

騰化術　「化」，曾本、汲古閣本云，一作「雲」。

取吾言　「取」，曾本、汲古閣本云，一作「憶」。

【箋注】

〔一〕形影神：指形體、影子和精神。古代哲學家常用形、神關係討論哲學問題，胡小石手批靖節先生集以爲「形影神三詩似從齊物論罔兩問影一節化出」，可謂卓識。形影神三首約作于晉義熙九年（四一三）。這組詩是有感于廬山高僧慧遠形盡神不滅論和萬佛影銘而發，兼及道教長生久視的妄説。據弘明集卷五，慧遠於元興三年（四〇四）作沙門不敬王者論，其第五篇爲形盡神不滅論。義熙八年（四一二），又立佛影，作萬佛影銘曰：「廓矣大象，理玄無名，體神入化，落影離形。」表明形、影、神三者的關係。淵明與慧遠雖爲方外交，終因哲學見解不同而不入蓮社。形影神三首，通過形、影、神三者的答辨，表達了與慧遠等佛教徒完全不同的見解，是研討陶淵明自然哲學和人生哲學的最重要的作品。

〔二〕「莫不」二句：列子天瑞篇：「吾又安知營營而求生非惑乎？」營營，營求不已。嵇康卜疑：「所在必聞，恒營營乎？」惜生，有二層意思，一指養形，一指求名。葉夢得玉澗雜書：「形累於養而欲飲，影役於名而求善，皆惜生之弊也。」其説是。

〔三〕「言神辨」句：謂神辨析自然之理向形影作解釋。陳寅恪曰：「『惜生』不獨指舊自然説者之服食求長生，亦兼謂名教説者之孜孜爲善，立名不朽，仍是重視無形之長生，故所以皆苦也。兹言『神辨自然』，可知神之主張即淵明之創解，亦自然説也。今以新自然説名之，以别于中散（嵇康，曾任魏中散大夫，世稱嵇中散）等之舊自然説焉。」（陶淵明之思想與清談之關係，下同。）

〔四〕常理：物理，指事物變化的規律。王羲之雜帖：「豈可以常理待之。」晉書卷九八桓温傳：「夫盛衰常理，過備無害。」

死春滿道。」

〔五〕「霜露」句：言草木承露而榮，經霜而悴。悴，同瘁，傷也。酈炎見志詩：「秋蘭榮何晚，嚴霜悴其柯。」文選潘岳秋興賦：「雖末士之榮悴兮，伊人情之美惡。」李善注：「文子曰：『有榮悴者，未必愁悴。』」庾闡閒居賦：「榮悴靡期。」胡小石手批靖節先生集：「君不見河邊草，冬時枯死春滿道。」

〔六〕「謂人」二句：列子楊朱篇：「人肖天地之類，懷五常之性，有生之最靈者也。」陶注引黄文煥曰：「今年既悴之草木，明年復可發榮，人不能也。」古注：「向子期難嵇叔夜養生論曰：『夫人受形于造化，與萬物並有，生之最靈者也，異于草木。』此反其意而用之也。」王叔岷云：「人最靈智，異於草木，陶公之意與向子期無殊，草木得常理，人獨不能，則向文所未及者。然此非反向文之意而用之也。古説未諦。」按，王説是。兹，非僅指草木，亦包括天地、山川。

〔七〕奄：忽然，突然。方言二：「奄，遽也，陳潁之間曰奄。」

〔八〕奚：猶何也，疑問詞。墨子小取：「子然，我奚獨不可以然也？」此句意謂人死對於衆人而言乃司空見慣，對於世界而言乃微不足道，何嘗覺得世上少了一人？「奚覺」二句：王叔岷引車柱環曰：「無猶缺也，豈猶或也，訓見經傳釋詞五。此二句言世人雖不覺缺少一人，然親戚與相識人則或相追念也。挽歌詩三有云：『親戚或餘悲，他人亦已歌。』」按，車説是。

〔九〕洏：語助詞。文選王粲贈蔡子篤詩：「中心孔悼，涕泪漣洏。」李善注：「周易曰：『泣血漣如。』杜預左傳注曰：『而，語助也。』」經傳釋詞：「漢書韋賢傳注曰：『而者，句絶之辭。』」古

注:「洏,當作而。」其説是。詩齊風著:「俟我於著乎而。」榮木詩:「静言孔念,中心悵而。」

〔一〇〕騰化術:成仙術。雲笈七籤:「手執飛仙騰化秘符,來授我身。」

〔一一〕必爾:必然如此。查初白初白庵詩評卷上:「爾字指『適見』以下六句,而言『必爾』者,謂必然而無疑。注云頌影,非是。」按,查説是。

〔一二〕君:指影。吾:形自稱。

〔一三〕苟:經傳釋詞:「苟,且也。」莫苟辭,即且莫辭。結語二句代表形的主張,即形必然滅亡,故應該得酒便飲,及時行樂。

【集評】

何焯義門讀書記:「首篇言百年忽過,行與草木同腐,此形必不可恃,當及時行樂。下篇反其意,不如立善也。」

影答形

存生不可言〔一〕,衛生每苦拙〔二〕。誠願游崑華〔三〕,邈然茲道絶〔四〕。與子相遇來,未嘗異悲悦〔五〕。憩陰若暫乖〔六〕,止日終不别。此同既難常〔七〕,黯爾俱時滅〔八〕。身没名亦盡,念之五情熱〔九〕。立善有遺愛〔一〇〕,胡爲不自竭。酒云能消憂,方此詎不劣〔二〕。

【校記】

憩陰 「陰」，各本作「蔭」，曾本云，一作「陰」。湯本、汲古閣本同。胡小石手批靖節先生集云：「此語本莊子『處陰以休』句，作『陰』是。」按，作「陰」是。今改作「陰」。

終不別 曾本、汲古閣本云，一作「不擬別」。

黯爾 「黯」，曾本、汲古閣本云，一作「默」。

念之 「之」，曾本、汲古閣本云，一作「此」。

立善 「善」，曾本、汲古閣本云，一作「命」。

胡爲 「爲」，曾本、蘇寫本、汲古閣本作「可」。

消憂 「消」，蘇寫本作「銷」。

詎不劣 「詎」，曾本云，一作「誰」，又作「誠」。汲古閣本同。蘇寫本云，一作「誠」。

【箋注】

〔一〕存生：莊子達生：「世之人以爲養形足以存生，而養形果不足以存生，則世奚足爲哉！」連雨獨飲：「運生會歸盡，終古謂之然。」與子儼等疏：「天地賦命，生必有死。」

〔二〕衛生：莊子庚桑楚：「趎願聞衛生之經而已矣。」陸德明釋文：「『衛生』，李云：『防衛其生，令合道也。』」謝靈運還舊園作見顏范二中書詩：「衛生自有經。」

〔三〕崑華：崑崙山和華山，爲學道成仙之地。

〔四〕「邈然」句：言神仙不可求。陸機駕言出北闕行：「求仙鮮克仙，太虛不可凌。」歸去來兮辭：「帝鄉不可期。」與「邈然」二句同意。

〔五〕「與子」二句：謂形影相依，悲悅之情彼此相同。黃文煥陶詩析義卷二：「形笑影亦笑，形哭影亦哭，悲悅二字善狀。」

〔六〕憩陰：休息在陰影裏，形影好像暫時分開。胡小石手批靖節先生集：「閑情賦：『願在晝而爲影，常依形而西東；悲高樹之多蔭，慨有時而不同。』」謝靈運還舊園作見顏范二中書詩：「息陰謝所牽。」陰，不見陽光處。周禮考工記輪人：「陰也者，疏理而柔。」賈公彥疏：「背日爲陰。」

〔七〕「此同」句：謂形既必然消滅，則形影「止日終不別」的關係也難常存。同，指形影相隨。

〔八〕「黯爾」句：淮南子俶真訓高誘注：「道家養形養神，皆以壽終，形神俱沒。」黯爾，黯然失色貌。

〔九〕「身没」二句：取義論語衛靈公：「君子疾没世而名不稱焉。」五情熱，丁注：「五情，謂喜、怒、哀、樂、怨。阮籍辭蔣太尉辟命奏記：『憂望交集，五情相愧。』莊子：『我其内熱與？』」又，莊子則陽：「使其君内熱發於背。」晉書卷六七温嶠傳：「哀恨自咎，五情摧隕。」

〔一〇〕遺愛：謂留恩惠於後世。左傳昭公二十年：「及子產卒，仲尼聞之出涕曰：『古之遺愛也。』」桓範世要論贊象：「惠利加于百姓，遺愛留于民庶。」

〔一一〕方此：對比這。逯注：「謝靈運游名山志：『吹臺有高桐，皆百圍。嶧陽孤桐，方此爲劣。』」又，世説新語言語：「丞相初營建康，無所因承，而制置紆曲，方此爲劣。」

【集評】

方宗誠陶詩真詮：「陶公以酒名，或以酒人目之，亦非也。觀影答形詩有曰：『立善有遺愛，胡爲不自竭？酒云能消憂，方此詎不劣！』足知其志不在酒矣。」

陳寅恪陶淵明之思想與清談之關係：「此託爲主張名教者之言，蓋長生既不可得，則惟有立名即立善可以不朽，所以期精神上之長生，此正周、孔名教之義，與道家自然之旨迥殊，何曾、樂廣所以深惡及非笑阮籍、王澄、胡母輔之輩也。」

神釋

大鈞無私力〔一〕，萬物自森著〔二〕。人爲三才中〔三〕，豈不以我故〔四〕。與君雖異物〔五〕，生而相依附。結託善惡同，安得不相語。三皇大聖人〔六〕，今復在何處？彭祖愛永年〔七〕，欲留不得住。老少同一死，賢愚無復數〔八〕。日醉或能忘，將非促齡具〔九〕？立善常所欣，誰當爲汝譽〔一〇〕？甚念傷吾生，正宜委運去〔一一〕。縱浪大化中〔一二〕，不喜亦不懼，應盡便須盡〔一三〕，無復獨多慮。

【校記】

萬物　「物」，陶本原作「理」。曾本作「理」，云，一作「物」。湯本、汲古閣本同。蘇寫本作「物」。按，大鈞造物，作「物」于義較長，今改。

善惡　陶本原作「既喜」。曾本云，一作「既喜」。蘇寫本、湯本、汲古閣本同。今從各本改。

相語　「語」，曾本云，一作「與」。湯本、汲古閣本同。蘇寫本作「與」。

大聖人　「聖」，曾本、汲古閣本云，一作「德」。

愛永年　「愛」，陶本原校：「各本作『壽』。湯本云，一作『愛』。焦本作『愛』。」曾本、汲古閣本作「壽」，云，一作「愛」。李本作「壽」。焦本云，一作「壽」，非。逯注：「愛應作受。音訛成壽，形訛成愛。」按，郭遐周贈嵇康詩：「予心好永年，永年懷樂康。」好即愛也。謝靈運山居賦：「駭彼促年，愛是長生。」作「愛」是。「永」，陶本原校：「各本作『永』。焦本作『壽』，非。」

立善　「立」，曾本云，一作「主」。汲古閣本同。

正宜　「宜」，曾本、汲古閣本云，一作「目」。按，作「宜」是。

便須盡　「須」，曾本、汲古閣本云，一作「復」。

無復獨多慮　曾本、汲古閣本云，一作「無使獨憂慮」。

【箋注】

〔一〕大鈞：指天地造化。賈誼鵩鳥賦：「大鈞播物。」如淳注：「陶者作器于鈞上。此以造化爲大鈞也。」顔師古曰：「今造瓦者謂所轉者爲鈞，言造化爲人，亦猶陶之造瓦耳。」文選張茂先答何劭詩：「洪鈞陶萬物，大塊稟羣生。」李善注：「洪鈞，大鈞，謂天地也。」無私力：言造化自然無爲，無所偏私。莊子大宗師：「天無私覆，地無私載，天地豈私貧我哉？」

〔二〕森：衆多貌。後漢書卷五九張衡傳：「百神森其備從矣。」李賢等注：「森，衆貌也。」郗超答傅郎詩：「森森羣像。」著，明也，顯也。

〔三〕三才：天、地、人。易説卦：「是以立天之道曰陰與陽，立地之道曰柔與剛，立人之道曰仁與義。兼三才而兩之，故易六畫而成卦。」何承天達性論：「人非天地不生，天地非人不靈，三才同體，相須而成者也。」

〔四〕我：神自稱。

〔五〕君：指形和影。

〔六〕三皇：指伏羲、神農、燧人（見白虎通義），古代傳説中的三位帝王。

〔七〕彭祖：傳説中古代高壽之人，古今事文類聚前集卷三四引列仙傳：「彭祖，諱鏗，帝顓頊玄孫，至殷之末世，年已七百餘歲而不衰，少好恬静，惟以養神治世爲事，王聞之以爲大夫，稱疾不與政，專善於補導之術。」愛永年：楚辭天問：「彭鏗斟雉，帝何饗？」王逸注：「彭鏗，彭祖也，至八百歲，猶自悔不壽。」

〔八〕「老少」二句：列子楊朱篇：「萬物所異者生也，所同者死也。生則有賢愚貴賤，是所異也；死則有臭腐消滅，是所同也。」

〔九〕將非：同「將無」，晉人口語，肯定而語氣舒緩之辭。世説新語文學：「阮宣子有令聞，太尉王夷甫見而問曰：『老莊與聖教同異？』對曰：『將無同。』」促齡具：指酒。嵇康養生論：「滋味煎其府藏，醴醪鬻其腸胃。」此即淵明所説的酒爲促齡具。陳寅恪曰：「此駁形『得酒莫苟辭』之語，意謂主舊自然説者沉湎于酒，欲以全生，豈知其反傷生也。」

〔一〇〕「立善」二句：莊子養生主：「爲善無近名，爲惡無近刑。」莊子至樂：「至譽無譽。」嵇康釋私論：「善以無名爲體。」道家主無名無譽，立善雖所欣，但非爲名而求善。或以爲「立善無益」，「不必立善」，皆有乖淵明本意。陳寅恪曰：「此駁影『立善有遺愛，胡爲不自竭』之語。蓋既無譽者，則將何所遺耶？此非名教之言也。」

〔一一〕委運：任其自然之意。陶淵明集中諸如歸去來兮辭：「聊乘化以歸盡。」自祭文：「樂天委分。」均與「委運」義同。

〔一二〕大化：此指宇宙及自然之變化。荀子天論：「四時代御，陰陽大化。」按，「縱浪」四句實本於莊子與化爲體之義。莊子大宗師：「古之真人不知説生，不知惡死；其出不訢，其入不距；翛然而往，翛然而來而已矣。不忘其所始，不求其所終。受而喜之，忘而復之，是之謂不以心捐道，不以人助天。是之謂真人。」郭注：「與化爲體者也。」「泰然而任之也。」同篇又曰：「同則無好也，化則無常也。」郭注：「無物不同，則未嘗不適；未嘗不適，何好何惡哉！」「同於化者，唯化所適，故無常也。」了然於生死變化之道，不以喜怒好惡爲懷，所謂無心而任化，即與化爲體，這便是神釋詩闡述的自然主義。

〔一三〕盡：玉篇：「盡，終也。」後漢書卷八四皇甫規妻傳：「速盡爲惠。」

【集説】

形影神三首集中體現了陶淵明的哲學觀與人生觀，歷來論淵明思想者，無不注重研討其思想内涵，但在理解方面分歧很大。陳仁子、馬璞、黄文焕、沃儀仲等人以爲此詩主旨是强調立善。陳仁子輯文選補遺卷三十六：「生必有死，惟立善可以有遺愛，人胡爲不自竭於爲善乎？謂酒能消憂，比之此更爲劣爾。觀淵明此語，便是孔子朝聞道夕死，孟子修身俟命之意，與無見於道，留連光景以酒消遣者異矣。」馬璞陶詩本義卷二：「其中得酒、立善、委運三層，惟一立善而已。」黄文焕陶詩析義卷二引沃儀仲曰：「晉人喜放達，立善兩字，重複提醒，足爲名教干城。若徒以縱酒風味見誇，恐竹林七賢，尚與五柳先生同牀異夢。」有人則認爲形影神三首體現的是道家思想。何焯義門讀書記：「末篇言縱欲足以伐生，求名猶爲願外，但委運以全吾神，則死而不亡，與天地俱永也。」吴瞻泰陶詩彙注卷二：「『委運』二字，是三篇結穴，『縱浪』四句，正寫委運之妙歸于自然。」近人陳寅恪別創新解，稱形影神詩爲「新自然説」：「淵明之思想爲承襲魏晉清談演變之結果及依據其家世信仰道教之自然説而創改之新自然説。惟其爲主自然説者，故非名教説，并以自然與名教不相同。但其非名教之意僅限於不與當時政治勢力合作，而不似阮籍、劉伶輩之佯狂任誕。蓋主新自然説者不須如主舊自然説之積極抵觸名教也。又新自然説不似舊自然説之養此有形之生命，或别學神仙，惟求融合精神與運化之中，則與大自然爲一體。因其如此，既無舊自然説形骸物質之滯累，自不致與周孔入世之名教説有所觸礙。故淵明之爲人實外儒而内道，捨釋迦而宗天師者也。推其造詣所極，殆與千年後之道教採取禪宗學説以改進其教義者，頗有近似之處。然則就其舊義革新，『孤明先發』而論，實爲吾國中古時代之大思想家，豈僅文學品節居古今之第一流，爲世所共知者而已哉！」

九日閒居〔一〕并序

余閒居，愛重九之名。秋菊盈園，而持醪靡由〔二〕。空服九華〔三〕，寄懷於言。

世短意常多〔四〕，斯人樂久生〔五〕。日月依辰至，舉俗愛其名〔六〕。露淒暄風息，氣澈天象明。往燕無遺影，來雁有餘聲。酒能祛百慮〔七〕，菊解制頽齡〔八〕，如何蓬廬士，空視時運傾〔九〕！塵爵恥虚罍〔一〇〕，寒華徒自榮〔一一〕。斂襟獨閒謡〔一二〕，緬焉起深情〔一三〕，棲遲固多娱〔一四〕，淹留豈無成〔一五〕？

【校記】

持醪靡由　曾本云，一作「時醪靡至」。湯本、汲古閣本同。

九華　「九」，蘇寫本作「其」。

意常多　「常」，曾本、蘇寫本、湯本、汲古閣本作「恒」。

氣澈　「澈」，陶本原校：「一作『徹』。」曾本、汲古閣本云，一作「清」，又作「潔」。按，和郭主簿詩其二：「天高風景澈。」作「澈」是。

往燕　「往」，曾本、汲古閣本云，一作「去」。

酒能祛百慮　「能」，曾本、汲古閣本云，一作「常」。「祛」，曾本、汲古閣本云，一作「消」。

菊解　「解」，陶本原校：「焦本云，宋本作『解』。一作『爲』，非。」曾本作「爲」，云，宋本作「解」。蘇寫本、湯本、李本作「爲」。蘇寫本云，一作「解」。汲古閣本云，一作「爲」。

多娱　「娱」，曾本、汲古閣本云，一作「虞」。按，娱，樂也，作「娱」是。

【箋注】

〔一〕九日：指農曆九月九日重陽節，古時有採菊風俗。西京雜記卷三：「九月九日，佩茱萸，食蓬餌，飲菊花酒，令人長壽。菊花舒時，并採莖葉，雜黍米釀之。至來年九月九日始熟，就飲焉。故謂之菊花酒。」崔寔四民月令：「九月九日，可採菊華。」王羲之雜帖：「九日當採菊不？至日欲共行也。」宋傳載：「嘗九月九日無酒，出宅邊菊叢中坐久，值弘送酒至，即便就酌，醉而後歸。」據詩序「持醪靡由」等語，則此詩可能作于王弘任職江州刺史期間。王弘於晉義熙十四年（四一八）至宋元嘉三年（四二六）爲江州刺史，凡八年。此詩暫繫於義熙十四年作。楊勇陶淵明集校箋（以下省作楊勇）云：「此詩殆爲六十二歲作。時宋帝已篡位，而淵明緬懷寄慨，惓思故朝之情亦深切矣。」然楊譜又定此詩作於宋文帝元嘉元年淵明六十歲時。顯然前後矛盾。至於「惓思故朝之情」，詩中實無由得見。

〔二〕持醪靡由：謂無從飲酒。醪，濁酒。靡，無。

〔三〕空服：有花無酒，故曰空服。九華：指秋菊。九，金之成數，金，秋意也。

〔四〕「世短」句：湯注：「班固幽通賦『道悠長而世短』。」李注：「古詩云：『人生不滿百，常懷千歲憂。』而淵明以五字盡之，曰『世短意常多』。東坡曰『意長日月促』，則倒轉陶句耳。」黃文煥陶詩析義卷二：「所謂意多者，愛重九之意耳。與『人生不滿百，常懷千歲憂』不同。」按，意多，指所須所欲之多。世説新語言語：「郗太尉拜司空，語同坐曰：『平生意不在多，值世故紛紜，遂至台鼎。』」郗鑒「平生意不在多」之意，與此詩「世短意常多」句意相反，然「意多」所指則同。故黃説不確。又，文選陸機弔魏武帝文「何命促而意長」，與「世短意長多」同。

〔五〕久生：漢書卷六三武五子傳：「王自歌曰：『欲久生兮無終，長不樂兮安窮。』」列子楊朱篇：「孟孫陽問楊朱曰：『有人于此，貴生愛身，以蘄不死，可乎？』曰：『理無不死。』『以蘄久生，可乎？』曰：『理無久生。……況久生之苦乎？』」

〔六〕「日月」二句：曹丕九日與鍾繇書：「歲往月來，忽復九月九日。九爲陽數，而日月並應，俗嘉其名，以爲宜于長久。」辰，徐仁甫古詩别解卷六：「按：書堯典：『曆象日月星辰。』注：『辰，日月所交會之地。』『日月依辰至』，謂日月依其地而交會，以至重九也。」

〔七〕百慮：泛指種種雜念。陸機大暮賦：「收百慮而長逝。」釋慧遠大智論鈔序：「或闢百慮於同相而不分。」

〔八〕「菊解」句：言菊能制止人的衰老，可以延年。曹丕九日與鍾繇書：「至于芳菊，紛然獨榮。……輔體延年，莫斯之貴。」傅玄菊花賦：「掇以纖手，承以輕巾，揉以玉英，納以朱唇。服之者長壽，食之者通神。」頹齡，衰年。謝靈運白石巖下徑行田詩：「舊業横海外，蕪穢積頹齡。」伏系之秋懷賦：「豈微物之足懷，傷頹齡之告漸。」

〔九〕時運傾：指時光流逝。湯注：「『空視時運傾』，亦指易代之事。」其説非。

〔一〇〕「塵爵」句：語本詩小雅蓼莪：「缾之罄矣，惟罍之恥。」鄭玄箋：「缾小而盡，罍大而盈，言爲罍恥者。刺王不使富分貧，衆恤寡。」爵，酒器。虚罍，空罍。此句意謂爵蒙塵，罍虚置，持醪無由，遂至自恥也。

〔一一〕寒華：指秋菊。文選張景陽雜詩：「寒花發黄采。」吴注：「『空視時運傾』與『寒華徒自榮』，皆因無酒而發，正所謂『持醪靡由』也。原注謂指易代之事，失其指趣。」其説是。

〔一二〕斂襟：謂收斂心思。襟作襟懷解。上云「如何蓬廬士，空視時運傾」，心情頗爲不平，至此復歸平静，故曰斂襟。或釋爲端正衣襟，非是。

〔一三〕緬焉：超遠之意。

〔一四〕棲遲：游息。詩陳風衡門：「衡門之下，可以棲遲。」

〔一五〕淹留：停留，久留。楚辭九辯：「蹇淹留而無成。」此句反用其義，與癸卯歲十二月中作與從弟敬遠詩中「棲遲詎爲拙」句同意，皆肯定自己守拙田園。

【集評】

温汝能陶詩彙評卷二：「起五字包括無限，已領起通篇大意。沈確士謂比古詩『人生不滿百』二句，鍊得更簡更遒。予謂陶詩不事雕飾，何曾著意研鍊，而自爾淵雅含融，此陶之所不可及也。末言時運雖傾而游息多娱，與下『棲遲詎爲拙』同意。於閒散無聊之況而反得此逸興，一結寄託遥深，尤爲高絶。」

歸園田居五首〔一〕

少無適俗韻〔二〕，性本愛丘山。誤落塵網中〔三〕，一去三十年〔四〕。羈鳥戀舊林，池魚思故淵〔五〕。開荒南畝際，守拙歸園田〔六〕。方宅十餘畝，草屋八九間。榆柳蔭後簷，桃李羅堂前。曖曖遠人村〔七〕，依依墟里烟〔八〕。狗吠深巷中，鷄鳴桑樹顛〔九〕。户庭無塵雜，虛室有餘閒〔一〇〕。久在樊籠裏，復得返自然。

【校記】

歸園田居　陶本原校：「李注有六首二字。今從湯、焦、毛、黄、吴諸本，作五首。其江淹擬作一首，别附四卷之末。」曾本、蘇寫本、李本、汲古閣本題下有「六首」二字。又李注引韓子蒼曰：「田園六首，末篇乃序行役，與前五首不類，今俗本乃取江淹『種苗在東皋』爲末篇，東坡亦因其誤和之。陳述古本止有五首。予以爲皆非也。當如張相國本題爲雜詠六首。江淹雜擬詩頗似之，但『開徑望三益』此一句不類。」按，六首原有江淹雜擬詩「種苗在東皋」一篇，諸本均删去，應作五首。韓子蒼所稱張相國本題爲雜詠六首，不類更甚。

適俗韻　「韻」，曾本、汲古閣本云，一作「願」。按，韻爲魏晉品藻人物常語，作「韻」是，參見注〔二〕。

三十年　各本皆同。至吴譜始疑其誤：「按太元癸卯，先生初仕爲州祭酒，至乙巳去彭澤而歸，才甲子一周，不應云『三十年』，當作『一去十三年』。」劉履選詩補注卷五謂「『三』當作『逾』，或在『十』字下。按靖節年譜，太元十八年起爲州祭酒，時年二十九，正合飲酒詩『投耒去學仕』，『是時向立年』之句。以此推之，至彭澤退歸，才十三年，此云『三十年』，誤矣」。顧譜、陶注謂「三」字乃「已」字之訛。按，淵明在仕途前後十年，顧、陶之説是。

戀舊林　「戀」，曾本、汲古閣本云，一作「眷」。

南畝　「畝」，陶本原作「野」。曾本、汲古閣本作「野」，云，一作「畝」。按，「南畝」乃淵明耕地之一，即癸卯歲始春懷古田舍詩「在昔聞南畝」之「南畝」，故作「畝」是。

草屋　「屋」，曾本云，一作「舍」。湯本、汲古閣本同。

後簷　「簷」，陶本原校：「宋本作『簷』，一作『園』，非。」曾本作「園」，云，一作「簷」。湯本、汲古閣本同。李本作「園」。

復得　「復」，曾本、汲古閣本云，一作「安」。

【箋注】

〔一〕據歸去來兮辭，淵明於晉安帝義熙元年乙巳（四〇五）十一月辭官歸田，則此詩當作於義熙二年丙午（四〇六），淵明時年三十八歲。詩其一自述「誤落塵網中，一去三十年」，與淵明仕宦年數不合，遂致學者歧見紛紜。王譜據「一去三十年」句，謂此詩作於太元十九年甲午（三九四），淵明正三十歲。然陶考駁之：「景文之意，以墮地爲塵網，故繫此詩於年三十，説近釋氏。先生胸中無此塵網，當以仕途言之。」以爲「塵網」當指仕途，其言甚是。張玉穀古詩賞析卷一三謂歸園田居五首作于州祭酒解歸時。但詩言「久在樊籠裏，復得返自然」，又言「久去山澤遊」，分明是長期仕宦後初歸田園時情景，與淵明作州祭酒少日即解歸的經歷不合。章炳麟手批陶淵明集以爲歸園田居詩作於淵明三十歲：「案靖節出仕未有三十年之久，此云『一去三十年』者，謂年已三十，方有回車之志耳，則辭官不過三十也。乙巳去職，以辛丑（四〇一）三十計之，此時年三十四，飲酒詩第十九首云：『是時向立年，志意多所恥。遂盡介然分，終死歸田裏。』亦可參考。」（卷二歸園田居眉批，轉引自藍若洪章炳麟手批陶淵明集研究，浙江學刊，二〇一四年第一期。下同）章氏説此詩作於淵明三十歲，乙巳歲去職，卻又説辛丑歲（四〇一）年三十，乙巳歲去職年三十四歲。顯然前後矛盾。究竟三十歲辭官，還是三十四歲去職耶？若如章氏説，辛丑歲淵明三十歲有「回車之志」，由牢籠回歸自然，緣何辛丑歲七月又赴假還江陵耶？梁譜疑此詩作於元興二年癸卯（四〇三），淵明三十二歲時。但據梁譜，元興二年春天淵明在江陵懷柴桑，作癸卯歲始春懷古田舍二首，而歸園田居第一首云「榆柳蔭後簷，桃李羅堂前」，時當在此年春夏之交。淵明緣何始春在江陵，春末從彼歸柴桑？梁譜對此語焉不詳。又據梁譜，元興三年（四〇四）淵明起復爲建威參軍。然此詩前言「誤落塵網」，後云「復返自然」，脱身仕途的輕鬆之感溢於言表。淵明何以歸田不足一年，匆匆再入樊籠？梁譜之説亦難取信。園田居：淵明在柴桑的舊宅。惲敬大雲山房文稿卷二靖節集書後：「歸田園詩言宅、言屋、言後園、言堂前，即柴桑宅也。」其説是。

〔二〕韻：氣韻，風度，性情。郗超答謝安詩：「我雖異韻，及爾同玄。」王羲之又與謝萬書：「以君邁往不屑之韻，而俯同羣辟。」謝混誡族子詩：「康樂誕通度，實有名家韻。」

〔三〕塵網：謂仕途。東方朔與友人書：「不可使塵網名韁拘鎖。」王譜謂此詩作於淵明三十歲時，蓋以「塵網」一語爲人出世。古譜亦云：「『誤落塵網』，猶云誤生塵世。」陶考謂王譜「以墮地爲塵網，故繫此詩於年三十，説近釋氏，淵明胸中無此。塵網當以仕途言之」。其説是。

〔四〕三十年：當作「已十年」。「三」爲「已」之譌。雜詩其十：「荏苒經十載，暫爲人所羈。」可知淵明在仕途前後十年。參見本書附録四陶淵明年譜簡編。

〔五〕「羈鳥」二句：文選潘岳秋興賦：「譬猶池魚籠鳥，有江湖山藪之思。」文選陸機贈從兄車騎詩：「孤獸思故藪，離鳥悲舊林。」

〔六〕守拙：指歸耕田園，乃自謙之詞，與世俗之機巧相對而言。

〔七〕曖曖：楚辭離騷：「時曖曖其將罷兮。」王逸注：「曖曖，昏昧貌。」詠貧士詩其一：「曖曖空中滅，何時見餘暉。」

〔八〕依依：依稀可辨貌。陳祚明采菽堂古詩選卷十三：「曖曖，依依，景色生動。」墟里：村落。謝靈運撰征賦：「覩生烟而知墟。」

〔九〕「狗吠」二句：吴師道吴禮部詩話：「古鷄鳴行：『鷄鳴高樹巔，狗吠深巷中。』陶公全用其語。」

〔一〇〕虚室：莊子人間世：「虚室生白。」「唯道集虚，虚者，心齋也。」淮南子俶真訓：「是故虚室生白。」高誘注：「虚，心也；室，身也；白，道也。」「虚室有餘閒」即自祭文「心有常閒」之義。

【集評】

惠洪冷齋夜話：「東坡嘗云：淵明詩初視若散緩，熟視有奇趣。如曰：『曖曖遠人村，依依墟里煙』，『狗吠深巷中，鷄鳴桑樹巔。』大率才高意遠，則所寓得其妙，如大匠運斤，無斧鑿痕。」

方東樹昭昧詹言卷四：「此詩縱横浩蕩，汪茫溢滿，而元氣磅礴。大含細入，精氣入而粗穢除。奄有漢魏，包孕衆勝，後來惟杜公有之。韓公較之，猶覺圭角鑱露，其餘不足論也。」

野外罕人事〔一〕，窮巷寡輪鞅〔二〕。白日掩荆扉，虛室絶塵想〔三〕。時復墟曲中〔四〕，披草共來往〔五〕。相見無雜言，但道桑麻長。桑麻日已長，我土日已廣。常恐霜霰至，零落同草莽。

【校記】

寡輪鞅　「寡」，曾本、汲古閣本云，一作「解」。蘇寫本云，一作「鮮」。按，「鮮」與「寡」同義，作「鮮」亦通，而「解」乃形誤。

虛室　曾本、汲古閣本云，「虛室」，一作「對酒」。焦本作「虛空」，云，一作「對酒」。

墟曲中　「曲中」，陶本原校：「焦本云，『曲中』，一作『里人』。」曾本、汲古閣本云，一作「墟里人」。

披草　「草」，陶本原校：「焦本云，『草』，一作『衣』。」曾本、汲古閣本云，一作「衣」。按，作「草」是，參見注〔五〕。

我土　「土」，曾本、汲古閣本云，一作「志」。蘇寫本作「志」。蔡寬夫詩話：「或以『土』爲『志』，于義亦兩通，未甚相遠。」按，前首云「開荒南畝際」，此言「我土日已廣」，正見開荒成績，作

「土」較勝。

【箋注】

〔一〕人事：後漢書卷三六賈逵傳：「此子無人事於外。」李賢注：「無人事，謂不廣交通也。」後漢書卷六三李固傳：「杜門不交人事。」歸去來兮辭：「嘗從人事，皆口腹自役。」飲酒詩其十六：「少年罕人事，游好在六經。」

〔二〕輪鞅：指車馬。鞅，馬頸上的皮帶。按，以上二句與飲酒詩其五「結廬在人境，而無車馬喧」同意。

〔三〕塵想：雜念。釋慧遠萬佛影銘：「是使塵想制於玄襟。」

〔四〕墟曲：猶「墟里」、「鄉村」。

〔五〕披草：撥草。披，分開。史記卷一五帝本紀：「披山通道。」索隱：「謂披山林草木而行以通道也。」温汝能陶詩彙評卷二：「『披草』一作『披衣』。據晉書卷九二袁宏傳：『披草求君，定交一面。』作『披草』是。」披草，意謂撥開草而行以通道。逯注謂草「指草衣」，則「披草」解爲「披草衣」，其説非。

【集説】

此詩實寫田園生活還是别有政治寄託，前人理解不一。劉履選詩補注卷五釋詩末二句云：「但恐天時變革，霜霰凋傷而零落同於草莽耳。蓋是時朝廷將有傾危之禍，故有是喻。然則靖節雖處田野而不忘憂國，於此可見矣。」方東樹昭昧詹言卷四則以爲此詩「『桑麻日以長』以下乃申續樂意耳。只就桑麻言，恐其零落，方見真意實在田園，非喻己也。」

【集評】

王夫之古詩評選卷四：「鍾嶸目陶詩出於應璩，爲古今隱逸詩人之宗，論者不以爲然，自非沈酣六義，宜不知此語之確也。平淡之於詩自爲一體。平者，取勢不雜，淡者，遺意不煩之謂也。陶詩於此固多得之，然豈獨陶詩爲爾哉？若以近俚爲平，無味爲淡，唐之元、白，宋之歐、梅，據此以爲勝場。」

種豆南山下，草盛豆苗稀〔一〕。晨興理荒穢〔二〕，帶月荷鋤歸〔三〕。道狹草木長，夕露霑我衣〔四〕。衣霑不足惜，但使願無違〔五〕。

【校記】

晨興　曾本云，一作「侵晨」。湯本、汲古閣本同。蘇寫本作「侵晨」。按，作「晨興」是，參見注〔二〕。

帶月　「帶」，曾本云，一作「戴」。湯本、汲古閣本同。

衣霑　曾本、汲古閣本云，一作「我衣」。

願無違　「無」，曾本、汲古閣本云，一作「莫」。

【箋注】

〔一〕「種豆」二句：李注：「漢書楊惲傳：田彼南山，蕪穢不治。種一頃豆，落而爲萁。」

〔二〕晨興：晨起。蔡邕蟬賦：「秋風肅以晨興。」漢書卷五六董仲舒傳：「夙寤晨興，憂勞萬民。」袁宏北征賦：「勁風晨興。」

〔三〕「帶月」句：温汝能陶詩彙評卷二：「『帶月』句，真而警，可謂詩中有畫。」

〔四〕「夕露」句：文選王粲從軍詩：「草露霑我衣。」

〔五〕「衣霑」二句：丁注：「陶詩程傳：草盛苗稀，荷鋤帶月，所謂開荒南野也。夕露霑衣，喻貧賤之來傷人也。蘇氏曰：『以夕露沾衣之故，而違其所願者多矣。』善哉言乎。」按，蘇軾以己被謫黄岡、惠州之感受，想象淵明夕露沾衣之心理，以至説陶公平生所願違者良多。此乃曲解淵明，豈是知音之言？而程傳云「夕露霑衣，喻貧賤之來傷人」，更不啻佛頭著糞。庚戌歲九月中於西田穫早稻詩云：「但願長如此，躬耕非所歎。」「夕露霑衣」雖不無辛苦，但豆苗日長，禍患不干，復得自然，願亦在其中，樂亦在其中。故淵明所説之願，乃安于田園，堅持躬耕之願。

【集評】

古詩歸卷九鍾伯敬曰：「幽厚之氣，有似樂府。儲、王田園詩妙處出此。浩然非不近陶，而似不能爲此一派，曰清而微遜其樸。」

久去山澤游，浪莽林野娱〔一〕。試攜子姪輩，披榛步荒墟〔二〕。徘徊丘隴間〔三〕，依依昔人居。井竈有遺處〔四〕，桑竹殘朽株〔五〕。借問採薪者，此人皆焉如〔六〕？薪者向我言，死没無復餘。一世異朝市〔七〕，此語真不虚。人生似幻化〔八〕，終當歸空無〔九〕。

【校記】

丘隴　「隴」，曾本、汲古閣本作「壠」，云，一作「隴」，又作「壟」。李本作「壠」。

遺處　「處」，曾本、汲古閣本云，一作「所」。

桑竹　「竹」，曾本、汲古閣本云，一作「麻」。

桑竹殘朽株　陶本原校：「焦本云，一作『樹木殘根株』。」曾本、汲古閣本云，一作「樹木殘根株」。

此語　「語」，曾本、汲古閣本云，一作「言」。

空無　「空」，曾本、汲古閣本云，一作「虚」。焦本云，一作「虚」，非。

【箋注】

〔一〕浪莽：何注：「莽，或作漭。浪漭，廣大貌。」丁注：「浪孟即孟浪也。莊子齊物論：『孟浪之言。』徐邈讀莽浪，蓋放曠之意。」集韻：「浪，孟浪，較略之言。」正字通：「浪，孟浪，輕率也。」蘇軾東坡詩之二：「荒田雖浪莽，高庳各有適。」據上可知，浪莽有二義：一爲廣大無邊貌，一爲放曠疏略之意。此句取義同蘇軾詩，謂林野廣大無邊。

〔二〕披榛：撥開叢木。文選趙至與嵇茂齊書：「披榛覓路。」文選孫綽游天台山賦：「披荒榛之蒙蘢。」李善注：「高誘淮南子注曰：『叢木曰榛。』」

〔三〕「徘徊」句：孫綽聘士徐君墓頌：「徘徊墟壠。」丘隴，墓地。雜詩其四：「百年歸丘壟。」王珣林法師墓下詩序：「高墳鬱爲荒楚，丘隴化爲宿莽。」

〔四〕「井竈」句：郭璞井賦：「獨星陳于丘墟兮，越百代而猶在。」此句似本郭璞賦。

〔五〕殘：集韻：「殘，餘也。」呂氏春秋權勳：「若殘豎子之類。」高誘注：「殘，餘也。」

〔六〕焉如：何往。文選向秀思舊賦：「形神逝其焉如。」張敏神女賦：「遥棄我其焉如？」

〔七〕「一世」句：丁注：「三十年爲一世。古者爵人於朝，刑人於市。言爲公衆之地，人所指目也。『一世異朝市』蓋古語，言三十年間，公衆指目之朝市，已遷改也。」朝市，亦作市朝。謝靈運撰征賦：「年月多歷，市朝已改。」文選謝朓和伏武昌登孫權故城詩李善注：「古出夏門行曰：『市朝易人，千載墓平。』」

〔八〕幻化：幻現變化。列子周穆王篇：「有生之氣，有形之狀，盡幻也。造化之所始，陰陽之所變者，謂之生，謂之死。窮數達變，因形移易者，謂之化，謂之幻。」「知幻化之不異生死也，始可以學幻矣。吾與汝亦幻也，奚須學哉？」梁簡文帝七召：「清歌雅舞，暫同於夢寐；廣厦高堂，俄成於幻化。」

〔九〕空無：佛家語，意謂寂滅。支遁詠懷詩：「廓矣千載事，消液歸空無。」郗超奉法要：「一切萬有終歸于無，謂之空無。」按，因「空無」爲佛家語，故前人或稱淵明精於釋理。淵明與慧遠爲方外交，與之交往的劉遺民、張野諸人乃蓮社高賢，淵明當不會不知釋理。然這并不意味着淵明以釋理看待人生。因列子已説過「幻化之不異生死」的話，而「無」更是老莊尊奉的「道」。東晉時佛教漸盛，釋理多吸收道家用語。因此，與其説詩末二句表明淵明精於釋理，還不如説是以老莊義理觀照人生。

【集評】

邱嘉穗東山草堂陶詩箋卷二：「前言桑麻與豆，此則耕種之餘暇，憑弔故墟，而歎其終歸於盡。『人生似幻化』二句真可謂知天地之化育者，與遠公白蓮社人見識相去何啻霄壤！」

悵恨獨策還〔一〕，崎嶇歷榛曲〔二〕。山澗清且淺，可以濯我足。漉我新熟酒〔三〕，隻雞招近局〔四〕。日入室中闇，荆薪代明燭。歡來苦夕短，已復至天旭。

【校記】

山澗　曾本、汲古閣本云，一作「澗水」。蘇寫本作「澗水」。

可以　「可」，陶本原校：「各本作『遇』。焦本作『可』，云，一作『遇』，非。今從之。」曾本、汲古閣本作「遇」，云，一作「可」。按，孺子歌：「滄浪之水濁兮，可以濯我足。」作「可」是。

漉我　「漉」，曾本、汲古閣本云，一作「撥」，又作「掇」，又作「擠」。按，作「漉」是，參見注〔三〕。

近局　「局」，陶本原校：「各本作『局』。毛晉云，時本作『屬』。」曾本、汲古閣本云，一作「屬」。

代明燭　「代」，曾本、汲古閣本云，一作「繼」。

【箋注】

〔一〕策：扶杖。

〔二〕曲：偏僻之處。

〔三〕漉酒：以布濾酒。宋傳：「郡將候潛，值其酒熟，取頭上葛巾漉酒，畢，還復著之。」漉，液體滴瀝貌。史記卷一一七司馬相如列傳：「滋液滲漉，何生不育。」西京雜記卷四：「且筐且漉，載茜載齊。」

〔四〕近局：鄰曲；近鄰。局，廣雅疏證：「小爾雅：局，近也。」

【集評】

邱嘉穗東山草堂陶詩箋卷二：「前首悲死者，此首念生者，以死者不復還，而生者可共樂也。故耕種而還，濯足纔罷，即以斗酒隻鷄，招客爲長夜飲也。」

孫人龍纂輯陶公詩評註初學讀本卷一：「田家真景，令人悠然。」

遊斜川〔一〕并序

辛丑正月五日〔二〕，天氣澄和〔三〕，風物閒美〔四〕。與二三鄰曲，同遊斜川。臨長流，望曾城〔五〕，魴鯉躍鱗於將夕〔六〕，水鷗乘和以翻飛。彼南阜者，名實舊矣，不復乃爲嗟歎。若夫曾城，傍無依接，獨秀中皋〔七〕，遥想靈山〔八〕，有愛嘉名〔九〕。欣對不足，率爾賦詩。悲日月之遂往，悼吾年之不留，各疏年紀鄉里〔一〇〕，以記其時日。

開歲倏五十〔一一〕，吾生行歸休〔一二〕。念之動中懷，及辰爲兹遊。氣和天惟澄，班坐依遠流〔一三〕。弱湍馳文魴〔一四〕，閒谷矯鳴鷗〔一五〕。迥澤散游目〔一六〕，緬然睇曾丘〔一七〕。雖微九重秀，顧瞻無匹儔〔一八〕，提壺接賓侣，引滿更獻酬〔一九〕。未知從今去，當復如此不？中觴縱遥情〔二〇〕，忘彼千載憂。且極今朝樂，明日非所求〔二一〕。

【校記】

辛丑　「丑」，曾本云，一作「酉」。湯本、汲古閣本同。蘇寫本「丑」下有「歲」字。按，作「丑」是，參見注〔二〕。

澄和　「和」，曾本云，一作「穆」。湯本、汲古閣本同。

二三　蘇寫本作「一二」。

曾城　「曾」，曾本云，一作「層」。湯本、汲古閣本同。

魴鯉躍鱗於將夕　曾本云，一作「魴鱮躍鱗日將於夕」。汲古閣本同。按，辛丑歲七月赴假還江陵夜行塗口詩：「涼風起將夕。」鮑照贈古人馬子喬詩其六：「煙雨交將夕。」作「魴鯉躍鱗於將夕」是。

率爾　「爾」，曾本云，宋本作「共」，一作「共爾」。汲古閣本同。蘇寫本云，一作「共」。湯本云，宋本作「共」。

五十　「十」，陶本原作「日」。曾本、汲古閣本云，一作「日」。湯本作「日」，云，一作「十」。蘇寫本作「十」。按，作「十」是，今據改，參見注〔一〕。

及辰　「辰」，曾本、汲古閣本云，一作「晨」。

惟澄　「惟」，曾本、汲古閣本云，一作「唯」，又作「候」。

當復　「復」，曾本、汲古閣本云，一作「得」。

中觴　「觴」，陶本原校：「各本作『觴』，中觴，酒半也，焦本從宋本作『腸』，非。」曾本、蘇寫本、汲古閣本作「腸」。按，作「觴」是，參見注〔一〇〕。

【箋注】

〔一〕此詩作於晉安帝義熙十四年戊午（四一八），淵明五十歲時。斜川，其地未詳。宋人駱庭芝作斜川辨，謂淵明所居栗里，近廬山南麓「淵明醉石」；又據歸去來兮辭及游斜川詩中地貌，以爲序中「曾城」即落星寺，斜川臨彭蠡湖。張玉穀古詩賞析卷十三謂斜川在南康府。蔣薰評陶淵明集卷二則云：「序中南阜，舊注匡廬山，則曾城當在廬山北。」按，淵明居處數遷，皆距尋陽城不遠，疑斜川在廬山北。參見還舊居詩注及本書附録三陶氏宗譜中之問題。

〔二〕辛丑正月五日：此句異文最多，幾至不可校理。王譜從「辛丑」，謂淵明年三十七，詩云「開歲倏五十」，作「五日」是。吴譜從「辛酉」，云别本作「辛丑」者非是，又云「或疑是辛亥歲作」。古譜創淵明得年五十二歲説，故謂「辛丑」爲「乙丑」之譌，元嘉二年乙丑，淵明正五十歲。按，兩宋陶淵明集刻本正文皆作「辛丑」、「五十」，曾本、湯本、汲古閣本注云，一作「辛酉」，從無作「辛亥」或「乙丑」者。吴譜疑作「辛亥」及古譜作「乙丑」，不足爲訓。逯繫年則云：「原序應作辛酉。辛酉者，乃以干支字紀日。據陳垣二十史朔閏表，本年正月朔日正爲辛酉，與詩開歲之言合。詩序以五日爲辛酉，五字當誤。」逯氏謂辛酉二字乃干支紀日，發前人所未發。然逯本游斜川詩注云：「詩爲陶淵明五十歲時作。原序干支時日有竄誤，應作正月五日辛酉。」繫年既稱正月朔日爲辛酉，詩序中正月五日之「五」字當誤，詩注又説正月五日爲辛酉，可見逯氏立論之混亂。鄧譜謂詩序應作「辛丑正月五日」，辛丑爲干支紀日，東晉義熙十四年戊午（四一八）正月五日正爲辛丑，本年淵明五十歲。今從之。

〔三〕澄和：清朗暖和。

〔四〕風物：謂風光景物。文選殷仲文南州桓公九井作詩：「風物自淒緊。」

〔五〕曾城：山名。毛德琦廬山志、讀史方輿紀要卷八十四、同治星子縣志皆謂「曾城山，在縣西五里，一名烏石山」。駱庭芝則謂「曾城」即落星寺，位於廬山南麓彭蠡湖畔（見上）。曾國藩不以駱説爲然，據遊斜川詩序分析説：「淮南子：崑崙山有層城九重。陶公因目中所見之層城，而遥想崑崙之層城。觀上文『臨長流，望層城』句，當是斜川有山名層城，故愛其佳名，與崑崙同耳。駱庭芝云層城落星寺也。然云『獨秀中皋』，則指山非指寺矣。」（求闕齋讀書録卷六集一）曾氏之説甚中肯。逯注謂曾城指廬山之北的鄣山，證據之一是「晉廬山諸道人游石門詩云：『褰裳思雲駕，望崖想曾城。』目鄣山爲曾城，與此詩同」。按，淵明居處離柴桑城不遠，廬山志等所載之曾城山在廬山之南，與淵明居處相距太遠。故疑詩序所説之曾城亦在廬山之北，惟確切地點很難考定。逯注以爲鄣山即曾城，但詩序説，「彼南阜者，名實舊矣，不復乃爲嗟歎」。意謂此游不再歎美早已名聲遐邇的廬山。鄣山既爲廬山諸峯中的峻巒奇峯，故亦不在嗟歎之列。逯注不確。鄧安生重訂陶淵明年譜則以爲曾城指潯陽城：「案曾與層通，曾城爲魏晉人習語，其義有二，一指崑崙山上神仙所居處，一謂高城。」並舉世説新語載顧愷之詠荆州城云「遥望層城，丹樓如霞」等例爲證，謂「曾城當指潯陽城」。疑鄧説非是。因此詩序狀曾城「傍無依接，獨秀中皋」後，即「遥想靈山，有愛佳名」。若眺望者爲潯陽城，恐不會由高城而遥想神仙之居崑崙。詩又云：「雖微九重秀，顧瞻無匹儔。」意謂雖無崑崙之靈秀，但顧瞻四周之山巒，亦無與之相匹者。若曾城指高城，則「匹儔」二字便無所指。須曾城是山，且靈秀獨絶於他山，方可稱「顧瞻無匹儔」也。

〔六〕魴鯉躍鱗：潘岳西征賦：「華魴躍鱗，素鱮揚鬐。」魴鯉，泛指魚類。

〔七〕皋：澤邊高地。

〔八〕靈山：指崑崙曾城。湯注：「天問：崑崙縣圃，其尻安在？曾城九重，其高幾里？」按，「遥想靈山」，同謝靈運登江中孤嶼詩：「想象崑山姿」句意相近。

〔九〕嘉名：淵明所望曾城的名稱與神仙所居的崑崙曾城相同，故云。

〔一〇〕疏：記。

〔一一〕開歲：猶始歲，始春。後漢書卷二八上馮衍傳：「開歲發春兮，百卉含英。」李賢注：「開、發，皆始也。」五十：謂五十歲。按，「五十」還是「五日」，自宋迄今，莫衷一是。蘇寫本作五十，蘇軾和斜川詩云：「雖過靖節年，未失斜川遊。」其子蘇過斜川集卷一小斜川詩引謂「今歲適在辛丑，而余年亦五十，蓋淵明與予同生於壬子歲」。可知東坡父子均以「開歲倏五十」爲是。馬永卿嬾真子卷一云：「世所傳五柳集，數本不同。謹按淵明乙丑生，至乙巳歲賦歸去來，是時四十一矣。今遊斜川詩，或云辛丑歲，則方三十七歲，或云辛酉歲，則已五十七，以詩云『開歲倏五十』皆非也。若云『開歲倏五日』，則正序所謂正月五日，言開歲倏忽五日耳。近得廬山東林舊本，作五日，宜以爲正。」據此，知東林寺本（卷數不詳，佚）作五日。邵康節手抄陶集本，也作「五日」。周必大文忠集卷一八跋向氏邵康節手寫陶靖節詩云：「康節先生蘊先天經世之學，顧獨手抄靖節詩集，是豈專取詞章哉！蓋慕其知道也……『開歲倏五十』或作『五日』，近歲祈寬謂『五十則與辛丑不合』，今康節直作『五日』，尚何疑焉？」然朱熹懷疑邵康節手抄陶詩是贋本：「向薌林家藏邵康節親寫陶詩一册……向家子弟攜來求跋，某細看亦不是康節親筆，疑熙、豐以後人寫，蓋贋本也。」（朱子語類卷一四〇）。可見邵康節手寫陶集作「五日」也不足據。然則究以何者爲是，尚需從此詩抒發的思想感情及詩的結構兩方面探究。首先，序云「悲日月之遂往，悼吾年之不留」，强烈流露出年壽將終的預感。此種情緒常見於淵明五十以後的詩文中，如與子儼等疏：「病患以來，漸就衰損；親舊不遺，每以藥石見救，自恐大分將有限也。」雜詩其六：「昔聞長老言，掩耳每不喜，奈何五十年，忽已親此事。求我盛年歡，一毫無復意。去去轉欲遠，此生豈再值。」雜詩其七：「弱質與運頽，玄鬢早已白。素標插人頭，前塗漸就窄。家爲逆旅舍，我如當去客。去去欲何之，南山有舊宅。」若依舊譜，辛丑年淵明三十七歲，正值壯年，雖難免有時光飄流的感歎，但尚無年命將至之虞。其次，序云「各疏年紀鄉里，以記其時日」。「辛丑正月五日」，爲記其時日；「開歲倏五十」，爲各疏年紀。若「五十」作「五日」，則既與序文正月五日重複，「各疏年紀」又無着落。再次，「開歲倏五十，吾生行歸休」，語意相連。因年届五十，故有日月擲人、生命將終之感喟。如作「開歲倏五日」，則下句「吾生行歸休」的感慨就很難説通。梁譜謂「殊不知『開歲倏五日，吾生行歸休』，此二語如何能相連成意？慨歎于歲月擲人者，豈以日計耶？」其説頗近情理。游國恩陶潛年紀辨疑駁梁譜，謂「開歲倏五日，吾生行歸休」二語能相連成語，乃「普通的感慨」。其説未中肯綮。據以上數點，當作「五十」爲是。

〔一二〕歸休：莊子田子方：「生有所乎萌，死有所乎歸。」莊子刻意：「其生若浮，其死若休。」淮南子精神訓：「生，寄也；死，歸也。」淮南子俶真訓：「逸我以老，休我以死。」

〔一三〕班坐：列班而坐；依次而坐。班，班序；次序。後漢書卷一五來歙傳：「于是置酒高會，勞賜歙，班坐絶席，在諸將之右。」

〔一四〕湍：淮南子説山訓：「稻生于水，而不能生湍瀨之流。」高誘注：「湍，急水也。」

〔一五〕閒谷：幽静的山谷。矯：飛。孫綽游天台山賦：「哂夏蟲之疑冰，整輕翮而思矯。」李善注：「方言曰：『矯，飛也。』」

〔一六〕游目：謂目光流觀四方。楚辭離騷：「忽反顧以游目兮，將往觀乎四荒。」王羲之蘭亭集序：「所以游目騁懷，足以極視聽之娱。」

〔一七〕緬然：國語楚語上：「緬然引領南望。」韋昭注：「緬，猶邈也。」

〔一八〕「雖微」二句：意謂曾城山雖無崑崙曾城九重的秀美，但顧看此間亦無可比匹。微，論語憲問：「微管仲，吾其被髮左衽矣。」何晏集解：「微，無也。」匹儔：猶匹敵；匹比。楚辭王褒九懷危俊：「步余馬兮飛柱，覽可與兮匹儔。」阮籍大人先生傳：「邈無儔而獨立。」

〔一九〕引滿：滿觴而飲。何注：「漢書叙傳：『皆引滿舉白，談笑大噱。』」又，王羲之與謝萬書：「銜杯引滿。」獻酬：謂互相勸酒。

〔二〇〕中觴：猶中酒。

〔二一〕「且極」二句：何晏言志詩：「且以樂今日，其後非所知。」

【集評】

方宗誠陶詩真詮：「『氣和』八句，鍊字自然，寫景如畫。收四句『中觴縱遥情，忘彼千載憂，且極今朝樂，明日非所求』。全是素位而行，不願乎外之意，不可誤會爲曠達已也。」

日本近藤元粹評訂陶淵明集卷三：「彭澤雖承漢、魏骨法，至夫叙實情有從容深遠之妙，則前後無匹儔矣！後來獨有老杜學得焉，蓋陶、杜情懷相似乎？」

示周續之祖企謝景夷三郎〔一〕

負痾頽簷下，終日無一欣。藥石有時閒〔二〕，念我意中人。相去不尋常，道路邈何因〔三〕。周生述孔業，祖謝響然臻〔四〕。道喪向千載〔五〕，今朝復斯聞。馬隊非講肆，校書亦已勤。老夫有所愛，思與爾爲鄰。願言誨諸子，從我潁水濱〔六〕。

【校記】

示周續之祖企謝景夷三郎　曾本、蘇寫本、湯本、汲古閣本作「示周掾祖謝」。曾本、湯本、汲古閣本云，一作「示周續之祖企謝景夷三郎，時三人共在城北講禮校書」。汲古閣本又云，「夷」，又作「仁」。

終日無一欣　曾本、汲古閣本云，一作「終無一處欣」。

道路　「道」，汲古閣本作「遊」。

邈何因　「何」，曾本、汲古閣本云，一作「無」，又作「所」。蘇寫本云，一作「無」。焦本云，一作「無」，非。

斯聞　「聞」，汲古閣本作「文」。

願言誨諸子　曾本、汲古閣本云，一作「客」，一作「勉諸生」，一作「但願還渚中」。蘇寫本作「願君謝諸子」，云，一作「願言誨諸子」。

【箋注】

〔一〕周續之：續之（三七七——四二三）字道祖，雁門廣武人。入廬山，與劉遺民、陶淵明謂之尋陽三隱。考宋書卷九三周續之傳：後江州刺史劉柳荐之劉裕，辟爲太尉掾。續之不尚節峻，頗從之遊。劉裕北伐，世子居守，迎續之館於安樂寺，延入講禮，月餘，復還山。蓮社高賢傳又載：劉裕即帝位後，曾問周續之：「身爲處士，時踐王廷，何也？」答曰：「心馳魏闕者，以江湖爲桎梏；情致兩忘者，市朝亦巖穴耳。」故時號「通隱先生」。祖企、謝景夷兩人無考。蕭傳：「刺史檀韶苦請續之出州，與學士祖企、謝景夷三人，共在城北講禮，加以讎校，所住公廨，近於馬肆。是故淵明示其詩云：『周生述孔業，祖謝響然臻。馬隊非講肆，校書亦已勤。』」又通鑒卷一一七晉紀三九載：義熙十二年八月，劉裕北征，「以世子義符爲中軍將軍，監太尉留府事」，「時檀韶遷江州刺史」。宋書卷四五檀韶傳亦曰：韶於義熙十二年（四一六）爲江州豫州之西陽、新蔡二郡諸軍事、江州刺史。據上可知，周續之爲劉義符講禮及應檀韶之請，於城北講禮校書，必前後之事也。此詩當作於義熙十二年。王譜繫本詩於宋武帝永初元年庚申（四二〇），誤。

〔二〕閒：同「間」。國語晉語：「且夫間父之愛，而嘉其貺。」韋昭注：「間，離也。」淮南子俶真訓：「則醜美有閒矣。」高誘注：「閒，遠也。」藥石有時閒，言有時遠離藥石，即不服藥。

〔三〕「相去」二句：淵明堅持隱居，與周續之等「通隱先生」居近實遠，故云。尋常：文選張華鷦鷯賦：「翔集尋常之內。」李善注：「應劭曰：八尺曰尋，倍尋曰常。」

〔四〕響然臻：謂應聲而至。臻，至。文選孔融薦禰衡表：「羣士響臻。」李善注：「響臻，如應而至也。孫卿子曰：下之和上，譬響之應聲也。」晉書卷一〇恭帝紀：「恭帝詔曰：『東平開府，奇士響臻，濟濟之盛，朕有欽焉。』」

〔五〕道喪：支遁釋迦文佛像讚并序：「道喪人亡。」文選江淹雜詩：「道喪涉千載。」李善注：「莊子繕性：『世喪道矣，道喪世矣，世與道交相喪也。』司馬彪曰：『世皆異端喪道，道不好世，故曰喪耳。』」

〔六〕「從我」句：蔣薰評陶淵明集卷三：「其言從我潁水，蓋招之也。」潁水濱，相傳是古代高士許由、巢父避世之處。水經注：「潁水，出潁川陽城縣西北少室山。」「高士傳：『許由遁耕于中嶽潁水之陽，箕山之下，終身無經天下色。堯又召爲九州長，由不欲聞之，洗耳於潁水。』」

【集評】

李公焕箋注陶淵明集卷二引趙泉山曰：「按靖節不事覲謁，惟至田舍及廬山遊觀，舍是無他適。續之自社主遠公順寂之後，雖隱居廬山，而州將每相招引，頗從之遊，世號通隱。是以詩中引箕、潁之事微譏之。」

温汝能陶詩彙評卷二：「是時三人皆講禮校書，周續之已入廬山，會刺史檀韶苦請出州，在城外講禮，所住公廨復近馬隊，故靖節姑示以己之安閑，中則抑揚其詞以深規之，末用冷諷，語雖詼諧，意本肫切，古人交誼不苟，於斯可見。」

章炳麟手批陶淵明集：「讀此詩見靖節之志，蓋非獨淡乎榮位，亦不欲養徒取名也。周生講禮，遠公結社，皆不欲往者，老子所謂『不上賢，使民不争』。」（示周續之祖企謝景夷三郎詩眉批）

乞食〔一〕

飢來驅我去，不知竟何之。行行至斯里，叩門拙言辭〔二〕，主人解余意，遺贈副虚期〔三〕。談諧終日夕〔四〕，觴至輒傾杯。情欣新知歡，言詠遂賦詩。感子漂母惠，愧我非韓才〔五〕。銜戢知何謝〔六〕，冥報以相貽〔七〕。

【校記】

飢來　「飢」，陶本原校：「何校宣和本作『飢』。各本作『饑』。」澍按説文，飢、饑義别。穀不熟爲饑。飢，餓也。當以作『飢』爲是。」焦本作「饑」。按，古饑饉字作「饑」，飢餓字作「飢」，此應作「飢」。

我去　「去」，曾本云，一作「出」。蘇寫本、湯本、汲古閣本同。

解余意　「解」，陶本原校：「各本作『解』。湯本及何校宣和本作『諧』。」蘇寫本云，一作「諧」。曾本、汲古閣本作「諧」，云，一作「解」。

副虚期　陶本原作「豈虚來」。曾本、汲古閣本同，云，一作「副虚期」，又作「豈虚期」。逯本云，按「期」字「副」字皆後人妄改。先改「來」爲「期」，不辭，遂又改「豈」爲「副」。按，作「副虚期」是，參見注〔三〕。

談諧　曾本、汲古閣本云，一作「諧語」。湯本云，「諧」一作「語」。蘇寫本、李本作「談話」。按，作「談諧」是，參見注〔四〕。

觴至　「至」，曾本、汲古閣本云，一作「舉」。

傾杯　「杯」，曾本、汲古閣本云，一作「巵」。

新知歡　「歡」，曾本作「勸」，云，一作「歡」。湯本、汲古閣本同。

言詠　曾本云，一作「興言」。湯本、汲古閣本同。

非韓才　陶本原校：「汲古閣、緑君亭本作『賢才』，非。」曾本、汲古閣本云，一作「韓才非」。蘇寫本作「韓才非」。

銜戢　曾本云，一作「戴人」。「戢」，汲古閣本云，一作「戴」。

【箋注】

〔一〕據有會而作詩，淵明於元嘉三年（四二三）時，備受飢餒之苦。乞食詩當與有會而作詩同時作。

〔二〕拙言辭：猶笨嘴拙舌。釋慧遠答桓玄書：「辭拙寡聞。」方宗誠陶詩真詮：「『叩門』句，極善形容。」

〔三〕副虛期：古注：「漢書禮樂志：『正人足以副其誠。』師古曰：『副，稱也。』淮南子俶真訓：『虛室生白。』高誘注：『虛，心也。』『遺贈副虛期』，謂稱心之所期望也。」按，古注是。又，晉書卷三七司馬休之傳：「來言虛懷期物。」「虛期」義同「虛懷期物」。晉書卷五一皇甫謐傳：「副聖朝之虛心。」宋書卷四二王弘傳：「肅正風規，誠副虛期。」摩訶僧祇律卷二：「大家利其財重，故遣我來以副先期。」

〔四〕談諧：猶諧談，謂合洽之談。答龐參軍詩：「談諧無俗調。」

〔五〕「感子」二句：史記卷九二淮陰侯列傳：「信釣於城下，諸母漂，有一母見信飢，飯信，竟漂數十日。信喜，謂漂母曰：『吾必有以重報母。』」

〔六〕銜戢：猶感戴。戢，藏。

〔七〕冥報：謂死後報答於冥冥之所。竺僧朗答南燕主慕容德書：「冥報有所歸。」戴逵答周居士難釋疑論：「然後分命可審，不祈冥報耳。」丁注：「如韓厥之夢、杜回之躓是也。」「言感其惠而藏之於心，生前愧無以謝，惟當圖報於身後而已。」黃文煥陶詩析義卷二：「『冥報』二字憤甚。淮陰能輔漢滅項，乃能報漂母。不然竟漂之恩，亦何繇報哉！板蕩陸沉之歎，寄託於此。生不能伸志於世上，乃死欲伸志於地下，尚可得乎？果何物可貽哉！『貽』字泠甚。東坡以爲真欲報謝主人，哀其口頰，抑何誤也。」何焯義門讀書記靖節詩釋「銜戢」二句曰：「胸中亦將以有爲也，冥報相貽，則不事二姓，以遺逸終焉之志，亦已久矣。」按，黄氏謂冥報是欲「伸志於地下」，何氏謂「不事二姓」，皆屬無稽之談。又，或謂「冥報」是指佛教的自然報應論，其説亦非。陳寅恪陶淵明之思想與清談之關係云：「或疑陶公乞食詩『冥報以相貽』之句與釋氏之説有關，不知老人結草之物語實在佛教入中國之前。」其説是。

【集説】

前人對於此詩有種種理解。一是視作淵明晚年貧而乞食的真實寫照。如蘇軾東坡題跋卷二書淵明乞食詩後云：「淵明得一食，至欲以冥謝主人，此大類丐者口頰也，哀哉哀哉！」温汝能陶詩彙評卷二云：「此詩非設言也。因飢求食，是貧士所有之事，特淵明胸懷，視之曠如，固不必諱言之耳。起二句諧甚、趣甚，以下求食得食，因飲而欣，因欣而生感，因感而思謝，俱是實情實景。」一是以爲乃「設言」，即有寄託之作。如陶必銓萸江詩話云：「此詩寄慨遥深，著眼在『愧非韓才』一語。借漂母以起興，故題曰乞食，不必真有叩門事也。志不能遂，而欲以死報，精衞填海之意見矣。」又云：「此詩與述酒讀書諸篇，皆故國舊君之思，不但乞食非真，即安貧守道亦非詩中本義。」一是稱此詩乃游戲之作。如黄廷鵠評注詩冶卷十一云：「『談諧終日夕』、『情欣新知歡』，非真乞食也。蓋借給園行徑，以寫其玩世不恭耳。」一是以爲此詩是謝絶檀道濟饋贈而作。章炳麟手批陶淵明集云：「此詩見意在『感子漂母惠，愧我非韓才』，蓋欲卻檀道濟饋贈而作也。若云誠乞食者，則二語非其分際矣。且漂母之惠，本由中發，非因淮陰乞食而來也。」（乞食詩眉批）一是謂乞食詩作於淵明早年，托言行乞得贈，實是一首渴望從政的干謁詩。魏正中陶淵明評傳受他人啓發，謂此詩作於淵明「十九歲年末，或二十歲初」，作者受「淝水之戰」勝利的影響，産生輔助明君而成大事業之想，渴望得人舉薦而儘早入仕。按，稱乞食詩以行乞得贈爲喻，是首干謁詩，純屬莫須有之臆説。晉傳云：「潛少懷高尚，博學善屬文，穎脱不羈，任真自得，爲鄉鄰之所貴。」五柳先生傳自況：「閒静少言，不慕榮利。」歸園田居詩云：「少無適俗韻，性本愛丘山。」魏正中卻説淵明早年爲「淝水之戰」的勝利所激動，到處奔走，企望得到他人的舉荐而從政。淵明百世高士，何以爲淺人曲解如此，真可悲也哉！上述諸説，當以第一説爲是。據淵明晚年所作詠貧士詩，已至「傾壺絶餘瀝，闚灶不見煙」的窘境。有會而作詩亦云：「常善粥者心，深念蒙袂非。」可見淵明晚年飢寒竟至行乞，當有其事。

諸人共遊周家墓柏下〔一〕

今日天氣佳，清吹與鳴彈〔二〕。感彼柏下人〔三〕，安得不爲歡。清歌散新聲〔四〕，緑酒開芳顏。未知明日事，余襟良以殫〔五〕。

【校記】

鳴彈　「彈」，曾本、汲古閣本云，一作「蟬」。

散新聲　「散」，曾本云，一作「發」，蘇寫本、汲古閣本同。

緑酒　「緑」，曾本、汲古閣本云，一作「時」。

余襟　「襟」，曾本、汲古閣本云，一作「㦗」。按，贈長沙公詩：「款襟或遼，音問其先。」作「襟」是。

【箋注】

〔一〕陶注：「晉書周訪傳：陶侃微時，丁艱將葬。家中忽失牛，遇一老父謂曰，前岡見一牛，眠山汙中，其地若葬，位極人臣矣。又指一山云，此亦其次，當出二千石。言訖不見。侃尋牛，得之，因葬其處，以所指別山與訪。訪父死，葬焉，果爲刺史。自訪以下三世，爲益州四十一年，如其所言云。周、陶世姻，此所遊或即訪家墓也。」

〔二〕清吹：管樂器。鳴彈：弦樂器。

〔三〕柏下人：謂墓中人。古人墓上植柏，漢書東方朔傳：「柏者，鬼之廷也。」

〔四〕清歌：陸機應嘉賦：「詠南榮之清歌。」抱朴子知止：「輕體柔聲，清歌妙舞。」新聲：指六朝流行的清商俗樂，與古代的雅樂不同。樂府詩集卷六十一雜曲歌辭題云：「自晉遷江左，下逮隋唐，德澤寖微，風化不競，去聖愈遠，繁音日滋。豔曲興于南朝，胡音生于北俗，哀淫靡曼之辭，迭作並起，流而忘反，以至陵夷。原其所由，蓋不能制雅樂以相變，大抵多溺于鄭衛，由是新聲熾而雅音廢矣。」新聲音調清越，所用樂器爲絲竹，故前云「清吹與鳴彈」。

〔五〕襟：襟懷，胸懷。殫：廣韻：「殫，盡也。」淮南子説山訓：「池中魚爲之殫。」高誘注：「殫，盡也。」

【集評】

王夫之古詩評選卷四：「筆端有留勢。如此篇章豈不賢於『方宅十餘畝，草屋八九間』乎？亦賴『余襟良已殫』五字爲風雅砥柱，不然，輕佻圓麗，曹鄴之長伎耳。」

邱嘉穗東山草堂陶詩箋卷二：「此詩翻盡丘墓生悲舊案，末二句益見素位之樂，雖曾點胸襟，不過爾爾。」

蔣薰評陶淵明詩集卷二：「通首言游樂，只第三句一點周墓，何等活動簡便。若俗手，則下許多感慨語，自謂灑脱，翻成沾滯。」

怨詩楚調示龐主簿鄧治中〔一〕

天道幽且遠〔二〕，鬼神茫昧然〔三〕。結髮念善事〔四〕，僶俛六九年〔五〕。弱冠逢世阻〔六〕，始室喪其偏〔七〕。炎火屢焚如，螟蜮恣中田〔八〕。風雨縱横至，收斂不盈廛〔九〕。

夏日長抱飢，寒夜無被眠。造夕思鷄鳴，及晨願烏遷〔一〇〕。在己何怨天〔一一〕，離憂悽目前〔一二〕。吁嗟身後名，于我若浮煙〔一三〕。慷慨獨悲歌，鍾期信爲賢〔一四〕。

【校記】

龐主簿　陶本「簿」字下有「遵」字。陶本原校：「諸本或無『遵』字。」今從諸本删。

六九年　「六九」，曾本云，一作「五十」。蘇寫本、湯本、汲古閣本同。

屢焚如　「如」，曾本、汲古閣本云，一作「和」。蘇寫本作「和」。

盈廛　「廛」，蘇寫本作「厘」。按，作「廛」是，參見注〔九〕。

長抱飢　曾本、汲古閣本云，一作「抱長飢」。李本、焦本作「抱長飢」，焦本又云，一作「長抱飢」。

願烏遷　「烏」，曾本、汲古閣本云，一作「景」。

在己何怨天　曾本、汲古閣本云，一作「在己何所怨」。

離憂悽目前　曾本、汲古閣本云，一作「天愛悽目前」。

慷慨　曾本、汲古閣本云，一作「慨然」。

獨悲歌　「獨」，曾本云，一作「激」。蘇寫本、汲古閣本同。

【箋注】

〔一〕怨詩楚調：王僧虔技録：楚調曲有白頭吟行、泰山吟行、梁甫吟行、東武琵琶吟行、怨詩行。龐主簿：龐遵，字通之，爲淵明故友。宋書卷六四裴松之傳：宋元嘉三年，分遣大使巡行天下，「司徒主簿龐遵使南兗州」。宋傳：「潛嘗往廬山，（王）弘令潛故人龐通之齎酒具，於半道栗里邀之。」可知龐遵即龐通之。主簿：官名。漢代中央及郡縣官署均置此官，以典領文書，辦理事務。魏晉以後，漸爲統兵開府之大臣幕僚中的重要僚屬。鄧治中：事蹟不詳，治中，官名，漢代置治中從事史，爲州刺史的助理。詩云「僶俛六九年」，則此詩作於永初三年壬戌（四二二），淵明年五十四歲。

〔二〕天道：此指主宰人類吉凶禍福的法則。左傳昭公十八年：「子産曰：『天道遠，人道邇，非所及也。』」張華永懷賦：「嗟夫天道，幽昧差錯。」

〔三〕茫昧：桓玄沙汰衆僧教：「夫神道茫昧，聖人之所不言。」世説新語文學注引桓玄王孝伯誄叙：「天道茫昧，孰測倚伏？」文選謝莊宋孝武宣貴妃誄：「茫昧與善，寂寥餘慶。」吕向注：「茫昧，幽暗。」

〔四〕結髮：即束髮。古時男子行冠禮，開始束髮，以示成年。文選王粲詠史詩：「結髮事明君。」

〔五〕僶俛：亦作僶勉，文選潘岳悼亡詩：「僶俛恭朝命，迴心反初役。」文選陸機文賦：「在有無而僶俛，當淺深而不讓。」李善注：「毛詩曰：『何有何無，僶俛求之。』僶俛，猶勉强也。」

〔六〕弱冠：古時男子二十歲成人而行冠禮，體猶未壯，故曰「弱冠」。禮記曲禮：「人生二十曰弱冠。」左思詠史詩：「弱冠弄柔翰。」

〔七〕始室：指三十歲。禮記内則：「三十而有室，始理男事。」喪其偏：指喪妻。詩小雅鴻雁：「哀此鰥寡。」毛傳：「無妻曰鰥，偏喪曰寡。」左傳襄公二十七年：「齊崔杼生成及彊而寡，娶東郭姜。」杜預注：「偏喪曰寡。」淵明三十歲時喪妻，後續娶翟氏。吴譜、古譜言淵明三十有悼亡之戚，其説是。王譜則謂淵明二十歲時「失妾」。陶考以爲淵明二十喪偶，又據顏誄「居無僕妾」一語，指出王譜非是，而「始室」即爲元配之妻。梁譜亦稱王譜失妾之説非，然又謂淵明二十喪妻，「甫結婚即喪偶」，「續娶或即在喪偶之年」。王、陶、梁三家（湯注、李注亦同）因將「弱冠」、「始室」理解爲順接，即弱冠時始有室，旋又喪偶，故主淵明二十喪妻之説。吴、古二家則以「弱冠」、「始室」爲對文，即弱冠遭世阻，始室又喪偶，故主三十喪妻之説。今從之。

〔八〕「炎火」二句：詩小雅大田：「去其螟螣，及其蟊賊，無害我田穉。田祖有神，秉畀炎火。」毛傳：「炎火，盛陽也。」螟蜮，即螟螣，食禾苗的害蟲。吕氏春秋任地篇：「又無螟蜮。」高誘注：「蜮或作螣。食心曰螟，食葉曰蜮。」恣，恣肆；放縱。按，吴注：「公詩有戊申歲六月中遇火，此云『屢焚如』，則失火非一矣。」吴釋「炎火」爲火災，非。

〔九〕廛：詩魏風伐檀：「不稼不穡，胡取禾三百廛兮。」毛傳：「一夫之居曰廛。」不盈廛，指所收糧食不足維持一家人生活。

〔一〇〕「造夕」二句：烏遷：指太陽西下。烏，古代傳説日中有三足烏，故稱日爲烏。何

注：「以飢寒故，顧日夜之速也。」王叔岷云：「案飲酒之十六：『披褐守長夜，晨鷄不肯鳴。』正見陶公之『思鷄鳴』也。」

〔一一〕「在己」句：論語憲問：「不怨天，不尤人。」

〔一二〕離：楚辭九歌山鬼：「思公子兮徒離憂。」史記管蔡世家：「無離曹禍。」索隱：「離即罹。罹，被也。」淮南子氾論訓：「離者必病。」高誘注：「離，遭也。」

〔一三〕「吁嗟」二句：飲酒其十一：「雖留身後名，一生亦枯槁。死去何所知，稱心固爲好。」雜詩其四：「百年歸丘壟，用此空名道。」自祭文：「匪貴前譽，孰重後歌。」凡此皆可作「吁嗟」二句注脚。按，温汝能陶詩彙評卷二：「没世而名不稱，夫子疾之。人無身後名，是直與草木同腐耳。淵明不過一時感慨，發爲此語，非真謂身後之名不足重也。」其説似未達淵明本意。尋繹詩意，是説天道幽遠，鬼神茫昧，雖從少至老常念善事，現世的痛苦却糾纏若此，身後名不可療飢，不可禦寒，於我又有何益。淵明早年固然有追求聲名不朽的念頭，但真僞莫辨的污濁社會與飢寒交迫的人生痛苦，早已粉碎了「君子疾没世而名不稱」的理想。晚年的淵明浸染道家思想日深，追求現世的歡樂和稱心，何嘗有意顧惜身後空名哉。

〔一四〕鍾期：鍾子期，伯牙之知音。列子湯問篇：「伯牙鼓琴，志在登高山。鍾子期曰：『善哉！峩峩兮若泰山。』志在流水。鍾子期曰：『洋洋兮若江河。』」此以鍾期喻龐、鄧兩人。邱嘉穗東山草堂陶詩箋卷二：「又題明謂示龐主簿、鄧治中，則所謂『鍾期信爲賢』者，即指二人而言。

公意謂吾不圖後世名，所賴當吾世而知我者有二君耳，是以己之慷慨悲歌自託於伯牙之善彈，而以知音望龐、鄧如鍾子期也。」此説是。

【集評】

蔡正孫精刊補注東坡和陶詩話云：「炎火螟蜮、風雨縱横之語，特言其遭世屯難，而焚傷蠹蝕，飄蕩無定，所以惄如調飢，耿耿不寐，至於朝夕不寧。然吾亦但知守在己，而初無怨尤之心，而何敢有所變渝而徒慕虛名哉！此意惟吾心獨知之，他人所不知也，故題其詩曰『楚調』，是豈治世之音歟？」

陶澍陶靖節集注引趙泉山曰：「集中惟此詩，歷叙平素多艱如此。而一言一字，率直致而務紀實也。」

蔣薰評陶淵明詩集卷二：「公年五十餘作此詩，追念前此，飢寒坎坷，發爲悲歌，惟龐、鄧如鍾期可與知己道也。身後之名，自量終不容没，然亦何救於目前哉！嗟嗟！天道悠遠，鬼神茫昧，能無怨否耶？」

答龐參軍〔一〕 并序

三復來貺〔二〕，欲罷不能。自爾鄰曲，冬春再交，欵然良對〔三〕，忽成舊遊。俗諺云，數面成親舊〔四〕，况情過此者乎？人事好乖〔五〕，便當語離，楊公所歎〔六〕，豈惟常悲。吾抱疾多年，不復爲文，本既不豐〔七〕，復老病繼之。輒依周禮往復之義〔八〕，且爲别後相思之資。

相知何必舊，傾蓋定前言〔九〕。有客賞我趣，每每顧林園。談諧無俗調，所説聖人篇。或有數斗酒，閒飲自歡然。我實幽居士，無復東西緣。物新人惟舊〔一〇〕，弱毫多所宣〔一一〕。情通萬里外，形跡滯江山〔一二〕。君其愛體素〔一三〕，來會在何年。

【校記】

歘然　「歘」，曾本、湯本、汲古閣本作「款」。

俗諺　「諺」，陶本原作「談」。陶本原校：「各本作『諺』。湯本云，一作『談』。何校宣和本作『談』。今從之。」曾本云，一作「談」。湯本、汲古閣本同。今據各本改。

親舊　曾本云，或無「舊」字。湯本、汲古閣本同。

况情過此者乎　「况」字下曾本云，一本又有「其」字。湯本、汲古閣本同。

楊公　「公」，曾本云，一作「翁」。湯本、汲古閣本同。

爲文　「爲」，曾本、湯本云，一作「屬」。汲古閣本同。

復老病繼之　「復」，曾本、汲古閣本云，一本「復」作「兼茲」。

周禮　「禮」，陶本原校：「各本作『孔』。湯本云，一作『禮』。何校宣和本作『禮』，今從之。」曾本作「孔」，云，一作「禮」。湯本、汲古閣本同。蘇寫本云，一作「孔」。按，「往復之義」見于禮記曲禮，作「禮」是。

何必舊　「舊」，曾本云，一作「旦」。湯本、汲古閣本云，一作「早」。逯本云，「旦」是「早」之壞字。按，逯説是。

斟酒　「斟」，陶本原校：「『斟』同『斗』，作『斟』，非。」曾本云，一作「斟」。湯本、汲古閣本同。蘇寫本作「斗」。

人惟舊　曾本云，一作「惟人舊」。汲古閣本同。

多所宣　「多」，曾本、汲古閣本作「夕」。按，「夕」是「多」之壞字。

情通　「通」，陶本原校：「何校宣和本作『懷』。」曾本云，宋本作「懷」。汲古閣本同。蘇寫本云，一作「懷」。

滯江山　曾本、汲古閣本云，一作「江山前」。

君其　「其」，曾本、汲古閣本云，一作「期」。

【箋注】

〔一〕此詩與四言答龐參軍詩同作於景平元年（四二三）。四言答龐參軍詩云：「昔我云别，倉庚載鳴；今也遇之，霰雪飄零。」據此可知本詩作於此年春天，四言一首作於冬天。其時，龐爲衛將軍王弘參軍。參見四言答龐參軍詩注。

〔二〕三復：指再三展讀。貺：賜物。此指龐之贈詩。左傳昭公六年：「不敢求貺。」杜預注：「貺，賜也。」

〔三〕欵：「欵」爲「款」之俗字。廣雅釋詁：「款，誠也。」謝靈運還舊園作見顔范二中書詩：「曾是反昔園，語往實款然。」慧皎高僧傳卷七釋僧鏡傳：「陳郡謝靈運，以德音致欵。」

〔四〕數面：幾次見面。王羲之雜帖：「想安西以至，能數面不？」

〔五〕人事好乖：言事情常常背棄人意。

〔六〕楊公所歎：指各自東西的離別。楊公：指楊朱。淮南子説林訓：「楊子見逵路而哭之。」高誘注：「道九達曰逵，憫其別也。」潘尼送盧景宣詩：「楊朱焉所哭，歧路重別離。」王彪之與諸兄弟方山別詩：「路歧楊感悼。」朱自清評古直陶靖節詩箋定本曰：「楊公所歎，只是歧路的代詞。」其説是。

〔七〕本：指體質。不豐：瘦弱之意。

〔八〕往復之義：禮記曲禮：「禮尚往來。往而不來非禮也，來而不往亦非禮也。」

〔九〕傾蓋：史記卷八三魯仲連鄒陽列傳：「諺曰：有白頭如新，傾蓋如故。」索隱：「按，家語：『孔子遇程子於途，傾蓋而語。』又志林云：『傾蓋者，道行相遇，輧車對語，兩蓋相切，小欹之，故曰傾也。』」

〔一〇〕「物新」句：書盤庚上：「人惟求舊，器非求舊，惟新。」

〔一一〕弱毫：指毛筆。宣：通。此指寫信以通音問。

〔一二〕「情通」二句：意謂形跡雖爲山河所隔，情誼却可萬里相通。文選盧子諒答魏子悌詩：「理以精神通，匪曰形骸隔。」文選陸雲答兄機詩：「神往同逝感，形留悲參商。」皆與本詩「情通」二句意近。

〔一三〕體素：體質。三國志吴書吕岱傳：「時年八十，然體素精勤，躬親王事。」增壹阿含經卷四〇：「舍利弗言：『體素無患，唯苦頭痛。』」

【集評】

邱嘉穗東山草堂陶詩箋卷二：「此篇足見陶公善與人交處，『談諧』數語既敬且和，『情通萬里外』數語，又期以從要不忘之誼。序中所謂依周禮往復之義者，豈虚語哉！」

温汝能陶詩彙評卷二：「陶公小序，多雅令可誦。序中起數語，何等纏綿，令人神往。至其與人款接，往往於贈答之什，自有一種深摯不可忘處，此古人所以不可企也。」

方宗誠陶詩真詮：「『談諧無俗調，所説聖人篇』，淵明志在聖人，故每結想在黄、唐、羲、農、先師、六經，此其本領，與他放達者不同。」

五月旦作和戴主簿〔一〕

虚舟縱逸棹〔二〕，回復遂無窮。發歲若俛仰〔三〕，星紀奄將中〔四〕。南窗罕悴物〔五〕，北林榮且豐。神淵寫時雨〔六〕，晨色奏景風〔七〕。既來孰不去〔八〕，人理固有終〔九〕。居常待其盡〔一〇〕，曲肱豈傷沖〔一一〕。遷化或夷險〔一二〕，肆志無窊隆〔一三〕。即事如已高〔一四〕，何必升華嵩〔一五〕。

【校記】

若俛仰　「若」，陶本原作「始」。陶本原校：「汲古閣本、緑君亭本作『止』。」曾本作「始」，云，一作「若」。湯本、汲古閣本同。按，作「若」是，今據改。

南窗罕悴物　陶本原作「明兩萃時物」。陶本原校：「湯本作『南窗罕悴物』。」此從焦本、吴本、何校宣和本。「南窗」，曾本、汲古閣本云，一作「明兩」。「罕悴」，曾本、汲古閣本云，一作「萃時」。按，此句多作「南窗罕悴物」。今據改，參見注〔五〕。

神淵　曾本、汲古閣本云，一作「萍光」。蘇寫本作「萍光」，云，一作「神淵」。逯本據歲時雜詠作「神萍」。

有終　陶本原作「不終」。各本皆作「有終」。按，作「有終」是，今據改，參見注〔九〕。

待其盡　「待」，蘇寫本作「殆」。按，作「待」是，參見注〔一〇〕。

已高　「已」，陶本原校：「湯本作『以』，云，一作『已』。」曾本、汲古閣本作「以」，云，一作「已」。

【箋注】

〔一〕五月旦：五月一日。戴主簿：事迹不詳。方東樹昭昧詹言謂此詩作於「辛丑隆安五年，公時三十七歲，作鎮軍參軍。」王瑶、逯欽立謂當作於義熙九年癸丑。逯注：「據晉書天文志，自南斗十二度至須女七度爲星紀，於辰在丑。知星紀爲丑年。陶生平值丑年者，一爲隆安五年辛丑，時年三十七歲；一爲義熙九年癸丑，時年四十九歲；一爲宋元嘉二年乙丑，時年六十一歲。陶與江州官吏往來，率在義熙年間，故知星紀指癸丑年。」按，從此詩表現的思想感情推測，大體可定爲歸田後作。故繫此詩於義熙九年（四一三）較爲合理。

〔二〕虚舟：空舟；輕捷之舟。此喻日月運行之疾速。莊子列禦寇：「巧者勞而知者憂，無能者無所求，飽食而遨游，汎若不繫之舟，虚而遨游者也。」莊子山木：「方舟而濟於河，有虚船來觸舟。」文選謝靈運游赤石進帆海詩：「溟漲無端倪，虚舟有超越。」

〔三〕發歲：開歲。楚辭九章思美人：「開春發歲兮，白日出之悠悠。」俛仰：同俯仰，低頭抬頭之間，指時間短暫。莊子在宥：「其疾俛仰之間而再撫四海之外。」阮籍詠懷詩：「去此若俯仰。」王羲之蘭亭集序：「俯仰之間，已爲陳迹。」此句意謂開歲至今速若俯仰之間。

〔四〕星紀：星次名，十二次之一，與十二辰之丑相對應，二十八宿中之斗、牛二宿屬之。此泛指日月。左傳襄公二十八年：「歲在星紀，而淫於玄枵。」杜預注：「星紀在丑，斗牛之次。」奄：奄忽；遽然。中：當中；正中。此句言奄忽之間，一年已快過去一半。

〔五〕悴物：謂憔悴衰敗之物。按此句陶本從焦本、吴本、何校宣和本作「明兩萃時物」。明兩出於易離：「明兩作離，大人以繼明照于四方。」孔穎達正義：「曰明兩作離者，離爲日，日爲明。今有上下二體，故云明兩作離也。」本謂離卦䷝離下離上，爲兩明前後相續之象。後以明兩指帝王，頌揚其明照四方。文選謝宣遠張子房詩：「明兩燭河陰，慶霄薄汾陽。」又謝靈運擬魏太子鄴中集詩王粲：「不謂息肩願，一旦值明兩。」明兩，皆喻明君。可見晉宋詩篇中之「明兩」，一般用其象徵意義。若此句作「明兩」，則作「日光」解，與當時作風不合。又，「時物」一詞既不見于篇什，且與後面「神淵寫時雨」之「時雨」意若重複。陶詩雖不刻意雕章琢句，但饒有圓潤流轉之美。作「南窗罕悴物」較「明兩萃時物」更有韻味。近見王叔岷陶淵明詩箋證稿從曾集本「南窗罕悴物」，並云此句與下句對言，較自然。其説與鄙意合。

〔六〕神淵：猶天淵，天河。曹植七啓：「觀游龍于神淵。」寫：同瀉。時雨：曹植畫贊湯禱桑林：「皇靈感應，時雨以零。」顧愷之鳳賦：「興八風而降時雨。」黄文煥陶詩析義卷二：「雨景微濛，上障天光，澄淵清徹，雨脚雨點，絲絲倒現，是時雨被神淵描寫也。」按，黄氏釋神淵爲地上之「澄淵」，寫爲「描寫」之寫，頗具主觀想象，亦佳。

〔七〕奏：説文：「奏，進也。」景風：夏風，自南方來。史記卷二五律書：「景風居南方，景者，言陽氣道竟，故曰景風。」文選曹丕與朝歌令吴質書：「蕤賓紀時，景風扇物。」李善注：「易通卦驗曰：夏至則景風至。」

〔八〕「既來」句，謂有生必有死。來去，喻生死。

〔九〕「人理」句：終，指死。列子天瑞：「生者，理之必終者也。」皇甫謐篤終論：「玄晏先生以爲存亡天地之定制，人理之必至也。」張華壯士篇：「人物稟常格，有始必有終。」

〔一〇〕「居常」句：説苑雜言：「孔子見榮啓期，問曰：『先生何樂也？』對曰：『夫貧者，士之常也；死者，民之終也。處常待終，當何憂乎？』」莊子田子方：「萬物亦然，有待也而死，有待也而生。吾一受其成形，而不化以待盡，效物而動，日夜無隙，而不知其所終。」謝靈運登石門最高頂：「居常以待終。」居常，既指處貧，亦指委運造化。

〔一一〕曲肱：此謂貧困。論語述而：「飯蔬食，飲水，曲肱而枕之，樂亦在其中矣。」晉書卷八七涼武昭王傳：「幼希顏子曲肱之榮。」沖：虛，指道。

〔一二〕遷化：一作化遷。此指順應自然而變化之意。按，「化遷」一詞在陶淵明集中常出現，如連雨獨飲詩：「形體憑化遷。」始作鎮軍參軍經曲阿作詩：「聊且憑化遷。」歲暮和張常侍詩：「憔悴由化遷。」夷：平坦。險：險阻。晉書卷九一范弘之傳：「夷險以之。」曹攄答趙景猷詩：「道有夷險。」

〔一三〕肆志：謂放縱情志。後漢書卷二八下馮衍傳：「恬然肆志。」窊隆：見命子詩注。

〔一四〕即事：就事，觸事。

〔一五〕華嵩：華山和嵩山，傳説中得道升仙之處。

【集評】

邱嘉穗東山草堂陶詩箋卷二：「此詩因時節之變遷，而感及於人事存忘進退之理，雖天道有盈虛，而此心確乎其不可拔，非夫知命不惑而有潛龍之德者，其孰能之！」

方宗誠陶詩真詮：「『既來孰不去，人理固有終，居常待其盡，曲肱豈傷沖』四句，得孟子『殀壽不貳，修身以俟之』之意。『遷化或夷險，肆志無窊隆，即事如已高，何必升華嵩』四句，得依乎中庸，無入而不自得之意。」

連雨獨飲〔一〕

運生會歸盡，終古謂之然〔二〕。世間有松喬〔三〕，於今定何間〔四〕？故老贈余酒〔五〕，乃言飲得仙〔六〕。試酌百情遠，重觴忽忘天〔七〕。天豈去此哉〔八〕，任真無所先〔九〕。雲鶴有奇翼，八表須臾還〔一〇〕。自我抱兹獨，僶俛四十年〔一一〕。形骸久已化，心在復何言〔一二〕。

【校記】

連雨獨飲　曾本云，一作「連雨人絶獨飲」。湯本、汲古閣本同。

何間　「間」，陶本原校：「從何校宣和本作『間』」。言松喬亦同歸于盡也。湯、焦、何、毛諸本作『聞』，亦通。言松喬如尚在世間，亦不得聞也。張自烈、吴瞻泰本作『鬩』，非。」曾本、汲古閣本云，一作「聞」。湯本作「間」，焦本作「鬩」。按，作「間」是，因押韻。

天豈去此哉　陶本原校：「汲古閣本作『天際去此幾』。」曾本、汲古閣本云，一云「天際去此幾」。蘇寫本作「天際去此幾」，云，一作「天豈去此哉」。

雲鶴　「鶴」，曾本、汲古閣本云，一作「鴻」。

自我　「自」，曾本、汲古閣本云，一作「顧」。蘇寫本作「顧」。

形骸久已化　曾本、汲古閣本云，一云「形體憑化遷」，又云「形神久已死」。

心在　曾本、汲古閣本云，一作「在心」。

【箋注】

〔一〕據詩中「僶俛四十年」句，知本詩作于晉義熙四年（四〇八），淵明四十歲時。

〔二〕「運生」二句：言有生必有死，自古如此。與五月旦作和戴主簿詩：「既來孰不去，人理固有終」二句同意。歸盡，歸去來兮辭：「聊乘化以歸盡。」盡，指死。終古，亘古；永久。楚辭九歌禮魂：「春蘭兮秋菊，長無絶兮終古。」陸機歎逝賦：「經終古而常然。」

〔三〕松喬：赤松子、王喬，傳説中的仙人。據神仙傳，赤松子是神農時雨師。王喬是周靈王太子晉，好吹笙，作鳳凰鳴，游伊洛之間，道士浮丘公接上嵩高山。

〔四〕定：魏晉時語，義爲「究竟」。世説新語言語：「卿云艾艾，定是几艾？」晉書卷九二伏滔傳:「爲人作父如此,定何如也?」

〔五〕故老:老人。漢書卷三〇藝文志:「不知則闕,問諸故老。」

〔六〕「乃言」句:古注:「經傳釋詞曰:『乃,異之之詞也。』直按:世之求仙者,如嵇叔夜輩,方且以酒爲深讎,曰醴醪鬻其腸胃,曰旨酒服之短祚。今故老反以飲酒爲能得仙,故異之也。」

〔七〕重觴:猶再觴,即連飲。忘天:莊子天地:「忘乎物,忘乎天,其名爲忘己。忘己之人,是之謂入於天。」郭象注:「天物皆忘,非獨忘己,復何有哉?」按,「試酌」二句,上句言忘物,下句言忘己。魏晉人喜酒,認爲酒能引人入勝地。淵明對酒中趣更有獨到領悟,將之歸結到「忘天」。重觴之際,百情頓遠,俗慮皆消,天即是人,人即是天,物我皆忘也。

〔八〕「天豈」句:意謂天即任真,天即自然。莊子在宥:「廣成子之謂天矣!」郭象注:「天,無爲也。」莊子盜跖:「抱其天乎!」成玄英疏:「天,自然也。」

〔九〕「任真」句:言無有先於任真者。任真,即冥合自然。古注:「莊子齊物論郭象注:任自然而忘是非者,其體中獨任天真而已。」又王胡之答謝安詩:「長短任真,乃合其至。」按,老子二十五章:「人法地,地法天,天法道,道法自然。」在道家學説中,莫大於「法自然」。「任真無所先」,正契合道家學説的核心。

〔一〇〕「雲鶴」二句:雲鶴指仙。仙乘鶴,遨游八表,須臾而還。

〔一一〕「自我」二句:獨,謂獨志。莊子天地:「舉滅其賊心而皆進其獨志,若性之自爲,而民不知其所由然。」郭象注：「故其賊心自滅，獨志自進，教成俗易，悶然無迹，履性自爲而不知所由，皆云我自然矣。」獨志，指率性自爲，順應自然之志。「抱兹獨」，意同上面所説的「任真」，亦即齊物論郭注「體中獨任天真而已」。此二句承上文，意謂神仙駕鶴須臾八表，我却知其虛假而不慕，獨抱任真之志，勉力四十年而不變。

〔一二〕「形骸」二句：莊子齊物論：「其形化，其心與之然，可不謂大哀乎？」莊子知北游：「古之人，外化而内不化。」成玄英疏：「古人純樸，合道者多，故能外形隨物，内心凝静。」盧諶時興詩：「形變隨時化。」心在，指任真之志不變。按，「形骸」二句本於莊子義，言外形雖隨時而化，内心却凝静不化。方宗誠陶詩真詮謂「形骸」二句「得克己復禮，欲浄理存之意，與老莊之學不同」。其説非。

【集評】

黄文焕陶詩析義卷二引沃儀仲曰：「他作談生死，猶是彭殤齊化之達觀，獨此云忘天任真，形化心在，誠有不隨生存、不隨死亡者。一生本領，逗洩殆盡。」

馬墣陶詩本義卷二：「五月旦作和戴主簿一首以『居常待其盡』一句爲結穴，此篇以『任真無所先』一句爲結穴，淵明一生大本領，此二句可以盡之。」

方東樹昭昧詹言卷四：「不過言人生必死，世無仙人，不如飲酒，而用意用筆俱回曲深峻。天者，自然而已，任真則亦同於天。曰『忘』，曰『無所先』，皆筆之曲也。『天豈去此』，言天非遠，即吾心是，但任真即天矣。雲鶴，仙也，雖可羡而吾不願顧。獨抱任真自然之心，久與天忘，乃衍上文，意不必求仙也。起四句本是古人陳言，看他折洗翻用入妙。」

移居二首〔一〕

昔欲居南村〔二〕，非爲卜其宅〔三〕。聞多素心人〔四〕，樂與數晨夕〔五〕。懷此頗有年〔六〕，今日從兹役〔七〕。弊廬何必廣，取足蔽牀席。鄰曲時時來，抗言談在昔〔八〕，奇文共欣賞，疑義相與析。

【校記】

移居二首　陶本原作「移居」。陶本原校：「李注有『二首』字。」今據李本補。

懷此　「此」，曾本、汲古閣本云，一作「兹」。

弊廬　「弊」，陶本原作「敝」。曾本作「弊」。汲古閣本、蘇寫本、湯本、李本同。按，飲酒詩其十六：「弊廬交悲風。」晉書卷五五夏侯湛傳：「抑因子大夫之忝在弊室也。」作「弊」是，今據改。

抗言　「抗」，曾本、汲古閣本云，一作「話」。

共欣賞　「共」，陶本原校：「何校宣和本作『互』。」曾本、汲古閣本云，一作「互」。按，三國志吳書張温傳：「更相表裏，共爲腹背。」世説新語文學：「桓南郡與殷荆州共談，每相攻難。」「丞相與殷共相往反，其餘諸賢，略無所關。」「相」、「共」常對舉。飲酒詩其九：「且共歡此飲。」作「共」是。

相與析　「析」，曾本、汲古閣本云，一作「斥」。按，析，辨析也。後漢書卷二八上桓譚傳：「數從劉歆、揚雄辨析疑異。」晉書卷四三樂廣傳：「尤善談論，每以約言析理。」謝靈運答王衛軍問辨宗論書：「詞微理析，莫不精究。」世説新語文學：「身今日當與君共談析理。」作「析」是。

【箋注】

〔一〕淵明之上京舊居於戊申歲（四〇八）六月中遇火，暫栖身於門前水濱舫舟之上，不久徙居西廬。至義熙十一年乙卯（四一五），移居尋陽負郭之南村。關於淵明移居之年，有義熙四年、義熙六年、義熙七年之説。丁譜謂義熙四年戊申歲舊宅既燬後，移居南村，有移居詩。楊譜同。李注戊申歲六月中遇火詩云：「靖節舊宅，居於柴桑縣之柴桑里。至是屬回禄之變，越後年徙居南里之南村。」又李注和劉柴桑詩云：「靖節自庚戌歲徙居南村。」古譜亦謂移居在義熙六年庚戌（四一〇）。王瑶注、逯繫年謂移居在義熙七年辛亥（四一一）。鄧譜據與殷晉安别詩，謂殷晉安爲殷隱，非指殷景仁，其作太尉劉裕參軍移家東下在義熙十二年（四一六）春。該詩云「去歲家南里」，則知移居當在義熙十一年（參見與殷晉安别詩注）。按，淵明移居之年及此詩所叙情事，同與殷晉安别詩直接有關。自李公焕以來均由考證與殷晉安别詩之作年，進而確定淵明移居之年。然舊注皆先以爲殷晉安是殷景仁，再據景仁作劉裕太尉參軍時間，確定移居詩作年。因前提不對，得出的結論皆誤。

〔二〕南村：即與殷晉安別詩「去歲家南里」之南里，或因其地在尋陽城南郊，故稱南里、南村。古譜詳考陶淵明集及誄傳，舉凡十證，謂「南村實在尋陽負郭」。其説可信。

〔三〕卜其宅：古注：「左傳昭公三年：『諺云，非宅是卜，惟鄰是卜。』」杜預注：「卜良鄰。」

〔四〕素心人：心地真純之人。素，莊子天地：「素逝而恥通於事。」成玄英疏：「素，真也。」文選顏延之陶徵士誄：「長實素心。」李善注：「鄭玄曰：凡物無飾曰素。」按，晉傳：「其鄉親張野及周旋人羊松齡、龐遵等或有酒要之，或要之共至酒坐。」與殷晉安別詩云：「遊好非少長，一遇盡殷勤。」據此可知「素心人」當指張野、羊松齡、殷隱輩。

〔五〕數：親近，常常。左傳文公十六年：「無日不數於六卿之門。」杜預注：「數，不疏。」孔子家語賢君：「故夫不比於數而比於疏。」注：「數，近。」晉書卷八三王雅傳：「孝武帝深加禮遇，雖在外職，侍見甚數。」晉書卷七九謝萬傳：「汝爲元帥，諸將宜數接對。」王羲之諸從帖：「諸從並數有問，粗平安。唯修載在遠，音問不數。」數晨夕，即朝夕親近。正應上句卜良鄰之意。黄文煥陶詩析義卷二：「數，屈指互數也。從前之晨夕，作何虛度；從後之晨夕，作何生活。」王瑶注、逯注皆訓數爲「計算」，不確。

〔六〕「懷此」句：淵明於義熙四年遇火後徙居西廬，大約不久便欲移居南村。然至義熙十一年方遂此願，故曰「懷此頗有年」。「頗有年」意謂甚有年，當不止二三年，此亦可證舊注淵明移居之年不可信。

〔七〕兹役：指移居事。役，吕氏春秋貴生：「夫耳目鼻口，生之役也。」高誘注：「役，事也。」

〔八〕抗言：高談。嵇康管蔡論：「遂乃抗言率衆，欲除國患。」

【集評】

古詩歸卷九鍾惺曰：「二詩移居，意重求友，其不苟不必言，亦想見公和粹坦易，一種近人處。」

方東樹昭昧詹言卷四：「移居二首，只是一任清真，而吐屬雅令，句法高秀。」

春秋多佳日，登高賦新詩。過門更相呼，有酒斟酌之〔一〕。農務各自歸，閒暇輒相思。相思則披衣，言笑無厭時。此理將不勝〔二〕，無爲忽去兹。衣食當須紀〔三〕，力耕不吾欺〔四〕。

【校記】

披衣　「披」，曾本、汲古閣本云，一作「拂」。

須紀　「紀」，曾本云，一作「幾」。湯本、汲古閣本同。焦本作「幾」，云，一作「紀」，非。

不吾欺　陶本原校：「何校宣和本作『吾不欺』，焦本同。」「不吾」，曾本、汲古閣本云，一作「吾不」。按，焦本作「不吾欺」。

【箋注】

〔一〕斟酌：謂酌酒。文選蘇子卿詩：「我有一罇酒，欲以贈遠人，願子留斟酌，叙此平生親。」文選班固西都賦：「陳輕騎以行炰，騰酒車以斟酌。」

〔二〕理：猶道理，事理，情理。魏晉常語。晉書卷七九謝尚傳：王導問謝尚：「聞君能作鴝鵒舞，一坐傾想，寧有此理不？」晉書卷五二華譚傳：「或問譚曰：『諺言人之相去，如九牛毛，寧有此理乎？』」世説新語規箴：「遠公曰：『桑榆之光，理無遠照。』」徐仁甫古詩別解卷六：「『此理』之『理』，當作『里』。『昔欲居南村』，李公焕注栗里也，則『此里』，即指栗里可知。昔人不解虚詞『將』字，因改『里』爲『理』耳。」「則此『此里將不勝』，謂此移居之栗里豈不勝過原居乎？」古注：「理勝蓋晉人常語。晉書庾亮傳：『舅所執理勝。』又袁喬傳：『以理勝爲任。』又孫盛傳：『詣浩談論，至暮忘飡，理竟不定。』理不勝，猶理不定也。」按，徐仁甫謂「此理」之「理」，當作「里」，指栗里，其説牽强。古注謂「理」指清言之「理」，恐亦不確。此理，指詩前面所寫與鄰里交往之樂中悟出的事理。將不，猶言豈不。勝，美好。

〔三〕紀，經營。

〔四〕不吾欺：不欺吾。此句猶一分勞作一分收獲之意。

【集評】

劉履選詩補注卷五：「靖節素願易足，不必充廣。惟衣食當經紀者，亦必力耕以自給焉。此與世俗懷居之士擇取便安，務求完美者，不可同年語矣。」

陶必詮萸江詩話：「先生每及治生，不作放浪一流，此其紹長沙之勤慎，異晉士之玄虛歟？」

方宗誠陶詩真詮：「移居第一首『素心』即淡泊寧静之意。第二首『此理將不勝，無爲忽去兹』二句，有大舜若將終身之趣。收二句『衣食當須紀，力耕不吾欺』，盡人事人理，與曠達不同。」

蔣薰評陶淵明詩集卷二：「直是口頭語，乃爲絶妙詞。極平淡，極色澤。」

日本近藤元粹評訂陶淵明集卷二：「古樸而其中豐腴，是陶詩之所以不可企及。」

和劉柴桑〔一〕

山澤久見招〔二〕，胡事乃躊躇？直爲親舊故〔三〕，未忍言索居〔四〕。良辰入奇懷，挈杖還西廬〔五〕。荒塗無歸人，時時見廢墟。茅茨已就治〔六〕，新疇復應畬〔七〕。谷風轉淒薄〔八〕，春醪解飢劬〔九〕。弱女雖非男，慰情良勝無〔一〇〕。栖栖世中事〔一一〕，歲月共相疏〔一二〕。耕織稱其用，過此奚所須〔一三〕。去去百年外，身名同翳如〔一四〕。

【校記】

挈杖　「挈」，曾本、汲古閣本云，一作「策」。

見廢墟　「見」，曾本、汲古閣本云，一作「有」。

春醪 「春」，曾本、汲古閣本云，一作「嘉」。

飢劬 「飢」，焦本作「饑」。

良勝無 「良」，曾本、汲古閣本云，一作「殊」。

【箋注】

〔一〕劉柴桑：指彭城人劉程之，曾爲柴桑令，隋書卷三五經籍志有劉遺民集五卷，録一卷，老子玄譜一卷。陶考於元熙二年庚申條下云：「又考世説注引何法盛晉中興書：『劉驎之，一字遺民。』驎之即桃花源記中南陽劉子驥，晉書有傳。是遺民之號，不獨程之。二劉孰曾爲柴桑令，無考，未審先生所酬，是程之抑子驥也。」按，世説新語棲逸記劉驎之隱于陽岐，荆州刺史桓沖徵爲長史。桃花源記記太元中，劉驎之欲尋桃花源，不久，病卒。則驎之卒于太元間，無從與淵明交往，劉柴桑非劉驎之明矣。又，劉程之事跡，見於蓮傳、蕭傳、唐釋元康肇論疏、廣弘明集等。蓮傳載：「劉程之字仲思，彭城人，漢楚元王之後。妙善老莊，旁通百氏。少孤，事母以孝聞。自負才，不預時俗，初解褐爲府參軍。謝安、劉裕嘉其賢，相推薦，皆力辭。」「劉裕以其不屈，乃旌其門曰『遺民』。於義熙六年卒，春秋五十九。」釋元康肇論疏：「廬山遠法師作劉公傳云：劉程之，字仲思，彭城人。漢楚元王裔也。承積慶之重粹，體方外之虚心。百家淵淡，靡不過目；精研佛理，以期盡妙。陳郡殷仲文，譙郡桓玄，諸有心之士，莫不崇拭。禄尋陽柴桑，以爲入山之資。未旋幾時，桓玄東下，格稱永始。逆謀始，劉便命孥，考室林藪。義熙公侯咸辟命，皆遜辭以免。九年，太尉劉公知其野志沖邈，乃以高尚人望相禮，遂其初心，居山十有二年卒。有説云：入山之後，自謂是國家遺棄之民，故改名遺民也。」廣弘明集卷二七釋慧遠與隱士劉遺民書注云：「彭城劉遺民以晉太元中除宜昌、柴桑二縣令。值廬山靈邃，足以往而不返。遇沙門慧遠，可以服膺。丁母憂，去職入山，遂有終焉之志，於西林澗北別立禪坊，養志閑處，安貧不營貨利。是時閑退之士輕舉而集者若宗炳、張野、周續之、雷次宗之徒咸在會焉。遺民與羣賢遊處，研精玄理，以此永日。」「在山一十五年，自知亡日，與衆別已，都無疾苦，至期西面端坐，斂手氣絶，年五十有七。」以上記載，當以慧遠所作劉公傳爲可信。桓玄於元興二年（四〇三）十二月篡晉稱楚，改元永始，劉程之即於此時隱居廬山，居山十二年，則劉於義熙十一年（四一五）卒。蓮傳謂劉遺民卒于義熙六年（四一〇），不確。關于此詩作年，説法不一。王譜「永初元年庚申（四二〇）」條云，此年有和劉柴桑詩、酬劉柴桑詩。又云：「初自西廬移南村，有移居詩云：『聞多素心人，樂與數晨夕。』又云：『過門更相呼，有酒斟酌之。』遷居殆爲遺民之徒。尋還西廬，度相距亦不遠，與遺民更相酬酢，不改賞文析義之時。」李注：「爾雅曰：田三歲曰畬。靖節自庚戌遷居南村，已再稔矣。今秋穫後，復應畬也。」據李注推算，此詩作於義熙八年壬子（四一二）。顧譜謂此詩作於義熙六年庚戌（四一〇）。丁譜謂酬劉柴桑、和劉柴桑二詩作於義熙十年甲寅，依據是慧遠結白蓮社在義熙十年，劉遺民撰同誓文，淵明與遠公爲方外交。王瑤注謂作於義熙五年：「按，義熙四年（四〇八）陶宅遇火，故曰『就治』。畬，指第三年理新田，而淵明於義熙二年開荒南野，則此詩當作於義熙五年（四〇九）。」逯繫年同王瑤注。李華陶淵明酬和劉柴桑詩繫年定此詩作於義熙七年辛亥（四一一），其説主要據庚戌歲九月中於西田穫早稻詩，謂淵明於義熙五年移居西廬，耕於西田，至義熙七年辛亥春，恰是躬耕西田三歲之始，故曰「新疇復應畬」。（見陶淵明新論）按，王譜以爲和酬劉柴桑二詩作于永初元年（四二〇），可明確斷其非，因劉柴桑早在五年前的義熙十一年即已辭世。歸去來兮辭曰：「將有事於西疇。」西田既又稱西疇，則淵明躬耕西田決非始於義熙六年，至遲當不晚于作歸去來兮辭的義熙元年（四〇五）。西田是熟田，亦非「新疇復應畬」之新田。爾雅釋地：「田一歲曰菑。」郭璞注：「今江東呼初耕地反草爲菑。」若庚戌歲始耕「新疇」西田，則僅殺草的初耕地當年豈能穫早稻？可見，李説難以取信。據歸園田居詩「開荒南畝際」，「我土日已廣」等語，知淵明於義熙二年（四〇六）在南畝旁開墾新田。本詩「新疇復應畬」之新疇，蓋指南畝旁之新田。爾雅釋地：「三歲曰畬。」自義熙二年至五年，已滿三年，正是新田應畬之時。故此詩作於義熙五年己酉（四〇九）之春，淵明舊居失火之明年。王瑤注是。

〔二〕招：説文：「招，手呼也。」楚辭惜誦：「有招禍之道。」王逸注：「招，召也。」廣雅釋詁二：「招，呼也。」文選左思招隱詩：「杖策招隱士，荒塗横古今。」

〔三〕直：但，止。魏晉常語，世説新語言語：「吾無所憂，直是清虚日來，滓穢日去耳。」

〔四〕索居：離羣獨處。禮記檀弓上：「吾離羣而索居。」鄭玄注：「索，猶散也。」摯虞答杜育詩：「老夫灌灌，離羣索居。」按，以上四句以委婉口氣説明不從劉遺民招請的原因。方東樹昭昧詹言卷四：「起四句注言劉招公入社，而公不往。甚淺甚陋。此皆謂劉初仕而今還也。」其説非。

〔五〕西廬：王譜永初元年條下據和劉柴桑、酬劉柴桑、移居諸詩，以爲淵明「初自西廬移南村」，「尋還西廬，度相距亦不遠」。何注：「指上京之舊居。」丁注駁何注，謂「此乃指自上京移居之南村而言。」按，此詩中西廬何指，對于淵明徙居事頗有關係。考陶淵明集，上京舊居稱「舊居」、「舊宅」、「故居」。如悲從弟仲德詩：「銜哀過舊宅。」阻風於規林詩：「計日望舊居。」還舊居詩：「履歷周故居。」據此，何注謂西廬指上京之舊居，其説並無根據。南村亦稱南里，而淵明移居南村在義熙十一年（四一五）（參見移居詩注）。故西廬決非位於南村，竊以爲西廬乃舊居和南村之外的又一居所。淵明舊宅於義熙四年燬後，暫居門前水濱舫舟之上，然此終非久長之計，或重整舊宅，或另徙他處，此理所必然者也。悲從弟仲德詩云「銜哀過舊宅」，既曰「過」，説明淵明作該詩時已不在舊宅。還舊居詩云「疇昔家上京，六載去還歸。今日始復來，惻愴多所悲」。亦可證淵明上京故居燬後移居他處，多年後始還舊宅，並非修葺而住止義熙十一年移居南村時。合移居、還舊居等詩觀之，王譜「初自西廬移南村」一語可取，唯西廬不指上京舊居，且距上京較遠，故離舊居後多年不復至。據詩中「茅茨已就治，新疇復應畬，谷風轉淒薄，春醪解飢劬」等語，淵明自舊居徙居西廬當在義熙五年春，六載後再自西廬移居南村。

〔六〕茅茨：漢書卷六二司馬遷傳：「茅茨不翦。」顔師古注：「屋蓋曰茨。茅茨，以茅覆屋也。」帛道猷與竺道壹書：「茅茨隱不見。」按，此就治之茅茨，指徙居之西廬，非謂去年六月燒燔之上京舊居。

〔七〕新疇：新田。畬：爾雅釋地：「田，一歲曰菑，二歲曰新田，三歲曰畬。」

〔八〕谷風：詩小雅谷風：「習習谷風，維風及雨。」鄭玄箋：「東風謂之谷風。」文選陸機赴洛道中作詩：「谷風拂脩薄。」逯注：「詩經邶風谷風：『習習谷風，以陰以雨。』言夫妻關係之變，詩用此義。」按，本詩「谷風」句是寫實，逯注非。

〔九〕劬：疲勞。詩邶風凱風：「母氏劬勞。」

〔一〇〕「弱女」二句：有三説：一説弱女喻薄酒。李注引趙泉山曰：「以弱女喻酒之醨薄，飢則濡枯腸，寒則若挾纊，曲盡貧士嗜酒之常態。」沈德潛古詩源卷八：「弱女非男，喻酒之薄也。」古注：「魏志徐邈傳：『平日醉客，謂酒清者爲聖人，濁者爲賢人。』世説新語術解：『桓公有主簿，善別酒。好者謂青州從事，惡者謂平原督郵。』魏晉人每好爲酒品目，靖節亦復爾爾。」一説指劉柴桑以無男爲憾。吴注：「王棠曰：柴桑有女無男，潛心白業，酒亦不欲，想必以無男爲恨，故公以達者之言解之。」方東樹昭昧詹言卷四駁沈德潛云：「弱女句或劉本無男，乃見真妙。而沈德潛以爲喻酒之薄，無論陶公無此險薄輕儇筆意，而於詩亦氣脈情景俱澆漓矣。」一説指淵明弱女，楊恪年譜：「和劉柴桑詩云『弱女雖非男，慰情良勝無』，公蓋未有子，先得女也。」（見金程宇高麗大學所藏精刊補注東坡和陶詩話及其價值，載文學遺産二〇〇八年五期）錢謙益己丑元日試筆詩二首之二：「淵明弱女咿嚘候，孺仲賢妻涕淚餘。」（有學集秋槐詩文集）陶注則持執中態度，謂「趙以弱女爲比，王則賦也，説並通，兩存之」。按，以上數説，當以第一解較勝。據陳舜俞廬山記，劉遺民臨終前，「命子雍積土爲墓，勿用棺槨」。廣弘明集卷二七釋慧遠與隱士劉遺民書注略同。可見劉并非有女無男。至於牧齋之意尤不確。淵明責子詩明言有五男兒。

〔一一〕栖栖：忙碌不安貌。論語憲問：「丘何爲是栖栖者與？」

〔一二〕「歲月」句：陶注引何焯曰：「共相疏，我棄世，世亦棄我也。」

〔一三〕「耕織」二句：與和郭主簿詩「營己良有極，過足非所欽」二句同意。

〔一四〕翳如：隱没。

【集評】

蔣薰評陶淵明詩集卷二：「酬和劉柴桑二詩，情真趣適。雖寄世中，却游人外。潯陽三隱。如遺民乃知己，非續之可比也。」

陳祚明采菽堂古詩選卷十三：「真率淋漓，以爽筆抒達旨，此陶公所爲擅場，如此詩乃真漢人。」

温汝能陶詩彙評卷二：「陶公本傳，時周續之入廬山，事釋慧遠，彭城劉遺民亦遯跡荒山，淵明又不應徵命，謂之潯陽三隱。時遺民招淵明廬山結白蓮社，淵明雅不欲預名社列，但時復往還於廬阜間，故詩中起數語云云。以下直抒胸臆，毫無粘着。陶詩真曠，其品格固高出於晉人，亦非唐人所能及也。」

方宗誠陶詩真詮：「『耕織稱其用，過此奚所須，去去百年外，身名同翳如』。得君子居易以俟命之義。素位而行，不願乎外，利念名念掃除浄盡，豈可以曠達目之？」

酬劉柴桑〔一〕

窮居寡人用〔二〕，時忘四運周〔三〕。櫚庭多落葉，慨然知已秋。新葵鬱北墉〔四〕，嘉穟養南疇。今我不爲樂，知有來歲不〔五〕？命室攜童弱〔六〕，良日登遠遊〔七〕。

【校記】

櫚庭　「櫚」，陶本原校：「焦本作『空』，云，一作『櫚』，非。」曾本、汲古閣本云，一作「門」，又作「空」，或作「檐」。逯注：「案，紹興本作閭。」按，説文：「閭，里門也。」作「空」亦佳。

知已秋　「知已」，陶本原校：「一作『已知』。」焦本作「已知」。

北墉　「墉」，陶本原作「牖」。曾本云，一作「牖」。蘇寫本、汲古閣本同。按，文選陸機園葵詩：「幸蒙高墉德，玄景蔭素蕤。」李善注：「爾雅曰：『牆謂之墉。』」作「墉」是。

養南疇　「養」，陶本原校：「焦本作『眷』，云，一作『養』，非。」曾本、汲古閣本云，一作「卷」，又作「眷」。蘇寫本作「卷」。

良日登遠遊　「日」，曾本、汲古閣本云，一作「曰」。按，「曰」乃形誤。「登」，陶本原作「發」。

今據各本改。

【箋注】

〔一〕歷來注家多以爲此詩與和劉柴桑詩同作於義熙五年（四〇九）。據詩中描寫的居室環境，很可能是遇火前所作。詩云：「命室攜童弱。」釋名釋長幼：「十五曰童。」正字通：「童，男十五以下謂之童子，童，獨也，言未有室家也。」史記卷一五帝本紀：「弱而能言。」索隱：「弱謂幼弱時也。」潘岳有哀弱子篇，其子未七旬曰弱。淵明止酒詩云：「大歡止稚子。」責子詩云：「阿舒已二八。」則此詩作年當在責子詩前，與止酒詩相近。今暫繫於義熙三年丁未（四〇七）。

〔二〕人用：猶人行。用，行事，行動。詩邶風雄雉：「不忮不求，何用不臧。」

〔三〕四運周：謂四時周環回復。曹植朔風詩：「四氣代謝，懸景運周。」潘岳在懷縣作詩：「春秋代遷逝，四運紛可喜。」鮑照歲暮悲詩：「日夜改運周。」

〔四〕葵：葵菜。詩豳風七月：「七月亨葵及菽。」

〔五〕「今我」二句：漢樂府瑟調曲西門行：「今日不作樂，當待何時。」古詩：「今日尚不樂，當復待何時？」蘇軾東坡題跋卷二書淵明酬劉柴桑詩：「陶彭澤云：『今我不爲樂，知有來歲不？』此言真可爲惕然也。」

〔六〕室：妻。此指繼室翟氏。禮記曲禮上：「三十有壯，有室。」鄭玄注：「有室，有妻也。」

〔七〕登：詩大雅崧高：「登是南邦。」毛傳：「登，成也。」按，秀溪陶氏族譜謂「良日登遠遊」

是指丙辰（義熙十二年）冬，淵明與翟氏攜幼子佟還宜豐。其説不可信，參見本書附録三陶氏宗譜中之問題。

【集評】

蔣薰評陶淵明詩集卷二：「此詩只説自己窮愁行樂，絶無酬答語，故知陶、劉相契在形迹外。」

吴瞻泰陶詩彙注卷二：「此詩是靖節樂天之學。」

和郭主簿二首〔一〕

藹藹堂前林〔二〕，中夏貯清陰〔三〕。凱風因時來，回飈開我襟〔四〕。息交遊閒業〔五〕，卧起弄書琴〔六〕。園蔬有餘滋〔七〕，舊穀猶儲今。營己良有極，過足非所欽〔八〕。春秋作美酒，酒熟吾自斟。弱子戲我側，學語未成音。此事真復樂，聊用忘華簪〔九〕。遥遥望白雲，懷古一何深〔一〇〕。

【校記】

和郭主簿二首　陶本無「二首」二字。陶本原校：「李本有『二首』字。」今據李本補。

堂前林　「前」，曾本云，一作「北」。

貯清陰　「貯」，曾本、汲古閣本云，一作「復」，又作「駐」，又作「佇」。蘇寫本云，一作「復」。

我襟　「襟」，曾本、汲古閣本云，一作「心」。

息交遊閒業　陶本原作「息交逝閒卧」。今據各本改。「交」，曾本云，一作「友」，又云，一作「息交逝閒卧」；「逝」一作「誓」。汲古閣本同。

卧起　陶本原作「坐起」。今據曾本、蘇寫本、湯本、李本改。曾本云，一作「坐起」；「坐起」，一作「起坐」。汲古閣本同。

戲我側　「側」，曾本、汲古閣本云，一作「前」。

【箋注】

〔一〕郭主簿：事蹟不詳。據命子詩，淵明長子儼約生於太元十九年甲午（三九四）；又據責子詩「阿舒已二八」，「通子垂九齡」，可知幼子佟少長子儼八歲，生於元興元年壬寅（四〇二）。詩云「弱子戲我側，學語未成音」。弱子指幼子佟，未成音乃二三歲光景，則此詩約作於元興二年癸卯（四〇三），淵明三十五歲時，其時因母喪居憂。

〔二〕藹藹：文選束晳補亡詩：「瞻彼崇丘，其林藹藹。」李善注：「藹藹，茂盛貌。」湛方生懷春賦：「桑藹藹而敷榮。」

〔三〕中夏：仲夏。貯：説文：「貯，積也。」

〔四〕「凱風」二句：凱風，爾雅釋天：「南風謂之凱風。」詩邶風凱風：「凱風自南，吹彼棘薪。」回飆：回風。飆，本作「猋」，也作「飆」、「飇」。爾雅釋天：「猋風暴雨總至。」鄭玄注：「回風爲猋。」文選潘岳在懷縣作詩：「涼飇自遠集，輕襟隨風吹。」陶詩本此二句。

〔五〕息交：謂停止交游。歸去來兮辭：「請息交以絶遊。」遊：遊心。閒業：指棋琴書畫等藝技。丁注：「閒業，當爲六藝，即下所謂弄書琴也。此即論語游於藝之意。」

〔六〕臥起：湯注：「蘇武傳：『臥起操持。』」弄書琴：晉書卷九四戴逵傳：「與琴書爲友。」

〔七〕餘滋：多味。滋，美味。禮記月令：「薄滋味。」郭璞山海經圖讚白蓉：「食之辟穀，味有餘滋。」

〔八〕「營己」二句：嵇康養生論：「耕而爲食，蠶而爲衣，衣食周身，則餘天下之財。猶渴者飲河，快然以足，不羨洪流，豈待積斂然後乃富哉？」按，此詩「營己」二句、和劉柴桑詩「耕織稱其用，過此奚所須」二句、雜詩其八「豈期過滿腹，但願飽粳糧」二句，均申道家富莫大于知足之義。

〔九〕華簪：喻富貴顯赫。簪用來固冠，仕宦者用之。文選左思招隱詩：「聊欲投吾簪。」

〔一〇〕「遥遥」二句：朱自清評古直陶靖節詩箋定本：「按莊子天地篇：華封人謂堯曰：『夫聖人鶉居而鷇飲，鳥行而無彰。天下有道，則與物皆昌。千歲厭世，去而上仙，乘彼白雲，至於帝鄉。三患莫至，身無常殃，則何辱之有！』懷古也許懷的是這種乘白雲至帝鄉的人。」按，歸去來兮辭云：「富貴非我願，帝鄉不可期。」淵明明言「帝鄉不可期」，朱説不確。「遥遥」二句乃實寫詩人遥望白雲、悠想遠古之狀。劉履選詩補註卷五謂此詩「末言遥望白雲，深懷古人之高迹，其意遠矣。」其説是。

【集評】

劉履選詩補注卷五：「此詩雖因和人，而直寫己懷。但據見在不爲過求，而目前所接莫非真樂，是則世之榮利，豈有可動其中者哉！末言遥望白雲，深懷古人之高迹，其意遠矣。」

王夫之古詩評選卷四：「寫景浄，言情深，乃不負爲幽人之作。」

邱嘉穗東山草堂陶詩箋卷二：「此陶公自述其素位之樂，真不以貧賤而有慕於外，不以富貴而動於中者，豈矯情哉！」

和澤周三春，清涼素秋節〔一〕。露凝無游氛〔二〕，天高肅景澈〔三〕。陵岑聳逸峰〔四〕，遥瞻皆奇絶。芳菊開林耀〔五〕，青松冠巖列〔六〕。懷此貞秀姿，卓爲霜下傑。銜觴念幽人〔七〕，千載撫爾訣〔八〕。檢素不獲展，厭厭竟良月〔九〕。

【校記】

和澤周三春　「澤」，曾本、汲古閣本云，一作「風」。「周」，曾本、汲古閣本云，一作「同」。按，曹植贈王粲詩：「重陰潤萬物，何懼澤不周。」周易繫辭上韓康伯注：「至變者，體一而無不周。」鮑照蒜山被始興王命作詩：「勞農澤既周。」作「周」是，周，遍也。

清涼素秋節　陶本原校：「何校宣和本作『華華涼秋節』。」曾本、汲古閣本作「華華涼秋節」，云，一作「清涼華秋節」，又作「清涼素秋節」。逯本從曾本作「華華涼秋節」，注云：「華華原當作垂垂，華、垂舊書形近易訛。垂垂，漸漸。言漸近涼秋節氣。」按，逯注非。作「清涼素秋節」是，參見注〔一〕。

肅景澈　「肅」，陶本原校：「各本作『風』，何校宣和本、汲古閣本、緑君亭本作『肅』，今從之。」曾本、汲古閣本作「風」，云，一作「肅」；「澈」一作「冽」。蘇寫本、湯本、李本、焦本作「風」。按，作「肅」、「澈」是，參見注〔三〕。

陵岑　「陵」，曾本、汲古閣本云，一作「凌」，又作「峻」。

霜下傑　「霜」，蘇寫本作「山」，云，一作「霜」。按，蘇彦秋夜長：「金菊吐翹以凌霜。」「霜下傑」即爲「凌霜」之姿，故作「霜」是。

檢素　「檢」，曾本、汲古閣本云，一作「儉」。

良月　「良」，曾本、汲古閣本云，一作「終」。

【箋注】

〔一〕素秋節：文選張華勵志詩：「星火既夕，忽焉素秋。」李善注：「爾雅曰：『秋爲白藏，故云素秋。』」陸機秋詠詩：「肅肅素秋節，湛湛濃露凝。」文選劉琨重贈盧諶詩：「朱實隕勁風，繁英落素秋。」

〔二〕游氛：飄動着的霧氣。文選潘岳秋興賦：「游氛朝興，槁葉夕殞。」

〔三〕肅景：肅殺之景，指秋景。文選張翰雜詩：「龍蟄暄氣凝，天高萬物肅。」李善注：「毛詩曰：『九月肅霜。』毛萇曰：『肅，縮也。霜降而收縮萬物也。』尸子曰：『西方爲秋，秋，肅也。』」按，「露凝」二句與張翰詩意相近。逯注：「風景，當作夙景。蓋音近誤肅，形訛爲風。夙景，早晨景象。」其説非。

〔四〕陵岑：高嶺。

〔五〕「芳菊」句：文選潘岳秋興賦：「菊揚芳於崖澨。」文選江淹雜詩：「時菊耀巖阿，雲霞冠秋嶺。」李善注：「潘安仁河陽詩：『時菊耀秋華。』」

〔六〕「青松」句：冠，覆蓋。張衡東京賦：「結雲閣，冠南山。」郭璞蜜蜂賦：「青松冠谷。」謝萬蘭亭詩：「修竹冠岑。」

〔七〕幽人：指隱士。

〔八〕撫：持，把握。爾：指松菊。一説指幽人。方東樹昭昧詹言卷四：「爾即指幽人也。解者謂指松菊，則於下文勢不通矣，因松菊以興起幽人耳。」按，此説非，上句既已言及幽人，若此句「爾」作幽人解，文意重複。陶注：「蓋謂千載幽人，無不抱此松菊之操，撫之而志節益堅，以今準古，亦猶是也。」其説是。訣：訣要，方法。引申爲要道、法則。列子説符篇：「衛人有善數者，臨死以訣喻其子。」謝朓和蕭中庶直石頭詩：「方追隱淪訣，偶解金丹要。」一説「訣」義爲「訣别」。黄文焕陶詩析義卷二：「千載之内幽人不可見，但與此霜傑永訣耳！」張玉穀古詩賞析卷十三：

「千載撫爾訣，謂訣別之久，幾如千載也。」古注亦釋「訣」爲別。按，若釋「訣」爲「訣別」，則「千載」句義不可曉。此詩下半首極讚松菊，黄氏稱淵明「與此霜傑永訣」，大誤。

〔九〕「檢素」二句：意謂得不到對方（指郭主簿）信札，於清秋月明之夜，厭厭寡歡。厭厭：濡弱不振貌。阮籍大人先生傳：「亭亭在須臾，厭厭將復隆。」世説新語品藻：「廉頗、藺相如雖千載上死人，懔懔恒如有生氣。曹蜍、李志雖見在，厭厭如九泉下人。」檢素，謂檢點書信。不獲展，謂不通音訊。一説檢素爲「自檢平素」。陶注：「自檢平素，有懷莫展，厭厭寡緒，其誰知之乎？」此説亦通。

【集評】

黄文焕陶詩析義卷二引沃儀仲曰：「天高景徹，乃可遥瞻，信筆皆工於體物。」

蔣薰評陶淵明詩集卷二：「二詩前自述，言閒業之樂；後懷人，動銜觴之思。和言不獨酬答，亦有次第。」

於王撫軍座送客〔一〕

秋日淒且厲，百卉具已腓〔二〕。爰以履霜節〔三〕，登高餞將歸〔四〕。寒氣冒山澤〔五〕，游雲倏無依〔六〕，洲渚四緜邈〔七〕，風水互乖違〔八〕。瞻夕欣良讌，離言聿云悲〔九〕。晨鳥暮來還，懸車斂餘暉〔一〇〕。逝止判殊路〔一一〕，旋駕悵遲遲。目送回舟遠，情隨萬化遺〔一二〕。

【校記】

王撫軍座　「座」，陶本原作「坐」。曾本、汲古閣本云，一作「座上」。今據曾本、汲古閣本改。

秋日　「秋」，曾本、湯本、汲古閣本皆作「冬」。李本、焦本作「秋」。李本又云，集本作「冬」，傳寫之誤。按，作「秋」是，參見注〔一〕。

倏無依　「倏」，曾本、汲古閣本云，一作「永」。

四綿邈　「四綿」，陶本原作「四緬」。曾本作「思綿」，云，一作「四緬」。湯本、汲古閣本同。按，緬邈與綿邈均有遥遠之意。文選左思吴都賦：「島嶼綿邈，洲渚馮隆。」李善注：「綿邈，廣遠貌。」廣雅：「緬邈，遠也。」然緬邈含有幽遠而瞻望弗及之意，如文選潘岳寡婦賦：「遥逝兮逾遠，緬邈兮長乖。」桓玄與釋慧遠書勸罷道：「夫神道緬邈。」此詩「洲緒四綿邈」句可能從吴都賦化來，故作「綿邈」較勝。

欣良讌　「欣」，陶本原校：「一作『欲』。非。」曾本作「欲」，云，一作「欣」。湯本、汲古閣本同。李本作「欲」。

離言　「言」，陶本原作「筵」。各本皆作「言」。今據改。

晨鳥暮來還　曾本、汲古閣本云，一作「晨鷄總來歸」。

懸車　「車」，陶本原校：「一作『崖』。湯本作『車』。」曾本、汲古閣本云，一作「崖」。蘇寫本作「崖」，云，一作「車」。按，作「車」是，參見注〔一〇〕。

逝止　「逝」，曾本作「遊」，云，一作「逝」。湯本、汲古閣本同。焦本云，一作「遊」，非。按，作「逝」是，參見注〔一一〕。

回舟遠　「遠」，曾本云，一作「往」。湯本、汲古閣本同。

【箋注】

〔一〕王撫軍，江州刺史王弘，時爲撫軍將軍。宋武帝永初元年庚申（四二〇）秋，王弘於尋陽湓口送客，邀淵明在座。淵明即席賦此詩。關於此詩之作年及王撫軍所送之客爲誰，歷來有異説，參見【集説】。

〔二〕「百卉」句：詩小雅四月：「秋日淒淒，百卉俱腓。」毛傳：「腓，病也。」

〔三〕履霜節：下霜季節，指九月。履霜，行於霜上。詩魏風葛屨：「糾糾葛屨，可以履霜。」

〔四〕「登高」句：楚辭九辯：「登山臨水兮送將歸。」詩豳風七月：「九月肅霜。」

〔五〕冒：文選曹植公讌詩：「朱華冒緑池。」李善注：「毛萇詩傳曰：『冒，覆也。』」

〔六〕游雲：行雲也。文選成公綏嘯賦：「飄游雲於泰清，集長風乎萬里。」

〔七〕洲渚：水中陸地。爾雅釋水：「水中可居者曰洲，小洲曰渚。」

〔八〕乖違：相背。干寶山亡論：「寒暑乖違。」鮑照代邽街行詩：「親好久乖違。」

〔九〕離言：離別之言。聿：語助詞，無義。漢書卷三六劉向傳引小雅角弓：「見晛聿消。」顔師古注：「聿，辭也。」

〔一〇〕懸車：指太陽。吴注：「淮南子天文訓：『日出于暘谷，至于悲泉，爰止其女，爰息其馬，是謂懸車。』」又，阮籍詠懷詩：「懸車在西南。」陸雲歲暮賦：「顧懸車而日昃。」

〔一一〕逝：謂行者。止：謂留者。文選陸機文賦：「雖逝止之無常，固崎錡而難便。」李善注：「逝止，由去留也。」葛洪抱朴子對俗：「其逝止或異，何也。」判殊路：判然異途。文選潘岳秋興賦：「苟趣舍之殊塗兮。」吴注：「汪洪度曰：逝，指庾與謝也。一被徵，一爲豫章太守，皆宋武帝時出仕之人，所謂逝也。己獨閒居，所謂止也，殊路從此判然，安知税駕何日哉。微露其意，妙在不覺。」

〔一二〕萬化：此指天地萬物之變化。嵇康難張遼叔宅無吉凶攝生論：「故能獨觀於萬化之前。」按，陶詩中「化」、「大化」、「萬化」、「化遷」有兩義，一指天地萬物之變化，一指生命自始至終之變化。遺：孔子家語五刑：「長幼無序而遺敬讓。」注：「遺，忘也。」淮南子主術訓：「必遺天下之大數。」高誘注：「遺，失也。」

【集説】

此詩作年及王撫軍所送之客爲誰，歷來有異説。丁譜繫於義熙十四年戊午（四一八）。梁譜、傳譜同。顧譜繫于元熙元年己未（四一九）。李注、陶注謂此詩作于宋武帝永初二年辛酉（四二一）。李注：「按年譜，此詩宋武帝永初辛酉秋作也。宋書：『王弘字休元，爲撫軍將軍、江州刺史，庾登之爲西陽（今黄州）太守，被徵還，謝瞻爲豫章（今洪州）太守，將赴郡，王弘送至湓口（今尋陽之湓浦），三人於此賦詩叙别。是必休元邀靖節預席餞行，故文選載謝瞻即集别詩，首章紀座間四人。』」陶注引李注後加按語云：「今文選瞻序僅紀三人，無先生名字，豈宋本有之，今本奪去耶？通鑒永初二年，謝瞻爲豫章太守，則此詩決當作於是歲，明年則瞻死矣。」解釋文選謝宣遠詩序所記只有王弘、庾登之、謝瞻自己三人，没有淵明名字，可能是宋本有，而今本脱落了。古譜「永初二年辛酉」條亦有與陶注同樣的懷疑，説：「李注殆全襲選注，但此詩所紀，止休元、登之、及瞻自己，李云四人，誤也。」王瑶注、逯繫年皆以爲作于永初二年（四二〇）。李辰冬陶淵明評論謂此詩作于元嘉元年（四二四），並稱李注不確，文選謝宣遠王撫軍庾西陽集别時爲豫章太守庾被徵還東詩與陶淵明于王撫軍座送客詩不是一時之作。又説淵明所送客非謝瞻與庾登之，而是龐參軍，證據如下：「上邊講陶、龐的再遇是在冬季，這首詩的背景是冬季；陶、龐是『龐爲衛軍參軍從江陵使上都過尋陽』時（見四言答龐參軍序）再見的，而龐氏『爲衛軍使江陵又從江陵使上都』（據陶澍考），這是回上都，所以詩説：『登高餞將歸……』，『目送回舟遠』，也祇有與龐參軍離别纔足以説：『離言聿云悲……逝止判殊路，旋駕悵遲遲。』」（李辰冬陶淵明評論三版，臺北，一九九一年。）方祖燊陶淵明王弘與陶潛詳考宋書庾登之傳、謝瞻傳及有關史料，以爲「庾登之由西陽太守入爲太子庶子，可能是在晉恭帝元熙元年冬十二月或宋武帝永初元年（四二〇）秋八月後，義符剛立爲宋太子或皇太子的時候。陶潛詩的起句，若是『冬日淒且厲』，那就是元熙元年；若是『秋日淒且厲』，那就是永初元年，都跟歷史相合，可以說得通。若是永初二年，反而不好解說了。」鄧譜據方氏考證，謂此詩首句當作「秋日」，淵明詩作于永初元年九月。

按，上述諸說，以方祖燊、鄧譜所說可信。今補證如下：文選卷二〇謝宣遠王撫軍庾西陽集別時爲豫章太守庾被徵還東一首，李善注：「沈約宋書曰：『王弘爲豫州之西陽、新蔡諸軍事、撫軍將軍、江州刺史。庾登之爲西陽太守，入爲太子庶子。』集序曰：『謝還豫章，庾被徵還都，王撫軍送至湓口南樓作。』」李善又注：「瞻時爲豫章太守。」證以謝宣遠詩，淵明於王撫軍座送客詩所寫，即王弘邀淵明餞送謝瞻和庾登之事。古譜、李辰冬以爲謝瞻詩所紀，只是休元、登之及瞻自己，而李注云「首章紀座間四人」爲誤。王叔岷則說：「謝詩『方舟新舊知』，李善注：『舊知，庾也。』新知，蓋爲陶公。則謝詩所紀，實休元、登之、陶公及瞻自己四人。」王氏所言乃據文選胡刻本。謝詩「方舟新舊知」句，文選六臣注本、古詩紀、古詩鏡諸本均作「方舟析舊知」。胡氏考異卷四王撫軍庾西陽集別詩「方舟新舊知」句下注：「袁本、茶陵本『新』作『析』是。」故「新」當作「析」。李善注這一句說：「舊知，庾也。」若作「新」，李善不會不注。這可證明李善所見，即是「方舟析舊知」。析，分開，離散也。由此看來，王氏據「方舟新舊知」句稱「新知」爲陶公就有問題。而陶考、古譜說文選謝宣遠詩序止記王弘、庾登之、謝瞻自己三人，無淵明名字，李注不確。這是符合事實的。

謝詩序確實僅記三人，詩中「舊知」指王撫軍、庾西陽，則謝詩與淵明於王撫軍座送客詩是否同記一事？王撫軍送客，别筵間有否淵明？以上兩點遂成疑問。鄙意以爲謝詩雖不記淵明之名，但兩詩同記一事仍有可能。蓋二詩所記皆是王撫軍送客，則王撫軍餞送謝瞻、庾登之時，邀淵明預席並非一無可能。至於謝詩僅記三人，不記淵明，因爲王撫軍、庾西陽乃是「舊知」，而淵明雖爲王撫軍所邀，終究是隱士，又是初識，不記也不是不合情理。反觀淵明之作，詩題僅記王撫軍，詩中止寫别離之意，毫不涉及席間客人。因謝、陶兩人初交，非是「舊知」，況「逝止判殊路」，仕隱殊途。故鄙意以爲謝詩止記三人，不及淵明，此疑問猶可解釋。

據宋書卷二武帝紀、資治通鑒卷一一九，元熙元年十二月，宋王劉裕世子義符爲太子，永初元年八月，立太子義符爲皇太子。可知庾登之被徵入都時間，或在元熙元年十二月，或在永初元年八月之後。此詩首二句說：「秋日凄且厲，百卉具已腓。」「秋」雖或作「冬」，然此二句由詩小雅四月「秋日淒淒，百卉俱腓」變化而來，下又接以「爰以履霜節」，「履霜節」指九月（詩豳風七月：「九月肅霜。」），由此大體可確定此詩作於秋日，且必在永初元年八月後。又宋書卷五六謝瞻傳載，永初二年，瞻在郡遇疾，其弟謝晦聞疾奔往。後瞻疾篤還都，高祖以晦禁旅，不得去宿，使瞻居於晉南郡公主婿羊賁故第，瞻臨終遺晦書云云，可證瞻卒於京都城郊。永初二年秋天，瞻未有實際上也不可能有從都赴豫章事。故此詩作于永初元年秋天無疑。而永初二年之説，既與庾登之被徵入都時間不合，亦與謝瞻遇疾至卒的情事不合也。

至於李辰冬謂王撫軍送客之客乃龐參軍，此説既與史實不符，亦與他本人的考證牴牾。據宋書卷三武帝紀：永初三年（四二二）春正月，「撫軍將軍、江州刺史王弘進號衛將軍、開府儀同三司、太子詹事」。宋書卷四二王弘傳同。故可確定，於王撫軍座送客詩當作于永初三年之前，王弘在尋陽，爲撫軍將軍，江州刺史。李氏既稱王弘于永初三年入朝，龐參軍乃作王弘衛軍參軍，又説淵明四言答龐參軍詩作于宋文帝元嘉元年（四二四），與於王撫軍座送客詩同時作。然不論永初三年或元嘉元年，王弘已入朝進號衛將軍，何來王撫軍在尋陽送龐參軍之事？李氏又説龐參軍即是宋傳中王弘欲識淵明，乃令故人龐通之齎酒于半道栗里要之的那個龐通之。此説誤甚。龐參軍是淵明結識僅二年的新交，而龐通之乃淵明「故人」，非是一人。李氏又説：「龐通之既齎酒具半道栗里要之，一定得有藉口，很有可能就是聲言王弘給他餞行，所以王弘來『亦無忤也』。」愈説愈離奇，不可采信。

【集評】

許學夷詩源辨體卷六：「靖節詩有王撫軍座送客一首，句法工煉，與靖節不類，疑晉宋諸家所爲。又五月旦作，意雖類陶，而語不類。飲酒末篇，語意俱類，至『若復不快飲，空負頭上巾』，又疑附會。」

丁福保陶淵明詩箋註卷二引程穆衡曰：「庾入朝，謝赴郡，王還治，皆逝者也。止者斯旋駕可矣，復何悵爲。雖然，於此而不動念者，非人情也。聖人必無非人情之事，此老莊、吾道之別也。若夫舟既遠而此情猶不遺，尚得爲人乎？我見朱軒繡轂，帳飲餞歸者，不過亦如游雲晨鳥，同爲萬化之一耳。縱化忽及我，而我自能遺化，斯善於觀化焉。」

方東樹昭昧詹言卷四：「此僅於詞足盡意，而綿邈清綺，一往真味，景與情俱帶畫意。起四句叙題；『寒氣』四句地；『瞻夕』四句時；收四句情。」

與殷晉安别〔一〕并序

殷先作晉安南府長史掾〔二〕，因居尋陽，後作太尉參軍〔三〕，移家東下，作此以贈。

遊好非少長〔四〕，一遇盡殷勤。信宿酬清話〔五〕，益復知爲親。去歲家南里〔六〕，薄作少時鄰〔七〕。負杖肆遊從〔八〕，淹留忘宵晨。語默自殊勢〔九〕，亦知當乖分〔一〇〕。未謂事已及，興言在兹春。飄飄西來風，悠悠東去雲。山川千里外，言笑難爲因〔一一〕。良才不隱世〔一二〕，江湖多賤貧〔一三〕。脱有經過便〔一四〕，念來存故人〔一五〕。

【校記】

與殷晉安别　陶本於題下原有「景仁名鐵」四字。李本同。今删。

少長　陶本原校：「何校宣和本作『少長』。各本作『久長』。」「少」，曾本、汲古閣本作「久長」，云，一作「少」。焦本作「久長」，云，一作「少」，非。按，作「少」是，參見注〔四〕。

盡殷勤　「盡」，曾本、汲古閣本云，一作「定」。

東去　曾本、汲古閣本云，一作「歸東」。

良才　曾本云，一作「才華」。蘇寫本、湯本、汲古閣本同。

【箋注】

〔一〕舊説皆以爲殷晉安指殷景仁。此説始於吴譜。吴譜義熙七年辛亥條云：「按宋書武帝紀，此年改授太尉。又按殷景仁傳，爲宋武帝太尉行參軍。則所謂殷晉安，即景仁也。先生方避世，而景仁乃就辟，故其詩云：『語默自殊勢，亦知當乖分。』又言『興言在兹春』，則此詩在春月作。」後李本於詩題下書「景仁名鐵」四字，殆從吴譜所致。然檢現存宋本，皆無「景仁名鐵」四字。繼之顧譜、陶考、梁譜、古譜、逯繫年及古今注家，皆謂殷晉安即宋書、南史有傳之殷景仁，或謂本詩作於義熙六年，或謂作於義熙七年，或謂作於義熙八年，其異蓋源於劉裕加太尉及殷景仁作劉毅後軍參軍時間的考訂之不同。至鄧譜一反舊説，以爲殷晉安指蓮傳所載之晉安太守殷隱；本詩序文「殷先作晉安南府長史掾」一語中之晉安，乃晉安太守之省文；南府乃南中郎將軍府之省文，義熙中孟懷玉曾以南中郎將、江州刺史鎮尋陽；長史指南中郎將府的長史；掾指南中郎將府的曹掾。殷一身而三任，即以南中郎將府的長史領晉安太守兼曹掾。鄧譜又據孟懷玉於義熙十一年卒于江州任所，謂殷晉安作太尉參軍移家東下在義熙十二年春。按，鄧譜考證精密，發千百年未發之覆，今從之。考宋書卷六三殷景仁傳，景仁歷任劉裕太尉行參軍等職，從未任過晉安太守，此亦反證殷晉安非殷景仁。又，南中郎將常開府江州。文選任昉齊竟陵文宣王行狀：「宋鎮西晉熙王、南中郎邵陵王並鎮盆口。」李善注：「邵陵殤王友，字仲賢，明帝第七子也，年五歲，出爲南中郎將，江州刺史，邵陵王。」資治通鑑卷一百二十七：「南中郎二十年少，能建如此大事，豈復可量。」胡三省注：「時武陵王駿爲南中郎將，江州刺史。」蓮傳張野傳載：「州舉秀才，南中郎府功曹，州治中，徵拜散騎常侍，俱不就。」皆可證「南府」即江州南中郎將府之省文。丁注引陶詩程傳，以爲「晉安南府」指晉安郡之南郡。非是。

〔二〕晉安：殷隱作晉安郡太守，此以地名稱其官職。據宋書卷三六州郡志，晉安郡乃晉武帝太康三年（二八二）分建安郡立，隸屬江州。長史：軍府的主要僚屬。宋書卷三九百官志上：「晉初凡位從公以上，置長史、西閤、東閤祭酒、西曹、東曹掾、户曹、倉曹、賊曹屬各一人。」掾：分曹治事的屬吏。

〔三〕太尉：指劉裕。據宋書卷二武帝紀中、資治通鑑卷一一六，安帝義熙七年辛亥（四一一）三月，劉裕始受太尉。

〔四〕「遊好」二句：李注：「懶真子云：其意云，吾與子非少時長久遊從也。但今一相遇，故定交耳。」遊好，友好也。南史卷一五徐君蒨傳：「朋從遊好，莫得見之。」少長，指少時長久從遊。

古注：「晉書袁喬傳：『與將軍遊處少長。』」按，此二句意近答龐參軍詩：「相知何必舊，傾蓋定前言。」

〔五〕信宿：連宿二夜。詩豳風九罭：「公復不歸，于女信宿。」毛傳：「再宿曰信。宿，猶處也。」酬：應對。清話：高雅的言談。按，魏晉人好以「清」字論人、論事。如清言、清貴人、清峻、清通之類。

〔六〕「去歲」句：指淵明義熙十一年移居南村。參見移居詩注。

〔七〕薄：迫也；近也。左傳成公十六年：「楚師薄於險。」杜預注：「薄，迫也。」薄作，猶近作。

〔八〕遊從：同遊相隨。

〔九〕語默：指仕隱、出處。易繫辭上：「君子之道，或出或處，或語或默。」命子詩：「時有語默。」殊勢：情勢異樣。裴頠崇有論：「默語殊塗。」按，殷晉安作劉裕參軍，此爲「語」；淵明躬耕農畝，此爲「默」。二人殊趣，故云。

〔一〇〕乖分：分離，義同「乖別」、「乖離」。亦作「分乖」。曹植朔風詩：「昔我同胞，今永乖別。」謝靈運嶺表賦：「外内乖隔。」文選盧諶與司空劉琨書：「分乖之際，咸可歎慨。」

〔一一〕因：廣雅釋詁三：「因，親也。」難爲因，即難爲親。

〔一二〕良才：指殷隱。

〔一三〕賤貧：淵明自指。吴菘論陶：「深情厚道，絶無譏諷意。『良才不隱世』，並不以殷之出爲卑；『江湖多賤貧』，亦不以己之處爲高。各行其志，正應『語默自殊勢』句，真所謂『肆志無汙隆』也。」

〔一四〕脱：或然之詞，猶言「設使」、「假若」。晉書卷六六陶侃傳：「脱有異志，則荆州無東門矣。」晉書卷九五陳訓傳：「脱如來言，當相薦拔。」

〔一五〕存：存問，勞問。曹操短歌行：「越陌度阡，枉用相存。」

【集評】

邱嘉穗東山草堂陶詩箋卷二：「此與前於王撫軍座送客詩皆專就交情上説得纏綿愷切，非如贈羊長史、和郭主簿、張常侍諸篇吐露本志。然上篇云『逝止判殊路』，此篇云『語默自殊勢』，則公之處己待人，亦不苟然者矣。」

陳祚明采菽堂古詩選卷一三：「殷先作晉臣，與公同時；後作宋臣，與公殊調。篇中語極低徊，朋友仍敦，而異趣難一也。結句妙，用意忠厚。」

方東樹昭昧詹言卷四：「序則真序，情則真情。此人公不重之以爲道義交，所謂『故者無失其爲故』也。一語不假借，亦無諷譏輕慢。青天白日，分寸不溢，公所以爲修詞立誠，爲有道之言也。情詞芊綿真摯，後惟韓、杜二公有之。」

贈羊長史〔一〕 并序

左軍羊長史，銜使秦川，作此與之。

愚生三季後〔二〕，慨然念黄虞〔三〕。得知千載外，正賴古人書。賢聖留餘跡，事事在中都〔四〕。豈忘游心目，關河不可踰。九域甫已一〔五〕，逝將理舟輿〔六〕。聞君當先邁，負痾不獲俱〔七〕。路若經商山〔八〕，爲我少躊躇〔九〕。多謝綺與甪〔一〇〕，精爽今何如〔一一〕？紫芝誰復採，深谷久應蕪〔一二〕。駟馬無貰患，貧賤有交娱〔一三〕。清謡結心曲〔一四〕，人乖運見疎〔一五〕。擁懷累代下，言盡意不舒〔一六〕。

【校記】

贈羊長史　陶本於題下注有「松齡」二字。李本同。按，「松齡」二字當爲讀者所注，非作者自注，今删。

作此與之　曾本、蘇寫本、湯本、汲古閣本於「之」字下注「羊名松齡」四字。按，此亦非作者原注，今删。

千載外　「外」，陶本原作「上」。陶本原校：「各本作『外』。」曾本云，一作「上」。湯本、汲古閣本同。今據曾本、湯本、汲古閣本改。

正賴　「正」，曾本作「上」，云，一作「政」。湯本、汲古閣本同。按，正：止也，僅也。晉宋人常語，亦作「政」。世説新語言語：「正賴絲竹陶寫，但恒恐兒輩覺，損歡樂之趣。」世説新語自新：「平原不在，正見清河。」李注：「山谷云：『正賴古人書，蓋當時語，或作上賴，甚失語意。』」山谷之説是。

在中都　「在」，曾本、汲古閣本云，一作「有」。

已一　曾本、汲古閣本云，一作「尔去」，又作「一邕」。蘇寫本作「尔去」。

不獲　「不」，曾本、汲古閣本云，一作「弗」。

綺與角　「角」，曾本作「角」，云，一作「園」。湯本、李本作「角」。蘇寫本、汲古閣本云，一作「園」。

久應蕪　「久」，曾本、汲古閣本云，一作「又」。

人乖　「乖」，陶本原校：「各本作『乖』，焦本、何本作『乘』，非。」曾本作「乘」，蘇寫本、李本、汲古閣本同。湯本作「乖」。按，作「乖」是，參見注〔一五〕。

擁懷　「擁」，曾本、汲古閣本云，一作「唯」，又作「歡」。

【箋注】

〔一〕羊長史即是晉傳所載與淵明交往之羊松齡。吴譜義熙十三年丁巳條下云：「是歲劉裕平關中，松齡以左軍長史銜使秦川。」吳未指明左軍是誰。劉履選詩補注云：「義熙十三年，太尉劉裕伐秦，破長安，送秦主姚泓詣建康受誅。時左將軍朱齡石遣長史羊松齡往關中稱賀，而靖節作此詩贈之。」歷來注家均沿劉說，謂左軍是朱齡石。逯繫年始謂左軍乃檀韶：「檀韶自去年八月以左將軍爲江州刺史，坐鎮尋陽，今遣羊長史銜使秦川，向劉裕稱賀，故曰左軍長史。」「據宋書朱齡石傳，『十二年北伐』，朱齡石『遷左將軍，配以兵力，守衛殿省。十四年，以齡石持節督關中諸軍事、右將軍、雍州刺史』。知朱爲左將軍乃在建康守衛殿省，如遣使往關中稱賀，必不發自尋陽，陶無由贈之以詩。劉謂羊爲朱齡石長史，乃臆斷耳。」李華陶淵明贈羊長史詩左將軍考（見陶淵明新論）駁逯之「左將軍乃檀韶」說，謂朱齡石受劉裕倚重，當裕北伐時，與劉穆之共謀内外諸事，故左軍長史羊松齡往關中祝賀，必由朝廷遣使，地方長官無此權限也。又稱羊往關中，當溯江而上經尋陽，淵明得以作詩贈之云云。按，細較歧見，竊以爲逯欽立之説得其實。理由有三：晉傳既然稱羊松齡爲「周旋人」，則羊必在尋陽，或常在尋陽，如此方能與淵明游處。若羊作朱齡石參軍，遠在建康，豈能與淵明常相周旋？此其一。逯稱朱齡石遣使往關中稱賀，必不發自尋陽。這條理由也很堅實。劉裕北伐，取徐州、洛陽，至長安。從建康遣使關中，走這條陸路最便捷。要是溯江而上經尋陽，再經漢水北上，受風水影响，曠時費日。因此，羊作檀韶長史，必發自尋陽。此其二。若謂檀韶乃江州刺史，不可能派人往關中祝捷，此又不然。宋書卷七三顏延之傳載：「義熙十二年，高祖北伐，有宋公之授，府遣一使慶殊命，參起居，延之與同府王參軍俱至洛陽。」劉裕于義熙十二年八月率大軍北伐，十月至洛陽。此時左將軍檀韶正任江州刺史。去年派顔延之往洛陽慶賀劉裕的宋公之授，今年派羊長史往關中稱賀長安大捷，皆檀韶一人所爲。可見，地方官員遣使賀劉裕屬尋常事。何況，此時的朝廷名存實亡，劉裕即朝廷。此其三。合此三者看來，逯欽立謂羊作左將軍檀韶長史，較可信。

〔二〕三季：指夏、商、周三代之末。漢書叙傳下：「三季之後，厥事放紛。」顔師古注：「三季，三代之末也。」

〔三〕黄虞：黄帝、虞舜。

〔四〕事事：徐仁甫古詩別解卷六：「事事謂每事。古詩爲焦仲卿妻作：『事事四五通』，謂每事四五通也。」中都：指西晉都城洛陽。晉室南渡以後，稱西晉爲中朝。世説新語容止劉孝標注引江左名士傳：「永和中，劉真長、謝仁祖共商略中朝人士。」晉書目録：「中朝四帝，都洛陽五十四年。」晉書卷六一周顗傳：「顗在中朝時，能飲酒一石。」

〔五〕九域：即九州，泛指全國。漢書卷二一下律曆志一下：「祭典曰：共工氏伯九域。」甫：始也。按，張芝陶淵明傳論稱淵明「有興趣于『九域甫已一』的功勞」，實爲誤解。淵明興趣所在，不過是中州大地上的聖賢餘迹，尤對商山四皓深表敬意。劉裕統一南北之功，實並不在作者眼裏也。

〔六〕逝將：詩魏風碩鼠：「逝將去女，適彼樂土。」鄭箋：「逝，往也。」將，助詞。理舟輿：整治車船。桓玄南游衡山詩序：「理檝將游於衡嶺。」

〔七〕「聞君」二句：李注：「原詩意，靖節初欲從松齡訪關洛，會病，不果行也。」古注：「負痾蓋遜詞。」按，劉裕收復關洛，淵明是否欲訪游心目，已不可考。然據贈羊長史詩意，淵明可能有北行打算，故以李注較勝。

〔八〕商山：又名商阪、地肺山、楚山。在今陝西商縣東南。秦末，東園公等四人隱居於此，號「商山四皓」。

〔九〕躊躇：亦作踟躕，不行貌，駐足。陌上桑：「五馬立踟躕。」習鑿齒與謝安書：「每省家舅，縱目檀谿，念崔、徐之交，未嘗不撫膺躊躇，惆悵終日矣。」

〔一〇〕綺與甪：吳注：「三輔舊事：漢惠帝爲四皓立碑，一曰東園公，二曰甪里先生，三曰綺里季，四曰夏黄公。」按，「甪」亦作「角」，音路。史記卷五五留侯世家作「角里先生」。

〔一一〕精爽：精魂。左傳昭公二十五年：「心之精爽，是爲魂魄。」曹植平原懿公主誄：「魂神遷移，精爽翺翔。」左思悼離贈妹詩：「伏思成疚，結在精爽。」

〔一二〕「紫芝」二句：吳注：「古今樂録：四皓隱居，高祖聘之不出，作歌曰：漠漠高山，深谷逶迤。奕奕紫芝，可以療疾。唐虞世遠，吾將安歸。駟馬高蓋，其憂甚大。富貴之畏人兮，不如貧賤之肆志。」紫芝，靈芝之一種。淮南子説山訓：「紫芝生於山，而不能生於盤谷之上。」

〔一三〕「駟馬」二句：説文：「賒，貰買也。」「貰，貸也。」漢書卷一上高祖本紀上：「常從王媼、武負貰酒。」顔師古注：「貰，賒也。」是貰、賒二字同義同音。賒字後有久遠義。至魏晉六朝常交賒連文。交，接也，引申爲近。易大有：「厥孚交如。」王弼注：「交，接也。」交賒，義猶近遠。嵇康養生論云：「嗜好常在耳目之前，所希在數十年之後，又恐兩失，内外猶豫，心戰於内，物誘於外，交賒相傾，如此復敗者。」交賒相傾，猶言近遠相傾。交謂嗜好常在眼前，賒謂所希在數十年之後。葛洪抱朴子至理：「豈能棄交修賒，抑遺嗜好，割目下之近欲，修難成之遠功哉？」交，謂近欲；賒，謂遠功。此詩言「駟馬無貰患」，意謂雖不見遠患，但有近憂也，亦即四皓歌「駟馬高蓋，其憂甚大」。言「貧賤有交娱」，意謂雖栖遲衡門，却有近娱也，亦即四皓歌「富貴之畏人兮，不如貧賤之肆志」。此二句是淵明婉勸羊長史，值此世代將易之際，當與綺、角游耳。

〔一四〕清謡：指四皓所作歌。心曲：内心深處。文選劉楨贈徐幹詩：「思子沉心曲。」

〔一五〕人乖：指人與世乖。宋書卷六七謝靈運傳：「事乖人間，幽栖窮巖，外緣兩絶。」或釋「人乖」謂不可復見商山四皓。方東樹昭昧詹言卷四：「言四皓清謡，久結我之心曲，但運乖不得一見其人。」逯注：「人乖，古人不可再見。」其説不確。「人乖」句與和劉柴桑詩「歲月共相疏」句意相近。

〔一六〕「擁懷」二句：言懷此感慨於累代之下，言雖有盡，心中感情却不能舒展。聞人倓古詩箋卷六：「劉裕平關中，越三年即受晉禪。陶公此詩，念黄虞，謝綺角，蓋致慨於晉宋之間也。言雖易盡，意奚能舒乎？」温汝能陶詩彙評卷二：「靖節不幸，遭逢易代，往往有懷莫吐，徒望古而興悲。讀此篇末句，可以窺其志矣。」

【集評】

湯漢注陶靖節先生詩卷二：「天下分崩，而中州賢聖之跡，不可得而見。今九土既一，則五帝之所連，三王之所争，宜當首訪，而獨多謝於商山之人，何哉？蓋南北雖合，而世代將易，但當與綺、甪游耳。遠矣深哉！」

秦朝釪消寒詩話：「陶淵明贈羊長史自注云：『長史銜使秦川，作此與之。』蓋宋武帝劉裕取關中時也。時裕尚爲晉臣，功業日盛，有簒奪之勢，才智之士争趨之。此詩『愚生三季後，慨然念黄虞』，即夷、齊采薇歌也。下半『路若經商山，爲我少躊躇，多謝綺與甪，精爽今何如？』漢祖得天下以正，而四皓尚不臣之，晉宋之交，權臣竊柄，顧可出乎？其意微而顯矣。韓退之送董邵南序意亦同。」

方東樹昭昧詹言卷四：「此題難於劉太尉贈盧諶，彼可以明目張膽正説，故雄傑宏放；此不能明説，故伊鬱隱迷。其文法之妙，與太史公六國表同工。覺顔北使洛如嚼蠟，如牛負物行深泥，費力而索然無復生氣。陶詩當以此爲冠卷。」

歲暮和張常侍〔一〕

市朝悽舊人〔二〕，驟驥感悲泉〔三〕。明旦非今日〔四〕，歲暮余何言。素顔斂光潤〔五〕，白髮一已繁。闊哉秦穆談，旅力豈未愆〔六〕。向夕長風起〔七〕，寒雲沒西山。洌洌氣遂嚴〔八〕，紛紛飛鳥還。民生鮮長在，矧伊愁苦纏〔九〕。屢闕清酤至，無以樂當年。窮通靡攸慮〔一〇〕，顦顇由化遷。撫己有深懷，履運增慨然〔一一〕。

【校記】

歲暮　「暮」，蘇寫本作「莫」。

洌洌　陶本原校：「各本作『厲厲』。焦本作『洌洌』。何校宣和本同。」曾本作「厲厲」，云，一作「洌洌」。蘇寫本、汲古閣本同。按，作「洌洌」較勝，參見注〔八〕。

靡攸慮　「攸」，曾本云，一作「欣」。湯本、汲古閣本同。蘇寫本作「欣」，云，一作「攸」。

【箋注】

〔一〕此詩作於義熙十四年（四一八）冬。詩云：「屢闕清酤至，無以樂當年。」參以九日閒居詩序：「秋菊盈園，而持醪靡由。」則本詩與九日閒居詩同年作。張常侍：疑爲張野族子張詮。蓮傳載：「張詮字秀碩，野之族子也。尚情高逸，酷嗜典墳，雖畊鋤，猶帶經不釋。朝廷徵爲散騎常侍，不起。」後入廬山依遠公，宋景平元年（四二五）卒，春秋六十五。按，歷來注家皆謂張常侍指張野，因據蓮傳，野曾徵聘爲散騎常侍。陶注亦謂張常侍爲張野，但又疑「野以義熙十四年卒，題不應云和。詳味詩意，亦似有哀挽之詞，或和當作悲。又，野族子張詮，亦徵常侍，或詮有挽野之作，而公和之耶？」陶所疑頗合理。詩中「市朝悽舊人」、「明旦非今日」、「民生鮮長在」等語，雖不能據此遽斷爲哀挽張野，但確有慨歎故舊零落之意。

〔二〕市朝：此指公衆聚集之所，非作「官場」解。周禮地官鄉師：「凡四時之徵令有常者，以木鐸徇於市朝。」孫詒讓正義：「市謂國中及郊野之市，朝謂鄉師治事之朝。市朝，衆人所聚。」史記卷七五孟嘗君列傳：「日暮之後，過市朝者掉臂而不顧。」司馬貞索隱：「謂市之行位有如朝列，因言市朝耳。」謝靈運撰征賦：「年月多歷，市朝已改。」文選鮑照代結客少年場行詩：「日中市朝滿，車馬若川流。」陸機門有車馬客行詩：「親友多零落，舊齒皆彫喪。市朝互遷易，城闕或丘荒。」此詩「市朝悽舊人」句，與陸機詩意相近。

〔三〕驟驥：湯注：「驟驥，言白駒之過隙也。」悲泉：日入處。淮南子天文訓：「日至悲泉，是謂懸車。」此句言光陰疾速。

〔四〕「明旦」句：意謂今日尚爲人，明日或已入鬼録。與挽歌詩「昨暮同爲人，今旦在鬼録」意同，極言人生無常。

〔五〕素顔：猶素臉，謂人面白嫩。王褒責髯奴文：「無素顔可依，無豐頤可怙。」張華感婚詩：「素顔發紅華，美目流清揚。」

〔六〕「闊哉」二句：闊，迂闊。旅力，同「膂力」。傅毅迪志詩：「旅力靡及。」三國志魏志典韋傳：「形貌魁梧，旅力過人。」愆，消失。陸機百年歌：「精爽頗損膂力愆。」陶注：「尚書秦誓言：

『番番良士，旅力既愆，我尚有之。』此反其語，故以秦穆之談爲闊，言老無能爲也。」

〔七〕長風：文選宋玉高唐賦：「長風至而波起兮。」文選左思吴都賦：「習御長風。」劉淵林注：「長風，遠風也。」

〔八〕洌洌：詩小雅大東：「有洌氿泉。」毛傳：「洌，寒意也。」玉篇：「洌，寒氣也。」陸機感時賦：「寒洌洌而寖興。」文選左思雜詩：「秋風何洌洌，白露爲朝霜。」

〔九〕「民生」二句：民生，人之本性。生，通「性」。書君陳：「惟民生厚，因物有遷。」孔傳：「言人之自然之性敦厚。」文選班固幽通賦：「惟天地之無窮兮，鮮生民之晦在。」李善注引曹大家曰：「鮮，少也。晦，亡幾也。」常在，猶常存，長壽。矧伊：見勸農詩注。此二句意謂人本來就少有長壽者，況乃種種愁苦之牽纏不已。曹植游仙詩云：「人生不滿百，歲歲少歡娱。」與此二句意同。

〔一〇〕靡攸慮：無所慮。

〔一一〕履運：指經歷時運。運，運行，流轉。莊子天道：「天道運而無所積，故萬物成。」成玄英疏：「運，動也，轉也。」文選謝宣遠於安城答靈運詩：「履運傷荏苒，遵途歎緬邈。」謝靈運歸塗賦：「經塗履運。」

【集説】

關於本篇意旨，前人多以爲抒寫晉宋易代之感。劉履選詩補注卷五云：「按晉史義熙十四年十二月，宋公劉裕弑安帝於東堂而立恭帝。靖節和此歲暮詩，蓋亦適當其時，而寄此意焉。首言市朝耆舊之人，莫不相爲悲悽，而其乘馬亦有悲泉懸車之感。且謂明旦已非今日，予復何言，其意深矣。中謂長風夕起，寒雲没山，猛氣嚴而飛鳥還者，以喻宋公陰謀弑逆之暴，而能使人駭散也。篇末又言窮通死生皆不足慮，但撫我深懷而踐此末運，能不慨然而增憤激焉。」邱嘉穗東山草堂陶詩箋卷二稱九日閒居詩「雖坐視晉亡而不能救，猶以命自安，而有養晦待時之意，此則直激於義，而歎膂力之既愆，不可復以有爲矣」。吴瞻泰陶詩彙註卷二亦謂此詩「起結明説易代」。古注謂：「市朝悽舊人，明指禪革。」另一種意見則認爲此詩傷感時光易逝。孫人龍纂輯陶公詩評注初學讀本謂此詩「即白駒過隙意」。方東樹昭昧詹言卷四云：「大致因歲暮而感流年之速，己之將老死也。」

【集評】

温汝能陶詩彙評卷二：「此篇音節悲古，起結尤感歎欲絶。蓋人生境遇無常，撫己慨然，正非淵明所獨。惟淵明當日之懷有難以告人者，故其觸景增慨，比他人爲獨深也。」

方東樹昭昧詹言卷四：「大致因歲暮而感流年之速、己之將老死也，而精深沈至，不淺滑平顯，一起一結尤深。起言人代易速，觀於市朝而見舊人之多亡，其速如騄驥之趨於悲泉。以下句形上句，爲『歲暮』起端也。今又當暮，則己又將速亡，素顔闊哉。虚實反正，開合言之。『向夕』四句，正寫歲暮，『民生』遥接，而以闕酒爲題之正實，其味彌深。又就無酒轉下，言窮通憔悴，死皆不惜，但別有慨耳，『撫己』雙收，言本自有深懷，而觸歲暮又增慨耳。試思其言意下落，用意精深，章法文法，曲折頓挫，變化不可執著，徒以白道爲學陶者，豈足知之。」

和胡西曹示顧賊曹〔一〕

蕤賓五月中〔二〕，清朝起南颸〔三〕，不駛亦不遲〔四〕，飄飄吹我衣。重雲蔽白日〔五〕，閑雨紛微微〔六〕。流目視西園，曄曄榮紫葵〔七〕。於今甚可愛，奈何當復衰〔八〕。感物願及時，每恨靡所揮〔九〕。悠悠待秋稼，寥落將賒遲〔一〇〕。逸想不可淹〔一一〕，猖狂獨長悲〔一二〕。

【校記】

重雲　「重」，曾本、汲古閣本云，一作「寒」。逯本云，「寒」字當是「重」之異文。

曄曄　湯本作「奕奕」。按，作「曄曄」是，參見注〔七〕。

奈何當復衰　陶本原作「當奈行復衰」。曾本、汲古閣本云，「當」，一作「後」；又云，一作「當奈行復衰」。蘇寫本云，「當」，一作「行」。湯本云，一作「當奈行復衰」。今據各本改。

賒遲　「賒」，曾本、汲古閣本云，一作「奢」。

逸想　「想」，曾本、汲古閣本云，一作「相」。

【箋注】

〔一〕胡西曹、顧賊曹：兩人生平事跡不詳。西曹、賊曹，州官名。西曹主吏及選舉事，賊曹主捕盗賊事。此詩大致作於淵明晚年。詩云：「感物願及時，每恨靡所揮。」可知此時淵明常無酒可飲。又云：「悠悠待秋稼，寥落將賒遲。」説明淵明又乏糧。宋傳謂淵明「嘗九月九日無酒，出宅邊菊叢中坐久，值弘送酒至，即便就酌，醉而後歸」。王弘任江州刺史始於義熙十四年，故暫繫此詩於該年作。楊譜以爲此詩作於元興二年（四〇三）癸卯五月，「晉室將衰未亡之際」，並以比興釋之：「詩云『重雲蔽白日』，又曰『曄曄榮紫葵』，皆指晉室而言。又曰『當奈行復衰』，其時大臣飛揚，中央權力淪喪，故有行復衰之感。」按，此詩確有感物而多憤慨之辭，但以爲是感晉室將衰而發，恐未必也。

〔二〕蕤賓：指仲夏五月。禮記月令：「仲夏之月，律中蕤賓。」白虎通五行：「五月謂之蕤賓。蕤者下也，賓者敬也。言陽氣上極，陰氣始起，故賓敬之也。」

〔三〕颸：説文：「颸，涼風也。」謝朓在郡卧病呈沈尚書詩：「珍簟清夏室，輕扇動涼颸。」

〔四〕「不駛」句：謂風吹不疾不徐。駛，集韻：「駛，疾也。」仲長統佚詩：「春雲爲馬，秋風爲駟。按之不遲，勞之不疾。」湛方生風賦：「亦有飄泠之氣，不疾不徐。」

〔五〕「重雲」句：古詩十九首：「浮雲蔽白日。」

〔六〕閑雨：小雨。閑，可訓爲「緩」、「慢」。文選曹植七啓：「雍容閑步。」李周翰注：「閑，緩也。」微微：小也。書顧命：「眇眇予末小子。」孔傳：「言微微我淺末小子。」漢書卷七三韋玄成傳：「微微附庸，自我招之。」

〔七〕曄曄：光輝燦爛貌。鍾會菊花賦：「芳菊始榮，紛葩曄曄。」文選潘岳寡婦賦：「榮華曄其始茂兮。」

〔八〕當：經傳釋詞：「當，猶將也。」『史記魏公子列傳曰：『公子當何面目立天下乎？』又留侯世家曰：『橫絶四海，當可奈何？』當字並與將同義。」按，漢詩平調曲有長歌行，前六句寫園中葵：「青青園中葵，朝露待日晞。陽春布德澤，萬物生光輝。常恐秋節至，焜黄華蕊衰。」本篇「流目」四句寫紫葵，與長歌行意近。

〔九〕揮：指揮觴。參見時運詩注。

〔一〇〕寥落：文選謝朓京路夜發詩：「曉星正寥落。」李善注：「寥落，星稀之貌也。」此謂莊稼稀落之貌。賒遲：猶緩遲。晉書卷六七郗超傳：「雖如賒遲，終亦濟克。」

〔一一〕逸想：謂超俗出羣之想。淹：集韻：「淹，留也。」左傳宣公十二年：「二三子無淹久。」杜預注：「淹，留也。」

〔一二〕猖狂：縱恣迷妄。此形容情懷激烈。淮南子俶真訓：「萬民猖狂，不知東西。」

【集評】

邱嘉穗東山草堂陶詩箋卷二：「此詩賦而比也。蓋晉既亡於宋，如重雲蔽日而陰雨紛紛，獨公一片赤心如紫葵向日，甚爲可愛，而又老至，不能及時收穫，漸當復衰，此公之所以感物而獨長悲也。」

悲從弟仲德

銜哀過舊宅，悲淚應心零〔一〕。借問爲誰悲，懷人在九冥〔二〕。禮服名羣從〔三〕，恩愛若同生〔四〕。門前執手時，何意爾先傾〔五〕。在數竟未免〔六〕，爲山不及成〔七〕。慈母沉哀疚，二胤纔數齡〔八〕。雙位委空館〔九〕，朝夕無哭聲。流塵集虚坐〔一〇〕，宿草旅前庭〔一一〕。階除曠遊迹〔一二〕，園林獨餘情。翳然乘化去〔一三〕，終天不復形〔一四〕。遲遲將回步，惻惻衿涕盈〔一五〕。

【校記】

仲德　蘇寫本作「敬德」。

同生　陶本原校：「吴本作『平生』，非。」

在數　「數」，曾本作「毀」，云，一作「數」。湯本、汲古閣本同。按，作「數」是，參見注〔六〕。

未免　「未」，曾本作「不」，云，一作「未」。湯本、汲古閣本同。蘇寫本作「不」。

二胤　陶本原作「允」，蓋避清世宗諱，今據各本改。

雙位　「位」，曾本作「泣」，云，一作「位」。湯本、汲古閣本同。按，作「位」是，「泣」乃形訛，參見注〔九〕。

旅前庭　「旅」，曾本云，一作「依」。蘇寫本、湯本、汲古閣本同。按，作「旅」是，參見注〔一一〕。

衿涕盈　陶本原作「悲襟盈」。曾本作「悲襟盈」，云，一作「衿涕盈」。蘇寫本、汲古閣本同。按，作「衿涕盈」是，今據改。參見注〔一五〕。

【箋注】

〔一〕「悲淚」句：言悲淚隨哀痛之心而零落。孔雀東南飛：「零淚應聲落。」

〔二〕九冥：義同「九泉」。阮瑀七哀詩：「冥冥九泉室，漫漫長夜臺。」

〔三〕禮服：指喪服的禮制。參見贈長沙公詩注。羣從：謂從兄弟輩。晉書卷四九阮咸傳：「羣從昆弟，莫不以放達爲行。」

〔四〕同生：一母所生之兄弟姊妹稱同生。文選曹植贈白馬王彪詩：「奈何念同生。」李善注：「左氏傳曰：『鄭罕、駟、豐同生。』杜預曰：『罕，子皮；駟，子晳；豐，公孫段也。三家本同母兄弟也。』」丁注：「詩言以禮經上五服之親疏而論，則爲從弟。若論恩愛，則等於同胞。」

〔五〕傾：傾世，棄世。詩大雅蕩：「大命以傾。」王粲游覽詩：「年命將西傾。」

〔六〕在數：猶天數之內。數，命數；定數，即不可避免的必然性。支遁神無形論：「有形便有數，有數則有盡。」羅含更生論：「萬物有數。」「有形者不得無數，是則人物有定數。」

〔七〕「爲山」句：謂仲德未能成就功業。論語子罕：「譬如爲山，未成一簣。」晉書卷七七殷浩傳：「遂令爲山之功，崩於垂成。」

〔八〕二胤：指仲德二子。胤，後代。

〔九〕雙位：指仲德夫婦的靈位。位，鬼神的靈位。禮記喪服：「爲位而哭。」空館：空室。文選潘岳懷舊賦：「今九載而一來，空館闃其無人。」傅咸螢賦：「潛空館之寂寂兮，意遥遥而靡寧。」

〔一〇〕虚坐：指爲死者而設的非飲食之座。禮記曲禮：「虚坐盡後。」疏：「虚坐盡後者，凡坐各有其法，虚，空也，空謂非飲食坐也。」文選潘岳寡婦賦：「奉虚坐兮肅清，愬空宇兮曠朗。」

〔一一〕宿草：隔年之草。禮記檀弓上：「朋友之墓，有宿草而不哭焉。」孔穎達疏：「宿草，陳根也。」旅：後漢書卷一光武紀：「至是野穀旅生。」李賢注：「不因播種而生，故曰旅。」

〔一二〕曠：書皋陶謨：「無曠庶官。」孔傳：「曠，空也。」遊迹：指人迹。

〔一三〕乘化去：隨造化而去，指死。

〔一四〕終天：終古，永久。文選潘岳哀永逝文：「今奈何兮一舉，邈終天兮不反。」李善注：「今云終天不返，長逝之辭。」復形：猶再生。曹植武帝誄：「千代萬乘，曷時復形。」

〔一五〕惻惻：傷心貌。文選潘岳寡婦賦：「情惻惻而彌甚。」文選謝靈運道路憶山中詩：「悽悽明月吹，惻惻廣陵散。」衿涕盈：涕淚滿襟。祭從弟敬遠文：「執筆涕盈。」劉楨贈徐幹詩：

「涕下與衿連。」文選陸機赴洛詩：「佇立慨我歎，寤寐涕盈衿。」

【集評】

陳祚明采菽堂古詩選卷一四：「其情頗真切，特多弱句，如『悲淚應心零』、『何意爾先傾』、『園林獨餘情』之類，皆不健。公詩真率，每嫌體弱。是時諸家皆務矜琢，琢則遠自然，然自成其古；率則近自然，然每流於弱。」

温汝能陶詩彙評卷二：「陶詩類多古樸，臻於自然，若此篇與上和胡西曹二作中，如『不駛亦不馳』、『每恨靡所揮』、『在數竟未免，爲山不及成』等句，似屬急猝成章，不甚經意；即按之體格，亦屬集中別調，非陶本色。陳評摘其一二率語，謂近於弱，似也。要之論古人詩，須於性情品格中求之，徒於字句間或一二篇什指瑕摘疵，則古人真面目未爲得也，而況以論陶詩哉！」

陶淵明集卷之三

詩五言

始作鎮軍參軍經曲阿作〔一〕

弱齡寄事外〔二〕，委懷在琴書〔三〕。被褐欣自得〔四〕，屢空常晏如〔五〕。時來苟冥會〔六〕，宛轡憩通衢〔七〕。投策命晨裝〔八〕，暫與園田疏。眇眇孤舟逝〔九〕，綿綿歸思紆〔一〇〕。我行豈不遥，登降千里餘〔一一〕。目倦川塗異〔一二〕，心念山澤居。望雲慚高鳥，臨水愧游魚〔一三〕。真想初在襟〔一四〕，誰謂形迹拘。聊且憑化遷〔一五〕，終返班生廬〔一六〕。

【校記】

經曲阿作　各本無「作」字。陶本從文選。又，此詩曾本編在庚子歲五月中從都還阻風於規林二首後。

常晏如　「常」，曾本、汲古閣本云，一作「恒」。

冥會　「冥」，曾本、汲古閣本云，一作「宜」，又作「且」。文選作「宜」。按，作「冥」是，「宜」乃形訛，參見注〔六〕。

宛轡　陶本原校：「各本作『婉孌』。此從文選作『宛轡』。」曾本、蘇寫本、李本、汲古閣本皆作「婉孌」。曾本云，一作「踠轡」。汲古閣本同。

晨裝　「裝」，陶本原校：「文選作『旅』。」

園田　曾本、汲古閣本云，一作「田園」。

孤舟逝　「逝」，文選作「遊」。胡克家文選考異云：「逝，往也，遊但傳寫之誤。」按，作「逝」是。

登降　「降」，陶本原校：「各本作『陟』。此從文選。」曾本、汲古閣本作「陟」，云，一作「降」。按，登降、登陟於義皆通，參見注〔一〕。

川塗異　曾本、汲古閣本云，一作「修塗永」。「川」，陶本原校：「文選作『修』。」

初在襟　曾本云，一作「在襟懷」。蘇寫本、汲古閣本同。

終返　「返」，陶本原作「反」。今據各本改。

【箋注】

〔一〕始作：指初就軍職。梁譜據顔誄「初辭州府三命」一語，謂「先生未嘗就州職也，本詩言

『始作』，正謂始仕耳」。按，「始作」義與「始仕」有別，王瑶釋「始作」爲「初就軍職」。其説是也。「始作鎮軍參軍」意謂初作鎮軍參軍，非謂始仕作鎮軍參軍。宋傳叙淵明仕宦經歷云，起爲州祭酒，復爲鎮軍、建威參軍。」可知淵明作鎮軍參軍在作州祭酒之後，非是「始仕」。鎮軍：鎮軍將軍之簡稱，指劉裕，參見【集説】。參軍：軍府之幕僚。曲阿：地名，在今江蘇丹陽，西晉屬毗陵郡，距京口東南數十里。世説新語言語劉孝標注引太康地記：「曲阿本名雲陽，秦始皇以有王氣，鑿北阬山以敗其勢，截其直道，使其阿曲，故曰曲阿也。吴還爲雲陽，今復名曲阿。」據詩中「眇眇孤舟逝」、「登降千里餘」等語，淵明此次赴京口，可能先走水路，後由陸路經曲阿。

〔二〕弱齡：指年輕時代。謝靈運辭禄賦：「荷賞延之渥恩，在弱齡而覃惠。」事外：謂人事之外。文選李善注：「晉中興書：簡文詔曰：『會稽王英秀玄虚，神栖事外。』」王胡之贈庾翼詩：「相望事外。」按，古直陶靖節年歲考證謂「弱齡」指二十歲，並證以飲酒詩其十六：「少年罕人事，游好在六經」及與子儼等疏「少學琴書，偶愛閒静」等語，以爲淵明二十歲時任州祭酒。其實，本篇「弱齡寄事外」以下四句與飲酒詩其十六、與子儼等疏及歸園田居其一「少無適俗韻，性本愛丘山」等語，均追憶從前閒居時宅心事外。「弱齡」泛指青少年時期，不能遽定爲即二十歲。例如陶淵明撰五孝傳中的庶人孝傳贊，記孝子殷陶年十二，「孝於其親，而智勇並彰乎弱齡」，則十二歲亦屬「弱齡」。朱自清陶淵明年譜中之問題稱古氏釋「弱年」「似亦太鑿」，其説是。此外，亦不可定此詩即作於「弱齡」。

〔三〕委懷：猶遺懷，寄懷。

〔四〕被褐：即披褐。褐，説文：「褐編枲衣，一曰粗衣。」老子七十章：「是以聖人被褐懷玉。」文選左思詠史詩：「被褐出閶闔，高步追許由。」飲酒詩其十六：「披褐守長夜。」讀史述九章魯二儒：「被褐幽居。」

〔五〕屢空：指經常空匱貧乏。文選李善注：「論語先進：『回也其庶乎，屢空。』」吴師道吴禮部詩話：「五柳先生傳：『短褐穿結，簞瓢屢空。』何晏注論語，以空爲『虚無』，意本莊子，前儒多從之。朱子以回、賜屢空、貨殖對言，故以空匱釋之。今此以『被褐』對『屢空』。又飲酒第十二首：『顔生稱爲仁，榮公言有道，屢空不獲年，長飢至於老。』以『屢空』對『長飢』，朱子之意正與之合。」晏如：漢書卷一四諸侯王表：「高后女主攝位，而海内晏如。」顔師古注：「晏如，安然也。」

〔六〕時來：文選盧諶答魏子悌詩：「遇蒙時來會，聊齊朝彦迹。」李善注：「言富貴榮寵，時之暫來也。漢書：蒯通曰：『時乎時，不再來。』」晉書卷九九桓玄傳：「遇時來之會。」釋慧遠大智論鈔序：「若達開塞之有運，時來非有遇。」冥會：自然而來，不求自至。王胡之贈庾翼詩：「余與夫子，自然冥會。」康僧淵代答張君祖詩：「精靈感冥會，變化靡不經。」晉書卷八九涼武昭王傳：「非相期之所會，諒冥契而來同。」此二句正釋「冥會」之義。

〔七〕宛轡：文選李善注：「宛，屈也。言屈長往之駕於通衢之中。」「通衢喻仕路也。」按，因各本作婉孌，或疑淵明始作鎮軍參軍時曾攜家小赴任。然通考陶淵明集，淵明未曾攜家累赴職。

此說非。

〔八〕投策：棄杖。文選李善注：「七命曰：『夸父爲之投策。』」

〔九〕眇眇：楚辭九章悲回風：「路眇眇之默默。」洪興祖楚辭補注：「眇眇，遠也。」曹植九愁賦：「獨眇眇而泛舟。」

〔一〇〕紆：鬱結不解。文選張衡四愁詩：「何爲懷憂心煩紆。」李善注：「楚辭曰：『志紆鬱其難釋。』王逸曰：『紆，屈也。』」文選趙至與嵇茂齊書：「尋歷曲阻，沈思紆結。」

〔一一〕登降：蔡邕述行賦：「率陵阿以登降兮。」郭璞山海經圖讚巫咸：「採藥靈山，隨時登降。」一作登陟。登陟爲魏晉習語，陟即登也。世說新語栖逸：「許掾好游山水，而體便登陟。」謝惠連汎南湖至石帆詩：「登陟若跋涉。」

〔一二〕「目倦」句：言千里跋涉，山川異色，目亦爲之倦。吴淇六朝選詩定論卷十一：「此處見有使鎮軍之勢者，有畏鎮軍之威者，漸漸已成豐沛之勢矣，故以爲異也。」其說非。

〔一三〕「望雲」二句：文選李善注：「言魚鳥咸得其所，而己獨遺其性也。」郭遐周贈嵇康詩：「俯察淵魚游，仰觀雙鳥飛。厲翼太清中，徘徊於丹池。欽哉得其所，令我心獨違。」此六句可釋本篇「望雲」二句。

〔一四〕真想：指委運自然之思想。義同飲酒詩其五「此中有真意」之「真意」。

〔一五〕化遷：此指萬物變化。「聊且憑化遷」，即姑且委運任化之意，與前「時來苟冥會」句相應。

〔一六〕班生廬：文選李善注：「班固幽通賦：『終保己而貽則，里上仁之所廬。』」

【集説】

此詩題中的鎮軍將軍是誰？歷來有兩説：一曰劉裕，一曰劉牢之。前説始自李善注：「臧榮緒晉書曰：宋武帝行鎮軍將軍。」繼有馬端臨文獻通考：「裕起兵討桓玄，誅之，爲鎮軍將軍，淵明參其軍事。未幾，遷建威參軍，見裕有異志，乃求爲彭澤令。」葉夢得亦疑淵明曾仕劉裕（見吴譜隆安五年條下引）。吴譜始疑淵明非從劉裕：「按裕元興元年爲建威參軍，三年行鎮軍將軍，與此先後歲月不合，先生亦豈從裕辟者？善注引用，非是。」方東樹昭昧詹言卷四以爲此鎮軍既非劉裕，亦非桓玄。後説始自陶考：「考晉書百官志，有左右前後軍將軍，左右前後四軍爲鎮衛軍。王恭、劉牢之皆爲前將軍正鎮衛軍，即省文曰鎮軍，亦奚不可。」「今爲反復推尋，先生始作參軍，實在己亥，鎮軍實爲牢之。」梁譜亦謂鎮軍乃劉牢之：「然元興三年，先生實參劉敬宣之建威將軍幕，而庚子、辛丑間先生在鎮軍幕時，劉裕亦僅官參軍，則此鎮軍非裕甚明。」「考其時鎮京口者，自太元十五年庚寅至隆安二年戊戌九月爲王恭，自戊戌九月至元興元年壬寅三月爲劉牢之。先生庚子、辛丑兩年皆在鎮軍幕，則主將必牢之無疑。」「然何以解於鎮軍之名，考是時牢之軍號，爲鎮北將軍。鎮軍或鎮北之譌耳。」古譜同陶考、梁譜。朱自清陶淵明年譜中之問題辨析諸家之説，尤力駁陶考之誤：「東晉爲鎮軍將軍者，郗愔以後，至裕始見此號，其時又在乙巳（四〇五）淵明棄官之前，則淵明之仕裕，豈不信而有徵耶？」「陶澍靖節先生爲鎮軍建威參軍辨以隆安三年己亥（三九九）至義熙元年乙巳（四〇五），當還舊居詩之『六載』。謂其所以知參軍不始庚子（四〇〇）而始己亥者，以庚子從都還詩有『久游戀所生』及『一欣侍温顔，再喜見友于』等語，若其年始出，五月即還，是離家不過數旬，安得云『久游』，而一再欣喜若渴耶？時劉牢之以鎮北將軍開府鎮京口。其不稱『鎮北』而稱『鎮軍』者，晉書王恭傳載都督以『北』爲號者累有不祥，恭表讓軍號（平北將軍）而實惡其名。牢之正當恭之後，而『鎮北』適有時忌；淵明爲其僚佐，不稱『鎮北』而稱『鎮軍』，正禮所謂從俗從宜云云。然據晉書安帝紀，牢之爲鎮北將軍，實在隆安四年庚子（四〇〇）。陶考於是改定其説，謂己亥牢之爲前將軍，東討孫恩於會稽，淵明從之。而晉書職官志有左右前後軍將軍，左右前後四軍爲鎮衛軍。牢之爲前將軍，正鎮衛軍，即省文曰『鎮軍』，亦奚不可云云。……按是年牢之爲前將軍，討孫恩，見宋書武帝紀。晉書安帝紀作輔國將軍；次年始以前將軍爲鎮北將軍。吴士鑑、劉承幹晉書斠註十引丁國鈞晉書校文一云：『以牢之傳考之，則進號前將軍在破孫恩後，此紀所書官號爲得其實，宋書誤。』然則己亥（三九九）牢之不爲前將軍矣。抑『左右前後四軍爲鎮衛軍』一語亦誤。按晉書職官志『五校』條下有云『後省左軍右軍前軍後軍爲鎮衛軍』，意即省併爲一軍；陶考引此，截去『後省』二字，義便大異。」

按，朱説可取。茲鈎稽有關史料，以證其説。一、東晉孝武帝太元年間作鎮軍將軍者有郗愔、王藴、王薈，此三人作鎮軍時，淵明尚年輕，不可能參其軍事。二、晉書卷一〇安帝紀載：隆安三年(三九九)十一月，孫恩陷會稽，「遣衛將軍謝琰、輔國將軍劉牢之逆擊，走之」。許嵩建康實録卷一〇亦載，隆安三年十一月劉牢之爲輔國將軍。宋書卷一武帝紀則稱其時劉牢之爲前將軍。考晉書卷八四劉牢之傳，牢之與謝琰擊賊屢勝，「進拜前將軍，都督吴郡諸軍事」。牢之還鎮京口，孫恩復入會稽，「牢之進號鎮北將軍」。晉書卷一〇安帝紀載，隆安四年十一月「前將軍劉牢之爲鎮北將軍」。綜上可知，隆安三年十一月時，劉牢之實爲輔國將軍，破孫恩後才進號前將軍，其時必在隆安四年(四〇〇)。陶考沿宋書武帝紀致誤。即如陶考和古譜，亦無鎮衛軍省稱「鎮軍」之理，因爲既然鎮軍將軍省稱「鎮軍」，豈又有鎮北將軍或鎮衛軍省稱「鎮軍」？凡此，益證陶考之誤。三、晉書卷一〇安帝紀：元興三年(四〇四)三月，「壬戌，桓玄司徒王謐推劉裕行鎮軍將軍，徐州刺史，都督揚、徐、兖、豫、青、冀、幽、并八州諸軍事，假節」。宋書卷一武帝紀則謂元興三年，推劉裕爲「領軍將軍」。宋書卷一校勘記云：「太平御覽一二八引徐爰宋書、魏書島夷劉裕傳、建康實録並作『鎮軍將軍』。宋彪宋書考論云：『領軍與都督刺史異職，晉書及宋本紀同卷後進位侍中詔皆作「鎮軍將軍」，則都督刺史高號也。』當從之。」又，晉安帝反正後，殷仲文抗表自解，稱「鎮軍臣裕，匡復社稷」(見文選殷仲文解尚書表)。據此，劉裕於元興三年三月任鎮軍將軍確鑿無疑。四、宋書卷一武帝紀載，元興三年四月，桓玄西逃，劉裕衆軍進據尋陽，都督江州諸軍事。晉書卷一〇安帝紀載，元興三年五月，督護馮遷斬桓玄於貊盤洲。淵明入鎮軍將軍劉裕幕府，最有可能在元興三年四五月間。不久，即有公事東下赴京口。從隆安五年(四〇一)冬母孟氏卒居憂在家，約二年半時間，至此復出。或據服闋三年之古義，以爲淵明不可能作劉裕參軍。此又不然也。據晉書卷二一禮志下，太元十八年太常車胤上書，武陵王和梁王所生母喪，均依詔服大功九月，「古禮今制，並無居廬三年之文」。可見喪禮已不完全遵循古制。又，戴謐喪遇閏月議引春秋傳曰：「三年之喪，其實二十五月。」（通典一百）所以，淵明復出爲劉裕參軍，繼而又爲劉敬宣建威參軍，實與禮制無礙。五、除劉裕、劉牢之二説外，清人周濟謂鎮軍將軍指武陵王遵。其晉略「彙傳七隱逸」謂淵明「隆安四年爲武陵王遵鎮軍參軍，移家東下，父喪去位」。考晉書卷六四司馬遵傳，元興三年二月劉裕等舉義旗後，遵總攝萬機，加侍中、大將軍，移入東宮。義熙元年（四○五）三月安帝反正，更拜太保。許嵩建康實録卷一一亦載：元興三年「夏四月戊子，帝推晉武陵王遵爲大將軍，承制，居東宮」。可證武陵王遵從未任過鎮軍將軍之職。包世臣藝舟雙楫卷一書韓文公下篇譏周濟「説尤鑿空」。誠然。又，周濟謂淵明隆安四年「移家東下」，乃沿吴譜「挈家居京師」之説。「父喪去位」云云更不足辨。淵明父早喪，命子詩已言及。

【集評】

羅大經鶴林玉露卷五：「士豈能長守山林，長親蓑笠，但居市朝軒冕時，要使山林蓑笠之念不忘，乃爲勝耳。淵明赴鎮軍參軍詩曰：『望雲慚高鳥，臨水愧游魚。真想初在襟，誰謂形迹拘。』似此胸襟，豈爲外榮所點染哉！」

徐師曾詩體明辨卷一引王元美曰：「此詩以見潛之出非本心。」

温汝能陶詩彙評卷三：「孔明初出茅廬，便有歸耕南陽之想；淵明始作參軍，便有終返故廬之志，其胸懷一而已。至於一返一不返，時勢不同，所遭各異也。」

庚子歲五月中從都還阻風於規林二首〔一〕

行行循歸路，計日望舊居。一欣侍温顏〔二〕，再喜見友于〔三〕。鼓棹路崎曲，指景限西隅〔四〕。江山豈不險，歸子念前塗。凱風負我心〔五〕，戢枻守窮湖。高莽眇無界〔六〕，夏木獨森疏〔七〕。誰言客舟遠，近瞻百里餘。延目識南嶺〔八〕，空歎將焉如〔九〕。

【校記】

庚子歲五月中從都還阻風於規林二首　陶本無「二首」二字，云，李本有「二首」二字。今據補。此詩曾本編在始作鎮軍參軍經曲阿作詩之前。

温顏　「顏」，陶本原校：「各本作『顏』，何校宣和本作『清』。」曾本云，一作「清」。蘇寫本、汲古閣本同。

西隅　「西」，曾本云，一作「四」。蘇寫本、汲古閣本同。按，作「西」是，參見注〔四〕。

戢枻　「枻」，曾本、汲古閣本云，一作「世」。按，作「枻」是。

識南嶺　「識」，曾本云，一作「城」。蘇寫本、汲古閣本同。按，作「識」是，「城」乃形訛。

【箋注】

〔一〕庚子歲：晉安帝隆安四年（四〇〇）。時淵明爲桓玄僚佐，因公務從京都建康還江陵，塗經尋陽省親，爲大風阻於規林。至于淵明因何事在都，又緣何從都還，前人有異説。王譜謂此詩「當是參鎮軍，銜命自京都上江陵，故在始作鎮軍參軍經曲阿詩後」。以爲淵明作鎮軍參軍，奉命從京都使江陵。吴譜謂淵明於庚子歲作鎮軍參軍，至五月，「乃挈家居京師」，並以還舊居詩「疇昔家上京」之句證其説。然淵明爲何就辟鎮軍參軍之初不挈家赴京，而在不數月後從都還柴桑挈家居京師？且本詩其一云：「一欣侍温顔，再喜見友于。」其二云：「久遊戀所生，如何淹在兹。」細審詩意，淵明家住柴桑，故吴譜挈家之説實不可信。陶考以爲此時淵明在京口作劉牢之鎮軍參軍，「庚子五月，請假回里，塗必由建康，故有從都還阻風規林詩，懷所生而念友于，遂留潯陽踰年」。朱自清陶淵明年譜中之問題則稱「淵明何以在都，其事難知」。逯繫年以爲陶之奉使爲桓玄上疏請討孫恩。以上諸説，以逯説較勝。據晉書卷一〇安帝紀，隆安三年（三九九）十一月，孫恩陷會稽。隆安四年（四〇〇）四月，孫恩犯浹口。又據晉書卷九九桓玄傳：「屢上疏求討孫恩，詔輒不許。其後恩逼京師，玄建牙聚衆，外託勤王，實欲觀釁而進，復上疏請討之。」疑淵明或許於隆安四年爲桓玄上疏入都；事畢，還尋陽省親，阻風於規林。規林：古地名，在今安徽宿松縣境内。宿松縣志卷末「補遺」：「規林後爲規林司，今歸林灘廢司故址，縣南一百里外，屬歸林莊，晉彭澤宰陶潛遺跡在。」

〔一〕温顔：指生母。王譜謂淵明父在柴桑，故云「一欣侍温顔」，又云「久遊戀所生」。意謂「温顔」指淵明父。又楊恪年譜：「公年二十九爲祭酒，時親老家貧，公母固無恙，而祭妹程氏文乃有『慈妣早世，我年二六』等語，大相牴牾。皆公奉繼母歟？」蓋楊恪不悟「慈妣早世」之慈妣乃「慈考」之誤，以致懷疑「温顔」爲繼母。作於此詩之前的命子詩已稱其父爲「仁考」，則此詩之「温顔」必爲淵明生母無疑。所謂淵明父或繼母之疑皆非。

〔二〕友于：謂兄弟。書君陳：「友于兄弟。」

〔四〕指景：潘岳寡婦賦：「獨指景而心誓兮，雖形存而志隕。」文選謝靈運九日從宋公戲馬臺集送孔令詩：「弭棹薄枉渚，指景待樂闋。」李善注：「指景，指日也。」限：説文：「限，阻也。」引申爲「滯留」。

〔五〕凱風：爾雅釋天：「南風謂之凱風。」詩邶風凱風：「凱風自南，吹彼棘心。」吴注：「此詩爲歸省而作，急於到家，偏爲風阻。此則風不由人，故曰『凱風負我心』。」一説指母恩。陶注：「此先生歸省孟夫人也。先生孟府君傳云：『淵明先親，君之第四女，凱風寒泉之思，實鍾其心。』」方宗誠陶詩真詮：「觀淵明此詩及孟府君傳，所用『凱風』皆指母言。」按，此説襲漢儒關於凱風詩之解釋，意爲母恩在心，非是。

〔六〕高莽：高高的野草。方言十：「莽，草也，南楚曰莽。」眇：遠。

〔七〕森疏：樹木茂密扶疏貌。謝靈運山居賦：「猗蔚溪澗，森疎崖巘。」

〔八〕南嶺：廬山中一高峰。慧遠廬山記略：「其山大嶺凡有七重，圓基周回，垂五百里。……其南嶺臨宫亭湖，下有神廟，即以宫亭爲號。」「自託此山二十三載，再踐石門，四遊南嶺。」酈道元水經注廬江水：「南嶺即彭澤西天子鄣也。峰磴險峻，人迹罕至。」據上可知，南嶺是廬山南部一險峰，東臨鄱陽湖。

〔九〕焉如：何往。參見歸園田居詩其四注。

自古歎行役〔一〕，我今始知之！山川一何曠〔二〕，巽坎難與期〔三〕。崩浪聒天響〔四〕，長風無息時。久遊戀所生〔五〕，如何淹在兹〔六〕。静念園林好，人間良可辭。當年詎有幾〔七〕，縱心復何疑〔八〕。

【箋注】

〔一〕行役：謂因公務在外跋涉。詩魏風陟岵：「嗟，予子行役，夙夜無已。」

〔二〕「山川」句：陸雲爲顧彦先贈婦往返詩：「山海一何曠。」曠，廣廓。

〔三〕巽坎：指風水。易説卦：「巽爲木，爲風。」「坎爲水，爲溝瀆。」難與期：難與約定。阮籍詠懷詩：「揖讓長離别，飄颻難與期。」「巽坎難與期」，猶言風波難預料也。

〔四〕聒天：震天。

〔五〕「久遊」句：漢樂府長歌行：「遊子戀所生。」所生，指淵明母孟氏。

〔六〕「如何」句：王粲七哀詩：「何爲久留兹。」

〔七〕當年：壯年。墨子非樂上：「將必使當年，因其耳目之聰明，股肱之畢强，聲之和調，眉之轉朴。」孫詒讓閒詁：「王云：『當年，壯年也。』當有盛壯之義。」

〔八〕縱心：謂放任情懷。古注：「張衡歸田賦：『苟縱心於物外，焉知榮辱之所如。』」又，嵇康贈兄秀才入軍詩：「貴在肆志，縱心無悔。」

【集評】

吴瞻泰陶詩彙注卷三引趙泉山曰：「二詩皆直叙歸省意。」

何孟春注陶靖節集卷三：「朱熹嘗書此詩與一士子云：能參得此一詩透，則今日所謂舉業，與夫他日所謂功名富貴者，皆不必經心可也。」

黄文焕陶詩析義卷三：「不決辭人間，則他日又將復出矣！嗜得妙，園林何嘗非人間，然較之朝市，則天上也，非人間也。」

辛丑歲七月赴假還江陵夜行塗口〔一〕

閒居三十載〔二〕，遂與塵事冥。詩書敦宿好〔三〕，林園無世情。如何捨此去，遥遥至南荆。叩枻新秋月，臨流别友生〔四〕。涼風起將夕〔五〕，夜景湛虚明。昭昭天宇濶〔六〕，皛皛川上平〔七〕。懷役不遑寐，中宵尚孤征。商歌非吾事〔八〕，依依在耦耕〔九〕。投冠旋舊墟〔一〇〕，不爲好爵縈〔一一〕。養真衡茅下〔一二〕，庶以善自名〔一三〕。

【校記】

塗口　陶本原校：「各本作『塗中』。此從文選李善注。」按，作「塗口」是，參見注〔一〕。

遂與　「遂」，曾本、汲古閣本云，一作「遠」。

世情　陶本原校：「各本作『俗情』。此從文選。」「世」，曾本、汲古閣本作「俗」，云，一作「世」。按，李善注：「纏子：董無心曰：『無心，鄙人也，不識世情。』」祭從弟敬遠文：「心遺得失，情不依世。」蓮傳慧遠法師傳：「師以世情難割。」作「世情」較勝。

南荆　「南」，陶本從文選作「西」。陶本原校：「李善注：『西荆州也，時京都在東，故謂荆州爲西也。』各本作『南』，非。」按，文選嵇康琴賦：「進南荆，發西秦。」夏侯湛離親詠：「剖符兮南荆，辭親兮遐征。」曹攄贈王弘遠詩：「採石他山，攻璞南荆。」謝靈運撰征賦：「鄭憑威於南荆。」可見晉宋時仍稱荆州爲南荆，故作「南荆」是，今據改。

新秋月　六臣本文選作「親月船」。

别友生　「别」，曾本、汲古閣本云，一作「引」。

尚孤征　「尚孤」，曾本、汲古閣本云，一作「向南」。

舊墟　「墟」，曾本云，一作「廬」。蘇寫本、汲古閣本同。

好爵縈　「縈」，文選作「榮」。

【箋注】

〔一〕辛丑歲：晉安帝隆安五年（四〇一）。是年，淵明已爲桓玄僚佐。此事前人有異説，今從朱自清説。參見【集説】。赴假還江陵：陶考：「意必以事使江陵，路出潯陽，事畢，便道請假歸視。其辭簡，猶曰『赴假還自江陵』云爾。」按，陶考增一「自」字，意謂自江陵還尋陽，并以赴假爲假歸。其説不確。詩云「如何捨此去，遥遥至南荆」，「懷役不遑寐，中宵尚孤征」。明是由尋陽往江陵。赴假，謂銷假赴職。還，指假還。晉書卷九二顧愷之傳：「仲堪在荆州，愷之嘗因假還，仲堪特以布帆借之。至破冢，遭風大敗。愷之與仲堪牋曰：『地名破冢，真破冢而出。行人安穩，布帆無恙。』還至荆州，人問以會稽山川之狀。」世説新語自新「陸機赴假還洛」之「還」，亦指假滿由吴還洛。古譜釋赴假爲「急假」，曰：「『假』與『赴假』，其間有别。『假』，常假。晉書：『徐邈並吏假還』，是其例。『赴假』，急假。世説：『陸機赴假還洛』，是其例。」朱自清陶淵明年譜中之問題駁古直云：「此文見自新篇，云：『陸機赴假還洛，輜重甚盛。』此寧類『急假』耶！抑機吴人，若云假還，何得向洛耶！足知『赴假』當即今言銷假意；淵明正是銷假赴官，乃有『投冠』、『養真』等語耳。」按，朱説是。詩題辛丑歲七月赴假還江陵夜行塗口，意謂辛丑歲七月假滿，由尋陽赴江陵任職，夜行至塗口作此詩。至於該年何月回尋陽休假及在家時日，已不可考矣。塗口：在今湖北安陸縣。李善注引江圖：「自沙陽縣下流一百一十里至赤圻，赤圻二十里至塗口也。」輿地紀勝卷六六鄂州塗口下注云：「在江夏南，水路五十里，一名金口，陶潛有塗口詩。」

〔二〕閒居：後漢書卷三四梁竦傳：「大丈夫居世，生當封侯，死當廟食。如其不然，閒居可以養志，詩書足以自娛，州郡之職，徒勞人耳。」文選曹植雜詩：「閒居非吾志，甘心赴國憂。」按，陶詩數用「閒居」一詞，其義皆與仕宦相對。如飲酒詩其十：「恐此非名計，息駕歸閒居。」詠貧士詩其一：「閒居非陳厄，竊有慍見言。」述酒詩：「朱公練九齒，閒居離世紛。」雜詩其十：「閒居執蕩志，時駛不可稽。」扇上畫贊：「英哉諸子，稱疾閒居。」三十載：李注：「是時，淵明年三十七，中間除癸巳爲州祭酒，乙未距庚子參鎮軍事，三十載家居矣。」梁譜主淵明得年五十六歲説，舉凡八證，第五證即本詩「閒居三十載」一語，謂「是年正三十歲也。辛酉年先生五十歲，既有詩題及詩句爲證，實爲無上權威之資料，而逆溯至辛丑，正三十歲」。古譜主淵明得年五十二歲説，故云「計其閒居止有二十載耳，三十當爲二十之誤也，二三形近易誤」。逯繫年太元十八年癸巳條下云：「陶本年二十九歲，住上京閒居，爲州祭酒，少日自解歸。至三十五歲始爲桓玄幕僚，其間賦閒六年，故三十七歲所寫辛丑歲七月赴假還江陵夜行塗口云：『閒居三十載，遂與塵事冥。』十字當是二字之訛。三二，六年，與陶事迹合。若作三十，第一，陶年三十七，而曰三十載與塵事冥，則七歲時已絶塵緣，不合理。第二，陶二十九歲作祭酒，距三十七僅八年，亦不符三十之數。」按，梁、古、逯三説皆非。依梁譜，安帝隆安二年戊戌（三九八），淵明二十七歲，始作鎮軍參軍，至隆安五年辛丑（四〇一）淵明三十歲時，已在軍幕首尾四年。「閒居」之義既與仕宦相對，則梁氏「三十載正三十歲」之説便與其「二十七歲已就軍職」的結論相矛盾，也可證明辛丑歲淵明必不止三十歲。至于古譜，與淵明生平牴牾之處甚多，故常改字以證己説，更不足論。各本皆作「三十載」，並無異文。逯注亦近妄改。其實，三十載是約言初仕江州祭酒前閒居時日之久，並不是實數。又，朱自清陶淵明年譜中之問題云：「『閒居』而從落地計之，殊嫌未安也。」若以「三十載」爲約數釋之，則朱氏疑問亦可解決。

〔三〕「詩書」句：文選李善注：「左氏傳：趙襄曰：『郄穀悦禮樂而敦詩書。』」又，蔡邕郭有道碑：「禮樂是悦，詩書是敦。」三國志吴書陸績傳：「幼敦詩書。」敦，易艮：「敦艮，吉。」孔穎達疏：「敦，厚也。」

〔四〕友生：朋友。詩小雅常棣：「雖有兄弟，不如友生。」成公綏嘯賦：「于是延友生，集同好。」

〔五〕「涼風」句：文選王粲從軍詩：「日夕涼風發。」

〔六〕昭昭：楚辭九歌雲中君：「靈連蜷兮既留，爛昭昭兮未央。」王逸注：「昭昭，明也。」

〔七〕皛皛：文選李善注：「説文：通白曰皛皛，皛皛，明也。」

〔八〕商歌：淮南子道應訓：甯戚困窮，欲干齊桓公，「飯牛車下，望桓公而悲，擊牛角而疾商歌」。此以商歌喻干禄。

〔九〕依依：思慕貌。王珉祭徐聘士文：「係佇靈宇，乃情依依。」耦耕：兩人並肩而耕。論語微子：「長沮、桀溺耦而耕。」

〔一〇〕投冠：猶掛冠，喻棄官。舊墟：謂故鄉。

〔一一〕好爵：高官厚禄。文選李善注：「易：『我有好爵，吾與爾縻之。』」縻：牽掛。逯注：「晉書夏侯湛傳：『好爵見縻。』」

〔一二〕養真：謂涵養其本真之性。文選李善注：「曹子建辨問曰：『君子隱居以養真也。』」又，夏侯湛抵疑：「玄白沖虛，仡爾養真。」按，真即自然，爲道家最重要的觀念。莊子漁父：「真者，所以受於天也，自然不可易也。故聖人法天貴真，不拘於俗。」莊子應帝王：「其知情信，其德甚真。」

〔一三〕庶：庶幾，差不多。論語先進：「子曰：回也，其庶乎。」善自名：謂善于保持自己的名聲，非指以善爲名。善乃「善于」之善，非「盡善盡美」之善。

【集説】

淵明是否仕桓玄？前人説法不一。吴譜引葉夢得云：「淵明隆安庚子從都還，明年赴假還江陵。荆州刺史自隆安三年桓玄襲殺殷仲堪，即代其任，至於篡未别授人。淵明之行在五年，豈嘗仕於玄耶？」葉疑淵明曾仕桓玄。吴譜不同意葉説，謂淵明未嘗居江陵，故未仕於玄。陶考謂淵明於隆安三年己亥（三九九）爲劉牢之鎮軍參軍，第二年隆安四年庚子（四〇〇）五月，由京口請假回里，路經建康，故有從都還阻風於規林詩，故淵明未曾仕桓玄。朱自清陶淵明年譜中之問題謂「淵明固嘗仕玄，蓋無庸諱，惟所仕何官則不可知矣」。按，考晉書卷一〇安帝紀、資治通鑑，隆安二年戊戌（三九八）十月，殷仲堪等盟於尋陽，推桓玄爲盟主。隆安三年己亥十二月，桓玄襲殺荆州刺史殷仲堪。隆安四年庚子三月，桓玄「表求領荆、江二州。詔以玄爲都督荆、司、雍、秦、梁、益、寧七州諸軍事，荆州刺史」。「玄上疏固求江州，于是進玄督八州及揚、豫八郡諸軍事，復領江州刺史」。淵明既於隆安五年辛丑（四〇一）七月赴假還江陵，則其時爲桓玄僚佐當不容置疑。至于何時入玄幕府，則尚須探索。據庚子歲五月中從都還阻風於規林詩，可知淵明於隆安四年已爲桓玄奔走。該詩云「久遊戀所生」，則仕玄必在本年之前，方合「久遊」。隆安二年，淵明正值生子喪妻，不大可能入桓玄幕府。隆安三年末，桓玄襲殺殷仲堪，荆、江二州入玄之手。資治通鑑載，玄至江陵，「荆州人士無不詣玄」，頗有民望所歸之氣象。此時，淵明離喪妻已過一年，且淵明外祖父孟嘉生前受桓玄之父桓温賞識，當過他的參軍和長史，而淵明本人壯年亦有遠志，故極有可能於隆安三年十二月仕玄，開始繼江州祭酒之後的仕宦經歷。又按，陶考因不信淵明曾仕桓玄，又不解詩題「赴假還江陵」，故謂淵明去年庚子歲五月從都請假回里，遂留潯陽踰年，至今年辛丑歲正月遊斜川後，不久又入都免假，至七月有江陵之役，「自都往江陵，必由潯陽，故有赴假還江陵詩」。陶考前曰「赴假還自江陵」，此又曰由尋陽往江陵，立説混亂至極。陶考又疑淵明往江陵是

「奉詔止桓玄入都」。淵明此時作朝廷何官，而能奉詔止玄耶？朱自清稱其爲「不根之論」，宜哉。然古譜却信陶考之揣度，並進而謂其時「王事孔亟」，故詩題特著「夜行」二字；又謂陶氏田宅坟墓在江陵，兄弟宗族多留居，而母妹其時亦在彼地，「所以言還，示不忘本」云云。其説更不足信也。考晉書卷六六陶侃傳：侃於咸和七年（應是九年）六月疾篤，上表遜位曰：「臣父母舊葬，今在尋陽。」而侃墓在長沙縣南，未聞陶侃田宅坟墓在江陵。淵明程氏妹固在武昌，其母孟氏及宗族兄弟皆在尋陽，此由庚子歲五月中從都還阻風於規林詩可證。古氏解淵明江陵之行，與陶考同屬不根之論。

【集評】

蔣薰評陶淵明詩集卷三：「篇中澹然恬退，不露懟激，較之楚騷，有静躁之分。」

邱嘉穗東山草堂陶詩箋卷二：「此與上經曲阿、阻風二詩，皆作客思歸之意。公自謂性愛閒静，不慕榮利，於此詩起結數語，尤可想見。」

方宗誠陶詩真詮：「『詩書敦宿好，園林無世情』。『養真衡茅下，庶以善自名。』淵明念念不忘詩書，不忘善，與莊列之學不同。」

癸卯歲始春懷古田舍二首〔一〕

在昔聞南畝〔二〕，當年竟未踐〔三〕。屢空既有人，春興豈自免〔四〕。夙晨裝吾駕，啓塗情已緬〔五〕。鳥弄歡新節〔六〕，泠風送餘善〔七〕。寒竹被荒蹊，地爲罕人遠〔八〕。是以植杖翁〔九〕，悠然不復返。即理愧通識〔一〇〕，所保詎乃淺〔一一〕。

【校記】

癸卯歲始春懷古田舍二首　陶本無「二首」二字。陶本原校：「李本有『二首』字。」今據各本補。

鳥弄歡新節　曾本云，一作「鳥弄新節令」。又云，「令」，一作「泠」。汲古閣本同。

泠風送餘善　陶本原校：「焦、毛諸本云，一作『鳥弄新節令，風送餘寒善。』」曾本、汲古閣本云，一作「風送余寒善」。「泠」，曾本、李本、汲古閣本、湯本作「泠」。焦本作「泠風送餘善」，云，一作「風送餘寒善」。按，作「泠風送餘善」是，參見注〔七〕。

寒竹　「竹」，曾本云，一作「草」。湯本、汲古閣本同。蘇寫本作「草」，云，一作「竹」。

罕人　「罕」，曾本云，一作「幽」。蘇寫本、汲古閣本同。

乃淺　曾本云，一作「成淺」。蘇寫本、汲古閣本同。

【箋注】

〔一〕此詩作於晉安帝元興二年癸卯（四〇三）。王譜因有淵明居京師六年之説，故謂此詩是「自江陵歸柴桑，復適京都，宅憂居家，思湓城，故有懷古田舍」。並謂癸卯歲十二月中作與從弟敬遠詩亦作於京都，所謂「在都亦當是處野」。方東樹昭昧詹言卷四謂淵明此時：「猶爲鎮軍參軍，故曰懷也。每首中間，正寫田舍數語，末交代出古之兩人，而以已懷緯其事。惟未得歸，故作羨慕詠歎，所謂懷也。」其説與王譜相近，皆以爲在官懷古，非爲實寫。陶考駁王譜，謂淵明未嘗有挈眷居京師事，否定居京都思溢城之説，稱：「平疇良苗，即事多欣，乃田家實景，即寢跡衡門，邈與世絶，亦豈在京師語耶？」陶考是。梁譜因持淵明僑居江陵六年之説，故謂此詩是「在江陵懷柴桑之作」。其説亦非。按，隆安五年辛丑（四〇一）冬，淵明母喪離職，自江陵回尋陽居憂，至元興三年甲辰（四〇四），復出爲劉裕鎮軍參軍。這二首詩即作於居憂期間。詩云：「夙晨裝吾駕，啓塗情已緬。」「秉耒歡時務，解顏勸農人。平疇交遠風，良苗亦懷新。」「日入相與歸，壺漿勞近鄰。」皆實情實景，非虚擬懸想。又，吴譜誤解「在昔聞南畝，當年竟未踐」二句，以爲「此年方有事於田疇」。又據飲酒詩其十九「投耒去學仕」一語，斷定淵明「始踐南畝，決非癸卯歲」，集本作「癸卯」乃誤，將此詩繫於太元十六年辛卯條下。顧譜從吴譜，亦謂「癸卯」當作「辛卯」。其實，此詩「在昔」二句是説癸卯歲之前未曾耕種過「南畝」那塊土地，不能理解爲此年才開始農田勞作。且取校各本，「癸卯」二字並無異文。吴譜似是而非。懷古田舍：陶考：「古人文簡語倒，當是於田舍中懷古也。觀詩中稱顔子、丈人、先師可見。王氏似以舊居爲古，則於文爲不辭。」張玉穀古詩賞析卷一三謂「古田舍，舊田舍也」。其説亦本王譜。逯注則訓「懷」爲「來」，「懷古田舍」即「來古田舍，或回故田舍」。味其意似亦與王譜同，將舊居稱作故田舍。其實，田舍乃田中簡陋房舍，以便農事，無所謂古不古，不能與舊居等量齊觀。

〔二〕南畝：詩豳風七月：「饁彼南畝。」南畝本泛指農田，然此詩之「南畝」與歸園田居詩其一「開荒南畝際」之「南畝」同，當指淵明所有的某一處耕地。

〔三〕未踐：未到，指未嘗去耕種。

〔四〕春興：義同「春作」，謂春耕。

〔五〕緬：超遠。張華朽社賦：「意有緬然，輒爲之賦。」

〔六〕弄：也作「哢」，鳥鳴。陸機行思賦：「翳緑葉而弄音。」

〔七〕泠風：莊子逍遥遊：「夫列子御風而行，泠然善也。」莊子齊物論：「泠風則小和。」吕氏春秋任地：「子能使子之野盡爲泠風乎？」高誘注：「泠風，和風，所以成穀也。」謝靈運初往新安至桐廬口詩：「既及泠風善。」餘：豐富飽和之意，與和郭主簿詩其一「園蔬有餘滋」之「餘」字同義。

〔八〕「地爲」句：言土地因人迹罕至而變得偏遠。

〔九〕植杖翁：論語微子：「子路從而後，遇丈人以杖荷蓧。子路問曰：『子見夫子乎？』丈人曰：『四體不勤，五穀不分，孰爲夫子？』植其杖而芸。」

〔一〇〕即理：就事理的認識。即，詩衛風氓：「來即我謀。」鄭玄箋：「即，就也。」通識：謂通達有見識者。古注：「魏晉之際，所謂通字，從後論之，每不爲佳號。晉書傅玄傳：『魏文慕通達，而賤守節。』干寶晉紀總論：『行身者以放濁爲通，而賤守節。』世説新語德行篇注引王隱晉書：『露醜惡，同禽獸，甚者名之爲通，次者名之爲達。』陶公所謂通識，蓋即此流也，故云愧之也。」按，「通」、「通識」、「通達」等語，爲魏晉品題人物時所常用，如世説新語賞譽：「劉尹每稱王長史云：『性至通而自然有節。』」郭璞注山海經序：「足爲通識瑰儒。」王羲之遺謝萬書：「所謂通識，正自當隨事行藏，乃爲遠耳。」上述「通」或「通識」皆爲佳號。然亦有人以任達放濁、不顧行檢爲通達高遠。淵明「愧通識」，實含有不屑爲此輩「通識」之意。

〔一二〕「所保」句：莊子列禦寇：「善哉觀乎！女處己，人將保女矣。」郭象注：「保者，聚守之謂也。」淮南子氾論訓：「循性保真，無變於己。」張華招隱詩：「隱士託山林，遁世以保真。」孫楚樂毅贊：「棲遲一丘，以保皓素。」按，淵明所保，當是隱居保生、樂道保真之類，黄文焕陶詩析義卷三謂所保乃「節義身名」。不確。

【集評】

古詩歸卷九鍾惺曰：「幽生於樸，清出於老，高本於厚，逸原於細，此陶詩也。讀此等作，當自得之。」

吴瞻泰陶詩彙注卷三：「題曰懷古田舍，故二首俱是懷古之論。前首荷蓧丈人，次首沮、溺，皆田舍之可懷者也。古來唯孔、顏安貧樂道，不屑耕稼，然而邈不可追，則不如實踐隴畝之能保其真矣。篇中隱寓四古人，各相反照，悠然意遠，不唯章法低昂起伏，並可知古人鑄題之妙。」

先師有遺訓，憂道不憂貧〔一〕。瞻望邈難逮〔二〕，轉欲志長勤。秉耒歡時務〔三〕，解顏勸農人〔四〕。平疇交遠風，良苗亦懷新〔五〕。雖未量歲功〔六〕，即事多所欣〔七〕。耕種有時息，行者無問津〔八〕。日入相與歸，壺漿勞近鄰〔九〕。長吟掩柴門，聊爲隴畝民。

【校記】

遺訓　曾本、汲古閣本云，一作「成誥」。

瞻望　曾本、汲古閣本云，一作「仰瞻」。

志長勤　「志」，陶本原作「心」。陶本原校：「湯本、焦本作『患』。各本作『志』。」曾本、湯本、汲古閣本作「患」。曾本、汲古閣本云，一作「思」，又作「志」。蘇寫本作「思」。按，阮籍詠懷詩：「猗歟上世士，恬淡志安貧。」葛洪抱朴子金丹：「志欲投名山以修斯道。」榮木詩：「志彼不舍。」作「志」是。作「思」于義亦通，若作「患」，則與上下文義相乖，非是。陶本作「心」，未言所據，亦非。今據李本改。

歡時務　「歡」，曾本、汲古閣本云，一作「力」。蘇寫本作「力」。

耕種　「種」，曾本、汲古閣本云，一作「者」。蘇寫本作「者」，云，一作「種」。

日入　曾本、汲古閣本云，一作「田人」。按，擊壤歌：「日出而作，日入而息。」作「日入」是，「田人」乃形訛。

隴畝民　「民」，曾本、汲古閣本云，一作「人」。按，各本皆作「民」，「人」乃避諱字。

【箋注】

〔一〕「憂道」句：論語衛靈公：「君子謀道不謀食。耕也，餒在其中矣。學也，禄在其中矣。君子憂道不憂貧。」

〔二〕瞻望：仰望。棗嵩贈杜方叔詩：「瞻望弗及。」孫綽三日蘭亭詩序：「仰瞻羲唐，邈已遠矣。」

〔三〕秉：持也。耒：農具。時務：指應時農活，此謂春耕。丁注：「後漢書章帝紀：『方春東作，宜及時務。』」

〔四〕解顔：猶開顔。丁注：「列子黄帝篇：『自吾之事夫子，五年之後，夫子始得解顔而笑。』」又，羊徽答丘泉之詩：「俛胄時暇，解顔舒誠。」

〔五〕「平疇」二句：懷新，聞人琰古詩箋：「言其生意已盎然也。」蘇軾東坡題跋云：「非古之耦耕植杖者，不能道此語；非世之老農，不能識此語之妙。」沈德潛古詩源卷九：「昔人問詩經何句最佳，或答曰『楊柳依依』。此一時興到之言，然亦實是名句。倘有人問陶公何句最佳，愚答云：『平疇交遠風，良苗亦懷新。』亦一時興到也。」

〔六〕量：估量，預計。歲功：謂一年農事收穫。王符潛夫論愛日篇：「歲功既虧，天下豈無受其飢者乎？」宋書卷四二王弘傳：「宜早督田畯，以要歲功。」庚戌歲九月中於西田穫早稻詩：

「歲功聊可觀。」

〔七〕即事：猶接事。此指勞動時所見景物。五月旦作和戴主簿詩：「即事如已高。」

〔八〕問津：問路。津，渡口。論語微子：「長沮、桀溺耦而耕，使子路問津也。」

〔九〕壺漿：以壺盛漿。此指酒。孟子梁惠王下：「簞食壺酒，以迎王師。」晉書卷七一王鑒傳：「壺漿不贍。」

【集評】

劉履選詩補注卷五：「古人處畎畝之中，躬耕樂道，非若後世徒爲豐積者比。靖節自辛丑歲七月於鎮軍幕赴假還後，日以耕稼自樂。及賦此詩，乃以『懷古』名題，意有在矣。其言聖人憂道不憂貧，而我瞻望遠不易及者，蓋猶有飢餒之累，不免務爲農作，而轉欲忘其長勤也。然既能忘其勤勞，且耕且種，即事歡欣如此，其於憂貧也復何有哉！觀其日入而歸，壺漿相勞之後，而又長吟以掩柴門，則其氣象悠然，有非言語可得而形容者矣。」

黄文焕陶詩析義卷三引沃儀仲曰：「寄託原不在農，借此以保吾真。『聊爲隴畝民』，即簡兮『萬舞』之意，所謂醉翁意不在酒也。若無此意，便是一田舍翁，不復有所保矣，且曷云懷古。」

王夫之古詩評選卷四：「通首好詩，氣和理勻，亦靖節之僅遘也。『鳥弄歡新節，泠風送餘善』，自然佳句，不因排撰矣。陶此題凡二作，其一有云：『平疇交遠風，良苗亦懷新。』爲古今所共欣賞。『平疇交遠風』，信佳句矣！『良苗亦懷新』，乃生入語。杜陵得此，遂以無私之德，横被花鳥；不競之心，武斷流水。不知兩間景物關至極者，如其涯量亦何限，而以己所偏得非分相推，良苗有知，寧不笑人之曲訣哉！通人於詩，不言理而理自至，無所枉而已矣。」

癸卯歲十二月中作與從弟敬遠〔一〕

寢迹衡門下〔二〕，邈與世相絶。顧眄莫誰知，荆扉晝長閉〔三〕。淒淒歲暮風，翳翳經日雪〔四〕，傾耳無希聲，在目皓已潔〔五〕。勁氣侵襟袖，簞瓢謝屢設〔六〕，蕭索空宇中〔七〕，了無一可悦〔八〕！歷覽千載書，時時見遺烈〔九〕。高操非所攀，謬得固窮節〔一〇〕。平津苟不由〔一一〕，栖遲詎爲拙〔一二〕。寄意一言外，兹契誰能别〔一三〕。

【校記】

癸卯歲　湯本、李本無「歲」字。

顧眄　「眄」，曾本、湯本、李本、汲古閣本作「眄」。

荆扉晝長閉　曾本云，一作「荆門終日閑」。蘇寫本、汲古閣本同。按，閑與閉義同，參見注〔三〕。

淒淒　曾本、汲古閣本云，一作「慘慘」。

經日雪　「日」，曾本、湯本、汲古閣本云，一作「夕」。蘇寫本作「夕」。焦本作「夕」，云，一作

「日」，非。

皓已潔　「皓」，曾本、汲古閣本云，一作「浩」。「潔」，曾本、汲古閣本作「結」。李本云，「潔」或作「結」。焦本同。按，庾肅之雪贊：「皓雪其霏。」羊孚雪贊：「遇象能鮮，即潔成暉。」李顒雪賦：「不昧其潔。」作「皓」、「潔」是。

謬得　「謬」，陶本原校：「焦本云，宋本作『謬』，一作『深』，非。何校宣和本亦作『謬』。」各本皆作「深」。曾本、蘇寫本云，宋本作「謬」。汲古閣本云，一作「謬」。按，晉書卷九一范弘之傳：「下官輕微寒士，謬得廁在俎豆。」作「謬」是。

不由　「由」，曾本、汲古閣本云，一作「申」。按，作「由」是，參見注〔二〕。

【箋注】

〔一〕敬遠：淵明從弟。敬遠母與淵明母爲姊妹，皆孟嘉女。義熙七年（四一一）敬遠卒，淵明有祭從弟敬遠文。陶注引豫章書云：「孟嘉以二女妻陶侃子茂之二子，一生淵明，一生敬遠。」秀溪陶氏族譜謂孟嘉以二女妻陶回，生子三：「長曰注；次曰淵明；三曰敬遠，承繼胞弟延爲後。」然詩題明言，「從弟敬遠」，可見秀溪陶氏族譜不可信。參見本書附録三陶氏宗譜中之問題。又，潛山陶氏族譜謂陶茂長子陶定「生子曰進遠，居栗里」。定山陶氏宗譜謂陶茂三子陶實「生子敬遠，敬遠生絅，絅生九相公」。記載有異，未知孰是。丁注引程穆衡曰：「時先生居憂，敬遠與先生同居，其母與先生母又姊妹也。敬遠能甘貧遺世，讀書躬耕，稱先生同志。詩中所陳，蓋兩人共之，故作此以相貽美而慰之也。後此八年卒，而爲祭敬遠文曰：『每憶有秋，我將其刈。與汝偕行，舫舟同濟。三宿水濱，樂飲川界。』是先生躬耕，敬遠實與同志而相樂也。」

〔二〕寢迹：止迹，息迹。此指隱居。寢，漢書卷二二禮樂志：「漢典寢而不著。」顏師古注：「寢，息也。」

〔三〕「荆扉」句：顏延之贈王太常僧達詩：「側周幽人居，郊扉常晝閉。」按，此句與歸去來兮辭「門雖設而常關」句同意。

〔四〕翳翳：陰暗不明貌。曹毗霖雨詩：「翳翳四區昏。」歸去來兮辭：「景翳翳以將入。」

〔五〕「傾耳」二句：王念孫王文簡公遺文云：「無希聲當作希無聲。希無聲與皓已潔對文。希即無聲，皓即已潔，以希形容無聲，以皓形容已潔。老子：聽之不聞名曰希。河上公注：無聲曰希。」逯注：「按：顏延年贈王太常：『蓄寶每希聲，雖秘猶彰徹。』希聲已爲當時詩人常語。無即希聲，皓即已潔，不必倒文。」逯注是。釋慧遠遊廬山詩：「希聲奏羣籟，響出山溜滴。」此二句描繪暮雪之輕盈潔白，頗爲後人稱賞。如羅大經鶴林玉露卷五：「淵明雪詩云：『傾耳無希聲，在目皓已潔。』只十字，而雪之輕盈潔白盡在是矣，後來者莫能加也。」沈德潛古詩源卷八：「淵明詠雪，未嘗不刻劃，却不似後人黏滯。愚於漢人得二語，曰『前日風雪中，故人從此去』。於晉人得二語，曰『傾耳無希聲，在目皓已潔』。於宋人得一語，曰『明月照積雪』。爲千古詠雪之式。」按，世説新語言語記道壹道人經吳中遇雪，諸道人問在道所經。壹公曰：「風霜固所不論，乃先集其慘澹；郊邑正自飄瞥，林岫便已皓然。」「郊邑」二句可與淵明「傾耳」二句匹美。晉人真善詠雪也。

〔六〕簞瓢：論語雍也：「賢哉回也。一簞食，一瓢飲，在陋巷，人不堪其憂，回也不改其樂。」曹植大司馬曹休誄：「好彼蓬樞，甘此瓢簞。」謝：以辭相告曰謝。集韻：「謝，一曰告也。」

〔七〕空宇：空室。楚辭劉向九歎怨思：「閔空宇之孤子兮，哀枯楊之冤雛。」文選左思詠史詩：「寥寥空宇内，所講在玄虚。」

〔八〕了無：全無，竟無。晉人習語。嵇康答張遼叔釋難宅無吉凶攝生論：「了無日也。」陸雲與兄平原書：「然了無所識。」

〔九〕遺烈：遺業。漢書卷七三韋賢傳：「洋洋仲尼，視我遺烈。」顔師古注：「烈，業也。」文選左思詠史詩：「四賢豈不偉，遺烈見篇籍。」

〔一〇〕固窮：論語衛靈公：「君子固窮，小人窮斯濫矣。」

〔一一〕平津：坦塗，大道。此喻入仕門徑。晉書卷六六陶侃傳：「逵曰：『卿欲仕郡乎？』侃曰：『欲之，困于無津耳！』」一説平津指西漢平津侯公孫弘。李注：「漢元朔中，武帝詔封公孫弘爲平津侯。」據上下詩意，李注不確。由：循隨，遵從。文選王粲從軍詩：「蹊徑無所由。」

〔一二〕棲遲：游息。指隱居。詩陳風衡門：「衡門之下，可以棲遲。」漢書卷一〇〇叙傳上：「棲遲於一丘，則天下不易其樂。」詎爲拙：文選潘岳閒居賦序：「昔通人和長輿之論余也，固謂拙於用多。稱多則吾豈敢，言拙信而有徵。」淵明不以棲遲爲拙，與潘岳「拙於用多」之意同，蓋源于道家的「無爲無不爲」及「無用爲大用」之説。若進一步聯繫時局，則「栖遲詎爲拙」及前「謬得固窮節」云云，極有可能是有感而發。據晉書卷九九桓玄傳、晉書卷一〇安帝紀，元興元年壬寅（四〇二）二月，桓玄東下，攻陷京師，自爲侍中、丞相、録尚書事；又自稱太尉，總攬朝政，改元大亨。元興二年癸卯（四〇三）十二月三日，桓玄篡晉，稱楚，改元永始。貶晉安帝爲平固王，十二日，遷之尋陽。又，蓮傳慧遠法師傳載，桓玄篡晉，曾邀慧遠出山從俗，遭拒絶。凡此，淵明不會不知。陶必詮萸江詩話云：「是年十一月，桓玄稱帝。著眼年月，方知文字之外，所具甚多。」其説良是。

〔一三〕「寄意」二句：釋慧遠廬山出修行方便禪經統序：「冥契於昔，功在言外。」契，合也。此作「體會」、「領悟」解。古注：「言惟敬遠能明茲契也。」丁注：「一言，謂固窮也。」王叔岷云：「案莊子天道篇：『意之所隨者，不可以言傳也。』外物篇：『言者所以在意也，得意而忘言。』『一言』，似指『栖遲詎爲拙』句。」按，王説較深刻。此二句顯用魏晉玄學「得意忘言」之説。「一言」爲「栖遲詎爲拙」，言外之意乃在堅持不去，守志不移。而我之體悟，誰能辨之？言外之意是唯敬遠能知我也。

【集評】

黄文煥陶詩析義卷三：「無一可悦，俯首自歎。時見遺烈，昂首自命。非所攀，又俯首自遜。苟不由，又昂首自尊。章法如層波疊浪。」

陳祚明采菽堂古詩選卷十三：「起四句，一句一意，一意一轉，曲折盡致，全得子卿『骨肉緣枝葉』章法，而無揣摹之迹。」

延君壽老生常談：「『淒淒歲暮風，翳翳經日雪，傾耳無希聲，在目皓已潔』。自是詠雪名句。下接云『勁氣侵襟袖，簞瓢謝屢設』，接得沈著有力量。又云『高操非所攀，謬得固窮節。平津苟不由，棲遲詎爲拙』，想見作者之磊落光明，傲物自高。每聞人稱陶公恬淡，固也；然試想此等人物，如松柏之耐歲寒，其勁直之氣與有生俱來，安能不偶然流露於楮墨之間！」

乙巳歲三月爲建威參軍使都經錢溪〔一〕

我不踐斯境，歲月好已積〔二〕。晨夕看山川，事事悉如昔。微雨洗高林，清飇矯雲翮〔三〕。眷彼品物存，義風都未隔〔四〕。伊余何爲者，勉勵從茲役。一形似有制〔五〕，素襟不可易〔六〕。園田日夢想，安得久離析〔七〕。終懷在歸舟，諒哉宜霜柏〔八〕。

【校記】

義風　曾本、汲古閣本云，一作「在義」。

伊余　曾本云，一作「余亦」。湯本、汲古閣本同。

夢想　曾本、汲古閣本云，一作「想夢」。

離析　「析」，曾本云，一作「拆」。蘇寫本、湯本、汲古閣本同。焦本作「柝」。按，作「析」是，參見注〔七〕。

歸舟　「歸」，陶本原作「壑」。陶本原校：「從何校宣和本作『壑』。各本作『歸』，云，一作『壑』。」曾本、蘇寫本、湯本、汲古閣本云，一作「壑」。按，雜詩其五：「壑舟無須臾，引我不得住。」「壑舟」喻時光流逝。此若作「壑舟」，于義難通，當從各本作「歸舟」。

宜霜柏　「宜」，曾本云，一作「負」。蘇寫本、湯本、汲古閣本同。

【箋注】

〔一〕此詩作於晉安帝義熙元年乙巳（四〇五），時淵明爲建威將軍劉敬宣參軍。參見【集説】。錢溪：陶注：「胡三省通鑑注：新唐書地理志：『宣州南陵縣有梅根監錢官。』宋書：『陳慶軍至錢溪，軍于梅根。』蓋今之梅根港也。以有置錢監，故謂之錢溪。」

〔二〕好：甚，很。積：累積。宋書卷六三殷景仁傳：「日月頻積。」

〔三〕矯雲翮：高飛之鳥。文選揚雄解嘲：「矯翼厲翮。」矯，舉也。雲翮，雲中之高鳥。

〔四〕「眷彼」二句：品物，萬物。都，全。隔，絶。古注：「易乾彖傳：『雲行雨施，品物流形。』文言曰：『利物足以和義。』又曰：『知終始之可與存義也。』直案：『眷彼品物』二句，當本此義。『義風未隔』，即孔疏所謂『品類之物流布成形，各得亨通無所壅蔽也。』」王瑤、楊勇、王叔岷皆從古注。逯注：「二句是説喜愛此地人品事物還存在，正義風尚没有改變。」按，孔穎達疏易「雲行」二句曰：「言乾能用天之德，使雲氣流行，雨澤施布，故品類之物，流布成形，各得亨通，無所壅蔽。」疏易文言「利物」一句曰：「言君子利益萬物，使物各得其宜，足以和合於義，法天之利也。」此詩「品物」一句，確與周易有關；但「義風」一句，似與周易無關。考魏晉時「義風」一詞，皆指崇尚節義之風，例石崇大雅吟：「仁格宇宙，義風遐暢。」文選劉琨勸進表：「義風既暢，則遐方企踵。」晉書卷六七温嶠傳：「士稟義風，人感皇澤。」文選顏延年陽給事誄：「人知慕節，河汴之間有義風矣。」張銑注：「義風，節義之風也。」此詩中的「義風」，也指崇尚節義之風，而與易文言「利物足以和義」無涉。義熙元年三月間，晉安帝由荆州東還京師，桓玄餘黨基本被肅清，舊物得以光復，正是義風激揚之時，淵明雖心懷田園，但終究「士稟義風」，勉力爲王事奔波。故「義風都未隔」二句，可看作淵明對於時局的一種感受。

〔五〕「一形」句：形，形體。古注：「淮南子原道訓：『以神爲主者，形從而利；以形爲制者，神從而害。』又詮言訓：『有形而制於物。』」此句即歸去來兮辭「口腹自役」、「心爲形役」之意。

〔六〕素襟：本義爲無文飾之衣襟，後轉用以喻本心。文選王僧達答顏延年詩：「崇情符遠迹，清氣溢素襟。」李善注：「聲類曰：『襟，交領也。』」李周翰注：「素，本也。清淑之氣，自盈於本心。」

〔七〕離析：分離。論語季氏：「邦分崩離析，而不能守也。」王朗與鍾繇書：「曷爲一旦離析，以至於歸而不反乎？」謝靈運南樓中望所遲客詩：「路阻莫贈問，云何慰離析。」

〔八〕諒：善也，美也。霜柏：喻君子。論語子罕：「歲寒，然後知松柏之後凋也。」莊子德充符：「受命於地，唯松柏獨也，在冬夏青青。」此句贊美霜柏不凋，借以自勵。

【集説】

建威將軍爲何人？或曰劉懷肅，或曰劉敬宣，或曰劉裕。吴譜於義熙元年乙巳條下云：「三月，建威將軍劉懷肅討振，斬之，天子乃還京師。是年，懷肅以建威將軍爲江州刺史。先生實參建威軍事，從討逆黨於江陵。有使都經錢溪詩，蓋自江陵以使事如建業。」周濟晉略「彙傳七隱逸」亦謂淵明爲劉懷肅建威參軍。吴瞻泰陶詩彙注以爲建威將軍可能是劉敬宣：「考宋書懷肅傳，其年爲輔國將軍，無建威之説。惟晉書卷八四劉牢之傳云，劉敬宣與諸葛長民破桓歆於芍坡，遷建威將軍、江州刺史，鎮尋陽。宋書卷四七劉敬宣傳所載亦同，實安帝元興三年甲辰，則公爲敬宣建威參軍，未可知也。」陶考謂吴譜蓋據晉書，「然懷肅雖亦號建威將軍，而時爲淮南、歷陽二郡太守，非江州刺史。江州刺史則敬宣以建威將軍爲之，鎮尋陽，已先在甲辰三月，先生爲江州柴桑人，得佐本州戎幕，且素參牢之軍事，敬宣爲牢之子，與先生世好，其特辟先生，有由也」。斷定建威將軍爲劉敬宣。

按，劉懷肅任建威將軍，見晉書卷一〇安帝紀：義熙元年，「三月，桓振復襲江陵，荆州刺史司馬休之奔於襄陽。建威將軍劉懷肅討振，斬之。」資治通鑑卷一一四所載同。又晉書卷九九桓玄傳：「玄故將劉統、馮稚等聚黨四百人，襲破尋陽城，（劉）毅遣建威將軍劉懷肅討平之。」據資治通鑑，此事在元興三年五月。劉敬宣爲建威將軍、江州刺史，見晉書卷八四劉敬宣傳。宋書卷四七劉敬宣傳所載同。據上可知，劉懷肅任建威將軍一事僅見於晉書，宋書卷四七劉懷肅傳只説他於義熙元年爲輔國將軍。或晉書誤記也未可知。而劉敬宣爲建威將軍晉書、宋書記載一致，當無疑問。據資治通鑑卷一一三，劉敬宣爲江州刺史時在安帝元興三年（四〇四）四月。義熙元年三月，安帝反正，敬宣徵拜冠軍將軍、宣城内史，領襄城太守。其事見晉書卷八四劉敬宣傳。宋書本傳稱其「自表解職」。自元興三年四月至義熙元年三月，敬宣任建威將軍前後約一年。陶澍以爲淵明使都當是奉賀復位，或並爲劉敬宣上表求解職，古譜從之。朱自清陶淵明年譜中之問題稱「其説殊嫌過巧」，然亦未可排斥有此可能。又，建威將軍其人，除劉懷肅、劉敬宣外，還有劉裕之説。宋人牟巘陵陽集卷一九日詩序云：「陶公再爲建威參軍，劉裕幕府也。」按，劉裕爲建威將軍時在元興二年癸卯（四〇三）。元興三年（四〇四）二月，劉裕始舉兵討桓玄時爲建武將軍。事詳晉書卷一〇安帝紀。元興二年，淵明正母喪居憂在家，有癸卯歲始春懷古田舍詩及癸卯歲十二月中作與從弟敬遠詩爲證。牟巘之説誤。

關於淵明入建威幕府時間，大致有元興三年及義熙元年兩説。陶考主前説，梁譜、古譜同。逯繫年主後説。朱自清則曰「不可知」。按，元興三年三月，劉裕進號鎮軍將軍，淵明不久即入鎮軍幕府。其時，劉敬宣爲建威將軍。淵明不可能在作鎮軍參軍同時入建威幕府。考歸去來兮辭序叙家貧境況後云：「親故多勸余爲長吏，脱然有懷，求之靡途。會有四方之事，諸侯以惠愛爲德，家叔以余貧苦，遂見用於小邑。」文中「小邑」，當指江州刺史、建威將軍府尋陽。諸侯指劉敬宣。義熙元年三月，「會有四方之事」，即敬宣欲上表解職，淵明既爲陶侃之後，又曾爲劉裕參軍，且此時正「耕植不足以自給」，故敬宣特示以「惠愛」，辟爲參軍，遣其奉表使都。據此，淵明入建威幕府時間，以逯繫年較得其實。

還舊居〔一〕

疇昔家上京〔二〕，六載去還歸〔三〕。今日始復來，惻愴多所悲。阡陌不移舊，邑屋或時非。履歷周故居〔四〕，鄰老罕復遺。步步尋往迹，有處特依依〔五〕。流幻百年中〔六〕，寒暑日相推。常恐大化盡〔七〕，氣力不及衰〔八〕。撥置且莫念〔九〕，一觴聊可揮〔一〇〕。

【校記】

家上京　「家」，曾本云，一作「居」。蘇寫本、汲古閣本同。「上京」，陶本原校：「緑君亭本云，一作『上荆』。」

六載　「六」，曾本云，一作「十」。湯本、汲古閣本同。

特依依　「特」，曾本、汲古閣本云，一作「時」。

相推　「推」，曾本云，一作「追」。湯本、汲古閣本同。按，易繫辭下：「日往則月來，月往則日來。日月相推而歲成焉。寒往則暑來，暑往則寒來，寒暑相推而歲成焉。」文選陸機寡婦賦：「四節運而推移。」干寶山亡論：「故天有四時，日月相推，寒暑迭代，其轉運也。」推，推移，推遷。作「推」是。

撥置　「撥」，曾本云，一作「廢」。蘇寫本、湯本、汲古閣本同。按，作「撥」是。參見注〔九〕。

且莫　曾本云，一作「旦暮」。蘇寫本、汲古閣本同。

可揮　「可」，曾本、汲古閣本云，一作「一」。

【箋注】

〔一〕此詩作年很難確定。一說義熙元年（四〇五），一說義熙七年（四一一），一說義熙十三年（四一七），一說永初二年（四二一），一說永初三年（四二二）。據詩中「常恐大化盡，氣力不及衰」二句，疑作於淵明近五十歲時。今暫繫於義熙十三年丁巳（四一七），淵明年四十九歲。舊居：前人說法不一。一說在宜豐。樂史太平寰宇記引圖經云：「淵明始家宜豐，後徙柴桑。宜豐，今新昌也。」一說在九江府西南九十里柴桑山。樂史太平寰宇記卷一一一「江州德化縣」條云：「柴桑山近栗里原，陶潛此中人。」又云：「陶公舊宅在州西南五十里柴桑山。」明嘉靖九江府志云：「柴桑縣在郡西南九十里，土名楚城鄉。」一說在南康府城西七里玉京山，亦名上京。李注引南康志云：「近城五里地，名上京，亦有淵明故居。」桑喬廬山記事引名勝志云：「南康城西七里爲玉京山，亦名上京，有淵明故居，其詩曰『疇昔家上京』，即此。」陶考亦以爲上京山在廬山之南，面臨鄱陽湖，山有淵明舊居。一説在京師建康。鄧安生陶淵明還舊居詩及其事迹新探（以下簡稱新探）謂淵明曾寓居京師，此詩作於義熙元年乙巳歲三月奉劉敬宣之命使都以後，「舊居」即指昔日所居京師之宅。按，以上數説，考之史傳及淵明詩文，當以九江柴桑爲正，其舊居在九江府西南約二十里鶴問湖附近，今八里湖一帶。參見本書附録三陶氏宗譜中之問題。

〔二〕上京：尋陽城附近一地名，當在廬山之北。一説在廬山之南。朱子語録云：「廬山南有淵明故迹，曰上原，淵明集作京，今土人作荊。江中有一盤石，石上有痕，云淵明醉卧其上，名淵明醉石。」南康志、名勝志、吴師道吴禮部詩話皆謂上京在南康城西，距城不遠。然查慎行云：「朱子在南康與嘉彦書云：『前日出山，在上京坡遇雨，巾屐沾濕。』據此，則上京乃坡名也。」大明一統志五十二「南康府星子縣」條云：「玉京山，在府西七里，晉陶潛詩『疇昔家上京』，即此。」據上可見，自宋至明，上原、上京、上荊、上京坡、玉京山，説已各異。逯欽立陶淵明里居資料評述稱上京在山南之説不可信。其説良是。或謂「上京」指京師建康，同四言答龐參軍詩「作使上京」之「上京」。李長之以五點理由，推論「上京」指京師建康，淵明曾居京師無疑（詳見李長之陶淵明傳論，天津人民出版社，二〇〇七年）。鄧譜亦稱：「上京，京師也。舊譜或以爲地名，或以爲里居名，或以爲江陵，皆不足據。」並謂淵明寓居京師當在太元二十年乙未（三九五）。王譜、吴譜、毛晉並謂淵明家居京師六年。陶考已詳辨其非。按，李長之、鄧譜謂淵明曾寓居京師，或有此可能。蓋淵明早年有大志，且母老子幼，求仕以救貧；叔父陶夔又在京師作官，可以援助。但是否一定居京師六年之久，仍須進一步探索。若淵明確有寓居京師求仕之事，揆之事理，必居於市朝，不會居於鄉下，與鄰老爲伍。又李長之、鄧譜稱淵明寓居京師並不帶家眷。但太元二十年乙未（三九五）至隆安四年庚子（四〇〇）此六年中，次子俟、三子份、四子佚相繼出生。此又作何解？隆安二年（三九八），淵明三十歲，前妻亡。此時他在京師還是在柴桑？淵明既不以妻子自隨，則前妻必死在柴桑。淵明是否要從京師赴柴桑守喪？庚子歲五月中從都還阻風於歸林詩云：「行行循歸路，計日望舊居。一欣侍温顔，再喜見友于。」可知淵明舊居在柴桑，母孟夫人與妻小及兄弟皆在彼地。此詩中之「舊居」，當是還舊居詩中之「舊居」。若淵明確有寓居京師六年之事實，則淵明歷經生數子、喪妻等接踵而至的家庭變故，在時間和空間上都是難於應付的。又，梁譜據毛氏緑君亭本云「一作上荆」，稱「上京」乃後人附會，而「上荆」指荆州，淵明「家於荆州即江陵者六年」。其説一是根據辛丑歲七月赴假還江陵夜行塗口詩，謂詩題於江陵言「還」；二是根據祭程氏妹文「昔在江陵，重罹天罰」二句。按，梁譜實謬。辛丑歲淵明由江陵往尋陽休假，七月假滿還江陵。尋陽乃故居所在，江陵爲仕宦之處，豈可只注意「還江陵」三字而無視「赴假」二字？且詩云：「詩書敦夙好，園林無世情。如何捨此去，遥遥至南荆。」「投冠旋舊墟，不爲好爵縈。養真衡茅下，庶自善自名。」稍加體會，即知淵明家居尋陽。辛丑歲冬月陶母卒，淵明固然在江陵，但並非攜家居該地，其母實卒于柴桑，故隨即回尋陽居憂。依梁譜，安帝隆安二年戊戌（三九七）淵明作劉牢之鎮軍參軍，至元興二年癸卯（四〇三）自江陵還柴桑，首尾六年一直居江陵。然作鎮軍參軍，爲何移家江陵？此點連梁氏也説「不可解」，如何取信于人？

〔三〕六載：説法不一，當指隆安三年己亥（三九九）至義熙元年乙巳（四〇五）。參見【集説】。

〔四〕履歷：脚步所至。

〔五〕「步步」二句：往迹：猶陳迹。謝靈運撰征賦：「尋履往迹。」有處：指有「往迹」之處。特：漢書卷一上高帝紀上：「毋特俱死。」文穎曰：「特，獨也。」

〔六〕流幻：流動變化。百年：指人之一生。百非實數。自祭文：「樂天委分，以至百年。惟此百年，夫人愛之。」

〔七〕大化：此指人自生至死之變化。

〔八〕「氣力」句：古注：「禮記檀弓下：『五十無車者，不越疆而吊人。』鄭玄注：『氣力始衰。』」又，禮記王制：「五十始衰。」陸雲與楊彦明書：「行向衰。」鄧安生新探謂此詩作于淵明三十九歲時，與「氣力不及衰」的説法相合。按，不及衰固然有必不及五十歲之意，但三十九歲就常恐化盡，氣力速衰，這終究與「五十始衰」之説不合，難以令人信服。

〔九〕撥置：撥，擺撥。置，棄置。世説新語政事：「望卿擺撥常務，應對玄言，那得方低頭看此書邪？」劉琨扶風歌：「棄置勿重陳。」

〔一〇〕揮：此指振去餘酒。文選蘇武詩：「淚下不可揮。」李善注：「爾雅曰：『揮，竭也。』

郭璞曰：『揮，振去水，亦爲竭。』」

【集説】

關於本詩「六載去還歸」一句，歷來研究者多所探索，大致有以下幾種説法：一説爲隆安四年庚子（四〇〇）至義熙元年乙巳（四〇五），凡六年。韓子蒼云：「以淵明傳及詩考之，自庚子歲始作建威參軍，由參軍爲彭澤令，遂棄官歸，是歲乙巳，凡爲吏者六歲，故云『六載去還歸』。」吳譜：「先生以庚子歲作鎮軍參軍，乙巳歲去彭澤，不復仕，故還舊居詩云：『疇昔家上京，六載去還歸。』自庚子至乙巳，凡六年。」牟巘陵陽集卷一二仇山邨詩集序亦同此説。鄧安生新探云：「陶淵明自隆安四年庚子離都而去，至義熙元年乙巳三月奉建威將軍劉敬宣之命再次使都，前後共六年時間。還舊居詩説：『疇昔家上京，六載去還歸。』時間與此相合。」一説爲隆安三年己亥（三九九）至元興三年甲辰（四〇四），凡六年。如陶考謂「六載」、「今日」乃「明乙巳以前，去來靡定。從甲辰逆數至己亥正六載」。一説淵明身在仕途共六年。逯繫年謂淵明在仕途先後共六年，「故五十歲作還舊居云：『疇昔家上京，六載去還歸。』謂六年中身在仕途，來去不定也」。一説指元興三年甲辰（四〇四）至義熙六年庚戌（四一〇）。古譜定淵明移居南村在庚戌年，由此年上溯甲辰，正滿六載，爲「疇昔家上京」之年；並謂淵明乙巳歲由栗里舊居遷往上京，此六載中，栗里尚時往還；由上京遷往南村後，越十載始重來栗里舊居，頓覺人民城郭一時皆非，故愴然而悲。朱自清欣賞此説「最爲近之」。一説爲義熙七年辛亥（四一一）至義熙十三年丁巳（四一七）。如王瑶謂義熙七年淵明始還居南村，後移尋陽，「如此則作此詩時離别舊居爲六年，與『六載去還歸』句符合，也和詩中所描寫的景物變化的情形相合」。

按，以上諸説，以陶考「明乙巳以前，去來靡定」二語較爲可取。據庚子歲五月中從都還阻風於規林詩，淵明很有可能于去年即隆安三年（三九九）冬爲桓玄僚佐，後歷經母喪居家、劉裕鎮軍參軍、劉敬宣建威參軍、彭澤令，至義熙元年乙巳（四〇五）十一月棄官歸故里，來去不定，首尾七年，實整整六年。義熙四年戊申（四〇八）遇火之前，淵明一直家於上京舊居，唯有乙巳之前六年中來去不定。至義熙十三年丁巳（四一七）還舊居時，距遇火之年將近十載，故有邑屋非舊，鄰老罕遺之感，不禁憶及乙巳之前奔波仕途六載中去來舊居的經歷。古譜謂淵明舊居在栗里，其地距尋陽西南九十里；乙巳歲始自柴桑遷居上京，其地在南康府西玉京山前。考栗里之名，始見于宋傳：「潛嘗往廬山，（王）弘令潛故人龐通之齎酒具，於半道栗里要之。」蕭傳記載同。據此，栗里位於淵明晚年居所至廬山的半道上。栗里在廬山南，其地有淵明舊居之説始於宋，見于樂史太平寰宇記。陳舜俞廬山記亦謂淵明所居栗里。朱熹跋顔魯公栗里詩謂廬山南之栗里有陶公醉石。其説實不可信。試想，若栗里固在距尋陽城西南九十里之楚城鄉，王弘豈能邀之？此外，古氏所謂乙巳歲始自柴桑遷居上京之説亦不可信。歸去來兮辭作於乙巳歲十一月，其中「三徑就荒，松菊猶存，攜幼入室，有酒盈樽」數句寫其居所。若謂此是上京新居，則何來「三徑就荒」之景象？若謂此是栗里舊居，則何苦捨此「有酒盈樽」之故宅？細繹陶淵明集，乙巳歲前後淵明未有遷居之舉。

庚子歲五月中從都還阻風於規林詩其一「計日望舊居」之舊居，歸園田居詩其一「方宅十餘畝，草屋八九間」之園田居處，還舊居詩之舊居，實指同一舊宅。又，王譜謂淵明舊居在柴桑，吴譜謂在尋陽。據晉書卷一五地理志下：「安帝義熙八年，省尋陽縣入柴桑縣，柴桑仍爲郡。」江西通志卷四：「柴桑縣初屬武昌郡，永興初屬尋陽郡，咸和中爲尋陽郡治。」可見，柴桑縣治即尋陽郡治，王譜、吴譜所説實一。鄧譜謂淵明曾寓居京師六年。從阻風於規林詩來看，有此可能。但短時棲身之所，稱舊居似乎不妥。況詩寫時移世變的景象，爲農村常見的變故，京師建康恐不會有不移舊之阡陌。又細味詩意，「疇昔」二句寫多年前往來舊居之情事，「今日」二句寫今日始還舊居之心情，「疇昔」與「今日」之間尚有一段時間間隔，亦即「六載去還歸」與「今日始復來」非指同時之同一行爲。若去舊居僅六載，恐不會有邑屋非舊、鄰老罕遺之變故之速。又逯繫年太元十八年癸巳條謂「陶五十歲時又還居上京閒居」，「直至終老，未再他徙。顏延之陶徵士誄云：『元嘉四年月日，卒於尋陽之某里。』即此上京閒居」。然考移居詩大寫與素心人結鄰之樂，並稱「此理將不勝，無爲忽去兹」。依逯繫年，淵明義熙七年移居南村，何故短短三年，便違其初衷，又舉家徙居頹廢不可睹之上京舊居？況讀還舊居詩，實難發現有徙居意。故逯説不可取。參諸史傳及陶淵明集，淵明始居尋陽城附近之上京，義熙四年戊申歲遇火，次年暫居西廬（參見和劉柴桑詩注），義熙十一年移居尋陽負郭之南村（又名南里），元嘉四年卒於其處，即顏誄所稱之「某里」也。

【集評】

邱嘉穗東山草堂陶詩箋卷三：「陶公諸感遇詩，都説到極窮迫處，方以一句撥轉，此所以爲安命守義之君子也，而章法特妙。」

戊申歲六月中遇火〔一〕

草廬寄窮巷，甘以辭華軒〔二〕。正夏長風急，林室頓燒燔。一宅無遺宇，舫舟蔭門前〔三〕。迢迢新秋夕，亭亭月將圓〔四〕。果菜始復生，驚鳥尚未還。中宵竚遥念，一盼周九天〔五〕。總髮抱孤介〔六〕，奄出四十年〔七〕。形迹憑化往〔八〕，靈府長獨閑〔九〕。貞剛自有質，玉石乃非堅〔一〇〕。仰想東户時，餘糧宿中田〔一一〕。鼓腹無所思〔一二〕，朝起暮歸眠。既已不遇兹，且遂灌我園。

【校記】

長風急　「急」，曾本、汲古閣本云，一作「至」。湯本云，一作「生」。

果菜　「菜」，曾本、蘇寫本、湯本、汲古閣本云，一作「藥」。

抱孤介　「介」，陶本原校：「何校宣和本作『介』。焦本云，宋本作『介』。一作『念』，非。」曾本、汲古閣本作「念」，云，一作「諸孤念」，又作「介」。蘇寫本作「念」，云，一作「諸孤」。李本作「念」。

四十年　「四」，曾本、汲古閣本云，一作「門」。

自有　「自」，曾本、汲古閣本云，一作「在」。

無所思　曾本、汲古閣本云，一作「且無慮」。

灌我園　「我園」，陶本原校：「各本作『西園』。從湯本、焦本、何校宣和本作『我園』。」李本作「西園」。

【箋注】

〔一〕戊申歲：指晉義熙四年（四〇八）。此年遇火之宅即柴桑城附近的上京舊居。李注：「靖節舊宅居於柴桑縣之柴桑里，至是屬回祿之變，越後年，徙居於南里之南村。」戊申：陶考引江州志作戊午。按，古譜創淵明得年五十二歲之説，據該譜，戊申歲淵明三十三歲，顯與詩云「奄出四十年」不合。爲彌縫其説，古氏巧辯遇火在戊午（四一八）而非戊申。然詩題「戊申歲」各本從無異文，江州志所據陶淵明集未知爲何本，豈可憑一孤證而否定各本耶？

〔二〕華軒：阮籍詠懷詩：「屣履詠南風，緼袍笑華軒。」詠二疏詩：「華軒盈道路。」

〔三〕「一宅」二句：一宅，指歸園田居詩所寫之「草屋八九間」。舫舟，併舟。舫，與方同。丁注引陶詩程傳云：「『舫舟蔭門前』者，謂如張融權牽小舟爲住室也。」王叔岷云：「似謂草屋數間焚燬之後，空餘牆壁蔭蔽門前，如舫舟耳。八九間，故以併舟爲喻。」按，王説離奇。此二句指淵明遇火後，可能暫栖於門前併舟上。

〔四〕亭亭：文選張衡西京賦：「狀亭亭以苕苕。」薛綜注：「亭亭，高貌也。」袁宏北征賦：

「月亭亭而虚昇。」謝靈運夜發石關亭詩：「亭亭曉月映，泠泠朝露滴。」

〔五〕九天：謂八方極遠之處。呂氏春秋有始：「中央曰鈞天，東方曰蒼天，東北曰變天，北方曰玄天，西北曰幽天，西方曰顥天，西南曰朱天，南方曰炎天，東南曰陽天。」是謂九野，也即九天。

〔六〕總髮：見榮木詩注。孤介：文選顏延之拜陵廟作詩：「幼壯困孤介，末暮謝幽貞。」李善注：「介，特也。」

〔七〕奄出：倏然超出。奄，廣韻：「奄，忽也，遽也。」王羲之雜帖：「庾新婦入門未幾，豈圖奄至此禍。」梁譜云：「集中紀年詩有戊申歲六月中遇火一首，中有『總髮抱孤介，奄出四十年』之語，似是年已逾四十。然則與辛丑三十、辛酉五十諸文相矛盾矣。竊謂此『十』字乃『九』字之譌。集中稱十二爲『二六』，十五爲『三五』，五十四爲『六九』，所在多有。此文亦以『四九』代三十六耳。『奄出四九年』，謂剛過三十六歲也。譌作『十』者，或由刓損，或由傳鈔臆改耶？」按，梁氏創淵明得年五十六歲説，爲自圓其説，揣測「十」字乃「九」字之譌，其説不可訓。且各本皆作「四十」，僅曾本、汲古閣本云，一作「門」，而「門」於文爲不辭，故作「四十」無庸置疑。

〔八〕「形迹」句：莊子大宗師郭象注：「故無所避就，而與化俱往也。」

〔九〕靈府：心神也。莊子德充符：「不可以入於靈府。」成玄英疏：「靈府者，精神之宅，所謂心也。」淮南子俶真訓：「是故聖人託其神於靈府。」此句即自祭文「心有常閑」之義。按，淮南子原道訓：「外與物化，而内不失其情。」淮南子人間訓：「得道之士，外化而内不化。」「形迹憑化往」，即形迹外與物化；「靈府長獨閑」，即内不失情。此二句正是「外化而内不化」之意。

〔一〇〕「貞剛」二句：言己稟性貞剛。王粲車渠椀賦：「體貞剛而不撓。」曹植鶡賦：「體貞剛之烈性。」質，稟性，本性。楊勇云：「自謂貞剛之質，堅於玉石也。」王叔岷云：「書僞胤征：『火炎崑岡，玉石俱焚。』遇火，玉石俱焚，故曰『非堅』也。」

〔一一〕「仰想」二句：淮南子繆稱訓：「昔東户季子之世，道路不拾遺，耒耜餘糧，宿諸畮首。」高誘注：「東户季子，古之人君。」

〔一二〕鼓腹：飽暖而悠閒自得貌。莊子馬蹄：「夫赫胥氏之時，民居不知所爲，行不知所之，含哺而熙，鼓腹而遊，民能已此矣。」成玄英疏：「鼓腹而遨游，將童子無別。」潘尼後園頌：「鼓腹巖穴。」

【集評】

蔣薫評陶淵明詩集卷三：「他人遇此變，都作牢騷愁苦語，先生不着一筆，末僅仰想東户，意在言外，此真能靈府獨閑者。」

鍾秀編陶靖節紀事詩品卷二寧静：「靖節此詩當與挽歌三首同讀，纔曉得靖節一生學識精力有大過人處。其於死生禍福之際，平日看得雪亮，臨時方能處之泰然，與强自排解、貌爲曠達者，不翅有霄壤之隔。」

己酉歲九月九日〔一〕

靡靡秋已夕〔二〕，淒淒風露交。蔓草不復榮，園木空自凋。清氣澄餘滓〔三〕，杳然天界高。哀蟬無留響〔四〕，叢雁鳴雲霄。萬化相尋繹〔五〕，人生豈不勞。從古皆有没，念之中心焦〔六〕。何以稱我情，濁酒且自陶〔七〕。千載非所知，聊以永今朝〔八〕。

【校記】

園木　「木」，曾本、汲古閣本云，一作「林」。蘇寫本作「林」，云，一作「木」。

清氣　「氣」，曾本、汲古閣本云，一作「光」。按，釋慧遠遊廬山詩：「崇巖吐清氣。」作「氣」是。

杳然　「杳」，曾本、汲古閣本云，一作「遥」。

哀蟬　「哀」，曾本、汲古閣本云，一作「衰」。蘇寫本作「衆」。

留響　「留」，各本皆作「歸」。曾本、汲古閣本云，「歸」，一作「留」。焦本云，一作「歸」，非。按，作「留」是，參見注〔四〕。

叢雁　「叢」，曾本作「燕」，云，一作「叢」。湯本、汲古閣本同。焦本云，一作「燕」，非。

尋繹　「繹」，陶本原作「異」。陶本原校：「各本作『繹』。從何校宣和本作『異』。」曾本、汲古閣本云，一作「異」。按，作「繹」是，據各本改。

中心　「中」，曾本云，一作「令」。湯本、汲古閣本同。

且自陶　「且」，曾本、汲古閣本云，一作「思」。

【箋注】

〔一〕己酉歲：晉義熙五年（四〇九）。

〔二〕靡靡：詩王風黍離：「行邁靡靡。」毛傳：「靡靡，猶遲遲也。」陸機思歸賦：「歲靡靡而薄暮。」

〔三〕滓：污穢。文選馬融長笛賦：「澡雪垢滓。」

〔四〕留響：遺響，餘音。文選張載七哀詩：「寒蟬無餘音。」釋慧遠萬佛影銘：「扣誠發響，留音停岫。」留響義同留音。吴注引王棠曰：「『哀蟬無留響』，妙在『留』字。皆静察物理之言。」温汝能陶詩彙評卷三：「『留響』，有作『歸響』者，究不及『留』字之妙也。」陶考：「知此時宋公不臣之節已形，先生詩中『哀蟬』、『叢雁』及『念之心焦』等句，蓋亦有爲而言歟？」按，「哀蟬」及下句「叢雁」皆實寫秋景，陶説非。

〔五〕萬化：此指天地萬物之變化。參見於王撫軍座送客詩注。尋繹：抽引不絶。漢書卷八九黄霸傳：「吏民見者，語次尋繹。」顔師古注：「繹，謂抽引而出也。」按，此句取義莊子田子方：「且萬化而未始有極也。」言萬物變化，若抽引而綿綿不絶也。馬璞陶詩本義卷三云：「言此秋之時，乃萬化相尋所至。」其説不確。楊勇云：「此言天地間一切，皆相尋可化爲異物也。」也不確。

〔六〕「從古」二句：淵明有時對生死問題頗爲達觀，如神釋詩説：「縱浪大化中，不喜亦不懼，應盡便須盡，無復獨多慮。」連雨獨飲詩説：「運生會歸盡，終古謂之然。」挽歌詩其一説：「有生必有死，早終非命促。」但其實並非全無生死之感。魯迅魏晉風度及文章與藥及酒之關係一文説淵明「也不能忘掉死」，其説良是。

〔七〕自陶：自樂。禮記檀弓下：「人喜則斯陶，陶斯詠。」

〔八〕永：同「詠」，歌唱。詩小雅白駒：「縶之維之，以永今朝。」

【集評】

邱嘉穗東山草堂陶詩箋卷三：「此詩亦賦而興也，以草木凋落，蟬去雁來，引起人生皆有没意，似説得甚可悲。末四句忽以素位不願外意掉轉，大有神力。章法之妙，與詠貧士次首同。」

鍾秀編陶靖節紀事詩品卷二寧静：「此詩純是静字意境，而程子詩有句云：『春深晝永簾垂地，庭院無風花自飛。』唐子西有句云：『山静似太古，日長如小年。』亦道得静字，意境亦脱化。明王陽明龍潭獨坐有句云：『幽人月出每孤往，棲鳥山空時一鳴。』亦非静者不能見得静中境界。然此猶皆空摹静字意境，乃是既静之後，自然流露而出，究不若靖節之静察物理，似尤爲靠實也。」

庚戌歲九月中於西田穫早稻〔一〕

人生歸有道〔二〕，衣食固其端。孰是都不營，而以求自安〔三〕。開春理常業，歲功聊可觀〔四〕。晨出肆微勤〔五〕，日入負耒還。山中饒霜露，風氣亦先寒〔六〕。田家豈不苦，弗獲辭此難。四體誠乃疲，庶無異患干〔七〕。盥濯息簷下，斗酒散襟顔〔八〕。遥遥沮溺心，千載乃相關〔九〕。但願常如此，躬耕非所歎。

【校記】

有道　「道」，曾本云，一作「事」。蘇寫本、汲古閣本同。

其端　「其」，曾本、汲古閣本云，一作「無」。

孰是　「孰」，曾本云，一作「執」。蘇寫本、汲古閣本同。按，釋慧遠遊廬山詩：「孰是騰九霄，不奮沖天翮。」作「孰」是，「執」乃形訛。

開春　曾本云，一作「春事」。蘇寫本、汲古閣本同。

負耒　「耒」，陶本原校：「焦本云，一作『禾』，非。」曾本作「禾」，云，一作「耒」。湯本、汲古閣本同。蘇寫本作「耒」，云，一作「負禾」。

弗獲　「獲」，曾本、汲古閣本作「穫」，云，一作「獲」。

誠乃　「乃」，曾本云，一作「已」。湯本、汲古閣本同。

庶無　「庶」，蘇寫本、汲古閣本作「交」。

異患　曾本、汲古閣本云，一作「我患」。

盥濯　「濯」，曾本、汲古閣本云，一作「灌」。按，濯，洗也。作「濯」是。

襟顏　「襟」，陶本原校：「焦本云，一作『劬』，非。」曾本作「襟」，云，一作「劬」，又作「矜」，又作「襟」。汲古閣本同。蘇寫本、湯本、李本作「襟」。按，諸人共遊周家墓柏下：「余襟良已殫。」乙巳歲三月爲建威參軍使都經錢溪：「素襟不可易。」作「襟」是。

但願常　「常」，各本作「長」。

【箋注】

〔一〕庚戌歲：晉義熙六年（四一〇）。

〔二〕歸：歸宿，趨向。易繫辭下：「天下同歸而殊塗。」道：可訓爲規律、法則。莊子在宥：「何謂道？有天道，有人道。無爲而尊者，天道也；有爲而累者，人道也。」此言人生有道之「道」，義近莊子所説的人道。人道有爲有累，必有待方可生存，而衣食居於人道之首。按，丁注謂人生有道之「道」爲「生財之道」，古注以爲指「所謂不義而富且貴，于我如浮雲也」。皆與詩意不合。

〔三〕「孰是」二句：丁注：「經傳釋詞：孰亦訓爲何。越語曰：『孰是君也而可無死乎？』言有君如是，何可不爲之死也。論語八佾篇曰：『是可忍也，孰不可忍也。』呂氏春秋知接篇曰：

『孰之壞壞也，可以爲之葬之也。』兩之字，皆訓爲是；孰字並與何同義。按，據此知孰，何也。是，爲衣食之代名詞。詩言何可衣食都不營，而以求自安乎？」而，經傳釋詞：「而猶乃也。詩杕杜曰：『期逝不至，而多爲恤。』言乃多爲憂也。鄉射禮曰：『而錯。』乃錯也。」經傳釋詞又曰：「乃，異之之詞也。」自安，支遁與桓玄書論州符求沙門名籍：「索然不知何以自安？」

〔四〕歲功：參見癸卯歲始春懷古田舍詩其二注。

〔五〕肆：爾雅釋言：「肆，力也。」文選張衡東京賦：「瞻仰二祖，厥庸孔肆。」李善注：「綜曰：肆，勤也。」肆微勤，猶言勤于農務。後漢書卷五三周燮傳：「下有陂田，常肆勤以自給。」

〔六〕風氣：指風土氣候。淮南子墬形訓：「中央四達，風氣之所通，雨露之所會也。」漢書卷二八下地理志下：「凡民函五常之性，而其剛柔緩急，音聲不同，係水土之風氣，故謂之風。」

〔七〕異患：意外之禍患。干：干犯，衝犯。國語晉語五：「河曲之役，趙孟使人以其乘車干行。」韋昭注：「干，犯也。」陶注：「『四體』二語，即龐德公率妻子躬耕隴畝，而曰世人皆貽以危，我獨貽以安也。」

〔八〕襟顔：襟懷和容顔。逯注：「襟，寒戰。」非。按，此句即以酒解顔及濁酒自陶之意。

〔九〕「遥遥」二句：言已與千載之前的隱士長沮、桀溺之心相契。沮、溺，參見辛丑歲七月赴假還江陵夜行塗口詩注。

【集説】

有人以爲此詩以沮、溺自況，感慨晉、宋易代也。黄文焕陶詩析義卷三云：「屢言沮、溺以自況，所處之時運同也。感歎晉衰，胸中有故。」陶必詮萸江詩話云：「是年六月，宋武受黄鉞，當於言外會其微意。」章炳麟手批陶淵明集則云：「沮、溺、荷蓧皆靖節所深契，則仕隱不爲易代也。愚者見談黄、綺便以避秦相傳，從道子、國寶遊，有愈于宋公耶？」（庚戌歲九月中于西田穫早稻眉批）以爲淵明讚美沮、溺、黄、綺，與晉、宋易代無關。

【集評】

李公焕箋註陶淵明集卷三引思悦曰：「觀此詩知靖節既休居，惟躬耕自資，故蕭德施曰：『安道苦節，不以躬耕爲恥。』」

沈德潛古詩源卷九：「移居詩曰：『衣食終須紀，力耕不吾欺。』此云『人生歸有道，衣食固其端』，又云『貧居依稼穡』。自勉勉人，每在耕稼，陶公異於晉人如此。」

邱嘉穗東山草堂陶詩箋卷三：「陶公詩多轉勢，或數句一轉，或一句一轉，所以爲佳。余最愛『田家豈不苦』四句，逐句作轉，其他推類求之，靡篇不有，此蕭統所謂『抑揚爽朗，莫之與京』也。他人不知文字之妙全在曲折，而顧爲平鋪直叙之章，非贅則複矣。」

方宗誠陶詩真詮：「陶公高於老、莊，在不廢人事人理，不離人情，只是志趣高遠，能超然於境遇形骸之上耳。」

丙辰歲八月中於下潠田舍穫〔一〕

貧居依稼穡〔二〕，戮力東林隈〔三〕。不言春作苦〔四〕，常恐負所懷。司田眷有秋〔五〕，寄聲與我諧。飢者歡初飽，束帶候鳴鷄〔六〕。揚檝越平湖，汎隨清壑迴。鬱鬱荒山裏，猿聲閑且哀〔七〕。悲風愛静夜，林鳥喜晨開。曰余作此來，三四星火頽〔八〕。姿年逝已老，其事未云乖。遥謝荷蓧翁〔九〕，聊得從君栖〔一〇〕。

【校記】

依稼穡　曾本云，一作「事耕稼」。蘇寫本、湯本、汲古閣本同。「依」，焦本云，一作「事」，非。

常恐　「常」，曾本、汲古閣本云，一作「當」。

候鳴鷄　「候」，曾本、湯本、汲古閣本云，一作「俟」。

鬱鬱　曾本云，一作「皭皭」。湯本、汲古閣本同。按，鬱鬱，茂盛貌。古詩十九首：「鬱鬱園中柳。」文選左思詠史詩：「鬱鬱澗底松。」皭皭，廣雅釋訓：「皭皭，白也。」作「鬱鬱」是。

静夜　曾本、汲古閣本云，一作「夜静」。

【箋注】

〔一〕丙辰歲：晉義熙十二年（四一六）。潠：水涌也。一切經音義五：「水溢曰潠。」

〔二〕稼穡：史記卷四七孔子世家：「良農能稼而不能爲穡。」王肅曰：「種之爲稼，斂之爲穡。」

〔三〕戮力：書湯誥：「聿求元聖，與之戮力。」孔穎達疏：「戮力，猶勉力也。」漢書卷一上高帝紀：「臣與將軍戮力攻秦。」顏師古注：「戮力，并力也。」東林：地名，即廬山的東林。都昌西源陶氏宗譜、潯陽陶氏宗譜皆稱淵明祖父陶茂「居江州尋陽東林。」可能淵明祖上置田産於此。隈：隅，旁邊。

〔四〕春作：春日耕作。禮記樂記：「春作夏長，仁也；秋斂冬藏，義也。」

〔五〕司田：主管農事的官吏。管子小匡：「臣不如甯戚，請立爲大司田。」有秋：謂秋收。

〔六〕「束帶」句：古注：「秦嘉贈婦詩：『束帶待鷄鳴。』」

〔七〕閑：廣韻：「閑，大也。」此作「響亮」解。

〔八〕三四：丁注：「三四謂十二年也。陶公乙巳歸田，至丙辰適爲十二年。」星火：古代星名，亦稱大火，與二十八宿相配爲氐、房、心三宿。爾雅釋天：「大火謂之大辰。」「大辰，房、心、尾也。」書堯典：「日永星火，以正仲夏。」詩豳風七月：「七月流火。」頹：落。此指星火西流。晉書卷五一皇甫謐傳：「大火西頹。」

〔九〕謝：漢書卷四〇周勃傳：「使人稱謝：『皇帝敬勞將軍。』」顏師古注：「謝，告也。」荷蓧翁：古代隱士。論語微子：「子路從而後，遇丈人，以杖荷蓧。」

〔一〇〕聊：詩邶風泉水：「聊與之謀。」毛傳：「聊，願也。」

【集評】

古詩歸卷九鍾惺曰：「陶公山水朋友詩文之樂，即從田園耕鑿中一段憂勤討出，不別作一副曠達之語，所以爲真曠達也。」又曰：「儲光羲、王維田家詩，情事真樸，從陶公田園等詩中出。偶然作意言高遠，從飲酒諸詩中出。」陳祚明采菽堂古詩選卷一三：「世所愛陶詩，乃自歸園田居至此十數首耳，徒以中有景物可玩，意又甚明，遂以爲佳。他若飲酒、貧士等詩，便已不解。擬古、雜詩，意更難測，忽而莫知。顧此十許首，何足見陶公哉！」

飲酒二十首〔一〕 并序

余閒居寡歡，兼比夜已長〔二〕，偶有名酒，無夕不飲。顧影獨盡，忽焉復醉〔三〕。既醉之後，輒題數句自娱；紙墨遂多，辭無詮次〔四〕。聊命故人書之，以爲歡笑爾。

衰榮無定在，彼此更共之〔五〕。邵生瓜田中，寧似東陵時〔六〕。寒暑有代謝〔七〕，人道每如兹。達人解其會，逝將不復疑〔八〕。忽與一觴酒，日夕歡相持。

【校記】

飲酒二十首　陶本原無「二十首」三字，今據各本補。「二十」，焦本誤作「三十」。

比夜　「比」，曾本云，一作「秋」。湯本、汲古閣本同。

不飲　「飲」，曾本、汲古閣本云，一作「傾」。

輒題　「輒」，曾本、汲古閣本云，一作「與」。

無定在　「在」，曾本云，一作「所」。蘇寫本、汲古閣本同。按，作「在」是，參見注〔五〕。

代謝　「代」，曾本、汲古閣本云，一作「换」。按，作「代」是。

解其會　「會」，曾本云，一作「趣」。蘇寫本、汲古閣本同。按，作「會」是，參見注〔八〕。

相持　曾本、汲古閣本云，一作「相遲」，又作「自持」。蘇寫本作「自持」。

【箋注】

〔一〕據此詩序「兼比夜已長」，「既醉之後，輒題數句自娱」及詩中「秋菊有佳色」，「凝霜殄異類」，「被褐守長夜」等語，可知這一組詩作於同一年的秋冬之際。關於飲酒詩的作年，大致有六種説法：一、元興二年癸卯（四〇三）説。吴譜元興二年癸卯條下云：「内一篇上云『是時向立年』，下云『亭亭復一紀』。又别篇云『行行向不惑』，是年三十九矣。」陶考、逯繫年亦主此説。二、元興三年甲辰（四〇四）説。王譜元興三年甲辰條下云：「淵明爲州祭酒當在壬辰（三九二）、癸巳（三九三）時，所謂『投耒去學仕』。詩云『冉冉星氣流，亭亭復一紀』。至是得十二年。三、義熙十年甲寅（四一四）説。古譜據飲酒詩其十六「行行向不惑」句，謂此詩作於淵明三十九歲時。四、義熙二年丙午（四〇六）説。北京大學中國文學史教研室選註魏晋南北朝文學史參考資料云：「從詩的内容看來，應當是在彭澤歸園田之後，這時歸隱不久，所以第九首中才會寫到田父勸他出仕之事。兹定此詩於晉安帝義熙二年（四〇六），時陶淵明四十二歲。」五、義熙十一年乙卯（四一五）説。鄧安生陶淵明飲酒詩新探據宋書卷七三顔延之傳、晉書卷六一劉喬傳附劉柳傳、晉書卷一〇安帝紀、宋書卷四七孟懷玉傳等考證，以爲飲酒詩是顔延之爲劉柳後軍功曹，住尋陽與淵明結鄰時所作，時在義熙十一年秋季。又稱詩序中的「故人」主要應指顔延之。這一點頗有新意。六、義熙十二三年説。湯注：「彭澤之歸，在義熙元年乙巳，此云復一紀，則賦此飲酒，當是義熙十二三年間。」王瑶注從湯注，繫此詩於義熙十三年丁巳（四一七）。按，丙辰歲八月中於下潠田舍穫詩云：「曰余作此來，三四星火頽。」飲酒詩其十九云：「冉冉星氣流，亭亭復一紀。」淵明歸田在義熙元年乙巳，十二年爲一紀，則飲酒詩當作於義熙十二年丙辰。據宋書卷七三顔延之傳：「義熙十二年，高祖北伐，有宋公之授，府遣一使慶殊命，參起居，延之與同府王參軍俱奉使至洛陽，道中作詩二首，文辭藻麗，爲謝晦、傅亮所賞。」晉書卷一〇安帝紀、宋書卷二武帝紀中載，劉裕於義熙十二年率大軍北伐，十月至洛陽。據上可知，義熙十二年六月劉柳卒後，延之仍留江州，故得以在這年十月或稍後奉使至洛陽。因此飲酒詩可能作于義熙十二年秋，延之奉使至洛陽之前。劉履選詩補注卷五：「靖節退歸之後，世變日甚，故每每得酒，飲必盡醉，賦詩以自娱。此昌黎韓氏所謂『有託而逃焉』者也。」陶必銓萸江詩話：「此二十首當是晉、宋易代之際，借飲酒以寓言。驟讀之不覺，深求其意，莫不中有寄託。」

〔二〕比夜：近幾夜。比，近來。

〔三〕「顧影」二句：温汝能陶詩彙評卷二：「『顧影』二句，直繪出飲酒之神，偏淵明道得出，其妙處尤在『獨』字、『忽』字也。」

〔四〕詮次：次序。

〔五〕「衰榮」二句：言衰榮二者不會固定不變，彼此互相替代。定在，義同定止，常定。莊子至樂郭象注：「歡養之實，未有定在。」晉書卷七四桓沖傳：「事與時遷，勢無常定。」更，儀禮大射：「更爵洗。」鄭玄注：「更，易也。」漢書卷五七上司馬相如傳：「昆弟諸公更謂王孫曰」，顏師古注：「更，互也。」

〔六〕「邵生」二句：史記卷五三蕭相國世家：「邵平者，故秦東陵侯。秦破，爲布衣，貧，種瓜長安城東。瓜美，故世俗謂之東陵瓜。」寧：何。經傳釋詞：「寧，猶『何』也。易繫辭傳曰：『寧用終日』是也。」或謂淵明自比邵平。何焯義門讀書記陶靖節詩謂淵明：「先世宰輔，故以邵平自比。」「邵平可遊蕭相之門，淵明何妨飲王弘之酒。在我皭然不滓，則衰榮各適而不相疑也。」邱嘉穗東山草堂陶詩箋卷三亦云：「陶公昔爲晉參軍、縣令，今則退而閒居、飲酒，故以邵平事自比。」按，詩用邵平事不過是印證「衰榮無定在」，也暗喻晉宋即將易代。淵明何嘗視昔參軍、縣令爲榮，今閒居、飲酒爲衰耶？何、邱之説不僅曲解詩意，也曲解了淵明。

〔七〕「寒暑」句：成公綏天地賦：「陰陽協氣而代謝，寒暑隨時而推移。」陸雲歲暮賦：「寒與暑其代謝兮，年冉冉其將老。」

〔八〕「達人」二句：達人，淵明自喻。解會：義同解悟，魏晉常語。嵇叔良魏散騎常侍步兵校尉東平相阮嗣宗碑：「投芒刀之穎於有解之會。」支遁大小品對比要鈔序：「尋其妙會。」逝將，見贈羊長史詩注。感士不遇賦：「彼達人之善覺，乃逃禄而歸耕。」即達人所解之會。

【集評】

何谿汶竹莊詩話卷四引黄山谷云：「淵明此詩，乃知阮嗣宗當歛衽，何況鮑、謝諸子耶。詩中不見斧斤，而磊落清壯，惟陶能之。」

吴瞻泰陶詩彙注卷三引汪洪度曰：「二十首總冒，却從達觀説起，可見非胸次豁達，不得輕言飲酒也。」

方東樹昭昧詹言卷四：「言不必攖情無常無定之衰榮，惟知其古今皆若此，故但飲酒可也。以衰爲主，以榮陪説，其理乃顯。起筆峥嶸飛動，後四句明明正説。昔人云：讀杜詩，當作一部小經書讀。余謂陶詩亦然。但何必云小也。」

積善云有報〔一〕，夷叔在西山〔二〕。善惡苟不應，何事立空言〔三〕？九十行帶索〔四〕，飢寒况當年〔五〕。不賴固窮節，百世當誰傳。

【校記】

在西山　「在」，曾本、汲古閣本云，一作「飢」。

立空言　陶本原校：「各本作『空立言』，從汲古閣本作『立空言』。」曾本、汲古閣本作「空立言」，云，一作「立空言」。湯本、蘇寫本、李本、焦本作「空立言」。按，曹丕折楊柳行：「王喬假虛辭，赤松垂空言。」文選盧諶覽古詩：「秦人來求市，厥價徒空言。」李善注：「史記高祖本紀：『漢王曰：空言虛語。』」作「立空言」稍勝。

況當年　「況」，曾本云，一作「抱」。蘇寫本、汲古閣本同。

【箋注】

〔一〕「積善」句：易坤文言：「積善之家，必有餘慶；積不善之家，必有餘殃。」詩大雅抑：「無言不讎，無德不報。」老子七十九章：「天道無親，常與善人。」報，報應。

〔二〕夷叔：伯夷、叔齊，商孤竹君二子，因互讓君位，逃去。周滅商後，義不食周粟，隱於首陽山，采薇而食，後餓死。事見史記卷六一伯夷列傳。西山：即首陽山。

〔三〕事：經籍纂詁：「事，用也。」老子『治人事天』。」又，戰國策燕策：「安事死馬。」

〔四〕九十：指古代隱士榮啓期。帶索：以繩索爲衣帶，喻貧。列子天瑞載：孔子遊於太山，見榮啓期行乎郕之野，鼓琴而歌。孔子問其何樂？榮啓期答曰有三樂，其三謂行年九十。詠貧士詩其三：「榮叟老帶索，欣然方彈琴。」

〔五〕「飢寒」句：此句承上，言榮啓期行年九十尚以貧爲樂，何況飢寒中之壯年者。當年，壯年也。庚子歲五月中從都還阻風於規林詩其二：「當年詎有幾，縱心復何疑。」此句意謂壯年者更應處貧猶樂。

【集評】

沈德潛古詩源卷九：「伯夷傳大旨已盡此。末二句馬遷所云亦各從其志也。」

邱嘉穗東山草堂陶詩箋卷三：「此詩前四句作勢反起，後四句收轉本意，一翻一覆如時文之故作波瀾，而後乃正解也。」

方宗誠陶詩真詮：「飲酒第二首『不賴固窮節，百世當誰傳』，言夷叔、榮叟所以傳百世者，以有固窮節耳，非謂夷叔等欲傳而後固窮也。懼後人誤會，故第三篇復將名駁去。」

道喪向千載〔一〕，人人惜其情〔二〕。有酒不肯飲，但顧世間名。所以貴我身〔三〕，豈不在一生。一生復能幾，倏如流電驚〔四〕。鼎鼎百年内〔五〕，持此欲何成。

【校記】

道喪　「喪」，曾本云，一作「衰」。蘇寫本、汲古閣本同。按，作「喪」是，參見注〔一〕。

但顧　「但」，曾本、汲古閣本云，一作「惟」。「顧」，陶本原校：「一作『願』。」

倏如流電驚　陶本原校：「緑君亭本云，一作『倏忽若沉星』。」曾本云，一作「倏忽若沉星」。蘇寫本、汲古閣本同。

鼎鼎　陶本原校：「一作『訂訂』。」曾本、汲古閣本云，一作「訂訂」。

【箋注】

〔一〕道：指上古淳和之世的無爲之道。古注：「莊子繕性：世喪道矣，道喪世矣；世與道交相喪也。」又，郭璞注山海經序：「道之所在，俗之所喪。」

〔二〕惜其情：吝惜情欲，即不肯任情之意。吕氏春秋情欲：「故耳之欲五聲，目之欲五色，口之欲五味，情也。」「有酒當飲，乃合人情。不肯飲，故曰『惜情』。

〔三〕貴我身：莊子田子方：「知身貴於隸也，貴在於我而不失於變。」韓非子愛臣：「萬物莫如身之至貴也。」列子楊朱篇：「故智之所貴，存我爲貴。」文選謝靈運述祖德詩：「達人貴自我。」

〔四〕「倏如」句：倏，倏忽，迅疾。流電，閃電。李康遊山序：「蓋人生天地之間也，若流電之過户牖，輕塵之栖弱草。」

〔五〕鼎鼎：一説義用禮記檀弓上：「鼎鼎爾則小人。」鄭玄注：「謂大舒。」孔穎達正義曰：「若吉事鼎鼎爾，不自嚴敬，則如小人然。形體寬慢也。」聞人倓古詩箋卷六：「此言『鼎鼎』，取寬慢之意。百年自速，而人意自寬慢。『持此欲何成』，『此』字指『但顧世間名』。或以『鼎鼎』爲薪火不傳意，殊覺杜撰。宋陸游詩：『百歲常鼎鼎』，『新春鼎鼎來』。亦似未得陶公本意。」一説爲擾攘貌。古注：「鼎鼎，禮記鄭箋謂大舒，此非其義，疑當訓爲擾攘貌。」按，據詩意，鼎鼎義近蹉跎，即虚度光陰之意。曹植贈白馬王彪詩：「百年誰能持。」此詩「鼎鼎」二句似本曹植詩。

【集説】

此詩旨意是及時立名還是及時行樂？前人有異説。劉履選詩補注卷五云：「此言大道久喪，情欲日滋，當世之人，不肯適性保真，而徒戀惜世榮，殊不知一生之内，倏如電之過目，今乃舒緩怠惰，不自速悟，持此以往，欲何所成而垂名乎？蓋不特以之諷人，亦以自警焉爾。」何焯義門讀書記陶靖節詩云：「『有酒不肯飲』，直是有人不肯做之託詞耳。百年幾何，奈何不及時自立也？」劉、何皆主及時立名。方東樹昭昧詹言卷四則云：「言由於不悟大道，故惜情顧名，而不肯任真，不敢縱飲，不知及時行樂。此即身後名不如生前一杯酒，與上篇似相背，然惟其能固窮，是以能忘憂而飲酒，固是一串意，非相背也，不可以文害義也。此即神釋之意，注説及何義門解，皆失之滯，書生之見。」按，此詩言世間名不足惜，當任情縱飲，方東樹所言是。此詩表現出來的思想和作風，同魏晉不少名士相仿佛。世説新語任誕載：時人謂張翰：「卿可縱適一時，不爲身後名耶？」答曰：「使我有身後名，不如即時一杯酒。」晉書卷七二郭璞傳：郭璞嗜酒好色，時或過度，干寶誡之曰：「此非適性之道也。」璞曰：「吾所受有本限，用之恒恐不得盡，卿乃憂酒色之爲患乎！」而淵明和劉柴桑詩：「去去百年外，身名同翳如。」酬劉柴桑詩：「今我不爲樂，知有來歲不？」飲酒詩其七：「嘯傲東軒下，聊復得此生。」飲酒詩其二十：「若復不快飲，空負頭上巾。」其指歸皆在蔑彼世名，任情肆志，及時行樂。

栖栖失羣鳥〔一〕，日暮猶獨飛。徘徊無定止，夜夜聲轉悲。厲響思清遠〔二〕，去來何依依。因值孤生松，斂翮遥來歸。勁風無榮木，此蔭獨不衰。託身已得所，千載不相違。

【校記】

厲響思清遠，去來何依依　曾本云，一作「厲響思清晨，遠去何所依」。蘇寫本、汲古閣本同。「何依依」，曾本、汲古閣本云，又作「求何依」。焦本作「厲響思清晨，遠去何所依」，又云，「晨」，一作「遠」非。一作「去來何依依」。

因值　「因」，李本作「自」。

遥來歸　「遥」，曾本、汲古閣本云，一作「更」，又作「終」。蘇寫本云，一作「終」。

勁風　「勁」，曾本、汲古閣本云，一作「動」。

此蔭　「蔭」，蘇寫本作「廕」。

獨不衰　「獨」，曾本、汲古閣本云，一作「交」。按，鮑照松柏篇：「松柏受命獨，歷代長不衰。」作「獨」是。

不相違　「不」，曾本、汲古閣本云，一作「莫」。

【箋注】

〔一〕棲棲：忙碌不安貌。論語憲問：「丘何爲是棲棲者歟？」

〔二〕厲響：枚乘柳賦：「蜩螗厲響。」文選曹植洛神賦：「聲哀厲而彌長。」李善注：「厲，急也。」陸機幽人賦：「指千秋以厲響。」習鑿齒與釋道安書：「鸞響厲乎八冥。」清遠：魏晉六朝品藻人物常語。嵇康家誡：「其立身當清遠。」世説新語賞譽：「康子紹，清遠雅正。」世説新語言語：「會稽賀生，體識清遠，言行以禮。」詩品：「嵇康詩託喻清遠，良有鑒裁。」此句中「清遠」，寫鳥之高遠之志。古注：「凡厲急之聲皆必清遠。」其説非。

【集説】

邱嘉穗東山草堂陶詩箋卷三謂「陶公自彭澤解綬，真如失羣之鳥，飛鳴無依。」其説不確。關於此詩命意，李注引趙泉山曰：「此詩譏切殷景仁、顏延之輩附麗於宋。」孫人龍纂輯陶公詩評註初學讀本卷二否定趙説，稱此詩「自寫其高致耳」。温汝能陶詩彙評卷三亦謂「至譏切殷、顏輩，似非正旨。」

結廬在人境〔一〕，而無車馬喧。問君何能爾？心遠地自偏〔二〕。採菊東籬下，悠然見南山〔三〕。山氣日夕佳，飛鳥相與還。此中有真意〔四〕，欲辨已忘言〔五〕。

【校記】

能爾　「爾」，曾本云，一作「爲」。蘇寫本、汲古閣本同。

悠然　曾本、汲古閣本云，一作「時時」。

見南山　「見」，曾本、汲古閣本云，一作「望」。文選作「望」。按，作「見」是，參見注〔三〕。

日夕佳　「佳」，曾本、汲古閣本作「嘉」。

此中　「中」，曾本、汲古閣本作「還」，云，一作「中」。蘇寫本、湯本作「中」，云，一作「還」。

已忘言　「已」，曾本云，一作「忽」。蘇寫本、汲古閣本同。

【箋注】

〔一〕結廬：猶構廬。結，構也。文選揚雄解嘲：「結以倚廬。」李善注：「應劭曰：漢律：『以爲親行三年服，不得選舉，結爲倚廬，以結其心。』」

〔二〕「心遠」句：　謂寄心渺遠，則自會覺得住地偏僻。以上四句頗有理趣，向爲後人稱賞。范正敏遁齋閒覽：「王荆公在金陵作詩，多用淵明詩中事，至有四韻詩全使淵明詩者。且言其詩有奇絶不可及之語，如『結廬在人境，而無車馬喧。問君何能爾？心遠地自偏』。由詩人以來無此句也。然則淵明趨向不羣，詞彩精拔，晉宋之間，一人而已。」按，「心遠地偏」之義乃屬魏晉玄學之范疇。魏晉隱逸之風極盛，玄學改變了隱居乃逃於江海之上以避世之舊觀念，指導人們不執着於外在形迹，而去追求心境之超然無累。倘内心超脱，則隱於市朝與隱於巖穴無異。如王康琚反招隱詩云：「小隱隱陵藪，大隱隱朝市。」周續之亦稱：「情致兩忘者，市朝亦巖穴耳。」不難發現，「心遠地偏」之義，正是魏晉隱士追求的「勝義」。

〔三〕「採菊」二句：蘇軾東坡題跋卷二題淵明飲酒詩後：「『採菊東籬下，悠然見南山。』因採菊而見山，境與意會，此句最有妙處。近歲俗本皆作『望南山』，則此一篇神氣都索然矣。」晁補之鷄肋集卷三三題陶淵明詩後：「東坡云陶淵明意不在詩，詩以寄其意耳。『採菊東籬下，悠然望南山』，則既採菊又望山，意盡於此，無餘蘊矣，非淵明意也。『採菊東籬下，悠然見南山』，則本自採菊，無意望山，適舉首而見之，故悠然忘情，趣閑而累遠，此未可於文字精粗間求之。」吴曾能改齋漫録卷三：「東坡以淵明『採菊東籬下，悠然見南山』，無識者以『見』爲『望』，不啻碔砆之與美玉。然余觀樂天效淵明詩有云：『時傾一尊酒，坐望東南山』，然則流俗之失久矣。惟韋蘇州答長安丞裴説有云：『採菊露未晞，舉頭見南山。』乃知真得淵明詩意，而東坡之説爲可信。」王國維人間詞話：「『採菊東籬下，悠然見南山』，無我之境也。」南山：廬山。王瑶注：「相傳服菊可以延年，採菊是爲了服食。詩經上説，『如南山之壽』，南山是壽考的徵象。」按，王瑶謂採菊是爲服食，良是。然釋「南山」非是。顔誄云：「尋陽陶淵明，南岳之幽居者。」南岳，當指廬山。又，庾亮翟徵君贊：「卒於尋陽之南山。」太元十六年，江州刺史王凝之集中外僧徒八十八人，在廬山翻譯佛經，出三藏集阿毗曇心經序云：「其年冬，於南山精舍，提婆自執胡經，先譯本文。」九江府志：「廬山在府城南二十五里，古稱南障山。」凡此，皆可證南山指廬山。此外，「悠然」句後緊承「山氣」二句，描繪所見實景，則前面之南山，顯然不是意念中「壽考的徵象」。

〔四〕真意：指委運自然之意趣。按，蘇軾稱「採菊東籬下，悠然見南山」爲淵明談理之詩，知道之言（見葛立方韻語陽秋）。此詩中的「真意」便是「理」與「道」，然又絶非抽象之哲理，而是新鮮生動之意趣。

〔五〕「欲辨」句：莊子齊物論：「辨也者，有不辨也。」「夫大道不稱，大辨不言。」莊子外物：「言者所以在意，得意而忘言。」莊子知北遊：「夫知者不言，言者不知，故聖人行不言之教。」按，王弼易略例明象章曰：「盡意莫若象，盡象莫若言。」「言者所以明象，得象而忘言。象者所以存意，得意而忘象。」「是故存言者非得象者也，存象者非得意者也。」「忘象者乃得意者也，忘言者乃得象者也。」此詩是運用魏晉玄學「得意忘言」之説的典型例子。「採菊」四句爲所見之象。「象者所以存意」，由採菊而見山中夕景之佳，悟出其中「真意」。然「忘象者乃得意者也，忘言者乃得象者也」。既已得意，即可忘象忘言，故曰「此中有真意，欲辨已忘言」。

【集説】

張九成曰：「此即淵明畎畝不忘君之意也。」（李注卷三引）章炳麟手批陶淵明集不以張九成之説爲然，曰：「靖節高隱之士，固不樂爲宋臣，亦非眷念晉室，乃云『畎畝不忘君』，荒矣。」（飲酒其五眉批）

【集評】

王士禛古學千金譜：「通章意在『心遠』二字，真意在此，忘言亦在此。從古高人只是心無凝滯，空洞無涯，故所見高遠，非一切名象之可障隔，又豈俗物之可妄干。有時而當静境，静也，即動境亦静。境有異而心無異者，遠故也。心不滯物，在人境不虞其寂，逢車馬不覺其喧。籬有菊則采之，采過則已，吾心無菊。忽悠然而見南山，日夕而見山氣之佳，以悦鳥性，與之往還，山花人鳥，偶然相對，一片化機，天真自具，既無名象，不落言詮，其誰辨之？」

温汝能陶詩彙評卷三：「淵明詩類多高曠，此首尤爲興會獨絶，境在寰中，神遊象外，遠矣。得力在起四句，奇絶妙絶，以下便可一直寫去，有神無迹，都於此處領取，俗人反先賞其採菊數語何也。至結二句則愈真愈遠，語有盡而意無窮，所以爲佳。」

行止千萬端〔一〕，誰知非與是〔二〕。是非苟相形〔三〕，雷同共譽毁〔四〕。三季多此事〔五〕，達士似不爾〔六〕。咄咄俗中愚〔七〕，且當從黄綺〔八〕。

【校記】

達士　「士」，曾本云，一作「人」。湯本、汲古閣本同。

俗中愚　「愚」，陶本原校：「焦本云，宋本作『愚』，一作『惡』，非。」各本皆作「惡」。曾本、汲古閣本云，一作「愚」。

【箋注】

〔一〕行止：指人們的出處趣舍。千萬端：嵇康卜疑：「人情萬端。」

〔二〕「誰知」句：莊子齊物論：「物無非彼，物無非是。」「彼亦一是非，此亦一是非，果且有彼是乎哉？果且無彼是乎哉？」淮南子齊俗訓：「不知世之所謂是非者，不知孰是孰非。」

〔三〕相形：老子二章：「長短相形，高下相傾。」淮南子齊俗訓：「短修相形。」

〔四〕雷同：禮記曲禮上：「毋勦説，毋雷同。」鄭玄注：「雷之發聲，物無不同時應者。」漢書卷三六劉歆傳：「雷同相從，隨聲是非。」譽毁：即毁譽。古注：「楚辭九辯：『世雷同而炫耀兮，何毁譽之昧昧。』又，王沈釋時論：『姻黨相扇，毁譽交紛。』葛洪抱朴子對俗：『憂喜毁譽不爲累。』」

〔五〕三季：參見贈羊長史詩注。此事：指是非不分，雷同毁譽之事。吴注引王棠曰：「此事是何事，口不説出，蓋指從宋諸臣。」其説非。

〔六〕達士：熊遠因災異上疏：「從容爲高妙，放蕩爲達士。」不爾：魏晉習語。晉書卷四九光逸傳：「君子仁愛，必不爾也。」晉書卷六七郗超傳：「不爾，便燒之。」

〔七〕咄咄：表示驚訝的歎詞。世説新語黜免：「殷中軍被廢，在信安，終日恒書空作字。揚州吏民尋義逐之，竊視，唯作『咄咄怪事』四字而已。」俗中愚：賈誼鵩鳥賦：「愚士繫俗兮，窘若囚拘。」

〔八〕黄綺：商山四皓中的夏黄公與綺里季。參見贈羊長史詩注。

【集説】

湯漢注陶靖節先生詩卷三：「此篇言季世出處不齊，士皆以乘時自奮爲賢，吾知從黄、綺而已，世俗之是非譽毁，非所計也。」

蔣薰評陶淵明詩集卷三：「先生知是非者也，雖爲雷同人語，晉、宋之交，能無咄咄。」

邱嘉穗東山草堂陶詩箋卷三：「此必當時仕宋者反議公之退隱爲非，如淳于髡之譏孟子以名實，孟子答以三子同歸於仁，公此詩亦然。」

方東樹昭昧詹言卷四：「本齊物論，言心不遠者，但見是非紛紜而不能已於言。以承上文忘言而足之如此。」

秋菊有佳色，裛露掇其英〔一〕。汎此忘憂物〔二〕，遠我遺世情〔三〕。一觴雖獨進，杯盡壺自傾。日入羣動息〔四〕，歸鳥趨林鳴。嘯傲東軒下〔五〕，聊復得此生〔六〕。

【校記】

秋菊　「秋」，曾本云，一作「霜」。汲古閣本同。

遺世情　「遺」，陶本原校：「文選作『達』。一作『違』。」曾本云，一作「達」。按，孫綽遊天台山賦：「非夫遺世翫道。」作「遺」是。

雖獨進　「雖」，曾本、汲古閣本云，一作「聊」。焦本云，一作「聊」，非。

趨林鳴　「趨」，汲古閣本作「趣」。按，「趨」同「趣」。

【箋注】

〔一〕裛：通「浥」，文選謝靈運入彭蠡湖口詩：「浥露馥芳蓀。」李善注：「説文曰：『浥，濕也。』」掇：拾起，可引申爲摘取。英：指菊花。楚辭離騷：「朝飲木蘭之墜露兮，夕餐秋菊之落英。」

〔二〕汎：説文：「汎，浮貌。」可訓爲浸泡。孫思邈千金月令：「重陽之日，必以肴酒，登高眺遠，爲時讌之遊賞，以暢秋志。酒必采茱萸甘菊以泛之，既醉而還。」（説郛卷六九上）潘尼秋菊賦：「汎流英於清醴，似浮萍之隨波。」忘憂物：指酒。曹操短歌行：「何以解憂，唯有杜康。」形影神詩：「酒云能消憂。」逯注：「忘憂物，指菊。」非。按，據本詩及九日閒居詩：「酒能祛百慮，菊解制頽齡」二句看來，淵明雖不信神仙長生，並説「衛生每苦拙」，但並不排斥服菊酒以希延年的養生之道，偶或亦作「衛生之舉」。

〔三〕「遠我」句：與連雨獨飲詩「試酌百情遠」句同意。

〔四〕羣動：運動着的萬物。文選李善注：「杜育詩曰：『臨下覽羣動。』」又，李顒雷賦：「應厲風以相薄兮，包羣動而爲長。」

〔五〕嘯傲：舒嘯而傲然自得之貌。文選李善注：「郭璞遊仙詩：『嘯傲遺俗羅。』」嘯，撮口發聲，以宣泄情志。

〔六〕「聊復」句：吴注：「東坡曰：靖節以無事爲得此生，則凡役於物者，非失此生耶？」復，此有失而復得之意。離開田園謂之失，辭官歸隱，謂之復得。

【集評】

李公煥箋注陶淵明集卷三引定齋曰：「自南北朝以來，菊詩多矣，未有能及淵明之妙，如『秋菊有佳色』，他花不足當此一佳字。然通篇寓意高遠，皆由菊而發耳。」

邱嘉穗東山草堂陶詩箋卷三：「此詩言對菊飲酒至暮，遺世而自得也。蓋菊之晚芳，亦公所自比歟。故下篇遂以松次之。公和郭主簿云：『芳菊開林耀，青松冠巖列，懷此貞秀姿，卓爲霜下傑。』固知松菊皆三徑中得意之物，宜其於詩文中再三及比。」

青松在東園，羣草没其姿。凝霜殄異類〔一〕，卓然見高枝。連林人不覺，獨樹衆乃奇。提壺撫寒柯，遠望復何爲〔二〕。吾生夢幻間，何事紲塵羈〔三〕。

【校記】

没其姿　「其」，陶本原校：「一作『奇』。」曾本、汲古閣本云，一作「奇」。李本作「奇」。

凝霜　「凝」，曾本云，一作「晨」。蘇寫本、汲古閣本同。按，楚辭九章悲回風：「漱凝霜之雰雰。」文選陸機園葵詩：「嚴霜有凝威。」文選張景陽雜詩：「凝霜竦高木。」湛方生秋夜：「露凝結而爲霜。」作「凝霜」是。

連林　「連」，曾本云，一作「叢」。蘇寫本、汲古閣本同。

乃奇　「奇」，陶本原校：「一作『知』。」曾本云，一作「知」。蘇寫本、汲古閣本同。

撫寒柯　「撫」，陶本原作「挂」。陶本原校：「何本云，一作『撫』。」曾本作「挂」，云，一作「撫」，蘇寫本、汲古閣本同。湯本、李本、焦本作「挂」。按，歸去來兮辭：「撫孤松而盤桓。」作「撫」較勝，今據改。

復何爲　陶本原作「時復爲」。湯本、焦本同。曾本作「時復爲」，云，一作「復何爲」。蘇寫本、汲古閣本同。按，作「復何爲」是，參見注〔二〕。

【箋注】

〔一〕殄：廣雅釋詁：「殄，絶也。」論衡論死：「殄者，死之比也。」

〔二〕「遠望」句：陶注：「此倒句，言時復爲遠望也。」按，曹植精微篇：「怨女復何爲。」傅玄雲中白子高行：「長與天地並，復何爲，復何爲。」上句寫提壺撫松，神凝於彼，此句正謂何必再遠望外慕。陶注不確。

〔三〕紲塵羈：爲塵世羈絆。紲，説文：「紲，繫也。」左傳僖公二十四年：「臣負羈紲，從君巡於天下。」杜預注：「羈，馬羈。紲，馬韁。」孔穎達正義：「説文云：『羈，馬絡頭也。』又曰：『馬絆紲繫也。』」潘尼逸民吟：「寵辱弗榮，誰能羈紲。」世説新語傷逝：「王濬沖曰：自嵇生夭、阮公亡以來，便爲時所羈紲。」

【集評】

洪邁容齋三筆：「其飲酒詩二十首中一篇云：『青松在東園，衆草没其姿。凝霜殄異類，卓然見高枝。連林人不覺，獨樹衆乃奇。』所謂孤松者是已，此意蓋以自況也。」

胡小石手批靖節先生集：「屈原愛香草，每言蘭蕙。陶公於草木中乃獨愛松，曰『勁風無榮木，此蔭獨不衰』，曰『連林人不覺，獨樹衆乃奇』（飲酒），曰『懷此貞秀姿』（和郭主簿），曰『景翳翳以將入，撫孤松而盤桓』（歸去來兮辭）。」

清晨聞叩門〔一〕，倒裳往自開〔二〕。問子爲誰與〔三〕？田父有好懷。壺漿遠見候〔四〕，疑我與時乖〔五〕。繿縷茅簷下〔六〕，未足爲高栖〔七〕。一世皆尚同〔八〕，願君汩其泥〔九〕。深感父老言，稟氣寡所諧〔一〇〕。紆轡誠可學〔一一〕，違己詎非迷〔一二〕。且共歡此飲，吾駕不可回。

【校記】

誰與　「與」，李本、焦本作「歟」。

一世　「一」，曾本云，一作「舉」。湯本、汲古閣本同。蘇寫本作「舉」。

寡所諧　「寡」，曾本云，一作「少」。蘇寫本、汲古閣本同。

不可回　「回」，蘇寫本作「迴」。

【箋注】

〔一〕此詩當爲有人勸淵明出仕而作。顏誄：「有詔徵著作郎，稱疾不到。」宋傳：「義熙末，徵著作佐郎，不就。」吴譜據此將此詩繫於義熙十四年戊午（四一八）。顧譜、丁譜、楊譜、梁譜同。陶考謂「亦不必定其十四年」。所言較通達。按，蕭傳云：「時周續之入廬山事釋慧遠，彭城劉遺民亦遁迹匡山，淵明又不應徵命，謂之『尋陽三隱』。後刺史檀韶苦請續之出州，與學士祖企、謝景夷三人，共在城北講禮，加以讎校。所住公廨，近於馬隊。是故淵明示其詩云云。」考晉書卷一〇安帝紀、宋書卷四七孟懷玉傳、宋書卷四五檀韶傳，義熙十一年（四一五）江州刺史孟懷玉卒於任所。繼任者劉柳，卒於義熙十二年（四一六）六月。八月，左將軍檀韶爲江州刺史。又宋書卷九三周續之傳謂劉柳曾薦周於高祖，不久辟爲太尉掾，不就。據上可知，淵明不就著作佐郎可能與周續之不應太尉掾同時，時在義熙十一二年間。

〔二〕倒裳：詩齊風東方未明：「東方未明，顛倒衣裳。」此用其意，言急忙迎客，來不及穿好衣裳。

〔三〕子：指田父。

〔四〕壺漿：參見癸卯歲始春懷古田舍詩其二注。

〔五〕疑：淮南子氾論訓：「當此之時，有立武者見疑。」高誘注：「疑，怪也。」與時乖：與世不合。伏義與阮嗣宗書：「形性恂張，動與世乖。」釋慧遠答桓玄書沙門不應敬王者論：「此理之與世乖。」

〔六〕繿縷：同「藍縷」。方言：「楚人謂貧人衣破醜敝爲藍縷。」支遁上書告辭哀帝：「繿縷畢世。」

〔七〕高栖：高隱。王珣祭徐聘士文：「藏器高栖，確爾特立。」謝靈運山居賦：「盡高栖之意。」

〔八〕尚同：曹羲至公論：「朋友忽義，以雷同爲美。」顔誄：「依世尚同。」一世尚同，即謂世俗以雷同爲美。據晉書卷九八桓温傳，温上疏陳便宜七事，第一事即是「朋黨雷同，私議沸騰」。可見「一世皆尚同」乃東晉污濁風氣的真實情況。

〔九〕汩：同「淈」。説文：「淈，濁也。」楚辭漁父：「聖人不凝滯于物，而能與世推移。世人皆濁，何不淈其泥而揚其波？」

〔一〇〕稟氣：稟性，生性。王充論衡氣壽：「人之稟氣，或充實而堅强，或虚劣而軟弱。」釋慧遠答桓玄書沙門不應敬王者論：「咸稟氣於兩儀，受形於父母。」此句言稟性與世俗不合，即歸園田居詩「少無適俗韻」及與子儼等疏「性剛才拙，與物多忤」之意。

〔一一〕紆轡：回車，喻違反素襟而出仕。

〔一二〕違己：違背本心。歸去來兮辭：「心爲形役，違己交病。」

【集評】

吴菘論陶：「『深感父老言』以下，『紆轡誠可學』，作一開；『違己詎非迷』，作一闔；『且共歡此飲』，再一開；『吾駕不可回』，再一闔，抑揚盡致。」

陶必銓萸江詩話：「此必當時顯有以先生不仕宋而勸駕者，故有『不足爲高栖』云云。結語斬然，中有不忍言，特不可明言耳。」

方東樹昭昧詹言卷四：「又幻出人物來，校之就物言，更易託懷抱矣。此詩夾叙夾議，託爲問答，屈子漁父之怡。注謂時必有人勸公出仕者，是也。收句完好。」

在昔曾遠遊，直至東海隅，道路迥且長，風波阻中塗〔一〕。此行誰使然，似爲飢所驅〔二〕。傾身營一飽，少許便有餘〔三〕。恐此非名計〔四〕，息駕歸閒居〔五〕。

【校記】

阻中塗　「阻」，曾本、蘇寫本、焦本云，一作「起」。

飢所驅　「飢」，焦本作「饑」。

【箋注】

〔一〕「在昔」四句：此四句究竟追述淵明哪一次行役？前人有異說。劉履選詩補注云：「淵明於晉安帝元興三年甲辰，爲鎮軍將軍劉裕參軍，經曲阿赴丹徒。『在昔』二句似追述其事。」王瑶注從劉説。陶注則謂指淵明參劉牢之軍事，此詩追述從討孫恩至東海。逯注謂「指阻風於規林等事」。以上諸説，以劉履説較勝。淵明未曾參劉牢之軍事，可參見始作鎮軍參軍經曲阿作詩注及【集説】。又陶考以爲「在者」以下六句追賦從劉牢之馳驅海隅一事，時在隆安三年己亥（三九九）十一月；而謂詩末「恐此非名計，息駕歸閒居」二句，乃追賦隆安四年庚子（四〇〇）五月請假回尋陽事，並稱淵明留尋陽踰年，至隆安五年辛丑（四〇一）七月有江陵之役。味其意，似以「息駕歸閒居」當庚子年五月之請假回里。然綜觀全詩，明明追述由仕途退歸田園，「息駕」一句，只能作辭官歸隱解。陶考稱「息駕歸閒居」爲「乞假」，不妥。至于逯注將「風波阻中塗」當庚子歲五月阻風規林事，亦不確。詩言「直至東海隅」，顯然由尋陽往建康；而阻風於規林詩題云「從都還」，乃由建康回尋陽。可見本篇「風波阻中塗」非指庚子歲阻風於規林事。東海隅：指曲阿縣，其地在晉時屬南東海郡，距海不遠。枚乘七發寫吴客往觀濤於廣陵之曲江，「江水逆流，海水上潮」。文選郭璞江賦：「表神委於江都，混流宗而東會。」李善注引漢書曰：「廣陵國有江都縣，東會于海。」唐詩人李頎詩云：「揚州郭裏見潮生。」凡此皆可見唐之前大江在揚州附近入海。曲阿位於長江南岸，北對廣陵，亦近海。唐以後沙漲，長江入海口東移。後人或不明滄海桑田之變，遂誤以爲陶詩中「東海隅」指今浙東沿海一帶。

〔一二〕「此行」二句：言爲貧而仕。飲酒詩其十九：「疇昔苦長飢，投耒去學仕」二句可與此印證。

〔三〕「傾身」二句：與和郭主簿詩「營己良有極，過足非所欽」二句同意。

〔四〕名計：名，釋名釋言語：「名，明也，名實使分明也。」胡小石手批靖節先生集：「『恐此非名計』，檀弓：『子夏喪其子，而喪其明。』冀州從事郭君碑云：『卜商號咷，喪子失名。』是『名』與『明』通。詩本借『名』爲『明』。此云『名計』，猶言『明計』矣。」按，胡説是。名計，猶良策也。「恐此非名計」，意謂奔波仕途，恐非良策。

〔五〕息駕：停止車駕，喻辭官。閒居：此指隱逸，即辛丑歲七月赴假還江陵夜行塗口詩「閒居三十載」之閒居。逯注：「閒居，陶淵明住宅。」非。

【集評】

李公焕箋注陶淵明集卷三引趙泉山曰：「此篇述其爲貧而仕。」

邱嘉穗東山草堂陶詩箋卷三：「此直賦其辭彭澤而歸來之本意。」

顔生稱爲仁〔一〕，榮公言有道〔二〕。屢空不獲年〔三〕，長飢至于老〔四〕。雖留身後名，一生亦枯槁〔五〕。死去何所知，稱心固爲好〔六〕。客養千金軀，臨化消其寶〔七〕。裸葬何必惡〔八〕，人當解意表〔九〕。

【校記】

長飢　「飢」，焦本作「饑」。

至于老　「于」，曾本云，一作「䊺」。蘇寫本、汲古閣本同。

客養　「客」，曾本、汲古閣本云，一作「各」，又作「容」。蘇寫本云，一作「容」。焦本云，一作「各」，非。

臨化消其寳　曾本、汲古閣本云，一作「臨死鎮真寳」。「臨」，曾本云，一作「幻」。蘇寫本、汲古閣本同。

意表　曾本、汲古閣本作「其表」，云，一作「意表」。蘇寫本云，一作「其表」。按，作「意表」是，參見注〔九〕。

【箋注】

〔一〕顔生：孔子弟子顔回。論語雍也：「回也，其心三月不違仁。」

〔二〕榮公：榮啓期。參見飲酒詩其二注。

〔三〕屢空：論語先進：「回也，其庶乎，屢空。」不獲年：不得長壽。年，年壽。史記卷六七仲尼弟子列傳：「回年二十九，髮盡白，蚤死。」讀史述九章七十二弟子：「回也早夭，賜獨長年。」此句應上「顔生爲仁」。

〔四〕「長飢」句：言榮公年九十，仍以索爲帶，飢寒至老。此句應上「榮公有道」。以上四句即飲酒詩其二「善惡不相應」之喟嘆。

〔五〕枯槁：指人容色憔悴。楚辭漁父：「顔色憔悴，形容枯槁。」莊子徐無鬼：「兵革之士樂戰，枯槁之士宿名。」按，「雖留」二句意同杜甫丹青引詩「但看古來盛名下，終日坎壈纏其身」。

〔六〕稱心：謂任情適意。時運詩：「人亦有言，稱心易足。」晉書卷七七蔡謨傳：「才不副意，略不稱心。」

〔七〕臨化：臨死。化，此指死。寶：老子六十九章：「輕敵幾喪吾寶。」河上公注：「寶，身也。」吕氏春秋先己：「凡事之本，必先治身，嗇其大寶。」高誘注：「大寶，身也。」蘇軾書淵明飲酒詩後：「寶不過軀，軀化則寶亡矣。人言靖節不知道，吾不信也。」

〔八〕裸葬：漢書卷六七楊王孫傳：「及病且終，先令其子曰：『吾欲裸葬，以反吾真，必亡易吾意。死則爲布囊盛尸，入地七尺，既下，從足引脱其囊，以身親土。』」皇甫謐篤終論亦贊同裸葬乃「反真之理」，並云：「故桓司馬石椁，不如速朽。季孫璵璠，比之暴骸。文公厚葬，春秋以爲華元不臣。楊王孫親土，漢書以爲賢于秦始皇。」

〔九〕意表：意之外，即言外之意。莊子天道郭象注：「其貴恒在意言之表。」三國志魏書荀彧傳注引何劭荀粲傳：「今稱立象以盡意，此非通于意外者也。繫辭焉以盡言，此非言乎繫表者也。斯則象外之意，繫表之言，固藴而不出矣。」又，解意爲魏晉常語。晉書卷四三樂廣傳：「客豁然意解，沈痾頓愈。」按，漢書卷六七楊王孫傳載：王孫將終，遺令裸葬。其子欲默而不從，難違父命；欲從之，心又不忍，乃就教王孫友人祈侯。祈侯與王孫書，以爲若死者有知，裸葬是猶戮尸地下將裸見先人，吾所不取。且孝經曰，爲之棺槨衣衾，亦聖人之遺制，云云。王孫報祈侯書云：吾之裸葬，將矯世之厚葬風氣。且死者乃終生之化，物各反其真。「反真冥冥，亡形亡聲，乃合道情」。王孫之子既難從父命，祈侯又以爲王孫裸葬不合聖人之遺制，皆以裸葬爲惡。淵明言「客養千金軀，臨化消其寶」，乃贊同王孫裸葬以矯世之厚葬風氣的用心，故謂「裸葬何必惡」，人當解王孫裸葬之意表者也。

【集説】　關於此詩意旨，前人多以爲身名兩破之，而以稱心爲貴。如湯漢注陶靖節先生詩卷三：「顏、榮皆非希身後名者，正以自遂其志耳。保千金之軀者，亦終歸於盡，則裸葬亦未可非也。或曰，前八句言名不足賴，後四句言身不足惜，淵明解處，正在身名之外也。」吴瞻泰陶詩彙注卷三引王棠曰：「顏、榮以名爲寶，客以千金軀爲寶，總不若稱心爲寶也。」温汝能陶詩彙評則曰：「篇中言身名不足惜，不過世人之見；反言之以自寫其一時達趣云爾，不然，飲酒之餘，身名不惜，何以爲靖節哉。」

長公曾一仕，壯節忽失時。杜門不復出，終身與世辭〔一〕。仲理歸大澤，高風始在茲〔二〕。一往便當已〔三〕，何爲復狐疑。去去當奚道，世俗久相欺。擺落悠悠談〔四〕，請從余所之。

【校記】

杜門　「杜」，曾本、汲古閣本云，一作「松」。蘇寫本作「松」。按，杜門：閉門，塞門。漢書卷五七上司馬相如傳：「卓王孫恥之，爲杜門不出。」蔡邕汝南周勰碑：「乃託疾杜門静居。」晉書卷九四氾騰傳：「門一杜，其可開乎！」作「杜門」是，「松」乃形訛。

始在茲　「始」，陶本原校：「焦本云，一作『如』，非。」曾本云，一作「如」。蘇寫本、汲古閣本同。

【箋注】

〔一〕「長公」四句：史記卷一〇二張釋之傳：「其子曰張摯，字長公。官至大夫，免。以不能取容當世，故終身不仕。」壯節，壯烈節操。三國志魏書臧洪傳：「有勇氣壯節。」丁注：「壯節，謂壯年時節。」疑非是。失時，指與世相違。

〔二〕「仲理」二句：仲理，指東漢楊倫。後漢書卷七九上儒林傳：楊倫「爲郡文學掾，更歷數將，志乖於時，以不能人間事，遂去職，不復應州郡命。講授大澤中，弟子至千餘人。」始，論語泰伯：「師摯之始。」何晏集解：「始，猶首也。」

〔三〕一往：指歸隱。

〔四〕悠悠談：謂道路流言。晉書卷六五王導傳：「悠悠之談，宜絶智者之口。」晉書卷四九謝鯤傳：「然悠悠之言，實未達高義。」

【集評】

邱嘉穗東山草堂陶詩箋卷三：「此又借古人仕而歸者，以解其辭彭澤而歸隱之本懷。」

陶必銓萸江詩話：「此言義不當復出，卻不明言所以不出，結語可思。世俗悠悠，非榮則利，歧路之惑，多由此也。」

有客常同止〔一〕，趣舍邈異境〔二〕。一士常獨醉，一夫終年醒。醒醉還相笑，發言各不領。規規一何愚〔三〕，兀傲差若穎〔四〕。寄言酣中客，日沒燭當秉。

【校記】

趣舍　陶本原作「取舍」。李本、焦本作「趣捨」。曾本、汲古閣本、蘇寫本作「取捨」。按，「趣舍」亦作「取舍」、「趨舍」。「舍」，同「捨」。

還相笑　「還」，曾本云，一作「遞」。蘇寫本、汲古閣本同。

差若　曾本、汲古閣本云，一作「嗟無」。

燭當秉　陶本原校：「一本『秉』作『炳』。焦本云，宋本作『獨何炳』。」曾本、汲古閣本作「獨何炳」，云，一作「當秉」，又作「燭當炳」。蘇寫本作「燭可炳」，云，一作「獨何炳」。湯本云，一作「獨何炳」。按，「秉燭」亦作「炳燭」。文選曹丕與吳質書：「古人思炳燭夜遊，良有以也。」李善注：「古詩曰：『晝短苦夜長，何不秉燭遊。』秉或作炳。」

【箋注】

〔一〕同止：猶同居。蓮傳慧遠法師傳：「欲邀同止。」丁注引曾國藩曰：「晉宋間以同居爲同止。兩人同居，一醉一醒。淵明以醒者規規爲愚，而醉者傲兀差潁耳。」鄧安生陶淵明飲酒詩新探：「這首詩中的『醒者』和『常同止』的客，自然是指故人了，只有『醉者』才是詩人自況。」

〔二〕趣舍：指出處進退。潘岳秋興賦：「苟趣舍之殊塗兮，庸詎識其躁靜。」邈異境：指境界全不相同。

〔三〕規規：莊子秋水：「子乃規規然而求之以察，索之以辯，是直用管闚天，用錐指地也，不亦小乎！」荀子非十二子：「瞡瞡然。」楊倞注：「瞡與規同，規規，小見之貌。」

〔四〕兀傲：魏晉時語，亦倒稱「傲兀」。葛洪抱朴子疾謬：「以傲兀無檢者爲大度，以惜護節操者爲澀少。」支遁詠懷詩：「傲兀乘尸素。」差若潁：較爲聰潁。差，尚，略。魏晉時習語。嵇康與山巨源絶交書：「至性過人，與物無傷，唯飲酒過差耳。」晉書卷九簡文帝紀：「謝安稱爲惠帝之流，清談差勝耳。」湯注：「醒者與世討分曉，而醉者頽然聽之而已。淵明蓋沈冥之逃者，故以醒爲愚，而以兀傲爲潁耳。」按，老子二十章云：「俗人昭昭，我獨昏昏；俗人察察，我獨悶悶。」淵明以醒者爲愚、醉者爲潁的看法，亦本道家。

【集評】

邱嘉穗東山草堂陶詩箋卷三：「陶公自以人醒我醉，正其熱心厭觀世事而然耳。要之，醒非真醒而實愚，醉非真醉而實穎。其箴砭世人處，卻仍以詼諧出之，故不覺其言之激也。」

馬墣陶詩本義卷三：「二客皆非世中之人，而淵明尤以醉者爲得，誠見世事之不足問，不足校論，惟當以昏昏處之耳。此淵明因取捨之殊而託意於飲酒也。」

温汝能陶詩彙評卷三：「篇中言醒者愚而醉差穎，或謂淵明嗜酒，故爲左袒之論。豈知其悲憤牢騷，不過寄意於酒，遂言之不覺近於謔耳。淵明豈真左袒醉人哉，善讀陶者當自得之。」

故人賞我趣，挈壺相與至。班荆坐松下〔一〕，數斟已復醉。父老雜亂言，觴酌失行次〔二〕。不覺知有我，安知物爲貴〔三〕。悠悠迷所留〔四〕，酒中有深味〔五〕。

【校記】

悠悠　曾本云，一作「咄咄」。蘇寫本、湯本、汲古閣本同。

所留　「留」，曾本云，一作「之」。蘇寫本、汲古閣本同。

有深味　曾本云，一作「固多味」。蘇寫本、湯本、汲古閣本同。

【箋注】

〔一〕班荆：左傳襄公二十六年：「班荆相與食。」杜預注：「班，布也，布荆坐地。」荆，樹枝雜草之類。

〔二〕「父老」二句：寫酒醉之後，言行失當之狀。亂，昏亂，迷亂。漢書卷七一于定國傳：「定國食酒至數石不亂。」行次：次序，輩行。

〔三〕「不覺」二句：言醉中不知有我，豈知外物爲貴。前句寫忘己，後句寫忘物，即寫飲酒時物我兩泯的精神狀態。

〔四〕悠悠：悠閑自在。留：方東樹昭昧詹言卷四：「留，止也，即指酒。」一說悠悠指世事，留爲留戀。張玉穀古詩賞析卷十三：「言世事悠悠，迷者多所留戀。」按，「悠悠」二句寫作者嗜酒及對酒的獨有會心，張説不確。

〔五〕「酒中」句：古注：「按本集孟府君傳：『明公但不得酒中趣爾。』靖節能得其趣，故覺深味醰醰矣。」

【集評】

馬璞陶詩本義卷三：「此首乃醉中之真趣，淵明之所樂，實以之處亂世者也。」

温汝能陶詩彙評卷三：「世人惟知有我，故不能忘物，物我之見存，則動多拘忌矣。淵明忘我更勝于齊物，其殆酒中聖者歟！」

貧居乏人工〔一〕，灌木荒余宅。班班有翔鳥〔二〕，寂寂無行跡〔三〕。宇宙一何悠，人生少至白〔四〕。歲月相催逼〔五〕，鬢邊早已白。若不委窮達，素抱深可惜。

【校記】

灌木　「灌」，曾本云，一作「卉」。蘇寫本、汲古閣本同。

一何悠　曾本云，一作「何悠悠」。蘇寫本、汲古閣本同。焦本作「何悠悠」，云，一作「一何悠」，非。

催逼　曾本云，宋本作「從過」。汲古閣本同。蘇寫本云，一作「從過」。焦本作「從過」，云，一作「催逼」，非。按，作「催逼」是，參見注〔五〕。

鬢邊　「鬢」陶本原作「髩」，今據各本改。

素抱　「抱」，曾本、汲古閣本云，一作「懷」。

【箋注】

〔一〕人工：猶人力，人爲。潘岳西征賦：「役鬼傭其猶否，況人力之所爲工。」謝靈運田南樹園激流植援詩：「寡欲不期勞，即事罕人工。」

〔二〕班班：絡繹不絕貌，盛多貌。後漢書五行志一：「車班班，入河間者，言上將崩，乘輿班班入河間迎靈帝也。」

〔三〕寂寂：落寞貌。左思詠史詩：「寂寂揚子宅，門無卿相輿。」曹攄答趙景猷詩：「寂寂閑處。」

〔四〕「人生」句：古詩十九首：「生年不滿百。」

〔五〕催逼，喻歲月流逝之速。陸機折楊柳行：「時逝恒若催。」雜詩其七：「日月不肯遲，四時相催迫。」

【集評】

黄文焕陶詩析義卷三：「窮達搖其慮，則素抱不能自主，肯委之度外，然後素抱不壞。」

方東樹昭昧詹言卷四：「此前四句只作即事興體，與下不相貫。以後却從空曠中得悟本趣，言若不委窮達，則多憂懼，是擾其素抱爲無益鄙懷，豈不可惜？」

少年罕人事，游好在六經〔一〕。行行向不惑〔二〕，淹留遂無成〔三〕。竟抱固窮節，飢寒飽所更〔四〕。弊廬交悲風，荒草没前庭〔五〕。披褐守長夜，晨鷄不肯鳴〔六〕。孟公不在兹〔七〕，終以翳吾情〔八〕。

【校記】

遂無成　「遂」，曾本、蘇寫本、湯本、汲古閣本皆作「自」，云，一作「遂」。

固窮　曾本作「窮苦」，云，一作「固窮」。焦本云，一作「自」。湯本、汲古閣本同。按，飲酒詩其二：「不賴固窮節，百世當誰傳。」癸卯歲十二月中作與從弟敬遠詩：「謬得固窮節。」作「固窮」是。

弊廬　「弊」陶本原作「敝」。曾本、湯本、汲古閣本、焦本皆作「弊」。按，作「弊」是，參見移居詩二首校記。

終以　「以」，曾本、汲古閣本云，一作「已」。

【箋注】

〔一〕游好：流連愛好。漢書卷三〇藝文志：「游文於六經之中，留意於仁義之際。」六經：詩、書、易、春秋、禮、樂。

〔二〕不惑：指四十歲。論語爲政：「子曰：吾十有五而志於學，三十而立，四十而不惑。」

〔三〕淹留：久留。楚辭九辯：「蹇淹留而無成。」無成：指學仕無成。祭從弟敬遠文：「余嘗學仕，纏綿人事，流浪無成。」按，以上二句追述漸近不惑之年，學仕無成的經歷。古注據「行行向不惑」句，謂此詩蓋淵明三十九歲作。其説非。

〔四〕飽：此爲「飽經」、「飽嘗」之「飽」。廣雅釋詁：「飽，滿也。」更：玉篇：「更，歷也。」史記卷一二三大宛列傳：「必更匈奴中。」索隱：「更，經也。」

〔五〕「弊廬」二句：邱嘉穗東山草堂陶詩箋卷三：「『悲風』比世亂，『荒草』比小人。劉裕弑零陵，天昏地黑，夾日無人，真如漫漫長夜，晨鷄不鳴之時。玩『悲風』、『荒草』、『長夜』、『晨鷄』等字，亦賦而比也。」陳祚明采菽堂古詩選卷一三：「『弊廬』二句真境。」按，劉裕弑零陵王在永初二年(四二二),邱説非,陳説是。

〔六〕「晨鷄」句:長夜難捱,故説晨鷄不鳴。怨詩楚調示龐主簿鄧治中詩:「造夕思鷄鳴。」可與此參看。

〔七〕孟公:東漢劉龔,字孟公。後漢書卷三〇上蘇竟傳:「龔字孟公,長安人,善論議,扶風馬援、班彪,並器重之。」丁注:「高士傳:張仲蔚,平陵人,博物善屬文,好詩賦,常居貧素,所處蓬蒿没人。時人莫識,惟劉龔知之。」「今陶公固窮有年,荒草没庭,處境與仲蔚相似,惜無知己如劉龔其人者,故有『孟公不在兹』之歎也。」按,詠貧士詩其六詠張仲蔚云:「舉世無知者,止有一劉龔。」可與本詩相參看。

〔八〕翳:隱蔽,遮蓋。

【集説】

李光地榕村詩選卷二:「退之以陶公未能平其心,蓋有託而逃者,且悲公之不遇聖人,無以自樂,而徒麴蘗之託,昏冥之逃也。其論正矣。然謂感激而未能平其心,則自古夷齊之侶,何獨不然。謂其無得於聖人而以酒自樂,則其視陶公已淺矣。觀飲酒詩第十六章、第二十章,恐公之希聖,不在韓公下也。此與阮籍輩奈何同日而語?其不曰樂聖而曰樂酒,則其寓言,固自有由。當晉宋易代之間,士罕完節,況公乃宰輔子孫,無所逃名乎?稍以才華著,便恐不免,況以德名自樹乎!隱居放言,而聖人有取焉,惟其時也。觀謝靈運亦以元勳之裔,縱其才氣,殺身於無名,則公之所處，合於聖人之道，超然尚矣。」

幽蘭生前庭，含薰待清風〔一〕。清風脱然至〔二〕，見别蕭艾中〔三〕。行行失故路〔四〕，任道或能通〔五〕。覺悟當念還，鳥盡廢良弓〔六〕。

【校記】

脱然　「然」，曾本云，一作「若」。蘇寫本、汲古閣本同。

任道或能通　曾本、汲古閣本云，一作「前道或能窮」。按，作「任道或能通」是。參見注〔五〕。

【箋注】

〔一〕「幽蘭」二句：言蘭之芳香有待清風發揚。晉書卷二三樂志下：「謀言協秋蘭，清風發其芳。」湯注：「蘭薰非清風不能别，賢者出處之致，亦待知者知耳。」

〔二〕脱然：詩召南野有死麕：「舒而脱脱兮。」鄭玄箋：「脱脱然舒。」淮南子精神訓：「脱然而喜矣。」高誘注：「脱，舒也。」列子黄帝篇：「今復脱然，是以又來。」

〔三〕蕭艾：雜草。楚辭離騷：「何昔日之芳草兮，今直爲此蕭艾也。」

〔四〕故路：喻守志田園的本懷。

〔五〕「任道」句：淮南子墬形訓：「唯知通道者，能原本之。」淮南子詮言訓：「原天命，治心術，理好憎，適情性，則治道通矣。」釋僧肇九折十演者開宗第一：「萬累多捐，故與道通。」按，此二句意同歸去來兮辭「實迷途其未遠，覺今是而昨非」，而近於後世「山重水複疑無路，柳暗花明又一村」之境界。由「失路」至「能通」，唯在「任道」。此道即自然之道。

〔六〕「鳥盡」句：史記卷九二淮陰侯列傳：「狡兔死，良狗亨；高鳥盡，良弓藏。」按，晉安帝隆安二年（三九八），殷仲堪、楊佺期等盟於尋陽，推桓玄爲盟主。第二年，桓玄却襲殺殷、楊兩人。義熙八年（四一二），劉裕害兗州刺史劉藩、尚書左僕射謝混，討滅曾與他長期共患難的荆州刺史劉毅及南蠻校尉郗僧施。劉毅被殺後，前將軍諸葛長民對親近説：「昔年醢彭越，今年殺韓信，禍其至矣。」果然，義熙九年（四一三）三月，劉裕殺長民及其弟輔國將軍黎民、大司馬參軍幼民、從弟寧朔將軍秀之。這些「鳥盡弓藏」的新例證，當爲淵明耳聞目見。因此，詩末「覺悟」二句，決非泛泛而談歷史，更多的是針對現實而發。

【集評】

湯漢注陶靖節先生詩卷三：「淵明在彭澤日，有『悵然慷慨，深愧平生』之語，所謂『失故路』也。惟其任道而不牽於俗，故卒能回車復路云耳。鳥盡弓藏，蓋借昔人去國之語，以喻己歸田之志。」

王夫之古詩評選卷四：「真理真詩。淺人日讀陶集，至此種作，則全不知其所謂，況望其吟而賞之。説理詩必如此乃不愧作者，後來惟張曲江擅場。」

陶必銓萸江詩話：「非經喪亂，君子之守不見，寓意甚深。覺悟念還，傅亮、謝晦輩不知也。」方東樹昭昧詹言卷四：「此必爲時事而發。然自古及今，聖賢所以立身涉世之全，量不過如此。」

子雲性嗜酒〔一〕，家貧無由得。時賴好事人，載醪祛所惑〔二〕。觴來爲之盡，是諮無不塞〔三〕。有時不肯言，豈不在伐國〔四〕。仁者用其心，何嘗失顯默〔五〕。

【校記】

是諮　「諮」，曾本、汲古閣本云，一作「語」。

【箋注】

〔一〕子雲：西漢揚雄，字子雲。

〔二〕「時賴」二句：漢書卷八七下揚雄傳：「家素貧，嗜酒，人希至其門。時有好事者，載酒肴從游學。」

〔三〕「是諮」句：言人來問必答，無不使之滿意而去。諮，問。塞，滿，引申爲滿足。三國志吴書周魴傳：「如是彼此俱塞，永無端原。」梁高僧傳卷七釋慧静傳：「有問無不酬，有酬無不塞。」

〔四〕「有時」二句：吴注：「漢書董仲舒傳：『魯君問柳下惠，吾欲伐齊何如？柳下惠曰：不可。歸而有憂色曰：吾聞伐國不問仁人，此言何爲而至我哉？』」

〔五〕顯：指顯言，説話。默：指守默不言。王符潛夫論實貢篇：「出處語默，各因其方。」一説，顯謂出仕，默謂隱居。胡小石手批靖節先生集：「袁宏三國名臣頌：『時方顛沛，則顯不如隱；萬物思治，則默不如語。』」以上二句意謂仁者用心，或顯或默，均不失定規。

【集評】

湯漢注陶靖節先生詩卷三：「此篇蓋託子雲以自況，故以柳下惠事終之。」

黄文焕陶詩析義卷三：「以子雲問奇事作引起，忽及柳下惠不肯言伐國，章法甚幻，結以不失顯默，自道生平脚跟。」

蔣薰評陶淵明詩集卷三：「不肯言伐國，隱然以劉宋比新莽，蓋難言之矣。」

陶澍注靖節先生集卷三：「載醪不卻，聊混迹於子雲；伐國不對，實希風于柳下。蓋子雲劇秦美新，正由未識不對伐國之義，必如柳下，方爲仁者之用心，方爲不失顯默耳。此先生志節皭然，即寓於和光同塵之内，所以爲道合中庸也。」

疇昔苦長飢，投耒去學仕。將養不得節〔一〕，凍餒固纏己。是時向立年〔二〕，志意多所恥。遂盡介然分〔三〕，拂衣歸田里。冉冉星氣流〔四〕，亭亭復一紀〔五〕。世路廓悠悠〔六〕，楊朱所以止〔七〕。雖無揮金事〔八〕，濁酒聊可恃。

【校記】

固纏己　「固」，曾本云，一作「故」。蘇寫本、湯本、汲古閣本同。

拂衣　曾本作「終死」，云，一作「拂衣」。蘇寫本、汲古閣本同。焦本作「拂衣」，云，一作『終死』，非。按，晉書卷六七郗超傳：「有能辭榮拂衣者。」文選殷仲文解尚書表：「拂衣高謝。」宋書卷九三王弘之傳：「至若王弘之拂衣歸耕。」作「拂衣」是。

楊朱所以止　陶本原校：「焦本云，一作『生』，非。」曾本、蘇寫本、汲古閣本云，一作「楊岐何以止」，又作「楊生所以止」。「所」，曾本、汲古閣本云，一作「踈」。

【箋注】

〔一〕將養：將與養同義。古注引淮南子原道訓：「是故聖人將養其神，而與道浮沉俛仰。」又，孫兆議蘇字事：「孝子之情，猶不得將養父母。」節：節度，法度。荀子樂論：「飲酒之節，朝不廢朝，莫不廢夕。」不得節，猶不得法，歸去來兮辭序所謂「生生所資，未見其術」是也。

〔二〕向立年：指將近三十歲。論語爲政：「三十而立。」按，宋傳載，淵明「親老家貧，起爲州祭酒。不堪吏職，少日自解歸」。「是時」二句，正叙這段經歷。梁譜謂「向立年」指淵明乙巳歲辭官彭澤事。然依其説，淵明此時年三十四歲，顯與「向立年」不合。梁氏自知不通，又謂「乙巳歲棄官時雖已過三十，然自爲參軍以迄縣令皆投耒學仕時，故曰向立年」。前既稱向立年棄官，後又説向立年爲學仕時，梁氏難自圓其説矣。又，古注：「向立則未至立也。先生投耒在二十九歲。」古譜謂淵明辭官正三十歲。按，詩云「投耒去學仕」，投耒只能作出仕解。豈有二十九歲出仕，三十歲辭官之理耶？此爲古譜不足信之又一證。

〔三〕介然：耿介執着。漢書卷二一上律曆志：「介然有常，有似於士君子之行。」顔師古注：「介然，特異之意。」詠貧士詩其六：「介焉安其業。」戊申歲六月中遇火詩：「總髮抱孤介。」後漢書卷一三隗囂傳載方望辭謝隗囂書：「雖懷介然之節，欲潔去就之分，誠終不背其本，貳其志也。」分：猶節也，志也。文選潘岳金谷集作詩：「投分寄石友。」李善注：「分，猶志也。」「遂盡」二句，乃追述義熙元年歸田事。

〔四〕冉冉：楚辭離騷：「老冉冉其將至。」王逸注：「冉冉，行貌。」

〔五〕亭亭：文選長門賦：「荒亭亭而復明。」李善注：「亭亭，遠貌。」一紀：文選潘岳夏侯常侍誄：「疇昔之游，二紀于兹。」李善注：「孔安國尚書傳曰：『十二年曰紀。』」謝靈運撰征賦：「載十二年而謂紀。」按，一紀有二義，一謂十年，一謂十二年。證以丙辰歲八月中於下潠田舍穫早稻：「曰余作此來，三四星火頽」二句，此處一紀蓋指十二年無疑。

〔六〕悠悠：遥遠，無窮盡。詩唐風鴇羽：「悠悠蒼天，曷其有極。」

〔七〕楊朱：戰國時魏人。李注：「淮南子説林訓：『楊子見逵路而哭之。爲其可以南，可以北。』」

〔八〕揮金事：漢書卷七一疏廣傳載：宣帝時疏廣、疏受辭官歸里後，以皇帝所賜金帛，日與賓客宴飲作樂，費金甚多。詳見咏二疏詩注。按，陳祚明采菽堂古詩選卷一三云：「彼捉而擲之者何人耶？」聞人倓古詩箋卷六云：「揮金用景陽句，正與飲酒相關。陳祚明評云『彼捉而擲之者何人耶』，以華歆事解之，誤矣。」按：張協詠史詩詠二疏事，有句云「揮金樂當年，歲暮不留儲」。聞氏所解是。

【集評】

方東樹昭昧詹言卷四：「言己幾託足於仕路之歧途，而幸得返。末二句以仕歸飲酒，用疏廣典，親切輓合題目，自然恰好。」

羲農去我久〔一〕，舉世少復真〔二〕。汲汲魯中叟〔三〕，彌縫使其淳〔四〕。鳳鳥雖不至〔五〕，禮樂暫得新〔六〕。洙泗輟微響〔七〕，漂流逮狂秦〔八〕。詩書復何罪，一朝成灰塵。區區諸老翁〔九〕，爲事誠殷勤〔一〇〕。如何絶世下〔一一〕，六籍無一親〔一二〕。終日馳車走，不見所問津〔一三〕。若復不快飲，空負頭上巾〔一四〕。但恨多謬誤，君當恕醉人〔一五〕。

【校記】

汲汲　曾本、汲古閣本云，一作「波波」。按，「波波」乃「汲汲」之形訛。

暫得新「得」，曾本云，一作「時」。蘇寫本、汲古閣本同。

逮狂秦「逮」，曾本、汲古閣本云，一作「待」。按，作「逮」是。

問津「問」，曾本云，一作「憑」。蘇寫本、汲古閣本同。

但恨「但」，曾本、汲古閣本云，一作「所」。

【箋注】

〔一〕羲農：伏羲氏和神農氏，傳説中的上古帝王。

〔二〕真：自然。莊子漁父：「真者，所以受于天也，自然不可易也。」莊子大宗師郭象注：「夫真者，不假於物而自然也。」

〔三〕汲汲：禮記問喪：「其往送也，望望然，汲汲然，如有追而弗及也。」孔穎達疏：「汲汲然者，促急之情也。」魯中叟：指孔子。

〔四〕彌縫：彌合，縫補。嵇康答張遼叔釋難宅無吉凶攝生論：「欲彌縫兩端。」陸雲與戴季甫書：「彌縫其闕。」

〔五〕「鳳鳥」句：論語子罕：「子曰『鳳鳥不至，河不出圖，吾已矣夫』！」

〔六〕「禮樂」句：史記卷四七孔子世家載：孔子之時，周室微而禮樂廢，詩書缺。孔子對魯太師説，吾自衛反魯，然後樂正，雅頌各得其所。

〔七〕洙泗：二水名，在今山東曲阜縣北。孔子曾設教於洙泗之間。禮記檀弓：「曾子謂子夏曰：「吾與汝事夫子於洙泗之間。」微響：猶微言。漢書卷三〇藝文志：「昔仲尼没而微言絶，七十子喪而大義乖。」顔師古注：「精微要妙之言耳。」

〔八〕「漂流」句：言時間似河水日夜奔流，進入了暴秦時代。

〔九〕區區：吕氏春秋務大：「區區焉相樂也。」高誘注：「區區，得志貌也。」湯注：「似謂漢初伏生諸人，退之所謂羣儒區區修補者，劉歆移太常書亦可見。」

〔一〇〕爲事：指傳授六經。沈德潛古詩源卷九：「『爲事誠殷勤』五字，道盡漢儒訓詁。」

〔一一〕絶世：胡小石手批靖節先生集：「左傳哀公十五年：『大命隕墜，絶世於良。』杜注：『絶世，猶言棄世也。』」按，「絶世下」，謂漢世既絶之後。

〔一二〕「六籍」句：陳澧東塾雜俎卷三：「陶公時讀六籍者多矣，而以爲『無一親』，蓋書自書，我自我，則不親矣。『親』之一字，陶公示人以問津處也。」按，魏晉時儒學衰微，玄學興起。干寶晉紀總論云：「學者以老莊爲師，而黜六經。」周易雖爲六經之一，讀論語亦大有人在，但當時學風融儒於道，老莊與周孔並尚，六經已非本來面目。學者主得意忘言，以己意説經，甚至「六經注我」，離六經實遠矣。淵明所謂「六籍無一親」，意蓋指此。

〔一三〕「終日」二句：湯注：「不見所問津，蓋自況於沮溺，而歎世無孔子之徒也。」

〔一四〕頭上巾：頭上葛巾，可用來濾酒。宋傳載：淵明「取頭上葛巾漉酒，畢，還復著之。」

〔一五〕「但恨」二句：詩人故作醉語，以自掩飾。蘇軾東坡題跋卷二書淵明詩：「『但恨多謬誤，君當恕醉人。』此未醉時説也，若已醉，何暇憂誤哉？然世人言醉時是醒時語，此最名言。」

【集評】

葉夢得石林詩話卷下：「晉人多言飲酒，有至沉醉者，此未必意真在酒。蓋時方艱難，人各懼禍，惟託於醉，可以粗遠世故。」

邱嘉穗東山草堂陶詩箋卷三：「公飲酒二十首中有似着題似不着題者，其着題者固自言其飲酒之適，其不着題者亦可想見其當筵高論、停杯浩歎之趣，無一非自道其本色語也。東坡有云：『作詩必此詩，定知非詩人。』豈此謂歟？」

薛雪一瓢詩話：「著作以人品爲先，文章次之，安可將不以人廢言爲藉口？昔人云阮步兵詠懷，寄愁天上，埋憂地下，其胸次非復人間機軸，而爲諸臣作勸進表，又不足多矣。陶徵士飲酒，前無古人，後無來者，真有『絳雲在霄，舒卷自如』之致，雖有閑情一賦，何妨託興。」

方東樹昭昧詹言卷四：「此二十首篇篇具奇恉曠趣，名理名言，非常恣肆，皆道腴也。」

朱自清陶詩的深度：「『真』與『淳』都是道家的觀念，而淵明却把『復真』與『還淳』的使命加在孔子身上，此所謂孔子學説的道家化，正是當時的趨勢。所以陶詩裏主要思想實在還是道家。」

止　酒〔一〕

居止次城邑〔二〕，逍遥自閒止〔三〕。坐止高蔭下，步止蓽門裏〔四〕。好味止園葵，大歡止稚子〔五〕。平生不止酒，止酒情無喜。暮止不安寢，晨止不能起。日日欲止之，營衛止不理〔六〕。徒知止不樂，未知止利己。始覺止爲善，今朝真止矣。從此一止去，將止扶桑涘〔七〕。清顔止宿容〔八〕，奚止千萬祀〔九〕。

【校記】

步止　「步」，曾本云，一作「行」。蘇寫本、汲古閣本同。

大歡　「大」，曾本云，一作「天」。蘇寫本、汲古閣本同。

情無喜　「情」，曾本、蘇寫本、汲古閣本云，一作「懼」。

未知　「知」，曾本、蘇寫本、汲古閣本、焦本作「信」。焦本又云，一作「知」，非。

宿容　「容」，曾本云，一作「客」。湯本、蘇寫本、汲古閣本同。

【箋注】

〔一〕止酒：停止飲酒。止，廣韻：「止，停也。」俞德鄰佩韋齋輯聞卷二：「『止』猶『緜蠻黄鳥，止于丘隅』之止，非禁止之止也。居止城邑，坐止高蔭，步止蓽門，味止園葵，歡止稚子，皆止其所止也。而平生乃不能止於酒焉。」朱自清陶詩的深度云：「止酒詩每句藏一止字，當係俳諧體。以前及當時諸作，雖無可供參考，但宋以後此等詩體大盛，建除、數名、縣名、姓名、藥名、卦名之類，不一而足，必有所受之。逆推而上，此體當早已存在，但現存的只止酒一首，便覺得莫名其妙。」按，廬山諸沙彌有觀化決疑詩，除首三句外，每句藏一化字，也係俳諧體，可見當時已有此體。又，此詩雖題爲止酒，但並不全講止酒，首六句和末三句的止字，與酒無關。關於此詩作年，王瑶注：「形影神詩神釋一首説：『日醉或能忘，將非促齡具。』止酒詩即就其意加以暢述。當是與形影神詩同時而作。今依之暫繫於晉安帝義熙九年癸丑（四一三），本年淵明四十九歲。」楊譜從王瑶注，又據「居止次城邑」句，以爲「所居南村爲柴桑（尋陽）負郭無疑」。然詩云「大歡止稚子」，此「稚子」最有可能是幼子佟。據楊譜，佟生於隆安三年己亥（三九九）。則義熙九年時佟已十五歲，稱「稚子」顯然不妥。楊勇引神釋詩「日醉或能忘，將非促齡具」二句後説：「止酒詩大旨與神釋詩相近，而加以暢述焉。」其實神釋詩大旨是委運任化，並不在「日醉」二句。止酒詩乃游戲之筆，思想意義無法與神釋詩相比。又有人以爲是淵明臨終之作。臺灣黄仲崙陶淵明作品研究云：「淵明先生，平生最喜者惟酒。今題云『止酒』，詩又説：『始知止爲善，今朝真止矣！從此一止去，將至扶桑涘。』而『今朝真止矣』，當是臨終之作。人都要死了，酒當然只好停止。」按，淵明貧而無酒屬常事，將無酒停飲理解爲人死只得止酒，黄説恐未當。據詩中「大歡止稚子」句，知其時淵明兒子尚小；而淵明死時，五個兒子均已成人，故此詩作年大概與責子詩相去不遠，絶非臨終之作，今暫繫於義熙二年（四〇六）。

〔二〕次城邑：指接近城邑。次，廣雅釋詁：「次，近也。」逯注：「居在城市。」非是。按，或據還舊居詩「疇昔家上京」句，誤以爲上京即今星子縣的「玉京山」，進而稱此詩中之城邑指南康城。

其説誤。江西通志卷四：「星子縣本漢豫章郡柴桑縣地。隋廢柴桑入尋陽，尋改彭蠡，又改湓城，遂爲湓城縣地。唐爲潯陽縣地。五代時楊吳置星子鎮，南唐爲德化縣地。宋太平興國三年升爲星子縣，屬江州。七年建南康軍，以縣爲南康軍治。」明正德刻本南康府志卷一記載同。同書卷三又云：「南康古無城池，宋郡守方岳擬作土城未舉。明正德六年以後才築土城，後爲石城。」可見今星子在晉代無城，所以本詩中之城邑，當指尋陽城無疑。

〔三〕閒止：閒静。止，語助詞。嵇康琴賦：「非夫淵静者，不能與之閑止。」

〔四〕蓽門：柴門，爲貧者所居。左傳襄公十年：「蓽門圭竇之人。」杜預注：「蓽門，柴門。」禮記儒行：「蓽門圭窬。」鄭玄注：「蓽門，荆竹織門也。」孔叢子抗志：「亟臨蓽門，其榮多矣。」

〔五〕「大歡」句：和郭主簿其一：「弱子戲我側，學語未成音。此事具復樂，聊用忘華簪。」「大歡」蓋指此。

〔六〕營衛：指人體中内外相貫，運行不息的營氣、衛氣。不理：不順，謂營衛運行不順。

〔七〕扶桑：神話中樹木名。山海經海外東經：「湯谷上有扶桑，十日所浴。」郭璞注：「扶桑，木也。」涘：水邊。

〔八〕清顔：文選陸機日出東南隅行：「高臺多妖麗，濬房出清顔。」吕延濟注：「清顔，清潔之貌。」宿容：平素容顔。

〔九〕千萬祀：千萬年。

【集説】

此詩是淵明一時游戲之言，還是真想止酒？前人理解不一。蘇軾和止酒詩序云：「丁丑歲，余謫海南，子由亦貶雷州。五月十一日，相遇於藤，同行至雷。六月十一日，相别渡海。余時病痔呻吟，子由亦終夕不寐，因誦淵明詩勸余止酒。乃和原韻，因以贈别，庶幾真止矣。」詩云：「勸我師淵明，力薄且爲己。微痾坐杯勺，止酒則瘳矣。望道雖未濟，隱約見津涘。從今東坡室，不立杜康祀。」據此，蘇氏兄弟似以爲淵明止酒詩旨在止酒。俞德鄰佩韋齋輯聞對蘇氏兄弟的理解表示懷疑。蔣薰評陶淵明詩集卷三則云：「初言酒不能止，繼言止酒可仙，想是偶然乏酒，作此游戲言，故曰『今朝真止』。」

【集評】

張自烈箋注陶淵明集卷三：「錯落二十個『止』字，有奇致。然淵明會心在『止』字，如人私有所嗜，言之津津不置口也。『平生不止酒』一句尤奇，無往不止，所不止者獨酒耳。不止之止，寓意更恬，此當於言外得之。」

邱嘉穗東山草堂陶詩箋卷三：「止酒詩是陶公戲筆，句句牽扯一止字，未免入於纖瘦一派，後人不必效也。昌黎落齒詩似效此。」

胡小石手批陶淵明集：「此篇用『止』字，同文異義凡三：一，『閑止』之『止』，語助也。二，『止園葵』、『止稚子』之『止』，所以限好味士顔。三，餘『止』皆動字。昌黎落齒詩（東雅堂卷四），前半以落字换，全仿此作。」

述酒

儀狄造，杜康潤色之〔一〕。

重離照南陸〔二〕，鳴鳥聲相聞〔三〕。秋草雖未黄，融風久已分〔四〕。素礫皛修渚〔五〕，南嶽無餘雲〔六〕。豫章抗高門〔七〕，重華固靈墳〔八〕。流淚抱中歎，傾耳聽司晨〔九〕。神州獻嘉粟，西靈爲我馴〔一〇〕。諸梁董師旅，芈勝喪其身〔一一〕。山陽歸下國，成名猶不勤〔一二〕。卜生善斯牧，安樂不爲君〔一三〕。平王去舊京〔一四〕，峽中納遺薰〔一五〕。雙陵甫云育〔一六〕，三趾顯奇文〔一七〕。王子愛清吹，日中翔河汾〔一八〕。朱公練九齒，閒居離世紛〔一九〕。峨峨西嶺内〔二〇〕，偃息常所親〔二一〕。天容自永固，彭殤非等倫〔二二〕。

【校記】

素礫皛　「礫皛」，曾本云，宋本作「襟輝」。蘇寫本、汲古閣本同。

靈墳　「靈」，曾本云，一作「虚」。蘇寫本、汲古閣本同。

西靈　「靈」，陶本原校：「何校宣和本作『零』。」曾本云，一作「雲」，又作「零」。蘇寫本、汲古閣本同。

芉勝　「芉」，陶本原作「芊」。陶本原校：「各本作『羊』。」曾本作「羊」，云，一作「芊」。湯本、汲古閣本同。蘇寫本作「芊」，云，一作「羊」，非。李本作「羊」，又注引黄山谷云：「羊勝」當是「芉勝」；芉勝，白公也，今從之。按，作「芉」是，「芊」、「羊」皆形訛，參見注〔二〕。

平王　「王」，曾本作「生」。蘇寫本、汲古閣本同。湯本云，從韓子蒼本，舊作「生」。李本同。

雙陵　「陵」，曾本云，一作「陽」。蘇寫本、湯本、汲古閣本同。

日中　「日」，曾本、汲古閣本云，一作「星」。

西嶺　曾本云，一作「四顧」。蘇寫本、湯本、汲古閣本同。

常所親　「常」，曾本、汲古閣本云，一作「得」。蘇寫本作「得」。

天容　「容」，曾本、汲古閣本云，一作「客」。

【箋注】

〔一〕此篇詞意隱晦。黄庭堅云：「此篇有其義而亡其辭，似是讀異書所作，其中多不可解。」在未後經韓子蒼、趙泉山、湯漢等學者考釋，至今已大致可通，但對少數詩句的解釋仍很不一致。在未得確解之前，不妨並存。湯注：「晉元熙二年六月，劉裕廢恭帝爲零陵王。明年，以毒酒一罌授張禕，使酖王。禕自飲而卒。繼又令兵人踰垣進藥，王不肯飲，遂掩殺之。此詩所爲作，故以述酒名篇也。詩辭盡隱語，或觀者弗省，獨韓子蒼以『山陽下國』一語疑是義熙後有感而賦。予反復詳考，而後知決爲零陵哀詩也。因疏其可曉者，以發此老未白之忠憤。」逯注：「原注：『儀狄造，杜康潤色之。』儀狄、杜康，古代善釀酒者，酒由儀狄造出，再由杜康潤色。比喻桓玄篡位於前，劉裕潤色於後，晉朝終于滅亡。爲了篡位，桓玄曾酖殺司馬道子，劉裕曾酖殺晉安帝，都是用毒酒完成篡奪。所以陶以述酒爲題，以『儀狄造，杜康潤色之』爲題注。」

〔二〕「重離」句：湯注：「司馬氏出重黎之後，此言晉室南渡。」吳師道吳禮部詩話：「以離爲黎，則是陶公故訛其字以相亂。離，南也，午也。重離，典午再造也。」南陸，指江左。此句言晉元帝中興。

〔三〕「鳴鳥」句：古注：「鳴鳥謂鳳也。此喻王、謝諸人，先後渡江，共贊中興也。」

〔四〕「秋草」二句：言秋草雖未黄，然與融風分別已久。融風，古代五行家將八個方位的風配以卦名，各有名目，稱爲八風。東北風爲融風。左傳昭公十八年：「丙子，風。梓慎曰：『是謂融風，火之始也。』」杜預注：「東北曰融風。融風，木也。木，火母，故曰火之始。」國語楚語下：「顓頊受之，乃命南正重司天以屬神，命火正黎司地以屬民。」司馬氏出於重黎。融風久已分，喻東晉國勢早已衰弱。

〔五〕素礫：白石。礫，小石。皛：明亮，此作「顯現」解。修渚：長洲。陶注：「『素礫皛修渚』，即子美所謂『渚清沙白』，以喻偏安江左，氣象蕭颯也。」

〔六〕「南嶽」句：古注：「南嶽爲江南山鎮，故特標之。晉元帝即位詔，『遂登壇南嶽』，亦此意也。雲者紫雲，數術家所謂王氣也。藝文類聚引庾闡揚州賦注云：『建康宫北十里有蔣山，元皇帝未渡江之年，望氣者云，蔣山上有紫雲，時時晨見』云云。而元帝升位有紫雲，則王氣猶存。無餘雲，則王氣盡矣。」

〔七〕「豫章」句：古注：「此著劉裕篡晉之階也。晉書：義熙二年，論建義功，封裕豫章郡公。發迹豫章，遂干大位。故曰『豫章抗高門』也。詩大雅緜：『乃立臯門，臯門有伉。』毛傳：『王之郭門曰臯門。』孔疏曰：『臯高通用。』」

〔八〕重華：虞舜之號，此指晉恭帝。吴師道吴禮部詩話：「重華句，恭帝廢爲零陵王，舜冢在零陵九疑，故云爾。」黄文焕陶詩析義卷三：「曰重華者，裕逼帝以禪讓，放引舜之禪天下也。曰固靈墳者，隱言恭帝之死也。舜葬於九疑山，九疑在零陵界中，裕廢帝爲零陵王，故舉界内之舜墳也。」固：經傳釋詞：「固又作顧。顧，但也。」

〔九〕「流淚」二句：湯注：「謂恭帝禪宋也。裕既建國，晉帝以天下讓，而猶不免於弑，此所以流淚中歎，夜耿耿而達曙也。」司晨，鷄鳴報曉，故稱司晨。

〔一〇〕「神州」二句：湯注：「義熙十四年，鞏縣人獻嘉禾，裕以獻帝，帝以歸於裕。西靈當作四靈。裕受禪文，有『四靈效瑞』之語。二句言裕假符瑞以奸大位也。」四靈，麟鳳龜龍。

〔一一〕「諸梁」二句：諸梁，沈諸梁，即葉公，戰國時楚人。芈勝：白公勝，爲楚太子建之子。史記卷四〇楚世家：「白公自立爲王。月餘，會葉公來救楚，楚惠王之徒與共攻白公，殺之。惠王乃復位。」按，逯注：「此以葉公、白公事寓言桓玄之篡及其爲劉裕所誅。」其説是。楚惠王被白公劫置高府及後來的復位，亦寓言晉安帝爲桓玄挾持至尋陽及明年的反正。

〔一二〕「山陽」二句：湯注：「魏降漢獻帝爲山陽公，而卒弑之。諡法：『不勤成名曰靈。』古之人主不善終者，有靈若厲之號。此正指零陵先廢而後弑也。曰『猶不勤』，哀怨之詞也。」黄文焕陶詩析義卷三：「裕之加九錫自爲王，與操同，逼恭帝禪位與丕逼獻同。獻爲山陽公十五年始卒，而零陵王乃以次年進毒不遂，竟加掩弑，不得如獻帝之偷餘生也。裕之視丕，倍忍心也。」

〔一三〕「卜生」二句：有三説。湯注：「魏文侯師事卜子夏，此借之以言魏文帝也。安樂公，劉禪也。丕既篡漢，則安樂不得爲君矣。」黄文焕陶詩析義卷三謂此「用子書『牧乎君乎』之語，爲天子而不能自保其身，即求爲人牧，亦何可得！自卜此生者，寧以人牧爲善，爲可安樂，而不願爲君也」。王瑶注：「卜生，卜式。漢書卜式傳説：『式布衣草蹻而牧羊，上過其羊所，善之。式曰：非獨羊也，治民亦猶是也。以時起居，惡者輒去，毋令敗羣。上奇其言，欲試以治民。』此句指劉裕剪除晉朝宗室，爲行篡作準備，其法如卜式牧羊。」按，以上三説，似以湯注較勝。

〔一四〕平王：指周平王。去舊京：指周平王離舊京東遷。此句暗寓晉室南渡，建立東晉朝。

〔一五〕「峽中」句：峽同郟，指郟鄏，今洛陽，周成王定鼎於此。薰：指薰鬻，古匈奴名。史記卷四周本紀作薰育，又作獫允。古注：「劉聰爲匈奴遺類，故曰『峽中納遺薰』。」此句言中原陷於胡羯。

〔一六〕「雙陵」句：古注：「雙陵即二陵。左傳：『崤有二陵焉。』謝朓詩：『雙崤望河澳。』
「謂關洛已平，人民始可長育也。」

〔一七〕「三趾」句：暗寓劉裕禪宋爲帝事。逯注：「三趾，三足，指三足烏。……晉初曾以之爲代魏的祥瑞。晉諸公贊：『世祖時，西域獻三足烏。遂累有赤烏來集此昌陵後縣。案昌爲重日，烏者，日中之烏，有託體陽精，應期曜質，以顯至德者也。』而今言奇文，是説讖緯之言，本爲晉瑞，今則反爲宋瑞矣。」

〔一八〕「王子」二句：王子，指王子晉。列仙傳記王子晉好吹笙，乘白鶴飛升成仙。河汾，晉地。謝靈運撰征賦：「皇晉河汾，來遷吴楚。」按，前句或以王子晉仙去喻零陵之仙逝，後句或喻零陵魂翔故國猶不忍離去。

〔一九〕「朱公」二句：湯注：「朱公者，陶也。意古别有朱公修煉之事，此特託言陶耳。晉運既去，故陶閒居以避世，明言其志也。」練九齒，指修煉養生之術。九齒，同久齡。齒，同齡。九，與久通。莊子至樂：「黄輗生乎九猷。」陸德明釋文：「李云：九宜爲久。久，老也。」

〔二〇〕峨峨：高貌。亦作「峩峩」。文選張載劍閣銘：「積石峩峩。」西嶺：湯注：「西嶺，當指恭帝所藏。」一説指昆侖山。古注：「西嶺，殆指昆侖山。昆侖仙真之窟，正在西方也。」按，前「王子愛清吹」句寓零陵仙逝，而昆侖山爲神仙之居，則昆侖當指恭帝所藏。古説較勝。

〔二一〕偃息：偃卧安息。亦作「息偃」。詩小雅北山：「或息偃在床。」戴逵閒遊贊：「偃息琴書之側。」

〔一二〕「天容」二句：一説是悼念晉恭帝被弑，天容謂天子之容。湯注：「帝年三十六而弑。此但言其藏之固，而壽夭置不必論。」黄文焕陶詩析義卷三：「裕即殺帝，而君臣之分自在，千古所不能磨滅也。然則帝何嘗死哉！是不待以彭殤較論者也。」一説是楚辭思遠遊之旨，天容指天老與容成。陶注：「天容謂天老與容成，與下彭殤爲對，言富貴不如長生，即楚辭思遠遊之旨也。」古注同。彭：彭祖，古之長壽者。殤：夭亡的小兒。莊子齊物論：「莫壽於殤子，而彭祖爲夭。」非等倫，不能等量齊觀。

【集評】李公焕箋注陶淵明集卷三引韓子蒼曰：「余反覆之，見『山陽歸下國』之句，蓋用山陽公事，疑是義熙以後有所感而作也。故有『流淚抱中歎，平王去舊京』之語。淵明忠義如此。今人或謂淵明所題甲子，不必皆義熙後，此豈足論淵明哉！惟其高舉遠蹈，不受世紛，而至於躬耕乞食，其忠義亦足見矣。」

温汝能纂集陶詩彙評卷三：「題名述酒而絶不言酒，蓋古人借以寄慨，不欲明言，故詩句與題義兩不相蒙者往往有之。陳祚明謂作離騷、天問讀，不必着解，得之矣。蔣丹厓謂是飲酒時述往事，故以述酒名篇，亦屬過泥。」

黄丕烈士禮居藏書題跋記卷五：「靖節時當禪代，雖同五世相韓之義，但不敢直言，而借廋辭以抒忠憤，向非諸公表微闡幽，烏能白其未白之志哉！」張諧之陶元亮述酒詩解：「陶公自以先世爲晉輔，恥復屈身後代，自劉宋王業漸隆，不復肯仕，而以酒自晦。至是痛晉祚之亡，君父之變，遂以述酒名篇，而於飲酒、止酒諸作三致意焉。讀者詳稽時事，以意逆志，則知陶公之心，日月争光，而其情亦足悲已。」

責子〔一〕

白髮被兩鬢，肌膚不復實〔二〕。雖有五男兒，總不好紙筆。阿舒已二八，懶惰故無匹。阿宣行志學〔三〕，而不愛文術。雍端年十三，不識六與七。通子垂九齡，但覓梨與栗。天運苟如此〔四〕，且進杯中物。

【校記】

責子　各本題下有注云：「舒，儼；宣，俟；雍，份；端，佚；通，佟：凡五人。舒、宣、雍、端、通，皆小名也。」曾本、汲古閣本云：「俟」，一作「俣」；「佟」，一作「俗」。蘇寫本云：「俟」，一作「俣」。

二八　曾本云，一作「十六」。湯本、汲古閣本同。

懶惰　「惰」，曾本云，一作「放」。湯本、汲古閣本同。

故無匹　「故」，曾本、汲古閣本云，一作「固」。

垂九齡　「九」，曾本云，一作「六」。湯本、汲古閣本同。

但覓　「覓」，曾本、汲古閣本云，宋本作「念」。蘇寫本作「念」，又云，一作「覓」。按，晉故征西大將軍長史孟府君傳：「亮云：在坐，卿但自覓。」作「但覓」較勝。

【箋注】

〔一〕淵明有五子，非一母所生。淵明二妻生子情況，古今學者多所探索，説各不同；各地陶氏宗譜記載亦異。陶考謂長子儼蓋前妻所生，餘或出於翟氏；又謂三、四子同歲，以顔誄「居無僕妾」證之，當是孿生。梁譜謂至少應有一子爲元配夫人所生。傅譜謂太元十五年庚寅（三九〇）淵明二十六歲時生長子儼，作命子詩時，尚未喪偶；儼、俟、份、佚俱爲前夫人所出，翟氏僅生一佟，其間相隔四年。各地陶氏宗譜或謂淵明前妻生儼，餘四子爲翟氏所生，或謂前三子爲前妻所生，後二子出於翟氏（參見本書附録三陶氏宗譜中之問題）。又，或據「雍端年十三」，推斷淵明有侍妾。周紫芝竹坡詩話：「客有誦淵明閑情賦者，想其於此亦自不淺。或問坐客：『淵明有侍兒否？』皆不知所對。一人言有之。問其何以知，曰：『所謂雍端年十三，不識六與七，此豈非有侍兒耶？』于是坐客皆發一笑。」今人李文初關於陶淵明生平的幾個問題一文，據怨詩楚調示龐主簿鄧治中詩「始室喪其偏」、與子儼等疏「汝等雖不同生」等淵明自述，以及古時喪偶，得齊衰一年的禮制與習俗，以爲「儼、俟、份、佚生於前妻，佟生於繼室翟氏」（詳見陶淵明論略）。按，以上諸説，以傳譜及李文初之説較近真實。顏誄云：「母老子幼，就養勤匱，遠惟田生致親之議，追悟毛子捧檄之懷，初辭州府三命。」則淵明未仕前至少已有一子。假定次子俟爲續妻所出，儼與俟相差不到二歲，則淵明喪妻、續娶及生子非此段時間内所能遽辦。據命子詩，儼生時淵明二十六歲，儼與雍端相差三歲，淵明三十喪妻，則雍端亦必出於前妻。又馬永卿嬾真子卷三云：「雍、端二子皆年十三，則其庶出可知也已。噫！先生德清如此，而乃有如夫人，亦可一笑。」醒軒云：「安知雍、端非雙生子。」二子同歲，或雙生，或一生於年初，一生於年尾，皆有可能。今可論定儼生於太元十九年甲午（三九四），俟生於太元二十一年丙申（三九六）或稍前，雍端生於隆安元年丁酉（三九七），佟生於元興元年壬寅（四〇二）。又據本詩「阿舒已二八」句，則此詩當作於義熙六年庚戌（四一〇）。

〔二〕實：謂肌膚堅實。素問調經論：「實者，外堅充滿。」

〔三〕行：將。志學：指十五歲。論語爲政：「吾十有五而志於學。」

〔四〕天運：後漢書卷七三公孫瓚傳論：「舍諸天運。」注：「天運猶天命也。」古注：「莊子天運：『天其運乎。』蓋靖節以諸子不肖，歸之自然也。」何焯義門讀書記陶靖節詩：「國亡主滅，何暇復恤子孫，爲門户計，故歸之天運也。」其説非。

【集説】

前人評論此詩頗有歧見。或謂淵明以諸子不肖爲恨。杜甫遣興五首其三云：「陶潛避俗翁，未必能達道。有子賢與愚，何必挂懷抱。」蘇軾亦有詩云：「我笑陶淵明，種秫二頃半。婦言既不用，還有責子歎。」對於杜甫、蘇軾的評論，葉寘愛日齋叢抄卷三稱：「少陵、東坡亦戲言之，非不知淵明也。」或謂此詩乃是淵明戲謔個性的表現。黄庭堅書淵明責子詩後云：「觀淵明之詩，想見其人豈弟慈祥，戲謔可觀也。俗人便謂淵明諸子皆不肖，而淵明愁歎見於詩，可謂癡人前不得説夢也。」又辛棄疾書淵明詩後云：「淵明避俗未聞道，此是東坡居士云。身似枯株心似水，此非聞道更誰聞。」此外尚有比附時事，以爲本詩乃悼晉之作。如何焯義門讀書記陶靖節詩釋「總不好紙筆」句云：「人不學，安知忠孝爲何事？陶士行後人遂爲原伯魯之子，此公所以俯仰家國，而感歎於天運如此也。」釋「天運苟如此」句云：（已見注四，略。）

有會而作〔一〕并序

舊穀既没，新穀未登〔二〕，頗爲老農，而值年災，日月尚悠，爲患未已。登歲之功〔三〕，既不可希，朝夕所資，煙火裁通〔四〕。旬日已來，始念飢乏。歲云夕矣，慨然永懷，今我不述，後生何聞哉！

弱年逢家乏〔五〕，老至更長飢。菽麥實所羨，孰敢慕甘肥！惄如亞九飯〔六〕，當暑厭寒衣〔七〕。歲月將欲暮，如何辛苦悲。常善粥者心〔八〕，深念蒙袂非〔九〕。嗟來何足吝〔一〇〕，徒没空自遺〔一一〕。斯濫豈攸志〔一二〕，固窮夙所歸〔一三〕。餒也已矣夫，在昔余多師。

【校記】

始念　「始」，曾本云，一作「日」。湯本、汲古閣本同。

亞九飯　「亞九」，曾本云，一作「惡無」。蘇寫本、汲古閣本同。按，作「亞九」是，參見注〔六〕。

辛苦　曾本云，一作「足新」。蘇寫本、湯本、汲古閣本同。

深念　「念」，陶本原校：「從何校宣和本作『念』。各本作『恨』。」曾本、汲古閣本、湯本云，一作「念」。

攸志　「攸」，陶本原校：「從何校宣和本作『攸』。各本作『彼』。」曾本作「彼」，云，一作「攸」。蘇寫本、汲古閣本同。按，「攸」同「所」。徐仁甫古詩別解卷六：「『攸』『所』互文，『攸』猶『所』也。傅亮奉迎大駕道路賦詩：『知止道所貴，懷禄義攸尤。』王融浄行詩：『稟天性所極，資敬道攸崇。』皆攸、所互文。可證淵明此詩『彼』字爲『攸』字之誤。」其説是。

【箋注】

〔一〕有會而作：有所領悟而寫。會，領悟，體會。飲酒詩其一一：「達人解其會。」據蕭傳：「江州刺史檀道濟往候之，偃卧瘠餒有日矣。道濟謂曰：『賢者處世，天下無道則隱，有道則至；今子生文明之世，奈何自苦如此？』對曰：『潛也何敢望賢，志不及也。』道濟饋以粱肉，麾而去之。」此詩當爲拒道濟粱肉有感而作。又，檀道濟饋淵明粱肉事，蕭傳、南傳皆載於淵明解職州祭酒之後，出爲鎮軍參軍之前。吴譜據道濟傳考其歲月，謂檀於元嘉三年五月爲江州刺史，蕭傳、南傳叙次皆失當。證以宋書卷五文帝紀、資治通鑑卷一二〇，元嘉三年五月檀道濟爲征西大將軍、江州刺史，吴譜所考是。詩云「歲月將欲暮」，故此詩當作於元嘉三年（四二六）歲暮。

〔二〕「舊穀」二句：論語陽貨：「舊穀既没，新穀既升。」未登：未登場，指莊稼歉收。禮記曲禮：「歲凶，年穀不登。」鄭玄注：「登，成也。」按，宋書卷三一五行志二：「宋文帝元嘉二年夏，旱。」資治通鑑卷一二〇：元嘉三年九月，「大旱，蝗。」「新穀未登」及下「而值年災」云云，蓋指元嘉二三年間旱蝗之災。

〔三〕登歲之功：即歲功，指一年收成。

〔四〕裁通：纔通，僅通。裁，同纔。此言僅能維持不斷炊狀況。

〔五〕弱年：猶弱齡。指青少年時期。慧遠答桓太尉書：「檀越奇韻挺於弱年。」（弘明集卷一二〇）

〔六〕惄如：飢狀。詩周南汝墳：「惄如調飢。」毛傳：「惄，飢意也。」亞：爲流亞、匹亞之義。三國志蜀志諸葛亮傳：「管、蕭之亞匹矣。」張協雜詩：「霖瀝過二旬，散漫亞九齡。」亞九飯，陶注：「言常飢，亦三旬九食之亞也。」説苑：「子思居衛，緼袍無表，三旬而九遇食。」逯注：「亞九飯終不可通，陶注牽强。三字原應作無惡飯，無惡飯與厭寒衣對舉，以寫衣食之缺，飢寒之切。無惡倒誤爲惡無，又誤作亞九耳。無，古或寫无，與九字形近易訛。」按，逯注誤。

〔七〕「當暑」句：謂暑天猶穿寒衣。聞人倓古詩箋：「當暑之服，至嫌夫寒衣之未改，則無衣又可知矣。」

〔八〕「常善」句：丁注：「禮記檀弓下：齊大飢，黔敖爲食於路，以待飢者而食。有飢者，蒙袂輯屨，貿貿然來。黔敖左奉食、右執飲，曰：『嗟，來食！』揚其目而視之，曰：『予惟不食嗟來之食，以至於斯也。』從而謝焉。終不食而死。」

〔九〕蒙袂：以袖遮面。呂氏春秋知接：「蒙衣袂而絶於壽宮。」

〔一〇〕吝：恥辱。後漢書卷五九張衡傳：「得之不休，不獲不吝。」

〔一一〕徒没：白白死去。自遺：自失，指餓死。按，對「常善」四句理解有異。或謂是反語。吴注引沃儀仲云：「『深憾蒙袂非』，憤語也。」方東樹昭昧詹言卷四云：「『常善』四句與謝公『平生疑若人』四句同本。言己慕此人，却反言以非之，則局勢曲而變化矣。」王瑶注、逯注亦謂是反語。或謂是批評蒙袂者爲非。何焯義門讀書記陶靖節詩云：「後半言蒙袂揚目者誠過。」以上二解，以後者爲是。禮記檀弓下記曾子聞蒙袂者不食「嗟來之食」而死，遂評論曰：「微與！其嗟也可去，其謝也可食。」元陳澔注曰：「微與，猶言細故末節。謂嗟來之言雖不敬，然亦非大過，故其嗟雖可去，而謝焉則可食矣。」夫淵明「常善粥者心，深念蒙袂非」云云，乃贊同曾子所言，以爲黔敖施粥，出於善心，蒙袂者以受嗟來之食爲恥，計較于細故末節，「徒没空自遺」。聯繫淵明貧而乞食，受主人遺贈，感激得要「冥報以相貽」，因爲他認爲窮而乞食並非「斯濫」，主人遺贈亦出於善心。蒙袂者却連善意的施舍也拒不接受，情願餓死，這就未免過激了。

〔一二〕斯濫：指無操守之小人，論語衛靈公：「君子固窮，小人窮斯濫矣。」

〔一三〕固窮：指君子。夙所歸：平素向往者。按，「斯濫」二句寫自己志向，並非評論蒙袂者。

【集評】

温汝能陶詩彙評卷三：「湯文清云：『淵明詩中言本志少，説固窮多，夫惟忍飢寒之苦而後能存節義之閑，西山之所以有餓夫也。世事貪榮禄、慕豪侈，而高談名義，自方於古人，余未之信也。』觀斯言，始知淵明一生，得力全在『固窮』二字。固則爲君子，濫則爲小人。固與濫，舜、蹠之分也。」

蜡日〔一〕

風雪送餘運〔二〕，無妨時已和〔三〕。梅柳夾門植，一條有佳花〔四〕。我唱爾言得，酒中適何多。未能明多少，章山有奇歌〔五〕。

【校記】

佳花　「花」，曾本云，一作「葩」。湯本、汲古閣本同。

未能　「能」，曾本云，一作「知」。湯本、汲古閣本同。

【箋注】

〔一〕蜡日：古代年終祭名。李注：「蜡，臘祭名。禮記郊特牲：『伊耆氏始爲蜡。』蜡也者，索也。歲十二月合聚萬物而索饗者也。」又，世説新語德行篇劉孝標注引五經要義云：「三代名臘，夏曰嘉平，殷曰清祀，周曰大蜡，總謂之臘。」「張亮議曰：『蜡者，謂合聚萬物而索饗之，歲終休老息民也。』」世説新語德行篇載，華歆蜡日，嘗集子姪燕飲，王朗亦學之。據此，蜡日當有燕飲之習。詩云「我唱爾言得，酒中適何多」。疑本詩乃寫燕飲之樂。此詩作年不可考。王瑶謂與讀山海經詩同年作，可備一説。

〔二〕餘運：猶歲暮。運，年運。歲暮和張常侍：「履運增慨然。」

〔三〕時已和：李充春遊賦：「葢適性莫暢乎遊，而時和莫喻乎春。」

〔四〕佳花：指梅花。

〔五〕章山：未知何地。王瑶注謂章山即山海經所載「鮮山又東三十里曰章山」。逯注謂章山即廬山石門山。王叔岷謂章山即商山，「奇歌」即四皓紫芝歌也；並引王引之所説：「商與章古字通，書費誓：『我商賚女。』釋文曰：『商，徐音章。』吕氏春秋勿躬篇：『臣不如弦章。』韓子外儲説作弦商。」

【集評】

吴騫拜經樓詩話卷三：「其蜡日詩，舊亦編次述酒之後，而文清未注。予細讀之，葢猶之乎述酒意也。爰爲補釋於左，俟考古者論定焉。『風雪送餘運，無妨時已和。』此感蜡爲歲之終，喻典午運已告訖，而宋祚方隆，臣民已多附從，不必更滋防忌，故曰無妨也。『梅柳夾門植，一條有佳花。』梅喻君子，柳比小人。夾門植謂參錯朝宁。君子不能厲冰霜之操，小人則但知趨炎附時，望風而靡。『一條有佳花』，有者猶言無有乎爾。『我唱爾言得，酒中適何多。』裕以毒酒一甖命張禕鴆帝，禕自飲之而卒；又命兵進藥而害之。下句言酒中之陰計何多耶。『我唱爾言得』，謂裕倡其謀，而附奸黨惡者衆也。『未能明多少，章山有奇歌。』山海經：『鮮山又東三十里，有章山。』地理志：『章山在江夏竟陵縣東北，古文以爲內方山。』按，竟陵、零陵皆楚地，故假竟陵之山以寓意，猶述酒詩之用舜冢事也。淵明爲桓公曾孫，昔侃鎮荆楚，屢平寇難，勳在社稷。『未能明多少』，謂若曹勿謂陰計之多，以時無英雄耳，使我祖若在，豈遂致神州陸沉乎！『有奇歌』，蓋欲效採薇之意也。」

楊勇引潘石禪析疑：「此詩章山，蓋即商山，以一字未憭，致使全詩皆晦。今試釋詩辭：殘年風雪，而寒梅作花，此所謂『無妨時已和』也。『我唱爾言得』者，以素心冥契，故發唱相領；移居詩云（中略）。陶公鄰曲往還，必有能深解陶公避世之志者，此所以詠四皓之歌，而能心領其意；然俞相許，故曰『我唱汝言得』也。『酒中適何多』，猶言『酒中有深味』也。『未能明多少』，則多之極矣。其所以使人傾觴不能自已者，由商山奇歌感人之深之故也。此詩曰『奇歌』，羊長史詩曰『清謠』，其辭一也。羊則出處異路，故言盡而未舒；此則行止同心，故爾汝相得，其指一也。」

陶淵明集卷之四

詩五言

擬古九首〔一〕

榮榮窗下蘭，密密堂前柳〔二〕。初與君别時〔三〕，不謂行當久。出門萬里客，中道逢嘉友。未言心相醉〔四〕，不在接杯酒〔五〕。蘭枯柳亦衰，遂令此言負〔六〕。多謝諸少年〔七〕，相知不忠厚。意氣傾人命，離隔復何有〔八〕。

【校記】

擬古九首　陶本無「九首」兩字。陶本原校：「李本有『九首』字。」今據李本補。

窗下　曾本、汲古閣本云，一作「後窗」。

相醉　「相」，陶本原作「先」。陶本原校：「一作『相』。」今據各本改。「醉」，曾本、汲古閣本云，一作「解」。

蘭枯　「枯」，曾本、汲古閣本云，一作「空」。

遂令此言負　陶本原校：「焦本云，一作『時没身還朽』，非。」曾本云，一作「時没身還朽」。蘇寫本、汲古閣本同。

忠厚　「忠」，曾本、汲古閣本作「中」，云，一作「相」，又作「在」。蘇寫本作「中」，云，一作「相厚」。

【箋注】

〔一〕據詩中「飢食首陽薇，渴飲易水流」等感慨滄桑之語，擬古九首當作於晉宋易代後。梁譜將此詩繫於永初三年壬戌（四二二），古譜、逯繫年繫於永初元年庚申（四二〇）。王瑤注據黄文焕陶詩析義，謂本詩當作於永初二年辛酉（四二一）。按，王注大致可從。然擬古其九未必爲義熙十四年戊午（四一八）劉裕立恭帝而發，説見該詩注及【集説】。劉履選詩補注卷五云：「凡靖節退休後所作之詩，類多悼國傷時託諷之詞，然不欲顯斥，故以擬古、雜詩等自名其題云。」温汝能陶詩彙評卷四云：「擬古九首大抵遭逢易代，感世事之多變，歎交情之不終，撫時度勢，實所難言，追惜傷今，惟發諸慨，在陶集中意義固甚明者。諸家有疑其中不可解，或且别爲之説，務爲穿鑿以求，其失愈遠矣。」上述見解，有助於理解此詩寓意。但若稱每首詩均寓易代之感，恐亦未必然。

〔二〕「榮榮」二句：比而興也。「榮榮」、「密密」，狀蘭柳之繁盛，比喻友情親密。吴汝綸古詩鈔：「蘭柳柔弱之質，以比晉主及忠於晉室諸人。」其説非。

〔三〕君：劉履選詩補注卷五：「『君』謂晉君。」吴注：「『君』字泛指，不必泥晉君，此歎中道改節之人，徒矜意氣，反覆不常也。」張玉穀古詩賞析卷十四：「『君』，指所懷之家人説。」陶注：「『君』指蘭柳。」按，「君」指遊子，即後文「萬里客」。

〔四〕心相醉：謂相互仰慕至極。列子黄帝：「列子見之而心醉。」文選顔延之五君詠阮始平詩：「郭奕已心醉，山公非虚覯。」

〔五〕接杯酒：古注：「漢書司馬遷傳：『未嘗銜杯酒，接殷勤之餘歡。』」

〔六〕「蘭枯」二句：蘭枯柳衰喻友情，遊子因遇新交而負了舊約。

〔七〕謝：漢書卷七六趙廣漢傳：「界上亭長寄聲謝我。」顔師古注：「謝，告也。」

〔八〕「意氣」二句：劉劭趙都賦：「貴交尚信，輕命重氣。」三國志吴書孫堅傳裴松之注引孫盛曰：「夫意氣之間，猶有剄頸。」三國志蜀書鄧芝傳：「性剛節，不飾意氣。」通鑑卷一〇六晉紀二八：「家國事重，何論意氣。」胡三省注：「意氣謂（苻）堅相待之厚。」聞人倓古詩箋卷六：「言相知者，特患不忠厚。倘其意氣如故，雖命爲之傾，亦且不惜，而何有於離隔乎！」於義亦通。

【集説】　此詩寓意深隱，前人評論頗有歧見。劉履選詩補注卷五疑晉宋易代後，淵明終身不仕，「豈在朝諸親舊或有諷勸之者，故作此詩以寄意歟」？何注不同意劉説，以爲：「此靖節爲當時無可與同心憂國者發也。」鍾惺古詩歸卷九謂此詩及擬古其六兩首，「皆歎交道衰薄，朋友不足倚賴，然寓意立言，感慨深厚」。張玉穀古詩賞析卷一四則以爲「擬出門遠客，懷家不得歸之詩」。陶注云：「詩意似借蘭柳作北山移文，以爲招隱，欲其謝外誘而堅肥遯也。」邱嘉穗東山草堂陶詩箋卷四云：「此必當時有與公同約偕隱，已而背去附宋者，反未免側目公也，故云。」

辭家夙嚴駕〔一〕，當往志無終〔二〕。問君今何行？非商復非戎〔三〕。聞有田子泰〔四〕，節義爲士雄。斯人久已死，鄉里習其風。生有高世名〔五〕，既没傳無窮〔六〕。不學狂馳子〔七〕，直在百年中〔八〕。

【校記】

志無終 「志」，陶本原作「至」。陶本原校：各本作『志』，汲古閣本云，一作『至』，今從之。」按，各本皆作「志」。説文：「志者，心之所之也。」儀禮大射儀：「不以樂志。」鄭玄注：「志，意所擬度也。」「當往志無終」者，意謂將行擬往無終也。今從各本作「志」。

復非戎 「戎」，李本作「戒」，誤。

田子泰 「泰」，曾本、蘇寫本、李本、汲古閣本、焦本皆作「春」。曾本、汲古閣本云，一作「泰」。

按，三國志魏書田疇傳云，田疇字子泰。太平御覽卷四二一引傳子、水經注卷一四、梁書卷一七王珍國傳皆作「田子泰」。作「子泰」是。

驅馳子「驅」，陶本原作「狂」。陶本原校：「焦本云，一作『驅』，非。」曾本作「狂」，云，一作「驅」。蘇寫本、汲古閣本同。按，作「驅」是，今據改。參見注〔七〕。

【箋注】

〔一〕嚴駕：整治車馬，準備出行。曹植雜詩：「僕夫早嚴駕，吾將遠行遊。」

〔二〕無終：地名，今河北薊縣。左傳襄公四年：「無終子嘉父使孟樂如晉。」杜預注：「無終，山戎國名。」漢書卷二八下地理志下：右北平郡轄縣有無終，古無終子國。

〔三〕「非商」句：丁注：「陶詩程傳：『孔子適宋，老子適戎。』」陳寅恪桃花源記旁證云：「商者指四皓入商山避秦事，戎者指老子出關適西戎化胡事。然則商洛殽函本爲淵明心目中真實桃花源之所在，而田疇之亮節高義猶有過於桃花源避秦之人。此所以寄意遣詞遂不覺連類并及歟？」古注：「阮籍詠懷詩：『園綺遁商山，伯陽隱西戎。』此淵明商、戎并舉之所本也。」（重定陶淵明詩箋）楊勇云：「宋，商地，指孔子也。戎，指老子也。謂孔老之道，彌高彌遠，不能自期。唯田子泰者，其節義爲可慕耳。」按，以上數解，以陳寅恪、古注得其真。古注引阮籍詩，指出陶詩「非商復非戎」一句所本。而陳氏謂商、洛是淵明心目中真實桃花源之所在，其説雖非定論，但稱「田疇之亮節高義有過桃花源避秦之人」，誠能揭示淵明此句的真實意圖。要之，「非商復非戎」句非是楊勇所謂孔老之道，不能自期，而是贊美田疇此行非隱於商，亦非隱於戎，亮節高義，傳之無窮。

〔四〕田子泰：李注：「田疇，漢北平無終人。時董卓遷帝於長安，幽州牧劉虞欲遣使奔問行在，無其人。聞疇奇士，乃署爲從事。疇將行，道路阻絶，遂循間道至長安致命，詔拜騎都尉。疇以天子蒙塵，不可荷佩榮寵，固辭不受，得報還，虞已爲公孫瓚所滅。疇謁虞墓，哭泣而去。瓚怒曰：『汝何不送章報於我？』疇答曰云云，瓚壯之。疇得北歸，遂入徐無山中。」按，姚寬西溪叢語於陶詩「聞有田子春，節義爲士雄」，引漢書燕王劉澤傳「高后時齊人田生」及晉灼注：「楚漢春秋云字子春。」謂田子春是漢初人。顧炎武日知録卷二七「陶淵明詩注」條駁西溪叢語云：「此詩上文云『辭家夙嚴駕，當往至無終』，下文云：『生有高世名，既没傳無窮』，其爲田疇可知矣。三國志田疇字子泰，右北平無終人也。泰一作春，若田生遊説取金之人，何得有高世之名而爲靖節之所慕乎？」王士禎古夫于亭雜録及邱嘉穗東山草堂陶詩箋亦辨其非。

〔五〕高世名：史記卷四三趙世家：「夫有高世之名，必有遺俗之累。」

〔六〕「既没」句：三國志魏書田疇傳：「文帝踐阼，高疇德義，賜疇從孫續爵關内侯，以奉其嗣。」

〔七〕驅馳子：謂奔競鑽營之徒。驅馳，謂奔走。趙壹刺世疾邪賦：「且各守爾分，勿復空馳驅。」三國志蜀書諸葛亮傳：「由是感激，遂許先帝以驅馳。」世説新語輕詆：「常謂使君降階爲甚，乃復爲之驅馳邪。」

〔八〕「直在」句：即形影神詩「身没名亦盡」之意。

【集説】

關於此詩旨意大致有二説。一説淵明寄慨田疇，即期盼出現田疇那樣的人物，效忠晉室。如黄文焕陶詩析義卷四云：「此詩當屬劉裕初廢晉帝爲零陵王所作。蓋當時裕以兵守之，行在消息，總無能知生死何若，故元亮寄慨於子春也。」孫人龍、馬墣、温汝能諸人皆持此説。一説淵明贊美田疇，蓋自比當年就辟鎮軍參軍，爲勤王奔走。如邱嘉穗東山草堂陶詩箋卷四云：「按晉安帝、恭帝之時，劉裕假受禪名色而行篡弑之計，正董卓、公孫瓚之流。公雖辟爲鎮軍參軍，又辟爲建威參軍，使都還江陵正幽州牧署從事之比。後爲彭澤令，不三月而賦歸來，竟以恥臣於宋不復出，正與疇以天子蒙塵，辭騎都尉之榮，而歸隱無終山同一轍。」逯繫年申解云：「桓玄挾晉安帝西走，陶淵明爲勤王之事，涉險奔走於尋陽、建康間，二者極其類似。詩稱田疇之義舉，用以自喻，亦所以自贊也。」按，淵明當年就辟劉裕鎮軍參軍時，裕舉義旗勤王，未可目之董卓、公孫瓚之流。義熙元年乙巳（四〇五）三月，淵明作建威參軍使都的同時，晉安帝反正，當時不存在劉裕篡晉的局勢。淵明不久辭官彭澤，亦非「恥臣於宋不復出」。因此，以就辟鎮軍、建威參軍比田疇奔長安勤王，不足取信。而永初元年庚申（四二〇）劉裕廢晉恭帝爲零陵王時，世人紛紛附宋，再無田疇那樣的人物，故曰「斯人久已死」，並直斥趨炎附勢者爲「驅馳子」。然淵明仰慕前賢，曰「鄉里習其風」，作無望中的期盼。故本詩旨意當以寄慨田疇之説爲近。

仲春遘時雨〔一〕，始雷發東隅〔二〕。衆蟄各潛駭〔三〕。草木從横舒。翩翩新來燕〔四〕，雙雙入我廬。先巢故尚在，相將還舊居〔五〕。自從分别來，門庭日荒蕪。我心固匪石〔六〕，君情定何如。

【校記】

從横 「横」曾本、汲古閣本云，一作「此」，一作「是」。蘇寫本云，一作「此」。

【箋注】

〔一〕遘：説文：「遘，遇也。」

〔二〕始雷：春雷。

〔三〕「衆蟄」句：古注：「禮記月令：仲春之月，始雨水，雷乃發聲，蟄蟲咸動，啓户始出。」又，莊子天運：「蟄蟲始作，吾驚之以雷霆。」李顒雷賦：「驚蟄蟲於始作矣，懼遠邇之異象。」

〔四〕翩翩：飛貌。詩小雅四牡：「翩翩者鵻，載飛載下。」

〔五〕相將：相偕，相共。曹植鷂雀賦：「相將入草，共上一樹。」讀史述九章夷齊：「二子讓國，相將海隅。」

〔六〕「我心」句：詩邶風柏舟：「我心匪石，不可轉也。我心匪席，不可卷也。」毛傳：「石雖堅，尚可轉；席雖平，尚可卷。」鄭玄箋：「言己心志堅平，過於石席。」此以匪石代指心不可轉。

【集説】

關於此詩旨意有四説。一説以燕戀舊巢，比喻不肯背棄晉室。吳師道吳禮部詩話云：「託言不背棄之意。」邱嘉穗東山草堂陶詩箋卷四云：「自劉裕篡晉，天下靡然從之，如衆蟄草木之赴雷雨，而陶公獨惓惓晉室，如新燕之戀舊巢，雖門庭荒蕪，而此心不可轉也。」孫人龍亦同此説。一説譏仕宋者。馬墣陶詩本義卷四云：「此首似譏仕宋者之不如燕也。」一説爲懷遠之作。張玉穀古詩賞析卷一四云：「此擬春閨懷遠之詩。」一説爲詠劉裕與桓玄事。古注比照桓玄篡晉及敗亡史實，謂「始雷發東隅」喻劉裕、何無忌等舉義旗；「相將還舊居」指晉安帝還京師建康；又稱桓玄爲舊燕，劉裕爲新燕。逯注襲古注，説稍異。

迢迢百尺樓〔一〕，分明望四荒。暮作歸雲宅，朝爲飛鳥堂。山河滿目中，平原獨茫茫。古時功名士，慷慨争此場。一旦百歲後，相與還北邙〔二〕。松柏爲人伐，高墳互低昂〔三〕。頽基無遺主，遊魂在何方〔四〕？榮華誠足貴，亦復可憐傷。

【校記】

獨茫茫 「獨」，曾本、汲古閣本云，一作「轉」。

【箋注】

〔一〕迢迢：高貌。陸機擬西北有高樓詩：「高樓一何峻，迢迢峻而安。」

於此。

〔二〕北邙：山名。邙亦作芒，又名邙山、芒山、北山。在河南洛陽城北，漢魏君臣死後多葬於此。

〔三〕低昂：高低貌。宋子侯董嬌嬈詩：「花葉正低昂。」曹丕於譙作詩：「長劍自低昂。」

〔四〕遊魂：古人以爲人死後精氣遊散，故稱遊魂。易繫辭上：「精氣爲物，遊魂爲變。」韓康伯注：「精氣烟熅，聚而成物。聚極則散，而遊魂爲變也。遊魂，言其遊散也。」祭程氏妹文：「煢煢遊魂，誰主誰祀？」挽歌詩：「魂氣散何之，枯形寄空木。」

【集説】

關於此詩旨意有兩説。一説是登高弔古，感歎榮華難久，表現詩人的達觀。如邱嘉穗東山草堂陶詩箋卷四云：「此借登高弔古，以慨當時謀臣戰士節義不立，而一南一北爭地爭城，卒就消滅而已，洵達人之觀也。」温汝能陶詩彙評卷四謂「詩意即所謂貴賤同歸土一邱也」。張玉穀古詩賞析卷一四云：「此擬登廢樓遠望，而榮華不久之詩。」另一説是有感於劉裕篡晉。如黄文焕陶詩析義卷四謂此詩「前六語純從國運更革寄愴」，「蓋感憤於廢帝極矣」。馬璞陶詩本義卷四云：「此首傷篡奪者之無知也。」陶注云：「慷慨而爭，同歸於盡，後之視今，將亦猶今之視昔耳。哀司馬即是哀劉裕，意在言外，當善會之。」

東方有一士〔一〕，被服常不完。三旬九遇食〔二〕，十年著一冠。辛勤無此比，常有好容顔。我欲觀其人，晨去越河關。青松夾路生〔三〕，白雲宿簷端。知我故來意〔四〕，取琴爲我彈。上絃驚别鶴，下絃操孤鸞〔五〕。願留就君住，從今至歲寒〔六〕。

【校記】

九遇食　「遇」，曾本、汲古閣本云，一作「過」。

辛勤　「勤」，曾本云，一作「苦」。湯本、汲古閣本同。蘇寫本、李本作「苦」。

夾路　「夾」，李本作「來」，誤。

來意　「意」，曾本、汲古閣本云，一作「時」。

爲我彈　「爲」，曾本、汲古閣本云，一作「與」。

【箋注】

〔一〕「東方」句：蘇軾東坡題跋卷二云：「此東方一士，正淵明也。」邱嘉穗東山草堂陶詩箋卷四謂淵明「自擬其平生固窮守節之志」。陳沆詩比興箋卷二謂「此淵明自詠也」。或以爲東方一士是古代賢者。張自烈箋注陶淵明集謂此詩旨意是「尚友古人」。吴注引汪洪度云：「乃借古貞婦以喻己志之不移也。」蔣薰評陶淵明詩集卷四則猜測：「伊何人哉，其孫登之流耶？是神仙而無鉛汞氣者。」按，東方一士既是古代貧寒守節之士的藝術形象，也是淵明晚年的自我寫照。蔣氏所謂「孫登之流」，乃是無謂猜度。

〔二〕「三旬」句：參見有會而作詩「惄如亞九飯」句注。

〔三〕「青松」句：古詩十九首：「白楊何蕭蕭，松柏夾廣路。」

〔四〕故：爾雅釋詁：「故，今也。」故來意，猶今來意。

〔五〕「上絃」二句：何注：「上絃、下絃，猶言初曲、終曲。別鶴、孤鸞皆琴曲名。」樂府詩集卷五八引崔豹古今注：「別鶴操，商陵牧子所作也。娶妻五年而無子，父兄將爲之改娶。妻聞之，中夜起，倚户而悲嘯。牧子聞之，愴然而悲，乃援琴而歌。後人因爲樂章焉。」孤鸞：即離鸞，琴曲名，西漢慶安世作。西京雜記卷二：「慶安世年十五，爲成帝侍郎，善鼓瑟，能爲雙鳳、離鸞之曲。」

〔六〕歲寒：論語子罕：「歲寒，然後知松柏之後凋也。」

【集評】

王夫之古詩評選卷四：「結構規恢，真大作手，令人讀之，不辨其爲陶詩矣！」

蒼蒼谷中樹，冬夏常如兹。年年見霜雪，誰謂不知時〔一〕。厭聞世上語，結友到臨淄〔二〕。稷下多談士〔三〕，指彼決吾疑〔四〕。裝束既有日，已與家人辭。行行停出門〔五〕，還坐更自思。不畏道里長，但畏人我欺。萬一不合意，永爲世笑嗤。伊懷難具道〔六〕，爲君作此詩。

【校記】

結友　「結」，曾本、汲古閣本云，一作「交」。

指彼　「彼」，曾本、汲古閣本云，一作「往」。蘇寫本作「往」，云，一作「彼」。

吾疑　「吾」，曾本、汲古閣本云，一作「狐」；又云，一作「柏社決五疑」。按，「柏社決五疑」乃傳寫之誤。

笑嗤　「嗤」，陶本原校：「各本作『之』。從焦本作『嗤』。」曾本、汲古閣本作「之」，云，一作「嗤」。焦本云，一作「之」，非。按，後漢書卷一上光武帝紀上：「顧笑謂耿弇曰：『幾爲虜嗤。』」曹植與楊德祖書：「畏後之嗤余也。」世説新語德行：「同坐嗤之。」毌丘儉答杜摯詩：「還爲燕雀嗤。」作「嗤」是。

【箋注】

〔一〕「蒼蒼」四句：湯注：「前四句興而比，以言吾有定見而不爲談者所眩，似謂白蓮社中人也。」

〔二〕臨淄：戰國時齊國都城。

〔三〕稷下：齊國都城城門，當時談士多聚於此。史記卷四六田敬仲完世家：「齊宣王喜文學遊説之士，自如騶衍、淳于髡、田駢、接予、慎到、環淵之徒七十六人，皆賜列第，爲上大夫，不治而議論，是以齊稷下學士復盛，且數百千人。」集解：「劉向別録曰：『齊有稷門，城門也。談説之士期會於稷下也。』」按，湯漢、邱嘉穗，逯欽立等皆以爲「談士」是指白蓮社中人，其説近是。蓮傳載：「遠法師與諸賢結蓮社，以書招淵明。淵明曰：『若許飲則往。』許之，遂造焉；忽攢眉而去。」此事正與以下「行行停出門」數句相合。

〔四〕指：廣雅釋詁一：「指，語也。」楚辭離騷：「指九天以爲正兮。」王逸注：「指，語也。」決吾疑：釋吾疑。文選張衡歸田賦：「從唐生以決疑。」

〔五〕停，正。三國志蜀書董允傳：「（董）恢年少官微，見允停出，逡巡求去。」世説新語品藻：「桓公停欲言，中悔。」停出門，謂正出門。

〔六〕伊懷：此懷。

【集評】

蔣薰評陶淵明詩集卷四：「稷下之士，乃趨炎熱，不耐霜雪者也。此詩想爲終南、北山人而作。」

吴瞻泰輯陶詩彙注卷四：「首四句興起，人品已見。下故爲顛倒錯綜之言，以寫霜雪不移之志，波瀾起伏，心緒萬端。」

日暮天無雲，春風扇微和〔一〕。佳人美清夜，達曙酣且歌。歌竟長太息，持此感人多〔二〕。皎皎雲間月〔三〕，灼灼葉中華〔四〕。豈無一時好，不久當如何。

【校記】

皎皎　文選、玉臺新詠作「明明」。按，作「皎皎」是，參見注〔三〕。

葉中華　「華」，文選、玉臺新詠作「花」。

【箋注】

〔一〕扇：動也；發也。集韻：「扇，一曰動也，助也。」嵇康雜詩：「微風輕扇，雲氣四除。」

〔二〕此：指佳人所唱之歌。

〔三〕「皎皎」句：卓文君白頭吟：「皎若雲間月。」古詩十九首：「明月何皎皎。」嵇康雜詩：「皎皎亮月，麗於高隅。」

〔四〕灼灼：鮮明貌。詩周南桃夭：「桃之夭夭，灼灼其華。」

【集説】

前人解此詩頗有異説。劉履選詩補注卷五逐句比附晉宋易代史實，如謂：「『日暮』以比晉祚之垂没，天無雲而風微和，以喻恭帝暫遇開明温煦之象。」邱嘉穗東山草堂陶詩箋卷四云：「此詩微諷宴樂逸遊之不可久。」張玉穀古詩賞析卷十四則稱「此擬及時行樂之詩」。立説恰與邱氏相反。古注以爲「追痛會稽王道子之誤國」。按，以上諸説，以邱嘉穗較近詩旨。

少時壯且厲〔一〕，撫劍獨行遊。誰言行遊近？張掖至幽州〔二〕。飢食首陽薇，渴飲易水流〔三〕。不見相知人，惟見古時丘。路邊兩高墳，伯牙與莊周。此士難再得〔四〕，吾行欲何求。

【校記】

行遊近　「遊」，曾本、汲古閣本云，一作「道」。

惟見　陶本原校：「焦本云，一作『純是』。」曾本云，一作「純是」。蘇寫本、汲古閣本同。

吾行　「吾」，曾本、汲古閣本云，一作「君」。

【箋注】

〔一〕壯：壯盛。厲：激烈。三國志吴書張昭傳：「辭氣壯厲。」晉書卷一一九姚泓載記：「人情挫辱，則壯厲之心生。」

〔二〕張掖：郡名，今屬甘肅。漢元鼎六年（前一一一）分武威郡置。治所在觻得（今甘肅張掖西北）。漢書卷二八地理志下：「張掖郡，故匈奴昆邪王地，武帝太初元年開。」應劭曰：「張國臂掖，故曰張掖也。」幽州：古九州之一。爾雅釋地：「燕曰幽州。」周禮職方：「東北曰幽州。」

〔三〕「飢食」二句：史記卷六一伯夷列傳載：伯夷、叔齊義不食周粟，隱於首陽山，采薇而食之。史記卷八六刺客列傳載：荆軻爲燕太子丹刺秦王，太子及賓客送至易水上。何注：「此晉亡以後憤世之辭。首陽、易水，以寓夷、齊恥食周粟，荆軻爲燕報仇之意。」

〔四〕此士：指夷齊、荆軻、伯牙、莊周。夷齊和荆軻是志士，今已不可見；伯牙因鍾子期死而絶絃，莊周因惠子死而深瞑，知音不可得，故曰「難再得」。

【集評】

湯漢注陶靖節先生詩卷四：「伯牙之琴，莊子之言，惟鍾惠能聽；今有能聽之人而無可聽之言，此淵明所以罷遠游也。」

王夫之古詩評選卷四：「神駿不可方物，而固不出於圜中。陶公高音亮節自有如此者，孟浩然一流亦曾夢見一斑否？」

吴瞻泰陶詩彙注卷四：「此篇無倫無次，章法奇奥。始而張掖、幽州，悲壯遊也；忽而首陽、易水，傷志士之無人；忽而伯牙、莊周，歎知音之不再而避世之難得也。公生平志節，亦盡流露矣。」

温汝能陶詩彙評卷四：「淵明有荆軻、夷齊之心志，而時會各殊，所懷不遂，故不得不作退一步想也。篇中寄託遥深，只可爲知者道爾。」

種桑長江邊〔一〕，三年望當採〔二〕。枝條始欲茂，忽值山河改〔三〕。柯葉自摧折，根株浮滄海〔四〕。春蠶既無食，寒衣欲誰待〔五〕？本不植高原，今日復何悔〔六〕！

【校記】

山河　「河」，曾本云，一作「川」。蘇寫本、汲古閣本同。

【箋注】

〔一〕「種桑」句：暗喻晉安帝義熙八年（四一二），復以司馬休之都督荆、雍、梁、秦、寧、益六州軍事、平西大將軍、荆州刺史，假節。

〔二〕「三年」句：自義熙八年至義熙十一年司馬休之舉兵反抗劉裕，正當三年。

〔三〕「忽值」句：暗喻劉裕攻克江陵，司馬休之敗亡，東晉雖名號猶存，實已山河易主。

〔四〕「柯葉」二句：指司馬休之、魯宗之等相繼敗亡。陶詩程傳云：「柯葉枝條，蓋指司馬休之之事。休之拒守荆州，而道賜發宣城，楚之據長社。迨劉裕克江陵，奔亡相繼，而晉祚始斬。故以春蠶無食，寒衣無待況之。」其説得之。考晉書卷三七司馬休之傳、晉書卷一〇安帝紀，義熙八年（四一八）劉毅被誅後，休之爲平西將軍、荆州刺史。其子文思多違法度，爲有司所糾，陰謀作亂。劉裕聞之，誅其黨羽，令休之嚴加管束。義熙十一年（四一五）春正月，休之父子遂結雍州刺史魯宗之並舉兵討伐劉裕。五月，休之、宗之敗，出奔姚泓。至此，宗室中唯一擁有兵權的司馬休之被劉裕消滅。枝葉摧折之喻即指此。

〔五〕「春蠶」二句：暗喻東晉宗室勢力殆盡，朝廷無有依靠。

〔六〕「本不」二句：言朝廷當初委以司馬休之重任，休之却終究有負朝廷重望，今日尚有何悔。本，根也。「種桑長江邊」，即「本不植高原」。

【集説】

此詩通篇比喻，前人多謂深有寄託。如黃文煥陶詩析義卷四云：「劉裕以戊午年十二月弑晉主於東堂，立琅琊王德文，是爲恭帝。己未爲恭帝元熙元年，庚申二年而裕逼禪矣。帝之年號，雖止二年，而初立則在戊午，是已三年也。『望當採』者，既經三年，或可以自修内治奏成績也。長江邊豈種桑之地？爲裕所立，而無以防裕，勢終受制，初着既誤，後禍自來也。字字隱語，然意義甚明。」陳沆詩比興箋卷二：「此慨晉室之所以亡也。典午創業，本乏苞桑之固，五馬南浮，復無磐石之安。何曾興歎於前，干寶抗論於後。『本不植高原，今日復何悔』，爲此詩者，其知道乎！命意全在末二章，所謂圖窮匕首見。」或謂無寓意者。何注：「此詩全用鬼谷先生書意。逸民傳：鬼谷先生遺蘇秦、張儀書曰：『二君豈不見河邊之樹乎？僕御折其枝，風浪盪其根，此木豈與天地有讎怨？所居然也。子見崇岱之松柏乎？上枝干於青雲，下枝通於三泉，千秋萬歲，不逢斧斤之患，豈與天地有骨肉？所居然也。』」何焯義門讀書記陶靖節詩云：「此言下流不可處，不得謬比易代。」張玉穀古詩賞析卷十四則云：「此擬譏人託身不慎之詩。」

【集評】

許學夷詩源辯體卷六：「靖節擬古九首，略借引喻，而實寫己懷，絶無摹擬之跡。非其識見超越，才力有餘，不克至此。後人學陶者，於其平直處，僅得一二；至此，百不得一矣。嘗疑擬古或諸家所爲，但晉宋無此等人。」

陳祚明采菽堂古詩選卷十三：「擬古九章，情思回曲，辭旨纏綿。王元美之論離騷，脩郄者不能摘故也，即其句調，往往鄰十九首矣。」

汪師韓詩學纂聞：「今觀唐以後詩，凡所謂古風、古意、古興、古詩，與夫覽古、詠古、感古、傚古、紹古、依古、諷古、續古、述古者，都不知其所分別。古人名作，惟鮑明遠擬古八首，陶靖節擬古九首，未嘗明言所擬何詩，然題曰擬古，必非若後人漫然爲之者矣。」

方東樹昭昧詹言卷一：「淵明擬古，是用古人格作自家詩。」

雜詩十二首〔一〕

人生無根蒂，飄如陌上塵〔二〕。分散逐風轉，此已非常身〔三〕。落地爲兄弟，何必骨肉親〔四〕。得歡當作樂，斗酒聚比鄰。盛年不重來，一日難再晨〔五〕。及時當勉勵，歲月不待人。

【校記】

雜詩十二首　陶本無「十二首」三字。陶本原校：「李本有十二首字。」今據李本補。

落地爲　陶本原校：「焦本云，一作『流落成』，非。」曾本、汲古閣本云，一作「流落成」。蘇寫本作「流落成」。

【箋注】

〔一〕雜詩中前八首多感歎貧困年衰，當爲淵明晚年所作。據第六首云：「昔聞長老言，掩耳每不喜，奈何五十年，忽已親此事。」則可論定前八首作於淵明五十歲待，即晉安帝義熙十四年戊午（四一八）。第九首以下三首詠歎行役之苦，内容與前八首不類，王瑤謂與庚子歲五月中從都還阻風於規林、辛丑歲七月赴假還江陵夜行塗口等詩同時作，繫於晉安帝隆安五年辛丑（四〇一）。鄧譜據第九首「掩淚泛東逝」、第十首「軒裳逝東崖」等句，謂此行明由尋陽乘舟順江東下；又據第十首「荏苒經十載，暫爲人所羈」二句，謂此行距出仕之年已經十載，故定三詩與乙巳歲三月爲建威參軍使都經錢溪詩同作於義熙元年（四〇五）春天。其説是。又，第十二首似是詠物詩，與前十一首均不類，作年亦不可考。湯本因此首别出，編於歸去來兮辭後。其餘各本皆將此首與前面三首排列在一起，故王瑤懷疑它們爲同時之作，繫於晉安帝隆安五年辛丑。其實，此詩詩意隱晦不明，與行役無關。王瑤繫年未必妥當，不如闕疑。

〔二〕「人生」二句：古注：「老子五十九章：『是謂深根固柢，長生久視之道。』古詩十九首：『人生寄一世，奄忽若飆塵。』」又，曹植薤露行：「人居一世間，忽若風吹塵。」

〔三〕「分散」二句：言人生如塵飄轉，此時之身已非舊時之身。莊子大宗師郭象注：「故向者之我，非復今我也。我與今俱往，豈常守故我。」天地萬物無時不任大化而推移，人之形亦與化俱往，今我已非舊我。「此已非常身」句，與郭象解莊之義相近。

〔四〕「落地」二句：論語顏淵：「四海之内，皆兄弟也。」落地，丁注：「謂人始生也。」

〔五〕「盛年」二句：古注：「吴質答魏太子牋：『盛年一過，實不可追。』阮籍詠懷詩：『朝陽不再盛。』」

【集評】

馬墣陶詩本義卷四：「謂人當及時行樂。」

白日淪西阿〔一〕，素月出東嶺。遥遥萬里暉，蕩蕩空中景〔二〕。風來入房户，夜中枕席冷。氣變悟時易〔三〕，不眠知夕永〔四〕。欲言無予和〔五〕，揮杯勸孤影。日月擲人去，有志不獲騁〔六〕。念此懷悲悽，終曉不能静。

【校記】

西阿　「阿」，陶本原校：「從何校宣和本作『阿』。各本作『河』。」曾本、汲古閣本作「河」，云，一作「阿」。按，作「阿」是，參見注〔一〕。

萬里暉　「暉」，曾本、李本作「輝」。按，「暉」同「輝」。

蕩蕩　曾本、汲古閣本云，一作「迢迢」。

夜中　曾本、汲古閣本云，一作「中夜」。蘇寫本作「中夜」。

時易　「易」，曾本云，一作「異」。蘇寫本、汲古閣本同。按，作「易」佳，參見注〔三〕。

無予和　「予」，曾本、汲古閣本云，一作「或」，又作「余」。蘇寫本作「余」。

擲人　「擲」，曾本、汲古閣本云，一作「桋」，又作「掃」。

終曉　「終」，曾本、汲古閣本作「中」，云，一作「終」。按，終，盡也，末也。文選劉楨贈五官中郎將詩：「終夜不遑寐。」作「終」佳。

【箋注】

〔一〕淪：沉。西阿：西山。丁注：「張融海賦：『天抗輝於東曲，日倒垂於西阿。』沈約詩：『驅馬城西阿。』」

〔二〕蕩蕩：廣大貌，廣遠貌。論語泰伯：「巍巍乎！唯天爲大，唯堯則之。蕩蕩乎！民無能名焉。」漢郊祀歌天馬：「天門開，詄蕩蕩。」

〔三〕時易：指時節變化。古詩十九首：「白露霑野草，時節忽復易。」阮籍大人先生傳：「時崦嵫而易氣兮。」邱嘉穗東山草堂陶詩箋卷四：「日淪月出，氣變時易，似亦微指晉宋革代之事而言。」其説非。

〔四〕「不眠」句：此句從古樂府「愁多知夜長」句化出。

〔五〕「欲言」句：古注：「張茂先雜詩：『寤言莫予應。』」

〔六〕騁：馳騁，猶施展。按，「志騁」爲晉人常語。晉書卷八四王恭傳：「仕宦不爲宰相，才志何足以騁！」又，淵明之志，前人不乏探索。吴師道吴禮部詩話：「陶翁之志非他，忠憤而已。」方東樹昭昧詹言卷一三則云：「但其志不可得聞。如後人妄測不仕異姓，欲爲荆軻、子房者，皆瞽説也。」「以吾測公志，殆亦禮樂得新，彌縫使醇，非補偏救弊，一手一足之烈也。」按，稱淵明有荆軻復仇之志固不可信，然説淵明欲爲儒家道統的繼承者，恐亦未必是。雜詩其五云：「憶我少壯時，無樂自欣豫，猛志逸四海，騫翮思遠翥。」淵明不獲之志，大概指青壯年時的用世之志。

【集評】

王夫之古詩評選卷四：「絶不淫放。『揮杯勸孤影』，是此老霸氣語。纔有霸氣，即入流俗，無怪乎流俗之亟賞也。」

温汝能陶詩彙評卷四：「『欲言無予和，揮杯勸孤影』二語，妙在『欲』字、『勸』字，於寂寞無聊之況，得此閒趣。周青輪謂遣悶妙法。予謂淵明懷抱，獨有千古，即此可見。『日月擲人去』，『擲』字亦新亦妙。」

方東樹昭昧詹言卷四：「此篇亦無奇，但白描情景，空明澂澈，氣韻清高，非庸俗摹習所及。」

榮華難久居，盛衰不可量〔一〕。昔爲三春蕖〔二〕，今作秋蓮房。嚴霜結野草〔三〕，枯悴未遽央〔四〕。日月有環周〔五〕，我去不再陽〔六〕。眷眷往昔時，憶此斷人腸。

【校記】

三春蕖　「蕖」，曾本、汲古閣本云，一作「芙」。

有環周　陶本原作「還復周」。陶本原校：「各本作『有環周』。焦本云，宋本作『還復周』，一作『有環周』，非。今從之。」「周」，曾本云，一作「復」。蘇寫本、汲古閣本同。曾本、汲古閣本又云，一作「還復周」。按，作「有環周」是，今據改。參見注〔五〕。

【箋注】

〔一〕「榮華」二句：古注：「曹子建雜詩：『榮耀難久恃。』古詩十九首：『盛衰各有時。』」居，固定，停留。易繫辭下：「變動不居。」孔融與曹公論盛孝章書：「歲月不居，時節如流。」此二句與擬古其七「豈無一時好，不久當如何」二句同意。

〔二〕蕖：芙蕖，即荷花。

〔三〕「嚴霜」句：文選盧諶時興詩：「凝霜沾蔓草。」黃文煥陶詩析義卷四：「『結』字工於體物，柔卉被霜，萎亂紛紜，根葉輒相糾纏，道盡極目。」

〔四〕未遽央：尚未馬上完。央，猶盡也，已也。離騷：「時亦猶其未央。」王逸注：「央，盡也。」楚辭雲中君：「爛昭昭兮未央。」王逸注：「央，已也。」讀山海經詩其八：「壽考豈渠央。」按，以上「嚴霜」二句言草木雖經嚴霜而枯悴，但生意實未盡。此即形贈影詩「草木得常理，霜露榮悴之」之意。

〔五〕環周：謂循環往復。文選張華勵志詩：「四氣鱗次，寒暑環周。」李善注：「范子曰：『周迴如循環，未始有極。』」支遁釋迦文佛像讚并序：「靈風播越，環周六合。」

〔六〕「我去」句：古注：「莊子齊物論：『近死之心，莫使復陽也。』陸德明釋文：『復陽，陽謂生也。』陸機短歌行：『華不再陽。』」又，張華感婚詩：「譬彼暮春草，榮華不再陽。」按，「我去不再陽」，對上「草木未遽央」，我不如草，此即形贈影詩「謂人最靈智，獨復不如兹」之意也。

【集説】

關於此詩旨意有兩説。一説有感晉亡。湯注：「此篇亦感興亡之意。」邱嘉穗東山草堂陶詩箋卷四亦謂此詩「大意謂晉亡於宋，昔盛今衰，如荷之春生秋謝，今宋之陰意殺物，如霜降草枯，雖日月環周，而我遂一去不復再見天子當陽時候，能不感昔而斷腸哉」！一説有感人生昔盛今衰。如蔣薰評陶淵明詩集卷四云：「今昔之感，語意吞吐，何必泥定興亡如湯注也。」另有持折衷之論者。如孫人龍纂輯陶公詩評注初學讀本卷二云：「歎盛衰，亦感興亡意。」

丈夫志四海〔一〕，我願不知老〔二〕。親戚共一處，子孫還相保。觴絃肆朝日〔三〕，樽中酒不燥〔四〕。緩帶盡歡娛〔五〕，起晚眠常早。孰若當世士，冰炭滿懷抱〔六〕。百年歸丘壟〔七〕，用此空名道〔八〕。

【校記】

當世士 「士」，陶本原作「時」。今據各本改。

歸丘壟 「歸」，陶本原校：「焦本云，一作『埽』，非。」曾本云，一作「掃」。蘇寫本、汲古閣本同。按，作「歸」是，「掃」乃形誤。

【箋注】

〔一〕「丈夫」句：曹植贈白馬王彪詩：「丈夫志四海，萬里猶比鄰。」

〔二〕不知老：論語述而：「發憤忘食，樂以忘憂，不知老之將至云爾。」

〔三〕觴絃：宴飲歌舞。魏書卷九七島夷桓玄傳：「絃觴於殷憂之時。」

〔四〕「樽中」句：陶注：「燥，乾也。與孔文舉詩『樽中酒不空』同意。」

〔五〕緩帶：寬緩衣帶，優游自在貌。曹植箜篌引：「樂飲過三爵，緩帶傾庶羞。」

〔六〕「冰炭」句：喻名利交戰於胸中。冰炭，喻彼此不能相容。韓非子顯學：「夫冰炭不同器而久。」楚辭東方朔七諫自悲：「冰炭不可以相並兮，吾固知乎命之不長。」

〔七〕丘壟：指墳墓。陸機感丘賦：「死同宅乎一丘。」墨子節葬下：「有喪者曰：棺椁必重……丘壟必巨。」

〔八〕空名：虚名。史記卷九一黥布列傳：「大王提空名以鄉楚。」何注：「謝靈運弔廬陵王詩：『一隨往化滅，安用空名揚』意同。」道：言説，稱説。周禮土訓：「掌道地圖。」鄭玄注：「道，説也。」漢書卷四七梁孝王劉武傳：「賞賜不可勝道。」顔師古注：「道謂言。」王叔岷云：「道猶稱也。論語衛靈公篇：『君子疾没世而名不稱焉。』陶公反其意，謂『百年歸丘壟，安用此空名稱哉？』」其説是。

【集評】

邱嘉穗東山草堂陶詩箋卷四：「公本志四海人，但志不獲騁後，願聚天倫之真樂，而於勢利空名，直視之如糞土耳。」

温汝能陶詩彙評卷四：「親戚一處，子孫相保，非處順境者，難覯此景象，而況亂世乎？語語質，語語真。有此真樂，便可從飲忘憂，此淵明所以甘於隱遁而不悔者，其在斯歟？」

憶我少壯時，無樂自欣豫〔一〕。猛志逸四海，騫翮思遠翥〔二〕。荏苒歲月頽〔三〕，此心稍已去。值歡無復娱〔四〕，每每多憂慮。氣力漸衰損〔五〕，轉覺日不如〔六〕。壑舟無須臾〔七〕，引我不得住〔八〕。前途當幾許〔九〕，未知止泊處〔一〇〕。古人惜寸陰〔一一〕，念此使人懼。

【校記】

憶我　「我」，曾本、汲古閣本云，一作「爲」，又作「昔」。蘇寫本云，一作「昔」。

騫翮　「騫」，曾本云，一作「輕」。蘇寫本、汲古閣本同。

止泊　「泊」，曾本云，一作「宿」。蘇寫本、汲古閣本同。

【箋注】

〔一〕欣豫：歡樂安適。晉書卷七八孔坦傳：「承問欣豫。」

〔二〕騫：飛舉貌。遠翥：遠飛。

〔三〕荏苒：文選潘岳悼亡詩：「荏苒冬春謝，寒暑忽流易。」李善注：「荏苒，猶漸也。」歲月頹：指日月流逝。頹，史記卷二九河渠書：「水頹以絶商顏。」裴駰集解引瓚曰：「下流曰頹。」陸雲喜霽賦：「年冉冉其易頹兮。」釋慧遠答桓玄書：「貧道年與時頹。」

〔四〕「值歡」句：曹植遊仙詩：「戚戚少歡娱。」吴注引王棠曰：「『無樂自欣豫』，寫出少壯胸懷。『值歡無復娱』，寫出老人心境。」温汝能陶詩彙評卷四：「『值歡無復娱』句，可謂常語翻新。歡娱皆樂也，然歡屬聲氣，娱屬心志，中年以後，百憂感心，往往不在歡樂一邊。故下句云『每每多憂慮』也。尋常語却説得如此警透。」

〔五〕「氣力」句：張載佚詩：「氣力漸衰損，鬢髮終以皓。」嵇康養生論：「積微成損，積損成衰，從衰得白，從白得老，從老得終。」

〔六〕轉：漸進之意。魏晉常語。摯虞疾愈賦：「體貌廉廉而轉損。」嵇康與山巨源絶交書：「任實之情轉篤。」

〔七〕壑舟：喻時光之流逝及生命之變化。莊子大宗師：「夫藏舟於壑，藏山於澤，謂之固矣，然而夜半有力者負之而走，昧者不知也。」郭象注：「言生死變化之不可逃也。」謝靈運撰征賦：「慨壑舟之遞遷。」一說「壑舟」喻學行。馬墣陶詩本義卷四：「吾學所得者不固，如莊子所謂藏舟於壑，爲有力者負去，而壑復失舟。」按，此説與詩意不合，非是。

〔八〕住：即住年，謂留駐年華。葛洪抱朴子金丹：「住年不老。」

〔九〕前途：指來日。宋書卷九三雷次宗傳：「崦嵫將迫，前塗幾何。」

〔一〇〕止泊處：猶言人生歸宿。止泊：謂停息。蕭綱隴西行：「沙長無止泊，水脈屢縈分。」

〔一一〕惜寸陰：淮南子原道訓：「聖人不貴尺之璧，而貴寸之陰，時難得而易失也。」曹攄贈韓德真詩：「惜此寸陰，念彼白駒。」

【集説】

關於此詩旨意有二説。一説是歎老而學行未成。湯注引李白詩「百歲落半途，前期浩漫漫」等語，以爲「人生學無歸宿者，例有此歎」。其意似謂本詩「壑舟無須臾，引我不得住」之感歎，亦與學行有關。馬墣陶詩本義卷四本湯注，以爲「此首歎身已衰老而學行未成也」。一説與晉宋易代有關。邱嘉穗東山草堂陶詩箋卷四云：「此非自傷失學之詩，蓋與歲暮和張常侍一首同意。陶公本懷討宋篡弒之志，而不得以有爲於世，故其言悲憤如此，亦即前詩所謂『日月擲人去，有志不獲騁』者也。」

昔聞長老言〔一〕，掩耳每不喜。奈何五十年，忽已親此事〔二〕。求我盛年歡，一毫無復意。去去轉欲遠，此生豈再值。傾家持作樂，竟此歲月駛〔三〕。有子不留金，何用身後置〔四〕。

【校記】

長老　「老」，陶本原作「者」，各本皆同。曾本云，一作「老」。蘇寫本、湯本同。按，今改作「老」。參見注〔一〕。

每不喜　「每」，曾本、汲古閣本云，一作「常」。

盛年　「年」，曾本云，一作「時」。蘇寫本、汲古閣本同。

欲遠　「遠」，陶本原作「速」，未言所據，今據各本改。

豈再值　「豈」，曾本云，一作「難」。蘇寫本，汲古閣本同。

持作　曾本云，一作「特」，又作「持此」。蘇寫本作「時作」，云，一作「持此」。湯本、李本、汲古閣本作「時作」。「時」，曾本、汲古閣本云，一作「持」，又作「特此」。焦本作「持作」，云，一作「時」，非。按，古歌：「金荆持作枕，紫荆持作床。」古詩：「烹穀持作飯，采葵持作羹。」陶詩句法與此同。

作「持作」是。

身後置　「置」，曾本、汲古閣本云，一作「事」。蘇寫本云，宋本作「事」。

【箋注】

〔一〕「昔聞」句：古注：「陸機歎逝賦序：『昔每聞長老，追計平生，同時親故，或凋落已盡，或僅有存者。余年方四十，而懿親戚屬亡多存寡，昵交密友亦不半在，以是思哀，哀可知矣。』詩意本此。」長老，年長者之通稱。漢書卷四文帝紀：「今歲首不時，使人存問長老。」

〔二〕「奈何」二句：陸雲與楊彦明書：「昔年少時，見五十公，去此甚遠。今日冉冉，已近之已。」「朋類喪索，同好日盡。」親，近也。親此事，指已近見長老所言那種追計平生、親故凋落之事。丁譜：「裕將篡晉，其勢已成，歎其不幸而親見此事也。」其説非。李注據舊譜，謂此詩作於義熙十年（四一四）甲寅，時廬山東林寺主釋慧遠，集緇素百二十有三人結白蓮社，命劉遺民撰同誓文，及以書招淵明，淵明攢眉而去云云。按，李注不確。考李注所稱同誓文，即釋惠皎高僧傳所載劉遺民誓願文。其文曰：「惟歲在攝提格，七月戊辰朔，二十八日己未，法師釋慧遠貞感幽奥，霜懷特發，乃延命同志，息心貞信之士百有二十三人，集于廬山之陰般若雲臺精舍阿彌陀像前，率以香華敬薦而誓焉。」查陳垣二十史朔閏表，元興元年壬寅（四〇二）七月朔爲戊辰，則慧遠結白蓮社在本年，劉遺民同誓文非作於義熙十年甲辰。梁譜繫此詩爲永初二年辛酉（四二一）作，謂「晉祚已移，故自悲『已親此事』也」。亦非。

〔三〕「傾家」二句：丁注：「傾家，謂竭其家貲也。」按，丁注是。自此句以下，實用漢疏廣事。「傾家」，即後面所説的「有子不留金」。此句謂傾其資財以作樂也。持，猶執也。持作，謂以物作某物也。例古詩「采葵持作羹」，意即以所采之葵作羹也。王叔岷以爲「持」當作「時」，「作時較勝。『時作樂』，猶言『及時作樂』耳」。其説不確。

〔四〕「有子」二句：見詠二疏詩注。邱嘉穗東山草堂陶詩箋卷四，謂淵明不信輪迴之理，「但當合家爲樂，留金與子可也」。又云：「意當時東林寺，緇素入社者，已有百餘人，而一時愚夫婦爲其煽惑，不惜捐金錢作佛事以爲身後計者，更十百倍，故陶公譏之曰：『有子不留金，何用身後置。』」邱氏解「有子不留金」二語爲「留金與子」，又稱淵明諷愚夫婦「捐金錢作佛事」。大誤。

【集評】

馬璞陶詩本義卷四：「此首言老年之懷。」

日月不肯遲〔一〕，四時相催迫〔二〕。寒風拂枯條，落葉掩長陌。弱質與運頹〔三〕，玄鬢早已白〔四〕。素標插人頭〔五〕，前途漸就窄〔六〕。家爲逆旅舍〔七〕，我如當去客〔八〕。去去欲何之，南山有舊宅〔九〕。

【校記】

掩長陌　「掩」，曾本云，一作「滿」。蘇寫本、汲古閣本同。

與運頽　「與」，曾本、汲古閣本作「興」，云，一作「與」。「運頽」，曾本、汲古閣本云，一作「頽齡」。按，「興」爲形誤。

人頭　「人」，曾本、汲古閣本云，一作「君」。

【箋注】

〔一〕遲：説文：「遲，徐行也。」釋名釋言語：「遲，頽也，不進之言也。」和胡西曹示顧賊曹詩：「不駛亦不遲，飄飄吹我衣。」

〔二〕「四時」句：陸機折楊柳行：「時逝恒若催。」晉書卷五一皇甫謐傳：「是以寒暑相催。」

〔三〕弱質：弱體。運頽：指時光流逝。蓮傳慧遠法師傳：「不覺形與運頽。」謝靈運山居賦：「弱質難恒，頽齡易喪。」

〔四〕「玄鬢」句：李注：「靖節早年髮白。」謝惠連秋懷詩：「各勉玄髮歡，無貽白首歎。」玄鬢，黑髮也。

〔五〕素標：白髮在頭，猶若標記，故曰素標。嵇含白首賦序：「余年二十七，始有白髮，生於左鬢，斯乃衰悴之標證，棄損之大漸也。」陳祚明采菽堂古詩選卷十四：「初嫌『素標插人頭』句險，詩固不弱。」

〔六〕「前途」句：猶窮途末路，時日漸短之意。王羲之雜帖：「吾年垂耳順，推之人理，得爾以爲厚幸，但恐前路轉欲逼耳。」「前途漸就窄」與「前路轉欲逼」同義。

〔七〕逆旅：左傳僖公二年：「今虢爲不道，保於逆旅。」杜預注：「逆旅，客舍也。」孔穎達正義：「晉語云：『陽處父過甯，舍於逆旅甯嬴氏。』知逆旅是客舍也。逆，迎也；旅，客也。迎止賓客之處也。」

〔八〕去客：古詩十九首：「人生天地間，忽如遠行客。」

〔九〕舊宅：指祖先墳地。宅，孝經喪親章：「卜其宅兆而安措之。」邢昺注疏：「宅，墓穴也。」自祭文：「陶子將辭逆旅之舍，永歸本宅。」

【集評】

邱嘉穗東山草堂陶詩箋卷四：「此與神釋篇所謂『老少同一死，正宜委運去』數語同意。恐亦破東林浄土之説。」

馬墣陶詩本義卷四：「此首言人易死。」

代耕本非望〔一〕，所業在田桑。躬親未曾替〔二〕，寒餒常糟糠。豈期過滿腹〔三〕，但願飽粳糧〔四〕。御冬足大布〔五〕，麤絺以應陽〔六〕。正爾不能得〔七〕，哀哉亦可傷。人皆盡獲宜，拙生失其方〔八〕。理也可奈何，且爲陶一觴。

【校記】

過滿腹　「過」，曾本、汲古閣本云，一作「遇」。按，作「過」是，「遇」乃形誤。參見注〔三〕。

但願　「願」，曾本云，一作「就」。湯本、汲古閣本同。

御冬足　曾本、汲古閣本云，一作「禦冬乏」。

正爾　「正」，曾本作「止」，云，一作「政」。汲古閣本同。蘇寫本作「政」。按，「正」同「政」，作「止」誤。參見注〔七〕。

且爲　「且」，陶本原校：「焦本云，一作『足』，非。」

【箋注】

〔一〕代耕：謂出仕。官吏食禄，不耕而食，故曰代耕。孟子萬章：「下士與庶人在官者同禄，禄足以代其耕。」

〔二〕替：廢棄。楚辭離騷：「謇朝誶而夕替。」王逸注：「故朝諫謇謇於君，夕暮而身廢棄也。」

〔三〕「豈期」句：莊子逍遥遊：「偃鼠飲河，不過滿腹。」文選左思詠史：「飲河期滿腹，貴足不願餘。」

〔四〕粳糧：粗糧。

〔五〕大布：左傳閔公二年：「衛文公大布之衣。」杜預注：「大布，麤布。」

〔六〕絺：細葛布。詩周南葛覃：「爲絺爲綌。」毛傳：「精曰絺，麤曰綌。」應陽：抵擋炎日。應，淮南子原道訓：「風興雲蒸，事無不應。」高誘注：「應，當也。」

〔七〕正爾：止如此，僅如此，魏晉常語。陸雲與兄平原書：「正爾自復佳。」

〔八〕「拙生」句：與歸去來兮辭序「生生所資，未見其術」二句同意。拙，自謙之詞。生，謂治生。方，方法，技巧。莊子大宗師：「敢問其方。」何焯義門讀書記陶靖節詩：「『拙生失其方』，自謂謀道不謀食也。」按，庚戌歲九月中於西田穫早稻詩云：「人生歸有道，衣食固其端。」淵明何嘗不謀食？何説非。

【集評】

邱嘉穗東山草堂陶詩箋卷四：「此公自述其彭澤歸來，饑寒窮困之狀，而卒安於命也。」

馬璞陶詩本義卷四：「此歎躬耕仍不救窮之詩。」

遥遥從羈役，一心處兩端〔一〕。掩淚汎東逝，順流追時遷。日没星與昴〔二〕，勢翳西山巔〔三〕。蕭條隔天涯，惆悵念常餐。慷慨思南歸，路遐無由緣〔四〕。關梁難虧替〔五〕，絶音寄斯篇。

【校記】

常餐 「餐」，各本作「飡」。按，「餐」同「飡」。

【箋注】

〔一〕兩端：謂一心而作兩種打算。史記卷七七魏公子列傳：「魏王恐，使人止晉鄙，留軍壁鄰，名爲救趙，實持兩端以觀望。」三國志魏書公孫度傳裴松之注引魏名臣奏：「公孫淵昔年敢違王命，廢絶計貢者，實挾兩端。」

〔二〕星：星宿名，亦稱七星。二十八宿之一。昴：星宿名。二十八宿之一。説文：「昴，白虎宿星。」書堯典：「日短星昴，以正仲冬。」孔傳：「昴，白虎之中星。」

〔三〕勢：形勢，此指星與昴在天空中的位置。翳：不明貌。

〔四〕無由緣：指歸去無因。文選曹植與吳季重書：「天路高邈，良無由緣。」應璩別詩：「遠適萬里道，歸來未有由。」

〔五〕關梁：關隘和橋梁，指水陸交通要道。呂氏春秋孟冬：「謹關梁。」高誘注：「關梁所以通塗也。」庾翼與兄冰書：「歲星犯天關，占云關梁當分。」虧替：廢止。此句即楚辭九辯「關梁閉而不通」之意。

【集評】

蔡正孫精刊補注東坡和陶詩話：「愚謂此篇『遥遥從羈役』、『掩淚泛東逝』、『蕭條隔天涯』，皆是旅途中語。又曰『慷慨思南歸』，亦是思山南舊居也……其曰『慷慨思南歸，路遐無由緣』，則其歸來之意甚濃也。」

邱嘉穗東山草堂陶詩箋卷四：「此似追憶，使都還江陵後，傷國勢日蹙，以至篡弑而亡也。玩『日没星昴』二句可見。」

温汝能陶詩彙評卷四：「此當是懷思之作，其中情致纏綿，遠無由達，真不覺有天南地北之感。」

閑居執蕩志[一]，時駛不可稽[二]。驅役無停息，軒裳逝東崖[三]。泛舟擬董司[四]，悲風激我懷。歲月有常御[五]，我來淹已彌[六]。慷慨憶綢繆[七]，此情久已離。荏苒經十載[八]，暫爲人所羈[九]。庭宇翳餘木，倏忽日月虧。

【校記】

無停息　「停」，曾本云，一作「休」。蘇寫本、汲古閣本同。

逝東崖　「逝」，曾本、汲古閣本云，一作「遊」。按，前篇云：「掩淚汎東逝。」作「逝」是。

泛舟擬董司　陶本原作「沉陰擬薰麝」。各本同。曾本、汲古閣本云，一作「泛舟擬董司」，又作「泛舟董司寒」。蘇寫本云，一作「泛舟董司寒」。按，作「泛舟擬董司」是，今據改。參見注[四]。

悲風激我懷　陶本原作「寒氣激我懷」。陶本原校：「焦本云，一作『泛舟擬董司，悲風激我懷』。」各本作「寒氣激我懷」。曾本云，一作「悲風激我懷」。蘇寫本、汲古閣本同。按，作「悲風激我懷」是，今據改。參見注[四]。

久已離　「久」，曾本、汲古閣本云，一作「少」。

【箋注】

〔一〕蕩志：指放縱心志。楚辭九章思美人：「吾將蕩志而愉樂兮，遵江夏而娛憂。」

〔二〕稽：説文：「稽，留止也。」後漢書卷一二彭寵傳：「勿稽留之。」李賢注：「稽，停也。」

〔三〕軒：車。裳：車帷。東崖：指東海邊。崖，猶海隅。

〔四〕擬：向也。三國志魏書毌丘儉傳：「別使諸葛誕督豫州諸軍從安風津擬壽春。」王洽與林法師書：「後學遲疑，莫知所擬。」晉書卷二文帝紀：「治兵繕甲，以擬二虜。」董司：即董督。此指劉裕。晉書卷六六陶侃傳：「往年董督，徑造湘城。」晉書卷七九謝玄傳：「復令臣荷戈前驅，董司戎首。」按，因各本作「沉陰擬薰麝，寒氣激我懷」，故歷來多妄解者。如黄文焕陶詩析義卷四云：「沉陰不破，擬薰香以敵之，庶幾香煙升而陰況開乎。此中藏多少感憤。陰結而爲寒，彼氣愈盛，我力愈弱。」王瑶注：「擬，似。麝，鹿類動物，它的腹部分泌出的東西叫麝香，薰之有濃香。這裏薰麝指香煙彌漫。」逯注則從曾本一作「泛舟擬董司」，並謂董司當指劉裕，其解殊勝。唯謂「擬當是詣之訛字」，淵明泛舟見劉裕在元興三年（四〇四），小誤。

〔五〕常御：猶常度，常規。御，行也。易文言：「以御天也。」

〔六〕淹：左傳宣公十二年：「二三子無淹久。」杜預注：「淹，留也。」彌：久長。

〔七〕綢繆：指妻室。丁注：「詩唐風綢繆，婚姻不得時，故古詩皆以綢繆爲婚姻之稱。考吴氏年譜，先生三十喪偶，今云經十載，蓋辛丑、壬寅之間。」「此章乃因行役而偶及悼亡也。」王瑶

注：「指經營國事。」逯注同。按，丁注是。陸機行思賦：「羡品物以獨感，悲綢繆而在心。」綢繆指妻室。世説新語輕詆劉孝標注引孫統高柔集叙，言柔爲何充冠軍參軍，「僶俛應命，眷戀綢繆」。綢繆代指柔愛妻胡母氏女。此句綢繆指淵明繼室翟氏。然丁注謂「偶及悼亡」，因行役而憶及前妻，非是。

〔八〕「荏苒」句：淵明於太元二十一年丙申（三九六）初仕江州祭酒，至義熙元年乙巳（四〇五），首尾共十年。

〔九〕人：人事，指仕宦。祭從弟敬遠文：「余嘗學仕，纏綿人事。」

【集説】

前人多以爲此詩乃傷懷國事。如邱嘉穗東山草堂陶詩箋卷四云：「玩『沉陰』、『寒氣』、『日月虧』等句，亦是傷心國事之作。」古直陶靖節詩箋云：「『驅役』二句追憶爲鎮軍參軍時，從討孫恩事也。『沉陰』二句喻亂已極。『荏苒』二句言弱冠出仕至歸田，凡十載也。庭翳餘木，日月忽虧，言晉滅亡也。」

我行未云遠，回顧慘風涼。春燕應節起〔一〕，高飛拂塵梁。邊雁悲無所，代謝歸北鄉。離鵾鳴清池〔二〕，涉暑經秋霜。愁人難爲辭，遥遥春夜長。

【校記】

邊雁　「邊」，曾本、汲古閣本云，一作「臯」。

悲無所　「悲」，曾本云，一作「照」。汲古閣本同。

涉暑　「暑」，曾本、汲古閣本云，一作「暮」。按，作「暑」是，「暮」乃形誤。

春夜　「春」，曾本、汲古閣本云，一作「喜」。按，愁人不堪夜長，當作「春」是。

【箋注】

〔一〕應節：當節，隨節。應，當也。古詩：「寒涼應節至。」成公綏鴻雁賦：「是時鴻雁應節而羣至。」

〔二〕「離鵾」句：鵾，水鳥名。古注：「嵇康琴賦：『嚶若離鵾鳴清池。』」按，「離鵾」二句當爲虚寫，前曰「春燕」，後曰「春夜」，則可肯定本篇作於春天。

【集評】

陳祚明采菽堂古詩選卷一四：「夫古人悲秋，公獨憫春，天下皆春，偏有摇落之感。」

温汝能陶詩彙評卷四：「離人思婦，觸境皆悲，其情然也。古今忠臣義士，遭時不遇，而日月已逝，貧苦無聊，情況有不堪告人者，其悲憤之懷，亦若是焉已爾。淵明之傷春，正與宋玉之悲秋同一悽愴，何分境候哉！」

嫋嫋松標崖〔一〕，婉孌柔童子〔二〕。年始三五間〔三〕，喬柯何可倚。養色含精氣〔四〕，粲然有心理〔五〕。

【校記】

松標崖　「崖」，曾本云，一作「雀」。汲古閣本同。按，作「崖」是，「雀」乃形誤，參見注〔一〕。

喬柯何可倚　曾本、蘇寫本、汲古閣本、焦本云，一作「柯條何滓滓」。曾本、汲古閣本、焦本並云，又作「華柯真可寄」。

精氣　逯本作「津氣」。

【箋注】

〔一〕嫋嫋：文選左思吳都賦：「嫋嫋素女。」李善注：「嫋嫋，美也。」標：文選任彥昇王文憲集序：「黃琬之早標聰察。」李善注：「標，立也。」庾闡孫登贊：「石室鱗構，青松標空。」桓玄南遊衡山詩序：「仰瞻翠標，邈爾天際。」

〔二〕婉孌：年輕姣好貌。詩齊風甫田：「婉兮孌兮。」毛傳：「婉孌，少好貌。」阮籍詠懷詩：「婉孌佞邪子，隨利來相欺。」張翰周小史詩：「翩翩周生，婉孌幼童。」

〔三〕三五間：十五歲左右。

〔四〕養色：保養神色。精氣：指人之元氣。古注：「老子十章：『專氣致柔，能嬰兒乎？』

河上公注：『專守精氣而不亂，則形體能應之而柔順。』」又，呂氏春秋先己：「精氣日新，邪氣盡去。」淮南子精神訓：「精氣爲人。」

〔五〕粲然：漢書卷五六董仲舒傳：「粲然有文以相接。」顔師古注：「粲，明貌。」文選郭璞遊仙詩：「靈妃顧我笑，粲然啓玉齒。」

【集説】

此詩旨意，一説爲期望後生。如邱嘉穗東山草堂陶詩箋卷四云：「意公以松自居，望後生輩如嫩松之養柯植節也，故附篇末。」馬璞陶詩本義卷四亦持此説。一説爲詠物詩。王瑶注：「這是一首詠松的詩，童子也借以喻松；松樹幼時雖爲弱枝，但如得善養，必可成爲高幹大材。」

詠貧士七首〔一〕

萬族各有託，孤雲獨無依〔二〕。曖曖空中滅〔三〕，何時見餘暉。朝霞開宿霧，衆鳥相與飛〔四〕。遲遲出林翮，未夕復來歸〔五〕。量力守故轍〔六〕，豈不寒與飢。知音苟不存，已矣何所悲〔七〕。

【校記】

詠貧士七首　陶本無「七首」二字。今據各本補。

空中　「空」，文選作「虚」。

餘暉　「暉」，文選作「輝」。

未夕復來歸　曾本云，一作「未夕已復歸」。蘇寫本、汲古閣本、焦本同。「夕」，曾本、汲古閣本云，一作「久」。蘇寫本作「久」。

何所悲　曾本云，一作「當告誰」。蘇寫本、汲古閣本同。

【箋注】

〔一〕詠貧士七首首章總綱，次章自詠，下五章詠古代貧士，表達效法古賢，固窮守志的節操。整組詩結構完整，一氣呵成，當爲一時之作。王瑶注從劉履選詩補注，謂詩中「朝霞開宿霧，衆鳥相與飛」二句，「當爲喻改朝後羣臣趨附之狀」。因之繫此詩於宋武帝永初元年庚申（四二〇）。鄧譜同。逯繫年據蕭傳所載江州刺史檀道濟饋淵明粱肉事，謂此詩作於元嘉三年丙寅（四二六）。魏正申陶淵明探稿謂此詩作於淵明歸田之初。李華陶淵明年譜辨證繫此詩於晉安帝義熙十四年戊午（四一八）。按，以上諸説，當以逯繫年爲近。詩云「傾壺絶餘瀝，闚竈不見煙」，與有會而作詩序「登歲之功，既不可希，朝夕所資，煙火才通」數句所述相合。「袁安門積雪，邈然不可干」二句，即蕭傳所記「偃臥瘠餒有日矣」。「年饑感仁妻」句之「年饑」，即年災，蓋指元嘉二三年間旱蝗之災。「惠孫一晤歎，腆贈竟莫酬」二句，正喻檀道濟饋粱肉，淵明麾而去之事。又詩云「淒厲歲云暮」，則此詩當作於元嘉三年（四二六）冬日。

〔二〕「孤雲」句：文選李善注：「孤雲，喻貧士也。」古詩歸卷九鍾惺曰：「『孤雲獨無依』，妙矣。老杜又曰『孤雲亦羣遊』，古人妙想無窮如此。」

〔三〕曖曖：昏暗貌。

〔四〕「朝霞」二句：文選李善注：「喻衆人也。」劉履選詩補注卷五：「所謂朝霞開霧，喻朝廷之更新；衆鳥羣飛，比諸臣之趨附。」

〔五〕「遲遲」二句：此乃追憶當年就辟鎮軍參軍，建威參軍及不久辭官彭澤事。

〔六〕故轍：指歸隱守志之道，意近飲酒詩其十七「行行失故路」句之「故路」。

〔七〕「知音」二句：文選李善注：「古詩曰：『但傷知音稀。』」

【集評】

湯漢注陶靖節先生詩卷四：「孤雲倦翮以興，舉世皆依乘風雲而已。獨無攀緣飛翻之志，寧忍饑寒以守志節，縱無知此意者，亦不足悲也。」

黃文煥陶詩析義卷四引沃儀仲曰：「遲出早歸，即從鳥上寫出量力意，既似孤雲之無依，當學飛鳥之自審。此真安貧法。」

何焯義門讀書記陶靖節詩：「孤雲自比其高潔。下六篇皆言聖賢惟能固窮，所以輝曜千載，迥立於萬族之表，不可如世人之但見目前也。」

吴瞻泰陶詩彙注卷四：「前八句皆借雲鳥起興，而歸之於自守。後四句出意一反一正，可稱沈鬱頓挫。」

淒厲歲云暮，擁褐曝前軒〔一〕。南圃無遺秀〔二〕，枯條盈北園。傾壺絶餘瀝〔三〕，闚竈不見煙。詩書塞座外，日昃不遑研〔四〕。閒居非陳厄，竊有慍見言〔五〕。何以慰吾懷，賴古多此賢〔六〕。

【校記】

淒厲　「厲」，曾本、汲古閣本云，一作「戾」。

擁褐　「擁」，陶本原校：「焦本云，一作『短』，非。」曾本、汲古閣本云，一作「短」。

曝前軒　陶本原校：「初學記作『抱南軒』。」按，作「曝」是，參見注〔一〕。

絶餘瀝　「絶」，曾本云，一作「弛」。汲古閣本同。「瀝」，陶本原作「粒」。各本作「瀝」。按，作「瀝」是，今據改。參見注〔三〕。

日昃不遑研　陶本原校：「初學記作『日日去不還』。」

【箋注】

〔一〕「擁褐」句：言穿着破衣晒太陽取暖。列子楊朱篇：「宋國有田夫，常衣緼黂，僅以過冬。暨春東作，自曝於日，不知天下之有廣廈隩室，綿纊狐狢。」褐，粗麻織成的短衣。淮南子覽冥訓：「短褐不完。」高誘注：「褐，毛布，如今之馬衣也。」史記卷六秦始皇本紀：「夫寒者利短褐，而飢者甘糟糠。」索隱：「趙岐曰：褐以毛毳織之，若馬衣。或以褐編衣也。」

〔二〕遺秀：餘穗。

〔三〕餘瀝：丁注：「史記滑稽列傳：『時賜餘瀝。』飲酒將盡之餘滴曰瀝。」

〔四〕日昃：日西斜。漢書卷五六董仲舒傳：「是以日仄而不暇食也。」陸雲歲暮賦：「顧懸車而日昃。」晉書卷七二郭璞傳：「雖躬綜萬機，勞逾日昃。」

〔五〕「閒居」二句：論語衛靈公：「在陳絶糧，從者病，莫能興。子路愠見曰：『君子亦有窮乎？』子曰：『君子固窮，小人窮斯濫矣。』」愠，含怒，怨恨。論語學而：「人不知而不愠，不亦君子乎？」按，與子儼等疏云：「但恨鄰靡二仲，室無萊婦。」淵明安貧樂道固無愧色，但妻兒極有可能因淵明辭官而導致的嚴重貧困發過怨言，鄰居或許也有「閒居非陳厄」的議論。故此二句不妨視爲淵明窮居後的真實寫照。

〔六〕此賢：指以下各篇所詠古人。

【集評】

何孟春注陶靖節集卷四：「前有會而作云『在昔余多師』，此又云『賴古多此賢』，淵明真所謂善哉其能自寬者也。」

何焯義門讀書記陶靖節詩：「此患難不失其常也。陳蔡見圍，仲尼不疑吾道之非，況止於飢乏，何爲不追古人而從之乎？」

邱嘉穗東山草堂陶詩箋卷四：「通篇極陳窮苦之狀，似覺無聊，却忽以末二句撥轉，大爲貧士吐氣。章法之妙，令人不測，大要只善於擒縱耳。公自作五柳先生傳云：『環堵蕭然，不蔽風日，短褐穿結，簞瓢屢空；晏如也。』即此詩之意。『閒居非陳厄』二句，是欲揚先抑之法，將以反起『何以慰吾懷』二句耳，非公真有愠見言也。蕭統評其文云『抑揚爽朗，莫之與京』，此類是也。」

榮叟老帶索，欣然方彈琴〔一〕。原生納決履，清歌暢商音〔二〕。重華去我久〔三〕，貧士世相尋〔四〕。弊襟不掩肘，藜羹常乏斟〔五〕。豈忘襲輕裘，苟得非所欽〔六〕。賜也徒能辨〔七〕，乃不見吾心。

【校記】

老帶索　「帶」，曾本云，一作「縈」。蘇寫本、汲古閣本同。按，列子天瑞：「鹿裘帶索。」嵇康聖賢高士傳榮啓期：「披裘帶索。」張敏頭責子羽文：「則當如榮期之帶索。」作「帶」是。

決履　「履」，曾本、蘇寫本作「屨」，云，一作「履」。湯本、李本作「屨」。按，韓詩外傳作「履」。又史記卷一二六滑稽列傳：「東郭先生久待詔公車，貧困飢寒，衣敝，履不完。行雪中，履有上無下，足盡踐地。」作「履」是。

商音　「商」，蘇寫本、李本作「高」。焦本云，一作「高」，非。按，作「商」是，參見注〔二〕。

重華去我久　曾本、汲古閣本云，一作「去我重華久」。

弊襟　陶本原校：「初學記作『斂袂』。」

常乏斟　「乏斟」，陶本原校：「初學記作『乏恒』，非。」

【箋注】

〔一〕「榮叟」二句：見飲酒其二注。

〔二〕「原生」二句：古注：「韓詩外傳：原憲居魯，子貢往見之。原憲應門，振襟而肘見，納履則踵決。子貢曰：『嘻！先生何病也？』憲曰：『憲貧也，非病也。仁義之匿，車馬之飾，憲不忍爲也。』子貢慚，不辭而去。憲乃徐步曳杖，歌商頌而返，聲淪於天地，如出金石。」決履，破鞋。決，斷物曰決。

〔三〕重華：虞舜名。書舜典：「曰若稽古帝舜，曰重華，協於帝。」疏：「舜能繼堯，重其文德之光華。」邱嘉穗東山草堂陶詩箋卷四：「『重華去我久』，意指晉帝而言。」按，此句謂上古真樸社會去我已久。邱説非。

〔四〕相尋：相繼。陸機上留田行：「寒往暑來相尋。」文選張季鷹雜詩：「賤與老相尋。」

〔五〕藜羹：菜湯。莊子讓王：「孔子窮於陳蔡之間，七日不火食，藜羹不糝。」淮南子精神訓：「藜藿之羹。」

〔六〕苟得：禮記曲禮上：「臨財無苟得。」孔穎達疏：「非義而取，謂之苟得。」淮南子氾論訓：「故達道之人，不苟得，不讓福。」方宗誠陶詩真詮：「『豈忘襲輕裘，苟得非所欽』，即孔子『不義而富且貴，於我如浮雲』之意。」

〔七〕「賜也」句：賜，端木賜，字子貢，孔子弟子。史記卷六七仲尼弟子列傳：「子貢利口巧辭，孔子常黜其辨。」按，「賜也」二句指當時勸淵明出仕者如「田父」之流，他們巧辨諸如「高栖」及「聲名」等問題，却不合詩人本心遠矣。

【集評】

温汝能陶詩彙評卷四：「始終以原憲自況。其所以能安貧者，惟不萌苟得之念而已。世上縱多子貢，安能以外至之紛華而變吾不易之素志哉。」

方東樹昭昧詹言卷四：「『重華』二句，闊大橫絶，合蓋古今，非小儒胸臆所有。『弊襟』二句又遥接『帶索』、『納履』。『豈忘』四句，跌宕轉折，總結二古人。此與下二首皆先引古人，後以己讚之、斷之、論之、詠歎之、發明之爲章法。」

安貧守賤者，自古有黔婁〔一〕。好爵吾不榮〔二〕，厚饋吾不酬〔三〕。一旦壽命盡，蔽覆乃不周〔四〕。豈不知其極〔五〕，非道故無憂〔六〕。從來將千載，未復見斯儔。朝與仁義生，夕死復何求〔七〕。

【校記】

不榮　「榮」，陶本原校：「焦本、吴本作『縈』。」按，莊子天地：「不榮通，不醜窮。」文選張華鷦鷯賦：「匪陋荆棘，匪榮茝蘭。」感士不遇賦：「既軒冕之非榮。」作「榮」是。

厚饋　「饋」，曾本云，一作「餽」。汲古閣本同。

蔽覆乃　陶本原作「弊服仍」。陶本原校：「焦本云，一作『蔽覆乃』，非。」曾本作「弊服仍」，云，一作「蔽覆乃」。蘇寫本、汲古閣本同。按，作「蔽覆乃」是，今據改。參見注〔四〕。

【箋注】

〔一〕「安貧」二句：丁注：「高士傳：黔婁先生者，齊人也。修身清節，不求進於諸侯。魯恭公聞其賢，遣使致禮，賜粟三千鍾，欲以爲相，辭不受。齊王又禮之，以黄金百斤聘爲師，又不就。」

〔二〕好爵：夏侯湛抵疑：「好爵見縻。」三國志蜀書郤正傳：「縻好爵於士人。」

〔三〕酬：以財貨贈人曰酬。廣韻：「以財貨曰酬。」儀禮士冠禮：「主人酬賓。」鄭玄注：「飲賓客而從之以財貨曰酬，所以申暢厚意也。」詩云「不酬」，當指不受厚饋，與詠貧士其七「腆贈竟莫酬」句同意。

〔四〕「一旦」二句：劉向列女傳魯黔婁妻傳：「先生死，曾子與門人往弔之。其妻出户，曾子弔之。上堂，見先生之尸在牖下，枕墼席藁，緼袍不表，覆以布被，手足不盡斂，覆頭則足見，覆足則頭見。」

〔五〕極：盡頭；終了。詩唐風鴇羽：「悠悠蒼天，曷其有極。」鄭玄箋：「極，已也。」此句猶言豈不知其窮困到了極點。

〔六〕「非道」句：貧與道無關，故無憂。論語衛靈公：「君子憂道不憂貧。」癸卯歲始春懷古田舍詩其二：「先師有遺訓，憂道不憂貧。」

〔七〕「朝與」二句：論語里仁：「朝聞道，夕死可矣。」

【集評】

邱嘉穗東山草堂陶詩箋卷四：「只以己意代古人設想，便已推出一番至理。大抵善述古者，固不必古人有是事，並不必古人有是心。如四書中引詩，皆吾説既立而借彼爲助，雖斷章取義，無不可也，況又深得其本意者乎？『朝與仁義生，夕死復何求』，靖節所見，真得聖賢居易俟命、存順没寧之意，視彼東林諸人懼死之至，而欲以坐已立脱、妄意超生三界者，豈不惑之甚哉。」

袁安困積雪〔一〕，邈然不可干〔二〕。阮公見錢入，即日棄其官〔三〕。芻藁有常温，採莒足朝餐〔四〕。豈不實辛苦，所懼非飢寒。貧富常交戰，道勝無戚顔〔五〕。至德冠邦閭〔六〕，清節映西關〔七〕。

【校記】

困積雪　「困」，陶本原作「門」。陶本原校：「各本作『困』。從何校宣和本作『門』。」曾本、汲古閣本云，一作「門」。今據各本改。

芻藁　曾本云，一作「藍蒿」。蘇寫本、汲古閣本同。

採莒　曾本云，一作「采之」。蘇寫本、汲古閣本同。「莒」，陶本引何焯云：「莒疑作稆。後漢書獻帝紀：『尚書郎以下，自出採稆。』注云：『稆，音吕，與穭同。』」古注：「按，晉書殷仲堪傳：『抄略所得，多皆採稆飢人。』又隱逸夏統傳：『每採稆求食。』採稆二字，史傳常見，莒爲稆之譌無疑矣。」按，何、古所言是。説文：「莒，齊謂芋爲莒，從草吕聲。」稆與穭同。正字通：「稆，同穭。」集韻：「穭，禾自生。」莒與稆實不同之二物。採稆，謂採野生稻禾。

戚顔　戚，陶本原校：「焦本云，一作『厚』，非。」曾本云，一作「厚」。蘇寫本、汲古閣本同。

【箋注】

〔一〕袁安，字邵公，東漢河南汝陽人。後漢書卷四五袁安傳注引汝南先賢傳：「時大雪積地丈餘，洛陽令身出案行，見人家皆除雪出，有乞食者。至袁安門，無有行路。謂安已死，令人除雪入户，見安僵卧。問何以不出。安曰：『大雪人皆餓，不宜干人。』令以爲賢，舉爲孝廉也。」

〔二〕邈然：高遠貌。三國志魏書鍾會傳：「邈然高蹈。」三國志吴書步騭傳：「邈然絶俗。」干：求取。按，蕭傳、南傳載，淵明抱羸疾，「江州刺史檀道濟往候之，偃卧瘠餒有日矣」。此二句詠袁安雪日僵卧，正比自己偃卧瘠餒有日。

〔三〕「阮公」二句：其人其事不詳。按，李華陶淵明詩文注釋考補疑指王敦爲阮修斂錢爲婚事（見陶淵明新論）。然檢晉書阮修傳，王敦爲修斂錢爲婚，修實受之，時修居貧未官，作官尚在其後；且修避亂南行，亦未言棄官。故阮公非指阮修。

〔四〕「芻藁」二句：古注：「史記秦始皇本紀：『下調郡縣，轉輸芻藁。』按，芻藁本供馬食，而貧者藉之以眠，故曰有常温。」蔡正孫精刊補注東坡和陶詩話：「愚謂『芻藁有常温，採莒足朝餐』，『常』字、『足』字大有理。蓋人能安於常分而知足，則緼袍温於狐貉，藜藿甘於膏粱，何有乎飢寒之懼哉！倘不知安於分義之常而懷無厭之心，則將無所不至矣。」

〔五〕「貧富」二句：何注：「韓非子喻老：『子夏曰：吾入見先王之義，則榮之。出見富貴之樂，又榮之。兩者戰於胸中，未知勝負，故臞。今先王之義勝，故肥。』」按，淮南子精神訓所載文字稍異。又，淮南子詮言訓：「道勝則無人事矣。」

〔六〕冠邦閭：逯注：「爲本郡本村之冠，指袁安。」

〔七〕西關：地名。逯注：「蓋指阮公故里。」丁注：「西關指田疇而言。謂清節與田子泰相輝映也。魏志田疇傳：董卓遷帝於長安。幽州牧劉虞歎曰：『今欲奉使展效臣節，安得不辱命之士乎？』衆議咸曰田疇。虞乃備禮請與相見，大悦之。疇乃歸，自選其家客與年少之勇壯慕從者二十騎。既取道，乃更上西關。通鑑注：『西關即居庸關。』」按，詠貧士七首所詠皆古來貧士，田疇屬壯士一類，疑丁説非。

【集評】

蔡正孫精刊補注東坡和陶詩話：「『貧富常交戰，道勝無戚顔』，此語尤造理。夫貧者人之所惡，富者人之所欲，二者常交戰於胸中，鮮有不爲欲之所勝。人能以道制欲，則能安於貧而不羨於富，內重可以勝外之輕，泰然自得其樂，而無戚戚之態矣。」

何焯義門讀書記陶靖節詩：「苟求富貴，則身敗名辱，有甚於飢寒者，故不戚戚於貧賤，但恐修名之不立也。」

温汝能陶詩彙評：「『道勝無戚顔』一語，是陶公真實本領，千古聖賢身處窮困而泰然自得者，皆以道勝也。顔子簞瓢陋巷，不改其樂，孔子以賢稱之，論者謂㕑陶公於孔門，當可與屢空之回同此真樂，信哉！」

仲蔚愛窮居，遶宅生蒿蓬。翳然絶交遊，賦詩頗能工。舉世無知者，止有一劉龔〔一〕。此士胡獨然？實由罕所同。介焉安其業〔二〕，所樂非窮通〔三〕。人事固以拙，聊得長相從〔四〕。

【校記】

知者　「者」，曾本、汲古閣本云，一作「音」。焦本云，一作「音」，非。

止有　「止」，曾本云，一作「正」。湯本、汲古閣本同。

介焉安其業　曾本、汲古閣本云，一作「棄本案其末」。

固以拙　「以」，曾本、汲古閣本云，一作「已」。蘇寫本作「已」。

【箋注】

〔一〕「仲蔚」六句：丁注：「高士傳：『張仲蔚者，平陵人也。與同郡魏景卿，俱修道德，隱身不仕。明天官博物，善屬文，好詩賦。常居窮素，所處蓬蒿没人，閉門養性，不治榮名。時人莫識，唯劉龔知之。』」劉龔：後漢書卷三〇上蘇竟傳：「龔字孟公，長安人，善論議，扶風馬援、班彪並器重之。」

〔二〕介焉：介，耿介。晉書卷九四隱逸傳：「介然超俗。」

〔三〕「所樂」句：湯注：「莊子讓王：『古之得道者，窮亦樂，通亦樂，所樂非窮通也。』」

〔四〕「聊得」句：意同丙辰歲八月中於下潠田舍穫詩：「聊得從君栖。」聊，願也。

【集評】

沈德潛古詩源卷九：「不懼飢寒，達天安命，陶公人品，不在季次、原憲下，而概以晉人視之何耶？」

昔在黄子廉〔一〕，彈冠佐名州〔二〕。一朝辭吏歸，清貧略難儔。年饑感仁妻，泣涕向我流〔三〕。丈夫雖有志，固爲兒女憂〔四〕。惠孫一晤歎〔五〕，腆贈竟莫酬〔六〕。誰云固窮難，邈哉此前修〔七〕。

【校記】

昔在　「在」，曾本云，一作「有」。湯本、蘇寫本、汲古閣本同。

仁妻　曾本云，一作「人事」。蘇寫本、汲古閣本同。

兒女　「女」，曾本云，一作「孫」。蘇寫本、汲古閣本同。

固窮難　「難」，曾本云，一作「節」。蘇寫本、汲古閣本同。

【箋注】

〔一〕黄子廉：其人其事不詳。湯注：「三國志黄蓋傳：『南陽太守黄子廉之後。』」王應麟困學紀聞引風俗通義云：「潁川黄子廉，每飲馬，輒投錢於水。」陶注：「後漢尚書黄香之孫守亮，字子廉，爲南陽太守。」「子廉乃守亮之字，亦非名也。」吳騫拜經樓詩話卷三引黄濬筆記後云：「守亮爲南陽太守，未審見於何書？考黄香及子瓊，瓊孫琬，並著於范史，而守亮獨未見。且後漢人雙名絶少，昔人論之詳矣。竊疑自唐以後，名姓譜系多傅會杜撰，不可盡信，黄公豈亦據其家譜牒而云然耶？」按，黄子廉之名僅見於三國志吳書黄蓋傳注引吳書及風俗通義。陶注謂黄香之孫守亮，字子廉云云，未知何據。

〔二〕彈冠：比喻出仕。漢書卷七二王吉傳：「吉與貢禹爲友，世稱王陽在位，貢公彈冠，言其取舍同也。」

〔三〕「年饑」二句：仁妻，指淵明繼室翟氏。蕭傳、南傳雖稱其妻亦能勤苦，與其同志，但年饑衣食不周，仁妻亦難免泣涕，此乃人之常情。

〔四〕「丈夫」二句：丁注：「陶詩程傳：丈夫二句，其妻之言也。」梁實秋讀書札記則以爲此二語非妻子之言，「丈夫猶言君子，非妻對夫之稱」。並解此詩「年饑感仁妻」四句云：「言妻子饑寒，泣涕直流，但未能撓其志，而丈夫志在固窮，但亦不能不爲兒女憂。妻不撓夫之志，可敬之至，但不能禁其泣涕直流；夫不爲妻所累而改其志，但衷心亦不能不爲兒女憂。夫耕於前，妻鋤於後——是一幅美麗圖畫，不知二人心中亦正各有所感，不足爲外人道也。先生詩乃直言『丈夫雖有志，固爲兒女憂』，道出先生心事，是先生率真可愛處。」（見鍾優民編陶淵明研究資料新編）梁氏之説體察人情，較通達可取。

〔五〕惠孫：其人不詳。

〔六〕腆贈：厚贈。腆，豐厚，美好。説文段玉裁注：「方言、公羊傳注皆曰：腆，厚也。」竟未酬：謂未受（腆贈）。參見詠貧士其四注。

〔七〕前修：猶前賢。楚辭離騷：「謇吾法夫前脩兮，非世俗之所服。」晉書卷九四戴逵傳：「行道之人自非性足體備，闇蹈而當者，亦曷能不棲情古烈，擬規前修。」

【集評】

陳祚明采菽堂古詩選卷一四：「兒女之憂，非不動念，然志固不可奪，前修可師。」

邱嘉穗東山草堂陶詩箋卷四：「此借古人以自況其彭澤歸來與妻翟安貧守道之意。本傳稱其妻翟氏亦能安勤苦，與公同志，『年饑感仁妻』數語，似爲此而發。」

詠二疏〔一〕

大象轉四時〔二〕，功成者自去〔三〕。借問衰周來，幾人得其趣？遊目漢廷中，二疏復此舉。高嘯返舊居，長揖儲君傅〔四〕。餞送傾皇朝，華軒盈道路。離别情所悲，餘榮何足顧。事勝感行人，賢哉豈常譽。厭厭閭里歡〔五〕，所營非近務〔六〕。促席延故老〔七〕，揮觴道平素。問金終寄心，清言曉未悟〔八〕。放意樂餘年，遑恤身後慮〔九〕。誰云其人亡，久而道彌著。

【校記】

衰周　「衰」，曾本云，一作「商」。蘇寫本、湯本、汲古閣本同。

近務　「近」，曾本、汲古閣本云，一作「正」。

問金　「金」，曾本、汲古閣本云，一作「爾」。

【箋注】

〔一〕二疏：西漢疏廣及其侄疏受，東海蘭陵（今山東棗莊東南）人。宣帝時，疏廣爲太子太傳，兄子疏受爲太子少傅，在位五年。疏廣謂疏受曰：「吾聞知足不辱，知止不殆，功成身退，天之道也。今仕官至二千石，宦成名立，如此不去，懼有後悔。」即日上疏乞骸骨，宣帝許之。公卿大夫設祖道供帳東都門外，送者車數百輛。歸里後，不留金錢，每日具設酒食，請族人與相娛樂。（見漢書卷七一疏廣傳）本詩即詠二疏事。王瑶注謂詠二疏、詠三良、詠荆軻三詩詩體既皆相同，内容又互相闡發，當爲一時所作，其中詠三良一首當爲悼張褘不忍向零陵王進毒酒，而自飲身死一事。按，王説可從。詠二疏及詠三良、詠荆軻當作於宋武帝永初二年辛酉（四二一）或稍後。

〔二〕大象：老子三十五章：「執大象，天下往。」王弼注：「大象，天象之母也。」王羲之蘭亭詩：「悠悠大象運，輪轉無停際。」

〔三〕「功成」句：老子二章：「功成而弗居。」老子九章：「功遂身退，天之道。」史記卷七九蔡澤列傳：「夫四時之序，功成者去。」

〔四〕長揖：拱手自上而至極下，乃極恭敬之行禮。漢書卷一上高帝紀上：「酈生不拜，長揖曰：『足下必欲誅無道秦，不宜踞見長者。』」文選左思詠史詩：「功成不受爵，長揖歸田廬。」儲君傳：太子師傅。儲君，太子。

〔五〕厭厭：詩小雅湛露：「厭厭夜飲。」毛傳：「厭厭，安也。」

〔六〕近務：煩事俗務，如爲子孫立産業一類世俗鄙事。按，「所營非近務」及下文「放意樂餘年」云云，近于列子楊朱中衛端木叔「不治世故，放意所好」的生活態度。

〔七〕促席：見停雲詩注。

〔八〕「問金」二句：漢書卷七一疏廣傳：「廣既歸鄉里，日令家共具設酒食，請族人故舊賓客，與相娛樂。數問其家金餘尚有幾所，趣賣以共具。居歲餘，廣子孫竊謂其昆弟老人廣所愛信者曰：『子孫幾及君時頗立産業基阯，今日飲食費且盡。宜從丈人所，勸説君買田宅。』老人即以閒暇時爲廣言此計，廣曰：『吾豈老誖不念子孫哉？顧自有舊田廬，令子孫勤力其中，足以共衣食，與凡人齊。今復增益之以爲贏餘，但教子孫怠墮耳。賢而多財，則損其志；愚而多財，則益其過。』」清言，晉書卷五〇郭象傳：「好老莊，能清言。」未悟，謂不明事理者。郭璞客傲：「訊以未悟，其可乎？」蔣薰評陶淵明詩集卷四：「詩意蓋謂問金終是寄心於金，廣以清言曉故老之未悟也。」其説是。又，文選張協詠史詩亦詠疏廣事云：「揮金樂當年，歲暮不留儲。顧謂四座賓，多財爲累患。」可與陶詩並看。

〔九〕遑恤：詩邶風谷風：「遑恤我後。」鄭玄箋：「遑，暇也。恤，憂也。」按，上二句言縱情當年，無慮身後，與己酉歲九月九日詩「千載非所知，聊以永今朝」二句意近。

【集評】

湯漢注陶靖節先生詩卷四：「二疏取其歸，三良與主同死，荆卿爲主報仇，皆託古以自見云。」

邱嘉穗東山草堂陶詩箋卷四：「但細玩三篇結句，正復無限深情，不待議論而其意已彰彰矣。淵明仕彭澤而歸，亦與二疏同，故託以見意。」

温汝能陶詩彙評卷四：「『趣』字最宜領會。功成而不歸去，不得趣者也。古今得其趣者，曾有幾人？惟二疏知足知止，所以得趣，惟其得趣，所以散金置酒，不以多財遺子孫也。『趣』字實貫徹前後。」

詠三良〔一〕

彈冠乘通津〔二〕，但懼時我遺。服勤盡歲月〔三〕，常恐功愈微。中情謬獲露，遂爲君所私〔四〕。出則陪文輿〔五〕，入必侍丹帷〔六〕。箴規嚮已從〔七〕，計議初無虧〔八〕。一朝長逝後，願言同此歸。厚恩固難忘，君命安可違〔九〕。臨穴罔惟疑〔一〇〕，投義志攸希〔一一〕。荆棘籠高墳，黄鳥聲正悲。良人不可贖〔一二〕，泫然沾我衣〔一三〕。

【校記】

中情　「中」，陶本原作「忠」。曾本、汲古閣本、蘇寫本、湯本作「忠」，云，一作「中」。按，劉楨贈徐幹詩：「中情無由宣，思子沉心曲。」傅玄青青河邊草：「夢想發中情。」「中情謬獲露」即中情得宣之意。作「中情」較勝。

初無虧　曾本、汲古閣本云，一作「物無非」。

固難忘　「固」，曾本云，一作「心」。蘇寫本、湯本、汲古閣本同。

君命　「君」，曾本云，一作「顧」。湯本、汲古閣本同。蘇寫本云，一作「顧命」。

罔惟疑　「惟」，陶本原校：「焦本作『遲』。」曾本云，一作「遲」。蘇寫本、湯本、汲古閣本同。按，作「惟」是，參見注〔一〇〕。

泫然　李本誤作「玆然」。

【箋注】

〔一〕三良：指秦國子車氏三子奄息、仲行和鍼虎。左傳文公六年：「秦伯任好卒，以子車氏之三子奄息、仲行、鍼虎爲殉，皆秦之良也。國人哀之，爲賦黄鳥。」按，即詩秦風黄鳥。後曹植三良詩、王粲詠史詩均詠三良事。

〔二〕通津：交通要道。文選謝宣遠王撫軍庾西陽集别時爲豫章太守庾被徵還東詩：「頹陽照通津。」此喻顯赫仕途。古詩十九首：「何不策高足，先據要路津。」

〔三〕服勤：殷勤服侍。禮記檀弓上：「服勤至死。」鄭玄注：「勤，勞辱之事也。」孔穎達正義：「言服勤者，謂服持勤苦勞辱之事。」

〔四〕私：親暱，偏愛。楚辭離騷：「皇天無私阿兮。」王逸注：「竊愛爲私。」

〔五〕文輿：彩飾之車。

〔六〕丹帷：指帝王所居内庭。傅咸贈何劭王濟詩：「攜手升玉階，並坐侍丹帷。」

〔七〕嚮已從：謂出言必應，猶「言聽計從」。文選李康運命論：「言無可否，應之如嚮。」李善注引史記：「淳于髡曰：『鄒忌，其應我若響之應聲也。』」

〔八〕計議：計劃商量。史記卷七〇張儀列傳：「故願大王審定計議。」漢書卷七三韋玄成傳：「博士義倩等與宗家計議。」無虧：周詳完備之意。

〔九〕「一朝」四句：古注：史記正義引應劭曰：「秦穆公與羣臣飲，酒酣，公曰：『生共此樂，死共此哀。』於是奄息、仲行、鍼虎許諾。及公薨，皆從死。」

〔一〇〕臨穴：詩秦風黄鳥：「臨其穴，惴惴其栗。」罔：無。惟疑：所疑。「惟」猶「所」也。魏晉常語。晉書卷七一高崧傳：「所以深用惟疑，在乎此耳。」文選潘岳關中詩：「朝議惟疑，未遑斯願。」謝靈運謝封康樂侯表：「于時策畫惟疑。」

〔一一〕投義：赴義。攸希：所望。

〔一二〕贖：贖代。詩秦風黄鳥：「彼蒼者天！殲我良人。如可贖兮，人百其身。」

〔一三〕泫然：流涕貌。禮記檀弓上：「孔子泫然流涕。」

【集評】

陶澍注陶靖節先生集卷四：「古人詠史，皆是詠懷，未有泛作史論者。曹子建詠三良曰：『功名不可爲，忠義我所安。』此慨魏文之涼薄，而欲效秦公子上書，願葬驪山之足者也。淵明云：『厚恩固難忘，投義志攸希。』此悼張禕之不忍進毒，而自飲先死也。況二疏明進退之節，荆軻寓報讎之志，皆是詠懷，無關論古，而諸家紛紛論三良之當死不當死，去詩意何啻千里。」

詠荆軻〔一〕

燕丹善養士，志在報强嬴〔二〕。招集百夫良〔三〕，歲暮得荆卿。君子死知己，提劍出燕京。素驥鳴廣陌〔四〕，慷慨送我行。雄髮指危冠〔五〕，猛氣衝長纓〔六〕。飲餞易水上，四座列羣英。漸離擊悲筑，宋意唱高聲〔七〕。蕭蕭哀風逝，淡淡寒波生。商音更流涕，羽奏壯士驚〔八〕。公知去不歸，且有後世名〔九〕。登車何時顧〔一〇〕，飛蓋入秦庭〔一一〕。凌厲越萬里，逶迤過千城。圖窮事自至，豪主正怔營〔一二〕。惜哉劍術疏，奇功遂不成〔一三〕。其人雖已没，千載有餘情。

【校記】

君子　「君」，曾本云，一作「之」。湯本、蘇寫本、汲古閣本同。

衝長纓　「衝」，李本、焦本作「充」。按，史記卷八一廉頗藺相如列傳：「相如因持璧却立，倚柱，怒髮上衝冠。」文選盧諶覽古詩：「怒髮上衝冠。」作「衝」是。

哀風逝　「逝」，曾本云，一作「起」。蘇寫本、湯本、汲古閣本同。

公知去不歸　陶本原作「心知去不歸」。湯本、李本、汲古閣本、焦本同，今據曾本、蘇寫本改。曾本、蘇寫本、汲古閣本云，一作「一去知不歸」。

後世　「後」，曾本、蘇寫本云，一作「百」。

淩厲　「淩」，曾本、汲古閣本云，一作「陵」。

其人雖已没，千載有餘情　曾本云，一作「斯人久已没，千載有深情」。蘇寫本、汲古閣本、焦本同。

【箋注】

〔一〕荆軻：戰國末年著名刺客。其先齊人，徙於衞，衞人謂之慶卿。後至燕，燕人謂之荆卿。好讀書擊劍，與燕之狗屠及善擊筑者高漸離友好，日飲於燕市，歌且泣，旁若無人。燕太子丹招之，待以上賓之禮。後荆軻爲報燕太子丹恩遇，決計赴秦刺秦王。臨行，太子及衆賓客皆白衣冠，至易水之上送之。既至秦，以匕首刺秦王，不中被殺。見史記卷八六刺客列傳。

〔二〕「志在」句：史記卷八六刺客列傳：「秦王之遇燕太子丹不善，故丹怨而亡歸。歸而求爲報秦王者，國小，力不能。」嬴：即秦國，秦王姓嬴氏。

〔三〕百夫良：詩秦風黄鳥：「維此奄息，百夫之特。」鄭玄箋：「百夫之中最雄俊也。」

〔四〕素驥：白馬，凶事所用。廣陌：大道。按，荆軻入秦前，太子及賓客白衣冠送之，不曾言有白馬。阮瑀詠史詩其二始有「素車駕白馬，相送易水津」之句。陶詩「素驥」句殆襲阮瑀詩。

〔五〕危冠：高冠。危，高聳貌。莊子盜跖：「使子路去其危冠，解其長劍，而受教於子。」文選左思吴都賦：「危冠而出，竦劍而趨。」史記卷八一廉頗藺相如列傳：「相如因持璧却立，倚柱，怒髮上衝冠。」陶詩「危冠」二句由此化出。

〔六〕長纓：繫冠的絲帶。韓非子外儲説左上：「鄒君好服長纓，左右皆服長纓。」

〔七〕「漸離」二句：湯注：「淮南子泰族訓：高漸離、宋意，爲擊筑而歌於易水之上。」筑，古代擊弦樂器。形似箏，頸細而肩圓，十三弦，弦下設柱，以竹擊之發聲。

〔八〕「蕭蕭」四句：史記卷八六刺客列傳：「高漸離擊筑，荆軻和而歌，爲變徵之聲，士皆垂淚涕泣。又前而爲歌曰：『風蕭蕭兮易水寒，壯士一去兮不復還！』復爲羽聲忼慨，士皆瞋目，髮盡上指冠。」商音，謂商聲。羽奏，謂羽聲。古代樂調分宫、商、角、徵、羽五聲，亦名五音。

〔九〕「公知」二句：徐仁甫古詩别解卷六謂當作「公知」。「刺客遊俠，激於義憤，士爲知己者死，何嘗在圖後世之名？若謂荆軻只圖後世之名，則非真知荆軻；謂淵明如此歌頌荆軻，亦誣枉了淵明」。「余取『公知』，共知也。公指上文『四座列羣英』而言，包括高漸離、宋意都在内。『公知去不歸』，主語是衆人，知荆軻一去不返；則『且有後世名』也是公知的賓語，這樣，陶公立言，無害於義。改『心』爲『公』，一字千金」。王叔岷云：「作『公知去不歸』，較佳。公猶明也，荆軻歌：『壯士一去不復還。』所謂『明知去不歸』也。史記卷九吕后本紀：『太尉尚恐不勝諸吕，未敢訟言誅之。』索隱：徐廣云：『訟，一作公。公言，猶明言也。』即公、明同義之證。」

〔一〇〕「登車」句：史記卷八六刺客列傳：「于是荆軻就車而去，終已不顧。」

〔一一〕飛蓋：猶飛車。文選劉楨公讌詩：「輦車飛素蓋。」

〔一二〕「圖窮」二句：史記卷八六刺客列傳：「軻既取圖奏之，秦王發圖，圖窮而匕首見。因左手把秦王之袖，而右手持匕首揕之。未至身，秦王驚，自引而起，袖絶。」怔營，亦作「征營」，惶恐不安貌。後漢書卷四一鍾離意傳：「不勝愚戇征營。」注：「征營，不自安也。」三國志魏書管寧傳：「怔營竦息，悼心失圖。」

〔一三〕「惜哉」二句：史記卷八六刺客列傳：「魯句踐已聞荆軻之刺秦王，私曰：『嗟乎，惜哉其不講於刺劍之術也。』」

【集説】

前人多以爲此詩與詠二疏、詠三良皆作於晉宋易代之際，深有寄託。如劉履選詩補注卷五云：「此靖節憤宋武弑奪之變，思欲爲晉求得如荆軻者往報焉，故爲是詠。」温汝能陶詩彙評卷四云：「荆軻刺秦不中，千古恨事。先生目擊禪代，時具滿腔熱血，觀此篇可以知其志矣。人祇知先生終隱柴桑，安貧樂道，豈知却别有心事在。」何孟春、黄文焕、蔣薰、邱嘉穗、馬璞、陳沆諸人的評論與上相近。章炳麟手批陶淵明集説與劉履諸人不同，以爲詠荆軻詩是讀古書時「情之所隨，語自壯激」：「夷、齊不仕周，非爲殷也；管寧、胡昭不仕魏，非爲漢也。靖節舊勛之裔，所志或與夷、齊、胡、管有殊，亦略同徐野民所爲而已。荆軻一首，自爲懷古，情之所隨，語自壯激，必非欲以宋武比秦皇也。」（詠荆軻眉批）現代有論者則認爲此詩作於淵明出仕前家居時期，爲一般詠史詩，無甚深刻寓意。例如李辰冬陶淵明評論以爲詠三良、詠荆軻作於晉武帝太元十七年壬辰（三九二）,淵明時年二十歲。鄧譜「元興二年癸卯（四〇三）條」下説：「詠二疏、詠三良、詠荆軻或作於本年冬。……今觀淵明暮年所作,情緒頗爲消極,不當有詠荆軻之『金剛怒目』詩。詠三良云：『君命安可違。』於秦穆以三良殉葬亦頗有微詞,且其詩題又爲魏晉文人所習用（曹子建、王粲、阮瑀等均有所作）,與張禕自飲毒酒事亦頗不相涉。詠二疏取二疏見機歸隱,乃元興、義熙之際淵明心跡,若宋受禪以後,其去彭澤歸田已二十年,方始津津樂道於吟詠二疏見機歸隱,於情理似亦難通。今按桓玄之篡,淵明正居母憂。安帝被廢爲平固王,遷於尋陽,尋陽乃淵明家鄉,其時淵明又值壯年,『猛志逸四海』,其於桓玄之篡與安帝之廢遷,固不能無動於衷。然彼既無三良之忠,又乏荆軻之勇,雖高尚其節義,而不能效法其行事,唯有取二疏見機歸隱,不辱其志而已。細味三詩,其托古述懷,略與與從弟敬遠旨趣相同,疑即作於同時。」

【集評】

朱熹朱子語類卷一三六：「淵明詩,人皆説平淡,余看他自豪放,但豪放得來不覺耳。其露出本相者,是詠荆軻一篇。平淡底人如何説得這樣言語出來。」

蔣薰評陶淵明詩集卷四：「摹寫荆軻出燕入秦,悲壯淋漓,知潯陽之隱,未嘗無意奇功,奈不逢會耳,先生心事逼露如此。」

方東樹昭昧詹言卷四：「次叙高簡,託意深微,而章法明整。起四句言丹；『君子』六句言軻；『飲餞』八句叙事；『心知』二句頓挫,以離爲章法；『登車』六句續接叙事；『惜哉』四句入己託意作收。」

讀山海經十三首〔一〕

孟夏草木長，繞屋樹扶疏〔二〕。衆鳥欣有託，吾亦愛吾廬。既耕亦已種，時還讀我書。窮巷隔深轍，頗迴故人車〔三〕。歡然酌春酒〔四〕，摘我園中蔬。微雨從東來，好風與之俱〔五〕。泛覽周王傳〔六〕，流觀山海圖〔七〕。俯仰終宇宙〔八〕，不樂復何如？

【校記】

亦已種　「亦」，曾本云，一作「且」。蘇寫本、汲古閣本同。

時還　「時」，文選作「且」。

歡然　「然」，陶本原作「言」。陶本原校：「各本作『然』，文選作『言』。」按，史記卷一二六滑稽列傳：「歡然道故。」劉琨答盧諶書：「慨然以悲，歡然以喜。」答龐參軍詩：「閒飲自歡然。」作「歡然」是，今據各本改。

周王傳　「傳」，曾本、汲古閣本云，一作「典」。

俯仰　「俯」，曾本云，一作「俛」。

復何如　「復」，曾本、汲古閣本云，一作「將」。

【箋注】

〔一〕山海經共十八卷，載海内外絶域山川人物之異，保存了許多古代神話。王充論衡和吴越春秋以爲大禹治水，無遠不至，凡所見聞，伯益記録而成。東晉郭璞曾爲山海經作注並題圖讚。詩言「泛覽周王傳，流觀山海圖」，則淵明所讀之書有穆天子傳及山海經郭璞圖讚之本。關於此詩作年，王瑶注謂第十一首「巨猾肆威暴」，顯然是爲劉裕弑逆而作。又據第一首「孟夏草木長」句，謂本詩作於零陵王被害的次年，即宋武帝永初三年壬戌（四二二）。楊譜同。逯繫年則以爲「讀山海經是遇火前作品」。即作於義熙四年戊申（四〇八）之前。按，逯説良是。據第一首所寫環境之美和幽居自得之樂，與歸園田居、和郭主簿很相近。而淵明晚年常受飢寒之苦，自稱「值歡無復娱，每每多憂慮」，已不復再見此詩中「歡然酌春酒，摘我園中蔬」之欣豫情趣，故可確定此詩大概作於歸田前期。今暫繫於義熙三年丁未（四〇七）。又，讀山海經十三首結構頗具匠心。第一首發端，叙幽居耕讀之樂，第二首至第十二首，分詠書中所記異物，末首旁及齊桓公不聽管仲之言，以至奸臣作亂，飢渴而死一事，實是詠史詩。顔誄稱淵明「心好異書」，讀山海經十三首即是讀異書之心得。淵明在詠異物的同時，對歷史、現實與人生亦多所感慨。

〔二〕扶疏：樹葉繁茂分布貌。説文：「扶疏，四布也。」禰衡鸚鵡賦：「思鄧林之扶疏。」

〔三〕「窮巷」二句：文選李善注：「漢書：『張負隨陳平至其家，乃負郭窮巷，以席爲門，門外多長者車轍。』韓詩外傳：『楚狂接輿妻曰：門外車轍何其深。』」按，此二句與飲酒其五「結廬在人境，而無車馬喧」二句意同。

〔四〕春酒：詩豳風七月：「爲此春酒，以介眉壽。」文選張衡東京賦：「因休力以息勤，致懽忻于春酒。」李善注：「春酒，謂春時作，至冬始熟也。」北堂書鈔一四八引應璩詩：「酌彼春酒。」

〔五〕「好風」句：何劭贈張華詩：「和風與節俱。」

〔六〕周王傳：指穆天子傳。西晉太康二年（二八一），汲郡人不準盜發魏襄王墓，或言安釐王冢，得竹書數十車。其中有穆天子傳五篇，記周穆王駕八駿游行四海，多爲神話傳說。（見晉書卷五一束晳傳）

〔七〕山海圖：指山海經圖。畢沅山海經古今本篇目考云：「山海經有古圖，有漢所傳圖，有梁張僧繇等圖。十三篇中，海外、海内經所説之圖當是禹鼎也。大荒經已下五篇所説之圖當是漢時所傳之圖也。」「又郭璞及張駿有圖讚，陶潛詩云『流觀山海圖』。」

〔八〕俯仰：見五月旦作和戴主簿詩注。終：竟也，已也。王引之經傳釋詞：「僖二十四年左傳注曰：『終，猶已也。』」終宇宙，即游遍宇宙之意。

【集評】

劉履選詩補注卷五：「此詩凡十三首，皆記二書所載事物之異，而此發端一篇，特以寫幽居自得之趣耳。觀其『衆鳥有託』、『吾愛吾廬』等語，隱然有萬物各得其所之妙，則其俯仰宇宙，而爲樂可知矣。」

王夫之古詩評選卷四：「此篇之佳在尺幅平遠，故託體大。如託體小者，雖有佳致，亦山人詩爾。『少無適俗韻』、『結廬在人境』、『萬族各有託』，不滿余意者以此。『微雨從東來』二句，不但興會佳絶，安頓尤好，若繫之『吾亦愛吾廬』之下，正作兩分兩搭，局量狹小，雖佳亦不足存。」温汝能陶詩彙評卷四：「此篇是淵明偶有所得，自然流出，所謂不見斧鑿痕也。大約詩之妙以自然爲造極。陶詩率近自然，而此首更令人不可思議，神妙極矣。」

玉臺凌霞秀〔一〕，王母怡妙顔。天地共俱生，不知幾何年。靈化無窮已〔二〕，館宇非一山〔三〕。高酣發新謡〔四〕，寧效俗中言〔五〕。

【校記】

玉臺　「臺」，曾本作「堂」，云，一作「臺」。蘇寫本、湯本、汲古閣本同。焦本云，一作「堂」，非。

怡妙顔　「怡」，陶本原校：「一作『積』。」曾本云，一作「積」。蘇寫本、汲古閣本同。

【箋注】

〔一〕玉臺：西王母所居處。凌霞：高出霞表。山海經西山經：「又三百五十里，曰玉山，是西王母之所居也。西王母其狀如人，豹尾，虎齒而善嘯，蓬髮戴勝。」

〔二〕靈化：謂難以思議之變化。郭璞蜜蜂賦：「自然靈化，莫識其術。」顧愷之冰賦：「翕然靈化。」

〔三〕「館宇」句：湯注：「山海經云：『玉山，王母所居。』又云：『處崑崙之丘。』郭璞注云：『王母亦自有離宮別館，不專住一山也。』」

〔四〕高酣：高會酣飲。發新謡：穆天子傳：「天子觴西王母於瑶池之上，西王母爲穆王謡曰：『白雲在天，山陵自出。道里悠遠，山川間之。將子無死，尚復能來。』」

〔五〕「寧效」句：郭璞山海經圖讚西王母稱西王母之賦詩爲「韻外之事，難以具言」。

【集評】

黄文焕陶詩析義卷四：「結句獨曰『寧效俗中言』。有世外之品格者，亦必有世外之文章，寄意憤俗，别開枝節，題是讀山海經，故每首必另翻議論。若依經敷叙，是詠山海經，非讀矣。」

吴菘論陶：「自第二首至第八首皆言仙事，欲求出塵，遂我避世，正悲憤無聊之極，非真欲學仙也。」

迢遞槐江嶺，是謂玄圃丘〔一〕。西南望崑墟，光氣難與儔〔二〕。亭亭明玕照〔三〕，洛洛清瑶流。恨不及周穆，託乘一來游〔四〕。

【校記】

槐江嶺　「槐」，曾本云，一作「櫰」。蘇寫本、汲古閣本同。按，山海經西山經正作「槐江」，

「槵」乃傳寫之誤。

崑墟　「墟」，曾本云，一作「崙」。蘇寫本、汲古閣本同。焦本云，一作「崙」，非。

洛洛清瑶流　「洛洛」，陶本原作「落落」。各本皆同。陶本原校：「何校宣和本作『洛洛清淫流』。」按，山海經西山經：「爰有淫水，其清洛洛。」畢沅校曰：「當爲瑶水，或爲瑶。史記云：禹本紀言崑崙有醴泉瑶池。穆天子傳云：西王母觴天子于瑶池。吕氏春秋本味篇云：伊尹曰水之美者，崑崙之井，沮江之邱，名曰摇水。皆此也，淫非古字。」郭璞注「洛洛」二字曰：「水流下之貌。」今據畢沅校及郭璞注改。

【箋注】

〔一〕「迢遞」二句：山海經西山經：「槐江之山，丘時之水出焉。而北流注于泑水。其中多蠃母，其上多青雄黄，多藏琅玕、黄金、玉。其陽多丹粟，其陰多采黄金銀。實惟帝之平圃，神英招司之。」郭璞注：「平圃即玄圃。」迢遞，文選左思吴都賦：「曠瞻迢遞。」劉逵注：「迢遞，遠貌。」文選謝宣遠於安城答靈運詩：「迢遞封畿外，窈窕承明内。」

〔二〕「西南」二句：山海經西山經：「西望崑崙，其光熊熊，其氣魂魂。」

〔三〕明玕：即指琅玕，美石也。郭璞注：「琅玕，石似珠者。」書禹貢：「厥貢惟球、琳、琅玕。」孔傳：「琅玕，石而似玉。」

〔四〕託乘：指託附周穆王之車駕。

【集評】

陳祚明采菽堂古詩選卷十四：「總是遺世之志。」

馬璞陶詩本義卷四：「玄圃帝鄉，非凡人所能到；黄、虞、三代古之世，非今人所得遊，淵明獨願遊之也。」

丹木生何許？迺在密山陽。黄花復朱實，食之壽命長。白玉凝素液，瑾瑜發奇光〔一〕。豈伊君子寶〔二〕，見重我軒皇〔三〕。

【校記】

密山　「密」，陶本原作「峚」。李本同。按，當作「密山」。郝懿行山海經箋疏曰：「郭注穆天子傳、李善注南都賦、天台山賦引此經，俱作密山。」畢沅曰：「穆天子傳注及李善注文選引此直作密山。峚即密字之壞。」

奇光　「奇」，曾本、汲古閣本云，一作「其」。

軒皇　「皇」，陶本原校：「一作『黄』。」各本皆作「黄」。曾本云，一作「皇」。汲古閣本、蘇寫本、湯本同。

【箋注】

〔一〕「丹木」六句：山海經西山經：「峚山，其上多丹木，員葉而赤莖，黄華而赤實，其味如飴，食之不飢。丹水出焉，西流注于稷澤，其中多白玉，是有玉膏，其原沸沸湯湯，黄帝是食是饗。是生玄玉，玉膏所出，以灌丹木。丹木五歲，五色乃清，五味乃馨。黄帝乃取峚山之玉榮，而投之鍾山之陽。瑾瑜之玉爲良，堅粟精密，濁澤而有光，五色發作，以和柔剛，天地鬼神，是食是饗，君子服之，以禦不祥。」瑾瑜，説文：「瑾，瑾瑜，美玉也。」楚辭九章懷沙：「懷瑾握瑜兮。」

〔二〕豈伊：豈只是，不止是。文選謝靈運鄰里相送方山詩：「資此永幽棲，豈伊年歲別。」

〔三〕軒皇：黄帝軒轅氏。張衡同聲歌：「衆夫所希見，天老教軒皇。」曹植驅車篇：「封者七十帝，軒皇元獨靈。」

【集評】

邱嘉穗東山草堂陶詩箋卷四：「三章思與周穆同游，此則思爲服食不死，以友黄帝。語皆幻妙，思路絶而風雲通矣。」

翩翩三青鳥，毛色奇可憐。朝爲王母使，暮歸三危山〔一〕。我欲因此鳥，具向王母言〔二〕：在世無所須，惟酒與長年〔三〕。

【校記】

奇可憐　「奇」，曾本云，一作「甚」。蘇寫本、湯本、汲古閣本、焦本同。按，作「奇」是，參見注〔一〕。

具向　「具」，曾本、汲古閣本云，一作「期」，又作「且」。湯本作「具」。蘇寫本云，一作「且」。

無所須　「須」，曾本云，一作「願」。湯本、汲古閣本同。按，嵇康答向子期難養生論：「無所須，故無適而不足。」束據詩：「簫韶逝無聞，朝陽不可須。」世説新語任誕：「卒曰：『恒患不得快飲酒，使其酒足，餘年畢矣，無所復須。』」晉書卷九四郭文傳：「我若須此，自當賣之。所以相語，正以不須故也。」作「須」是。

惟酒與長年　曾本云，一作「惟願此長年」。蘇寫本、汲古閣本同。

【箋注】

〔一〕「翩翩」四句：山海經西山經：「三危之山，三青鳥居之。」郭璞注：「三青鳥主爲西王母取食者，别自栖息於此山也。」山海經海内北經載：蛇巫之山，「其南有三青鳥，爲西王母取食，在崑崙墟北。」奇，極，甚。世説新語品藻：「劉尹亦奇自知，然不言勝長史。」水經注沁水：「沿流上下，步徑裁通，小竹細筍，被於山渚，蒙籠茂密，奇爲翳薈也。」可憐，可愛。魏晉常語。大子夜歌：「歌謡數百種，子夜最可憐。」鮑照東飛伯勞歌：「三春已暮花從風，空留可憐誰與同？」

〔二〕具：完全。

〔三〕長年：長壽。管子中匡：「道血氣，以求長年長心長德，此爲身也。」文選陸機歎逝賦：「嗟人生之短期，孰長年之能執？」讀史述九章七十二弟子：「賜獨長年。」

【集評】

吴瞻泰陶詩彙注卷四：「前首『寧效俗中言』，是欲聽王母之謡。此首『在世無所須』，是欲索王母之食。總是眼前苦遭俗物聒，頻爲出世之想，奇思異趣，超超玄著矣。」

温汝能陶詩彙評卷四：「人世長飲酒與享長年，何用别求神仙。以放筆寫諧趣，其襟懷慨可想見。」

逍遥蕪皋上，杳然望扶木〔一〕。洪柯百萬尋〔二〕，森散覆暘谷〔三〕。靈人侍丹池，朝朝爲日浴〔四〕。神景一登天〔五〕，何幽不見燭〔六〕。

【校記】

蕪皋　陶本原校：「『蕪』當作『無』。東山經：『無皋之山，東望榑木。』」按，陶説是，當據山海經作「無皋」。

侍丹池　「侍」，曾本云，一作「待」。蘇寫本、汲古閣本同。

神景　景，曾本、汲古閣本云，一作「顧」。按，神景指太陽。作「景」是。

【箋注】

〔一〕「逍遥」二句：山海經東山經：「又南水行五百里，流沙三百里，至于無皋之山，南望幼海，東望榑木，無草木，多風。」榑木，即扶木，扶桑。山海經大荒東經：「大荒之中，有山名孽摇頵羝，上有扶木，柱三百里，其葉如芥，有谷曰温源谷，湯谷上有扶木，一日方至，一日方出。」

〔二〕洪柯：大枝。見命子詩注。

〔三〕森散：枝葉四布貌。暘谷：同湯谷，傳説中日出之處。山海經海外東經：「下有湯谷。湯谷上有扶桑，十日所浴。」

〔四〕「靈人」二句：靈人，指羲和，傳説是太陽的母親。丹池，即甘淵。山海經大荒南經：「東南海之外，甘水之間，有羲和之國，有女子名曰羲和，方日浴于甘淵。羲和者，帝俊之妻，生十日。」

〔五〕神景：指太陽。曹植七啓：「燿神景於中沚。」陸機白雲賦：「攄神景於八幽。」

〔六〕幽：幽暗。見燭：被照亮。山海經大荒北經：「有神，人面蛇身而赤，直目正乘，其瞑乃晦，其視乃明，不食不寢不息，風雨如謁，是燭九陰，是謂燭龍。」郭璞注：「照九陰之幽隱也。」晉書卷六元帝紀：「陛下明並日月，無幽不燭。」

【集説】

前人或謂此詩寄託晉宋易代之感。如邱嘉穗東山草堂陶詩箋卷四云：「日者，君象也。天子當陽，羣陰自息，亦由時有忠臣碩輔浴日之功耳，此詩殆借日以思盛世之君臣，而怨晉室之遂亡於宋也。豈非以君弱臣强而然耶？」吴菘論陶亦以爲「神景」二句寓易代之悲，「蓋『神景一登天』，猶有冀也」。

粲粲三珠樹，寄生赤水陰〔一〕。亭亭凌風桂，八幹共成林〔二〕。靈鳳撫雲舞，神鸞調玉音〔三〕。雖非世上寶，爰得王母心。

【校記】

王母　「母」，曾本、汲古閣本云，一作「子」。

【箋注】

〔一〕「粲粲」二句：山海經海外南經：「三珠樹在厭火北，生赤水上。其爲樹如柏，葉皆爲珠。」粲粲，鮮明貌。詩小雅大東：「西人之子，粲粲衣服。」

〔二〕「亭亭」二句：山海經海内南經：「桂林八樹，在賁隅東。」郭璞注：「八樹而成林，信其大也。」

〔三〕「靈鳳」二句：山海經大荒南經：载民之國，「爰有歌舞之鳥。鸞鳥自歌，鳳鳥自舞。」

【集評】

黄文焕陶詩析義卷四：「王母之山，鳳自歌，鸞自舞，三珠在赤水，八桂在番隅，不屬王母山中，却拈來合詠，直欲將山川世界更移一番，以他處所有，添補仙神地方之所無，想頭奇絶。『雖非世上寶』一語，翻駁尤深。」

自古皆有没，何人得靈長〔一〕？不死復不老，萬歲如平常〔二〕。赤泉給我飲，員丘足我糧〔三〕。方與三辰游〔四〕，壽考豈渠央〔五〕。

【校記】

何人得　曾本云，一作「河氏獨」。蘇寫本、汲古閣本同。

復不老　「復」，曾本、汲古閣本云，一作「亦」。

壽考　「考」，曾本、汲古閣本云，一作「老」。

【箋注】

〔一〕靈長：廣遠綿長。此謂長生不死。

〔二〕平常：一説指不異平常之平常，即尋常之意。温汝能陶詩彙評卷四：「人豈有不死者，惟有壽世之術可以長恃；然縱至於不死不老，以至萬歲，不異平常，則神仙亦屬尋常耳，何足貴哉！」一説指往常，從前。按，前説是。平常謂日常，常時。後漢書卷一上光武紀上：「又不敢爲伯升服喪，飲食言笑如平常。」

〔三〕「赤泉」二句：山海經海外南經：「交脛國，不死民在其東，其爲人黑色，壽不死。」郭璞

注：「有員丘山，上有不死樹，食之乃壽。亦有赤泉，飲之不老。」

〔四〕三辰：丁注：「三辰，日月星也。與三辰游，即莊子所謂與造物者游也。」

〔五〕渠央：遽盡。渠，同遽。見雜詩其三注。

【集評】

黄文焕陶詩析義卷四：「每拈一經，輒別創一議，或翻案，或添合。」

夸父誕宏志，乃與日競走〔一〕。俱至虞淵下，似若無勝負。神力既殊妙，傾河焉足有〔二〕？餘迹寄鄧林〔三〕，功竟在身後。

【校記】

虞淵　「淵」，曾本、汲古閣本云，一作「泉」。按，「泉」爲避唐高祖李淵諱。

【箋注】

〔一〕「夸父」二句：夸父，神話中的巨人。山海經海外北經：「夸父與日逐走，入日，渴欲得飲，飲於河渭；河渭不足，北飲大澤。未至，道渴而死。棄其杖，化爲鄧林。」

〔二〕「俱至」四句：山海經大荒北經：「夸父不量力，欲追日景，逮之於禺谷。將飲河而不足也，將走大澤，未至，死於此。」郭璞注：「禺淵，日所入也。今作虞。」

〔三〕鄧林：地名，即桃林。山海經海外北經郝懿行箋疏：「列子湯問篇云：『鄧林彌廣數千里。』今案其地蓋在北海外。」

【集説】

前人多從夸父形象探討作者的政治寄託。如黄文焕陶詩析義卷四謂淵明「胸中饒有幽憤」。邱嘉穗東山草堂陶詩箋卷四則稱淵明借夸父自況，「欲誅討劉裕，恢復晉室，而不可得也」。陶注謂嘲笑劉裕暮年「急圖禪代」。古注論證本篇詠夸父是「悼司馬休之之死」，謂休之抗表討裕是與日競走；奔於秦是飲於河渭；「餘迹」二句是淵明寄希望於休之餘黨云云。

精衛銜微木〔一〕，將以填滄海。刑天舞干戚〔二〕，猛志固常在。同物既無慮，化去不復悔〔三〕。徒設在昔心〔四〕，良晨詎可待〔五〕。

【校記】

微木　「木」，蘇寫本作「石」。

刑天舞干戚　陶本原校：「原作『形夭無千歲』。」焦本作「刑天舞干戚」。曾本作「形夭無千歲」。蘇寫本、汲古閣本同。湯本作「形夭舞干戚」。按，作「刑天舞干戚」是，參見注〔二〕。

不復　曾本云，一作「何復」。湯本、汲古閣本同。

徒設　「設」，曾本云，一作「役」，又作「使」。汲古閣本同。湯本云，一作「役」。

【箋注】

〔一〕精衛：神話中鳥名。山海經北山經：「又北二百里，曰發鳩之山，其上多柘木。有鳥焉，其狀如烏，文首白喙赤足，名曰精衛，其鳴自詨。是炎帝之少女，名曰女娃，女娃遊于東海，溺而不返，故爲精衛。常銜西山之木石，以堙于東海。」

〔二〕「刑天」句：刑天，神話中的人物。干，盾。戚，斧。山海經海外西經：「刑天與帝至此爭神，帝斷其首，葬之常羊之山，乃以乳爲目，以臍爲口，操干戚以舞。」曾紘云：「余嘗評陶公詩，語造平淡而寓意深遠，外若枯槁而中實敷腴，真詩人之冠冕也。平生酷愛此作，每以世無善本爲恨。因閲讀山海經詩，其間一篇云：『形夭無千歲，猛志固常在。』且疑上下文義不甚相貫，遂取山海經參校，經中有云：『刑天，獸名也。口中好銜干戚而舞。』乃知此句是『刑天舞干戚』，故與下句『猛志固常在』意旨相應。五字皆訛，蓋字畫相近，無足怪者。間以語友人岑穰彥休、晁詠之之道，二公撫掌驚歎，亟取所藏本是正之。」（汲古閣本引）周必大二老堂詩話則不以曾紘所説爲然，謂「靖節此題十三篇大概篇指一事，如前篇終始記夸父，則此篇恐專説精衛銜木填海，無千歲之壽，而猛志常在，化去不悔，若併指『刑天』，似不相續。又況末句云：『徒設在昔心，良晨詎可待！』何預干戚之猛耶！」以上二説相左，遂致學者聚訟。朱熹、洪邁、邢凱、陶澍等皆從曾説。邢凱坦齋通編云：「洪内翰語靖節詩『形夭無千歲』當作『刑天舞干戚』，字之誤也。周益公辨其不然。按段成式雜俎：天山有神名刑天，黄帝時與帝争神，帝斷其首，乃曰：『我以乳爲目，臍爲口，操干戚而舞不止。』則知洪説爲是。」陶澍云：「即以康節書作『形夭』，既云夭矣，何又云『無千歲』？夭與千歲，相去何啻彭殤，恐古人無此屬文法也。若謂每篇止詠一事，則欽䲹、窫窳，固亦對舉。若謂刑天争神，不得與精衛同論，未知斷章取義，第憐其猛志常在耳。以此説詩，豈非固哉高叟乎。」其駁周必大所謂「大概篇指一事」甚有理。仲周紬曾有何義門、汪洪度、馬星翼、李廷玉等。古注從曾紘作「刑天舞干戚」。丁注從「形夭無千歲」，云：「酉陽雜俎卷十四：『形夭與帝争神，帝斷其首，葬之常羊山，乃以乳爲目，臍爲口，操干戚而舞焉。』則『形夭』之夭，不作夭折解。據酉陽雜俎及陶詩，知陶公當時所讀之山海經，皆作『形夭』，且『形夭無千歲』，與上下句文義亦相貫，宜仍從宋刻江州陶靖節集，作『形夭無千歲』爲是，不可妄改。」王叔岷、楊勇亦作「形夭無千歲」，并據畢沅山海經新校正稱唐等慈寺碑作「形夭」，辯稱陶公所讀山海經，本作「形夭」。按，淮南子墬形訓：「西方有形殘之尸。」高誘注：「一説曰：形殘之尸，于是以兩乳爲目，腹臍爲口，操干戚以舞，天神斷其手，後天帝斷其首也。」形殘即山海經之刑天，古聲天、殘相近。又，袁珂山海經校注云：「刑天原爲無名天神，因與黄帝争神，斷首之後，始名刑天。」據上可知，作「刑天舞干戚」是。刑天雖無首，猶舞干戚以鬭，其義正與下句「猛志固常在」相應。

〔三〕「同物」二句：黄文焕陶詩析義卷四：「因遊海故被溺，因争神故被斷，是謂同物有慮。被溺而化爲飛鳥，仍思填海；被斷而化爲無首，仍思争舞，是謂化去不悔。」逯注：「二句是説，女娃、形夭既一般是生物，死是無可懷疑的。」按，逯注不確，黄説較勝。莊子大宗師：「假於異物，託以同體。」郭象注：「今死生聚散，變化無方，皆異物也。無異而不假，故所假雖異而共成一體也。」詩云同物無慮，指女娃化爲精衛，刑天爲帝斷首，雖與原形有異，然生死相齊，萬化爲一，形異而實同，何所謀慮悔恨哉！無慮，無所謀慮。莊子天地：「德人者，居無思，行無慮。」

〔四〕徒設：空設。蕭衍求讜言詔：「肺石空陳，懸鍾徒設。」

〔五〕良晨：同良辰。以上二句慨歎精衛、刑天空有昔日壯心，良辰却已不可再得矣，其意正同雜詩其三「日月擲人去，有志不獲騁」二句。

【集説】

前人或以晉宋易代一事探索此詩的「微旨」。如孫人龍纂輯陶公詩評注初學讀本卷二謂此詩：「顯悲異代，心事畢露。」其説不可信。章炳麟手批陶淵明集以爲此詩慷慨激昂，不過有感而發，與不仕二姓無關：「形骸雖朽，志無盡時，雖躬居高位者，亦往往有感而發，而況其餘。魏武詩云：『驥老伏櫪，志在千里。烈士暮年，壯心不已。』王敦讀之，至於擊碎唾壺。然謂此爲魏武自道，豈理也哉？今人以靖節不仕二姓，遂欲種種牽合，失其實矣。」（讀山海經詩其十眉批）梁啓超陶淵明之文藝及其品格一文謂此詩及前「夸父誕宏志」等篇，「不知不覺把他的『潛在意識』衝動出來了」。魯迅且介亭雜文二集題未定草（六）稱此詩表現了淵明的「金剛怒目」式。

臣危肆威暴〔一〕，欽䲹違帝旨〔二〕。窫窳强能變〔三〕，祖江遂獨死。明明上天鑒，爲惡不可履。長枯固已劇〔四〕，鵕鶚豈足恃〔五〕。

【校記】

臣危　陶本原作「巨猾」，各本同。曾本云，「猾」，一作「危」。蘇寫本、汲古閣本同。丁注：「臣危，一作巨猾，非。巨因形而誤，猾因雙聲而誤也。」按，據山海經海内西經，作「臣危」是，今據改。

鵕鶚　「鶚」，曾本作「鶚」，云，一作「鶚」。汲古閣本、蘇寫本同。李本作「鶚」。按，據山海經西山經，作「鵕鶚」是，參見注〔二〕。

【箋注】

〔一〕臣危：山海經海内西經：「貳負之臣曰危。危與貳負殺窫窳，帝乃梏之疏屬之山，桎其右足，反縛兩手與髮，繫之山上木。」

〔二〕欽䲹：神話中的人物。山海經西山經：「又西北四百二十里曰鍾山，其子曰鼓，其狀如人面而龍身，是與欽䲹殺葆江於崑侖之陽，帝乃戮之鍾山之東曰䍶崖。欽䲹化爲大鶚，其狀如雕而黑文白首，赤喙而虎爪，其音如晨鵠，見則有大兵。鼓亦化爲鵕鳥，其狀如鴟，赤足而直喙，黄文而白首，其音如鵠，見即其邑大旱。」郭璞注：「葆，或作祖。」

〔三〕窫窳：怪物名。强能變：指窫窳善于變化。山海經北山經：「又北二十里，曰少咸之山，無草木，多青碧，有獸焉，其狀如牛而赤身，人面馬足，名曰窫窳。」又海内南經：「窫窳，龍首人身，居弱水中。」郭璞注：「窫窳，本蛇身人面，爲貳負臣所殺，復化而成此物也。」

〔四〕「長枯」句：言臣危被天帝長久桎梏。丁注：「枯，當是梏之誤。作枯，非。因形近而誤也。海内西經郭注：『漢宣帝使人上郡發磐石，石室中得一人，跣裸被髮，反縛，械一足。以問羣臣，莫能知。劉子政按此言對之(即帝梏臣危而桎其右足，反縛兩手與髮也)。宣帝大驚。於是時人争學山海經矣。』」按，丁注是。　劇：嚴厲。文選王粲詠史詩：「同知埋身劇。」李善注：「劇，甚也。」

〔五〕鵕鶚：指欽䲹被天帝懲罰後化爲大鶚，鼓化爲鵕鳥。

【集評】

邱嘉穗東山草堂陶詩箋卷四：「此篇蓋比劉裕簒弑之惡也。終亦必亡而已矣。蕭統評其文曰：『語時事，則指而可想。』非此類歟？」

吴菘論陶：「『巨猾肆威暴』二句言䲹、鼓、貳負之履惡，『窫窳』二句悲窫窳、祖江之長枯，故接云爲惡者天鑒不遠，窫窳、祖江固長枯矣，而䲹、鼓亦化爲異物，豈足恃哉！正深歎巨猾之徒，惡而終受誅夷，其垂戒深矣。」

温汝能陶詩彙評卷四：「末四句援上天以警惡人，是極憤語，亦是無聊語。」

鵖鵊見城邑，其國有放士〔一〕。念彼懷王世，當時數來止〔二〕。青丘有奇鳥，自言獨見爾〔三〕。本爲迷者生，不以喻君子〔四〕。

【校記】

鵖鵊　陶本原作「鵃鶇」。曾本作「鵩鶇」，云：一作「鳴鵠」。蘇寫本、汲古閣本同。湯本作「鵩鶇」，云：當作「鵖鵊」。李本、焦本同。按，據山海經南山經，作「鵖鵊」是，今據改。

念彼　「彼」，曾本云：一作「昔」。湯本、汲古閣本同。

懷王世　「世」，曾本、汲古閣本云：一作「母」。

當時數來止　「當時」，曾本、汲古閣本云：一作「亦得」。蘇寫本云：一作「念彼懷王時，亦得數來止」。

見爾　「爾」，陶本原校：「何校宣和本云：『爾』，一作『理』。」曾本云：一作「理」。蘇寫本、汲古閣本同。

【箋注】

〔一〕「鵖鵊」二句：山海經南山經：「柜山有鳥焉，其狀如鵖而人手，其音如痺，其名曰鵊，其鳴自號也，見則其縣多放士。」邱嘉穗東山草堂陶詩箋卷四：「放士，當亦是公自指。」按，據下句「念彼懷王世」，放士當指屈原。邱説非。

〔二〕數來止：指鵃鵅數見。

〔三〕「青丘」二句：山海經南山經：青丘之山，「有鳥焉，其狀如鳩，其音若呵，名曰灌灌，佩之不惑。」

〔四〕「本爲」二句：此承上二句，意謂青丘鳥佩之可以不惑，故曰「本爲迷者生」；而君子不惑，不必佩青丘鳥，故曰「不以喻君子」。喻，曉喻。

【集評】

陶澍注靖節先生集卷四：「詩意蓋言屈原被放，由懷王之迷；青丘奇鳥，本爲迷者而生。何但見鵃鵅，不見此鳥，遂終迷不悟乎！寄慨無窮。」

巖巖顯朝市〔一〕，帝者慎用才。何以廢共鯀，重華爲之來〔二〕。仲父獻誠言，姜公乃見猜〔三〕。臨没告飢渴，當復何及哉〔四〕。

【校記】

巖巖　曾本云，一作「悠悠」。蘇寫本、汲古閣本同。按，作「巖巖」是，參見注〔一〕。

慎用才　「慎」，曾本云，一作「善」。蘇寫本、汲古閣本同。

仲父　「父」，曾本、汲古閣本云，一作「文」。蘇寫本作「文」。按，作「父」是。參見注〔三〕。

【箋注】

〔一〕巖巖：高峻貌。詩小雅節南山：「節彼南山，維石巖巖。」此以巖巖指代顯赫大臣。朝市：指朝廷官府。感士不遇賦：「謝良價於朝市。」

〔二〕「何以」二句：書舜典：「流共工於幽洲，放驩兜於崇山，竄三苗於三危，殛鯀於羽山。」共鯀，共工與鯀，皆舜臣。重華，指舜。

〔三〕「仲父」二句：仲父，指管仲。姜公，指齊桓公，姓姜，故稱姜公。史記卷三二齊太公世家：「管仲病，桓公問曰：『羣臣誰可相者？』管仲曰：『知臣莫如君。』公曰：『易牙如何？』對曰：『殺子以適君，非人情，不可。』公曰：『開方如何？』對曰：『倍親以適君，非人情，難近。』公曰：『豎刀如何？』對曰：『自宫以適君，非人情，難親。』管仲死，而桓公不用管仲言，卒近用三子，三子專權。」

〔四〕「臨没」二句：吕氏春秋知接：「公有病，易牙、豎刀、常之巫，相與作亂，塞公門。有一婦人，踰垣入，至公所。公曰：『我飢欲食。』婦人曰：『我無所得。』公又曰：『我渴欲飲。』婦人曰：『我無所得。』公曰：『何故？』對曰：『易牙、豎刀、常之巫相與作亂，塞宫門，築高墻，不通人，故無所得。』公慨焉歎曰：『死者有知，我何面目見仲父乎！』蒙衣袂而絶於壽宫。」

【集説】

前人多以爲此詩針對桓玄、劉裕等篡晉而發。如吴菘論陶云：「重華乃千古不惑之君子，故能用才去讒；姜公反是，遂至飢渴無及，以終上章之意。案此數首，皆寓篡弑之事。」陶注曰：「晉自王敦、桓温，以至劉裕，共、鯀相尋，不聞黜退，魁柄既失，篡弑遂成。此先生所爲託言荒渺，姑寄物外之心，而終推禍原，以致其隱痛也。」

讀山海經十三首作年既難確定，命意又不顯，故歷來理解不一。多數論者因認定這組詩作於晉宋易代之際，故以忠晉感憤説附會，尤其是第十、十一首，被作爲痛斥劉裕的確證，如真西山跋黄瀛甫擬陶詩謂淵明：「眷眷王室，蓋有乃祖長沙公之心，獨以力不得爲，故肥遁以自絶。食薇飲水之言，銜木填海之喻，至深痛切。」古直亦多以當世之事作解，如謂第十三首：「歸咎孝武帝之疏謝安，任道子，帝卒因此遇弑，晉卒因此而亡也。」與上相反者，認爲讀山海經不過寫其幽居之樂，無甚深意。如張自烈箋註陶淵明集卷四云：「予讀詠山海經詩，頗類屈子天問，詞雖幽異離奇，似無深旨耳。」又云：「意以古今志林多載異説，往往不衷於道，聊爲詠之，以明存而不論之意，如求其解，則鑿矣。」

挽歌詩三首〔一〕

有生必有死〔二〕，早終非命促〔三〕。昨暮同爲人，今旦在鬼録〔四〕。魂氣散何之〔五〕，枯形寄空木〔六〕。嬌兒索父啼，良友撫我哭。得失不復知，是非安能覺〔七〕。千秋萬歲後，誰知榮與辱〔八〕。但恨在世時，飲酒不得足。

【校記】

挽歌詩三首　陶本無「三首」兩字。陶本原校：「諸本作『擬挽歌辭』，文選作『挽歌詩』，無『擬』字。今從之。李本有『三首』兩字。」樂府詩集作「挽歌」。今據李本補「三首」兩字。

在鬼録　「在」，曾本云，一作「作」。湯本、汲古閣本同。

魂氣　「氣」，曾本云，一作「魄」。湯本、汲古閣本同。按，作「魂氣」是，參見注〔五〕。

撫我哭　「撫」，樂府詩集作「拊」。

不得足　曾本云，一作「常不足」。蘇寫本、汲古閣本同。樂府詩集作「恒不足」。

【箋注】

〔一〕李注引趙泉山曰：「『嚴霜九月中，送我出遠郊』，與自祭文『律中無射』之月相符，知挽辭乃將逝之夕作，是以梁昭明采此辭入選，止題曰陶淵明挽歌。」又引曾端伯曰：「晉桓伊善挽歌，庾晞亦喜爲挽歌，每自搖大鈴爲唱，使左右齊和。袁山松遇出遊，則好令左右作挽歌。類皆一時名流達士習尚如此，非如今之人例以爲悼亡之語而惡言之也。」按，趙泉山謂此詩作於淵明將逝之夕，其説是。詩云「嚴霜九月中」，則此詩作於宋文帝元嘉四年丁卯（四二七）九月。逯繫年依據顔誄叙淵明「年在中身，疢維痁疾」以及與子儼等疏「吾年過五十，疾患以來，漸就衰損，自恐大分將有限也」數語，謂此詩作於義熙十一年乙卯（四一五），淵明時年五十一。又齊益壽論陶淵明挽歌詩非絶筆之作，以挽歌詩與自祭文之不同，證明非臨終絶筆。理由有二：一是自祭文作於元嘉四年，時長子儼至少三十三歲，幼子佟亦已二十五歲，而挽歌之一卻説「嬌兒索父啼」，嬌兒應指童騃無知的孩兒，因此索父啼的嬌兒顯與二十五歲或以上的成人不合。二是自祭文對生死的態度至爲嚴肅鄭重，而挽歌則出之於戲謔嘲諷。此外，晉朝名士夙有作挽歌的習尚，且都成於暇日宴遊，因此挽歌並非作於寫自祭文當年，而可能作於暇日，也許就作在死前二十年幼子五歲時亦説不定。（轉引自呂興昌陶淵明享年六十三歲舊説新徵，臺北漢學研究第五卷第二期）按，逯繫年，謂挽歌詩作於淵明五十一歲，殊欠説服力。齊益壽以挽歌詩「嬌兒索父啼」與成人不合爲由，否定此詩是淵明絶筆。其實，「嬌兒」雖多指年幼之愛子，但非謂其他年齡的愛子就不可稱「嬌兒」。左思嬌女詩寫一對嬌女，妹名婉素，姊名惠芳。婉素「執書愛綈素，誦習矜所獲」，惠芳「從容好趙舞，延袖像飛翮。上下弦柱際，文史輒卷襞……」二嬌女已能讀書、誦習、學舞。猜其年齡，大概已十歲以上。以「嬌兒」幼子佟之年齡爲依據，從而得出挽歌詩三首作于淵明壯年的結論，並不可靠。挽歌詩其三説：「嚴霜九月中，送我出遠郊。」自祭文説：「歲惟丁卯，律中無射。」禮記月令：「季秋之月，其音商，律中無射。」呂氏春秋音律：「夾鐘生無射。」高誘注：「無射，九月律。」「律中無射」，意思是無射（陽律的第六）與九月相應。「嚴霜九月中」，正是「律中無射」，是挽歌詩與自祭文二者若合符契，爲作于一時的最有力證據。假若挽歌詩作于義熙初，淵明豈能自知二十年後死期在九月中？可見此詩固屬東晉名士自作挽歌的習氣，但確是臨終前所作。又，摯虞挽歌議：「新禮以爲挽歌出于漢武帝役人之勞歌，聲辭哀切，遂以爲送終之禮。」（晉書禮志中）魏晉時人們喜作挽歌，淵明自作挽歌，乃當時風尚所習。

〔二〕「有生」句：文選潘安西征賦：「命有始而必終。」李善注：「家語：孔子曰：『命者性之始也，死者生之終也，有始必有終矣。』」列子天瑞篇：「生者理之必終者也，終者不得不終，亦如生者不得不生。」五月旦作和戴主簿詩：「人理固有終。」

〔三〕命促：命短。王褒贈周處士詩：「百齡悲促命。」

〔四〕鬼録：古注：「魏文帝與吳質書：『觀其姓名，已爲鬼録。』」

〔五〕魂氣：謂靈魂。莊子知北遊：「人之生，氣之聚也。聚則爲生，散則爲死。」莊子天地郭象注：「氣之散，無不之。」西京雜記卷三：「骨肉歸于后土，氣魂無所不之。」阮籍詠懷詩：「但恐須臾間，魂氣隨風飄。」

〔六〕空木：傳説堯死後用中空之木作棺，後因以爲棺的代稱。劉向説苑反質：「昔堯之葬者，空木爲櫝，葛藟爲緘。」

〔七〕覺：覺即「較」也。可訓爲「相去」、「相差」、「相較」。魏晉常語。世説新語賞譽劉孝標注引虞預晉書：「陔及二弟歆、茂皆總角見稱，並有品望，鄉人諸父，未能覺其多少。」世説新語捷悟：「我才不及卿，乃覺三十里。」

〔八〕「千秋」二句：古注：「阮籍詠懷詩：『千秋萬歲後，榮名安所之。』」

【集評】

李公焕箋注陶淵明集卷四引祁寬曰：「昔人自作祭文挽詩者多矣，或寓意騁辭，成於暇日。寬考次靖節詩文，乃絶筆於祭挽三篇，蓋出於屬纊之際者，辭情俱達，尤爲精麗，其於晝夜之道，了然如此。古之聖賢，唯孔子、曾子能之，見於曳杖之歌，易簀之言。嗟哉！斯人没七百年，未聞有稱贊及此者。因表而出之，附於卷末。」

陳祚明采菽堂古詩選：「言理極盡，故言哀極深。末故以放語引令遠，可知一息尚存，得失是非不泯泯也。」

方東樹昭昧詹言卷四：「一起凝結，言死一耳，但早終非有短促之殊，曠惜妙義空古今。『魂氣』八句叙足，結句收轉，倒具奇趣。」

在昔無酒飲，今但湛空觴。春醪生浮蟻〔一〕，何時更能嘗。殽案盈我前，親舊哭我傍。欲語口無音〔二〕，欲視眼無光。昔在高堂寢，今宿荒草鄉。荒草無人眠，極視正茫茫。一朝出門去，歸來夜未央〔三〕。

【校記】

今但　「但」，曾本云，一作「旦」。湯本、汲古閣本、焦本同。樂府詩集作「但恨」。

更能嘗　「更」，曾本云，一作「復」。蘇寫本、湯本、汲古閣本同。

盈我前　「盈」，樂府詩集云，一作「列」。

親舊　「舊」，陶本原作「朋」。樂府詩集作「戚」，云，一作「舊」。按，五柳先生傳：「親舊知其如此。」與子儼等疏：「親舊不遺，每以藥石見救。」作「親舊」是。今據改。

荒草無人眠，極視正茫茫　陶本及各本無此二句。曾本云，一本有「荒草無人眠，極視正茫茫」二句。蘇寫本、湯本、李本、汲古閣本同。曾本又云，「極」，又作「直」。蘇寫本、汲古閣本同。今據樂府詩集補。

出門去　「去」，曾本、汲古閣本云，一作「易」。

歸來夜未央　「來」，樂府詩集作「家」，云，一作「來」。「夜」，陶本原作「良」。曾本、湯本、蘇寫本、李本、汲古閣本皆作「良」。焦本作「夜」。按，作「夜」佳，今改作「夜」。參見注〔三〕。

【箋注】

〔一〕春醪：春酒。醪，酒之别名。浮蟻：酒之浮沫。張衡南都賦：「醪敷徑寸，浮蟻若萍。」曹植酒賦：「或素蟻如萍。」按，阮瑀七哀詩：「身盡氣力索，精魂靡所能。嘉肴設不御，旨酒盈觴杯。」「春醪」二句，正寫身盡力索，精魂不能再嘗肴酒的憾恨。

〔二〕「欲語」句：傅玄挽歌：「欲悲淚已竭，欲辭不能言。」

〔三〕夜未央：夜未盡。王叔岷云：「此詩作『夜未央』，義頗難通，良字勝。廣雅釋詁一：

『央，盡也。』二句蓋謂一朝死去，則歸來無期也。」按，古人以長夜無曉喻死不復生。如文選潘岳哀逝文：「户闔兮燈滅，夜何時兮復曉。」李善注：「司馬彪續漢書：張奂遺令曰：『地底冥冥，長無曉期。』」潘岳京陵女公子王氏哀辭：「長夜無旦，孤魂曷依。」「夜未央」即「長無曉期」及「長夜無旦」之意。

【集評】

邱嘉穗東山草堂陶詩箋卷四：「首篇乍死而殮，次篇奠而出殯，三篇送而葬之，次第秩然。」

鍾秀陶靖節紀事詩品卷一：「死生之變亦大矣！而先生從容閒暇如此，平生所養，從可知矣。」

荒草何茫茫，白楊亦蕭蕭〔一〕。嚴霜九月中，送我出遠郊。四面無人居〔二〕，高墳正嶕嶢〔三〕。馬爲仰天鳴，風爲自蕭條〔四〕。幽室一已閉〔五〕，千年不復朝。千年不復朝，賢達無奈何。向來相送人，各自還其家。親戚或餘悲，他人亦已歌〔六〕。死去何所道，託體同山阿〔七〕。

【校記】

出遠郊　「出」，曾本云，一作「來」。湯本、汲古閣本同。

馬爲仰天鳴，風爲自蕭條　陶本原校：「緑君亭本云，一作『鳥爲動哀鳴，林爲結風飈』。」曾本、蘇寫本、汲古閣本同。樂府詩集作「鳥爲動哀鳴，林風自蕭條」，云，一作「馬爲仰天鳴」。按，潘岳南陽長公主誄：「騑驂躊躇，服馬悲鳴。」文選潘岳寡婦賦：「馬悲鳴而蹁顧。」古人送喪多用馬，作「馬爲仰天鳴，風爲自蕭條」是。

各自還其家　「自」，曾本云，一作「已」。汲古閣本同，文選作「已」。樂府詩集作「以」，云，一作「已」。「還」，文選作「歸」。

【箋注】

〔一〕「荒草」二句：文選李善注：「古詩：『四顧何茫茫，東風摇百草。』又曰：『白楊何蕭蕭，松柏夾廣路。』」

〔二〕人居：謂民居，民舍。

〔三〕嶕嶢：亦作「焦嶢」。説文：「焦嶢，山高貌。」

〔四〕蕭條：謂風聲。文選李少卿答蘇武書：「但聞悲風蕭條之聲。」文選鮑照舞鶴賦：「臨驚風之蕭條，對流光之照灼。」吴淇六朝選詩定論卷十一：「『馬爲』二句，寫此幽室未閉之一刻。古人殉葬多用平生所乘馬，馬有覺，故爲仰天而鳴，若有思主之意。風無知，與人無情，亦爲蕭條。」

〔五〕幽室：指墓穴。

〔六〕「親戚」二句：意謂人死微不足道，僅親戚片時之悲耳。列子仲尼：「隸人之生，隸人之死，衆人且歌，衆人且哭。」

〔七〕「託體」句：謂死後寄身於山陵而已。山阿，山陵。曹植野田黄雀行：「零落歸山丘。」皇甫謐篤終論：「形骸與后土同體。」文選潘岳寡婦賦：「終歸骨兮山足。」

【集評】

陳祚明采菽堂古詩選卷十四：「一氣瀏蒞，十九首而外，在漢人亦不多得。又極似蔡中郎『青青河畔草』一篇，似以神，此固神到之筆也。『千年不復朝』疊一句，跌宕以振之，哀響之中發以壯調，然彌壯彌哀矣！『親戚或餘悲，他人亦已歌』，非十九首安得此名句。」

温汝能陶詩彙評卷四：「三篇之中末篇尤調高響絶，千百世下如聞其聲，如見其情也。孫氏乃云只是淺語，但以自輓爲奇。豈知以淺語寫深思，更耐人咀味不盡爾。且疊句每易流於輕剽，看其『千年不復朝，賢達無奈何』二語，幽悽俯仰欲絶。周青輪謂其疊語一句更慘，良然。孫氏反取其自在，又云『不落哀境』，甚矣，説詩之難也。」

方東樹昭昧詹言卷四：「且敘且寫，有畫意。『幽室』八句入議論，真情真理，另收緩結。此詩氣格，筆勢横恣，游行自在，與三百篇同曠，而又全具興觀羣怨。杜公且遜之。」

聯　句〔一〕

鳴雁乘風飛，去去當何極。念彼窮居士，如何不歎息。淵明雖欲騰九萬，扶摇竟何力〔二〕。遠招王子喬，雲駕庶可飭〔三〕。愔之顧侶正徘徊，離離翔天側〔四〕。霜露豈不切，務從忘愛翼。循之高柯擢條幹，遠眺同天色〔五〕。思絶慶未看，徒使生迷惑。淵明

【校記】

何力　「何」，曾本云，一作「無」。蘇寫本、汲古閣本同。

王子喬　「喬」，曾本、汲古閣本云，一作「晉」。

徘徊　曾本、汲古閣本云，一作「離離」，又作「争飛」。

離離翔天側　曾本、汲古閣本云，一作「附羽天池側」。蘇寫本云，一作「顧侶正離離，附羽天池側」。

霜露豈不切　曾本云，一作「霜落不切肌」。蘇寫本、汲古閣本同。

務從忘愛翼　曾本云，一作「徒愛雙飛翼」。蘇寫本、汲古閣本同。

擢條幹　「擢」，陶本原作「濯」。湯本、李本同。按，孔臧楊柳賦：「或擢跡而接穹蒼。」劉勝文木賦：「横日路而擢枝。」擢：拔也，抽也，出也。濯：洗也，滌也。作「擢」是，今逕改。

徒使生迷惑　此句下各本無「淵明」二字。

【箋注】

〔一〕此詩内容以寫雁咏志，真僞與作年向來不可考。何注：「愔之、循之，集内不再見，莫知其姓。考晉宋書及南史亦無此人。意必晉書潛本傳所謂其鄉親張野及周旋人羊松齡、龐遵等輩

中人也。」鄧安生新探始有發明，云：「我今查得世説新語卷上言語『謝景重』一條中，劉孝標注引謝女譜（按，疑是謝氏譜之訛）有『重女月鏡適王恭子愔之』一句。二人名字悉同，我疑爲一人。」按，晉書卷八四王恭傳僅載恭兵敗被殺時五子同時遇害，無五子之名。故聯句詩中愔之是否確爲恭子，並與淵明交往，還只能存疑。

〔二〕「雖欲」二句：莊子逍遥遊：「鵬之徙於南溟也，水擊三千里，摶扶摇而上者九萬里。」成玄英疏：「扶摇，旋風也。」

〔三〕雲駕：雲車。飭：指整飭車駕。

〔四〕離離：整而有序貌。詩王風黍離：「彼黍離離。」馬瑞辰毛詩傳箋通釋：「黍秀舒散，離離者狀其有行列也。」

〔五〕「遠眺」句：指遠看樹枝與天同色。

歸園田居〔一〕

種苗在東皋，苗生滿阡陌。雖有荷鋤倦，濁酒聊自適。日暮巾柴車，路暗光已夕。歸人望煙火，稚子候簷隙。問君亦何爲，百年會有役。但願桑麻成，蠶月得紡績。素心正如此，開徑望三益。

【校記】

徑，一作「卷」。

【箋注】

〔一〕此詩汲古閣本、李本置於卷二，爲歸園六首詩之六。汲古閣本於詩末注：「或云此篇江淹雜擬，非淵明所作。」李注引韓子蒼曰：「田園六首末篇乃序行役，與前五首不類。今俗本乃取江淹『種苗在東皋』爲末篇，東坡亦因其誤和之。陳述古本止有五首。予以爲皆非也，當如張相國本題爲雜詠六首，江淹雜擬詩，亦頗似之，但『開徑望三益』此一句不類。」李注又引湯漢曰：「此江淹擬作，見文選。其音節文貌絶似，『但願桑麻成，蠶月得紡績』，則與陶公語判然矣。」陶注：「陳正敏曰：『文選有江文通擬古詩，如擬休上人怨别詩曰：「日暮碧雲合，佳人殊未來。」今人遂用爲休上人詩故事。又擬陶徵君田居詩「種苗在東皋」一首，今此詩亦收在陶集中，皆誤也。』……洪邁曰：『歸園田居末篇，乃江文通雜體三十篇之一，明言學陶徵君田居。蓋陶三章云：「種豆南山下，草盛豆苗稀。晨興理荒穢，帶月荷鋤歸。」故江云：「雖有荷鋤倦，濁酒聊自適」，正擬其意也。』」

問來使〔一〕

爾從山中來，早晚發天目。我屋南窗下，今生幾叢菊。薔薇葉已抽，秋蘭氣當馥。歸去來山中，山中酒應熟。

【箋注】

〔一〕此詩汲古閣本、李本置於卷二歸園田居六首之後，焦本于二卷歸園田居五首之後。汲古閣本於題下注：「南唐本有此一首。」李本注引湯漢曰：「此蓋晚唐人因李白感秋詩而僞爲之。」陶注：「容齋隨筆：『問來使詩，諸本皆不載，惟晁文元家本有之。天目疑非陶居處，李太白感秋云：「陶令歸去來，田家酒應熟。」乃用此耳。』」「蔡絛西清詩話曰：『陶集屢經諸儒手校，然有問來使一篇，世蓋未見，獨南唐與晁文元二本有之。李白尋陽感秋詩：「陶令過去來，山中酒應熟。」其取諸此云。』顏羽滄浪詩話：『此篇體制氣象與陶詩不類，得非太白逸詩，後人漫取入陶集耳？』郎瑛曰：『此篇乃蘇子美所作，好事者混入陶集中。』」

四時〔一〕

春水滿四澤，夏雲多奇峰。秋月揚明暉，冬嶺秀孤松。

【校記】

孤　一作「寒」。

【箋注】

〔一〕此詩湯本、焦本置於三卷末，汲古閣本在四卷末，北堂書鈔卷一〇〇稱「古詩」。許顗彦周詩話：「此乃顧長康詩，誤入陶彭澤集中。」湯注：「劉斯立曰：當是用此足成全篇。篇中唯此警絶，居然可知。或雖顧作，淵明摘出四句，可謂善擇。」

【晉】陶淵明 著
龔 斌 校箋

陶淵明集校箋

（修訂本）

下

上海古籍出版社

陶淵明集卷之五

賦　辭

感士不遇賦〔一〕并序

昔董仲舒作士不遇賦〔二〕，司馬子長又爲之〔三〕。余嘗以三餘之日〔四〕，講習之暇〔五〕，讀其文，慨然惆悵。夫履信思順〔六〕，生人之善行；抱樸守静〔七〕，君子之篤素。自真風告逝，大僞斯興〔八〕，閭閻懈廉退之節〔九〕，市朝驅易進之心。懷正志道之士，或潛玉於當年〔一〇〕；潔己清操之人，或没世以徒勤〔一一〕。故夷皓有安歸之嘆〔一二〕，三閭發已矣之哀〔一三〕。悲夫！寓形百年，而瞬息已盡；立行之難，而一城莫賞〔一四〕。此古人所以染翰慷慨，屢伸而不能已者也。夫導達意氣，其惟文乎？撫卷躊躇，遂感而賦之。

咨大塊之受氣〔一五〕，何斯人之獨靈。稟神智以藏照〔一六〕，秉三五而垂名〔一七〕。或擊壤以自歡〔一八〕，或大濟於蒼生。靡潛躍之非分〔一九〕，常傲然以稱情。世流浪而遂徂，物羣分以相形〔二〇〕。密網裁而魚駭，宏羅制而鳥驚。彼達人之善覺〔二一〕，乃逃祿而歸耕。山嶷嶷而懷影〔二二〕，川汪汪而藏聲〔二三〕。望軒唐而永嘆〔二四〕，甘貧賤以辭榮。淳源汨以長分〔二五〕，美惡紛其異途。原百行之攸貴〔二六〕，莫爲善之可娛〔二七〕。奉上天之成命，師聖人之遺書。發忠孝於君親，生信義於鄉閭。推誠心而獲顯，不矯然而祈譽。嗟乎！雷同毀異〔二八〕，物惡其上〔二九〕，妙算者謂迷〔三〇〕，直道者云妄。坦至公而無猜，卒蒙恥以受謗〔三一〕，雖懷瓊而握蘭〔三二〕，徒芳潔而誰亮。哀哉！士之不遇，已不在炎帝帝魁之世〔三三〕。獨祗修以自勤〔三四〕，豈三省之或廢〔三五〕。庶進德以及時〔三六〕，時既至而不惠〔三七〕。無爰生之晤言，念張季之終蔽〔三八〕。愍馮叟於郎署，賴魏守以納計〔三九〕。雖僅然於必知，亦苦心而曠歲〔四〇〕。審夫市之無虎，眩三夫之獻説〔四一〕。悼賈傅之秀朗〔四二〕，紆遠轡於促界〔四三〕。悲董相之淵致，屢乘危而幸濟〔四四〕。感哲人之無偶，淚淋浪以灑袂〔四五〕。承前王之清誨〔四六〕，曰天道之無親；澄得一以作鑒〔四七〕，恒輔善而佑仁。夷投老以長飢〔四八〕，回早夭而又貧〔四九〕；傷請車以備槨〔五〇〕，悲茹薇而殞身；雖好學與行義，何死生之苦辛。疑報德之若兹，懼斯言之虚陳〔五一〕。何曠世之無才〔五二〕，罕無路之不澀〔五三〕。伊古人之慷慨，病奇名之不立〔五四〕。廣結髮以從政〔五五〕，不愧賞於萬邑〔五六〕。屈雄志於戚豎，竟尺土之莫及〔五七〕。留誠信於身後，動衆人之悲泣〔五八〕。商盡規以拯弊〔五九〕，言始順而患入。奚良辰之易傾，胡害勝其乃急〔六〇〕。蒼旻遐緬〔六一〕，人事無已。有感有昧，疇測其理〔六二〕。寧固窮以濟意，不委曲而累己。既軒冕之非榮〔六三〕，豈緼袍之爲恥〔六四〕。誠謬會以取拙〔六五〕，且欣然而歸止。擁孤襟以畢歲〔六六〕，謝良價於朝市〔六七〕。

【校記】

爲之　「爲」，曾本云，一作「悲」。蘇寫本、汲古閣本同。

篤素　陶本原校：「焦本云，一作『素業』。」「素」，曾本、汲古閣本云，一作「業」。蘇寫本作「業」，云，一作「素」。

廉退之節　曾本云，一作「廉退之文節」。汲古閣本同。

懷正志道之士，或潛玉於當年；潔己清操之人，或没世以徒勤　曾本云，一作「懷正志道之士，或潛於當年；潔己清操之士，或没於往世」。蘇寫本、汲古閣本同。

徒勤　「勤」，曾本、汲古閣本云，一作「想」。

藏照　「照」，曾本云，一作「往」。蘇寫本、汲古閣本同。

懷影　「影」，曾本、汲古閣本云，一作「褐」。

淳源汩　「汩」，陶本原校：「焦本云，『汩』一作『恒』。」曾本、汲古閣本云，一作「消」。

紛其　陶本原作「作以」。各本同。陶本原校：「焦本云，一作『紛其』。」曾本、汲古閣本云，一作「紛其」；「其」，又作「然」。蘇寫本云，宋本作「紛其」。按，陸機思親賦：「零雪紛其下頹。」庾儵冰井賦：「霜雪紛其交淪兮，流波結而成凌。」作「紛其」較勝，今據改。

上天　曾本、汲古閣本云，一作「天地」。

而獲顯　「而」，曾本、汲古閣本云，一作「以」。

坦至公　「坦」，曾本云，一作「恒」。蘇寫本、汲古閣本、焦本同。

懷瓊　「瓊」，曾本、汲古閣本云，一作「瓌」，又作「瑶」。

芳潔　「潔」，曾本、蘇寫本作「絜」。

已不在　蘇寫本無「不」字。

爰生　「爰」，曾本、汲古閣本誤作「奚」，云，一作「爰」。

晤言　「晤」，曾本、汲古閣本云，一作「格」。

必知　「知」，曾本、汲古閣本云，一作「智」。

無虎　曾本、汲古閣本云，一作「有猷」。

無偶　「偶」，曾本云，一作「遇」。蘇寫本、汲古閣本同。

病奇名　「病」，陶本原校：「焦本云，一作『痛』。」曾本、汲古閣本云，一作「痛」。

動衆人　「動」，陶本原校：「一作『慟』。」曾本作「慟」，云，一作「動」。汲古閣本同。李本作「慟」。

蒼昊　各本皆作「旻」。按，「昊」、「旻」泛指天，于義皆通。

而累己　「而」，曾本、汲古閣本云，一作「以」。

而歸止　「而」，曾本云，一作「於」。

【箋注】

〔一〕此文作年有異説。一説作於淵明歸田前期。古譜義熙三年（四〇七）條以爲賦中「寧固窮以濟意，不委曲而累己」等語，與歸去來兮辭相發明，「殆彭澤去官後作也」。逯繫年謂作於義熙二年（四〇六）。一説作於元興二年（四〇三）丁母憂居家時，與癸卯歲十二月中與從弟敬遠詩同時作。一説作於晉宋易代後。如王瑶注繫之宋永初三年（四二二）。按，此文思想内容多與飲酒二十首相近。「擁孤襟以畢歲，謝良價於朝市」二句，顯指義熙末稱疾不應徵命事，故此文大致作於義熙十一二年間。

〔二〕董仲舒：西漢著名哲學家，著有春秋繁露。

〔三〕司馬子長：司馬遷，字子長，西漢著名史學家、文學家，著有史記。所作悲士不遇賦見藝文類聚。

〔四〕三餘之日：三國志魏書王肅傳裴松之注引魏略：「或問三餘之意，（董）遇言：『冬者歲之餘，夜者日之餘，陰雨者時之餘也。』」

〔五〕講習：謂互相研討學習。越絶書外傳本事：「養徒三千，講習學問。」

〔六〕履信思順：篤守信用，思念和順。易繫辭上：「天之所助者，順也；人之所助者，信也。履信思乎順，又以尚賢也，是以自天祐之。」陸機感丘賦：「雖履信而思順，曾何足以保兹。」

〔七〕抱樸守静：老子十九章：「見素抱樸。」老子十六章：「守静篤。」

〔八〕「真風」二句：佚名中論序：「聖人之道息，邪僞之事興。」晉書卷八九嵇含傳：「人僞俗季，真風既散。」此二句與飲酒詩其二十「羲農去我久，舉世少復真」二句同意。

〔九〕閭閻：里門，此指世間，與下文「市朝」並舉。

〔一〇〕潛玉：猶藏玉、懷玉，喻隱居。論語子罕：「有美玉於斯，藴櫝而藏諸？」晉書卷九四戴逵傳：「採其被褐懷玉之由。」

〔一一〕没世：終身。司馬遷悲士不遇賦：「没世無聞，古人惟恥。」

〔一二〕「故夷皓」句：何注：「史記卷六一伯夷列傳：伯夷、叔齊隱於首陽山，作歌曰：『神農虞夏，忽焉没兮，我安適歸矣！』高士傳：『四皓逃入藍田山，曰：唐虞世遠，吾將安歸？』」

〔一三〕三閭：指屈原，原曾任楚國三閭大夫。已矣之哀：何注：「屈原離騷，其亂曰：『已矣哉！國無人莫我知兮，又何懷乎故都。』」

〔一四〕一城：猶尺土，指爵位俸禄。

〔一五〕大塊：自然。莊子齊物論：「夫大塊噫氣，其名爲風。」郭象注：「大塊者，無物也。」「物之生也，莫不塊然而自生，則塊然之體大矣，故遂以大塊爲名。」成玄英疏：「大塊者，造物之名，亦自然之稱也。」受氣：莊子知北遊：「人之生，氣之聚也。聚則爲生，散則爲死。」莊子至樂：「雜乎芒芴之間，變而有氣，氣變而有形，形變而有生。」

〔一六〕照：明也。淮南子俶真訓：「寂寞之中，獨有照焉。」

〔一七〕三五：謂三正五行。三正，指天地人的正道。書甘誓：「有扈氏威侮五行，怠棄三正。」五行，即五常。荀子非十二子：「案往舊造説，謂之五行。」楊倞注：「五常：仁、義、禮、智、信是也。」

〔一八〕擊壤：擊壤本是古代游戲。李注：「韻語陽秋曰：藝經云：『壤以木爲之，前廣後狹，長尺四寸，闊三寸，其形如履。將戲，先側一壤於地，遠三四十步，以手中壤擊之，中者爲上，蓋古戲也。』」擊壤自歡，指隱居自適。論衡藝增篇：「有年五十擊壤於路者，觀者曰：『大哉，堯德乎！』擊壤者曰：『吾日出而作，日入而息，鑿井而飲，耕田而食，堯何等力！』」

〔一九〕潛躍：易乾象辭：「潛龍勿用，陽在下也；或躍在淵，進無咎也。」嵇喜答嵇康詩：「出處因時資，潛躍無常端。」慧遠大智論鈔序：「孰能與之潛躍。」此句緊承上句，潛，指「或擊壤以自歡」；躍，指「或大濟於蒼生」。意謂人們不論出仕或隱居，都一任自然，合乎人的本性。

〔二〇〕羣分：以羣（等級）劃分。陸雲征西大將軍京陵王公會射堂皇太子見命作此詩：「大鈞造物，庶類羣分。」郭璞爾雅圖讚星：「萬類羣分。」

〔二一〕善覺：猶先覺，善于覺察和了悟。成公綏嘯賦：「愍流俗之未悟，獨超然而先覺。」「達人之善覺」，意同飲酒詩其一「達人解其會」。

〔二二〕嶷嶷：高峻貌。楚辭九懷陶壅：「越炎火兮萬里，過萬首兮嶷嶷。」史記卷一五帝本紀：「其德嶷嶷。」索隱：「嶷嶷，德高也。」懷影：莊子在宥：「故賢者伏處大山嵁巖之下。」陸景誡盈：「然古之智士，或山藏林竄，忽而不慕。」按，「懷影」及下句「藏聲」，即指隱士栖身於山林。

〔二三〕汪汪：水深大貌。後漢書卷五三黄憲傳：「叔度汪汪若千頃陂，澄之不清，淆之不濁，不可量也。」蔡邕郭有道碑：「浩浩焉，汪汪焉，奥乎不可測已。」

〔二四〕軒唐：軒，軒轅氏，即黄帝。唐，陶唐氏，即帝堯。

〔二五〕淳源：比喻淳真的風俗。汩：沉淪，埋没。

〔二六〕原：推察，尋究。漢書卷八三薛宣傳：「原心定罪。」顔師古注：「原，謂尋其本也。」百行：指種種品行。蔡邕陳寔碑：「兼資九德，總修百行。」嵇康與山巨源絶交書：「故君子百行，殊途而同致。」

〔二七〕「莫爲善」句：後漢書卷四二東平憲王蒼傳：「日者問東平王處家何等最樂，王言爲善最樂。」

〔二八〕毁異：即毁譽。飲酒詩其六：「是非苟相形，雷同共毁譽。」

〔二九〕物惡其上：逯注：「物泛指人。」「晉書卷九二袁宏傳：『人惡其上，世不容哲。』」又，晉書卷七五王坦之傳：「人之所貴，我不可取。誠患人惡其上，衆不可蓋。」文選李康運命論：「行高於人，衆必非之。」

〔三〇〕妙算者：深謀遠慮之人。晉書卷三三石苞傳：「漢高捨陳平之污行，而取其六奇之妙算。」

〔三一〕「卒蒙耻」句：逯注：「按桓玄篡晉失敗，與玄有關係者率被株連治罪。陶一度仕玄，亦受譏議，故史傳謂其『少年薄宦，不潔去就之迹』。蒙耻受謗蓋指此。」可備一説。

〔三二〕懷瓊而握蘭：比喻品格美好貞潔。

〔三三〕炎帝帝魁：文選張衡東京賦：「仰不睹炎帝帝魁之美。」薛綜注：「炎帝，神農後也。帝魁，神農名，並古之君號也。」

〔三四〕祇修：敬修。

〔三五〕三省：論語學而：「曾子曰：吾日三省吾身，爲人謀而不忠乎？與朋友交而不信乎？傳不習乎？」

〔三六〕「庶進德」句：易乾文言：「君子進德修業，欲及時也。」

〔三七〕「時既至」句：詩小雅楚茨：「孔惠孔時。」鄭箋：「惠，順也。」

〔三八〕「無爰生」二句：爰生，爰盎。史記作袁盎，漢書作爰盎。張季，張釋之，字季。爲騎郎，事孝文帝，十年不得調，無所知名。中郎將袁盎知其賢，惜其去，乃請徙釋之補謁者。釋之對文帝言秦漢間事及秦所以失而漢所以興。文帝稱善，乃拜釋之爲謁者僕射。事見史記卷一〇二張釋之馮唐列傳。

〔三九〕「愍馮叟」二句：馮叟，指馮唐。魏守，指魏尚。馮唐爲中郎署長，爲人正直，言不忌諱，曾對漢文帝言雲中太守魏尚坐上功首虜差六級，下吏削爵太重。文帝悦，令馮唐持節赦魏尚，復以爲雲中太守，而拜馮唐爲車騎都尉，主中尉及郡國車士。事見史記卷一〇二張釋之馮唐列傳。

〔四〇〕「雖僅然」二句：言張季、馮唐雖最後遇上了知己，但已愁苦地耽誤了很多時日。

〔四一〕「審夫」二句：何注：「韓非子内儲説上：龐恭與太子質於邯鄲，謂魏王曰：『今一人言市有虎，王信乎？』曰：『不。』『二人言市有虎，王信之乎？』曰：『不信。』『三人言市有虎，王信之乎？』曰：『寡人信之。』恭曰：『夫市之無虎也明矣，然而三人言而成虎。』」審，信。

〔四二〕賈傅：賈誼。賈誼曾爲梁懷王太傅，故稱賈傅。秀朗：指才秀識高。文選陸機漢高祖功臣頌：「袁生秀朗。」李充九賢頌郭有道：「慧心秀朗。」

〔四三〕紆：曲。遠轡：千里之轡，喻駿馬。促界：狹小之地。按，此句以馬爲喻，感歎賈誼大才小用。據史記卷八四屈原賈生列傳，賈誼年少才多，天子議以爲任公卿之位，遭一班老臣妬忌，乃以賈生爲長沙王太傅。

〔四四〕「悲董相」二句：董相，指西漢董仲舒。曾爲江都王相和膠西王相，故稱董相。漢書卷五六董仲舒傳載：董仲舒著災異之記，主父偃妬忌之，取其書奏之天子。因書中有刺譏，下董仲舒吏，當死，幸詔赦之。後爲公孫弘妬忌，作膠西王相。董仲舒恐久獲罪，疾免居家，以修學著述爲事。「屢乘危」、「幸濟」，蓋指此類事。

〔四五〕淋浪：流滴不止貌。嵇康琴賦：「紛淋浪以流離。」

〔四六〕清誨：猶言明教，領教之敬辭。後漢書卷八〇下趙壹傳：「冀承清誨，以釋遥悚。」

〔四七〕「澄得一」句：老子三十九章：「天得一以清。」澄，清貌，指天。一，道之別名。淮南子精神訓：「一生二，二生三，三生萬物。」高誘註：「一，謂道也。」韓非子揚權：「道無雙，故曰一。」鑒，審察，監察。

〔四八〕夷：伯夷。投老：到老，垂老，臨老。後漢書卷七六仇覽傳：「母守寡養孤，苦身投老。」晉書卷八〇王羲之傳：「懷祖正當作尚書耳，投老可得僕射。」長飢：史記卷六一伯夷列傳：「夷齊恥食周粟，隱於首陽山，采薇而食，遂餓死。」

〔四九〕回：顏回。早夭：史記卷六七仲尼弟子列傳：「回年二十九，髮盡白，蚤死。」

〔五〇〕「傷請車」句：論語先進：「顏淵死，顏路請子之車以爲之椁。」何晏集解：「孔曰：

路，淵父也，家貧，欲請孔子之車賣以作椁。」

〔五一〕斯言：指「天道無親，常與善人」一類説教。按，以上數句是對「恒輔善而佑仁」的天道表示懷疑。

〔五二〕曠世：曠絶一世。文選張衡東京賦：「故曠世而不覿。」李善注：「曠世，歷年。」

〔五三〕澀：同「濇」。説文：「濇，不滑也。」段玉裁注：「歰，不滑也，然則二字雙聲同義。」六書故：「澀，水涸行艱，因謂之澀。」晉子夜四時歌冬歌：「塗澀無人行。」「無路之不澀」，謂世塗無不滯澀難行。

〔五四〕病：禮記樂記：「病不得其衆也。」鄭玄注：「病，猶憂也。」論語衛靈公：「君子病無能焉。」皇疏：「病，猶患也。」

〔五五〕廣：西漢李廣。史記有傳。結髮：指少年。史記卷一〇九李將軍列傳：「且臣結髮而與匈奴戰。」

〔五六〕「不愧賞」句：謂李廣功高，封萬户侯也當之無愧。

〔五七〕「屈雄志」二句：言李廣受制於衛青，竟尺土未封。戚豎，羣小。指衛青之流。逯注：「戚豎，貴戚小人，指子蘭，上官大夫。這句是説屈原高出羣小，立志爲雄。」按，從上下文義看，這幾句均寫李廣，逯注非。

〔五八〕「動衆人」句：指衆人爲李廣之死悲泣。按，以上六句寄慨於李廣的不遇。據史記卷一〇九李將軍列傳，漢文帝時李廣大破匈奴，文帝曰：「惜乎子不遇時，如令子當高帝時，萬户侯豈足道哉！」漢武帝時，征匈奴者封侯有數十人，而廣名聲遠在他人之上却不得封邑。後從大將軍衛青擊匈奴，失道。衛青使長史急責廣上簿，廣遂引刀自剄。百姓聞之，知與不知，無老壯皆爲垂涕。司馬遷贊其「忠實心誠信於士大夫也」。

〔五九〕商：前漢王商。漢書有傳。盡規：猶盡諫。呂氏春秋達鬱：「近臣盡規。」高誘注：「規，諫。」左傳昭公十六年：「子寧以他規我。」杜預注：「規，正也。」拯弊：拯救弊端。漢書卷八二王商傳載：成帝建始三年秋，京師訛言大水至，百姓大亂，大將軍王鳳以爲太后與帝及後宮可御船，令吏民上長安城避水。羣臣皆從鳳議。獨王商以爲此必訛言。不久，長安城中稍定，問之，果然是訛言。帝于是稱美商之固守，數稱其議。「盡規救弊」蓋指此類。

〔六〇〕害勝：讒害勝過自己的人。漢書卷八二王商傳載：大將軍王鳳怨商，陰求其短，使人上書言商閨門内事。後逢日食，太中大夫張匡，其人佞巧，上書罪狀商。成帝素重商，制曰「弗治」。王鳳力争之。免相。商發病嘔血薨。

〔六一〕蒼旻遐緬：蒼天遥遠。文選班固答賓戲：「超忽荒而躆昊蒼也。」曹植五遊詩：「曜靈未移景，倏忽造昊蒼。」

〔六二〕疇：爾雅釋詁：「疇，誰也。」

〔六三〕軒冕：軒車服冕，指官位爵禄。晉書卷九四董京傳：「軒冕不能令榮。」

〔六四〕緼袍：舊絮衣，貧賤者所服。論語子罕：「衣敝緼袍，與衣狐貉者立而不恥者，其由也歟？」

〔六五〕謬會：癸卯歲十二月中與從弟敬遠詩：「謬得固窮節。」「謬會」義近「謬得」。取拙：指守拙歸田。

〔六六〕孤襟：特異絶俗的情懷。畢歲：終年，終身。

〔六七〕謝：謝絶。良價：善價。論語子罕：「子貢曰：『有美玉于斯，韞匵而藏諸？求善價而沽諸？』子曰：『沽之哉！沽之哉！我待賈者也。』」這裏反用其意，表示不再出仕。

【集評】

邱嘉穗東山草堂陶詩箋卷五：「起結皆盡性至命之言，能明出處之分，而潔去就之義，中間雜引古人，無非此意。陶公真有學有守者哉。」

孫人龍纂輯陶公詩評注初學讀本卷二：「公一生貞志不休，安道苦節，其本領見於此數語。雖感士不遇，而歸於固窮篤志。讀其文，真可使馳競情遣，鄙吝意祛，所謂有助於風教，豈不信哉！」

劉熙載藝概卷三賦概：「董廣川士不遇賦云：『雖矯情而獲百利兮，復不如正心而歸一善。』此即正誼明道之旨。司馬子長悲士不遇賦云：『没世無聞，古人唯恥。』此即述往事、思來者之情。陶淵明感士不遇賦云：『寧固窮以濟意，不委曲而累己。』此即屢空晏如之意。可見古人言必由志也。」

閑情賦〔一〕 并序

初張衡作定情賦〔二〕，蔡邕作静情賦〔三〕，檢逸辭而宗澹泊〔四〕，始則蕩以思慮，而終歸閑正〔五〕。將以抑流宕之邪心，諒有助于諷諫〔六〕。綴文之士，奕代繼作〔七〕，並因觸類〔八〕，廣其辭義。余園閭多暇，復染翰爲之。雖文妙不足，庶不謬作者之意乎？

夫何瓌逸之令姿〔九〕，獨曠世以秀羣〔一〇〕。表傾城之豔色〔一一〕，期有德於傳聞。佩鳴玉以比潔，齊幽蘭以爭芬。淡柔情於俗内〔一二〕，負雅志於高雲〔一三〕。悲晨曦之易夕，感人生之長勤〔一四〕。同一盡於百年，何歡寡而愁殷〔一五〕。褰朱幃而正坐〔一六〕，汎清瑟以自欣〔一七〕。送纖指之餘好，攘皓袖之繽紛〔一八〕。瞬美目以流盼，含言笑而不分〔一九〕。曲調將半，景落西軒。悲商叩林〔二〇〕，白雲依山。仰睇天路，俯促鳴絃〔二一〕。神儀嫵媚〔二二〕，舉止詳妍〔二三〕。激清音以感余，願接膝以交言〔二四〕。欲自往以結誓，懼冒禮之爲僁〔二五〕。待鳳鳥以致辭，恐他人之我先〔二六〕。意惶惑而靡寧，魂須臾而九遷〔二七〕。願在衣而爲領，承華首之餘芳〔二八〕；悲羅襟之宵離〔二九〕，怨秋夜之未央〔三〇〕。願在裳而爲帶，束窈窕之纖身；嗟温涼之異氣〔三一〕，或脱故而服新。願在髮而爲澤〔三二〕，刷玄鬢於頽肩〔三三〕；悲佳人之屢沐，從白水以枯煎。願在眉而爲黛〔三四〕，隨瞻視以閑揚〔三五〕；悲脂粉之尚鮮，或取毁於華粧〔三六〕。願在莞而爲席〔三七〕，安弱體於三秋〔三八〕；悲文茵之代御〔三九〕，方經年而見求。願在絲而爲履，附素足以周旋〔四〇〕；悲行止之有節，空委棄於牀前。願在晝而爲影，常依形而西東；悲高樹之多蔭，慨有時而不同〔四一〕。願在夜而爲燭，照玉容於兩楹；悲扶桑之舒光〔四二〕，奄滅景而藏明。願在竹而爲扇，含淒飈於柔握〔四三〕；悲白露之晨零，顧襟袖以緬邈〔四四〕。願在木而爲桐，作膝上之鳴琴；悲樂極以哀來，終推我而輟音〔四五〕。考所願而必違，徒契契以苦心〔四六〕。擁勞情而罔訴，步容與於南林〔四七〕。栖木蘭之遺露〔四八〕，翳青松之餘陰。儻行行之有覿〔四九〕，交欣懼於中襟〔五〇〕。竟寂寞而無見，獨悁想以空尋〔五一〕。斂輕裾以復路，瞻夕陽而流歎。步徙倚以忘趣〔五二〕，色慘悽而矜顔〔五三〕。葉燮燮以去條〔五四〕，氣淒淒而就寒。日負影以偕没，月媚景於雲端。鳥悽聲以孤歸，獸索偶而不還。悼當年之晚暮，恨兹歲之欲殫。思宵夢以從之，神飄颻而不安。若憑舟之失櫂，譬緣崖而無攀。于時畢昴盈軒〔五五〕，北風淒淒。恫恫不寐〔五六〕，衆念徘徊。起攝帶以伺晨，繁霜粲於素階。雞斂翅而未鳴，笛流遠以清哀。始妙密以閑和〔五七〕，終寥亮而藏摧〔五八〕。意夫人之在兹，託行雲以送懷。行雲逝而無語，時奄冉而就過〔五九〕。徒勤思以自悲，終阻山而帶河。迎清風以祛累〔六〇〕，寄弱志於歸波。尤蔓草之爲會〔六一〕，誦邵南之餘歌〔六二〕。坦萬慮以存誠，憩遥情於八遐〔六三〕。

【校記】

閑情賦　陶本原校：「何本『閑』作『閒』，非。」

定情賦　曾本、汲古閣本云，一無「賦」字。

静情賦　「静情」曾本、汲古閣本云，一作「檢逸」，一無「賦」字。

檢逸辭而宗澹泊，始則　曾本、汲古閣本云，一本無此九字。「則」，一作「皆」。

奕代　「代」，曾本、汲古閣本云，一作「世」。

並因　「因」，陶本原校：「從張自烈本作『因』。各本作『固』。」曾本、李本作「固」。

爲之　「之」，曾本、汲古閣本云，一作「文」。

文妙　曾本、汲古閣本云，一作「好學」。

之意乎　曾本、汲古閣本云，一無「乎」字。

瓌逸　「瓌」，陶本原校：「一作『懷』，又作『環』，皆非。」李本作「懷」。按，作「瓌」是，參見注〔九〕。

以秀羣　「以」，曾本、汲古閣本云，一作「而」。

豔色　「豔」，曾本、汲古閣本云，一作「令」。

有德　「德」，曾本云，一作「聽」。蘇寫本、汲古閣本同。

比潔　「潔」，曾本作「絜」。蘇寫本、李本同。

一盡　「盡」，曾本、汲古閣本云，一作「晝」。按，「晝」乃「盡」之形誤。

皓袖　「袖」，曾本、汲古閣本、蘇寫本云，一作「腕」。

流盼　「盼」，各本作「眄」。按，盼、眄義同。阮籍詠懷詩：「流盼發姿媚，言笑吐芬芳。」

接膝　「膝」，曾本云，一作「手」。蘇寫本、汲古閣本同。

鳳鳥　曾本云，一作「鳴鳳」。蘇寫本、汲古閣本同。

羅襟　「羅」，曾本云，一作「素」。蘇寫本、汲古閣本同。

之末央　「之」，曾本、汲古閣本云，一作「其」。

於頽肩　「於」，曾本作「以」。蘇寫本、汲古閣本同。

從白水　「從」，蘇寫本作「徒」。「白水」，曾本、汲古閣本云，一作「永日」。

脂粉　「脂」，曾本、汲古閣本云，一作「紅」。

委棄　「棄」，曾本、汲古閣本云，一作「余」。

而西東　「而」，曾本、汲古閣本云，一作「以」。

有時而　「而」，曾本云，一作「之」。汲古閣本同。
含淒飇　曾本、汲古閣本云，一作「命淒風」。
之晨零　「之」，曾本、汲古閣本云，一作「以」。
襟袖　「襟」，陶本原作「衿」。今據各本改。
以緬邈　「以」，曾本云，一作「之」。汲古閣本同。
契契　陶本原校：「焦本作『契闊』。」各本作「契契」。曾本云，一作「契契」，又作「契闊」。汲古閣本同。
中襟　「襟」，陶本原校：「一作『襟』。」曾本作「襟」。蘇寫本、李本、汲古閣本、焦本同。
悁想　曾本、汲古閣本云，一作「摇摇」。蘇寫本云，一本作「摇摇」。
復路　「復」，曾本、汲古閣本云，一作「候」。
忘趣　「忘」，李本作「志」。按，作「忘」是，「志」乃形誤，参見注〔五二〕。
慘悽　「悽」，曾本、汲古閣本云，一作「懍」。蘇寫本作「懍」。
以去條　「以」，曾本、汲古閣本云，一作「而」。
晚暮　「暮」，蘇寫本作「莫」。
畢昴　曾本云，一作「夜景」。蘇寫本、汲古閣本同。
惘惘　曾本、汲古閣本云，一作「耿耿」。

流遠以　曾本云，一作「遠噭而」。蘇寫本、汲古閣本同。

妙密　曾本云，一作「密勿」。蘇寫本、汲古閣本同。

而藏摧　「而」，蘇寫本作「以」。

行雲逝而無語，時奄冉而就過　曾本、汲古閣本云，一本云：「行雲逝而不我留，時亦奄冉而就過。」蘇寫本、李本同。

而帶河　「帶」，曾本、汲古閣本云，一作「滯」。蘇寫本作「滯」。

尤蔓草　「尤」，曾本云，一作「遮」。汲古閣本云，一作「遥」。

【箋注】

〔一〕閑：防也，閉也，限也。非爲悠閑之閑。易乾文言：「閑邪存其誠。」孔穎達疏：「言防閑邪惡，當自存其誠實也。」郗超奉法要：「謹守十善，閑邪以誠戒也。」古直陶靖節詩箋餘録據五柳先生傳「嘗著文章自娱，頗示己志」二語，以爲此賦乃淵明「少年示志之作」。王瑶注謂淵明太元十九年（三九四）喪偶，此賦或即這年所作。逯注謂作於淵明彭澤致仕後，「以追求愛情的失敗表達政治理想的幻滅」。或説作於晉宋易代之晚年，與感士不遇賦作於同時。按，賦序云：「余園閭多暇。」賦云：「悼當年之晚暮，恨兹歲之欲殫。」當年，壯年也。作於少年説及作於晚年説皆與「當年之晚暮」不合；且此賦熱情奔放，詞藻華美，不太像是晚年之作。故諸説中以逯注較可取，惟確切年份無可考。至於此賦之寓意，亦衆説紛紜（參見後【集説】）。據賦序「初張衡作定情賦，蔡邕作靜情賦，檢逸辭而宗澹泊，始則蕩以思慮，而終歸閑正，將以抑流宕之邪心，諒有助於諷諫」，及賦末「尤蔓草之爲會，誦邵南之餘歌」云云，可知賦之寓意乃在「以禮閑情」，即「發乎情，止乎禮義」。諸如「眷懷故主」、「香草美人」之寄託，「思得同調」、「追求愛情」之理想，皆有謬作者之意。

〔二〕張衡：東漢著名文學家、科學家，著有二京賦、歸田賦、四愁詩等。其定情賦殘文見藝文類聚十八。

〔三〕蔡邕：東漢著名文學家，有蔡中郎集。其檢逸賦殘文見藝文類聚卷一八。

〔四〕檢：檢束，收斂。書伊訓：「檢身若不及。」孔穎達疏：「檢，謂自攝斂也。」逸辭：放蕩的文辭。

〔五〕終歸閑正：即「曲終奏雅」之意，賦應該有助於諷諫。

〔六〕諒：信。

〔七〕奕代：屢代。何注：「賦情始楚宋玉、漢司馬相如，平子、伯喈繼之爲定、静之辭。而魏則陳琳、阮瑀作止欲賦，王粲作閑邪賦，應瑒作正情賦，曹植作静思賦，晉張華作永懷賦。此靖節所謂奕世繼作，並因觸類，廣其辭義者也。」

〔八〕觸類：觸類相通，指感觸相通而奕世繼作。

〔九〕瓌逸：謂奇麗特異。宋玉神女賦：「瓌姿瑋態，不可勝讚。」令姿：美容。

〔一〇〕曠世：曠絶一世。文選曹植洛神賦：「奇服曠世，骨像應圖。」阮籍四言詠懷詩：「華容豔色，曠世特彰。」

〔一一〕傾城：漢書卷九七上孝武李夫人傳：「北方有佳人，絶世而獨立。一顧傾人城，再顧傾人國。」

〔一二〕「淡柔情」句：言情愫淡泊，拔出流俗。柔情，張華永懷賦：「懷婉娩之柔情。」

〔一三〕「負雅志」句：言懷抱高志，出於雲表。班固答賓戲：「仲尼抗浮雲之志。」文選袁宏三國名臣序讚：「雅志彌確。」

〔一四〕「感人生」句：楚辭遠遊：「惟天地之無窮兮，哀人生之長勤。」

〔一五〕殷：書禹貢：「九江孔殷。」鄭玄注：「殷，多也。」

〔一六〕褰：同搴，揭開。

〔一七〕汎：古代彈琴的指法。徐時綺緑綺新聲：「丿，泛也，言右手扣絃，左手輕浮着弦而應。」

〔一八〕攘：捋。皓袖：潔白的衣袖。曹植美女篇：「攘袖見素手。」

〔一九〕「瞬美目」二句：寫女子口目含情。楊慎升庵詩話謂此二句：「曲盡麗情，深入冶態，裴硎傳奇、元氏會真，又瞠乎其後矣。」錢鍾書云：「按大招祇云：『嫭目宜笑』，此則進而謂『流眄』之時，口無語而目有『言』，脣未嘻而目已『笑』，且虛涵渾一，不同『載笑載言』之可『分』；『含』者，如道學家説中庸所謂『未發境界也』。」（管錐編第四册）又，王粲神女賦：「目若瀾波，美姿巧笑。」

〔二〇〕悲商：指秋風聲。商，五音（宮、商、角、徵、羽）之一。古人以五行説五音，以商音屬西方，時當秋天。禮記月令謂孟秋之月、仲秋之月、季秋之月，「其音商」。

〔二一〕促：説文：「促，迫也。」促絃，指急彈。張協七命：「促彈高張。」

〔二二〕神儀：神態儀容。

〔二三〕詳妍：亦作「妍詳」，安詳美好貌。劉楨魯都賦：「含丹吮素，巧笑妍詳。」

〔二四〕接膝：謂屈膝與他人之膝相接，即對面而坐之意。

〔二五〕僁：同「衍」，過失。

〔二六〕「待鳳鳥」二句：楚辭離騷：「鳳凰既受詔兮，恐高辛之先我。」

〔二七〕「魂須臾」句：楚辭九章抽思：「惟郢路之遼遠兮，魂一夕而九遷。」

〔二八〕華首：指美女的秀髮。

〔二九〕宵離：夜晚解衣而寢，故云。

〔三〇〕未央：未盡。詩小雅庭燎：「夜如何其？夜未央。」

〔三一〕温涼：指氣候的暖冷。

〔三二〕澤：膏澤，用來潤髮。素問經絡論：「熱多則淖澤。」注：「澤，潤液也。」

〔三三〕玄鬢：黑髮。劉楨魯都賦：「玄鬢曜粉。」頽肩：柔肩，即曹植洛神賦：「肩若削成。」

〔三四〕黛：青黑色顔料，女子用來畫眉。

〔三五〕瞻視：瞻亦視也。論語堯曰：「君子正其衣冠，尊其瞻視，儼然人望而畏之。」後漢書卷四九王符傳：「或連日累月，更相瞻視。」閑揚：謂眉目閑雅美麗。詩鄭風野有蔓草：「有美一人，清揚婉兮。」毛傳：「清揚，眉目之間，婉然美也。」詩鄘風君子偕老：「揚且之皙也。」毛傳：「揚眉上廣。」詩又云：「之子清揚，揚且之顔也。」毛傳：「廣揚而額角豐滿。」孔穎達正義：「揚者，眉上之美。」

〔三六〕取毁：被毁。佳人重新梳粧，擦去尚留之脂粉，故云。

〔三七〕莞：一種蒲類所製的粗席。詩小雅斯干：「下莞上簟。」鄭玄箋：「莞，小蒲之席也。」

〔三八〕弱體：孅弱柔美之體。弱，淮南子原道訓：「志弱而事强。」高誘注：「弱，柔也。」文選司馬相如子虛賦：「嫵媚孅弱。」

〔三九〕文茵：詩秦風小戎：「文茵暢轂。」毛傳：「文茵，虎皮也。」代御：替换使用。

〔四〇〕周旋：此指進退的動作。阮籍大人先生傳：「進退周旋，咸有規矩。」

〔四一〕「悲高樹」二句：指樹蔭下形存影滅，即形影神詩「憩陰若暫乖」之意。

〔四二〕扶桑：見止酒詩注。

〔四三〕淒飈：涼風。柔握：猶纖掌。老子五十五章：「骨弱筋柔而握固。」傅咸羽扇賦：「近興風於捲握。」

〔四四〕緬邈：遥遠。文選潘岳寡婦賦：「遥逝兮逾遠，緬邈兮長乖。」文選謝靈運登江中孤嶼詩：「想象崑山姿，緬邈區中緣。」

〔四五〕輟：停止。按，以上「十願」一段，想象豐富，情調纏綿，極盡思致。姚寬西溪叢語卷上云：「陶淵明閑情賦，必有所自，乃出張衡同聲歌云：『邂逅承際會，偶得充後房。情好新交接，飂慄若探湯。願思爲莞席，在下蔽匡牀。願爲羅衾幬，在上衛風霜。』」又，張衡定情賦：「思在面爲鉛華兮，患離塵而無光。」蔡邕静情賦：「思在□而爲簧鳴，哀聲獨不敢聆。」王粲閑邪賦：「願爲環以約腕。」應瑒正情賦：「思在前爲明鏡，哀既往於替□。」當亦爲淵明仿效。閑情賦影響後世文士甚衆，對此，錢鍾書管錐編第四册舉例詳備，兹節録如下：「張、蔡之作，僅具端倪，潛乃筆墨酣飽矣。祖構或冥契者不少，如六朝樂府折楊柳：『腹中愁不樂，願作郎馬鞭，出入環郎臂，蹀座郎膝邊。』劉希夷公子行：『願作輕羅着細腰，願爲明鏡分嬌面。』裴諴新添聲楊柳枝詞之一：『願作琵琶槽那畔，得他長抱在胸前。』和凝河滿子：『卻愛藍羅裙子，羨他長束纖腰。』黄損望江南：『願作樂中箏，得近佳人纖手子，砑羅裙上放嬌聲，便死也爲榮。』明人樂府吴調掛真兒變好：『變一只繡鞋兒，在你金蓮上套；變一領汗衫兒，與你貼肉相交；變一個竹夫人，在你懷兒裏抱；變一個主腰兒，拘束着你；變一管玉簫兒，在你指上調；再變上一塊的香茶，也不離你櫻桃小。』」

〔四六〕契契：詩小雅大東：「契契寤歎，哀我憚人。」毛傳：「契契，憂苦也。」

〔四七〕容與：徘徊不進貌。見四言答龐參軍詩注。

〔四八〕「栖木蘭」句：楚辭離騷：「朝飲木蘭之墜露兮，夕餐秋菊之落英。」

〔四九〕儻：假若，如果。覯：會見。

〔五〇〕中襟：心中。

〔五一〕悁想：憂思。悁，說文：「悁，一曰恚也。」段玉裁注：「恚，愁也。」張衡思玄賦：「情悁悁而思歸。」

〔五二〕徙倚：徘徊不進貌。楚辭哀時命：「然隱憫而不達兮，獨徙倚而彷徉。」王粲登樓賦：「步栖遲以徙倚兮，白日忽其將匿。」趣，同「趨」。忘趣，不進也。

〔五三〕矜顔：容顔哀戚嚴肅。

〔五四〕燮燮：葉落聲。

〔五五〕畢：二十八宿之一。詩小雅大東：「有捄天畢。」淮南子天文訓：「西方曰顥天，其星胃昴畢。」昴：見雜詩其九注。

〔五六〕恫恫：同「烱烱」，目光不安貌。楚辭哀時命：「夜烱烱而不寐兮，懷隱憂而歷茲。」

〔五七〕妙密：美妙細密。閑和：閑雅平和。

〔五八〕藏摧：一作「摧藏」，形容極度哀傷。蔡邕琴賦：「抑案藏摧。」文選成公綏嘯賦：「悲傷摧藏。」李善注：「摧藏，自抑挫之貌。言悲傷能挫于人。琴操，王昭君歌曰：『離宮絶曠，身體摧藏。』」

〔五九〕奄冉：猶荏苒，形容時光逐漸推移。

〔六〇〕袪累：去除外累。

〔六一〕蔓草：指詩鄭風野有蔓草。毛詩序稱是「男女失時，思不期而會」之作。會：男女私會。

〔六二〕邵南：指詩經中的召南。餘歌：猶餘詩。詩大序以爲周南、召南是「正始之道，王化之基」，有助於風教。逯注以爲：「召南餘歌，指的是草蟲、行露等篇，這些篇章都刺男女無禮私會。」

〔六三〕八遐：八方極遠之處。

【集説】

自蕭統以來，歷代對閑情賦旨意及評價分歧很大。蕭統陶淵明集序云：「白璧微瑕，惟在閑情一賦。揚雄所謂勸百而風一者，卒無諷諫，何足摇其筆端！惜哉，無是可也。」故文選不取兹篇。附和蕭統者如方東樹續昭昧詹言卷八云：「如淵明閑情賦可以不作。後世循之，直是輕薄淫褻，最誤子弟。」王闓運湘綺樓日記稱：「閑情賦十願，有傷大雅，不止『微瑕』。」然肯定此篇者終究占多數。蘇軾東坡題跋卷二題文選首駁昭明：「淵明閑情賦，正所謂『國風好色而不淫』，正使不及周南，與屈、宋所陳何異？而統乃譏之，此乃小兒强作解事者。」贊同蘇軾者如王觀國、毛先舒、閻若璩、何文焕、陳沆、劉光蕡等，異口同聲，集矢蕭統。既指出閑情賦諷諫之意，又指出其「假象過大」者爲錢鍾書，其管錐編第四册云：「……其謂『卒無諷諫』，正對陶潛自稱『有助諷諫』而發，其引揚雄語，正謂題之意爲『閑情』，而賦之用不免於『閑情』，旨欲『諷』而效反『勸』耳。流宕之詞，窮態極妍，淡泊之宗，形絀氣短，諍諫不敵摇惑。以此檢逸歸正，如朽索之馭六馬，彌年疾疢而銷以一丸也。」

關於此賦命意，大致有三説。一、比興説。持此説者或謂以美人比故主，或謂比同調之人。有人則理解更寬泛，如劉光蕡陶淵明閑情賦注云：「身處亂世，甘於貧賤，宗國之覆既不忍見，而又無如之何，故託爲閑情。其所賦之詞以爲學人之求道也可，以爲忠臣之戀主也可，即以爲自悲身世以思聖帝明王也亦無不可。」二、諷諫説。論者以爲此賦諷諫之意即在「發乎情，止乎禮義」。如孫人龍纂輯陶公詩評注初學讀本云：「意本風騷，自極高雅，所謂發乎情，止乎禮義者，非歟！逐層生發，情致纏綿，終歸閑正，何云卒無諷諫耶？」三、愛情説。現代論者多持此説，如魯迅且介亭雜文二集題未定草六云：「被論客贊賞着『采菊東籬下，悠然見南山』的陶潛先生，在後人的心目中，實在飄逸得太久了，但在全集裏，他有時却很摩登，『願在絲而爲履，附素足以周旋，悲行止之有節，空委棄於牀前』。竟想摇身一變，化爲『啊呀呀，我的愛人呀』的鞋子，雖然後來自説因爲『止乎禮義』，未能進攻到底，但那胡思亂想的自白，究竟是大膽的。」

【集評】

楊慎升庵詩話卷三：「陶淵明閑情賦『瞬美目以流盼，含言笑而不分』，曲盡麗情，深入冶態。

裴硎傳奇、元氏會真，又瞠乎其後矣。所謂詞人之賦麗以淫也。」何文焕歷代詩話考索：「彦周詩話謂退之詩『銀燭未銷窗送曙，金釵欲醉坐添香』，殊不類其爲人。余謂鐵心石腸，工賦梅花，閑情一賦，何傷靖節？正恐慣説鍾庸大鶴，却一動也動不得耳。」陳沆詩比興箋卷二：「閑情賦，淵明之擬騷。從來擬騷之作，見於楚辭集注者，無非靈均之重儓，獨淵明此賦，比興雖同，而無一語之似，真得擬古之神。」

歸去來兮辭〔一〕并序

余家貧，耕植不足以自給。幼稚盈室，缾無儲粟〔二〕，生生所資〔三〕，未見其術。親故多勸余爲長吏〔四〕，脱然有懷〔五〕，求之靡途。會有四方之事〔六〕，諸侯以惠愛爲德〔七〕，家叔以余貧苦〔八〕，遂見用於小邑。於時風波未静〔九〕，心憚遠役，彭澤去家百里，公田之利，足以爲酒，故便求之〔一〇〕。及少日，眷然有歸與之情〔一一〕。何則？質性自然〔一二〕，非矯厲所得〔一三〕。飢凍雖切，違己交病。嘗從人事，皆口腹自役〔一四〕。於是悵然慷慨，深愧平生之志。猶望一稔〔一五〕，當斂裳宵逝。尋程氏妹喪於武昌〔一六〕，情在駿奔〔一七〕，自免去職。仲秋至冬，在官八十餘日，因事順心，命篇曰歸去來兮。乙巳歲十一月也。

歸去來兮，田園將蕪胡不歸〔一八〕？既自以心爲形役〔一九〕，奚惆悵而獨悲。悟已往之不諫，知來者之可追〔二〇〕。實迷途其未遠〔二一〕，覺今是而昨非〔二二〕。舟遥遥以輕颺，風飄飄而吹衣。問征夫以前路〔二三〕，恨晨光之熹微。乃瞻衡宇〔二四〕，載欣載奔。僮僕歡迎，稚子候門。三逕就荒〔二五〕，松菊猶存。攜幼入室，有酒盈罇。引壺觴以自酌，眄庭柯以怡顔。倚南窗以寄傲〔二六〕，審容膝之易安〔二七〕。園日涉以成趣，門雖設而常關。策扶老以流憩〔二八〕，時矯首而遐觀〔二九〕。雲無心以出岫，鳥倦飛而知還〔三〇〕。景翳翳以將入〔三一〕，撫孤松而盤桓〔三二〕。歸去來兮，請息交以絶游。世與我而相違〔三三〕，復駕言兮焉求〔三四〕。悦親戚之情話，樂琴書以消憂。農人告余以春及，將有事於西疇。或命巾車〔三五〕，或棹孤舟。既窈窕以尋壑〔三六〕，亦崎嶇而經丘。木欣欣以向榮，泉涓涓而始流。善萬物之得時，感吾生之行休〔三七〕。已矣乎！寓形宇内復幾時，曷不委心任去留〔三八〕？胡爲乎遑遑欲何之〔三九〕？富貴非我願，帝鄉不可期〔四〇〕。懷良辰以孤往，或植杖而耘耔〔四一〕。登東皋以舒嘯〔四二〕，臨清流而賦詩〔四三〕。聊乘化以歸盡〔四四〕，樂夫天命復奚疑〔四五〕！

【校記】

歸去來兮辭　文選無「兮辭」二字。

幼稚盈室　曾本、汲古閣本云，一作「兼稚子盈室」。

見用於　「於」，曾本、汲古閣本作「爲」。

之利　「利」，曾本云，一作「秫」。湯本、汲古閣本同。

足以爲酒　曾本云，一作「過足爲潤」。馬永卿嬾真子引舊本同。「足以」，汲古閣本云，一作「足爲」。

嘗從　「嘗」，曾本云，一作「曾」。湯本、汲古閣本同。

歸去來兮　「兮」，陶本誤作「序」。

心爲形役　「心」，曾本、汲古閣本云，一作「身」。

遥遥　陶本原校：「緑君亭本云，一作『摇摇』」。

熹微　「熹」，曾本、汲古閣本云，一作「晞」。

自酌　「酌」，曾本、汲古閣本云，一作「適」。

成趣　「趣」，曾本、汲古閣本云，一作「逕」。

而遐觀　「而」，藝文類聚作「以」。

以出岫　「以」，李本、藝文類聚作「而」。

相違　「違」，文選、曾本作「遺」。按，作「違」是，參見注〔三〕。

春及　曾本、汲古閣本云，一無「及」字，一作「暮春」，又作「仲春」。蘇寫本無「及」字。文選作「春兮」。

有事於　「於」，文選作「乎」。

以尋壑　「以」，藝文類聚作「而」。「尋壑」，陶本原校：「孫志祖文選考異：『尋壑』。何云：『尋』，南史作『窮』。『窮』字佳。宋書同『窮』。」

經丘　「經」，曾本、汲古閣本云，一作「尋」。

得時　「時」，藝文類聚作「所」。

吾生　「生」，藝文類聚作「年」。

寓形宇内　曾本、汲古閣本内字下有「能」字，云，一無「能」字。

復幾時　藝文類聚復字下有「得」字。

胡爲乎　文選無「乎」字。

遑遑欲何之　陶本原校：「各本此下有『兮』字。文選無，今從之。」曾本遑字下有「兮」字，云，一無「兮」字。湯本、汲古閣本同。

復奚疑　「疑」，曾本、汲古閣本云，一作「爲」。

【箋注】

〔一〕據序云「乙巳歲十一月」，則本文作於義熙元年乙巳（四〇五）辭官彭澤之初。晉傳：

「義熙二年，解印去縣，乃賦歸去來。」記載顯然有誤。顧譜襲晉傳之誤，又曲解序文「猶望一稔，當斂裳宵逝」等語，以爲淵明歸田在義熙二年，本篇「非即是解綬去職時作也」。其説非。許嵩建康實録卷一〇、王禕自建昌州還經行廬山下記謂作於義熙三年，亦非。歸去來，即歸去之意。後漢書卷一上光武帝紀上：「恐士大夫望絶計窮，則有去歸之思。」後漢書卷八三梁鴻傳：「昔延陵季子葬子於嬴博之間，不歸鄉里，慎勿令我子持喪歸去。」來，語助詞，無義。晉書卷九四祈嘉傳：「夜忽窗中有聲呼曰：『祈孔賓，祈孔賓！隱去來，隱去來！修飾人世，甚苦不可諧。』」「隱去來」義即「隱去」，句式同「歸去來」，可證「來」爲語助詞。林雲銘古文析義初編：「就彭澤言謂之歸去，就南村言謂之歸來。篇中從思歸以至到家步步叙明，故合言之曰『歸去來』。」其説非。關於淵明歸去之因，宋傳稱「郡遣督郵至縣，吏白應束帶見之。潛歎曰：『我不能爲五斗米，折腰向鄉里小人！』即日解印綬去職，賦歸去來。」蕭傳、蓮傳、晉傳、南傳同。韓子蒼據歸去來兮辭否定史傳所述，以爲淵明去官係赴程氏妹之喪及「識時達命」，非因督郵事。（見苕溪漁隱叢話前集三引）洪邁容齋隨筆五筆説與韓子蒼相近，謂：「觀其語意，乃以妹喪而去，不緣督郵。所謂矯厲違己之説，疑必有所屬，不欲盡言之耳。」王禕自建昌州還經行廬山下記謂義熙三年，「劉裕實殺殷仲文，將移晉祚。陶氏世爲晉臣，義不事二姓，故託爲之辭以去，若將以微罪行耳。」（王忠文公集卷六）陶注同王禕，謂淵明之歸，「初假督郵爲名，至屬文，又迂其説於妹喪自晦耳。」其實閔晉祚之將終，深知時不可爲，思以巖栖谷隱，置身理亂之外，庶得全其後之節也」。按，感士不遇賦云：「卒蒙恥以受謗。」淵明曾仕桓玄，玄篡晉失敗，餘黨率受株連，疑淵明或亦因之蒙恥受謗；加之「質性自然」，「違己交病」，適值妹喪，便託辭遠遁。史傳言因督郵而去，固屬皮相之見，序因妹喪，亦爲託辭。王禕、陶澍「將移晉祚」云云，更不足信也。

〔二〕缾無儲粟：曹操謡俗辭：「甕中無斗儲。」

〔三〕生生所資：經營生計所需。桓玄與桓謙等書論沙門應致敬王者：「沙門之所以生生資存。」

〔四〕長吏：漢書卷一九上百官公卿表：「秩四百石至二百石，是爲長吏。」顏師古注：「吏，理也，主理其縣内也。」漢書卷一下高帝紀下：「守尉長吏教訓甚不善。」顏師古注：「長吏謂縣之令長。」

〔五〕脱然：見飲酒詩其十七注。

〔六〕四方之事：指奉命行役。李注：「銜建威命使都。」

〔七〕諸侯：指建威將軍、江州刺史劉敬宣。

〔八〕家叔：指陶夔。陶考：「家叔當即孟府君傳所謂叔父太常夔也。太平御覽引俗説曰：陶夔爲王孝伯參軍，三日曲水集，陶在前行坐，有一參軍督護在坐。陶于坐作詩，隨得三五句，後坐參軍督護隨寫取。詩成，陶猶更思補綴。後坐寫其詩者先呈。陶詩經日方呈。大怪收陶。『參軍乃復寫人詩。』陶愧愕不知所以。王後知陶非濫，遂彈去寫詩者。又魏書卷九六僭晉司馬叡傳曰：『德宗復僭立於江陵，改年義熙，尚書陶夔迎德宗達於板橋。大風暴起，龍舟沉没，死者十餘人。』當亦即此陶夔，惟太常與尚書，應是前後所歷官不同耳。」又，都昌西源陶氏宗譜載淵明祖父陶茂「生子二，長曰敏，幼曰夔」。

〔九〕風波未静：指各地戰事未息。

〔一〇〕「彭澤」四句：追叙所以求彭澤令之原因。蕭傳：「公田悉令吏種秫，曰：『吾嘗得醉於酒足矣。』妻子固請種秔，乃使二頃五十畝種秫，五十畝種秔。」馬永卿嬾真子云：「淵明之爲縣令，蓋爲貧爾，非爲酒也。聊欲絃歌以爲三徑之資，蓋欲得公田之利，以爲三徑閒居之資用爾，非爲旋創田園也。舊本云公田之利過足爲潤，後人以其好酒，遂有公田種秫之説。且仲秋至冬，在官八十餘日，此非種秫時也。故凡本傳所載，與歸去來序不同者，當以序爲正。」按，馬氏指出本傳公田種秫之説與淵明任職時令不合，其説在理。但據此否認公田之利爲酒資，亦屬偏頗。淵明求爲彭澤令，主要解決爲貧問題，其中自然也包括酒資的匱乏。

〔一一〕歸與之情：論語公冶長：「子在陳曰：『歸與，歸與！吾黨之小子狂簡，斐然成章，不知所以裁之。』」

〔一二〕質性自然：性格真率。可與歸園田居詩其一「少無適俗韻，性本愛丘山」二句參看。

〔一三〕矯厲：凡非天性而用人力强行改變某一事物之形狀或性質者，謂之矯厲。荀子性惡：「故枸木必將待檃括烝矯然後直，鈍金必將待礱厲然後利。」楊倞注：「矯，謂矯之使直也。礱厲皆磨也。厲與礪同。」阮籍達莊論：「矯厲才智，競逐縱橫。」李充學箴：「乃矯乃厲。」

〔一四〕口腹自役：指爲口腹之需而驅役崇尚自然的本心。

〔一五〕一稔：公田穀物收穫一次，指一年。稔，穀物成熟。

〔一六〕程氏妹：淵明有妹，嫁與武昌程氏。見祭程氏妹文注。

〔一七〕情在駿奔：比喻情切心急。陸機愍懷太子誄：「銜哀駿奔。」

〔一八〕胡不歸：詩邶風式微：「式微，式微，胡不歸。」

〔一九〕心爲形役：吕氏春秋本生高誘注：「夫無爲者不以身役物，有爲者則以物役身。」「心爲形役」即「以物役身」之意。

〔二〇〕「悟已往」二句：論語微子：「楚狂接輿歌而過孔子曰：『鳳兮，鳳兮，何德之衰！往者不可諫，來者猶可追。』」嵇康述志詩：「往事既已謬，來者猶可追。」

〔二一〕「實迷途」句：離騷：「回朕車以復路兮，及行途之未遠。」迷途，指出仕。

〔二二〕「覺今是」句：莊子寓言：「莊子謂惠子曰：『孔子行年六十而六十化，始時所是，卒而非之，未知今之所謂是之非五十九非也。』」今是，指歸田。昨非，指出仕。

〔二三〕征夫：行人。王粲登樓賦：「征夫行而未息。」

〔二四〕衡宇：猶衡門。衡同横，賤者所居，以横木爲門。

〔二五〕三逕：小路。文選李善注：「三輔決録曰：『蔣詡字元卿，舍中三逕，唯求仲、羊仲從游之，皆挫廉逃名不出。』」就荒：將荒。

〔二六〕寄傲：寄託傲世之情。陸雲逸民賦：「眄清霄以寄傲兮。」謝安與王胡之詩：「外不寄傲。」

〔二七〕容膝：極言居室狹小。文選李善注：「韓詩外傳：北郭先生妻曰：『今結駟列騎，所安不過容膝；食方丈于前，所甘不過一肉。』」

〔二八〕扶老：竹名，即扶竹，因其可爲杖，故稱杖曰扶老。山海經中山經：「龜山多扶竹。」郭璞注：「邛竹也，高節實中，中杖也，名之扶老竹。」

〔二九〕矯首：抬頭。遐觀：遠望。張衡思玄賦：「仰矯首以遥望兮，魂惝惘而無儔。」

〔三〇〕「雲無心」二句：寫所見之景，寓仕隱之感，昨日之仕猶無心出岫之雲，今日之隱似倦飛知還之鳥。葉夢得避暑録話卷上評此二句云：「此陶淵明出處大節，非胸中實有此境，不能有此言也。」

〔三一〕翳翳：昏暗貌。文選李善注：「丁儀妻寡婦賦：『時翳翳而稍陰，日亹亹以西墜。』」

〔三二〕盤桓：文選李善注引爾雅：「盤桓，不進也。」吴師道吴禮部詩話：「陶公歸去來辭：『三徑就荒，松菊猶存。』下復云：『景翳翳以將入，撫孤松而盤桓。』繫松於徑荒景翳之下，其意可知矣。又好言孤松，如『冬嶺秀孤松』，如『青松在東園，衆草没其姿』，下云『連林人不見，獨樹衆乃奇』。皆以自況也。人但知陶翁愛菊而已，不知此也。」

〔三三〕相違：相互背棄。莊子則陽：「方且與世違而心不屑與之俱。」晉書卷七七殷浩傳：「杜門終身，與世兩絶。」世與我違即「與世兩絶」之意。吴淇六朝選詩定論卷一一：「『世與我違』，即左太沖『身世兩相棄』、李白『君平既棄世，世亦棄君平』是也。」按，「身世兩相棄」乃鮑照詠史詩句，吴誤記。

〔三四〕駕言：駕車，代指外出交遊。詩邶風泉水：「駕言出遊。」

〔三五〕巾車：有車帷的車。文選李善注：「孔叢子：孔子歌曰：『巾車命駕，將適唐都。』鄭玄周禮注曰：『巾，猶衣也。』」皇甫謐答辛曠書：「巾車順命。」

〔三六〕窈窕：山道幽深貌。文選李善注：「曹攄贈石荆州詩曰：『窈窕山道深。』」孫綽遊天台山賦：「幽邃窈窕。」

〔三七〕行休：指年命將盡，與遊斜川詩「吾生行歸休」句同意。逯注：「行休，即將退休。」非是。

〔三八〕委心：一任本心。淮南子精神訓：「委心而不以慮。」皇甫謐答辛曠書：「委心無量。」去留：指死生。嵇康琴賦：「齊萬物兮超自得，委性命兮任去留。」

〔三九〕遑遑：忽遽。三國志魏書武帝紀裴松之注引魏武故事：「焉遑遑而更求哉？」列子楊朱：「遑遑爾競一時之虚譽，規死後之餘榮。」

〔四〇〕帝鄉：仙境。莊子天地：「千歲厭世，去而上仙；乘彼白雲，至於帝鄉。」郭璞游仙詩：「永偕帝鄉侶。」

〔四一〕耘耔：田間除草和壅苗。詩小雅甫田：「今適南畝，或耘或耔。」毛傳：「耘，除草也。耔，雝本也。」文選何晏景福殿賦：「觀農人之耘耔。」

〔四二〕東皋：文選潘岳秋興賦：「耕東皋之沃壤兮。」李善注：「水田曰皋。東者，取其春意。」阮籍奏記曰：『將耕東皋之陽。』」舒嘯：撮口長嘯，以宣泄情志。

〔四三〕「臨清流」句：王楙野客叢書：「漫録云：淵明歸去來辭云：『臨清流而賦詩』，蓋用嵇康琴賦中語。僕謂淵明胸次，度越一世，其文章率意而成，不應規倣前人之語，其間意到處，不無與古人暗合，非有意用其語也。倘如漫録所言，則『風飄飄而吹衣』，出於曹孟德；『泉涓涓而始流』，出於潘安仁。此類不一，何獨嵇康之語哉！」王説是。

〔四四〕乘化：順隨自然之變化。歸盡：謂死。文選李善注：「家語：孔子曰：『化于陰陽，象形而發謂之生，化窮數盡謂之死。』」

〔四五〕樂夫天命：易繫辭：「樂天知命故不憂。」曹植野田黄雀行：「先民誰不死，知命復何憂。」

【集説】

此篇序與辭是否一時之作？辭是否「追録」之語？前人有異説。王若虚滹南遺老集卷三四云：「歸去來辭將歸而賦耳，既歸之事，當想象而言之。今自問途而下，皆追録之語，其於畦徑，無乃窒乎！『已矣乎』云者，所以總結而爲斷也，不宜更及耘耔嘯詠之事。」劉祁歸潛志卷八則云：「淵明歸去來辭，前想象，後直述，不相侔。」逯繫年將序和辭分別繫於兩年，即序寫于義熙元年十一月，辭作于義熙二年春。錢鍾書管錐編第四册謂辭作于歸去之前，並引周振甫曰：「序稱辭作于十一月，尚在仲冬；倘爲『追録』、『直叙』，豈有『木欣欣以向榮』、『善萬物之得時』等物色，亦豈有『農人告余以春及，將有事于西疇』、『或植杖以耘耔』等人事？其爲未歸前之想象，不言而喻矣。」錢氏又云：「本文自『舟遥遥以輕颺』至『亦崎嶇而經丘』一節，叙啓程之初至抵家之後諸況，必先歷歷想而如身正一一經。」「結處『已矣乎』一節，即『亂』也，與發端『歸去來兮』一節，首尾呼應；『耘耔』、『舒嘯』乃申言不復出之志事，『有事西疇』『尋壑經丘』乃懸擬倘得歸之行事，王氏混而未察。『追録』之説，尤一言以爲不知，亦緣未參之東山之三章也。非回憶追叙，而是懸想當場即興，順風光以流轉，應人事而運行。」

【集評】

李公焕箋注陶淵明集卷五引歐陽修曰：「晉無文章，惟陶淵明歸去來辭一篇而已。」又引李格非曰：「陶淵明歸去來兮辭，沛然如肺腑中流出，殊不知有斧鑿痕。」

陳知柔休齋詩話：「陶淵明罷彭澤令，賦歸去來，而自命曰辭。迨今人歌之，頓挫抑揚，自協聲律。蓋其詞高甚，晉宋而下，欲追躡之不能。漢武帝秋風詞，盡蹈襲楚辭，未甚敷暢。歸去來則自出機杼，所謂無首無尾，無終無始，前非歌而後非辭，欲斷而復續，將作而遽止，謂洞庭鈞天而不淡，謂霓裳羽衣而不綺，此其所以超然乎先秦之世，而與之同軌者也。」

孫月峯評，閔齊華注文選卷一三：「風格亦本楚騷，但騷侈此約，騷華此實。其妙處乃在無一語非真境，而語却無一字不琢鍊，總之成一種冲泊趣味，雖不是文章當行，要可稱逸品。」

方熊評陶靖節集卷五：「洵佳作，流宕瀠洄，其音和易。然生動之致，獨得靈均、長卿之風，修辭者不及也。」

吴蔚文編古學記問録卷一三文章：「晉時如茂先、太沖、二陸、三張、兩潘、景純、束晳，雖稱巨擘，然不免以博溺心，以文滅質，惟淵明之歸去來辭，氣體洒脱，千古不刊。」

劉熙載藝概卷三賦概：「離騷不必學三百篇，歸去來辭不必學騷，而皆有其獨至處，固知真古自與摹古異也。」

陶淵明集卷之六

記傳贊述

桃花源記〔一〕并詩

晉太元中〔二〕，武陵人捕魚爲業〔三〕。緣溪行，忘路之遠近。忽逢桃花林，夾岸數百步，中無雜樹，芳草鮮美，落英繽紛。漁人甚異之。復前行，欲窮其林。林盡水源，便得一山。山有小口，髣髴若有光。便捨船從口入，初極狹，纔通人。復行數十步，豁然開朗，土地平曠，屋舍儼然。有良田、美池、桑竹之屬。阡陌交通，鷄犬相聞〔四〕。其中往來種作，男女衣著，悉如外人〔五〕。黄髮垂髫〔六〕，並怡然自樂。見漁人乃大驚，問所從來，具答之。便要還家〔七〕，爲設酒殺鷄作食〔八〕。村中聞有此人，咸來問訊。

自云先世避秦時亂，率妻子邑人，來此絶境，不復出焉，遂與外人隔絶。問今是何世，乃不知有漢，無論魏晉〔九〕。此人一一爲具言所聞，皆歎惋。餘人各復延至其家〔一〇〕，皆出酒食。停數日，辭去。此中人語云：「不足爲外人道也。」既出，得其船，便扶向路〔一一〕，處處誌之。及郡下，詣太守説如此。太守即遣人隨其往，尋向所誌，遂迷不復得路。南陽劉子驥〔一二〕，高尚士也，聞之，欣然規往〔一三〕，未果〔一四〕，尋病終〔一五〕。後遂無問津者。

嬴氏亂天紀〔一六〕，賢者避其世。黄綺之商山〔一七〕，伊人亦云逝。往迹浸復湮〔一八〕，來徑遂蕪廢。相命肆農耕，日入從所憩〔一九〕。桑竹垂餘蔭，菽稷隨時藝。春蠶收長絲，秋熟靡王税。荒路曖交通，雞犬互鳴吠。俎豆猶古法〔二〇〕，衣裳無新製。童孺縱行歌，斑白歡遊詣〔二一〕。草榮識節和〔二二〕，木衰知風厲〔二三〕。雖無紀曆誌〔二四〕，四時自成歲〔二五〕。怡然有餘樂，于何勞智慧〔二六〕。奇蹤隱五百〔二七〕，一朝敞神界〔二八〕。淳薄既異源〔二九〕，旋復還幽蔽。借問游方士〔三〇〕，焉測塵囂外〔三一〕。願言躡輕風〔三二〕，高舉尋吾契〔三三〕。

【校記】

太元　「元」，藝文類聚作「康」。按，作「元」是，參見注〔一〕。

雜樹　「樹」，曾本、汲古閣本云，一作「草」。

芳草　「草」，陶本原校：「一作『華』，非。」焦本同。曾本、汲古閣本、蘇寫本作「華」。按，若作「華」，與下句「落英繽紛」詞義重複，作「草」佳。

捨船　「船」，蘇寫本作「舡」。按，「船」同「舡」。

儼然　「儼」，曾本、汲古閣本云，一作「晏」，又作「魚」。

垂髫　曾本、汲古閣本云，一作「髫齓」。

爲設酒殺鷄作食　陶本無「爲」字。李本、焦本同。今據曾本、蘇寫本、汲古閣本補。

隔絶　陶本及各本皆作「間隔」，藝文類聚作「隔絶」。按，「隔絶」爲魏晉常語。三國志魏書閻温傳：「河右擾亂，隔絶不通。」王徽之書：「湖水泛漲不可渡，遂復隔絶。」作「隔絶」是。

無論魏晉　曾本云，一本有「等也」二字。蘇寫本、汲古閣本同。

此中人語　曾本云，一本無「語」字。蘇寫本、汲古閣本同。

便扶　「扶」，曾本云，一作「於」。蘇寫本、汲古閣本同。按，作「扶」是，參見注〔一〕。

規往　「規」，陶本原校：「焦本云，一作『親』，非。」蘇寫本、李本作「親」。曾本云，「規往」下一本有「游焉」二字。湯本、汲古閣本同。按，作「規」是，參見注〔三〕。

長絲　「長」，曾本云，一作「良」。湯本、汲古閣本同。

遊詣　「遊」，曾本云，一作「迎」。蘇寫本、汲古閣本同。

幽蔽　「蔽」，曾本云，一作「閉」。湯本、汲古閣本、焦本同。

塵囂外　曾本、汲古閣本云，一作「塵外地」。蘇寫本云，宋本作「塵外地」。

【箋注】

〔一〕桃花源記并詩當爲淵明晚年之作，標誌着作者的社會理想所達到的高度。梁譜云：「桃花源記及詩，不知作於何年，但發端稱『晉太元中』，或是隆安前後所作。」古譜將此文繫於太元十八年癸巳（三九三），淵明年十八歲，并云：「然記首特標『晉太元中』四字，則必作於太元時矣。蕭傳云：『少有高趣，博學善屬文。』桃花源記即其高趣善文之初表現者耳。」逯繫年依姚培謙陶謝詩集引翁同龢説，將此文繫於義熙十四年（四一八）。按，淵明與子儼等疏云：「濟北氾稚春，晉時操行人也。」該文作於入宋後，故曰「晉時」。桃花源記首稱「晉太元中」，與與子儼等疏同屬追叙之筆，故亦當作於入宋後。又桃花源記并詩境界奇妙，寓意深刻，爲陶淵明集中最成熟、最具價值的作品之一，不可能出於不滿二十歲青年之手。今暫繫於宋永初二年辛酉（四二一）。

〔二〕太元：晉孝武帝年號（三七六——三九六），共二十一年。李注：「任安貧武陵記直據『奇縱隱五百』之語，輒改爲太康中，彼不知靖節所記劉子驥者，正太元時人。」其説是。

〔三〕武陵：郡名。漢高祖割黔中故治置，郡治武陵（今湖南省常德市）。

〔四〕鷄犬相聞：老子八十章：「鄰國相望，鷄犬之聲相聞，民至老死不相往來。」

〔五〕「其中往來種作」三句：桃花源裏人往來耕種，男女衣裳，都與桃花源之外的人一樣。

外人，指桃花源之外人。後文「遂與外人隔絶」之「外人」，「不足爲外人道也」之「外人」，所指同一。然桃花源詩云「俎豆猶古法，衣裳無新制」，即禮儀與服飾與五百年前不異。桃花源之外的世人，歷數百年，禮儀服飾已經數變，桃花源中人之禮儀服飾，豈會與桃花源外人一樣？如此，記「其中往來種作，男女衣著，悉如外人」數句，遂與詩云「衣裳無新制」相牴牾。王叔岷欲解此牴牾，箋證桃花源詩并記云：「據後詩『衣裳無新制』，則男女衣著與外人異，不得云『悉如外人』。王維桃源行：『居人未改秦時服。』亦其證。昔年岷曾謂『悉如外人』疑當作『悉異外人』（頗有從岷此説者）。然『其中往來種作，男女衣著，悉如外人』，文意一貫。『男女衣著，悉異外人』固與詩相合，而往來種作，自與外人無異，是又當作『悉如外人』矣。因思『男女衣著，悉如外人』者，蓋謂其中男女皆衣著，亦如外人皆衣著，非就衣制之新舊今古而言。如此解説，則與詩不抵觸矣。」按，若從王氏曾有之疑心，作「悉異外人」，固然與詩「衣裳無新制」相合，但疑問仍有：一，「悉異外人」者無版本依據。搜神後記所記桃花源事早于陶集中的桃花源記，已作「悉如外人」；後來太平御覽等類書皆作「悉如外人」，證明歷來作「悉如外人」，不存在抄録致誤。二，正如王叔岷所云：「『其中往來種作，男女衣著，悉如外人』，文意一貫。『男女衣著，悉異外人』，固與詩相合，而『往來種作』，自與外人無異，是又當作『悉如外人』矣。」可見，王氏亦覺得「悉異外人」無法自圓其説，遂曲解道：「蓋謂其中男女皆衣裳，亦如外人皆衣裳，非就衣裳新舊今古而言。」意謂桃源中人都穿衣裳，亦如桃源外人都穿衣裳，而非指衣裳樣子之新舊今古。此解真淡而無味也。桃源中人，當然也穿衣裳，難道編草自覆或裸身而行？王氏曲解之外，還有人將「外人」解釋爲「外地人」、「外國人」、「另一世界的人」，不一而足，皆不足取。鄙意以爲記「男女衣著，悉如外人」與詩「衣裳無新制」相牴牾，蓋記是志怪小説，情節奇幻迷離，本來就不可純以常理理解之。漁人所見「其中往來種作，男女衣著，悉如外人」，寫出別有洞天之中，充滿人間寧静和諧之氣息。假若將「悉如外人」之「悉如」，改成「悉異」，雖然並無不可，然僅是增添怪異而已，卻不見了淳樸、平淡、親切的人間情味。詩是理性的評述，表現作者的社會理想。由於詩與記文體不同，内容和旨趣表現出某些差異，完全正常。後人始終困惑「男女衣著，悉如外人」與「衣裳無新制」的兩相牴牾，原因就在將詩與記看作完全一致，視志怪爲真實，神性同理性，以致作繭自縛，至今無解。

〔六〕黄髮：指老人。詩魯頌閟宫：「黄髮台背。」鄭玄箋：「並壽徵也。」曹植靈芝篇：「黄髮盡其年。」垂髫：髫，兒童垂下的頭髮，因稱兒童或童年爲垂髫。文選潘岳藉田賦：「被褐振裾，垂髫總髮。」

〔七〕要：邀請，約請。劉楨贈五官中郎將詩：「追問何時會，要我以陽春。」

〔八〕設酒：陳酒。設，陳。魏晉習語，引申有招待衣食之意。世説新語雅量：「羊曼拜丹陽尹，客來蚤者，並得佳設。」晉書卷九四孫登傳：「所經家或設衣食者。」

〔九〕無論魏晉：唐庚唐子西文録：「『尚不知有漢，無論魏晉。』可見造語之簡妙。蓋晉人工造語，而元亮其尤也。」

〔一〇〕延：約請。成公綏延賓賦：「延賓命客，集我友生。」

〔一一〕扶：沿着。晉時習語。晉書卷七九謝安傳：羊曇「嘗因石頭大醉，扶路唱樂，不覺至州門」。向路：猶舊路。

〔一二〕南陽：郡名。秦置。治宛，即今河南省南陽市。劉子驥：太平御覽五〇四引晉中興書：「劉驎之字子驥，一字道民。好游于山澤，志在存道，常採藥至名山，深入忘返。見澗水南有二石囷，一囷開，一囷閉。或説囷中皆仙靈方藥，驎之欲更尋索，終不能知。桓沖請爲長史，固辭，居於陽岐。」晉書卷九四隱逸傳所載稍異。

〔一三〕規：計劃，規劃。錢鍾書管錐編第四册：「『規』字六朝常用，如魏書孟表傳：『云是叔業姑兒，爲叔業所遣，規爲内應。』又爾朱榮傳：『我本相投，規存性命。』皆謂意圖也。」

〔一四〕未果：猶言未遂。漢晉間常語。曹植與楊德祖書：「若吾志未果，吾道不行。」晉書卷九四霍原傳：「未果而病篤。」

〔一五〕尋：旋即，不久。

〔一六〕嬴氏：秦姓嬴，此指秦始皇。天紀：書胤征：「俶擾天紀，遐棄厥司。」孔穎達正義：「始亂天之紀綱也。」

〔一七〕黄綺：見贈羊長史詩注。

〔一八〕浸：易遯：「浸而長也。」疏：「浸者，漸進之名。」湮：埋没。文選司馬相如封禪文：

「湮滅而不稱者，不可勝數。」

〔一九〕「相命」二句：本擊壤歌：「日出而作，日入而息。」相命，猶互相招呼。肆，致力。

〔二〇〕俎豆：古時祭祀時盛物之禮器。禮記樂記：「簠簋俎豆，制度文章，禮之器也。」論語衛靈公：「俎豆之事則嘗聞之矣。」

〔二一〕斑白：亦作「頒白」，指頭髮黑白相雜的老人。黑白相間曰斑。孟子梁惠王上：「頒白者不負戴於道路矣。」

〔二二〕節和：節氣暖和，指春日。

〔二三〕厲：莊子齊物論：「厲風濟則衆竅爲虚。」成玄英疏：「厲，大也，烈也。」

〔二四〕紀曆：歲曆。

〔二五〕「四時」句：莊子則陽：「四時殊氣，天不賜，故歲成。」曹操秋胡行：「四時更逝去，晝夜以成歲。」

〔二六〕「于何」句：老子十八章：「知慧出，有大僞。」莊子繕性：「人雖有知，無所用之。」此言上古社會一任自然，舉世恬淡無爲，無須心知之術。

〔二七〕奇蹤：指桃源中人的隱蔽蹤迹。五百：指秦末至東晉過了五百年。此舉其大概，實際約六百年。

〔二八〕神界：神奇境界。或釋爲神仙世界，非。

〔二九〕淳：淳樸，指桃源。薄：澆薄，指俗世。

〔三〇〕游方士：游於方内的世俗之士。莊子大宗師：「孔子曰：彼，游方之外者也；而丘，游方之内者也。」文選夏侯湛東方朔畫贊李善注引司馬彪曰：「方，常也。言彼游心於常教之外也。」

〔三一〕塵囂外：方外，指桃花源。

〔三二〕躡：蹈，踏。

〔三三〕高舉：高飛。曹植王仲宣誄：「飄颻高舉，超登景雲。」契：投合，融洽。曹植玄暢賦：「上同契於稷禼，降合穎於伊望。」釋慧遠萬佛影銘：「將援同契。」

【集説】

關於桃源之有無及究在何地，古今異説紛紜。康駢稱淵明所記桃源，「鼎州桃花觀即是其處」（見陶澍集注靖節先生集卷六引）。吴寬匏翁家藏集卷四〇送劉武陵詩引謂「古桃源實在武陵境内」。杜維耀桃源洞説謂桃源洞去桃源縣邑治三十里。（見清余良棟等修桃源縣志卷一三）近人陳寅恪撰桃花源記旁證，博引水經注、元和郡縣圖志等地理著作，疑桃花源記之取材，「間接或直接得知戴延之等從劉裕入關途中之所聞見」。桃花源記「殆取桃花源事與劉驎之二事牽連混合爲一」。「真實之桃花源在北方之弘農，或上洛，而不在南方之武陵」。「真實之桃花源後人先世所避之秦乃苻秦，而非嬴秦」。按，桃源實在武陵説，蓋附會文中「武陵人捕魚爲業」一語。陳寅恪氏據地志中有「桃源」、「桃林」、「桃林塞」、「桃林宫」之名，遂謂桃源在北方，淵明或得知劉裕參軍戴延之入關途中之見聞。此殆臆説而已。一是天下桃源其名其地，所在皆有，非僅見於關中。二是戴延之欲泝洛川竟不達其源之事，淵明何由知之？淵明故友羊長史固銜使秦川，但非與戴同行，未必知戴事。陳氏又因主桃源在北方之説，故稱桃花源居人先世乃避苻秦，而非嬴秦。然桃花源詩明云：「嬴氏亂天紀」、「俎豆猶古法」、「奇蹤隱五百」。若避苻秦，則苻堅之亡國距宋武入關不過三十年，顯與「俎豆猶古法」等語難通。又按，近年仍不斷有人提出新説，或謂桃花源在廬山西南麓康王谷，或謂在安徽黟縣境内，或謂在山東，或謂在四川……不一而足。此皆以彼處地貌與桃花源記所叙相似者爲桃花源，以寓言當事實。近人余嘉錫撰世説新語箋疏，據晉中興書、晉書卷九四隱逸傳及淵明爲其外祖父所作孟嘉傳，謂劉驎之與光禄大夫南陽劉耽爲同族，淵明從父陶夔曾問孟嘉於耽，則淵明與耽世通家，宜得識驎之，知其有欲往桃源事。余氏推測淵明寫桃花源記時，知道劉驎之入衡山採仙藥而終不得之傳聞，其説較陳寅恪所論簡明可信。要言之，桃花源非實有其地，乃取劉驎之入山採藥之傳聞，寓以自己理想之虚實渾涵之境。

又桃花源記并詩描寫之境界，唐人多視爲仙境。如王維桃源行詩：「春來徧是桃花水，不辨仙源何處尋。」劉禹錫桃源行詩：「俗人毛骨驚仙子，争來致詞何至此。」「仙家一去尋無蹤，至今水流山重重。」至宋人，始謂桃源中人不過是避世者。如王安石桃源行詩：「避時不獨商山翁，亦有桃源種桃者。」汪藻桃源行詩：「那知平地有青雲，只屬尋常避世人。」蘇軾和桃源詩序：「世傳桃源事，多過其實。考淵明所記，止言先世避秦亂來此，則漁人所見，似是其子孫，非秦人不死者也。又云殺鷄作食，豈有仙而殺者乎？」後人贊同蘇軾見解者甚衆。陳寅恪桃花源記旁證以爲本篇是「寓意之文，亦紀實之文」，並鈎稽史傳及地志中有關中原人民屯聚堡塢以避世害的記載，以證其「紀實」之説。此爲可取者也。總之，桃花源記創造之境界，既有寫實成份，即歷史與現實中人民逃入深山絶境以避亂的事實；也有寓意成份，即作者的理想、追求及審美觀念。

前人論桃花源記寓意，亦見仁見智。洪邁容齋隨筆三筆以爲淵明作記之意乃借秦以喻劉裕。黄文焕陶詩析義卷四謂「蓋以避宋之懷匹避秦也」。説與洪邁同。亦有不以避宋爲然者。馬墣陶詩本義卷四謂「淵明一生心事總在黄唐莫逮」，「其胸中何嘗有晉，論者乃以爲守晉節而不仕宋，陋矣」。按，淵明此作寓避世之意極明顯，但不可僅以避宋視之，因早在義熙元年，淵明就已歸隱。又桃花源記創造出充滿人間和諧氣氛的社會圖景，與佛教宣揚的西方極樂世界迥然相異。是否此作與形影神詩一樣，亦寓針對慧遠之意，此點未可輕議，但據此亦可説明淵明思想恐與佛教不相涉。

晉故征西大將軍長史孟府君傳〔一〕

君諱嘉，字萬年，江夏鄂人也〔二〕。曾祖父宗，以孝行稱，仕吴司空。祖父揖，元康中爲廬陵太守〔三〕。宗葬武昌新陽縣〔四〕，子孫家焉，遂爲縣人也。君少失父，奉母二弟居。娶大司馬長沙桓公陶侃第十女〔五〕，閨門孝友，人無能間，鄉閭稱之。沖默有遠量〔六〕，弱冠，儔類咸敬之。同郡郭遜，以清操知命，時在君右〔七〕，常歎君温雅平曠〔八〕，自以爲不及。遜從弟立，亦有才志，與君同時齊譽，每推服焉。由是名冠州里，聲流京邑。太尉潁川庾亮〔九〕，以帝舅民望，受分陝之重〔一〇〕，鎮武昌，並領江州，辟君部廬陵從事〔一一〕，下郡還，亮引見，問風俗得失。對曰「嘉不知，還傳當問從吏。」〔一二〕亮以麈尾掩口而笑〔一三〕。諸從事既去，唤弟翼語之曰〔一四〕：「孟嘉故是盛德人也。」君既辭出外，自除吏名，便步歸家；母在堂，兄弟共相歡樂，怡怡如也。旬有餘日，更版爲勸學從事〔一五〕，時亮崇修學校，高選儒官，以君望實，故應尚德之舉。太傅河南褚裒〔一六〕，簡穆有器識〔一七〕，時爲豫章太守，出朝宗亮〔一八〕，正旦大會，州府人士〔一九〕，率多時彦〔二〇〕，君在坐次甚遠。裒問亮：「江州有孟嘉，其人何在？」亮云：「在坐，卿但自覓。」裒歷觀，遂指君謂亮曰：「將無是耶？」〔二一〕亮欣然而笑，喜裒之得君，奇君爲裒之所得，乃益器焉。舉秀才，又爲安西將軍庾翼府功曹，再爲江州别駕、巴丘令、征西大將軍譙國桓温參軍。君色和而正，温甚重之。九月九日，温游龍山〔二二〕，參佐畢集，四弟二甥咸在坐〔二三〕。時佐吏並著戎服。有風吹君帽墮落，温目左右及賓客勿言，以觀其舉止。君初不自覺，良久如廁〔二四〕。温命取以還之。廷尉太原孫盛〔二五〕，爲諮議參軍，時在坐，温命紙筆令嘲之。文成示温，温以著坐處。君歸，見嘲，笑而請筆作答，了不容思，文辭超卓，四座歎之。奉使京師，除尚書删定郎〔二六〕，不拜。孝宗穆皇帝聞其名〔二七〕，賜見東堂。君辭以脚疾，不任拜起，詔使人扶入。君嘗爲刺史謝永别駕，永，會稽人，喪亡，君求赴義〔二八〕，路由永興〔二九〕。高陽許詢有儁才〔三〇〕，辭榮不仕，每縱心獨往，客居縣界〔三一〕，嘗乘船近行，適逢君過，歎曰：「都邑美士，吾盡識之，獨不識此人。唯聞中州有孟嘉者，將非是乎？然亦何由來此？」使問君之從者。君謂其使曰：「本心相過，今先赴義，尋還就君。」及歸，遂止信宿〔三二〕，雅相知得，有若舊交。還至，轉從事中郎，俄遷長史。在朝隤然〔三三〕，仗正順而已。門無雜賓，嘗會神情獨得〔三四〕，便超然命駕，逕之龍山，顧景酣宴，造夕乃歸〔三五〕。温從容謂君曰：「人不可無勢，我乃能駕御卿。」後以疾終於家，年五十一。始自總髮〔三六〕，至於知命〔三七〕，行不苟合，言無夸矜，未嘗有喜愠之容〔三八〕。好酣飲，逾多不亂。至於任懷得意，融然遠寄，傍若無人。温嘗問君：「酒有何好，而卿嗜之？」君笑而答曰：「明公但不得酒中趣爾。」又問聽妓，絲不如竹，竹不如肉〔三九〕，答曰：「漸近自然。」〔四〇〕中散大夫桂陽羅含賦之曰〔四一〕：「孟生善酣，不愆其意。」〔四二〕光禄大夫南陽劉耽〔四三〕，昔與君同在温府，淵明從父太常夔嘗問耽：「君若在，當已作公不？」〔四四〕答云：「此本是三司人。」〔四五〕爲時所重如此。淵明先親，君之第四女也。凱風寒泉之思〔四六〕，實鍾厥心。謹按採行事，撰爲此傳。懼或乖謬，有虧大雅君子之德，所以戰戰兢兢，若履深薄云爾〔四七〕。

贊曰：

孔子稱：「進德修業〔四八〕，以及時也。」君清蹈衡門〔四九〕，則令聞孔昭〔五〇〕；振纓公朝〔五一〕，則德音允集。道悠運促〔五二〕，不終遠業，惜哉！仁者必壽，豈斯言之謬乎〔五三〕！

【校記】

征西大將軍　「征西」，陶本原校：「李、何諸本作『西征』，誤。」

鄂人　「鄂」，陶本原校：「毛晉曰：『晉書作鄳。鄂、鄳皆江夏縣名。』」按，晉時江夏郡有鄳縣，無鄂縣，見晉書卷一五地理志下。世説新語識鑒劉孝標注引嘉别傳作「鄳」。

吴司空　「空」，陶本原作「馬」。李本同。焦本云，一作「馬」，非。按，世説新語棲逸劉孝標注引袁宏孟處士銘作「司空」。作「司空」是。

鄉閭稱之　曾本、汲古閣本云，一作「鄉里偉之」。

亮以麈尾　「以」，曾本、汲古閣本云，一作「舉」。

自除吏名　陶本原校：「李本、何本脱『名』字，非。」

褚裒　陶本及各本皆作「褚褒」。按，據晉書、世説新語識鑒劉孝標注，當作「褚裒」。下同。

君在坐次　曾本、蘇寫本、汲古閣本無「在」字。「次」，曾本、汲古閣本云，一作「第」。

色和而正　「色」，曾本云，一作「既」。蘇寫本、汲古閣本同。

參佐　陶本原校：「何本云，一作『寮伍』。」

佐吏　「佐」，蘇寫本誤作「佑」。

有風吹君帽　陶本原校：「何本云：一本風下有『至』字。」

温命紙筆　「命」，曾本云，一作「授」。蘇寫本、汲古閣本同。

在朝隤然　「隤」，曾本、汲古閣本云，一作「隨」。按，作「隤」是，「隨」乃形誤，參見注〔三三〕。

便超然　「便」，曾本、汲古閣本云，一作「而」。

融然遠寄　「遠」，曾本、汲古閣本云，一作「永」。按，作「遠」是。

當已作公不　「不」，李本作「否」。

按採　曾本云，一作「採拾」。蘇寫本、汲古閣本同。

乖謬　「謬」，蘇寫本作「繆」。

若履深薄　「深薄」，曾本云，一作「薄冰」。蘇寫本、汲古閣本同。

令聞　「聞」，曾本作「問」。蘇寫本、李本、汲古閣本同。

【箋注】

〔一〕征西大將軍：指桓温。府君：漢魏時尊稱太守爲府君，後亦用作對人的敬稱。世説新語言語：「文舉（孔融）至門謂吏曰：『我是李府君親。』」按，此文世説新語識鑒劉孝標注引作嘉别傳。文云：「淵明先親，君之第四女也。凱風寒泉之思，實鍾厥心。」則孟嘉爲淵明外祖父。淵明母孟氏卒於隆安五年（四〇一）冬，本文大概作於居母喪期間。今暫繫於元興元年壬寅（四〇二）。

〔一〕江夏：郡名，治在今湖北安陸縣。鄳縣歸江夏所轄，在今河南羅山縣。

〔二〕「曾祖父宗」數句：孟宗，世説新語棲逸劉孝標注引袁宏孟處士銘：「處士孟陋，字少孤，武昌陽新人，吴司空孟宗後也。」按，孟陋爲孟嘉弟。孟宗事又見太平御覽卷四一三引孟宗列傳：「宗事母至孝，母亦能訓之以禮。」廬陵：郡名，治在今江西吉水東北。

〔四〕新陽：當從世説新語注作陽新，三國時吴置，晉時屬武昌郡。在今湖北省東南部。

〔五〕陶侃：字士行，東晉明帝時以功封長沙郡公。死後，進位大司馬，謚曰桓。晉書有傳。

〔六〕沖默：澹泊沉静。嵇紹贈石季倫詩：「虚心處沖默。」王儉侍皇太子九日玄圃詩：「明明儲后，沖默其量。」

〔七〕君右：指在孟嘉之上。

〔八〕温雅：温文爾雅。魏晉時品藻人物用語。文選袁宏三國名臣序贊：「郎中温雅，器託純素。」平曠：平和曠遠。

〔九〕庾亮：字元規，潁川人。東晉成帝時，以帝舅當政，封司空。晉書有傳。

〔一〇〕分陝之重：陝縣，地名，今陝西陝縣。相傳周成王時周公召公分陝而治，周公治陝以東，召公治陝以西。後世凡荷輔佐皇室之重任者，稱爲分陝之重。時庾亮以征西將軍，領江荆豫三州刺史，與丞相王導共輔晉室，故云。宋書卷四二王弘傳：「分陝雖重，凡此爲輕。」

〔一一〕部廬陵從事：廬陵郡之從事史，主察舉非法。晉書卷二四職官志：「州置刺史……郡各置部從事一人，小郡亦置一人。」宋書卷四〇百官志下：「部從事史，每郡各一人，主察非法。」

〔一二〕還傳：回到傳舍。

〔一三〕麈尾：以駝鹿尾做的拂塵，魏晉名士多愛手持此物，以助玄談。許詢作有黑麈尾銘、白麈尾銘，稱其「體隨手運，散飈清起，通彼玄詠，申我老子」。

〔一四〕翼：庾翼，字稚恭，庾亮之弟。永和元年卒，謚曰肅。晉書有傳。

〔一五〕版：同板，即笏，晉宋以來謂之手板。上書授官之辭，故授官稱版。後漢書卷六七范滂傳：「滂懷恨，投版弃官而去。」注：「版，笏也。」宋書卷三九百官志上：「晉宋以來，參軍事、行參軍又各有除、板。」文選陸機謝平原内史表：「魏郡太守遣兼丞張含，齎板詔書印綬。」李善注：「凡王封拜，謂之板官。」晉書卷六〇皇甫重傳：「元康中，（張）華版爲秦州刺史。」勸學從事：鄧安生讀陶解詁：「宋書百官志不載晉代有勸學從事。本文云『更版爲勸學從事』，當是因庾亮『崇修學校』，在江州臨時設置的職銜。」

〔一六〕褚裒：字季野，河南人。晉康帝褚皇后之父，歷任豫章太守、建威將軍、江州刺史等職，永和五年卒，謚曰元穆。晉書有傳。

〔一七〕簡穆：簡貴静默。有器識：指有品評人物的識見。世説新語德行劉孝標注引晉陽秋：「裒少有簡貴之風，沖默之識。」孫綽太傅褚裒碑：「沖識足乎弱冠」，「玄識沈通」。

〔一八〕出朝宗亮：指朝見庾亮。朝宗，本指諸侯或地方官吏朝見帝王。周禮大宗伯：「春見曰朝，夏見曰宗。」此爲拜見之意。

〔一九〕正旦：正月初一。大會：盛會。

〔二〇〕時彦：一時之俊彦。

〔二一〕將無：同「豈不」、「將不」、「難道不」，爲晉人習語。余嘉錫世説新語箋疏引演繁露續集卷五：「不直云同而云將毋同者，晉人語度自爾也。庾亮辟孟嘉爲從事，正旦大會，褚裒問嘉何在？亮曰：『但自覓之。』裒歷觀指嘉曰：『將毋是乎？』將毋者，猶言殆是此人也。意以爲是而未敢自主也。」嘉錫案：「雅量篇：謝太傅汎海戲，風急浪猛。公徐曰：『如此，將毋歸？』任誕篇：謝安戲失牛車，便杖策步歸，道逢劉尹曰：『安石將無傷？』並可與此互證。蓋『將毋』者，自以爲如此，而不欲直言之，委婉其辭，與人商榷之語也。」

〔二二〕龍山：在今湖北省江陵縣北。明人周聖楷楚寶卷四「龍山考」：「按龍山在江陵縣西北十五里，山勢綿延，俗名嶺山，其上有落帽臺。錢希言龍山記云：龍山蜒蜿如龍，逕西北羣岡而來，又東盡於落帽臺，總之皆龍山也。」

〔二三〕四弟：指桓温的四個弟弟桓雲、桓豁、桓祕、桓沖。

〔二四〕如厠：上厠所。

〔二五〕孫盛：字安國，太原人，東晉著名文士，著有魏氏春秋、晉陽秋等。隋書卷三五經籍志著録有晉祕書監孫盛集五卷。

〔二六〕除：授職。尚書删定郎：官名。

〔二七〕孝宗穆皇帝：孝宗，晉穆帝司馬聃的廟號。

〔二八〕赴義：指弔喪。赴，凶事謂赴。杜預春秋左氏傳序：「赴告策書。」釋文：「崩薨曰赴。」

〔二九〕永興：縣名，東晉時屬會稽郡，在今浙江蕭山縣西。

〔三〇〕許詢：世説新語言語劉孝標注引續晉陽秋：「許詢字玄度，高陽人，魏中領軍允玄孫。總角秀惠，衆稱神童，長而風情簡素，司徒掾辟，不就，蚤卒。」隋書卷三五經籍志著録有晉徵士許詢集三卷。

〔三一〕客居縣界：旅居永興縣境。許嵩建康實録卷八：「詢幼沖靈，好泉石，清風朗月，舉酒永懷。中宗聞而徵爲議郎，辭不受職，遂託跡居永興。」

〔三二〕信宿：見與殷晉安别詩注。

〔三三〕隤然：易繫辭下：「夫乾確然，示人易矣；夫坤隤然，示人簡矣。」韓康伯注：「隤，柔貌也。」後漢書卷五三黄憲傳論：「憲隤然其處順，淵乎其似道。」

〔三四〕神情獨得：指内心有獨特體悟。

〔三五〕造夕：至夕。

〔三六〕總髮：同總角，謂童年時代。

〔三七〕知命：指五十歲。論語爲政：「五十而知天命。」文選潘岳閒居賦：「自弱冠涉乎知命之年。」

〔三八〕喜愠之容：喜怒之色。按，喜怒不形于色，乃魏晉名士風度。世説新語德行：「王戎云：『與嵇康居二十年，未嘗見其喜愠之色。』」晉書卷九三王濛傳：「喜愠不形於色。」

〔三九〕「絲不」二句：絲，弦樂器；竹，管樂器。肉，指人歌。

〔四〇〕漸近自然：言從弦樂至管樂、至歌唱，越來越接近自然。此句晉書作「漸近使之然。」蘇軾東坡題跋卷一書淵明孟府君傳後云：「淵明，孟嘉外孫。作嘉傳云：『或問聽妓，絲不如竹，竹不如肉，何也？曰：漸近自然。』今晉書乃云『漸近使之然』。則是閭里少年鄙語，雖至細事，然足以見許敬宗等爲人。」其説是。

〔四一〕羅含：字君章，桂陽耒陽（今屬湖南）人。歷任郡功曹、州主簿、桓温征西參軍、散騎常侍、侍中、長沙相等職。晉書有傳。隋書卷三五經籍志著録有羅含集三卷。

〔四二〕愆：差失。「孟生善酣」二句即上文「好酣飲，逾多不亂」之意。

〔四三〕劉眈：字敬道，南陽（今屬河南）人。曾爲尚書令。

〔四四〕作公：指作三公一類高官。韓詩外傳：「三公者何？曰司空、司馬、司徒也。司馬主天，司空主土，司徒主人。」魏晉時以太尉、司徒、司空爲三公。見晉書卷二四職官志。

〔四五〕三司：指司空、司馬、司徒，即三公。

〔四六〕「凱風」句：指思念母親之情。凱風，此指母恩。詩邶風凱風：「凱風自南，吹彼棘心。棘心夭夭，母氏劬勞。」「爰有寒泉，在浚之下。有子七人，母氏勞苦。」

〔四七〕若履深薄：語本詩小雅小旻：「戰戰兢兢，如臨深淵，如履薄冰。」

〔四八〕進德修業：易乾文言：「君子進德修業。」文言相傳是孔子所作。

〔四九〕清蹈衡門：指隱士清高，居於衡門。

〔五〇〕令聞：美名。孔昭：禮記中庸：「詩云：『潛雖伏矣，亦孔之昭。』」鄭玄注：「孔，甚也；昭，明也。言聖人雖隱居，其德亦甚明矣。」

〔五一〕振纓：振拂冠纓，謂出仕。沈炯祭梁吴郡袁府君文：「日者明德世彦，振纓王室。」

〔五二〕道悠運促：言天道久遠，人命短促。

〔五三〕「仁者」二句：論語雍也：「仁者壽。」曹丕短歌行：「曰仁者壽，胡不是保？」晉書卷九八桓温傳附孟嘉傳載：孟嘉年五十三卒於家。晉人以六十歲爲下壽，孟嘉不壽，故稱「仁者必壽」之言爲謬。

【集評】

陶澍注陶靖節集引洪邁容齋隨筆：「孟嘉爲人，夷曠沖默，名冠州里，稱盛德人。仕於温府，歷征西將軍從事中郎長史，在朝隤然仗正，必不效郗超輩輕與温合。然自度終不得善其去，故放志酒中。如龍山落帽，豈真不自覺哉？温至云：『人不可無勢，我乃能駕馭卿。』老賊於是見其肺肝矣。嘉雖得全於酒，幸以考終，然才享年五十一。蓋酒爲之累也。陶淵明實其外孫，傷其道悠運促。悲夫！」

五柳先生傳〔一〕

先生不知何許人也，亦不詳其姓字。宅邊有五柳樹，因以爲號焉。閑靖少言，不慕榮利。好讀書，不求甚解〔二〕，每有會意〔三〕，便欣然忘食。性嗜酒，家貧不能常得，親舊知其如此，或置酒而招之。造飲輒盡，期在必醉；既醉而退，曾不吝情去留〔四〕。環堵蕭然〔五〕，不蔽風日。短褐穿結〔六〕，簞瓢屢空，晏如也。常著文章自娱，頗示己志。忘懷得失，以此自終。贊曰：

黔婁之妻有言〔七〕：「不戚戚於貧賤，不汲汲於富貴。」〔八〕。極其言兹若人之儔乎〔九〕？酣觴賦詩，以樂其志。無懷氏之民歟？葛天氏之民歟〔一〇〕？

【校記】

亦不詳其姓字　陶本原校：「何本云：一無『其』字。」

五柳樹　曾本、汲古閣本云，一無「樹」字。

閑靖　靖，蕭傳作「静」。按，祭程氏妹文：「靖恭鮮言。」作「靖」是。

常得　「常」，曾本、汲古閣本云，一作「恒」。

黔婁之妻　陶本及各本無「之妻」二字。曾本、汲古閣本云，一有「之妻」二字。按，據劉向列女傳，當補「之妻」二字。參見注〔七〕。今據補。

汲汲　曾本、汲古閣本云，一作「惶惶」。

極其言茲若人之儔乎　陶本無「極」字。陶本原校：「一本作『味其言』，一本作『極其言』。」今從李公焕本、毛晉本作『其言』。汲古閣本無「極」字。今據曾本、蘇寫本補。

酣觴賦詩，以樂其志　曾本云，一作「酒酣自得，賦詩樂志」。蘇寫本、汲古閣本同。「酣」，李本作「酬」。

【箋注】

〔一〕此文乃淵明所作的自傳。宋傳稱潛少有高趣，嘗著五柳先生傳以自況，時人謂之實録。蕭傳、蓮傳、南傳、晉傳同。據此，本文當作於起爲州祭酒前。今暫繫於太元二十年乙未（三九五）。一説作於淵明晚年，林雲銘評注古文析義謂此文「暗寓不仕宋意」。吴楚材古文觀止謂「劉裕移晉祚，恥不復仕，號五柳先生，此傳乃自述其生平之行也」。逯繫年贊同林雲銘、吳楚材之説，以爲「陶之無酒可飲，乃五十一至五十七歲時事」。按，林雲銘等謂此文寓恥不復仕劉宋意，蓋出乎臆測，且淵明貧困窘迫和無酒可飲，亦非全在晚年。飲酒詩其十九云：「疇昔苦長飢，投耒去學仕。」始作鎮軍參軍經曲阿作詩云：「被褐欣自得，屢空常晏如。」有會而作詩云：「弱年逢家乏。」參以顏誄「少而貧苦，居無僕妾，井臼弗任，藜菽不給」數語，皆可證淵明出仕前家境蕭然之狀。故仍以宋傳、蕭傳所載爲是。

〔二〕不求甚解：謂讀書不過分執着於字句，以致穿鑿附會失其本旨。晉書卷四九阮瞻傳：「讀書不甚研求，而默識其要。」顏延之五君詠向秀：「探道好淵玄，觀書鄙章句。」按，魏晉玄學主得意忘言，以致讀書不求甚解，重其意會。楊慎丹鉛雜録：「晉書云陶淵明讀書不求甚解。此語俗世之見，後世不曉也。余思其故，自兩漢以來，訓詁甚行，説五千之文，至於二三萬言，陶心知厭之，故超然真見，獨契古初，而晚廢訓詁，俗士不達，便謂其不求甚解矣。」方宗誠陶詩真詮：「淵明詩曰：『區區諸老翁，爲事誠殷勤。』蓋深嘉漢儒之抱殘守缺及章句訓詁之有功於六經也。然又曰：『好讀書，不求甚解。』蓋又嫌漢儒章句訓詁之多穿鑿附會，失孔子之旨也。是真持平之論，真得讀書之法。」以上二説是。

〔三〕會意：謂内心的解悟。會，説文：「合也。」謝安與王胡之詩：「會感者圓，妙得者意。」

〔四〕吝情：挂心，在意。

〔五〕環堵：莊子庚桑楚：「吾聞至人，尸居環堵之室。」成玄英疏：「四面環各一堵，謂之環堵也，所謂方丈室也。」三國志蜀書郤正傳：「欣環堵以恬娱。」蕭然：空寂貌。

〔六〕穿結：喻衣服破爛。穿，破洞。結，補綴連結。

〔七〕黔婁之妻：黔婁，春秋時魯國人，清貧自守，不願出仕。死後，曾子去吊喪，問其妻：「何以爲謚？」其妻曰謚「康」。曾子認爲黔婁在世時没有好日子過，死時又不榮耀，不能謚「康」。其妻曰：「彼先生者，甘天下之淡味，安天下之卑位，不戚戚于貧賤，不忻忻于富貴，求仁而得仁，求義而得義，其謚爲康，不亦宜乎？」見劉向列女傳。

〔八〕「不戚戚」二句：漢書卷八七上揚雄傳上：「不汲汲于富貴，不戚戚于貧賤。」戚戚，憂貌。

〔九〕極：窮盡，窮極，此作動詞用，義同推究。廣韻職韻：「極，窮也。」易繫辭上：「極數知來之謂占。」淮南子人間訓：「化不可極，深不可測也。」楚辭天問：「冥昭瞢闇，誰能極之？」洪興祖補注：「此言幽冥之理，瞢闇難知，誰能窮極其本原乎？」其言：指黔婁之妻所言。

〔一〇〕無懷氏、葛天氏：傳説中的上古帝王。

【集評】

趙子昂松雪齋文集卷六五柳先生傳論：「志功名者，榮禄不足以動其心；重道義者，功名不足以易其慮。何則？紆青懷金，與荷鉏畎畝者殊途；抗志青雲，與徼倖一時者異趣。此伯夷所以餓於首陽，仲連所以欲蹈東海者也。矧名教之樂，加乎軒冕；違己之病，甚於凍餒。此重彼輕，有由然矣。仲尼有言曰：『隱居以求其志，行義以達其道。吾聞其語，未見其人。』嗟乎！如先生近之矣。」

錢鍾書管錐編第四册：「按『不』字爲一篇眼目。『不知何許人也，亦不詳其姓氏』，『不慕榮利』，『不求甚解』，『家貧不能恒得』，『曾不吝情去留』，『不蔽風日』，『不戚戚于貧賤，不汲汲于富貴』，重言積字，即示狷者之『有所不爲』。酒之『不能恒得』，宅之『不蔽風日』，端由於『不慕榮利』而『家貧』，是亦『不屑不潔』所致也。『不』之言，若無得而稱，而其意，則有爲而發；老子所謂『當其無，有有之用』，王夫之所謂『言無者，激於言有者而破除之也。』（船山遺書第六十三册思問録内篇）如『不知何許人，亦不詳其姓氏』，豈作自傳而並不曉己之姓名籍貫哉？正激於世之賣聲名、誇門地者而破除之爾。」

讀史述九章〔一〕

余讀史記，有所感而述之。

夷　齊〔二〕

二子讓國，相將海隅〔三〕。天人革命〔四〕，絶景窮居〔五〕。采薇高歌，慨想黄虞〔六〕。

貞風凌俗，爰感懦夫〔七〕。

【校記】

余讀史記，有所感而述之　陶本原校：「毛晉云：宋本無此二句。」

夷齊　藝文類聚作「夷齊贊」。

相將　藝文類聚作「相隨」。

【箋注】

〔一〕讀史述九章爲讀史記有感而作，共九篇，皆四言有韻，可看作四言詠史詩。第一章云：「天人革命，絶景窮居。采薇高歌，慨想黄虞。」第二章云：「去鄉之感，猶有遲遲。矧伊代謝，觸物皆非。」第八章云：「易大隨時，迷變則愚。介介若人，特爲貞夫。」據此，本篇當作於晉宋易代後。今暫繫於宋永初元年庚申（四二〇）。

〔二〕夷齊：伯夷、叔齊，孤竹君之二子。父欲立叔齊，叔齊讓伯夷。伯夷曰：「父命也。」遂逃往北海。叔齊亦不肯立而逃之。武王伐紂，伯夷、叔齊叩馬而諫。武王統一天下後，伯夷、叔齊耻之，義不食周粟，隱于首陽山，采薇而食，遂餓死。見史記卷六一伯夷列傳。

〔三〕相將：見擬古其三注。海隅：北海之濱。孟子萬章下：「伯夷當紂之時，居北海之濱，以待天下之清也。」

〔四〕天人革命：易革卦：「湯武革命，順乎天而應乎人。」

〔五〕絶景：隱匿形迹。景，即影。張協七命：「絶景乎大荒之遐阻。」窮居：潘岳寡婦賦：「静闔門以窮居兮，塊焭獨而靡依。」

〔六〕「采薇」二句：伯夷、叔齊餓死前作歌曰：「登彼西山兮，采其薇矣。以暴易暴兮，不知其非矣。神農虞夏，忽焉没兮，我安適歸矣？于嗟徂兮，命之衰矣！」見史記卷六一伯夷列傳。

〔七〕「貞風」二句：孟子萬章下：「故聞伯夷之風者，頑夫廉，懦夫有立志。」

箕　子〔一〕

去鄉之感，猶有遲遲〔二〕。矧伊代謝〔三〕，觸物皆非〔四〕。哀哀箕子，云胡能夷〔五〕！狡童之歌〔六〕，悽矣其悲。

【校記】

哀哀　汲古閣本云，一作「猗嗟」。

狡童　「童」，汲古閣本、蘇寫本作「僮」。按，當從史記卷三八宋微子世家作「童」。

【箋注】

〔一〕箕子：史記卷三殷本紀載：紂淫亂不止，比干强諫，被殺。箕子懼，乃佯狂爲奴，紂又囚之。

〔二〕遲遲：依戀不舍貌。孟子萬章下：「遲遲吾行也，去父母國之道也。」

〔三〕代謝：此指朝代更替。

〔四〕觸物：猶接物。嵇康聲無哀樂論：「偏重之情，觸物而作。」陸機思歸賦：「憂觸物而生端。」

〔五〕夷：平。

〔六〕狡童之歌：史記卷三八宋微子世家：「其後箕子朝周，過故殷墟。感宫室毁壞，生禾黍，箕子傷之，欲哭則不可，欲泣爲其近婦人，乃作麥秀之詩以歌詠之。其詩曰：麥秀漸漸兮，禾黍油油。彼狡童兮，不與我好兮！」狡童，指紂王。

管　鮑〔一〕

知人未易〔二〕，相知實難。淡美初交〔三〕，利乖歲寒〔四〕。管生稱心，鮑叔必安〔五〕。奇情雙亮〔六〕，令名俱完。

【校記】

利乖　「乖」，汲古閣本云，一作「我」。

【箋注】

〔一〕管鮑：管仲、鮑叔，春秋時人。管仲與鮑叔友善。二人共同在南陽經商，及分財利，管仲多自取。鮑叔知其有母而貧，不以爲貪。齊桓公立，鮑叔薦管仲。管仲成名後，極力稱譽鮑叔，謂「生我者父母，知我者鮑子也」。見史記卷六二管晏列傳。

〔二〕知人未易：文選潘岳馬汧督誄：「知人未易，人未易知。」李善注：「史記范雎列傳曰：侯嬴曰：『人固未易知，知人亦未易。』」

〔三〕淡美初交：初交朋友，以淡泊爲美。禮記表記：「故君子之接如水，小人之接如醴。君子淡以成，小人甘以壞。」

〔四〕利乖歲寒：意謂到窮困時節因利害衝突而絶交。歲寒：喻窮困時節。

〔五〕「管生」二句：史記卷六二管晏列傳：「鮑叔既進管仲，以身下之。子孫世禄於齊，有封邑者十餘世，常爲名大夫。」稱心，指成就功名。

〔六〕奇情：不平凡的情操。雙亮：雙雙得到顯明。亮，明也。

程杵〔一〕

遺生良難〔二〕，士爲知己。望義如歸，允伊二子〔三〕。程生揮劍〔四〕，懼兹餘恥〔五〕。

令德永聞，百代見紀。

【校記】

見紀　「紀」，汲古閣本云，一作「祀」。

【箋注】

〔一〕程杵：程嬰、公孫杵臼，春秋時晉國人。二人與晉趙朔友善，後趙朔爲屠岸賈所害，朔妻遺腹生一兒。公孫杵臼與程嬰定計，營救了趙氏孤兒，而杵臼被害。程嬰撫孤兒長大，是爲趙武。武攻屠岸賈，卒滅之。程嬰亦自殺以報公孫杵臼。見史記卷四三趙世家。

〔二〕遺生：棄絶生命。此指死難。吕氏春秋士節：「遺生行義。」高誘注：「惟義所在，不必生也，故曰遺生也。」

〔三〕允伊：信此。允，爾雅釋詁：「允，信也。」二子：指程杵。

〔四〕揮劍：指程嬰自殺。

〔五〕懼兹餘恥：謂程嬰若不自殺，便對不起公孫杵臼，會留下恥辱。

七十二弟子

恂恂舞雩〔一〕，莫曰匪賢。俱映日月，共飡至言〔二〕。慟由才難〔三〕，感爲情牽〔四〕。

回也早夭〔五〕，賜獨長年〔六〕。

【校記】

長年　汲古閣本云，一作「永年」，又作「卒年」。

【箋注】

〔一〕恂恂：論語鄉黨：「孔子於鄉黨，恂恂如也。」何晏集解：「王曰：恂恂，温恭之貌。」舞雩：祈雨的祭壇，因祭時有樂舞，故稱。論語先進：「暮春者，春服既成，冠者五六人，童子六七人，浴乎沂，風乎舞雩，詠而歸。」此句代指孔子弟子。

〔二〕共湌至言：共同領會至道之言。莊子天地：「至言不出，俗言勝也。」釋慧遠襄陽丈六金像頌：「餐服至言。」

〔三〕才難：指顔淵不幸早死。才，指顔淵。難，險厄也。此指死。禮記曲禮上：「臨難無苟免。」論語先進：「顔淵死，子哭之慟。從者曰：『子慟矣。』曰：『有慟乎，非夫人之爲慟，而誰爲？』」

〔四〕感爲情牽：文選盧諶贈劉琨詩：「情以體生，感以情起。」史記卷四七孔子世家：「孔子病，子貢請見。孔子方負杖逍遥於門，曰：『賜，汝來何其晚也？』孔子因歎，歌曰：『太山壞乎！梁柱摧乎！哲人萎乎！』因以涕下。」

〔五〕回：顔淵。史記卷六七仲尼弟子列傳：「魯哀公問：『弟子孰爲好學？』孔子對曰：

『有顏回好學，不遷怒，不貳過。不幸短命死矣，今也則亡。』」

〔六〕賜：端木賜，即子貢。

屈賈〔一〕

進德修業，將以及時。如彼稷契〔二〕，孰不願之？嗟乎二賢，逢世多疑。候詹寫志〔三〕，感鵩獻辭〔四〕。

【校記】

逢世多疑　汲古閣本云，一作「多逢世疑」。

候詹　陶本原校：「何本作『懷沙』，云，一作『候瞻』，非。焦本作『候詹』。澍按，『詹』，謂太卜鄭詹尹也，今從焦本作『詹』。」「詹」，李本作「瞻」。

【箋注】

〔一〕屈賈：屈原、賈誼。事見史記卷八四屈原賈生列傳。

〔二〕稷契：虞舜時二賢臣。稷主農，播種百穀。契主司徒，教民以人倫道德。見史記卷一五帝本紀。

〔三〕候詹：候，拜會。詹，指太卜鄭詹尹。楚辭卜居：「屈原既放，三年不得復見。乃往見太卜鄭詹尹曰：『余有所疑，願因先生決之。』」

〔四〕鵩：鵩鳥，古時認爲其鳥不祥。獻辭：指賈誼作鵩鳥賦。史記卷八四屈原賈生列傳：「賈生爲長沙王太傅三年，有鴞飛入賈生舍，止于坐隅。楚人命鴞曰『服』。賈生既以適居長沙，長沙卑溼，自以爲壽不得長，傷悼之，乃爲賦以自廣。」

韓　非〔一〕

豐狐隱穴，以文自殘〔二〕。君子失時，白首抱關〔三〕。巧行居災〔四〕，忮辯召患〔五〕。哀矣韓生，竟死說難〔六〕。

【校記】

居災　「災」，汲古閣本云，一作「賢」。

忮辯召患　「忮」，陶本原校：「焦本作『枝』。」汲古閣本作「忮」。「召」，汲古閣本云，一作「招」。「辯召」，蘇寫本云，一作「自招」。

【箋注】

〔一〕韓非：戰國時韓人，荀卿弟子，喜好刑名法術之學，曾著書十餘萬言。秦王見其書，欲得其人，因急攻韓，韓王乃遣非使秦。後爲李斯譖害。見史記卷六三老子韓非列傳。

〔二〕「豐狐」二句：豐狐，大狐。文，指美麗的狐皮。自殘，謂因毛皮之美而害了自己。韓非子喻老：「翟人有獻豐狐玄豹之皮于晉文公。文公受客皮而歎曰：『此以皮之美自爲罪。』」莊子山木：「夫豐狐文豹，栖於山林，伏於巖穴，静也；夜行晝居，戒也；雖飢渴隱約，猶且胥疏於江湖之上而求食焉，定也；然且不免於罔羅機辟之患。是何罪之有哉？其皮爲之災也。」

〔三〕抱關：守關。史記卷七七魏公子列傳：「侯嬴年七十，家貧，爲大梁夷門監者。侯謂公子曰：「今日嬴之爲公子亦足矣，嬴乃夷門抱關者也。」

〔四〕巧行：機巧的行爲。居災：處禍。韓非子説林上：「故曰：巧詐不如拙誠。樂羊以有巧見疑，秦巴西以有罪獲信。」

〔五〕伎辯：巧辯。伎，智巧。集韻：「伎，巧。」老子五十七章：「人多伎巧。」

〔六〕竟死説難：史記卷六三老子韓非列傳：「韓非知説之難，爲説難書甚具，終死於秦，不能自脱。」

魯二儒〔一〕

易大隨時〔二〕，迷變則愚。介介若人〔三〕，特爲貞夫〔四〕。德不百年，汙我詩書。逝然不顧，被褐幽居。

【校記】

魯二儒　藝文類聚作「魯二儒贊」。

易大　陶本及各本作「易代」。蘇寫本、汲古閣本云，一作「大易」。此從藝文類聚。

介介　藝文類聚作「芬芬」。

逝然　「然」，藝文類聚作「焉」。

【箋注】

〔一〕魯二儒：劉邦平定天下後，羣臣飲酒争功，酗酒狂呼，拔劍擊柱，高祖厭之。叔孫通上言，徵請魯諸生與其共訂朝儀。于是徵魯諸生三十餘人。有二儒生不肯行，以爲天下初定，死者未葬，傷者未起，不宜先定禮樂，稱叔孫通所爲不合古道。叔孫通嗤笑他們是不知時變的鄙儒。見史記卷九九劉敬叔孫通列傳。按，此章借贊美魯二儒不隨時變，表達不與新朝合作的態度。

〔二〕易大隨時：謂易最重視順隨時代。大，作動詞用，重視之意。易隨卦：「隨時之義大矣哉。」

〔三〕介介：孤高耿介，守節不變。荀子儒效：「介介兮其有終始也。」後漢書卷二四馬援傳：「但畏長者家兒或在左右，或與從事殊難得調，介介焉獨惡是耳。」李賢注：「介介猶耿耿耳。」若人：指魯二儒。

〔四〕貞夫：忠直之人。亦作「真夫」。晉書卷九九桓玄傳：「理由一統，貞夫所以司契。」

張長公〔一〕

遠哉長公，蕭然何事〔二〕？世路多端，皆爲我異。斂轡朅來〔三〕，獨養其志。寢迹窮年〔四〕，誰知斯意。

【校記】

張長公　藝文類聚作「張長公贊」。

遠哉　「遠」，蘇寫本、汲古閣本云，一作「達」。藝文類聚作「達」。

世路多端，皆爲我異　蘇寫本云，一作「世路多僞，而我獨異」。汲古閣本云，一曰「世路皆爲，而我獨異」。藝文類聚作「世路皆同，而我獨異」。

獨養　「獨」，藝文類聚作「閑」。

【箋注】

〔一〕張長公：張摯，字長公，官至大夫，免。因不能取容當世，故終身不仕。見史記卷一〇二張釋之馮唐列傳。按，陳仁子文選補遺卷三八：「其以長公自況歟。」吴菘論陶：「張長公詩中凡再見，此復極意詠歎，正自寫照。」其説是。

〔二〕蕭然：寂静不喧嘩。張望蜘蛛賦：「蕭然靖逸。」世説新語德行：「意色蕭然，遠同鬬生之無愠。」

〔三〕斂轡：收住車駕，即息交絶游之意。朅來：去來，歸來。文選張衡思玄賦：「迴志朅來從玄謀。」李善注：「朅，去也。劉向七言曰：『朅來歸耕永自疎。』」

〔四〕寢迹：見癸卯歲十二月中作與從弟敬遠詩注。

【集評】

蘇軾東坡題跋卷一書淵明述史章後：「淵明作述史九章。夷齊、箕子蓋有感而云。去之五百餘載，吾猶知其意也。」

葛立方韻語陽秋卷五：「觀淵明讀史九章，其間皆有深意，其尤章章者，如夷齊、箕子、魯二儒三篇。夷齊云：『天人革命，絶景窮居。』『貞風凌俗，爰感懦夫。』箕子云：『去鄉之感，猶有遲遲；矧伊代謝，觸物皆非。』魯二儒云：『易代隨時，迷變則愚。介介若人，特爲正夫。』由是觀之，則淵明委身窮巷，甘黔婁之貧而不自悔者，豈非以恥事二姓而然邪？」

陳沆詩比興箋卷二：「讀史述九章舊本以時代先後爲次，故旨趣不明，今易置之，以類相從，庶寄託灼然，一望可識。夷齊、箕子、魯二生、程杵四章，固易代之感。顔回、屈賈、韓非、張長公四章，則詠懷之詞。蓋守簞瓢固窮之節，悼屈賈逢世之難，故欲戒韓非而師張長公也。管鮑章，則悼叔季人情之薄，而欲與劉、龐、周、郭諸人爲歲寒之交也。」

扇上畫贊〔一〕

荷蓧丈人　長沮桀溺　於陵仲子　張長公　丙曼容　鄭次都　薛孟嘗　周陽珪

三五道邈〔二〕。淳風日盡。九流參差〔三〕，互相推隕〔四〕。形逐物遷〔五〕，心無常準〔六〕。是以達人，有時而隱。四體不勤，五穀不分；超超丈人，日夕在耘〔七〕。遼遼沮溺〔八〕，耦耕自欣，入鳥不駭，雜獸斯羣〔九〕。至矣於陵〔一〇〕，養氣浩然〔一一〕，蔑彼結駟〔一二〕，甘此灌園。張生一仕〔一三〕，曾以事還。顧我不能，高謝人間。岧岧丙公〔一四〕，望崖輒歸〔一五〕；匪驕匪吝，前路威夷〔一六〕。鄭叟不合，垂釣川湄；交酌林下，清言究微〔一七〕。孟嘗遊學〔一八〕，天網時疏，眷言哲友，振褐偕徂。美哉周子〔一九〕，稱疾閒居，寄心清尚，悠然自娛。翳翳衡門，洋洋泌流〔二〇〕。曰琴曰書，顧盼有儔。飲河既足，自外皆休〔二一〕。緬懷千載，託契孤遊〔二二〕。

【校記】

周陽珪　藝文類聚作「周妙珪」。

高謝　「高」，汲古閣本云，一作「長」。

匪驕　「驕」，汲古閣本作「矯」，云，一作「驕」。

孟嘗　「嘗」，汲古閣本云，一作「生」。

清尚　「尚」，藝文類聚作「商」。

悠然　汲古閣本云，一作「悠悠」。「悠」，藝文類聚作「恬」。

曰琴曰書　藝文類聚作「日玩羣書」。

顧眄有儔　「眄」，蘇寫本作「眄」。「有」，藝文類聚作「寡」。

【箋注】

〔一〕本篇贊頌古代八位隱士，内容與詠貧士七首、讀史述九章相近，當是淵明晚年作品。

〔二〕三五：指三皇五帝。曹植文帝誄：「爰暨三皇，實秉道真，降逮五帝，繼以懿純。」「三五」三句意同飲酒詩其二十：「羲農去我久，舉世少復真。」

〔三〕九流：漢書卷三〇藝文志載，孔子死後，諸弟子各成一家之言，有儒、道、陰陽、法、名、墨、縱横、雜、農九家學派。九家學説互有不同，故謂九流參差。范甯春秋穀梁傳集解序：「蓋九流分而微言隱，異端作而大義乖。」

〔四〕互相推隕：互相排斥詆毁。莊子在宥：「而儒墨畢起，於是乎喜怒相疑，愚知相欺，善否相非，誕信相譏。」此即「互相推隕」之意。

〔五〕形逐物遷：義近「隨波逐流」。謝靈運過始寧墅詩：「逐物遂推遷。」

〔六〕心無常準：謂思想行爲没有一定的準則。范甯春秋穀梁傳集解序：「是非紛錯，準裁靡定。」

〔七〕「四體」四句：論語微子：「子路從而後，遇丈人以杖荷蓧。子路問曰：『子見夫子乎？』丈人曰：『四體不勤，五穀不分，孰爲夫子？』執其杖而芸。」超超，高超卓異。超，卓也。世説新語言語：「我與王安豐説延陵、子房亦超超玄箸。」

〔八〕遼遼：遥遠貌。劉向九歎：「山修遠其遼遼兮，塗漫漫其無時。」袁宏單道開贊：「遼遼幽人，望巖凱入。」沮溺：見勸農詩注。

〔九〕「入鳥」二句：論語微子：「夫子憮然曰：『鳥獸不可與同居，吾非斯人之徒與而誰與？』」孔子志在救世，故曰「鳥獸不可與同居」。淵明與孔子不同，他贊賞長沮、桀溺的隱逸行爲。

〔一〇〕於陵：指陳仲子。何注：「高士傳：陳仲子居於於陵，楚王聞其賢，遣使聘之，欲以爲相。仲子入告其妻。妻曰：『夫子左琴右書，樂在其中矣。結駟連騎，所甘不過一肉，而懷楚國之憂，可乎？』于是謝使者，遂相與逃而爲人灌園。」

〔一一〕養氣浩然：孟子公孫丑上：「我善養吾浩然之氣。」

〔一二〕結駟：一車套四馬。比喻榮華富貴。莊子人間世：「結駟千乘。」文選李康運命論：「諸侯莫不結駟而造門。」

〔一三〕張生：張摯，字長公。見讀史述九章張長公注。

〔一四〕岧岧：高遠貌。陸雲登臺賦：「望天碞之岧岧。」丙公：丙，當從漢書作邴。前漢邴曼容，養志自修，爲官不肯過六百石，過輒自免去。見漢書卷七二龔勝傳。

〔一五〕望崖輒歸：意謂邴曼容將六百石的俸禄作爲界限，超過即自免歸去。崖，崖際，邊際。逯注：「望崖輒歸，看到懸崖便回身，謂能懸崖勒馬。」不確。

〔一六〕威夷：險，長。文選潘岳西征賦：「登崤坂之威夷。」李善注：「韓詩曰：『周道威夷。』薛君曰：『威夷，險也。』」文選孫綽游天台山賦：「路威夷而脩通。」

〔一七〕「鄭叟」四句：後漢鄭敬，字次都，汝南（今河南上蔡縣）人。都尉逼爲功曹，辭病去，隱處精學。同郡鄧敬爲督郵，詣之，敬方釣魚於大澤，因折芰爲坐，以荷薦肉，瓠瓢盈酒，言談彌日。見後漢書卷二九郅惲傳注引謝沈書。

〔一八〕孟嘗：後漢薛包，字孟嘗。建光中，公車特徵至，拜侍中。包性恬淡，稱疾不起，以死自乞，有詔賜告歸。見後漢書卷三九劉平傳。

〔一九〕周子：周陽珪。事迹未詳。

〔二〇〕「翳翳」二句：詩陳風衡門：「衡門之下，可以棲遲；泌之洋洋，可以樂飢。」泌，泉水。洋洋，大水貌。

〔二一〕「飲河」二句：莊子逍遥遊：「偃鼠飲河，不過滿腹。」左思詠史詩：「飲河期滿腹，貴足不願餘。」

〔二二〕託契：寄託契合古人的意趣。孤游：指隱士。

【集評】

方宗誠陶詩真詮：「扇上畫贊，蓋淵明心所嚮往之人。」

尚長禽慶贊〔一〕

尚子昔薄宦，妻拏共早晚〔二〕。貧賤與富貴，讀易悟益損〔三〕。禽生善周遊，周遊日已遠。去矣尋名山，上山豈知反〔四〕。

【校記】

上山　「山」，陶本誤作「反」，據藝文類聚改。

【箋注】

〔一〕陶注：「各本無此篇，何孟春據藝文類聚，採附扇上畫贊注中。今特補載卷後。何曰：『此贊今本無之，豈唐初歐陽詢所見本，至宋或有缺脱耶？』」尚長：即向長，字子平，河内朝歌人。隱居不仕，讀易至損、益卦，歎曰：「吾已知富不如貧，貴不如賤，但未知死何如生耳。」男女嫁娶既畢，敕斷家事，勿相關，遂肆意與同好北海禽慶，俱游五岳名山，不知所終。見後漢書卷八三向長傳。禽慶：字子夏，北海（今渤海）人，王莽時儒生，去官不仕莽，與同好周游名山。見漢書卷七二王貢兩龔鮑列傳。

〔二〕共早晚：朝夕相處。

〔三〕益損：即事物的盈虚之理。易損卦：「損益盈虚，與時偕行。」易益卦：「凡益之道，與時偕行。」

〔四〕「去矣」二句：言尚長、禽慶遊名山不返。戴逵尚長贊：「跡絶青崖，影滅雲際。」

陶淵明集卷之七

疏　祭文

與子儼等疏[一]

告儼、俟、份、佚、佟[二]：天地賦命，生必有死。自古聖賢，誰能獨免。子夏有言：「死生有命，富貴在天[三]。」四友之人，親受音旨[四]。發斯談者[五]，將非窮達不可妄求，壽夭永無外請故耶[六]？吾年過五十，少而窮苦，每以家弊，東西遊走[七]。性剛才拙，與物多忤，自量爲己，必貽俗患。僶俛辭世[八]，使汝等幼而飢寒。余嘗感孺仲賢妻之言[九]，敗絮自擁[一〇]，何慚兒子。此既一事矣。但恨鄰靡二仲[一一]，室無萊婦[一二]，抱茲苦心，良獨内愧。少學琴書，偶愛閑靜，開卷有得，便欣然忘食。見樹木交蔭，時鳥變聲，亦復歡然有喜。常言五六月中，北窗下卧，遇涼風暫至〔一三〕，自謂是羲皇上人〔一四〕。意淺識罕〔一五〕，謂斯言可保〔一六〕，日月遂往，機巧好疏〔一七〕。緬求在昔〔一八〕，眇然如何〔一九〕，病患以來，漸就衰損，親舊不遺，每以藥石見救，自恐大分將有限也〔二〇〕。汝輩稚小家貧，每役柴水之勞，何時可免？念之在心，若何可言。然汝等雖不同生〔二一〕，當思四海皆兄弟之義。鮑叔、管仲，分財無猜；歸生、伍舉，班荊道舊〔二二〕，遂能以敗爲成〔二三〕，因喪立功〔二四〕。他人尚爾，況同父之人哉。潁川韓元長〔二五〕，漢末名士，身處卿佐，八十而終，兄弟同居，至於没齒〔二六〕。濟北氾稚春〔二七〕，晉時操行人也，七世同財，家人無怨色。詩曰：「高山仰止，景行行止。」〔二八〕雖不能爾，至心尚之。汝其慎哉，吾復何言！

【校記】

與子儼等疏　册府元龜作「與子書」。

生必有死　陶本原校：「梁元帝金樓子作『有生必終』」。册府元龜同。宋書作「有往必終」。

誰能獨免　「能獨」，蘇寫本、汲古閣本作「獨能」。

子夏有言　曾本、蘇寫本作「子夏有言曰」。「有」，宋書無「有」字，册府元龜同。

四友之人　曾本、汲古閣本云，一曰「四方之友」。

親受音旨　「音旨」，曾本、汲古閣本云，一作「德音」。「受」，册府元龜作「愛」。

將非窮達不可妄求　「將」，册府元龜作「豈」。「妄」，陶本原作「外」。册府元龜作「望」，今據各本改。

少而窮苦　「少」，宋書無「少」字。曾本、汲古閣本云，窮苦下有「荼毒」二字。宋書有「荼毒」二字，册府元龜同。

每以家弊　宋書無「每以」二字，册府元龜無「每」字。「家弊」，宋書作「家貧弊」。册府元龜作「家貧」。

必貽俗患　「俗患」，册府元龜作「患累」。

幼而飢寒　「飢」，册府元龜作「饑」。「飢寒」二字下宋書有「耳」字，册府元龜同。

余嘗感孺仲賢妻之言　册府元龜無「余」字。按，後漢書卷八三王霸傳：「王霸字儒仲。」「孺」，當作「儒」。

敗絮自擁　「自」，曾本、汲古閣本誤作「息」。

良獨内愧　「内愧」，陶本原校：「金樓子作『惘惘』。」宋書、册府元龜作「罔罔」。

少學琴書　「學」，曾本云，一作「好」；又云一作「少來好書」。蘇寫本、汲古閣本同。宋書作「少年來好書」。藝文類聚作「少來好書」。册府元龜作「少年好書」。

亦復歡然　「然」，曾本、汲古閣本云，一作「尔」。宋書、藝文類聚、册府元龜作「爾」。

常言五六月中　「常」，宋書、藝文類聚、册府元龜作「嘗」。「中」，宋書、册府元龜無「中」字。按，「常」「嘗」古通。

意淺識罕　「罕」，宋書、册府元龜作「陋」。

日月遂往　「遂」，曾本云，一作「逝」。蘇寫本、汲古閣本同。

機巧好疏　宋書、册府元龜無此四字。

親舊不遺　「親」，册府元龜作「故」。按，嵇康與山巨源絶交書：「時與親舊叙闊。」五柳先生傳：「親舊知其如此。」作「親舊」是。

將有限也　「限」，曾本誤作「恨」。

汝輩稚小　宋書、册府元龜汝上有「恨」字。

家貧每役　「每」，曾本、汲古閣本云，一作「無」。宋書、册府元龜作「無」。

雖不同生　册府元龜作「雖然不同生」。「不」，陶本原校：「從宋書作『不』。焦本同。諸本作『曰』，非。」曾本作「曰」，云，一作「不」。李本、汲古閣本同。按，淵明五子非一母所生，作「不」是。

鮑叔管仲　「管」，宋書、藝文類聚、册府元龜作「敬」。

分財無猜　「無猜」，藝文類聚作「無恪情」。册府元龜分上有一「有」字。

況同父之人哉　「同」，宋書、藝文類聚、册府元龜作「共」。

潁川韓元長　「韓」，金樓子誤作「陳」。

八十而終　「八十」，陶本原校：「何注：『八』當作『七』。澍按，何蓋據後漢書韓韶傳也。惠氏棟後漢書補注，謂彼處『七』當作『八』。」李本作「七十」，云，集本作「八十」。

氾稚春　「氾」，陶本原校：「王應麟云，謂氾毓，晉書有傳，集作『范』，誤。南史氾幼春，蓋避唐諱『治』字之嫌。」曾本、蘇寫本、册府元龜作「范」。「稚春」，曾本云，南史作「幼春」，宋書作「氾稚」。蘇寫本、汲古閣本同。

晉時操行人也　「晉」，册府元龜誤作「普」。「操行」，陶本原校：「金樓子作『積行』。」册府元龜人上有「仁」字。

七世同財　册府元龜無「財」字。

家人無怨色　「色」，曾本云，一作「辭」。蘇寫本、汲古閣本同。

詩曰　「曰」，宋書、册府元龜作「云」。

雖不能爾，至心尚之　「尚」，曾本云，一作「善」。蘇寫本、汲古閣本同。册府元龜無此二句。

【箋注】

〔一〕據文中「吾年過五十」及「濟北氾稚春，晉時操行人也」等語，可知本文作於淵明五十歲後，且必在晉亡之後。王譜、顧譜、逯繫年繫此文於義熙十一年乙卯（四一五），吴譜繫於義熙九年癸丑（四一三），丁譜繫於義熙十年甲寅（四一四），李華陶淵明年譜辨證繫於義熙十二年丙辰（四一六）。按，義熙年間劉裕尚未正式篡晉，與文中「晉時操行人」不合，故王譜等皆誤。陶考謂此文當在宋受禪後，然又稱「必非作於甫過五十之時」。因陶考信宋傳六十三歲説，而宋受禪時淵明已五十六七歲，故作如是説。王瑶注繫于永初二年辛酉（四二一），可從。以義熙十四年戊午（四一八）淵明五十歲推算，此文當作於淵明五十三歲時，正與「吾年過五十」相合。又，蘇軾與蘇轍書云：「淵明臨終，疏告儼等。」以爲此文乃淵明遺囑。邱嘉穗東山草堂陶詩箋卷五、梁譜亦持此説。鄭文焯陶集鄭批録則以爲「此當與夫康成公誡子文參觀」，「宋書隱逸傳所云與子書以言其志，並爲訓戒，斯語得之。」游國恩陶淵明年紀辨疑一文以宋書雷次宗傳所載次宗與子姪書爲證，謂此文不過是一篇平常的家信，「陶疏説到『生必有死』，説到『大分有限』，原來是那時候的風氣」。又云：「況且陶公是一個達觀的人，又早衰多病，年過五十，預爲治命，也是極可能的事。」以上二説，以後説爲是。宋傳確無臨終遺誡之説，而此文亦屬鄭玄誡子，嵇康家誡、雷次宗與子姪書一類。文中雖有「有往必終」、「自恐大分將有限」等語，然這類感慨常見於淵明其他詩文，故遺囑之説不可取。

〔二〕儼、俟、份、佚、佟：淵明五子。見責子詩注。

〔三〕「子夏」三句：子夏，姓卜名商，孔子弟子。論語顔淵：「子夏曰：商聞之矣，死生有命，富貴在天。」

〔四〕「四友」二句：何注：「孔叢子：孔子四友，回、賜、師、由，非子夏。而此云然者，特謂其同列耳。」音旨：謂音辭也。晉書卷四九阮瞻傳：「諷詠遺言，不若親承音旨。」謝靈運慧遠法師誄：「從容音旨，優游儀形。」按，「四友」泛指親善之人，非指孔子四友；「親受音旨」者，亦非謂孔子四友親受子夏音旨，乃以「四友」比況儼等五子，當親受己之音旨也。

〔五〕斯談：指子夏所云「死生有命，富貴在天」。

〔六〕「壽夭」句：嵇康難張遼叔宅無吉凶攝生論：「壽夭不可求，甚於貴賤。」

〔七〕「吾年過」四句：李注：「趙泉山曰：五十當作三十。靖節從乙未十一年間，自尋陽至建業，再返；又至江陵再返，故云東西游走。及四十一歲，序其倦游，於歸去來云：心憚遠役。四十八歲答龐參軍詩云：『我實幽居士，無復東西緣。』若年過五十，時投閑十年矣，尚何游宦之有？」陶注：「少而窮苦，乃追述之辭，豈謂東西游走在五十後哉。即依宋書無少字，非追述，游走不定解作游宦。先生雖賦歸，而與王撫軍、殷晉安往來酬答，亦無妨以東西游走爲言也。」趙説似滯。五十不必改三十。」按，陶注謂「少而窮苦」等句乃追述之詞，甚是。後文云「僶俛辭世」，詞意與前相續，則「東西游走」可確定作游宦解。

〔八〕僶俛：見怨詩楚調示龐主簿鄧治中詩注。辭世：指歸隱。陸機幽人賦：「彈雲冕以辭世。」

〔九〕孺仲賢妻之言：後漢王霸，字儒仲。後漢書卷八四列女傳：「初，霸與同郡令狐子伯爲友，後子伯爲楚相，而其子爲郡功曹。子伯乃令子奉書於霸，車馬服從，雍容如也。霸子時方耕於野，聞賓至，投耒而歸，見令狐子，沮怍不能仰視。霸目之，有愧容，客去而久臥不起。妻怪問其故，始不肯告，妻請罪，而後言曰：『吾與子伯素不相若，向見其子容服甚光，舉措有適，而我兒曹蓬髮歷齒，未知體則，見客而有慚色。父子恩深，不覺自失耳。』妻曰：『君少修清節，不顧榮禄。今子伯之貴孰與君之高？奈何忘宿志而慚兒女子乎！』霸屈起而笑曰：『有是哉！』遂共終身隱遯。」

〔一〇〕敗絮自擁：用破棉絮裹身。比喻衣衫襤褸。

〔一一〕二仲：李注：「嵇康高士傳：求仲、羊仲，皆治車爲業，挫廉逃名。蔣元卿之去兗州，還杜陵，荆棘塞門，舍中有三徑，不出，惟二人從之游，時人謂之二仲。」

〔一二〕萊婦：老萊子之妻。李注：「劉向列女傳：楚老萊子逃世，耕於蒙山之陽。楚王欲使守楚國之政。妻曰：『妾聞之，可食以酒肉者，可隨以鞭捶；可授以官禄者，可隨以鈇鉞。今先生食人之酒肉，受人之官禄，此皆人之所制也。居亂世而爲人所制，能免于患乎？』老萊子遂隨其妻，至于江南而止。」按，蕭傳、南傳云：「其妻翟氏，亦能安勤苦，與其同志。」然此處云「室無萊婦」，味其意，若謂翟氏不如老萊之妻能安貧樂道。則蕭傳「同志」之言不足憑信也。抑其時翟氏已死耶？考詠貧士其七云：「年饑感仁妻，泣涕向我流。」翟氏其時似尚在。故知「室無萊婦」之感歎實有所指。

〔一三〕暫：忽然，突然。史記卷一〇九李將軍列傳：「廣（李廣）暫騰而上胡兒馬。」

〔一四〕羲皇上人：伏羲氏以前的人。羲皇，伏羲氏，傳説中的上古帝王。按，世説新語容止：「桓大司馬（桓温）曰：『諸君莫輕道，仁祖（謝尚）企脚北窗下彈琵琶，故自有天際真人想。』」淵明北窗下自謂羲皇上人，與謝尚北窗下自有天際真人想，堪稱同調，體現出晉人任真自得的審美情趣。

〔一五〕識罕：見識少。

〔一六〕斯言：指「五六月中」以下四句。

〔一七〕機巧：機智靈巧。曹植侍太子坐詩：「翩翩我公子，機巧忽若神。」好疏：很遠。此句意謂體力智力遠不如以前。

〔一八〕緬求：遠求。

〔一九〕眇然：漢書卷六四下王褒傳：「眇然絶俗離世哉。」顔師古注：「眇然，高遠之意也。」

〔二〇〕大分：指壽命之大限。後漢書卷一〇上和熹鄧皇后紀：「存亡大分，無可奈何。」

〔二一〕不同生：不是一母所生。

〔二二〕「歸生」二句：左傳襄公二十六年載：伍舉與歸生相善。後伍舉因罪逃往鄭國，又自鄭去晉國作官。時值歸生使晉，遇伍舉於鄭國郊外。二人鋪荆而食，共叙舊情。歸生返楚後對令尹子木説，楚國人才爲晉國所用，這對楚國不利。子木于是把伍舉召回楚國。

〔二三〕以敗爲成：史記卷六一管晏列傳：「鮑叔事齊公子小白，管仲事公子糾。及小白立爲桓公，公子糾死，管仲囚焉。鮑叔遂進管仲。管仲既用，任政於齊，齊桓公以霸，九合諸侯，一匡天下，管仲之謀也。」

〔二四〕因喪立功：左傳昭公九年載：伍舉回楚國後，協助楚公子圍繼承王位，是爲楚靈王。伍舉先奔鄭，後回國立功，故曰「因喪立功」。

〔二五〕韓元長：名融，字元長，後漢潁川（今河南禹縣）人。能辯理而不爲章句學。聲名甚盛，五府並辟。獻帝初，至太僕。見後漢書卷六二韓韶傳。又集聖賢羣輔録下注：「狀：融聰識知機，發於岐嶷，時人名之曰窮神知化。兄弟同居，至於没齒。處卿相之位，且二十年奉身守約，不隕其問。」

〔二六〕没齒：指老年。齒，年也。論語憲問：「没齒無怨言。」晉書卷五一皇甫謐傳：「處常得實，没齒不憂。」

〔二七〕氾稚春：名毓，字稚春，西晉濟北（今山東長清縣）人。氾家累世儒業，敦睦九族，客居青州，到毓已七世，時人贊其家「兒無常父，衣無常主」。見晉書卷九一氾毓傳。

〔二八〕「高山」二句：見詩小雅車舝。

【集評】

林雲銘古文析義初編卷四：「與子一疏，乃陶公畢生實録，全副學問也。窮達壽夭，既一眼覷破，則觸處任真，無非天機流行。末以善處兄弟勸勉，亦其至情不容已處。讀之惟見真氣盤旋紙上，不可作文字觀。」

毛慶蕃評選古文學餘卷二六：「清古肫至，邈然如見天際真人。唐人多宦情，宋人多理障，無復有此遠懷真面矣。」

祭程氏妹文〔一〕

維晉義熙三年五月甲辰，程氏妹服制再周〔二〕。淵明以少牢之奠〔三〕，俯而酹之〔四〕。嗚呼哀哉！寒往暑來，日月寖疏〔五〕。梁塵委積〔六〕，庭草荒蕪。寥寥空室，哀哀遺孤。肴觴虛奠，人逝焉如？誰無兄弟，人亦同生〔七〕，嗟我與爾，特百常情〔八〕。慈妣早世〔九〕，時尚孺嬰，我年二六，爾纔九齡。爰從靡識〔一〇〕，撫髫相成〔一一〕。咨爾令妹〔一二〕，有德有操。靖恭鮮言〔一三〕，聞善則樂。能正能和〔一四〕，惟友惟孝。行止中閨〔一五〕，可象可效〔一六〕。我聞爲善，慶自己蹈〔一七〕；彼蒼何偏〔一八〕，而不斯報〔一九〕。昔在江陵，重罹天罰〔二〇〕，兄弟索居，乖隔楚越〔二一〕，伊我與爾，百哀是切。黯黯高雲〔二二〕，蕭蕭冬月〔二三〕，白雲掩晨，長風悲節〔二四〕。感惟崩號〔二五〕，興言泣血〔二六〕。尋念平昔，觸事未遠〔二七〕，書疏猶存，遺孤滿眼〔二八〕。如何一往，終天不返〔二九〕。寂寂高堂，何時復踐？藐藐孤女〔三〇〕，曷依曷恃〔三一〕？煢煢遊魂〔三二〕，誰主誰祀？奈何程妹，於此永已。死如有知，相見蒿里〔三〕。嗚呼哀哉！

【校記】

俯而酹之　「酹」，曾本云，一作「祼」。蘇寫本、汲古閣本同。

哀哀遺孤　「哀哀」，曾本、汲古閣本云，一作「哀哉」。

特百常情　「百」，曾本作「迫」，云，一作「百」。蘇寫本、汲古閣本同。李本云，謝玄傳：「痛百常情。」作「迫」，非。按，作「百」是，參見注〔八〕。

撫髻相成　「髻」，曾本云，一作「髻」。按，作「髻」是，參見注〔一〕。

咨爾令妹　「爾」，曾本、汲古閣本云，一作「余」。

靖恭鮮言　「鮮」，曾本、汲古閣本云，一作「斯」。按，「斯」乃形誤。鮮，少也，作「鮮」是。

我聞爲善　「爲」，曾本、汲古閣本云，一作「惟」。

伊我與爾　「與爾」，曾本、汲古閣本云，一作「令妹」。

百哀是切　「哀」，曾本、汲古閣本云，一作「憂」。

白雲掩晨　「白雲」，曾本、汲古閣本云，一作「白雪」。

觸事未遠　「觸」，陶本原校：「何校宣和本作『觴』，非。」按，作「觸」是，參見注〔二七〕。

煢煢遊魂　「遊」，曾本云，一作「孤」。蘇寫本、汲古閣本同。

【箋注】

〔一〕淵明有妹，比他小三歲，嫁與程氏。義熙元年（四〇五）十一月卒於武昌，淵明曾辭去彭澤令奔喪。見歸去來兮辭。本文作於義熙三年（四〇七）五月，距程氏妹卒已一年半。

〔二〕服制再周：服制，喪服之制度。喪服按其與死者的親疏，分爲斬衰、齊衰、大功、小功、緦麻五等，名爲五服。對已嫁的姐妹，應服大功服，爲期九月。這時距程氏妹卒已滿十八個月，故曰服制再周。

〔三〕少牢：用羊、猪二牲祭。禮記王制：「天子社稷皆太牢，諸侯社稷皆少牢。」鄭玄注：「士薦牲用特豚，大夫以上用羔，所謂『羔豚而祭，百官皆足』。」

〔四〕酹：以酒洒地祭奠。

〔五〕寖疏：漸遠。寖，漸也。

〔六〕委積：周禮地官大司徒：「大賓客，令野修道委積。」鄭玄注：「少曰委，多曰積。」

〔七〕同生：指同母兄弟。見悲從弟仲德詩注。

〔八〕特百常情：百倍于一般的情誼。左思悼離贈妹詩：「恩百常情。」謝靈運曇隆法師誄：「承凶感痛，寔百常情。」

〔九〕慈妣：當爲「慈考」之誤。王譜：「君年十二，失母。」吴譜：「先生生於乙丑，至是十有二歲，丁母夫人孟氏憂。」王譜、吴譜以爲「慈妣」是淵明母孟夫人，實誤。顔誄云：「母老子幼，就養勤匱，遠惟田生致親之義，追悟毛子捧檄之懷。」可證淵明仕州祭酒時，母孟氏尚在。庚子歲五月中從都還阻風於規林詩云「一欣侍温顔，再喜見友于」，「久游戀所生」。亦證其時淵明母尚在。湯注、李注、陶考則謂「慈妣」乃程氏生母，淵明庶母。然此文明言「誰無兄弟，人亦同生」。若淵明與程氏妹非出一母，則無以解「人亦同生」一語，故淵明與程氏妹實同母兄妹也，「慈妣」爲生母、庶母之説皆誤。梁譜始疑「慈妣」「殆原作『慈考』，俗子傳鈔，以慈當屬妣，故妄改耶？」古譜申梁説。按，命子詩云：「於穆仁考。」祭從弟敬遠文云：「相及齠齔，並罹偏咎。」可證淵明幼年喪父。此文「慈妣早世」以下六句蓋述幼年失怙情形。梁譜、古譜之説是。

〔一〇〕爰從靡識：謂童年無知時相跟隨。

〔一一〕撫髫相成：謂自幼互相愛護。髫，小兒垂髮。

〔一二〕咨：歎聲。論語堯曰：「咨爾舜。」

〔一三〕靖恭：安静謙恭。文選張華女史箴：「靖恭自思。」釋慧遠念佛三昧詩集序：「是故靖恭閒宇。」

〔一四〕能正能和：行爲端正，性情温和。

〔一五〕行止：動静。中闈：女子居室，此指女性規範。

〔一六〕可象：可以做榜樣。象，法式。楚辭九章橘頌：「行比伯夷，置以爲象兮。」

〔一七〕慶自己蹈：謂福應由自己得到。慶，福，祥。蹈：集韻：「蹈，行貌。」一切經音義九引廣雅：「蹈，行也。」引申爲得到。

〔一八〕彼蒼：指天。詩秦風黄鳥：「彼蒼者天。」

〔一九〕而不斯報：謂不給予善報。

〔二〇〕「昔在」二句：指淵明母孟夫人卒。淵明幼年喪父，至隆安五年冬，孟夫人卒，故曰「重罹天罰」。李注：「晉安帝隆安五年秋七月，赴假還江陵，是冬，母孟氏卒。」王譜、吴譜並謂隆安五年淵明父喪，陶考已辨其誤。顧譜謂淵明有前後母，「慈妣早世」之「慈妣」爲前母，隆安五年冬淵明後母卒。其説亦非。

〔二一〕乖隔楚越：謂遠隔異地。莊子德充符：「自其異者視之，肝胆楚越也。」

〔二二〕黯黯：昏暗不明貌。陳琳游覽詩：「蕭蕭山谷風，黯黯天路陰。」

〔二三〕蕭蕭：風聲。史記卷八六刺客列傳：「風蕭蕭兮易水寒，壯士一去兮不復還。」

〔二四〕悲節：悲嘯。節，本爲古樂器，引申爲聲音、節奏。

〔二五〕崩：以頭叩地。孟子盡心下：「若崩厥角稽首。」

〔二六〕泣血：形容悲哀至極。禮記檀弓上：「高子皋之執親之喪也，泣血三年。」鄭玄注：「言泣無聲如血出。」孔穎達正義：「凡人涕淚必因悲聲而出，若血出則不由聲也。今子皋悲無聲，其涕亦出如血之出，故云泣血。」

〔二七〕觸事：猶接事。郭璞方言叙：「觸事廣之。」釋慧遠答秦主姚興書：「又體羸多疾，觸事有廢。」

〔二八〕遺孤滿眼：晉書卷七九謝玄傳：「且臣孤遺滿目。」

〔二九〕終天不返：與悲從弟仲德詩「終天不復形」句同意。

〔三〇〕藐藐：爲人忽略之貌。詩大雅抑：「誨爾諄諄，聽我藐藐。」毛傳：「藐藐然，不入也。」朱熹詩集傳：「藐藐，忽略貌。」馬瑞辰毛詩傳箋通釋：「藐與邈同。方言：『邈，離也。』郭注：『離，謂乖離也。』廣雅釋訓：『邈邈，遠也。』高遠謂之邈邈，瞻卬詩『藐藐昊天』是也。疏遠亦謂之藐貌。」逯注：「藐藐，小也。」按，藐固有小義。廣雅釋詁：「藐，小也。」然藐藐無小義。「藐藐孤女」，正言孤女無足輕重，爲人忽略疏遠，故下云「曷依曷恃」。

〔三一〕曷依曷恃：依誰靠誰。詩小雅蓼莪：「無父何怙，無母何恃。」

〔三二〕煢煢遊魂：潘岳悼亡賦：「嗟煢煢兮孤魂。」煢煢，楚辭劉向九歎：「獨煢煢而南行。」王逸注：「煢煢，獨貌也。」李密陳情表：「煢煢孑立，形影相吊。」

〔三三〕蒿里：本山名，在泰山之南，相傳爲死人之里，後轉稱墓地。漢書卷六三廣陵厲王劉胥傳：「蒿里召兮郭門閲，死不得取代庸，身自逝。」顔師古注：「蒿里，死人里。」古樂府蒿里曲：「蒿里誰家地，聚斂魂魄無賢愚。」

祭從弟敬遠文〔一〕

歲在辛亥，月惟仲秋〔二〕，旬有九日〔三〕，從弟敬遠，卜辰云窆〔四〕，永寧后土〔五〕。感平生之遊處，悲一往之不返〔六〕。情惻惻以摧心〔七〕，淚愍愍而盈眼〔八〕。乃以園果時醪，祖其將行〔九〕。嗚呼哀哉！於鑠吾弟〔一〇〕，有操有概。孝發幼齡，友自天愛，少思寡欲，靡執靡介〔一一〕。後己先人，臨財思惠〔一二〕。心遺得失，情不依世。其色能温，其言則厲〔一三〕。樂勝朋高〔一四〕，好是文藝。遥遥帝鄉〔一五〕，爰感奇心，絶粒委務〔一六〕，考槃山陰〔一七〕。淙淙懸溜〔一八〕，曖曖荒林，晨採上藥〔一九〕，夕閑素琴。曰仁者壽，竊獨信之；如何斯言，徒能見欺！年甫過立〔二〇〕，奄與世辭，長歸蒿里，邈無還期。惟我與爾，匪但親友，父則同生〔二一〕，母則從母〔二二〕。相及齠齔〔二三〕，並罹偏咎〔二四〕。斯情實深，斯愛實厚。念彼昔日，同房之歡，冬無緼葛〔二五〕，夏渴瓢簞〔二六〕，相將以道〔二七〕，相開以顔〔二八〕。豈不多乏，忽忘飢寒。余嘗學仕，纏綿人事，流浪無成，懼負素志。斂策歸來，爾知我意，常願攜手，寘彼衆意〔二九〕。每憶有秋，我將其刈。與汝偕行，舫舟同濟〔三〇〕。三宿水濱，樂飲川界〔三一〕，静月澄高，温風始逝〔三二〕。撫杯而言，物久人脆，奈何吾弟，先我離世！事不可尋，思亦何極。日徂月流，寒暑代息。死生異方，存亡有域，候晨永歸〔三三〕，指塗載陟〔三四〕。呱呱遺稚，未能正言〔三五〕；哀哀嫠人〔三六〕，禮儀孔閑〔三七〕。庭樹如故，齋宇廓然。孰云敬遠，何時復還。余惟人斯，昧兹近情，蓍龜有吉〔三八〕，制我祖行〔三九〕。望旐翩翩〔四〇〕，執筆涕盈。神其有知，昭余中誠。嗚呼哀哉！

【校記】

后土　陶本原校：「李本、何本作『右土』，何云：『右』疑當作『吉』。焦本、毛本作『后土』。」按，作「后土」是，參見注〔五〕。

以摧心　「以」，曾本、汲古閣本云，一作「而」。

淚愍愍　「愍愍」，曾本、汲古閣本云，一作「悠悠」。

吾弟　「弟」，曾本、汲古閣本云，一作「子」。按，作「子」非。

考槃　「槃」，曾本、汲古閣本作「盤」。按，作「槃」是，參見注〔一七〕。

徒能見欺　「徒」，藝文類聚作「獨」。「欺」，藝文類聚作「斯」。

匪但親友　「但」，曾本、汲古閣本云，一作「且」，一作「偶」。

相及齠齔　「齠齔」，曾本、李本、汲古閣本作「齠齒」。蘇寫本作「齔齒」。按，作「齠齔」是，參見注〔二四〕。

相開以顏　「顏」，曾本、汲古閣本云，一作「歡」。

寔彼衆意　「意」，陶本作「議」，陶本原校：「從焦本作『議』。諸本作『意』，非。」曾本作「意」，云，一作「宜衆特異」。蘇寫本、汲古閣本同。李本作「意」。按，復覈焦本，亦作「意」。今據各本，改作「意」。

舫舟同濟　「舫」，曾本云，一作「泛」。蘇寫本、汲古閣本同。

何時復還　「還」，藝文類聚作「旋」。

有吉　「吉」，曾本、汲古閣本云，一作「告」。蘇寫本作「告」，云，一作「吉」。

【箋注】

〔一〕敬遠爲淵明從弟，兩人同祖父。見癸卯歲十二月中作與從弟敬遠詩注。本文作於義熙七年辛亥（四一一），敬遠安葬時。

〔二〕仲秋：中秋，指八月。

〔三〕旬有九日：十九日，一旬爲十日。

〔四〕卜辰：占日子。窆：下棺安葬。

〔五〕后土：大地。楚辭九辯：「皇天淫溢而秋霖兮，后土何時而得漧？」皇甫謐篤終論：「形骸與后土同體，魂爽與元氣合靈。」

〔六〕悲一往之不返：曹植文帝誄：「嗟一往之不反兮，痛閟闥之長扃。」文選曹植三良詩：「長夜何冥冥，一往不復還。」李善注：「東觀漢紀：『鄧太后報鄧閶曰：長歸冥冥，往而不反。』」

〔七〕惻惻：哀痛貌。見悲從弟仲德詩注。

〔八〕愍愍：説文：「愍，痛也。」廣雅釋詁一：「愍，傷也。」

〔九〕祖：古人出行時祭祀路神。左傳昭公七年：「公將往，夢襄公祖。」杜預注：「祖，祭道神。」此指祖奠，即出殯前行祭祀路神的儀式。

〔一〇〕於鑠：於，歎辭。鑠，爾雅釋詁：「鑠，美也。」詩周頌酌：「於鑠王師，遵養時晦。」

〔一一〕執：固執。介：介立。此作孤僻解。

〔一二〕臨財思惠：遇到錢財想到施惠别人。

〔一三〕厲：剛直。論語子張：「望之儼然，即之也温，聽其言也厲。」

〔一四〕樂勝朋高：以結識高友爲快樂。朋高，即高朋。

〔一五〕帝鄉：仙鄉。歸去來兮辭：「富貴非我願，帝鄉不可期。」

〔一六〕絶粒：辟穀，道教養身術之一。文選孫綽遊天台山賦：「絶粒茹芝者。」李善注：「列仙傳曰：『赤松子好食松實，絶穀。』孔安國尚書傳曰：『米食曰粒。音立。』列仙傳讚曰：『吞水須，茹芝莖，斷食休糧，以除穀氣。』」棄務：委棄世務。

〔一七〕考槃：詩衛風考槃：「考槃在澗，碩人在寬。」毛傳：「考，成；槃，樂也。」後引申爲隱居之處。陸雲逸民賦：「鄙終南之辱節兮，軆伯陽之考槃。」

〔一八〕懸溜：瀑布。

〔一九〕上藥：嵇康養生論：「故神農曰：『上藥養命，中藥養性。』」

〔二〇〕過立：過了三十歲。孔子云：「三十而立。」故稱三十歲爲而立之年。

〔二一〕父則同生：指淵明父與敬遠父爲同母所生。定山陶氏宗譜載：陶茂生子三，曰淡、敏、實。實字由中，生子敬遠。敏生子淵明。

〔二二〕母則從母，指淵明母與敬遠母爲姊妹。

〔二三〕相及：相互到之謂。及，儀禮燕禮：「賓入及庭。」鄭玄注：「及，至也。」説文：「及，逮也。」齠齔：泛指幼年。曹植靈芝篇：「髫齔無夭齒，黄髮盡其年。」晉書卷七六王廙傳：「爰自齠齔，至于弱冠。」釋道安增一阿含經序：「齠齔出家。」「齠」與「髫」通。文選張協七命：「玄齠巷歌。」李善注：「齠，髮也。髫與齠古字通也。」按，梁譜因主淵明五十六歲説，故訓「相及」爲「相去不遠」。然依梁譜，義熙七年辛亥，淵明四十歲，敬遠「年甫過立」，假定三十一歲，兩人年歲相去九歲，顯與梁氏「知先生與敬遠年歲相去不遠」之説不合。古譜創淵明五十二歲説，「相及齠齔」一語是該譜「自證」的首項。其文云：「説文：『男八歲而齔。』『及齔』則尚未齔，止七歲耳。齠，童子髮也。證以祭程氏妹文，則先生罹偏咎時年止十二，十二正齠年也。詳此，先生與敬遠年齡之差僅爲五歲。」古氏訓「及」爲「尚未」；「及齔」爲「尚未齔」。亦非。因「及」無「尚未」之義。

〔二四〕偏咎：偏喪，此指喪父。國語周語：「目以處義，足以踐德，口以庇信，耳以聽名者也。」「偏喪有咎。」韋昭注：「步、言、視、聽四者而亡其二，爲偏喪。偏喪者有咎，咎及身也。」文選潘岳寡婦賦：「少伶俜而偏孤兮。」李善注：「偏孤，謂喪父也。」偏咎義同偏孤。湯注、李注謂隆安五年淵明母孟氏卒，此偏咎爲失怙。其説是。至于淵明喪父之年，有八歲、十二歲二説。湯注據家語「男子八歲而齔」，謂淵明喪父在八歲時。李注、逯繫年同。陶考肯定偏咎爲失怙，然又云：「惟『齠』乃『髫』之俗字。玉篇：髫，小兒髮，俗作『齠』，不與『齔』通。則先生失怙不定在八歲時。」梁譜謂在淵明十二歲時。古譜略同。按，陶考謂淵明失怙不定在八歲時，其説可取。據祭程氏妹文：「慈妣早世，時尚孺嬰，我年二六，爾才九齡。」「慈妣」當作「慈考」（説見該文注），則此文「偏咎」，指父喪無疑，時淵明十二歲。

〔二五〕緼葛：破舊之粗布衣，貧賤者所服。論語子罕：「衣敝緼袍。」皇疏：「碎麻曰緼，故絮亦曰緼。」葛，通「褐」。晉書卷三九王沈傳：「是則衮龍出於緼褐，卿相起於匹夫，故有朝賤而夕貴，先卷而後舒。」

〔二六〕瓢簞：見癸卯歲十二月中作與從弟敬遠詩注。

〔二七〕相將以道：互相以道義扶持。將，扶持，扶助。詩周南樛木：「樂只君子，福履將之。」鄭玄箋：「將，猶扶助也。」曹植鷂雀賦：「相將入草，共上一樹。」擬古詩其三：「相將還舊居。」

〔二八〕相開以顔：互相開顔解憂。

〔二九〕寘：同「置」。詩周南卷耳：「寘彼周行。」毛傳：「寘，置也。」

〔三〇〕舫舟：即「方舟」。説文：「舫，船也。」文選王粲贈蔡子篤詩：「舫舟翩翩，以泝大江。」

〔三一〕川界：水邊。劉駿遊覆舟山詩：「川界詠游鱗。」

〔三二〕温風：暖風。文選張衡思玄賦：「温風翕其增熱兮。」孫綽三月三日詩：「温風暖暖。」

〔三三〕候晨：即前文「卜辰」。晨，同「辰」。

〔三四〕指塗：上路。文選陸機贈弟士龍詩：「指塗悲有餘。」文選謝宣遠王撫軍庾西陽集別時爲豫章太守庾被徵東還詩：「指塗念出宿。」陟：登程。

〔三五〕未能正言：話還説不清楚。

〔三六〕嫠人：寡婦。

〔三七〕禮儀孔閑：很熟習禮儀。孔，甚。閑，同「嫻」。秦嘉述婚詩：「威儀孔閑。」

〔三八〕蓍龜：蓍草和龜甲，古人用來占卜吉凶。易繫辭上：「探賾索隱，鉤深致遠，以定天下之吉凶，成天下之亹亹者，莫大乎蓍龜。」史記卷一二八龜策列傳：「王者決定諸疑，參以卜筮，斷以蓍龜，不易之道也。」

〔三九〕制：淮南子主術訓：「猶巧工之制木也。」高誘注：「制，裁也。」淮南子氾論訓：「行無專制。」高誘注：「制，斷也。」此謂用蓍龜定其祖奠吉日。祖行：出殯前一天，像生前出行祖祭路神所設的筵席，也稱祖奠。

〔四〇〕旐：靈柩前之旐旗。文選潘岳寡婦賦：「飛旐翩翩以啓路。」李善注：「然旐，喪柩之旐也。」

自祭文〔一〕

歲惟丁卯，律中無射〔二〕。天寒夜長，風氣蕭索，鴻雁于征，草木黄落。陶子將辭逆旅之館〔三〕，永歸於本宅〔四〕。故人悽其相悲，同祖行於今夕。羞以嘉蔬〔五〕，薦以清酌〔六〕。候顔已冥〔七〕，聆音愈漠〔八〕。嗚呼哀哉！茫茫大塊〔九〕，悠悠高旻〔一〇〕，是生萬物，余得爲人〔一一〕。自余爲人，逢運之貧〔一二〕，簞瓢屢罄，絺綌冬陳〔一三〕。含歡谷汲，行歌負薪，翳翳柴門，事我宵晨。春秋代謝，有務中園，載耘載耔，迺育迺繁。欣以素牘〔一四〕，和以七弦〔一五〕。冬曝其日，夏濯其泉。勤靡餘勞，心有常閑〔一六〕。樂天委分，以至百年。惟此百年，夫人愛之。懼彼無成，愒日惜時〔一七〕。存爲世珍，没亦見思。嗟我獨邁〔一八〕，曾是異兹〔一九〕。寵非己榮，涅豈吾緇〔二〇〕？捽兀窮廬〔二一〕，酣飲賦詩。識運知命〔二二〕，疇能罔眷？余今斯化〔二三〕，可以無恨。壽涉百齡，身慕肥遯〔二四〕，從老得終〔二五〕，奚所復戀。寒暑逾邁，亡既異存〔二六〕。外姻晨來〔二七〕，良友宵奔〔二八〕。葬之中野〔二九〕，以安其魂。窅窅我行〔三〇〕，蕭蕭墓門〔三一〕，奢恥宋臣，儉笑王孫〔三二〕。廓兮已滅，慨焉已遐，不封不樹〔三三〕，日月遂過。匪貴前譽〔三四〕，孰重後歌〔三五〕，人生實難，死如之何〔三六〕。嗚呼哀哉！

【校記】

歲惟丁卯　「丁卯」，藝文類聚作「丁未」。按，顏誄謂淵明卒於元嘉四年（丁卯），作「丁卯」是。

風氣蕭索　「風氣」，曾本云，一作「涼風」。蘇寫本、汲古閣本同。

鴻雁于征，草木黄落　陶本原校：「李本、何本俱無此二句。」

永歸於本宅　藝文類聚無「於」字。

悠悠高旻　「高」，蘇寫本作「蒼」。

以至百年　「至」，曾本云，一作「慰」。蘇寫本、汲古閣本同。

愒日惜時　「愒」，曾本、汲古閣本云，一作「渴」。按，作「愒」是，參見注〔一七〕。

没亦見思　「没」，曾本、汲古閣本、蘇寫本作「歿」。

酣飲賦詩　「飲」，曾本云，一作「歌」。蘇寫本、汲古閣本同。

識運知命　藝文類聚作「已達運命」。

從老得終　「從」，曾本云，一作「以」。蘇寫本、汲古閣本同。按，作「從」是，參見注〔二四〕。

窅窅我行　「窅窅」，藝文類聚作「寂寂」。

奢恥宋臣　「恥」，李本作「侈」。

儉笑王孫　「笑」，曾本、汲古閣本云，一作「非」，又作「美」。

慨焉已遐　「遐」，曾本、汲古閣本云，一作「多」。

【箋注】

〔一〕此文作於宋元嘉四年丁卯（四二七）九月，淵明臨終前夕。吴譜元嘉四年丁卯條下云：「將復召命，會先生卒。有自祭文及擬挽歌辭。祭文云：『律中無射。』挽歌云：『嚴霜九月中，送我出遠郊。』其卒當在九月。顔延之誄云：『疢惟痁疾，視化如歸。』則是以痁疾卒也。又云：『藥劑弗嘗，禱祀非恤。』又紀其遺占之言曰：『存不願豐，没無求贍。省訃却賻，輕哀薄斂。遭壤以穿，旋葬而窆。』自祭文亦曰：『奢恥宋臣，儉笑王孫。』又有『不封不植』之語。嗚呼！死生之變亦大矣，而先生病，不藥劑，不禱祀，至自爲祭文、挽歌與夫遺占之言，從容閒暇如此，則先生平生所養，從可知矣。」蘇軾、李公焕、祁寬等皆謂此文作於纊息之際，乃靖節絶筆。鄭文焯陶集鄭批録則據晉人好爲挽歌之風氣，稱「不必靖節自祭文出於纊息」。按，顔誄記淵明卒於元嘉四年，宋傳、蕭傳、南傳記載悉同。元嘉四年爲丁卯，與文中「歲惟丁卯」句相符。故此文乃淵明絶筆爲無可置疑也。

〔二〕律中無射：古時樂律分爲十二律，陰陽各六，與十二月相配。無射爲陽律的第六，與九月相應。禮記月令：「季秋之月，其音商，律中無射。」吕氏春秋音律：「夾鍾生無射。」高誘注：「無射，九月律。」

〔三〕逆旅之館：客居，喻指人生。雜詩其七：「家爲逆旅舍，我如當去客。」

〔四〕本宅：漢書卷六七楊王孫傳：「乃得歸土，就其真宅。」雜詩其七：「去去欲何之？南山有舊宅。」本宅，同舊宅、真宅，指葬地。

〔五〕羞：周禮庖人：「共祭祀之好羞。」鄭玄注：「羞，進也。」

〔六〕薦：獻。論語鄉黨：「君賜腥，必熟而薦之。」清酌：清酒。

〔七〕候顏已冥：謂察視臉色已經暗淡。

〔八〕聆音愈漠：謂聞聲愈覺遼遠。按，上二句寫彌留之狀。

〔九〕大塊：自然。見感士不遇賦注。

〔一〇〕高旻：高天，高空。

〔一一〕「是生」二句：嵇康聖賢高士傳榮啓期：「天生萬物，惟人爲貴，吾得爲人。」

〔一二〕逢運之貧：遇上貧窮的時運。運，時運，年運。此句即有會而作詩「弱年逢家乏」句之意。

〔一三〕絺：細麻布。綌：粗麻布。絺綌本夏天所穿，因無寒衣，冬天仍穿着，故曰「冬陳」。詩周南葛覃：「爲絺爲綌。」毛傳：「精曰絺，粗曰綌。」

〔一四〕素牘：書翰也。

〔一五〕七弦：指琴。嵇康酒會詩：「但當體七弦，寄心在知己。」

〔一六〕「勤靡」二句：言勤于農作而無其他的勞瘁，内心常覺閑静。何注引朱子語録：「陶云『身有餘勞，心有常閑』乃禮記身勞而心閑則爲之也。」

皆貪也。」

〔一七〕愒日：猶惜時。左傳昭公元年：「主民，翫歲而愒日，其與幾何？」杜預注：「翫，愒，皆貪也。」

〔一八〕獨邁：猶獨行，指與世人不同。

〔一九〕曾是異兹：從來不同於此。

〔二〇〕涅豈吾緇：意謂至白之物，豈能用涅染爲黑色。喻高潔人格不被世俗所污。涅，以黑色染物。緇，黑色。論語陽貨：「不曰白乎？涅而不緇。」何晏集解：「至白者，染之于涅而不黑。」潘岳夏侯常侍誄：「莫涅匪緇。」

〔二一〕捽兀：意氣高傲貌。

〔二二〕識運知命：曉知時運與天命。易繫辭上：「樂天知命，故不憂。」逯注：「知命，指五十歲。」「二句是説如果只活到五十歲，哪能不留戀人世。」按，「識運」二句言即或「識運知命」之人，亦對人世眷戀，意在突出下二句，表現作者委運任化，超凡脱俗之趣。逯注似曲解淵明思想。

〔二三〕化：此指死。莊子刻意：「聖人之生也天行，其死也物化。」漢書卷六七楊王孫傳：「且夫死者，終生之化，而物之歸者也。」

〔二四〕肥遯：高隱。易遯卦：「上九，肥遯無不利。」王弼注：「最處外極，無應於内，超然絶志，心無疑顧。憂患不能累，矰繳不能及，是以肥遯無不利也。」

〔二五〕從老得終：逯注：「嵇康養生論：『積損成衰，從衰得白，從白得老，從老得終。』」又，陸機大暮賦：「知自壯而得老，體自老而得亡。」列子天瑞篇：「人自生至終大化有四：嬰孩也，少壯也，老耄也，死亡也。」

〔二六〕亡既異存：死去與活着異樣。

〔二七〕外姻：指外親。

〔二八〕奔：奔喪。陸機毗陵侯君誄：「同志奔走，戚友相尋。」又挽歌詩：「周親咸奔湊。」

〔二九〕葬之中野：易繫辭下：「古之葬者，厚衣之以薪。葬之中野，不封不樹。」

〔三〇〕窅窅：謂潛晦不見。吕氏春秋論威：「窅窅乎冥冥，莫知其情。」説苑權謀：「將將之台，窅窅其謀。」

〔三一〕蕭蕭墓門：文選潘岳寡婦賦：「墓門兮肅肅。」

〔三二〕「奢恥宋臣」二句：宋臣，宋國桓魋。禮記檀弓上：「昔者夫子居於宋，見桓司馬自爲石椁，三年而不成。夫子曰：『若是其靡也。』」王孫，西漢楊王孫，見飲酒詩其十一注。按，上古之人大樸未虧，死者葬之中野，尚无節制哀樂之禮儀。後情智漸開，有聖人出，緣人情制定葬禮，孝經喪親章所謂「爲之棺椁衣衾而舉之」，設棺椁以蔭庇死者，並封土以爲墳塋，種樹以爲標識，使後人「送終追遠」。后世漸興厚葬之風，棺椁數重，造大冢，廣種松柏，藏金玉珠貝之屬於其中，以奢侈相高，遂與聖人所制葬禮有違。然通達生死之理者多行薄葬。如後漢周磐，遺令曰：「若命終之日，桐棺足以周身，外椁足以周棺，斂形懸封，濯以幅巾。」（後漢書卷三九周磐傳）趙咨遺令，概述聖人之所以制葬禮以及厚葬風氣的由來，命子胤「令容棺槨，棺歸即葬，平地無墳。勿卜時日，葬無設奠，勿留墓側，無起封樹」（後漢書卷三九趙咨傳）。張奂立遺命曰：「通塞命也，始終常也，但地底冥冥，長無曉期，而復纏以纊綿，牢以釘密，爲不喜耳。幸有前窀，朝殞夕下，措屍靈牀，幅巾而已。奢非晉文，儉非王孫，推情從意，庶無咎吝。」（後漢書卷六五張奂傳）魏明帝甄表狀評張奂云：「矯王孫裸形，宋司馬爲石槨，幅巾時服，無棺而葬焉。」（集聖賢羣輔録下）淵明此二語，疑本於張奂之遺命，既矯楊王孫裸形，又矯宋司馬爲石槨，徹悟生死本質，尊重親情人情，集中表達了對儒家葬禮的深刻理解。

〔三三〕不封不樹：不起高墳，不栽墓樹。周易繫辭下：「古之葬者，厚衣之以薪，葬之中野，不封不樹。」

〔三四〕前譽：指生前的稱譽。

〔三五〕後歌：指死後的贊揚。

〔三六〕「人生」二句：左傳成公二年：「人生實難，其有不獲死乎？」陸機猛虎行：「人生誠未易。」錢鍾書管錐編第四册：「陶潛自祭文：『人生實難，死如之何！』按語意本全三國文卷五二嵇康聖賢高士傳尚長：『喟然歎曰：吾知富貴不如貧賤，未知存何如亡爾！』」

【集評】

陳秀明編東坡文談録：「東坡曰：讀淵明自祭文出妙語於纊息之餘，豈涉死生之流哉！」

張自烈輯箋注陶淵明集卷六：「今人畏死戀生，一臨患難，雖義當捐軀，心希苟免，且有纊息將絶，眷眷妻孥田舍，若弗能割者。嗟乎！何其愚哉！淵明非止脱去世情，直能認取故我，如『奚所復戀』，『可以無恨』，此語非淵明不能道。」

陶淵明集卷之八

五孝傳〔一〕

天子孝傳贊

虞舜、夏禹、殷高宗、周文王。

虞舜父頑母嚚，事之於畎畝之間，以孝烝烝〔二〕，是以堯聞而授之。富有天下，貴爲天子。以爲不順於父母，若窮而無歸，惟聞親可以得意。苟違朝夕，若嬰兒之思戀，故稱舜五十而慕。書曰：「戛擊鳴球，搏拊琴瑟以詠，祖考來格。」〔三〕言思其來而訓之。愛敬盡於事親，是以德教加於百姓，刑于四海。

夏禹有天下以奉宗廟，然躬自菲薄以厚其孝。孔子曰：「禹吾無間然矣。菲飲食而致孝乎鬼神，惡衣服而致美乎黻冕。」〔四〕禹之德於是稱聞。聖人之德，無以加於孝敬，孝敬之道，美莫大焉。

殷高宗諒陰〔五〕，三年不言，百官總己而聽於家宰。三年而後言，天下咸歡，德教大行，殷道以興。詩曰：「一人有慶，兆民賴之。」〔六〕其此之謂乎？周文王之爲世子也，朝於王季日三〔七〕，雞鳴至於寢門，問於内竪，内竪曰安，文王乃喜；不安則色憂，行不能正履。日中、暮亦如之。食上，必視寒温之節；食下，必問所膳而後退。文王孝道光大，其化自近至遠，刑于寡妻，以禦於家邦。故得萬國之歡心，以事其先王矣。

贊曰：至哉后德，聖敬自天。陶漁致養〔八〕，菲薄饗先。親瘠色憂，諒陰寢言，一人有慶，千載賴旃。

【校記】

五孝傳　汲古閣本、李本、焦本、何本，皆是卷七五孝傳，卷八疏祭文，五孝傳編於疏祭文之前。又何孟春本「移置卷次」，將五孝傳與五柳先生傳、孟府君傳編在同一卷，自謂「倫貫」。陶本編五孝傳爲卷八，其卷首例言云：「今諸本以五孝傳編於記傳之後，疏祭文之前，則既違蕭編，亦乖陽録矣。」以爲諸本編次混亂。陶本諸本序録又以爲蕭統本原無五孝傳、四八目，後人疑爲贋作，何本將這些贋作與五柳先生傳、孟府君傳編爲同卷，「殊爲不倫」。按，陶本編次較他本合理，今從陶本，卷八五孝傳，卷九集聖賢羣輔録上，卷十集聖賢羣輔録下。

訓之　「訓」，汲古閣本云：一作「謂」。李本、陶本同。

【箋注】

〔一〕陶集版本衆多，溯其源流，不出於蕭統八卷本和陽休之十卷本兩個系統。兩者最大的差異是蕭統八卷本無五孝傳及集聖賢羣輔録（原名四八目），而陽休之十卷本有之。宋元以來的重要陶集版本如汲古閣本、李本、何本、陶本、毛晉緑君亭本，皆有五孝傳及集聖賢羣輔録。至四庫全書總目提要，始謂此兩篇是託名陶淵明的贋作。陶本從四庫提要之説，斷爲僞作，然又以爲「究爲北齊以前人所依託」（陶本卷九序），「究爲六朝人之書，爲類書之祖，足資考證」（陶本例言），以其有參考價值，故仍予保留，編爲卷八、卷九、卷十。筆者當初校箋陶集，亦從四庫總目提要所謂「贋作」之説，删除五孝傳及集聖賢羣輔録。近幾年來反復思考，以爲四庫總目提要「贋作」説之理由難以信從，故仍從汲古閣等宋元舊本，保留五孝傳及集聖賢羣輔録，其依據與考辨結論置於十卷之末的【集説】。

〔二〕烝烝：王引之經義述聞尚書上：「謂之烝烝者，言孝德之厚美也。」

〔三〕「書曰」數句：出於尚書虞書。孔傳：「戛擊，柷敔所以作止樂。搏拊以韋爲之，實之以穅，所以節樂。球，玉磬。此舜廟堂之樂。民悦其化，神歆其祀，禮備樂和，故以祖考來至。」

〔四〕「孔子曰」數句：見論語泰伯。論語注疏八：「子曰禹吾無間然」，何晏注引孔安國曰：「孔子推禹功德之盛，美言已不能復間厠其間。」「菲飲食而致孝乎鬼神」，何晏注引馬融曰：「菲，薄也，致孝鬼神，祭祀豐潔。』「惡衣服而致美乎黻冕」，何晏注引孔安國曰：「損其常服，以盛祭服。」

〔五〕諒陰：亦作「諒闇」，居喪時所住之室。禮記喪服四制：「書曰：『高宗諒闇，三年不言。』善之也。」鄭玄注：「闇，謂廬也。」

〔六〕「一人」二句：此是書呂刑之辭，「詩曰」當作「書曰」。

〔七〕王季：周太王之子，名季歷，文王之父。

〔八〕陶漁：謂製陶與捕魚。孟子公孫丑上：「自耕稼陶漁以至爲帝，無非取於人者。取諸人以爲善，是與人爲善者也。」

諸侯孝傳贊

周公旦、魯孝公、河間惠王。

周公旦，武王之弟。成王幼少，周公攝政。制禮作樂，郊祀后稷以配天，宗祀文王於明堂，以配上帝。是以四海之内，各以其職來祭。詩曰：「於穆清廟，肅雍顯相。」[一]言諸侯樂其位而敬其事也。仲尼曰：「孝莫大於嚴父，嚴父莫大於配天，則周公其人也。」[二]貴而不驕，位高彌謙，自承文武之休烈，孝道通於神明，光被四海。武王封之於魯，備其禮樂，以奉宗廟焉。

魯孝公之爲公子，周宣王問公子能道訓諸侯者立之。樊穆仲稱其孝曰：「肅恭明神，而敬事耆老。賦事行刑，必問於遺訓，咨於故實。不干所問，不犯所咨。」王曰：「然則能訓理其民矣。」〔三〕乃命之於夷宮，是爲孝公。夫宗廟致敬，不忘親也，有國不亦宜乎！漢河間惠王〔四〕，獻王之曾孫也。西京藩臣多驕放之失，其名德者唯獻王，而惠王繼之。漢書稱其能修獻王之行。母薨，服喪盡禮。哀帝下詔書褒揚，以爲宗室儀表，增封萬户。禮，古之人皆然，至於末俗衰薄，固已賢矣。貴而率禮又難，其見褒賞，不亦宜乎。

贊曰：貴驕殊途，不期而會。周公勞謙，乃成光大。二侯承魯，遵儉去泰。河間率禮，漢宗是賴。

【校記】

咨於故實　「故實」，汲古閣本作「固實」，焦本作「故寔」。按，史記卷三三魯周公世家作「固實」。裴駰集解：「徐廣曰：『固一作故』。韋昭曰：『故實，故事之是者。』」「寔」同「實」。

固已賢矣　「已」，汲古閣本作「以」，云，「一作已」。

【箋注】

〔一〕「於穆」二句：見詩周頌清廟。

〔二〕「孝莫大」三句：見孝經聖治章。

〔三〕「魯孝公」以下數句：事見史記卷三三魯周公世家。樊穆仲，裴駰集解：「韋昭曰：『穆仲，仲山父之謚也。』」

〔四〕漢河間惠王：漢書卷五三河間獻王傳：「成帝建始元年（前三二），復立元弟上郡庫令良，是爲河間惠王。良脩獻王之行，母太后薨，服喪如禮。哀帝下詔褒揚曰：『河間王良，喪太后三年，爲宗室儀表，其益封萬户。』」

卿大夫孝傳贊

孔子、孟莊子、潁考叔。

孔子，魯人也。入則事父兄，出則事公卿，喪事不敢不勉，故稱曰：「孝乎惟孝，友于兄弟，是亦爲政也。」〔一〕君賜腥，必熟而薦之，雖蔬食而齊，祭如在。鄉人儺，朝服立於阼階，孝之至也。至德要道，莫大於孝。是以曾參受而書之，游、夏之徒，常咨稟焉。許止不嘗藥，書以殺父。宰我暫言減喪，責以不仁。言合訓典，行合世範。德義可尊，作事可法，遺文不朽，揚名千載。

孟莊子，魯人也，孔子稱其孝。其他可能也，其不改父之政與父之臣，是難能也〔二〕。夫孝子之事親也，事亡如事存，故當不義則争之，存所不争，則亡亦不敢改。三年無改父之道，猶謂之孝，况終身乎！

潁考叔〔三〕，鄭人也。莊公以叔段之故，與母誓曰：「不及黄泉，無相見也。」既而悔之。考叔爲封人，聞之，有獻於公。公賜之食，而舍肉。公問之，對曰：「小人有母，未嘗君之羹，請以遺之。」公曰：「汝有母遺，緊我獨無。」考叔曰：「何謂也？」公語之故，且告之悔。考叔曰：「若掘地及泉，隧而相見，其誰曰不然？」公從之，遂爲母子如初。君子曰：「潁考叔，純孝也，愛其母而施及莊公。」詩云：「孝子不匱，永錫爾類。」〔四〕其是之謂乎？

贊曰：仁惟本悌，聖亦基孝。恂恂尼父，固天攸造。二子承親，式禮遵誥。永錫純懿，無改遺操。

【校記】

訓典　汲古閣本云，一作「典訓」。

三年無改父之道　陶本云：「諸本脱『三年無改』四字，從何校宣和本補。」

固天攸造　「造」，陶本原校：一作「導」。汲古閣本、李本同。

【箋注】

〔一〕「孝乎惟孝」三句：見論語爲政。包咸注：「孝乎惟孝，美大孝之辭。友于兄弟，善於兄弟施行也，所行有政，道與爲政同。」

〔二〕「孟莊子」以下數句：論語子張：「曾子曰：『吾聞諸夫子孟莊子之孝也，其他可能也，其不改父之臣與父之政，是難能也。』」何晏集解：「馬融曰：『孟莊子，魯大夫仲孫速也。謂在諒陰之中，父臣及父政雖有不善者，不忍改也。』」

〔三〕潁考叔：潁考叔愛其母而施及莊公事詳載春秋左氏傳隱公元年。

〔四〕「孝子」三句：見詩大雅生民。

士孝傳贊

高柴、樂正子春、孔奮、黄香。

高柴〔一〕，衛人也。喪親，泣血三年，未嘗見齒。所謂哭不偯，言不文也。爲武城宰而化行，民有不服其親者改之，行喪如禮。君子之德風也，以身先之，而民不遺其親。

樂正子春〔二〕，魯人也。下堂傷足，既瘳，數月不出，猶有憂色。曰：「吾聞之曾子，父母全而生之，己全而歸之，可謂孝矣。」故君子一舉足，一出言，不敢忘父母，不敢毁傷，孝之始也。夫能敬慎若斯，而災患及者，未之有也。

孔奮〔三〕，扶風人也。少以孝行著名州里，供養至謹。在官，唯母極甘美，妻息菜食。歷位以清。夫人情莫不欲厚其親，然亦有分焉。奮則難繼，能致儉以全養者，鮮矣。

黄香〔四〕，江夏人也。九歲失母，思慕骨立。事父竭力以致養，冬無被袴，而盡滋味，暑則扇床枕，寒則以身温席。漢和帝嘉之，特加異賜。歷位恭勤，寵禄榮親，可謂夙興夜寐，無忝爾所生者也。

贊曰：顯允羣士，行殊名鈞。咸能夙夜，以義榮親。率彼城邑，用化厥民。忠以悟主，其孝乃純。

【校記】

己全而歸之　汲古閣本作「亦當全而歸之」。「全」，汲古閣本云，一作「己全」。

可謂孝矣　「可」，汲古閣本作「所」，云，一作「可」。

奮則難繼　「奮」，各本原作「奮」。陶本原校：「奮，各本作『奮』，非。從何校宣和本作『奮』。」此從陶本。

思慕骨立　「骨立」，陶本原作「鵠立」。汲古閣本、李本作「骨立」。今據改。

其孝乃純　「其」，汲古閣本云，一作「真」。「乃」，汲古閣本云，一作「力」。

【箋注】

〔一〕「高柴」數句：史記卷六七仲尼弟子列傳：「高柴字子羔，少孔子三十歲。子羔長不盈五尺，受業孔子，孔子以爲愚。」裴駰集解：「鄭玄曰衞人。」張守節正義：「家語云齊人。」禮記檀弓上：「高子皋之執親之喪也，泣血三年。」鄭玄注：「言泣無聲如血出。」「未嘗見齒。」鄭玄注：「言笑之微。」

〔二〕樂正子春：春秋公羊傳注疏昭公十九年：「樂正子春，曾子弟子，以孝名聞。」何休疏解：祭義云：樂正子春下堂而傷其足，數月不出，猶有憂色。門弟子云云，子春曰：「吾聞諸曾子，曾子聞諸夫子，曰：『天之所生，地之所養，唯人爲大。父母全而生之，子全而歸之，可謂孝矣。』云云。今予忘孝之道，予是以有憂色。」

〔三〕孔奮：孔奮字君魚，扶風茂陵人。少從劉歆受春秋左氏傳。漢光武帝建武五年（二九），守姑臧長。八年（三二），賜爵關内侯。奮在職四年，財産無所增。事母孝謹，奉養極求珍膳，自己與妻子食菜。召至京師，爲武都郡丞。後平賊有功，拜武都太守，舉郡莫不改操，郡中稱爲清平。詳見後漢書卷三一孔奮傳。

〔四〕黄香：黄香，字文彊，江夏安陸人。年九歲失母，思慕憔悴，殆不免喪，鄉人稱其至孝。年十二，太守劉護聞而召之，署門下孝子。博學經典，究精道術，能文章，京師號曰「天下無雙，江夏黃童」。歷任尚書令、東郡太守、魏郡太守。所著賦、牋、奏、書、令凡五篇。詳見後漢書卷八〇上黃香傳。

庶人孝傳贊

江革、廉範、汝郁、殷陶。

江革〔一〕，齊人也。漢章帝時，避賊負母而逃。賊賢之，不害而告其生路。竭力傭賃以致甘暖，和顏悦色以盡歡心。欲親之安，自挽車以行。鄉人歸之，號曰江巨孝。位至五官中郎將，天子嘉焉，寵遇甚厚。告歸，詔書褒美，就家禮其終身，以顯異行。

廉範，京兆人也。少孤，十五入蜀迎父喪，遇石船覆，範抱棺而没，船人救之，僅免於死，遂以喪歸。及仕郡，拯太守於危難，送故盡節〔二〕。章帝時爲郡守，百姓歌詠之〔三〕。夫孝者，人之本，教之所由生也。是以範之臨危也勇，宰民也惠，能以義顯也。

汝郁〔四〕，陳郡人也。五歲，母病不食，郁亦不食。母憐之，强食。郁能察色知病，輒復不食，族人號曰異童。年十五，著於鄉里。父母終，思慕致毁，推財與兄弟，隱於草澤。君子以爲難，況童齓孝於自然，可謂天性也。

殷陶〔五〕，汝南人也。年十二，以孝稱。遭父憂，率情合禮。有長蛇帶其門，舉家奔走。陶以喪柩在焉，獨居廬不動。親戚扶持曉喻，莫能移之，啼號益盛。由是顯名，屢辭辟命。夫智者不惑，勇者不懼。陶孝於其親，而智勇並彰乎弱齡，斯又難矣。

贊曰：事親盡歡，其難在色。彼養以禄，我養以力。義在愛敬，榮不假飾。嗟爾衆庶，鑒兹前式。

【校記】

廉範　陶本原校：「後漢書：範作『范』。」

範抱棺　「抱棺」，汲古閣本云，一作「執骸」。

斯又難矣　「又」，汲古閣本云，一作「亦」。

義在愛敬　「在」，汲古閣本云，一作「存」。李本同。

【箋注】

〔一〕江革：江革字次翁，齊國臨淄人。自少失父，獨與母居。遭天下亂，盜賊並起，革負母逃難，備經阻險。數次遇賊，革輒涕泣求哀，言有老母，賊以是不忍犯之，或乃指避兵之方，遂得俱全於難。革轉客下邳，窮貧裸跣，行傭以供母。建武末年，與母歸鄉里，鄉里稱之曰江巨孝。詳見後漢書卷三九江革傳。

〔二〕「及仕郡」三句：指廉範救鄧融及送融死，送葬至南陽之高義。事見後漢書卷三一廉範傳：「永平初，隴西太守鄧融備禮謁範爲功曹，會融爲州所舉案，範知事譴難解，欲以權相濟，乃託病求去，融不達其意，大恨之。範於是東至洛陽，變名姓，求代廷尉獄卒。居無幾，融果徵下獄，範遂得衛侍左右，盡心勤勞。融怪其貌類範而殊不意，乃謂曰：『卿何似我故功曹邪？』範訶之曰：『君困戹瞀亂邪！』語遂絶。融繫出困病，範隨而養視，及死，竟不言，身自將車送喪至南陽，葬畢乃去。」

〔三〕「章帝時」二句：後漢書卷三一廉範傳：章帝建初中，廉範遷蜀郡太守，「百姓爲便，乃歌之曰：『廉叔度，來何暮，不禁火，民安作。平生無襦今五絝。』」

〔四〕汝郁：汝郁事附見後漢書卷三六賈逵傳：「(汝)郁字叔異，性仁孝，及親歿，遂隱處山澤。後累遷爲魯相，以德教化，百姓稱之，流人歸者八九千戶。」章懷注：「東觀記曰：郁年五歲，母病不能食，郁常抱持啼泣，亦不食。母憐之，强爲飯。宗親共異之，因字曰『異』也。」

〔五〕殷陶：何注：「後漢書范滂傳：滂事釋，南歸汝南。南陽士大夫迎之者數千兩。同囚鄉人殷陶、黄穆亦免俱歸，並衛侍於傍，應對賓客。滂顧謂陶等曰：『今子相隨，是重吾禍也。』竊意此殷陶，必是此人。廣五行記載殷仲文事，與此載殷陶事頗同。然仲文乃靖節近時人，其人靖節豈肯取之？陶事范書失載，蔚宗當時殆未見靖節集。若廣五行記所載，或因陶事而誤記爲仲文，亦不可知，蓋晉書仲文本傳無記所載事也。」

陶淵明集卷之九

集聖賢羣輔録上

明由曉升級〔一〕。必育受税俗〔二〕。成博受古諸〔三〕。隕丘受延嬉〔四〕。

右燧人四佐〔五〕。燧人出天，四佐出洛〔六〕。

【校記】

集聖賢羣輔録上　汲古閣本於篇題下云：「一曰四八目」。陶本原校：「原注，悉照李本。」按，史記卷五五考證：「陶潛四八目即聖賢羣輔録别名。四八目蓋所載如四佐、四凶、八元、八愷之類，四與八居多，後人遂呼之爲『四八目』耳。」

隕丘　「丘」，陶本原校：「一作『立』。」汲古閣本、李本同。

【箋注】

〔一〕宋均曰：「級，等差，政所先後也。」李注、陶注同。按，汲古閣本、李本、陶注集聖賢羣輔録上，皆引宋均注。今徑直作「宋均曰」。〔宋均，東漢初年經學家，後漢書卷四一有傳。

〔二〕宋均曰：「受賦税及徭役，所宜施爲也。」李注、陶注同。

〔三〕宋均曰：「古諸侯職等也。」李注、陶注同。

〔四〕宋均曰：「延，長。嬉，興也。主受此録也。」李注、陶注同。

〔五〕燧人：司馬貞史記索隱卷三〇：「自人皇已後有五龍氏、燧人氏……按其君鑽燧出火，教人熟食，在伏犧氏前，譙周以爲三皇之首也。」

〔六〕宋均曰：「出天，天所生也。出洛，地所生也。」李注、陶注同。

金提主化俗〔一〕。鳥明主建福〔二〕。視默主災惡〔三〕。紀通爲中職〔四〕。仲起爲海陸〔五〕。陽侯爲江海〔六〕。

右伏羲六佐。六佐出世〔七〕。

【校記】

金提　「提」，陶本原校：「一作『堤』。」汲古閣本同。

陽侯　「侯」，汲古閣本云，一作「使」。

江海　陶本原校：「一本作『江湖』。」汲古閣本云，「一本俱作江湖」。

【箋注】

〔一〕宋均曰：「爲民除災害也。」李注、陶注同。

〔二〕宋均曰：「福，利民也。」李注、陶注同。

〔三〕宋均曰：「爲民除災惡也。」李注、陶注同。

〔四〕宋均曰：「爲田主，主内職也。」李注、陶注同。

〔五〕宋均曰：「主平地兼統海也。」李注、陶注同。

〔六〕宋均曰：「主江海事。」李注、陶注同。

〔七〕宋均曰：「宓戲不及燧人，故增二佐，出世。人所生也。」李注、陶注同。

風后受金法〔一〕。天老受天籙〔二〕。五聖受道級〔三〕。知命受糾俗〔四〕。窺紀受變復〔五〕。地典受州絡〔六〕。力墨受準斥〔七〕。

右黃帝七輔。州選舉翼佐帝德。自燧人四佐至七輔。見論語摘輔象〔八〕。

【箋注】

〔一〕宋均曰：「金法，言能決理是非也。」李注、陶注同。

〔二〕宋均曰：「籙，天教命也。」李注、陶注同。
〔三〕宋均曰：「級，次序也。」李注、陶注同。
〔四〕宋均曰：「糾，正也。」李注、陶注同。
〔五〕宋均曰：「有禍變能補復也。」李注、陶注同。
〔六〕宋均曰：「絡，維絡也。」李注、陶注同。
〔七〕宋均曰：「準斥，凡事也。力墨或作力牧。」李注、陶注同。
〔八〕論語摘輔象：朱彝尊經義考卷二六七謂論語摘輔象宋均注，其文多説聖門儀表，「蓋好事者爲之」。

重〔一〕、該〔二〕、脩、熙〔三〕。

右少昊四叔〔四〕，實能金木及水。使重爲勾芒〔五〕，該爲蓐收〔六〕，脩及熙爲玄冥〔七〕，世不失職，遂濟窮桑〔八〕。見左傳蔡墨辭。

【箋注】

〔一〕重：陶注：「木正。」
〔二〕該：陶注：「金正。」

〔三〕脩熙：陶注：「並水正。」

〔四〕少昊：左傳昭公十七年：「郯子曰：『我高祖少皞，摯之立也，鳳鳥適至，故紀於鳥，爲鳥師而鳥名。』」杜預注：「少皞，金天氏，黄帝之子，己姓之祖也。」

〔五〕勾芒：傳説中主管樹木之神。尚書大傳三：「東方之極，自碣石東至日出榑木之野，帝太皞神勾芒司之。」班固白虎通五行：「其神勾芒者，物之始生，其精青龍。芒之爲言萌也。」

〔六〕蓐收：傳説中的西方之神，司秋。禮記月令：「（孟秋之月）日在翼，昏建星中，旦畢中。其日庚辛，其帝少皞，其神蓐收。」鄭玄注：「蓐收，少皞氏之子，曰該，爲金官。」

〔七〕玄冥：傳説中之水神。左傳昭公十八年：「禳火于玄冥、回禄。」杜預注：「玄冥，水神。」張衡思玄賦：「前長離使拂羽兮，委水衡乎玄冥。」

〔八〕窮桑：傳説中少昊氏所居處。左傳昭公二十九年記少皞氏四子，杜預注：「窮桑，少皞之號也。四子能治其官，使不失職，濟成少皞之功，死皆爲民所祀。窮桑，地在魯北。」

羲仲、羲叔、和仲、和叔。

右羲和四子。孔安國云：「即堯之四岳，分掌四岳諸侯。」〔一〕鄭玄云：「堯既分陰陽爲四時，命羲仲、和仲、羲叔、和叔等爲之官，又主方岳之事，是爲四岳。」見鄭尚書注〔二〕。

【箋注】

〔一〕「孔安國」三句：書堯典：「帝曰：『咨，四岳。』」孔傳：「四岳，即上羲和之四子，分掌四岳之諸侯，故稱焉。」

〔二〕鄭尚書注：此指鄭玄注尚書。隋書卷三二經籍志著録：「尚書九卷，鄭玄注。」「書大傳三卷，鄭玄注。」隋書經籍志又述古文尚書之流傳：「……後漢扶風杜林傳古文尚書，同郡賈逵爲之作訓，馬融作傳，鄭玄爲之注。」淵明所讀，殆是孔安國所傳，鄭玄作注的古文尚書。

伯夷爲陽伯。羲仲之後爲羲伯。棄爲夏伯。羲叔之後爲羲伯。咎繇爲秋伯。和仲之後爲和伯。垂爲冬伯。

右八伯。自羲和死後，分置八伯。舜既即位，元祀，巡狩，每至其方，各貢兩伯之樂〔一〕。大傳，冬伯後闕一人。鄭玄云：「此上下有脱辭，其説未聞。十有五祀後，又百工相和，而歌慶雲，八伯稽首而進者也。」見尚書大傳。

【校記】

陽伯　陶本於此二字下注：「樂舞侏離，歌曰招陽。」汲古閣本、李本同。

羲伯　陶本於此二字下注：「樂舞鼚哉，歌曰南陽。」汲古閣本、李本同。

夏伯　陶本於此二字下注：「樂舞武漫哉，歌曰祁慮。一無『武』字。」汲古閣本、李本同。

羲伯　陶本於此二字下注：「樂舞將陽，歌曰朱華。」汲古閣本、李本同。

秋伯　陶本於此二字下注：「樂舞蔡俶，歌曰零落。」汲古閣本、李本同。

和伯　陶注：「樂舞未詳，歌曰歸來。」何校宣和本作「樂舞玄鶴」。」汲古閣本於此二字下注：「樂舞玄鶴，歌曰歸來。」李本注：「樂舞歌曰歸來。」

冬伯　陶本於此二字下注：「樂舞丹鳳，一曰齊落。歌曰齊樂，一曰縵。」汲古閣本、李本注：「樂舞丹鳳，一曰齊落。歌曰齊樂，一曰縵縵。」按，陶注脱一「縵」字，今據他本補。

【箋注】

〔一〕「舜既即位」以下數句：清孫之騄輯尚書大傳一：「樂正定樂名，元祀代泰山，貢兩伯之樂焉。東岳陽伯之樂舞侏（一作株）離，其歌聲比餘謡，名曰晳陽。儀伯之樂舞鼚哉，其歌聲比大謡，名曰南陽。中祀大交霍山，貢兩伯之樂焉。夏伯之樂舞謾哉（一作或），其歌聲比中謡，名曰初慮。羲伯之樂舞將陽，其歌聲比大謡，名曰朱幹（一作於）。秋祀柳谷華山，貢兩伯之樂焉。秋伯之樂舞蔡俶，其歌聲比小謡，名曰苓落。和伯之樂舞玄鶴，其歌聲比中謡，名曰歸來。祀幽都宏山，貢兩伯之樂焉，冬伯之樂舞齊（一作濟）落，歌曰縵縵。」按：孫之騄輯尚書大傳中之「儀伯」，清陳壽祺輯校尚書大傳鄭玄注：「儀當爲羲，羲仲之後也。」

讙兜、共工、鮌、三苗。

右四凶〔一〕。

【箋注】

〔一〕四凶：書舜典「流共工於幽洲（州），放驩兜於崇山，竄三苗于三危，殛鮌於羽山。」

蒼舒、隤敳、檮戭、大臨、尨降、庭堅、仲容、叔達。

右高陽氏才子八人。齊聖廣淵，明允篤誠，天下之民謂之八凱〔一〕。

【校記】

尨降　「尨」，陶本原校：「各本作『龍』。何校宣和本作『尨』。」

【箋注】

〔一〕「右高陽氏」以下數句：左傳文公十八年：「昔高陽氏有才子八人，（杜注：高陽帝，顓頊之號，八人其苗裔。）蒼舒、隤敳、檮戭、大臨、尨降、庭堅、仲容、叔達。（杜注：此即垂、益、禹、皋陶之倫，庭堅即皋陶）。齊聖廣淵，明允篤誠，天下之民謂之八愷。」（杜注：齊，中也。淵，深也。允，信也。篤，厚也。愷，和也。）

伯奮、仲堪、叔獻、季仲、伯虎、仲熊、叔豹、季貍。

右高辛氏才子八人。忠肅恭懿，宣慈惠和，天下之民謂之八元〔一〕。從四凶至此，悉見左傳季文子辭。

【箋注】

〔一〕「右高辛氏」以下數句：左傳文公十八年：「高辛氏有才子八人，（杜注：高辛，帝嚳之號，八人亦其苗裔。）伯奮、仲堪、叔獻、季仲、伯虎、仲熊、叔豹、季貍，（杜注：此即稷、契、朱虎、熊羆之倫。）忠肅共懿，宣慈惠和，天下之民，謂之八元。（杜注：肅，敬也。懿，美也。宣，徧也。元，善也。）」

禹作司空。棄作稷〔一〕。契作司徒。皋陶作士。益作朕虞〔二〕。垂作共工。伯夷作秩宗〔三〕。龍作納言〔四〕。夔作典樂。

右九官。舜登帝位所選命，見尚書〔五〕。

【校記】

朕虞　陶本原校：「汲古閣本無『朕』字。」

【箋注】

〔一〕稷：古代主管農事之官。左傳昭公二十九年：「稷，田正也。」孔穎達疏：「正，長也，稷是田官之長。」

〔二〕朕虞：古官名，管理山澤。書舜典：「帝曰：『俞。咨益，汝作朕虞。』」荀悦漢紀惠帝紀：「益作朕虞，育草木鳥獸。」

〔三〕秩宗：古代掌宗廟祭祀之官。書舜典：「咨伯，汝作秩宗。」孔傳：「秩宗，宗尊也，主郊廟之官。」

〔四〕納言：古官名，主出納王命。書舜典：「命汝作納言，夙夜出納朕命，惟允。」孔傳：「納言，喉舌之官，聽下言納於上，受上言宣於下，必以信。」

〔五〕舜選命九官，見尚書舜典。

雄陶、方回、續牙、伯陽、東不訾、秦不虛、靈甫。

右舜七友。並爲歷山雷澤之遊。戰國策顏歜云：「堯有九佐，舜有七友。」而尸子只載雄陶等六人，不載靈甫。皇甫士安作逸士傳云：「視其友則雄陶、方回、續牙、伯陽、東不訾、秦不空、靈甫之徒，是爲七子。」與戰國策相應。

【校記】

雄陶　「雄」，陶本原校：「一作『雒』。」

東不訾　「不訾」，陶本原校：「或云『不識』。」汲古閣本、李本同。

秦不虛　「不虛」，陶本原校：「或云『不空』。」汲古閣本、李本同。

禹、稷、契、皋陶、益。

右舜五臣。見論語，已列九官中。

禹、稷、契、皋陶、伯夷、垂、益、夔。

右八師。見楚辭七諫〔一〕。

【箋注】

〔一〕楚辭七諫：「雖有八師，而不可爲。」王逸章句：「八師謂禹、稷、契、皋陶、伯夷、垂、益、夔也。言堯舜有聖賢之臣八人，以爲師傅。」

伯夷、禹、稷。

右三后。伯夷降典，制民惟刑。禹平水土，主名山川。稷降播種，農殖嘉穀。三后成功，惟殷於民。漢太尉楊賜曰：「昔三后成功，皋陶不與焉，蓋吝之也。」〔一〕見尚書甫刑、後漢書。

【校記】

制民惟刑　「制」，尚書甫刑作「折」。

【箋注】

〔一〕「漢太尉楊賜」數句：見後漢書卷五四楊賜傳。

微子、箕子、比干。

右殷三仁。論語曰：「微子去之，箕子爲之奴，比干諫而死。孔子曰：『殷有三仁焉。』」

伯夷、太公。

右二老。尚書大傳曰：「太公避紂，居東海之濱，伯夷居北海之濱，皆率其黨曰：『盍歸乎？吾聞西伯昌善養老。』此二人者蓋天下之大老也，往而歸之，是天下之父歸之也。天下之父歸之，其子曷往。」孔融曰：「西伯以二老開王業。」

【校記】

伯夷居北海之濱　陶本原校：「俗本脱此句。」按，李本脱此句。

閎夭、太公望、南宫适、散宜生〔一〕。

右文王四友。尚書大傳云：「閎夭、南宫适、散宜生三子，學于太公望。望曰：『嗟乎！西伯，賢君也。』四子遂見西伯於羑里。」孔子曰：「文王有四臣，丘亦得四友。」此四人則文王四隣也〔二〕。

【箋注】

〔一〕尚書君奭：「亦惟有若虢叔，有若閎夭，有若散宜生，有若泰顛，有若南宫适。」孔傳：「散、泰、南宫皆氏，宜生、顛、适皆名也。」何注：「太公望，左傳釋文作『太顛』。」

〔二〕文王四隣：何注：「孔叢子：『文王有胥附、奔走、先後、禦侮，謂之四鄰。』」

伯達、伯适、仲突、仲忽、叔夜、叔夏、季隨、季騧。

右周八士〔一〕。見論語。賈逵以爲文王時，鄭玄以爲成王時也〔二〕。

【箋注】

〔一〕八士：何注：「國語：『文王詢于八虞。』注：『周八士皆在虞官』，即此。」

〔二〕「賈逵」二句：胡應麟困學紀聞卷七論語：「『周有八士』包氏注云：『四乳生八子。』其説本董仲舒春秋繁露，謂四産得八男，皆君子雄俊，此天所以興周國。周書武寤篇『尹氏八士』，注云：『武王賢臣。』晉語『文王詢八虞』，賈逵云：『周八士皆在虞官。』以仲舒興周之言考之，當在文、武時。」

伯邑考、武王發、管叔鮮、周公旦、蔡叔度、曹叔振鐸、霍叔武、郕叔處、康叔封、聃季載。

右太姒十子。太史公曰：「太姒十子，周以宗强。」見史記〔一〕。

【校記】

霍叔武郕叔處　陶本原校：「史記管蔡列傳、班固古今人表、杜預左傳注，皆作『成叔武、霍叔處』。」又陶注：「一本無郕叔處，有毛叔鄭。」汲古閣本、李本同。

【箋注】

〔一〕「太姒十子」數句：何注：「按滕、毛、郜、雍、畢、酆、郇，皆文王子。譜系：文王十七子，原郇不在。列傳以原郇爲文王昭，譜系失傳。」史記卷三五管蔡世家：「武王同母兄弟十人，母曰太姒，文王正妃也。其長子曰伯邑考，次曰武王發，次曰管叔鮮，次曰周公旦，次曰蔡叔度，次曰曹叔振鐸，次曰成叔武，次曰霍叔處，次曰康叔封，次曰冉季載。」張守節正義：列女傳云：「太姒者，武王之母，禹後姒氏之女也。在郃之陽，在渭之涘。仁而明道，文王嘉之，親迎於渭，造舟爲梁。及入，太姒思媚太姜、太任，旦夕勤勞，以進婦道。」

周公旦、邵公奭、太公望、畢公、毛公、閎公、太顛、南宫适、散宜生、文母。

右周十亂。見論語〔一〕。其四人已列四友〔二〕。

【校記】

毛公　陶本原校：「何晏論語集解作『榮公』。」

文母　陶本原校：「太姒也。」李本同。汲古閣本作「太如也」。

【箋注】

〔一〕「十亂」二句：論語泰伯：「武王曰：『予有亂臣十人。』」何晏集解：「馬（融）曰：『亂，治也，治官者十人。謂周公旦、召公奭、太公望、畢公、榮公、大顛、閎夭、散宜生、南宫适。其一人謂文母。』」「孔子曰：『才難不其然乎？唐虞之際，於斯爲盛。有婦人焉，九人而已。』」何晏集解：「孔（安國）曰：『唐者堯號，虞者舜號。際者，堯舜交會之間。斯，此也。言堯舜交會之間比於周，周最盛多賢才，然尚有一婦人，其餘九人而已，大才難得，豈不然乎？』」

〔二〕四人已列四友：指太公望、閎公、南宫适、散宜生。

秦公牙、吴班、孫尤、大夫冉贄、公子麇。

右五王，並能相焉。尸子曰：「古有五王之相，迺謂之王，其貴之也。」

【校記】

古有五王　「古」，汲古閣本作「才」。

狐偃、趙衰、顛頡、魏武子、司空季子。

右晉文公從亡五人。叔向曰：「生十七年，有士五人。」見左傳及晉太尉劉琨詩曰：「重耳憑五臣。」〔一〕

【校記】

生十七年　陶本原校：「何本、緑君亭本作『文公生十七年』。」

【箋注】

〔一〕見左傳：見左傳昭公十三年。劉琨詩見文選劉琨重贈盧諶詩：「重耳任五臣。」

奄息、仲行、鍼虎。

右三良，子車氏之子。秦穆公没，要以從死，詩人悼之，爲賦黄鳥〔一〕。見左傳、毛詩。

【箋注】

〔一〕「秦穆公没」數句：詩秦風黄鳥序：「黄鳥哀三良也，國人刺穆公以人從死，而作是詩也。」

子展賦草蟲〔一〕。子西賦黍苗〔二〕。子産賦隰桑〔三〕。公孫段賦桑扈〔四〕。伯有賦鶉之賁賁〔五〕。子大叔賦野有蔓草〔六〕。印段賦蟋蟀〔七〕。

右鄭七穆，謂之七子。鄭穆公子十有一人，罕、駟、豐、印、遊、國、良七人，子孫並有才名，世任鄭國之政，以免晉、楚之難，謂之「七穆」。叔向曰：「鄭七穆氏，其後亡乎？」及諸侯爲宋之盟，鄭伯享趙武於垂隴〔八〕，七卿皆從。文子曰：「七卿從君，以寵武也，請皆賦詩，以卒君貺，亦以觀七子之志。」見左傳。又吴質書曰：「趙武過鄭，七子賦詩。」〔九〕

【校記】

右鄭七穆　「穆」，陶本原校：「一作『卿』。」

【箋注】

〔一〕子展賦草蟲：汲古閣本注：「子罕子。」李注、陶注同。草蟲，詩召南之詩。

〔二〕子西賦黍苗：汲古閣本注：「子駟子。」李注、陶注同。黍苗，詩小雅之詩。

〔三〕子産賦隰桑：汲古閣本注：「子國子。」李注、陶注同。隰桑，詩小雅之詩。

〔四〕公孫段賦桑扈：汲古閣本注：「子豐子。」李注、陶注同。

〔五〕伯有賦鶉之賁賁：汲古閣本注：「子良孫，子耳子。」李本、陶本同。鶉之賁賁，詩鄘風之詩。今本詩經作鶉之奔奔。

〔六〕子大叔賦野有蔓草：汲古閣本注：「子遊孫，子矯子。」李本、陶本同。陶本又云：「矯，當作『蟜』。」野有蔓草，詩鄭風之詩。

〔七〕印段賦蟋蟀：汲古閣本注：「子印孫，子張子。」李注、陶注同。

〔八〕「鄭伯」句：何注：「趙文子會宋，還過鄭。」

〔九〕「趙武過鄭」三句：文選吴質答東阿王書：「昔趙武過鄭，七子賦詩，春秋載列，以爲美談。」

仲孫穀文伯〔一〕。叔孫得臣莊叔〔二〕。季孫行父文子〔三〕。

右魯桓公之曾孫，世秉魯政，號曰三桓。孔子曰：「三桓之子孫微矣。」見論語、左傳〔四〕。

【箋注】

〔一〕仲孫穀文伯：汲古閣本注：「獻子、莊子、孝伯、僖子、懿子、武伯。」李注、陶注同。

〔二〕叔孫得臣莊叔：汲古閣本注：「穆子、昭子、成子、武子、文子。」李注、陶注同。

〔三〕季孫行父文子：汲古閣本注：「武子、悼子、平子、桓子、康子。」李注、陶注同。

〔四〕「孔子曰」數句：論語季氏：「禄之去公室五世矣，政逮於大夫四世矣，故夫三桓之子孫微矣。」何晏集解：「鄭玄曰：『文子、武子、悼子、平子也。』」「孔安國曰：『三桓者，謂仲孫、叔孫、季孫也。三卿皆出桓公，故云三桓也。仲孫氏改其氏稱孟氏，至哀公皆衰也。』」

趙無恤襄子〔一〕。范吉射昭子〔二〕。智瑤襄子〔三〕。荀寅文子〔四〕。魏多襄子〔五〕。韓不信簡子〔六〕。

右六族。世爲晉卿，並有功名。此六人實弱晉國〔七〕。淳于越云：「卒有田常六卿之臣。」〔八〕劉向亦曰：「田常復見於今，六卿必起於漢。」見左傳、史記、漢書。

【箋注】

〔一〕趙無恤襄子：汲古閣本注：「趙襄始爲卿，至無恤四世。」李注同。陶注：「李本、汲古閣本作『四世』。何本作『七世』。據世本，成子衰生宣子盾，盾生莊子朔，朔生文子武，武生景子成，成生簡子鞅，鞅生襄子無恤。史記、左傳並同。當從何作『七世』。」

〔二〕范吉射昭子：汲古閣本注：「士會始爲卿，至吉射五世。」李注、陶注同。陶注又云：「世本：武子會生文子燮，燮生宣子匄，匄生獻子鞅，鞅生昭子吉射。凡五世。」

〔三〕智瑤襄子：汲古閣本注：「荀首始爲卿，至瑤六世。」李注、陶注同。陶注又云：「左傳：莊子首生武子罃，罃生朔與悼子盈。襄公十四年傳曰：『於是知朔生而盈死。』杜注：『朔，知罃之長子。盈，朔弟。』是也。盈生文子躒，躒生宣子甲，甲生襄子瑤。首至瑤凡六世。世本則云：罃生莊子朔，朔生悼子盈。是以盈爲朔子。首至瑤凡七世。按首已謚莊子，無緣其孫朔復謚莊。此從杜氏也。」

〔四〕荀寅文子：汲古閣本注：「荀林父始爲卿，至寅四世。」李注、陶注同。陶注又云：「世本：林父生宣子庚，庚生獻子偃，偃生穆子吳，吳生文子寅，凡五世。四，當作『五』。」

〔五〕魏多襄子：汲古閣本注：「魏絳始爲卿，至多四世。」李注、陶注同。陶注又云：「史記魏世家，魏絳生魏嬴，嬴生魏舒，舒生魏襄子，凡四世。魏多，左傳作『魏曼多』，公羊傳哀十三年作『魏多』，史記作『魏侈』。索隱曰：一本作『魏哆』。」

〔六〕韓不信簡子：汲古閣本注：「韓厥始爲卿，至不信四世。」李本、陶注同。陶注又云：「左傳：厥生宣子起，起生須，須生簡子不信，凡四世。」

〔七〕「此六人」：謂六卿强，公室卑。史記卷三九晉世家載：晉平公「十四年，吳延陵季子來使，與趙文子、韓宣子、魏獻子語，曰：『晉國之政，卒歸此三家矣。』十九年，齊使晏嬰如晉，與叔嚮語。叔嚮曰：『晉，季世也，公厚賦爲臺池而不恤政，政在私門，其可久乎！』晏子然之。」「静公二年，魏武侯、韓哀侯、趙敬侯滅晉侯而三分其地。」

〔八〕「淳于越」句：史記卷六秦始皇本紀：「博士齊人淳于越進曰：『臣聞殷周之王千餘歲，封子弟功臣自爲枝輔。今陛下有海内而子弟爲匹夫，卒有田常六卿之臣，無輔拂何以相救哉！』」

儀封人、荷蕢、晨門、楚狂接輿、長沮、桀溺、荷篠丈人。

右作者七人。論語曰：「賢者避世，其次避地，其次避色，其次避言。」孔子曰：

「作者七人。」見包氏注。董威輦詩曰：「洋洋乎盈耳哉，而作者七人。」〔一〕

【校記】

儀封人、荷蕢、晨門、楚狂接輿、長沮、桀溺、荷篠丈人　汲古閣本：「一作『伯夷、叔齊、虞仲、夷逸、朱張、柳下惠、少連』。」李本、陶本同。

【箋注】

〔一〕「董威輦」句：何注：「威輦，名京。晉書載其詩：『便便君子，顧望而逝，洋洋乎滿目，而作者七。』」沈炳巽水經注集釋訂訛卷一六：「昔孫子荆會董威輦于白社謂此矣，以同載爲榮，故有威輦圖。朱(謀㙔)箋晉書隱逸傳：董京字威輦，初與隴西計吏俱至洛陽，被髮行吟，常宿白社中。時乞於市，得殘碎繒絮，結以自覆。或見推排駡辱，曾無怒色。時孫楚爲著作郎，數就中與語，遂載與俱歸，勸之仕，京答以詩。」

德行：顏淵、閔子騫、冉伯牛、仲弓。

言語：宰我、子貢。

政事：冉有、季路。

文學：子游、子夏。

右四科。見論語〔一〕。

【箋注】

〔一〕見論語：論語先進皇侃義疏：「言若任用德行，則有顏淵、閔子騫、冉伯牛、仲弓四人。若用其言語辯説，以爲行人，使適四方，則有宰我、子貢二人。若治理政事，決斷不疑，則有冉有、季路二人。若文章博學，則有子游、子夏二人也。然夫子門徒三千，達者七十有二，而此四科唯舉十人者，但言其翹楚者。」

顏回、子貢、子路、子張。

右孔子四友。文王有胥附、奔奏、先後、禦侮，謂之四隣。孟懿子曰：「夫子亦有四隣乎？」子曰：「吾有四友焉。自吾得回，門人益親，是非胥附乎？自吾得賜，遠方之士日至，是非奔奏乎？自吾得師，前有光，後有輝，是非先後乎？自吾得由，惡言不至於門，是非禦侮乎？」見孔叢子。

【校記】

日至　「至」，汲古閣本云，一作「盈」。

顔回、冉伯牛、子路、宰我、子貢、公西華。

右六侍。仲尼志意不立，子路侍。儀服不修，公西華侍。禮不習，子貢侍。辭不辯，宰我侍。亡忽古今，顔回侍。節小物，冉伯牛侍。曰：「吾以夫六子自厲也。」見尸子〔一〕。

【箋注】

〔一〕隋書卷三四經籍志：「尸子二十卷，目一卷。梁十九卷，秦相衛鞅上客尸佼撰。其九篇亡，魏黄初中續。」廣博物志引晏子：「景公問晏子曰：『吾欲善治齊國之政，以干霸王之諸侯。』晏子作色對曰：『官未具也。臣數以聞，而君不肯聽也。故臣聞仲尼居處惰倦，廉隅不正，則季次、原憲侍；氣郁而疾，志意不通，則仲由、卜商侍；德不盛，行不厚，則顔回、騫雍侍。』」所載與尸子異。

檀子、盼子、黔夫、種首。

右齊威王疆場四臣。齊威王與魏惠王會，田於郊。魏王問威王曰：「王有寶乎？」威王曰：「無有。」魏王曰：「若寡人，國雖小，猶有徑寸之珠，照前後車各十二乘者十枚。奈何爲萬乘之國而無寶乎？」威王曰：「寡人之所以爲寶與王異。吾臣有檀子者，使守南城，則楚人不敢爲寇東取，泗上十二諸侯皆來朝。吾臣有盼子者，使守高唐，則魏人不敢東漁於河。吾臣有黔夫者，使守徐，則燕人祭北門，趙人祭西門，徙而從之者七十餘家。吾臣有種首者，使備盜賊，則道不拾遺。以此爲寶，將以照千乘，豈直十二乘哉！」魏惠王慚，不懌而去。見史記及春秋後語〔一〕。

【校記】

使守徐　「徐」，史記卷四六田敬仲完世家作「徐州」。

趙人祭西門　「西門」，汲古閣本云，一作「東門」。

將以照千乘　「乘」，汲古閣本云，一作「里」。按，作「里」是。

豈直　「直」，汲古閣本云，一作「特」。

【箋注】

〔一〕春秋後語：春秋左傳注釋考證「春秋三傳注釋傳述人」，其中春秋公羊傳有孔衍集解十四卷。新唐書卷八藝文志著録孔衍春秋時國語十卷，又春秋後國語十卷。孔衍事蹟見晉書卷九一儒林傳，稱「衍雖不以文才著稱，而博覽過於賀循，凡所撰述百餘萬言」。

齊孟嘗君田文、魏信陵君无忌、趙平原君趙勝、楚春申君黄歇。

右戰國四豪。見史記。

太子少傅留文成侯張良、相國酇文終侯沛蕭何、楚王淮陰侯韓信。

右三傑。漢高祖曰：「此三人，人之傑也。」見漢書。

園公〔一〕、綺里季、夏黄公〔二〕、角里先生。

右商山四皓。當秦之末，俱隱上洛商山。皇甫士安云：「並河内軹人。」見漢書及皇甫謐高士傳〔三〕。

【箋注】

〔一〕園公：汲古閣本注：「姓園名秉，字宣明，陳留襄邑人。常居園中，號園公。見陳留志。」李注、陶注同。

〔二〕夏黄公：汲古閣本注：「姓崔名郭，名少通，齊人，隱居修道，號夏黄公。見崔氏譜。」李注、陶注同。

〔三〕「見漢書」句：何注：「四皓名載史記。其序：東園公、角里先生、綺里季、夏黄公。諸家讀綺里季夏一人，黄公一人。高士傳作『東園公、夏黄公、綺里季、角里先生』，又以『夏』字屬黄公。陳留志亦然……而四明志又云：『黄公，鄞人。避秦，與東園公、綺里季夏、角里先生，隱于商山。』又云：『鄞之大隱山，有黄公墓，公所葬地。』按，今商山有四皓墓，真僞不可知。史記留侯傳曰：『上有不能致者，天下有四人，逃匿山中云云，於是吕后令吕隆使人奉太子書，卑辭厚禮，迎此四人。』初不言匿何山及迎於何處也。然則商山後人所記，未足據。史稱天下有四人，則彼四人者，不宜皆在一處，先輩論漢庭置酒時，太子所從四人，皆假衣冠耳。嗟乎！四皓其生，真僞且不可知，其死，葬地與誰詰之？」按，四皓載于史、漢兩書，當不必懷疑有其人。然四人名字讀法有異。漢書卷七二王貢兩龔鮑傳云：「漢興，有園公、綺里季、夏黄公、甪里先生。」顔師古注：「四皓稱號本起於此，更無姓名可稱知。此蓋隱居之人，匿跡遠害，不自標顯，祕其氏族，故史傳無得而詳。」前漢書卷七二考證謂四皓讀法應「綺里季夏」一句，「黄公」一句。然漢末孔融稱「綺里季」、「夏黄公」。後漢書卷三五鄭玄傳載：國相孔融深敬於鄭玄，告高密縣爲玄特立一鄉，舉前代史事説：「又南山四皓，有園公、夏黄公，潛光隱耀，世加其高，皆悉稱公。」可證孔融讀作「夏黄公」，不作「黄公」，與漢書同。皇甫謐高士傳、陳留志皆作「東園公、夏黄公、綺里季、甪里先生」，以「夏」字屬黄公，乃自班固以來就有的讀法。漢書考證不足采信也。又，「角里先生」之「角」亦作「甪」，音路。

太子太傅疏廣，字仲翁〔一〕。太子少傅疏受，字公子〔二〕。

右二疏，東海人。宣帝時並爲太子師傅，每朝，太傅在前，少傅在後，朝廷以爲榮。授太子論語、孝經，各以老疾告退，時人謂之二疏。見漢書。

【箋注】

〔一〕疏廣：汲古閣本注：「宣帝本始四年，魏相爲御史大夫，薦廣於霍光，時年六十，以元康三年告退，年六十七。」李注、陶注同。

〔二〕疏受：汲古閣本注：「廣兄子也。」李注、陶注同。

重合令子輿〔一〕、櫟陽令子羽〔二〕、東海太守子仲〔三〕、兖州刺史子明〔四〕、潁陽令子良〔五〕。

右郡決曹掾汝南周燕少卿之五子〔六〕，號曰「五龍」，各居一里，子孫並以儒素退讓爲業，天下著姓。見周氏譜及汝南先賢傳〔七〕。

【箋注】

〔一〕子輿：汲古閣本注：「居宋里。」李注、陶注同。

〔二〕子羽：汲古閣本注：「居東觀里。」李注、陶注同。

〔三〕子仲：汲古閣本注：「居宜唐里。」李注、陶注同。

〔四〕子明：汲古閣本注：「居西商里。」李注、陶注同。

〔五〕子良：汲古閣本注：「居遂興里。」李注、陶注同。

〔六〕周燕少卿：後漢書卷八一周嘉傳：「高祖父燕，宣帝時爲郡決曹掾。太守欲枉殺人，燕諫不聽，遂殺囚而黜燕。囚家守闕稱寃，詔遣覆考，燕見太守曰：『願謹定文書，皆著燕名，府君但言時病而已。』……使者乃收燕繫獄。屢被掠楚，辭無屈撓。當下蠶室，乃嘆曰：『我平王之後，正公玄孫，豈可以刀鋸之餘下見先君？』遂不食而死。燕有五子，皆至刺史、太守。」章懷注：謝承書曰：「燕字少卿，其先出自周平王之後。漢興，紹嗣封爲正公，食采於汝墳也。」

〔七〕汝南先賢傳：隋書卷三三經籍志：「汝南先賢傳五卷，魏周斐撰。」

龔勝，字君賓。龔舍，字君倩〔一〕。

右並楚人，皆治清節，世號二龔。見漢書。

【箋注】

〔一〕龔舍字君倩：汲古閣本注：「或曰長倩。」李本、陶本同。按，荀悦前漢紀卷三〇謂龔舍字長倩，與漢書不同。

唐林，字子高。唐尊，字伯高。

右並沛人，亦以絜履著名於成哀之世，號爲二唐，比楚二龔。後皆仕王莽。見漢書。左思曰：「二唐絜已，乃點反汗。」

【校記】

乃點反汗　「反汗」，陶本原作「乃汗」，云：「何校宣和本、汲古閣本作『反汗』。」按，今從汲古閣本、李本。

平阿侯王譚、成都侯王商、紅陽侯王章、曲陽侯王根、高平侯王逢時。

右並以元后弟同日受封，京師號曰「五侯」〔一〕。並奢豪富侈，招賢下士。谷永、樓護，皆爲賓客。時人爲之語曰：「谷子雲之筆札，樓君卿之脣舌。」〔二〕言出其門也。見漢書。張載詩曰：「富侈擬五侯。」

【箋注】

〔一〕「並以元后」二句：元后，指西漢宣帝王皇后，字政君，成帝母。漢書卷九八元后傳：「河平二年，上悉封舅譚爲平阿侯，商成都侯，章紅陽侯，根曲陽侯，逢時高平侯。五人同日封，故世謂之『五侯』，太后同産唯曼蚤卒，餘畢侯矣。」

〔二〕「谷永」數句：漢書卷九二樓護傳：「時王氏方盛，賓客滿門，五侯兄弟争名，其客各有所厚，不得左右。唯護盡入其門，咸得其驩心。結士大夫，無所不傾，其交長者，尤見親而敬，衆以是服。爲人短小精辯，論議常依名節，聽之者皆竦。與谷永倶爲『五侯』上客，長安號曰『谷子雲筆札，樓君卿脣舌』，言其見信用也。」

北海逢萌〔一〕，字子康。北海徐房，字平原。李曇，字子雲。平原王遵，字君公〔二〕。

右皆懷德穢行，不仕亂世，相與爲友，時人號之「四子」。見後漢書、嵇康高士傳。

【校記】

子康　何注：「後漢書作『子慶』。」

【箋注】

〔一〕逢萌：後漢書卷八三逢萌傳：「萌素明陰陽，知莽將敗，有頃，乃首戴瓦盎，哭於市曰：『新乎新乎！』因遂潛藏。及光武即位，乃之琅邪勞山，養志脩道，人皆化其德。」「初，萌與同郡徐房、平原李子雲、王君公相友善，並曉陰陽，懷德穢行。房與子雲養徒各千人，君公遭亂獨不去，儈牛自隱。時人謂之論曰：『避世牆東王君公』。」

〔二〕「北海徐房」數句：何注：「逢萌傳：『萌與同郡徐房、平原李子雲、王君公相友善。』此言徐房字平原，而李子雲不言何郡。李蓋平原人，以平原爲房字者，殆傳聞之誤也。」楊注引潘石禪聖賢羣輔録新箋：「徐房字下，疑脱二字。平原當下屬，李曇、王遵皆平原人。」按，潘氏之説可從。

求仲、羊仲。

右二人不知何許人，皆治車爲業，挫廉逃名。蔣元卿之去兖州，還杜陵，荆棘塞門。舍中有三逕，不出，惟二人從之遊〔一〕。時人謂之二仲。見嵇康高士傳。

【校記】

挫廉逃名　「名」，汲古閣本云，一作「出」。李本、陶本同。

【箋注】

〔一〕「舍中」三句：文選陶淵明歸去來兮辭李善注：「三輔決録曰：『蔣詡字元卿，舍中三徑，唯羊仲、求仲從之遊，皆挫廉逃名不出。』」

太傅高密元侯南陽鄧禹，字仲華〔一〕。大司馬廣平忠侯南陽吴漢，字子顔〔二〕。左將軍膠東剛侯南陽賈復，字君文〔三〕。建威大將軍好畤愍侯扶風耿弇，字伯昭〔四〕。執金吾雍奴威侯上谷寇恂，字子翼〔五〕。征西大將軍陽夏節侯潁川馮異，字公孫〔六〕。

征南大將軍舞陽壯侯南陽岑彭，字君然〔七〕。征虜將軍潁陽成侯潁川祭遵，字弟孫〔八〕。太常靈壽侯信都邳彤，字偉君〔九〕。東郡太守東莞成侯鉅鹿耿純，字伯山〔一〇〕。上谷太守淮陰侯潁川王霸，字元伯〔一一〕。左中郎將朗陵愍侯潁川臧宮，字君翁〔一二〕。驃騎大將軍櫟陽侯馮翊景丹，字孫卿〔一三〕。驃騎大將軍參遽侯南陽杜茂，字諸公〔一四〕。建議大將軍鬲侯南陽朱祐，字仲先〔一五〕。驃騎將軍慎靖侯南陽劉隆，字元伯〔一六〕。揚武將軍全椒侯南陽馬成，字君遷〔一七〕。大司空阜城侯漁陽王梁，字君嚴〔一八〕。衛尉安城忠侯潁川銚期，字次元〔一九〕。左馮翊安平侯漁陽蓋延，字巨卿〔二〇〕。捕虜將軍揚虛侯南陽馬武，字子張〔二一〕。驍騎將軍昌城侯鉅鹿劉植，字伯先〔二二〕。左將軍阿陵侯南陽任光，字伯卿〔二三〕。豫章太守中水侯東萊李忠，字仲都〔二四〕。左將軍槐里侯扶風萬脩，字君游〔二五〕。琅邪太守祝阿侯南陽陳俊，字子昭〔二六〕。積弩將軍昆陽威侯潁川傅俊，字子衛〔二七〕。楊化將軍合肥侯潁川堅鐔，字子伋〔二八〕。

右河北二十八將，光武所與定天下。見後漢書〔二九〕。張衡東京賦云：「受鉞四七，共工以除。」

【校記】

上谷太守淮陰侯　「淮陰侯」，陶本原作「淮陰」，脱一「侯」字。今據他本補。

南陽杜茂　陶本無「南陽」二字，據汲古閣本、李本補。

【箋注】

〔一〕鄧禹：見後漢書卷一六鄧禹傳。

〔二〕吴漢：見後漢書卷一八吴漢傳。

〔三〕賈復：見後漢書卷一七吴漢傳。

〔四〕耿弇：見後漢書卷一九耿弇傳。伯昭：陶注：「惠棟云：水經注作『昭伯』。」

〔五〕寇恂：見後漢書卷一六寇恂傳。

〔六〕馮異：見後漢書卷一七馮異傳。

〔七〕岑彭：見後漢書卷一七岑彭傳。舞陽壯侯：陶注：「范書岑彭傳作『舞陰侯』，三十二人題名作『舞陽侯』，未知孰是？此從題名也。」

〔八〕祭遵：見後漢書卷二〇祭遵傳。

〔九〕邳彤：見後漢書卷二一邳彤傳。

〔一〇〕耿純：見後漢書卷二一耿純傳。東莞：陶注：「後漢書：純封東光侯。章懷注：『東光，今滄州。』此作『東莞』，疑誤。」

〔一一〕王霸：見後漢書卷二〇王霸傳。淮陰侯：陶注：「後漢書：霸封淮陵侯。章懷注：『淮陵縣，屬臨淮郡。』此作『淮陰』，疑誤。」

〔一二〕臧宮：見後漢書卷一八臧宮傳。

〔一三〕景丹：見後漢書卷二二景丹傳。

〔一四〕杜茂：見後漢書卷二二杜茂傳。

〔一五〕朱祐：見後漢書卷二二朱祐傳。建議：陶注：「後漢書作『建義』。」

〔一六〕劉隆：見後漢書卷二二劉隆傳。

〔一七〕馬成：見後漢書卷二二馬成傳。

〔一八〕王梁：見後漢書卷二二王梁傳。

〔一九〕銚期：見後漢書卷二〇銚期傳。「衛尉安城」陶注：「後漢書：期字次況，封安成侯。章懷注：『安成縣，屬汝南郡。』此成作『城』，況作『元』，疑誤。」

〔二〇〕蓋延：見後漢書卷一七蓋延傳。

〔二一〕馬武：見後漢書卷二二馬武傳。

〔二二〕劉植：見後漢書卷二一劉植傳。

〔二三〕任光：見後漢書卷二一任光傳。左將軍：陶注：「後漢書作『左大將軍』。惠棟曰：水經注作『左將軍』，無『大』字。『右大將軍李忠』，東觀漢紀無『大』字。」

〔二四〕李忠：見後漢書卷二一李忠傳。仲都：陶注：「惠棟曰：『袁宏紀云，字仲卿。』」

〔二五〕萬脩：見後漢書卷二一萬脩傳。

〔二六〕陳俊：見後漢書卷一八陳俊傳。

〔二七〕傅俊：見後漢書卷二二傅俊傳。

〔二八〕堅鐔：見後漢書卷二二堅鐔傳。子伋：章懷注：「東觀記『伋』作『皮』。」

〔二九〕見後漢書：後漢書卷二二范曄論曰：「中興二十八將，前世以爲上應二十八宿，未之詳也。然咸能感會風雲，奮其智勇，稱爲佐命，亦風雲已具，亦各志能之士也……永平中，顯宗追感前世功臣，乃圖畫二十八將於南宫雲臺，其外又有王常、李通、竇融、卓茂，合三十二人。」

武威太守梁統，字仲寧。金城太守庫鈞，字巨公。張掖太守史苞，字叔文。酒泉太守竺曾，字巨公。燉煌太守辛彤，字大房。

右河西五守。是時更始已爲赤眉所害，隗囂密有異志，統等五人，共推竇融爲河西大將軍，内撫吏民，外禦寇戎，東伐隗囂，歸心世祖，克建功業〔一〕。見後漢書及善文〔二〕。

【校記】

庫鈞 「鈞」，汲古閣本云，一作「鉅」。

【箋注】

〔一〕「統等五人」以下數句：後漢書卷二三竇融傳載：王莽敗，更始新立，竇融求爲張掖屬國都尉，交結雄傑，河西翕然歸之。及更始敗，竇融與梁統等計議，推一人爲大將軍，以觀時變。「乃推融行河西五郡大將軍事。是時武威太守馬期、張掖太守任仲並孤立無黨，乃共移書告示之，二人即解印綬去。於是以梁統爲武威太守，史苞爲張掖太守，竺曾爲酒泉太守，辛肜爲敦煌太守，庫鈞爲金城太守」。

〔二〕善文：隋書卷三五經籍志著録善文五十卷，杜預撰。

大鴻臚韋孟達、上党太守公孫伯達、河陽長魏仲達。

右並扶風平陵人，同時齊名，世號三達。孟達名彪，丞相賢五世孫，明帝時人〔一〕。見漢書及決録〔二〕。

【箋注】

〔一〕「孟達」三句：後漢書卷二六韋彪傳：「韋彪字孟達，扶風平陵人也，高祖賢，宣帝時爲丞相。」據此，孟達爲賢之四世孫，疑「五世孫」誤。

〔二〕決録：楊注引潘重規聖賢羣輔録新箋：「隋志史部雜傳類：『三輔決録七卷，漢太僕趙岐撰，摯虞注。』據岐自序曰：『近代建武以來，暨於斯，今其人既亡，行乃可書，玉石朱紫，由此定矣。故謂之「決録」。』是決録所記，皆後漢人物。四八目云『見漢書及決録，疑當作後漢書，蓋脱「後」字』。」

光禄大夫周舉〔一〕、光禄大夫杜喬〔二〕、光禄大夫周栩、尚書欒巴〔三〕、青州刺史馮羨、兖州刺史郭遵、太尉長史劉班、侍御史張綱。

右八使。漢順帝時，政在權宦，官以賄成。周舉等議遣八使，循行風俗，同日俱發，天下號曰「八使」〔四〕。見張璠漢紀。

【箋注】

〔一〕周舉：汝南先賢傳：「周舉字宣光，姿貌短陋，有晏子之風。」（陶宗儀撰説郛五八上）

〔二〕杜喬：杜喬字叔榮，河内林慮人。後漢順帝漢安元年（一四二）以喬守光禄大夫。剛正不屈于梁冀，爲冀陷害至死。事見後漢書卷六三杜喬傳。

〔三〕欒巴：欒巴生平見後漢書卷五七欒巴傳。

〔四〕「周舉」以下數句：後漢書卷六一周舉傳：「時詔遣八使巡行風俗，皆選素有威名者，乃拜舉爲侍中，與侍中杜喬、守光禄大夫周栩、前青州刺史馮羨、尚書欒巴、侍御史張綱、兖州刺史郭遵、大尉長史劉班並守光禄大夫，分行天下……於是八使同時俱拜，天下號曰『八俊』。」按，後漢書卷六順帝紀謂周舉等分行天下，時在漢安元年（一四二）八月。

平輿令韋順，字叔文〔一〕。順弟武陽令豹，字季明〔二〕。豹弟廣都長義，字季節〔三〕。

右清河太守韋文高之三子，皆以學行知名，時人號韋氏三君〔四〕。見京兆舊事。

【箋注】

〔一〕韋順：汲古閣本注：「歷位樂平相，去官，以琴書自娱，不應三公之命，後爲平輿令，吏民立祠社中。」李本、陶本同。

〔二〕武陽令豹：汲古閣本注：「友人羅陵犍爲縣丞，卒官，喪柩流離，豹棄官致喪歸。比辟公府，輒棄去，司徒劉愷尤敬之。」李本、陶本同。

〔三〕豹弟廣都長義：汲古閣本注：「少好學，不求榮利，四十乃仕。三爲令長，皆有惠化。以兄喪去官，比辟公府，不就。廣都爲立生祠焉。」李本、陶本同。

〔四〕「右清河」三句：何注：「後漢書韋彪傳載：義即彪族子，少與二兄齊名，而不載其名。非此，不知其父之爲清河守也。」陶注：「前漢書表及韋氏世系，文高嘗名浚。」

楊震，字伯起〔一〕。震子秉，字叔節〔二〕。秉子賜，字伯獻〔三〕。賜子彪，字文先〔四〕。

右楊氏四公。弘農華陰人。自孝安至獻帝七世，父子以德業相繼爲三公〔五〕。見續漢書。

【箋注】

〔一〕楊震：汲古閣本注：「以太常爲司徒，遷太尉。」李本、陶本同。

〔二〕震子秉：汲古閣本注：「以太常爲太尉。」李本、陶本同。

〔三〕秉子賜：汲古閣本注：「以光禄勳爲公，再司徒，一太尉。」李本、陶本同。

〔四〕賜子彪：汲古閣本注：「以太中大夫爲公，一司徒，一太尉。」李本、陶本同。

〔五〕相繼爲三公：後漢書卷五四楊震傳：「自震至彪，四世太尉，德業相繼，與袁氏俱爲東京名族云。」章懷注：「華嶠書曰：東京楊氏、袁氏，累世宰相，爲漢名族。然袁氏車馬衣服極爲奢僭，能守家風，爲世所貴，不及楊氏也。」

袁安，字邵公〔一〕。安子敞，字叔平〔二〕。敞子湯，字仲河〔三〕。湯子逢，字周陽〔四〕。逢弟隗，〔五〕字次陽。

右袁氏四世五公。見續漢書。

【箋注】

〔一〕袁安：汲古閣本注：「以太僕爲司空，遷司徒。」李本、陶本同。

〔二〕安子敞：汲古閣本注：「以光禄勳爲司空。」李本、陶本同。

〔三〕敞子湯：汲古閣本注：「以太僕爲司空遷司徒。」李本、陶本同。

〔四〕湯子逢：汲古閣本注：「以屯騎校尉爲司空。」李本、陶本同。

〔五〕逢弟隗：汲古閣本注：「以太常爲司空太尉。」李本、陶本同。

處士豫章徐稚，字孺子。京兆韋著，字休明。汝南袁閎，字夏甫〔一〕。彭城姜肱，字伯淮〔二〕。潁川李曇，字子雲〔三〕。

右太傅汝南陳公，時爲尚書令，與諸尚書悉名士也，共薦此五人，時號「五處士」〔四〕。見續漢書及善文。

【箋注】

〔一〕袁閎：袁宏後漢紀卷二二：「閎字夏甫，太傅安之玄孫。自安至閎四世三公，貴傾天下，閎玄静履貞，不慕榮宦，身安茅茨，妻子御糟糠。」

〔二〕姜肱：後漢書卷五三姜肱傳：「桓帝乃下彭城使畫工圖其形狀，肱卧於幽闇，以被韜面，言患眩疾，不欲出風。工竟不得見之。」後朝廷徵肱爲太守，不就；詔書再至，「肱使家人對云『久病就醫』。遂羸服閒行，竄伏青州界中，賣卜給食，召命得斷，家亦不知其處，歷年乃還。」

〔三〕李曇：陶注：「後漢書徐穉傳：『李曇，字子雲。』惠棟曰：續漢書、嵇康高士傳及善文俱云『曇字子雲』。袁宏紀：『子雲，潁川陽翟人。』」

〔四〕「汝南陳公」以下數句：後漢書卷五三徐穉傳：「延熹二年尚書令陳蕃、僕射胡廣等上疏薦穉等曰：『……伏見處士豫章徐穉、彭城姜肱、汝南袁閎、京兆韋著、潁川李曇，德行純備，著於人聽。若使擢登三事，協亮天工，必能翼宣盛美，增光日月矣。』桓帝乃以安車玄纁，備禮徵之，並不至。」章懷注：「閎見袁安傳。謝承書曰：『閎少脩志節，矯俗高厲。』著見韋彪傳。謝承書曰：『爲三輔冠族。著少脩節操，持京氏易、韓詩，博通術藝。』」

周子居〔一〕、黄叔度〔二〕、艾伯堅、郅伯向、封武興、盛孔叔。

右汝南六孝廉。太守李倀選此六人以應歲舉，受版未行。倀死，子居等遂駐行喪。倀妻於柩側下帷見之，厲以宜行。子居歎曰：「不有行者，莫宣公；不有止者，莫卹居。」於是與伯堅即日辭行，封、黄四人留隨柩車。見杜元凱女誡〔三〕。

【箋注】

〔一〕周子居：世説新語賞譽一：「陳仲舉嘗歎曰：『若周子居者，真治國之器，譬諸寶劍，則世之干將。』」劉孝標注引汝南先賢傳曰：「周乘字子居，汝南安城人，天資聰朗，高峙嶽立，非陳仲舉、黄叔度之儔則不交也。仲舉嘗歎曰：『周子居者，真治國之器也。』爲太山太守，甚有惠政。」

〔二〕黄叔度：後漢書卷五三有傳。袁宏後漢紀卷二三：「黄憲字叔度，汝南慎陽人，父爲牛醫。憲識度淵深，時人莫得而測。年十四，潁川荀季和見而歎曰：『足下吾之師也。』汝南周子居常曰：『吾旬月之間不見黄叔度，則鄙吝之心生矣。』」

〔三〕汝南六孝廉：四八目謂見杜元凱女誡。潘重規聖賢羣輔録新箋云：「四八目所引杜元凱女誡，疑在隋志七録所載婦人訓誡集或衆賢誡中。目又引善文，疑亦隋志著録之杜預善文。規又按：隋志雜類有女記十卷，杜預撰。倀妻事或在女記中。誡，或『記』之誤也。」按，「汝南六孝廉」事，最早見於應劭風俗通義卷五，叙事詳細，足資參考：「豫章太守汝南封祈武興、泰山太守周乘子居，爲太守倀所舉。函封未發，倀病物故。夫人於柩側下帷見六孝廉，曰：李氏『蒙國厚恩，據重任咨嘉休懿，相授歲貢，上欲報稱聖朝，下欲流惠氓隸。今李氏獲保首領，以天年終，而諸君各懷進退，未肯發引。妾幸有三孤，足統喪紀，正相追隨。蓬户墳柏，何若曜德王室，昭顯亡者。亡者有靈，實寵賴之。殁而不朽，此其然乎？』於是周乘顧謂左右：『諸君欲行，周乘當止者，莫逮郎君，盡其哀惻。』乘與鄭伯堅即日辭行，祈與黄叔度、郅伯向、盛孔叔留隨轜柩。乘拜郎，遷陵長，治無異稱，意亦薄之，乃棄官去。祈後爲侍御史、公車令，享相位焉。」

大將軍槐里侯扶風平陵竇武，字游平〔一〕。太傅高陽鄉侯汝南平輿陳蕃，字仲舉〔二〕。侍中河間樂城劉淑，字仲承〔三〕。

右三君〔四〕。

【箋注】

〔一〕竇武：汲古閣本注：「天下忠誠竇游平。」李注、陶注同。竇武，見後漢書卷六九竇武傳。

〔二〕陳蕃：汲古閣本注：「天下義府陳仲舉。」李注、陶注同。陶注又云：「後漢書作『不畏强禦陳仲舉』。」陳蕃，見後漢書卷六六陳蕃傳。

〔三〕劉淑：汲古閣本注：「天下德弘劉仲承。」李注、陶注同。劉淑，見後漢書卷六七劉淑傳。

〔四〕三君：後漢書卷六七黨錮列傳：「竇武、劉淑、陳蕃爲三君，君者，言一世之所宗也。」

少傅潁川襄城李膺，字元禮〔一〕。司空山陽高平王暢，字叔茂〔二〕。太僕潁川城陽杜密，字周甫〔三〕。司隸校尉沛國朱寓，字季陵〔四〕。尚書會稽上虞魏朗，字少英〔五〕。沛相潁陰荀昱，字伯條〔六〕。大司農博陵安平劉祐，字伯祖〔七〕。太常蜀郡成都趙典，字仲經〔八〕。

右八俊〔九〕。

【校記】

潁陰荀昱 「昱」，汲古閣本、李本並作「翌」。按，文淵閣四庫全書本作「昱」。中華書局點校本後漢書卷六七黨錮列傳作「翌」，校勘記：「荀翌，按：殿本『翌』作『昱』。下同。按，『翌』字經史多假爲『昱』字。」

【箋注】

〔一〕李膺：汲古閣本注：「天下模楷李元禮。」李注、陶注同。按，李膺後漢書卷六七黨錮列傳有傳。

〔二〕王暢：汲古閣本注：「天下英秀王叔茂。」李注、陶注同。陶注又云：「後漢書黨錮傳：英秀，作『俊秀』。」

〔三〕杜密：汲古閣本注：「天下良輔杜周甫。」李注、陶注同。按，杜密後漢書卷六七黨錮列傳有傳。

〔四〕朱寓：汲古閣本注：「天下冰淩朱季陵。」李注、陶注同。陶注又云：「惠棟曰：薛瑩後漢書，『寓』，作『禹』。」

〔五〕魏朗：汲古閣本注：「天下忠貞魏少英。」李注、陶注同。陶注又云：「惠棟曰：三君八俊録作『天下忠平魏少英』。」按，魏朗，後漢書卷六七黨錮列傳有傳。

〔六〕荀昱：汲古閣本注：「天下好交荀伯條。」李注、陶注同。按，荀昱，附見後漢書卷六二荀淑傳。

〔七〕劉祐：汲古閣本注：「天下稽古劉伯祖。」李注、陶注同。按，劉祐，後漢書卷六七黨錮列傳有傳。

〔八〕趙典：汲古閣本注：「天下才英趙仲經。」李注、陶注同。陶注又云：「何注：後漢書謂趙典名見而已，蓋未考也。惠棟曰：『顧炎武以爲兩趙典。棟按華陽國志曰：「典與潁川李膺等並號八俊。」羣輔録載當時語曰：「天下才英趙仲經。」顧氏説非也。』澍按：范書趙典有專傳。黨錮列傳乃謂僅以名見，似自相矛盾。詳究范意，蓋言典但名列八俊而已，實不在逮捕書名之數。故桓帝崩，典以藩國諸侯解印綬符策付縣，馳到京師，公卿百僚嘉典之義，表典篤學博聞，宜備國師。會病卒。不列于鉤黨可知也。典傳無一語及黨事，讀者可參考而得矣。」按：顧炎武以爲有兩趙典，何注以典與李膺並號「八俊」爲由，稱顧氏之説非。陶注以爲范曄後漢書趙典傳與黨錮列傳似相矛盾，典但名列「八俊」而已，實不是「鉤黨」，趙典傳「無一語及黨事」。洪亮吉四史發伏考證當時無兩趙典：「今案十七卷（指范曄後漢書）中有趙典傳，注引謝承後漢書：靈帝即位，典與竇武、王暢、陳蕃等謀共誅中常侍曹節等，皆下獄自殺。校其行事，則十七卷中之趙典，與此斷非兩人。且下卷郭泰傳即云太常趙典舉泰有道，則八俊中之著名者，李、杜、王、趙爲最，范史何憒之耶！又昆山顧氏謂有兩趙典，蓋因典傳言病卒於家，而注引謝承書下獄自殺，故疑兩人……」綜合以上諸家之説，有幾個疑點亟須考索：一、趙典是否「鉤黨」？陶注以爲趙典不列於「鉤黨」。其説未免武斷。范曄後漢書黨錮列傳謂趙典爲「八俊」之一。而「八俊」是黨人中的中堅力量。「八俊」及天下善士，悉離禍毒，幾乎被一網打盡。趙典豈能幸免？後漢書趙典傳章懷注引謝承後漢書云「靈帝即位，典與竇武、王暢、陳蕃等謀共誅滅宦官」。又後漢書卷六五皇甫規傳載：桓帝永康元年（一六七）「其夏日食，詔公卿舉賢良方正，下問得失。規對曰：……前太尉陳蕃、劉矩，忠謀高世，廢在里巷；劉祐、馮緄、趙典、尹勳，正直多怨，流放家門。」所言鉤黨之禍對賢能正直之士的傷害。由此可見，趙典是黨人中的主要人物，陶澍之説不合歷史事實。二、趙典之死的真相。范曄後漢書趙典傳謂典「病卒」，即死於家。然章懷注引謝承後漢書稱「下獄誅」。章懷之注，其實是糾正范書「會病卒」的説法。考袁宏後漢紀卷二三：「於是故司空王暢、太常趙典、大司空劉祐、長樂少府李膺、太僕杜密、尚書荀緄、朱寓、魏朗、侍中劉淑、劉瑜，左中郎將丁栩、潁川太守巴肅、沛相荀昱、議郎劉儒、故掾范滂，皆下獄誅。」所記與謝承書完全一致。故袁宏紀、謝承書確鑿證明，趙典誅於獄中，且是著名黨人。范曄後漢書黨錮列傳謂杜密、李膺等百餘人皆死獄中，宦官又一切指爲黨人，死徙廢禁者又六七百人。趙典爲黨人中的佼佼者，豈能享其天年？三、爲何趙典傳中「無一語及黨事」？此可能是范曄當年撰趙典傳，所見材料或經趙典後人删改之故。洪亮吉稱范史糊塗，趙典傳果憒憒也。四、當時是否有兩趙典？趙典傳云：「趙典字仲經，蜀郡成都人也。」四八目亦云「蜀郡成都趙典」。同是桓、靈之際，豈有兩趙典，並同字仲經、同爲蜀郡成都人此等事耶？

〔九〕八俊：後漢書卷六七黨錮列傳：「李膺、荀昱、杜密、王暢、劉祐、魏朗、趙典、朱寓爲八俊。俊者，言人之英也。」

有道太原介休郭泰，字林宗〔一〕。太常陳留圉夏馥，字子治〔二〕。尚書令河南鞏尹勳，字伯元〔三〕。河南尹太山平陽羊陟，字嗣祖〔四〕。議郎東郡陽發劉儒，字叔林〔五〕。冀州刺史陳國項蔡衍，字孟喜〔六〕。潁川太守渤海東城巴肅，字恭祖〔七〕。議郎南陽安衆宗慈，字孝初〔八〕。

右八顧〔九〕。

【校記】

東郡陽發　「陽發」，汲古閣本、李本作「發」，脱「陽」字。陶注：「陽發，李本、何本、汲古閣本俱作『陽平』。何校宣和本作『陽發』。」按，漢書卷二八上地理志上：東郡有縣陽平，無「陽發」。查後漢書卷六七劉儒傳，儒爲東郡陽平人。故作「陽平」是。

東城巴肅　「巴肅」，汲古閣本作「巴蕭」。按，作「巴肅」是。巴肅，後漢書卷六七有傳。

【箋注】

〔一〕郭泰：汲古閣本注：「天下和雍郭林宗。」李注、陶注同。按，郭泰，後漢書卷六八有傳。

〔二〕夏馥：汲古閣本注：「天下慕恃夏子治。」李注、陶注同。陶注又云：「後漢書：馥未仕。此云太常，疑誤。」按，夏馥，後漢書卷六七有傳。

〔三〕尹勳：汲古閣本注：「天下英藩尹伯元。」李注、陶注同。按，尹勳，後漢書卷六七有傳。

〔四〕羊陟：汲古閣本注：「天下清苦羊嗣祖。」李注、陶注同。陶注又云：「後漢書：陟，太山梁武人。此作『平陽』，太山郡屬無平陽，疑誤。」按，羊陟，後漢書卷六七有傳。

〔五〕劉儒：汲古閣本注：「天下瑶金劉叔林。」按，劉儒，後漢書卷六七有傳。

〔六〕蔡衍：汲古閣本注：「天下雅志蔡孟喜。」李注、陶注同。按，蔡衍，後漢書卷六七有傳。

〔七〕巴肅：汲古閣本注：「天下卧虎巴恭祖。」李注、陶注同。陶注又云：「後漢書：肅，渤海高城人。此作『東城』，誤。又肅歷慎令、貝丘長，稍遷，拜議郎，亦無爲潁川太守事。」按，巴肅，後漢書卷六七有傳。

〔八〕宗慈：汲古閣本注：「天下通儒宗孝初。」李注、陶注同。按，宗慈，後漢書卷六七有傳。

〔九〕八顧：汲古閣本注：「後漢書無劉儒，有范滂。」李注、陶注同。

御史中丞汝南召陵陳翔，字子鱗〔一〕。衛尉山陽高平張儉，字元節〔二〕。太尉掾汝南細陽范滂，字孟博〔三〕。蒙令山陽高平檀敷，字文友〔四〕。洛陽令魯國孔昱，字世元〔五〕。太山太守渤海重合范康，字仲真〔六〕。太尉掾南陽棘陽岑晊，字公孝〔七〕。鎮南將軍荆州牧武城侯山陽高平劉表，字景升〔八〕。

右八及〔九〕。

【校記】

范康　汲古閣本、李本皆作「苑康」。陶注：「惠棟曰：『范，當作苑。』澍按：范書荀淑傳作『渤海苑康』。」按，集聖賢羣輔録下「八龍」云「渤海苑康」，又後漢書卷六七有苑康傳，可證作「苑康」是。

八及　汲古閣本誤作「八友」。

【箋注】

〔一〕陳翔：汲古閣本注：「海内貴珍陳子鱗。」李注、陶注同。陶本又云：「後漢書作『子麟』。」

〔二〕張儉：汲古閣本注：「海内忠烈張元節。」李注、陶注同。

〔三〕范滂：汲古閣本注：「海内謇諤范孟博。」李注、陶注同。陶注又云：「何注：後漢書作

『征羌人』。澍按：章懷注引謝承後漢書作『汝南細陽人』。此用謝書也。」

〔四〕檀敷：汲古閣本注：「海内通士檀文友。」李注、陶注同。

〔五〕孔昱：汲古閣本注：「海内才珍孔世元。後漢書云字元世。」李注、陶注同。

〔六〕范康：汲古閣本注：「海内彬彬范仲真。」李注、陶注同。

〔七〕岑晊：汲古閣本注：「海内珍好岑公孝。」李注、陶注同。

〔八〕劉表：汲古閣本注：「海内所稱劉景州。」李注、陶注同。

〔九〕八及：汲古閣本注：「後漢書無范滂，有翟超。」李注、陶注同。

少府東萊曲城王商，字伯義〔一〕。郎中魯國蕃嚮，字嘉景〔二〕。北海相陳留己吾秦周，字平王〔三〕。侍御史太山奉高胡母班，字季皮〔四〕。太尉掾潁川[潁]陰劉翊，字子相〔五〕。冀州刺史東平壽張王孝，字文祖〔六〕。陳留相東平壽張張邈，字孟卓〔七〕。荊州刺史山陽湖陸度尚，字博平〔八〕。

右皆傾財竭已，解釋怨結，拯救危急，謂之「八廚」〔九〕。從三君至此並見三君八俊録〔一〇〕。

【箋注】

〔一〕王商：汲古閣本注：「海内賢智王伯義。後漢書作王章。」李注、陶注同。陶注又云：「今范書黨錮傳，八廚有王章。又云：『郎中王璋，字伯儀。』惠棟曰：『蔡邕王子喬碑有相國東萊王章，字伯義。水經注引作王璋。然則章當作璋。儀當作義。義同誼，與儀異。』澍按：古文璋、章通，見管子。至義與智爲韻，作儀誤也。」

〔二〕蕃嚮：汲古閣本注：「海内修整蕃嘉景。」李注、陶注同。陶注又云：「章懷注：『蕃音皮。』顧炎武曰：『皮，古音婆。漢人讀鄱音婆，不知皮之爲婆，遂讀蕃爲毗矣。胡三省以爲皮字乃傳寫反字之誤，亦非。』」

〔三〕秦周：汲古閣本注：「海内貞良秦平王。」李注、陶注同。

〔四〕胡母班：汲古閣本注：「海内珍奇胡母季皮。」李注、陶注同。

〔五〕劉翊：汲古閣本注：「海内光光劉子相。」李注、陶注同。陶注又云：「後漢書獨行傳：劉翊，潁川潁陰人。此疑脱一『潁』字。」

〔六〕王孝：汲古閣本注：「海内依怙王文祖。」李注、陶注同。陶注又云：「後漢書黨錮傳作『王考』。」

〔七〕張邈：汲古閣本注：「海内嚴恪張孟卓。」李注、陶注同。

〔八〕度尚：汲古閣本注：「海内清明度博平。」李注、陶注同。陶注又云：「三君八俊録：清明，作『清平』。」

〔九〕八廚：汲古閣本注：「後漢書無劉翊，有劉儒。」李注、陶注同。後漢書卷六七黨錮列傳：「廚者言能以財救人者也。」

〔一〇〕三君八俊録：姚振宗後漢藝文志卷二：「按陶淵明四八目載竇武、陳蕃、劉淑三君而下三十五人，並云見三君八俊録。其中『八及』作『八友』，又『八顧』中有劉儒，無范滂。『八友』中有范滂，無翟超。『八廚』中有劉翊，無劉儒，並與黨錮傳所載異。據袁、范兩書，知是録起於太學諸生，或亦編入漢末名士傳、海内士品録諸書中。」

太丘長潁川陳寔，字仲弓。寔子大鴻臚紀，字元方。紀弟司空掾諶，字季方〔一〕。右並以高名，號曰「三君」。見甄表狀及邯鄲淳紀碑〔二〕。

【箋注】

〔一〕「陳寔」以下數句：陳寔與子元方、季方，見後漢書卷六二陳寔傳。

〔二〕甄表狀：魏明帝撰。邯鄲淳紀碑：即邯鄲淳撰陳紀碑。略曰：「顯考以茂行，崇冠先儔，弟亦以英才知名當世。孝靈之初，並遭黨錮，俱處於家，號曰『三君』。」（古文苑一九）

陶淵明集卷之十

集聖賢羣輔録下

太尉河南杜喬，字叔榮〔一〕。太常燉煌張奂，字然明〔二〕。侍中河内向詡，字甫興〔三〕。太傅汝南陳蕃，字仲舉〔四〕。太尉沛國施延，字君子〔五〕。少府潁川李膺，字元禮〔六〕。司隸沛國朱寓，字季陵〔七〕。太僕潁川杜密，字周甫〔八〕。大鴻臚潁川韓融，字元長〔九〕。司空潁川荀爽，字慈明〔一〇〕。司空清河房植，字伯武〔一一〕。聘士彭城姜肱，字伯淮〔一二〕。太尉下邳陳球，字伯真〔一三〕。司空山陽王暢，字叔茂〔一四〕。徵士陳留申屠蟠，字子龍〔一五〕。衛尉山陽張儉，字元節〔一六〕。大司農北海鄭玄，字康成〔一七〕。徵士樂安冉璆，字孟玉〔一八〕。太尉漢中李固，字子堅〔一九〕。有道太原郭泰，字林宗〔二〇〕。益州刺史南陽朱穆，字公叔〔二一〕。尚書會稽魏朗，字少英〔二二〕。聘士豫章徐穉，字孺子〔二三〕。度遼將軍安定皇甫規，字威明〔二四〕。

右魏文帝初爲丞相魏王所旌表二十四賢。後，明帝乃述撰其狀。見文帝令及甄表狀。

【箋注】

〔一〕杜喬：汲古閣本注：「狀：喬治易、尚書、禮記、春秋，晚好老子，隱居不仕。年四十爲郡功曹，立朝正色，有孔父之風。」李注、陶注同。

〔二〕張奂：汲古閣本注：「狀：奂廉方亮直，學該羣籍。前後七徵十要，三爲邊將，財貨珍寶，一無所取。矯王孫裸形，宋司馬爲石槨，幅巾時服，無棺而葬焉。」李注、陶注同。陶注又云：「李公焕本、汲古閣本作『前後七徵十要』。何孟春本作『前後仕進，十要銀艾』。惠棟後漢書補注引甄表狀作『七徵十要』。此何據後漢書『十要銀艾』改耳。孔平仲曰：『銀，即印；艾，即緑綬。課之十要者，一官一佩之也。』」

〔三〕向詡：汲古閣本注：「狀：詡博覽羣籍，兼好黄老玄虚，泊然肆志，不慕時倫，積三十年。」李注、陶注同。陶注又云：「後漢書獨行傳作『向栩』。」

〔四〕陳蕃：汲古閣本注：狀：「蕃瓌偉秀出，雅亮絶倫。學該墳典，忠壯謇諤。」又曰：「明允貞亮，與大將軍竇武，志匡社稷，機事不密，爲羣邪所害。」李注、陶注同。

〔五〕施延：汲古閣本注：「狀：延清公絜白，進士許國，臨難不顧，名著漢朝。」李注、陶注同。陶注又云：「惠棟曰：延以選舉貪汙策罷。甄表狀似非實録，故范書無傳。」

〔六〕李膺：汲古閣本注：「狀：膺承三公之後，生高絜之門，少履清節，非法不言。英聲宣於華夏，高名冠於搢紳。」李注、陶注同。

〔七〕朱寓：汲古閣本注：「一名詡，右一人訪其中正，無識知行狀者，告本郡訪問，耆老識寓云：『桓帝時遭難，無後。』」李注、陶注同。

〔八〕杜密：汲古閣本注：「狀：密清高雅達，名播四海，歷統五郡，恩惠化民。」李注、陶注同。

〔九〕韓融：汲古閣本注：「狀：融聰識知機，發於岐嶷，時人名之曰『窮神知化』。兄弟同居，至於没齒。處卿佐之位且二十年，奉身守約，不隕厥問。」李注、陶注同。

〔一〇〕荀爽：汲古閣本注：「狀：爽年十二，隨父在公府，羣公卿校，咸丈人也。或遣進奏，或親候從，儒林歸服，究極篇籍。」李注、陶注同。

〔一一〕房植：汲古閣本注：「狀：植少履清苦，孝友忠正，歷位州郡，政成化行。既登三事，靖恭衮職，雖季文相魯，晏嬰在齊，清風高節，不是過也。」李注、陶注同。

〔一二〕姜肱：汲古閣本注：「狀：肱稟履玄知，立性純固，事親至孝。五十而慕，學綜六藝，窮通究微，行隆華夏，名播四海。」李注、陶注同。

〔一三〕陳球：汲古閣本注：「狀：球清高忠直，孝靈中年，欲誅黄門常侍，以此遇害。」李注、陶注同。

〔一四〕王暢：汲古閣本注：「狀：暢雅性貞實，以禮文身，居家在朝，節行異倫。」李注、陶注同。

〔一五〕申屠蟠：汲古閣本注：「狀：蟠年九歲喪父，號泣過於成人，未嘗見齒。每至父母亡日，三日不食，在家側致甘露、白雉，以孝稱。州郡表其門閭，徵聘不就，年七十二終於家。」李注、陶注同。

〔一六〕張儉：汲古閣本注：「狀：儉體性忠直，閨門孝友，臨官賞罰，清亮絶俗。」李注、陶注同。

〔一七〕鄭玄：汲古閣本注：「狀：玄含海岱之純靈，體大雅之洪則。學無常師，講求道奥，敷宣聖範，錯綜其數。作五經注義，窮理盡性也。」李注、陶注同。

〔一八〕冉璆：汲古閣本注：「狀：璆體清純之性，蹈高絜之行，前後十五辟，皆不就。除高唐令，色斯而舉。時陳仲舉、李元禮、陳仲弓，皆歎其高風。」李注、陶注同。陶注又云：「後漢書陳蕃傳：周璆，子孟玉。此作『冉』，誤。」

〔一九〕李固：汲古閣本注：「狀：固當順、桓之際，號稱名臣。大將軍梁冀惡直醜正，害其道。桓帝即位，遂死於讒。」李注、陶注同。

〔二〇〕郭泰：汲古閣本注：「狀：泰器量弘深，孝友貞固，名布華夏，學冠羣儒，州郡禮命，曾不旋軌。辟司徒，徵有道，並不屈。」李注、陶注同。

〔二一〕朱穆：汲古閣本注：「狀：穆中正嚴恪，有才數明見。初補豐令，政平民和，有處子賤之風。上書陳損益，辭切情至。」李注、陶注同。

〔二二〕魏朗：汲古閣本注：「狀：朗資純美之高亮，幹輔國朝，忠謇正直之節，播於京師。」李注、陶注同。

〔二三〕徐穉：汲古閣本注：「狀：穉妙德高偉，清英超世，前後三徵，未嘗降志。抗名山棲，養志浩然，有夷齊之高，蘧伯玉卷舒之術。」李注、陶注同。

〔二四〕皇甫規：汲古閣本注：「狀：規少有歧嶷正直之節，對策指刺黄門。梁冀不能用，退隱山谷，敦樂詩書。」李注、陶注同。

太常燉煌張奐，字然明〔一〕。度遼將軍安定皇甫規，字威明。太尉武威段熲，字紀明。

右涼州三明，並著威名於桓、靈之世，悉名士也〔二〕。見續漢書。

【箋注】

〔一〕張奐：汲古閣本注：「爲度遼將軍，幽、并清静，吏民歌之。徵拜大司農，賜錢，除家一人爲郎，辭不受。願徙居華陰，故始爲弘農人。」李注、陶注同。

〔二〕「涼州三明」數句：張奐、皇甫規、段熲三人生平同載於後漢書卷六五。段熲傳云：「初，熲與皇甫威明、張然明，並知名顯達，京師稱爲『涼州三明』云。贊曰：山西多猛，『三明』儷蹤，戎驂糾結，塵斥河潼。規、奐審策，亟遏囂凶。文會志比，更相爲容。段追兩狄，束馬縣鋒。紛紜騰突，谷静山空。」讚美「涼州三明」抗擊諸羌，立功邊塞。

韋權，字孔衡。權弟瓚，字孔玉。瓚弟矩，字孔規。

右太尉韋子才之三子。皆修仁義，兄弟孝友。逢盜賊，一人病不能去。兄弟相慕，兵至俱死，時人稱之，號「韋三義」。見三輔決録。

【校記】

權弟瓚　汲古閣本無「權」字。

兄弟相慕　「慕」，陶本原校：「汲古閣本作『保』。」

荀儉，字伯慈〔一〕。儉弟緄，字仲慈〔二〕。緄弟靖，字叔慈〔三〕。靖弟燾，字慈光〔四〕。燾弟汪，字孟慈〔五〕。汪弟爽，字慈明〔六〕。爽弟肅，字敬慈〔七〕。肅弟旉，字幼慈〔八〕。

右朗陵令潁川荀季和之八子，並有德業，時人號之「八龍」。居西豪里。渤海宛康，知名士也〔九〕，時爲潁陰令，美之曰「高陽氏有才子八人」。遂改所居爲高陽里。見張璠漢紀及荀氏譜。

【校記】

靖弟燾　「燾」，汲古閣本作「壽」。

燾弟汪　「燾」，汲古閣本作「壽」。

號之八龍　汲古閣本無「之」字。

潁陰令　「令」，汲古閣本作「今」，非。

【箋注】

〔一〕荀儉：汲古閣本注：「漢侍中悦之父。」李注、陶注同。

〔二〕儉弟緄：汲古閣本注：「濟南相漢光禄大夫；彧之父，年六十六。」李注、陶注同。

〔三〕緄弟靖：汲古閣本注：「或問汝南許劭：『靖、爽孰賢？』劭曰：『二人皆玉也。慈明外朗，叔慈内潤。』靖隱身修學，動必以禮。太尉辟，不就。年五十五。」李注、陶注同。

〔四〕靖弟壽：汲古閣本注：「舉孝廉，年七十。」李注、陶注同。

〔五〕壽弟汪：汲古閣本注：「昆陽令，年六十。」李注、陶注同。

〔六〕汪弟爽：汲古閣本注：「公車徵爲平原相，遷光禄勳、司空。出自巖藪，九十三日，遂登臺司。年六十三。」李注、陶注同。

〔七〕爽弟肅：汲古閣本注：「守舞陽令，年五十。」李注、陶注同。

〔八〕肅弟旉：汲古閣本注：「司徒掾，年七十。」李注、陶注同。陶注又云：「後漢書章懷注：『旉』，本作『敷』。」

〔九〕宛康：陶注：「後漢書荀淑傳作『苑康』。宛、苑通，作『范』則非也。」按，陶注謂宛、苑通，是也。詩唐風山有樞：「宛其死矣，他人是愉。」馬瑞辰通釋：「宛即苑之假借。」

公沙紹，字子起。紹弟孚，字允慈〔一〕。孚弟恪，字允讓。恪弟逵，字義則。逵弟樊，字義起。

右北海公沙穆之五子。並有令名，京師號曰「公沙五龍，天下無雙。」穆亦名士也〔二〕。見魏明帝甄表狀及後漢書。

【箋注】

〔一〕紹弟孚：汲古閣本注：「北海耆舊傳稱：孚與荀爽共約，出不得事貴勢。而爽當董卓時，脱巾未百日，位至司空。後相見，以爽違約，割席而坐。」後漢書卷八二下公沙穆傳章懷注：

「謝承書曰：『穆子孚，字允慈，亦爲善士。舉孝廉、尚書侍郎、召陵令，上谷太守也。』」

〔二〕「公沙穆之五子」以下數句：陶注：「惠棟後漢書補注：『袁山松書曰：「公沙六龍，天下無雙。」范書公沙穆傳亦云「六龍皆知名」。』與此異。」按，公沙穆之奇由後漢書卷八二下公沙穆傳略知：公沙穆字文乂，北海膠東人，長習韓詩、公羊春秋，尤鋭思河洛推步之術。後遂隱居東萊山，學者自遠而至。遷弘農令，縣界有螟蟲食稼，穆乃設壇禱，暴雨後螟蟲自銷，百姓稱曰神明。永壽元年，霖雨大水，三輔以東莫不湮没，穆明曉占候，乃豫告令百姓徙居高地，弘農人獨得免害。年六十六卒官。六子，皆知名。

膠東令盧汜昭，字興先。樂城令剛戴祁，字子陵。潁陰令剛徐晏，字孟平。涇令盧夏隱，字叔世。州別駕蛇丘劉彬，字文曜〔一〕。

右濟北五龍。少並有異才，皆稱神童。當桓、靈之世，時人號爲「五龍」。見濟北英賢傳。

【校記】

戴祁　陶本原校：「各本作『戴祈』，何校宣和本作『戴祁』。」

【箋注】

〔一〕文曜：汲古閣本注：「一作世州。」李注、陶注同。

孝廉杜陵金敞，字元休〔一〕。上計掾長陵第五巡，字文休〔二〕。上計掾杜陵韋端，字甫休〔三〕。

右同郡齊名，時人號之「京兆三休」，並以光和元年察舉。見三輔決録。

【箋注】

〔一〕金敞：汲古閣本注：「位至兗州刺史。」李注、陶注同。

〔二〕第五巡：汲古閣本注：「興先之子。興先名種，司空伯魚之孫，名士也。不詳巡位所至，時辟太尉掾。」李注、陶注同。

〔三〕韋端：汲古閣本注：「位至涼州牧、太尉。」李注、陶注同。陶注又云：「章懷後漢書荀彧傳注：『端從涼州牧徵爲太僕。』此作『太尉』，疑誤。」

晉宣帝河南司馬懿，字仲達。魏司空潁川陳羣，字長文。中領軍譙朱鑠，字彦才。侍中濟陰吴質，字季重。

右魏文帝四友。見晉紀。

魏步兵校尉陳留阮籍，字嗣宗。中散大夫譙嵇康，字叔夜。晉司徒河内山濤，字巨源。建威參軍沛劉伶，字伯倫。始平太守陳留阮咸，字仲容〔一〕。散騎常侍河內向秀，字子期。司徒琅邪王戎，字濬仲。

右魏嘉平中，並居河內山陽，共爲竹林之遊，世號「竹林七賢」。見晉書、魏書，袁宏、戴逵爲傳，孫統又爲讚〔二〕。

【校記】

濬仲　汲古閣本、李本作「濬沖」，陶本原校作「濬仲」，云：「各本作『濬沖』，何校宣和本作『濬仲』。澍按：諸書皆作『濬沖』，惟嵇康別傳作『濬仲』，與此合。」

【箋注】

〔一〕仲容：汲古閣本注：「籍兄子。」

〔二〕「見晉書」以下數句：竹林七賢之軼事，江左著于史傳者甚多。各家晉書之外，又有戴逵竹林七賢論二卷、袁宏名士傳三卷、孟仲暉七賢傳七卷。餘如謝萬七賢嵇中散傳、顧愷之畫讚。孫統曾作七賢讚，惜早佚不可得見。

吴範相風〔一〕，劉惇占氣〔二〕，趙達筭〔三〕，皇象書〔四〕，嚴子卿棋〔五〕，宋壽占夢〔六〕，曹不興畫〔七〕，孤城鄭嫗相〔八〕。

右吴「八絶」。見張勃吴録〔九〕。

【箋注】

〔一〕吴範相風：汲古閣本注：「吴人。」李注、陶注同。按，吴範字文則，會稽上虞人，以治曆數、知風氣聞於郡中。會孫權起於東南，範委身服事，每有災祥，輒推數言狀，其術多效，遂以顯名。黄武五年（二二六），病卒。（詳見三國志吴書吴範傳）

〔二〕劉惇占氣：汲古閣本注：「河内人。」李注、陶注同。按，劉惇字子仁，平原人，避亂至吴，事孫輔，以明天官達占數顯于南土。每有水旱寇賊，皆先時處期，無不中者。輔異焉，以爲軍師，軍中咸敬事之，號曰神明。惇於諸術皆善，尤明太乙，皆能推演其事，窮盡要妙，著書百餘篇，名儒刁玄稱以爲奇。（詳見三國志吴書劉惇傳）

〔三〕趙達筭：汲古閣本注：「河内人。」李注、陶注同。按，趙達，河南人。謂東南有王者氣，避難渡江至吴。治九宫一算之術，究其微旨，是以能應機立成，對問若神，至計飛蝗，射隱伏，無不中效。達寶愛其術，秘而不告他人。以至孫權問其法，亦終不語，由此見薄，禄位不至。自算死期，後如期死。孫權聞達有書，求之不得，乃録問其女，及發達棺無所得，法術絶焉。（詳見三國志吴書趙達傳）

〔四〕皇象書：汲古閣本注：「廣陵人。」李注、陶注同。按，三國志吴書趙達傳裴松之注引吴録：「皇象字休明，廣陵江都人。幼工書。時有張子並、陳梁甫能書。甫恨逋，並恨峻，象斟酌其間，甚得其妙。中國善書者不能及也。」

〔五〕嚴子卿棋：汲古閣本注：「名昭武，衛尉畯從子。」李注、陶注同。陶注又云：「三國志注作『嚴武』」。按，三國志吴書趙達傳裴松之注引吴録：「嚴武字子卿，衛尉畯再從子也，圍棋莫與爲輩。」

〔六〕宋壽占夢：汲古閣本注：「十不失一。」李注、陶注同。

〔七〕曹不興畫：汲古閣本注：「爲孫權畫屏風，筆墨悮點，因以爲蠅。後張御坐，權以爲真蠅，手彈不去，方知其非也。」李注、陶注同。

〔八〕孤城鄭姥相：汲古閣本注：「見王粲於童賦。」李本、陶本注：「見王粲於童賤。謂仕必至師傅。後爲太子太傅。」按，李注、陶注是。「童賦」乃「童賤」之訛。鄭姥「見王粲於童賤」，謂識王粲於年幼貧賤時，將來必至師傅。此所謂善相者也。

〔九〕張勃吴録：新唐書卷五八藝文志著録張勃吴録三十卷。三國志吴書裴松之注引吴録特多。諸本注四八目「吴八絶」條，皆引自三國志吴書趙達傳裴松之注引吴録。

陳留董昶，字仲道。琅邪王澄，字平子〔一〕。陳留阮瞻，字千里〔二〕。潁川庾敳，字子嵩〔三〕。陳留謝鯤，字幼輿〔四〕。太山胡毋輔之，字彦國〔五〕。沙門于法龍〔六〕。樂安光逸，字孟祖〔七〕。

右晉中朝八達，近世聞之於故老。

【校記】

董昶　李本云：「晉書隱逸傳作『董養』。」陶本同。按，作「董養」是。世説新語賞譽三六劉孝標注引王隱晉書、謝鯤元化論序，皆稱董養字仲道。

庾敳　「敳」，汲古閣本作「凱」。

【箋注】

〔一〕王澄：晉書卷四三王澄傳載：「時王敦、謝鯤、庾敳、阮脩，皆爲衍所親善，號爲『四友』，而亦與澄狎。又有光逸、胡毋輔之等亦豫焉，酣讌縱誕，窮懽極娱。」同卷樂廣傳：「時王澄、胡毋輔之等，皆亦任放爲達，或至裸體者。」世説新語任誕六劉孝標注引鄧粲晉紀：「澄，放蕩不拘，時謂之達。」

〔二〕阮瞻：汲古閣本注：「一云『阮八百』，『八百』即瞻弟孚，字遥集，朗率多通，故大將軍王敦云：『方瞻有減，故云八百。』」李注、陶注同，唯「瞻弟孚」前少「八百」二字。按，由晉書卷四九阮瞻傳觀之，瞻「性清虚寡欲，自得於懷」，善名理，似非任誕放達之流。而阮孚「爲安東參軍，蓬髮飲酒不以王務嬰心」，「轉丞相從事中郎，終日酣縱，恒爲有司所按」，故有人懷疑阮瞻或爲阮孚。然世説新語德行二三劉孝標注引王隱晉書曰：「魏末阮籍，嗜酒荒放，露頭散髮，裸袒箕踞。其後貴游子弟阮瞻、王澄、謝鯤、胡毋輔之之徒，皆祖述於籍，謂得大道之本。故去巾幘，脱衣服，露醜惡，同禽獸。甚者名之爲通，次者名之爲達也。」據此，阮瞻爲著名通達者也，未可輕易懷疑。

〔三〕庾敳：晉書卷五〇庾敳傳：「長不滿七尺，而腰帶十圍。雅有遠韻，爲陳留相，未嘗以事嬰心，從容酣暢寄通而已。」

〔四〕謝鯤：晉書卷四九謝鯤傳：「鯤少知名，通簡有高識，不修威儀，好老易，能歌善鼓琴，王衍、嵇紹並奇之。」「鄰家高氏女有美色，鯤嘗挑之，女投梭折其兩齒。時人爲之語曰：『任達不已，幼輿折齒。』鯤聞之，慠然長嘯曰：『猶不廢我嘯歌。』……每與畢卓、王尼、阮放、羊曼、桓彝、阮孚等縱酒。」中朝任達之士，謝鯤最得「竹林七賢」風韻。

〔五〕胡毋輔之：詳見晉書卷四九胡毋輔之傳。

〔六〕于法龍：當是支孝龍。高僧傳卷四支孝龍傳：「淮陽人。少以風姿見重，加復神彩卓犖，高論適時，常披味小品以爲心要。陳留阮瞻、潁川庾凱，並結知音之交，世人呼爲『八達』」。

〔七〕光逸：晉書卷四九光逸傳：「逸渡江依胡毋輔之。初至，屬輔之與謝鯤、阮放、畢卓、羊曼、桓彝、阮孚散髮裸裎，閉室酣飲已累日。逸將排户入，守者不聽。逸便於户外脱衣露頭，於狗竇中窺之而大叫。輔之驚曰：『他人決不能爾，必我孟祖也。』遽呼入，遂與飲，不舍晝夜，時人謂之『八達』。」

裴徽，字文秀〔一〕。裴楷，字叔則〔二〕。裴綽，字季舒〔三〕。裴瓚，字國寶〔四〕。裴邈，字景初〔五〕。裴遐，字叔道〔六〕。裴康，字仲豫〔七〕。裴頠，字逸民〔八〕。王祥，字休徵〔九〕。王戎，字濬仲〔一〇〕。王澄，字平子〔一一〕。王導，字茂弘〔一二〕。王綏，字萬子〔一三〕。王衍，字夷甫〔一四〕。王敦，字處沖〔一五〕。王玄，字眉子〔一六〕。

右河東八裴，琅邪八王〔一七〕，聞之於故老。

【箋注】

〔一〕裴徽：汲古閣本注：「魏冀州刺史。」李注、陶注同。陶注又云：「裴松之魏志裴潛傳注：『潛少弟徽，字文季。』此作『秀』，疑誤。」按，世説新語文學八劉孝標注引永嘉流人名：「徽字文季，河東聞喜人，太常潛之少弟也。仕至冀州刺史。」陶注是。

〔二〕裴楷：汲古閣本注：「徽第三子，晉光禄大夫。」李注、陶注同。

〔三〕裴綽：汲古閣本注：「楷弟，長水校尉。」李注、陶注同。按，世説新語品藻六劉孝標注引王朝目録：「綽字仲舒，楷弟也，名亞於楷，歷中書黄門侍郎。」三國志魏書裴潛傳裴松之注：綽字季舒。河東聞喜裴氏譜亦作「季舒」。

〔四〕裴瓚：汲古閣本注：「楷子，中書郎。」李注、陶注同。

〔五〕裴邈：汲古閣本注：「楷孫，欽子，太傅左司馬。」李注、陶注同。陶注又云：「景初，裴志作『景聲』。」按，世説新語雅量一一：「王夷甫與裴景聲志好不同。」劉孝標注引晉諸公贊曰：

「邈字景聲，河東聞喜人。少有通才，從兄頠器賞之。」作「景聲」是。

〔六〕裴遐：汲古閣本注：「瓚子，太傅主簿。」李注、陶注同。陶注又云：「裴松之三國志注及晉書，皆以遐爲裴綽子。此作『瓚子』，疑誤。」按，河東聞喜裴氏譜：「遐，綽子。」「瓚，楷子。」而綽、楷皆裴徽子，則遐、瓚爲從父兄弟。此作「瓚子」實誤。

〔七〕裴康：汲古閣本注：「徽第二子，太子左率。」李注、陶注同。

〔八〕裴頠：汲古閣本注：「楷孫，季子，晉尚書僕射。」李注、陶注同。陶注又云：「裴注：頠乃潛孫，秀子，楷其從父行。此云楷孫，當是『潛』之誤字。又誤『秀』爲『季』也。」

〔九〕王祥：汲古閣本注：「晉太保。」李注、陶注同。

〔一〇〕王戎：汲古閣本注：「父渾，涼州刺史，祥族子，司徒。」李注、陶注同。

〔一一〕王澄：汲古閣本注：「衍弟，裴綽女壻，荆州刺史。」李注、陶注同。

〔一二〕王導：汲古閣本注：「覽孫，裁子，敦從弟，丞相。」李注、陶注同。

〔一三〕王綏：汲古閣本注：「戎子，早亡，裴康女壻。」李注、陶注同。

〔一四〕王衍：汲古閣本注：「父乂，平北將軍，戎從弟，太尉。」李注、陶注同。

〔一五〕王敦：汲古閣本注：「覽孫，基第二子，大將軍。」李注、陶注同。

〔一六〕王玄：汲古閣本注：「衍子，陳留内史。」李注、陶注同。

〔一七〕「右八裴」二句：世説新語品藻六：「正始中人士比論，以五荀方五陳……又以八裴方八王：裴徽方王祥，裴楷方王夷甫，裴康方王綏，裴綽方王澄，裴瓚方王敦，裴遐方王導，裴頠方王戎，裴邈方王玄。」

魏司空王昶，字文舒〔一〕。昶子汝南太守湛，字處仲〔二〕。湛子東海内史承，字安期〔三〕。承子驃騎將軍述，字懷祖〔四〕。述子安北將軍坦之，字文度〔五〕。

魏尚書僕射杜畿，字伯侯〔六〕。畿子幽州刺史恕，字務伯〔七〕。恕子鎮南將軍預，字元凱〔八〕。預子散騎常侍錫，字世嘏〔九〕。錫子光禄大夫乂，字弘治〔一〇〕。

右太原王、京兆杜，各稱五世盛德，聞之於故老。凡書籍所載及故老所傳，善惡聞於世者，蓋盡於此矣。漢稱田叔、孟舒等十人及田横兩客、魯八儒，史並失其名。夫操行之難，而姓名翳然，所以撫卷長慨，不能已已者也。

【箋注】

〔一〕王昶：王昶，魏志有傳。

〔二〕王湛：何注：「太守，當作『内史』。」陶注：「裴松之魏志王昶傳注亦作太守。」按，魏志裴松之注引晉書云「昶諸子中湛最有德譽」。又世説新語賞譽一七記王湛事甚詳。劉孝標注引鄧粲晉紀曰：「(王湛)隱德人莫之知，雖兄弟宗族亦以爲癡。唯父昶異焉。昶喪，居墓次。兄子濟往省湛，見牀頭有周易，謂湛曰：『叔父用此何爲？頗曾看不？』湛笑曰：『體中佳時，脱復看耳。今日當與汝言。』因共談易，剖析入微，妙言奇趣，濟所未聞，歎不能測。」又注引晉陽秋曰：「濟有人倫鑒識，其雅俗是非，少所優潤。見湛，歎服其德宇。時人謂湛上方山濤不足，下比魏舒有餘。」

〔三〕王承：何注：「内史，當作『太守』。」陶注：「沈約宋書州郡志有太守、有内史。東海稱太守，不稱内史。晉書百官志：『諸王國以内史掌太守之任。』宋志亦云：『漢初，王國置太傅，掌輔導；内史，主治民；丞相，統衆官。成帝更令相治民，如郡太守，省内史。東漢亦置相一人，主治民。晉武帝改太守爲内史，省相，是治王國者稱内史，他郡稱太守，其職一也。』時東海王越，國東海，故承稱東海内史，不稱太守也。」按，晉書卷七五王承傳謂東海王越鎮許，承作其記室參軍，在府數年。承似未至東海國作内史也。「久之，遷東海太守」。言王承由記室參軍遷東海太守。世説新語言語七二劉孝標注引王中郎傳云：「祖東海太守承。」而時人或稱王承爲「王東海」，東海，即東海太守之官號也。

〔四〕王述：何注：「述歷尚書令。此驃騎將軍，贈官也。」

〔五〕王坦之：何注：「坦之官中書令。此安北將軍，亦贈官。」按，晉書卷七五王坦之傳：坦之卒，贈安北將軍，謚曰獻。

〔六〕杜畿：曹操時領西平太守，拜河東太守。曹丕即王位，賜爵關内侯，徵爲尚書，進封豐樂亭侯。追贈太僕，謚曰戴侯。（詳見魏志杜畿傳）

〔七〕杜恕：魏太和中爲散騎黄門侍郎，後爲幽州、荆州刺史。（見魏志杜畿傳、世説新語方正一二劉孝標注引王隱晉書）

〔八〕杜預：杜預智謀淵博，明於治亂，號曰「杜武庫」。起家拜尚書郎，襲祖爵豐樂亭侯。賈充定律令，杜預爲之注解。累遷河南尹、鎮南將軍，都督荆州諸軍事，鎮襄陽。以平吴功封當陽侯。預身不跨馬，射不穿札，而每任大事，輒居將率之列。立功之後，耽思經籍，爲春秋左氏經傳集解，自稱有「左傳癖」，成一家之學，影響後世深遠。（詳見晉書卷三四杜預傳）

〔九〕杜錫：少有盛名，起家長沙王乂文學，累遷太子中舍人。趙王倫篡位，以爲治書御史。惠帝反政，遷吏部郎、城陽太守，不拜。年四十八卒，贈散騎常侍。（附見晉書卷三四杜預傳）

〔一〇〕杜乂：東晉成帝恭皇后之父。性純和，美姿容，有盛名於江左。襲封當陽侯，辟公府掾，爲丹陽丞，早卒。咸康初，追贈金紫光禄大夫，謚曰穆。（詳見晉書卷九三杜乂傳）

八　儒〔一〕

夫子没後，散於天下，設於中國，成百氏之源，爲綱紀之儒〔二〕。居環堵之室，蓽門圭竇，甕牖繩樞，併日而食，以道自居者，有道之儒，子思氏之所行也〔三〕。衣冠中，動作順，大讓如慢，小讓如僞者，子張氏之所行也〔四〕。顔氏傳詩爲道，爲諷諫之儒〔五〕。孟氏傳書爲道，爲疏通致遠之儒〔六〕。漆雕氏傳禮爲道，爲恭儉莊敬之儒〔七〕。仲梁氏傳樂爲道，以和陰陽，爲移風易俗之儒〔八〕。樂正氏傳春秋爲道，爲屬辭比事之儒〔九〕。公孫氏傳易爲道，爲潔凈精微之儒〔一〇〕。

【箋注】

〔一〕宋庠私記説：「八儒、三墨二條，似後人妄加，非陶公本意。四八目之末，陶自爲説曰：『書籍所載及故老所傳，善惡聞於世者，蓋盡於此。』即知其後無餘事矣。」宋庠據淵明之言，疑心八儒、三墨二條似後人妄加，不無道理。方宗誠陶詩真詮則以爲八儒、三墨與集聖賢羣輔録同，仍爲淵明所記「以示諸子」，「後人輯之以附集後耳」。楊勇注非宋庠「陶公本意」説，稱「陶公所謂『盡於此』者，實指四八目而言，不兼及於八儒、三墨可知」；又以今本陶集非陶公手定，陽休之當年所見陶集舊本「編比顛倒，兼復闕少」爲由，以爲此二條仍是陶公所録。然審察四八目與八儒、三墨，兩者有顯著區别二：四八目皆品目人物，雖是抄録書籍所載及聞之故老，但體例統一；八儒、三墨分述儒、墨流派，主旨不在品目人物。此其一。四八目每條後注明材料來源，而八儒出於韓非子，三墨出於莊子，卻不注明材料來源。此其二。由此判斷，八儒、三墨恐非出陶公之手。八儒、三墨之説，始見於韓非子顯學第五十：「世之顯學，儒墨也。儒之所至，孔丘也；墨之所至，墨翟也。自孔子之死也，有子張之儒，有子思之儒，有顔氏之儒，有孟氏之儒，有漆雕氏之儒，有仲良氏之儒，有公孫氏之儒，有樂正氏之儒。自墨子之死也，有相里氏之墨，有相夫氏之墨，有鄧陵氏之墨。故孔、墨之後，儒分爲八，墨離爲三。取舍相反不同，而皆自謂真孔、墨。」

〔二〕「夫子」以下數句：夫子：孔子。綱紀：大綱，法度。荀子勸學：「禮者，法之大分、類之綱紀也。」韓詩外傳卷四：「説皆不足合大道，美風俗，治綱紀。」此謂孔子之學傳於後世，爲各派儒學的綱紀和法度。

〔三〕「居環堵」以下數句：環堵，四周環著每面一方丈的土牆。形容居室狹小簡陋。禮記儒行：「儒者有一畝之宫，環堵之室。」鄭玄注：「環堵，面一堵也。五版爲堵，五堵爲雉。」蓽門：用竹荆編織的門。常指房屋簡陋破舊。孔叢子抗志：「亟臨蓽門，其榮多矣。」圭竇：形狀如圭的牆洞。借指微賤之家的門户。左傳襄公十年：「篳門圭竇之人，而皆陵其上，其難爲上矣！」杜預注：「圭竇，小户，穿壁爲户，上鋭下方，狀如圭也。」子思氏：孔子生鯉字伯魚，伯魚生伋，字子思，作中庸。子思學於曾子，而孟子受業子思之門人。漢書卷三〇藝文志著録子思二十三篇，列儒家，今亡。

〔四〕「衣冠中」以下數句：「衣冠中，動作順，大讓如慢，小讓如僞者」，出於禮記儒行（此節録，文字稍異）。鄭玄注：「中，中間，謂不嚴厲也。如慢如僞，言之不愊怛也。」孔穎達正義：「儒有衣冠中者，中間，言儒者所服衣冠在尋常人之中間，不嚴勵自異也。動作慎者，謂舉動興作，恒謹慎也。其大讓如慢，謂有人以大物與己，己之讓此大物之時，辭貌寬緩如傲慢然。小讓如僞者，言讓其小物，如似詐僞，亦謂寬緩不急切也。」子張氏，論語爲政：「子張學干禄。」鄭玄注：「子張，弟子也。姓顓孫，名師，字子張。」

〔五〕「顔氏」二句：顔氏不知何人。皮錫瑞經學歷史第二篇經學流傳時代説：「韓非子言八儒有顔氏。孔門弟子，顔氏有八，未必即是子淵。」子淵，孔子弟子顔回之字。史記卷六七仲尼弟子列傳記孔門弟子有八：顔回、顔無繇、顔幸、顔高、顔祖、顔之僕、顔噲、顔何。故皮氏説，「未必是子淵」。諷諫，指詩有婉言隱約之語勸諫之功用。

〔六〕「孟氏」二句：史記卷七六孟軻傳：「鄒人也，受業子思之門人。」漢書卷三〇藝文志著録有孟子十一篇。皮錫瑞經學歷史第二篇經學流傳時代説：「趙岐謂孟子通五經，尤長於詩、書之類。今考其書，實與春秋之學尤深。」

〔七〕「漆雕氏」二句：漢書卷三〇藝文志著録有漆雕子十三篇。原注：「孔子弟子漆雕啓後。」按，漆雕啓，論語作漆雕開。開即「啓」也。

〔八〕「仲梁氏」三句：王應麟困學紀聞卷三：「定之方中傳引仲梁子曰：『初立楚宫也。』鄭志：『張逸問仲梁子何時人，答曰仲梁子先師魯人，當六國時，在毛公前。』韓非子『八儒』有仲良氏之儒。」按梁、良通。孔子曰：「移風易俗，莫善於樂。」仲梁氏傳樂，故稱其爲移風易俗之儒。

〔九〕樂正氏：通志卷五八氏族略第四：「樂正氏。」注：「周禮樂正，因官氏焉。孟子魯有樂正子春，曾子弟子。」春秋叙事，文辭雅潔，故稱樂正氏爲屬辭比事之儒。

〔一〇〕「公孫氏」二句：漢書卷三〇藝文志：「公孫尼子二十八篇。注：七十子之弟子。」以爲公孫尼子是孔子弟子。皮錫瑞經學歷史第二篇經學流傳時代説：「沈約以樂記取公孫尼子，或即八儒之公孫氏歟？」易道精微，故稱公孫氏爲潔淨精微之儒。然禮記緇衣篇孔穎達正義説：「劉獻云：公孫尼子所作也。」據此，公孫尼子善説詩，似非傳易者也。

三　墨〔一〕

不累於俗，不飾於物，不尊於名，不忮於衆，此宋鈃、尹文之墨〔二〕。裘褐爲衣，跂蹻爲服，日夜不休，以自苦爲極者，相里勤、五侯子之墨〔三〕。俱誦經而背譎不同，相謂別墨以堅白，此苦獲、已齒、鄧陵子之墨〔四〕。

【校記】

不尊於名　「名」，汲古閣本作「人」。

別墨以堅白　「堅白」，李本、陶本作「黑白」，汲古閣本作「堅白」。按，莊子天下篇作「堅白」。今從莊子改爲「堅白」。

已齒　陶本原作「以齒」。按，莊子天下篇作「已齒」，各本亦作「已齒」，今據改。

【箋注】

〔一〕三墨篇内容出於莊子天下篇：「相里勤之弟子五侯之徒，南方之墨者苦獲、已齒、鄧陵子之屬，俱誦墨經，而倍譎不同，相謂別墨。以堅白同異之辯相訾，以觭偶不仵之辭相應，以鉅子爲聖人。」關於墨子死後其學説之流傳，韓非子顯學第五十以爲墨分爲三派。近人梁啓超子墨子學説述墨子學説的傳授，謂有四派：「荀子非十二子篇，以墨翟、宋鈃並舉，莊子天下篇則以墨翟、禽滑釐與宋鈃、尹文對舉各論。然則宋鈃殆一種之別墨也。今據諸説，以推究墨派，可分爲四：一、相里勤、五侯子之徒。得力于勤儉力行者多。二、苦獲、已齒、鄧陵子之徒，得力於論理學者多。三、相夫氏一派，不詳。四、宋鈃、尹文一派，得力於非攻寬恕者多。」（飲冰室專集）

〔二〕「不累於俗」以下數句：莊子天下篇：「不累於俗，不飾於物，不苟於人，不忮於衆，願天下之安寧以活民命，人我之養畢足而止，以此白心，古之道術有在於是者。宋鈃、尹文聞其風而悦之。」成玄英疏：「於俗無患累，於物無矯飾，於人無苟且，與衆無逆忮，立於名行以養蒼生也。」宋鈃、尹文：成玄英疏：「姓宋，名鈃；姓尹，名文。並齊宣王時人，同遊稷下。」宋鈃，即宋榮子。莊子逍遥遊：「而宋榮子猶然笑之。」陸德明釋文：「司馬云：『宋國人也。』崔云：『賢者也。』」韓非子顯學：「宋榮子之議，設不鬭争，取不隨仇，不羞囹圄，見侮不辱，世主以爲寬而禮之。」漢書卷三〇藝文志著録有宋子十八篇。

〔三〕「裘褐爲衣」以下數句：莊子天下篇：「使後世之墨者，多以裘褐爲衣，以跂蹻爲服，日夜不休，以自苦爲極。」跂蹻：成玄英疏：「木曰跂，草曰蹻也。」陸德明釋文：「李云：麻曰屩，木曰屐。屐與跂同，屩與蹻同。一云鞋類也。」相里勤，成玄英疏：「姓相里，名勤，南方之墨師也。」

〔四〕「俱誦經」以下數句：背譎，譎，異。莊子天下篇成玄英疏：「俱誦墨經而更相倍異，相呼爲別墨。」「苦獲、五侯之屬，並是學墨人也。」堅白：謂各墨派互相争論，作堅白之辯。林希逸莊子口義卷一〇：「苦獲、已齒、鄧陵子，三人名也。此三人皆居南方，亦讀墨書，而其譎怪尤倍於墨子。又且其説皆不同，故自名以別墨，言墨之別派也。」

【集説】

陶集流行千年，至清乾隆時編四庫全書，館臣紀昀等作四庫總目提要，始黜北齊陽休之所編陶集十卷本，而是梁蕭統八卷本，説：「昭明太子去潛世近，已不見五孝傳、四八目，不以入集，陽休之何由續得？且五孝傳及四八目所引尚書，自相矛盾，決不出於一手，當必依託之文，休之誤信而增之。以後諸本雖卷帙多少、次第先後各有不同，其竄入僞作，則同一轍，實自休之所編始。庠私記但疑八儒、三墨二條之誤，亦考之不審矣。四八目已經睿鑒指示，灼知其贋，別著録於子部類書而詳辨之，其五孝傳文義庸淺，決非潛作，既與四八目一時同出，其贋亦不待言，今並删除。惟編潛詩文，仍從昭明太子爲八卷。雖梁時舊第，今不可考，而黜僞存真，庶幾猶爲近古焉。」（四庫總目提要卷一四八集部別集類一）紀昀等又舉陶集與集聖賢羣輔録矛盾之處及五孝傳所引經籍句讀的不同，證明五孝傳及四八目是僞作：「且集中與子儼等疏稱子夏爲孔子四友，而此録四友乃爲顔回、子貢、子路、子張。又五孝傳引『孝乎惟孝友于兄弟』之文，句讀尚從包咸注，知未見古文尚書。而此録『四岳』一條，乃引孔安國傳，其出兩手，尤自顯然。」（四庫總目提要卷一三七子部類書類存目一）

四庫總目提要説五孝傳及四八目是僞作，頗有人信從之。例如郭紹虞陶集考辨説：「此五孝傳、四八目二種，原非陶氏所選，四庫全書提要辨之甚明。」（燕京學報，一九三六年十二月第二十期）至逯欽立陶淵明集校注例言，又舉陶集中例子作證：「又集中稱『商山四皓』，率舉黄公和綺里季夏爲代表（飲酒詩云：「咄咄俗中愚，且當從黄綺。」桃花源詩云：「黄綺之商山，伊人亦云逝。」）而此録四皓，乃斷綺里季與夏黄公爲名，並于夏黄公下注云：『姓崔，名廓，字少通，齊人。隱居修道，號夏黄公。見崔氏譜。』四友、四皓均與陶集大相徑庭，所以宋人定八儒、三墨二條爲『後人妄加』（宋庠語）是對的。」

然亦有人以爲集聖賢羣輔録非僞作。陳澧東塾讀書記上卷一云：「陶淵明有五孝傳，或疑後人依託，澧謂不必疑也。蓋陶公於家庭鄉里，以孝經爲教，稱引古實以教之。故其庶人孝傳贊云：『嗟爾衆庶，鑒茲前式。』」方宗誠陶詩真銓云：「集聖賢羣輔録此卷前人有文辨之，以爲非淵明作。予謂此或淵明偶以書籍所載，故老所傳，集録之以示諸子，識故實、廣見聞，非著述也。八儒、三墨，大抵亦記故事以示諸子，後人輯之以附集後耳。謂爲著述則淺之乎視淵明矣。謂非淵明書，亦似不然。陸象山稱淵明知道，陸桴亭稱淵明可以從祀于文廟，予深以爲然。」以爲集聖賢羣輔録非著述，集録前代故實以示諸子。方氏之見，可備一説。

以下重點辨析四庫提要以爲五孝傳及集聖賢羣輔録是僞作的幾條證據。

一、陶集編輯的最初面貌，保存在蕭統陶淵明集序及陽休之陶集序録之中，而尤以後者更有價值。陽休之説：「余覽陶潛之文，辭采雖未優，而往往有奇絶異語，放逸之致，棲托仍高。其集先有兩本行於世，一本八卷，無序；一本六卷，并序目，編比顛亂，兼復闕少。蕭統所撰八卷，合序目誄傳，而少五孝傳及四八目，然編録有體，次第可尋。余頗賞潛文，以爲三本不同，恐終至亡失，今録統所闕并序目等，合爲一帙，十卷，以遺好事君子。」（陶澍靖節先生集注卷首諸本序録）這段文字，保存着陶集問世之初的多重密碼。一是可知陽休之之前陶集有三本，先前行世有八卷本、六卷本兩本，八卷本無序，六卷本「編比顛亂」，且不全。蕭統八卷本少五孝傳及四八目，但「編録有體，次第可尋」，品質較高。二是陽休之十卷本是合先前的三卷本爲一本，録蕭統所闕，即是録蕭統八卷本所闕的五孝傳及四八目。

再讀蕭統陶淵明集序：「余愛嗜其文，不能釋手，尚想其德，恨不同時，故更加搜求，粗爲區目。」由「更加搜求」一語推斷，蕭統曾搜求過淵明遺文。須知大凡著名作家的作品，從收集到整理一般多須較長的歲月，何況在古代，傳播途徑單一，速度又慢。陶淵明詩文在劉宋初已開始流傳，至梁初雖已有百年，但遺落人間者尚有，否者蕭統不會「更加搜求」。然雖廣加搜求，卻仍少五孝傳及四八目。由此産生一個疑問：依常理推測，陶淵明詩文必由江南漸漸流傳至江北。五孝傳、四八目存於天壤之間，應當最有可能在江南，然後纔是江北。何以北方的陽休之能見到五孝傳及四八目，江南的蕭統却反而搜求未見？此疑問有兩種解釋：一、蕭統確實搜求未見。蕭統短命，剛過而立之年即告別人世，編輯陶淵明集時，大概二十多歲。陽休之壽長，于隋開皇二年（五八二）卒，年七十四。雖年少蕭統僅十年，卻在蕭統死後有五十年時間閱世、讀書、著述。蕭統當年未見五孝傳、四八目，陽休之却見到了，這並非不合情理。二、蕭統搜求已見，但不編入陶集。鄙意以爲這種解釋更爲合理。據陽休之陶集序録，「先有兩本行於世」。此兩本陶集成於何人，編於何時，皆不可考。然體會其叙述次序，兩本陶集當先于蕭統八卷本。據鮑照有學陶彭澤體詩，而鮑照生活年代稍後於陶淵明，則説明淵明故世不久，他的詩文就開始流傳，並引起作家的仿效。至南齊，著名詩人江淹模擬陶詩，作擬陶徵君田居，風格逼近陶詩，幾可亂真。江淹距淵明之卒，不過數十年間事，亦説明陶詩流布漸廣，深受時人喜愛。由此種文學現象推測，陽休之見到的先行於世的兩本陶集，當編成於淵明逝世不久。既然陽休之見到此兩本陶集，蕭統必定也會見到。

然則蕭統八卷本不編入五孝傳及集聖賢羣輔録，當有其他原因。鄙意以爲同蕭統對陶淵明作品的審美評價有關。蕭統高度讚美淵明之文，説：「其文章不羣，詞采精拔，跌盪昭章，獨超衆類，抑揚爽朗，莫之與京。横素波而傍流，干青雲而直上。語時事則指而可想，論懷抱則曠而且真。」綜觀蕭統選録前代文學作品，歷來注重作品本身的文學價值。特出的例子是他編輯文選，選録作品的重要標準是「事出於沉思，義歸乎翰藻」，即既有精心構思，又文采斐然。反觀五孝傳及集聖賢羣輔録，純是抄録古書，既非「事出於沉思」，亦非「義歸乎翰藻」。讀之乏味，與「文章不羣，辭采精拔」相去太遠。蓋蕭統以爲此兩篇不美，與淵明其他文章不倫不類，故删而去之。

宋人曾集抄録陶淵明詩文爲一編，作序説：「去其卷第與夫五孝傳以下四八目雜著，所爲犯是不韙，非敢有所去取，直欲嚅嚌真淳，吟詠情性，以自適其適，尚庶幾所謂遺馳競之情，袪鄙吝之心者，雖以是獲罪世之君子，亦不辭也。」曾集刻陶集，删去五孝傳、四八目，乃出於「直欲嚅嚌真淳，吟詠情性，以自適其適」的原因。蓋五孝傳、四八目這些雜著，不具有美感，不能使人獲得情性上的適意，故曾集甘冒天下之大不韙，去除五孝傳、四八目，雖獲罪世之君子亦不辭。若以曾集之言，可以很好地解釋蕭統爲什麽不收五孝傳、四八目的原因。

蕭統陶淵明集序又説「更加搜求，粗爲區目，白璧微瑕，惟在閒情一賦」。可見蕭統對於淵明作品作過嚴格審視。陽休之陶集序録稱蕭統八卷本「編録有體，次第可尋」。有體之「體」，義指區分，分别。墨子經上：「體，分於兼也。」孫詒上閒詁：「蓋並衆體則爲兼，分之則爲體。」故從整體中區分稱爲體。蕭統編陶集剔除五孝傳及四八目，若從文體區分來看，確實「編録有體，次第可尋」。

四庫總目提要稱五孝傳及四八目是僞作，最主要依據是蕭統早于陽休之，已不見五孝傳、四八目，不以入集，陽休之何由續得？遂斷然説這兩篇是陽休之所增。此疑問的答案，仍然藏在陽休之序録中。陽休之十卷本是合先前行世的兩本陶集與蕭統八卷本合爲一帙，則五孝傳、四八目必在先前行世的兩本中或其中一本中。陽休之又説「恐終至亡失，今録統所闕并序目」。他所擔憂的「亡失」，其中就包括蕭統不録的五孝傳及四八目。他所説「録統所闕」之「闕」，同樣也包括五孝傳、四八目。細讀陽休之陶集序録，可得出結論：五孝傳、四八目在蕭統編八卷本之前就已存在，即在先前行世的兩本陶集中，或某一本中。因蕭統舊本無五孝傳、四八目，就下結論稱此兩篇乃陽休之所增的僞作，這不合邏輯。

陽休之十卷本收録五孝傳及四八目，這同他「恐終至亡失」的編輯宗旨密切相關。他編輯陶集的主要目的是文獻的保存，而蕭統以審美尺度衡量陶淵明詩文。兩人編輯宗旨迥異，這是造成蕭統八卷本與陽休之十卷本差異的主要原因。

二、四庫總目提要以爲四八目是贋作，另外的依據是陶集内部出現的兩處矛盾。矛盾之一謂與子儼等疏説：「子夏有言：『死生有命，富貴在天。』四友之人，親受音旨。」而集聖賢羣輔録上記：「顔回、子貢、子路、子張。右孔子四友。」矛盾之二謂五孝傳卿大夫孝傳贊引「孝乎惟孝友于兄弟，是亦爲政也」，句讀尚從包咸注，知未見古文尚書。而此録「四岳」一條，乃孔安國傳，其出兩手，尤自顯然。下面逐一考辨之：

「子夏有言」的典故出於論語顔淵：「司馬牛憂曰：『人皆有兄弟，我獨無。』子夏曰：『商聞之矣，死生有命，富貴在天。』」皇侃義疏：「不敢言出己，故云『聞之』。云『死生有命，富貴在天』者，此是我所聞説，不須憂之事也。言死生富貴，皆秉天所得，應至不可逆攘，亦不至不可逆就。」按，孔子四友之中，確實無子夏。孔叢子論書説孔子四友，與集聖賢羣輔録相同，皆指顔回、子貢、子路、子張。子夏雖亦爲孔子高足，但確實不在孔子四友之列。四庫館臣稱淵明與子儼等疏中的子夏爲孔子四友，乃是誤解。「四友之人，親受音旨」，非謂孔子四友親受子夏「死生有命，富貴在天」之音旨。此處「四友之人」，泛指親善之人，以「四友」比況儼等五子，當親受己之音旨也。四庫總目提要先誤解與子儼等疏中的子夏爲孔子四友，然後據此稱與集聖賢羣輔録中的孔子四友相矛盾，進而論證集聖賢羣輔録不出淵明之手。其論據非是，結論自不能成立。再者，「四友之人」一句有異文。曾集刻本、汲古閣本云：一曰「四方之友」。若作「四方之友」，文意亦通。考慮到「四友之人」句有異文，仍稱「四友」爲孔子四友，子夏不在四友之内云云，結論就更靠不住了。

四庫總目提要謂五孝傳引「孝乎惟孝友于兄弟」，是句讀未從包咸注，由此知未見古文尚書；而集聖賢羣輔録上引孔安國古文尚書，由此可見此篇出自他人之手，非淵明作。如此推論，其實並無説服力。「孝乎惟孝友于兄弟」，見於論語爲政，何晏論語集解引包咸注：「孝乎惟孝，美大孝之辭。友于兄弟，善於兄弟。」後夏侯湛昆弟誥曰：「古人有言，孝乎惟孝，友于兄弟。」潘岳閒居賦序：「孝乎惟孝，友于兄弟。」可知兩晉皆從包咸注。書君陳：「王若曰：『君陳！惟爾令德孝恭，惟孝友于兄弟，克施有政。』」按，五孝傳引「孝乎惟孝，友于兄弟」，確實從包咸句讀。此記孔子事，引論語爲政孔子語，從包咸注，有何不可？且自西晉以來，包咸論語注已流行，夏侯湛等文士多用之。若引書君陳，反倒不切合。僅僅因爲五孝傳用包咸論語注，集聖賢羣輔録「四岳」引用古文尚書，便稱五孝傳與集聖賢羣輔録不出於一人之手，這完全不合邏輯。至於四庫館臣説「今四八目已經睿鑒指示，灼知其贋」，以帝王一人之是非定是非，更不足辨矣。

三、逯欽立證五孝傳、四八目之僞，證據多同四庫館臣。新證僅一條，即陶集中商山四皓指黄公和綺里季夏，而四八目斷爲綺里季與夏黄公爲名，「與陶集大相徑庭」。按，飲酒詩説「且當從黄綺」，桃花源詩説「黄綺之商山」，作者並無注明是黄公和綺里季。四八目則記爲：園公、綺里季、夏黄公、角里先生。既然陶詩中「黄綺」並未注明具體名字，逯先生何以見出一定就是「黄公和「綺里季夏」，與四八目所記的「綺里季」、「夏黄公」，「大相徑庭」？四八目注明商山四皓曰「見漢書及皇甫謐高士傳」。考淵明贈羊長史詩説：「多謝綺與角，精爽今何如？紫芝誰復采，深谷久應蕪。駟馬無貰患，貧賤有交娱。清謡結心曲，人乖運見疎。」所用商山四皓的典故，正來自漢書七二王貢兩龔鮑傳和皇甫謐高士傳。漢書云：「漢興，有園公、綺里季、夏黄公、角里先生。」高士傳云：「一曰東園公，二曰角里先生，三曰綺里季，四曰夏黄公。」贈羊長史詩中「紫芝」、「清謡」，即是高士傳所記四皓避秦，退入藍田山所作歌。由此可證贈羊長史詩中的「綺」是綺里季，不稱「綺里季夏」。更加有力的證據是後漢書卷三五鄭玄傳：孔融特敬重鄭玄，告高密縣特爲玄立一鄉，理由之一是「南山四皓，有園公、夏黄公，潛光隱耀，世加其高，皆悉稱公」。可證漢晉間讀作「夏黄公」、「綺里季」，非讀作「黄公」、「綺里季夏」。如此，飲酒、桃花源詩中的「黄綺」，自然應該是夏黄公和綺里季，這與四八目所記完全相符。

集聖賢羣輔録記叙人物由古至今。兩晉人物「晉中朝八達」、「河東八裴，琅琊八王」、「太原王，京兆杜」數條，或稱「近世聞之故老」，或稱「聞之於故老」。考所記最晚近者，乃東晉安北將軍王坦之。據晉書，坦之卒于東晉孝武帝寧康三年（三七五），陶淵明年幼雖不及見坦之，但日后聞之于故老完全可能。集聖賢羣輔録之末云：「凡書籍所載及故老所傳，善惡聞於世者，蓋盡於此矣。」細味「故老所傳」一語，非親聞故老者不能道也。假若集聖賢羣輔録確是託名淵明之僞作，則此作僞者既然能「聞之於故老」，年紀必定與淵明相當。託名當世人物而作僞，時人必皆知其僞，造作贋品有何意義？假若作僞者在淵明卒後作假，則熟知東晉人物軼事者已不復存在，又何以解釋「聞之於故老」？故鄙意以爲淵明叙兩晉人物，必定親自訪問過故老，此是四八目出於淵明之手的又一依據。

仰慕前賢，爲之立傳或作頌，是漢代以降的一種文化現象，盛行不衰，成爲中國史學的重要方面。隋書卷三三經籍説：「劉向典校經籍，始作列仙、列士、列女之傳，皆因其志尚，率爾而作，不在正史。後漢光武，始詔南陽，撰作風俗，故沛、三輔有耆舊節士之序，魯、廬江有名德先賢之讚。」後漢書卷七三梁鴻傳説：「仰慕前世高士，而爲四皓以來二十四人作頌。」至漢末魏晉，先賢高士的傳記漸多。如海内先賢傳、諸國清賢傳、魯國先賢傳、陳留先賢像讚、聖賢高士傳讚（嵇康撰）、高士傳（皇甫謐撰）、吴先賢傳（陸凱撰）至人高士傳讚（孫綽撰）……其中，「嵇康作高士傳，以叙聖賢之風」（隋書經籍志），影響後世非常深遠。陶淵明集聖賢羣輔録，是漢代以來爲前世高士立傳、作讚風氣的産物，與嵇康高士傳「以叙聖賢之風」的旨趣一脈相承。

淵明終生仰慕古賢，情不能已，屢見乎吟咏。例如詠貧士其二：「何以慰吾懷，賴古多此賢。」其七：「誰云固窮難，邈哉此前修。」詠二疏：「誰云其人亡，久而道彌著。」詠三良：「良人不可贖，泫然沾我衣。」詠荆軻：「其人雖已没，千載有餘情。」至於感士不遇賦遍詠古賢之不遇，「病奇名之不立」，真可謂與古賢惺惺相惜。若比對集聖賢羣輔録與陶詩詠歎古賢的篇章，不難發現兩者之間的聯繫及寫作旨趣的一致。如前者三記伯夷，後者詠夷齊（讀史述九章、飲酒其二）；前者記三良奄息、仲行、鍼虎，後者有詠三良；前者三記顔回，後者詠「顔生稱爲仁」（飲酒十一）；前者記長沮、桀溺、荷條丈人，後者情寄古賢：「遥遥沮溺心，千載乃相關」（庚戌歲九月中於西田獲早稻）；前者記商山四皓，後者寄意四皓：「多謝綺與角，精爽今何如？」（贈羊長史）……其他詠箕子、孔子七十二弟子、二疏（疏廣、疏受）、二仲（求仲、羊仲）、袁安。

詠史即是詠懷。集聖賢羣輔録最後以四語感歎作結：「夫操行之難，而姓名翳然，所以撫卷長慨，不能已已者也。」莫友芝批校陶本於此處説：「觀末四語是靖節懷抱，此四八目二卷決非僞託也。」集聖賢羣輔録之末的深沉感慨，顯然與淵明詩文借詠古賢以抒懷若合符契。因此，實在不能輕易斷定五孝傳和集聖賢羣輔録是贋作。

附録一

誄傳序跋

陶徵士誄 并序

顔延之

夫璿玉致美，不爲池隍之寶；桂椒信芳，而非園林之實。豈期深而好遠哉，蓋云殊性而已。故無足而至者，物之藉也；隨踵而立者，人之薄也。若乃巢、高之抗行，夷、皓之峻節，故已父老堯、禹，錙銖周、漢。而緜世浸遠，光靈不屬，至使菁華隱没，芳流歇絶，不其惜乎！雖今之作者，人自爲量，而首路同塵，輟塗殊軌者多矣。豈所以昭末景，泛餘波？有晉徵士尋陽陶淵明，南岳之幽居者也。弱不好弄，長實素心。學非稱師，文取指達。在衆不失其寡，處言逾見其默。少而貧病，居無僕妾。井臼不任，藜菽不給。母老子幼，就養勤匱。遠惟田生致親之議，追悟毛子捧檄之懷。初辭州府三命，後爲彭澤令。道不偶物，棄官從好，遂乃解體世紛，結志區外，定跡深棲於是乎遠。灌畦鬻蔬，爲供魚菽之祭；織絢緯蕭，以充糧粒之費。心好異書，性樂酒德。簡棄煩促，就成省曠。殆所謂國爵屏貴，家人忘貧者歟！有詔徵著作郎，稱疾不到。春秋若干，元嘉四年月日，卒于尋陽縣之某里。近識悲悼，遠士傷情，冥默福應，嗚呼淑貞。夫實以誄華，名由謚高，苟允德義，貴賤何筭焉。若其寬樂令終之美，好廉克己之操，有合謚典，無愆前志。故詢諸友好，宜謚曰靖節徵士。其詞曰：

物尚孤生，人固介立。豈伊時遘，曷云世及！嗟乎若士，望古遥集。韜此洪族，蔑彼名級。睦親之行，至自非敦。然諾之信，重於布言。廉深簡絜，貞夷粹温。和而能峻，博而不繁。依世尚同，詭時則異。有一於此，兩非默置。豈若夫子，因心違事。畏榮好古，薄身厚志。世霸虚禮，州壤推風。孝惟義養，道必懷邦。人之秉彝，不隘不恭。爵同下士，禄等上農。度量難鈞，進退可限。長卿棄官，稚賓自免。子之悟之，何悟之辯。賦詩歸來，高蹈獨善。亦既超曠，無適非心。汲流舊巘，葺宇家林。晨煙暮靄，春煦秋陰。陳書綴卷，置酒絃琴。居備勤儉，躬兼貧病。人否其憂，子然其命。隱約就閑，遷延辭聘。非直也明，是惟道性。糾纆斡流，冥漠報施，孰云與仁，實疑明智。謂天蓋高，胡諐斯義！履信曷憑，思順何寘？年在中身，疢維痁疾。視死如歸，臨凶若吉。藥劑弗嘗，禱祠非恤。傃幽告終，懷和長畢。嗚呼哀哉！敬述靖節，式遵遺占。存不願豐，没無求贍。省訃却賻，輕哀薄斂。遭壤以穿，旋葬而窆。嗚呼哀哉！深心追往，遠情逐化。自爾介居，及我多暇。伊好之洽，接閻鄰舍。宵盤晝憩，非舟非駕。念昔宴私，舉觴相誨。獨正者危，至方則閡。哲人卷舒，布在前載。取鑒不遠，吾規子佩。爾實愀然，中言而發。違衆速尤，迕風先蹷。身才非實，榮聲有歇。叡音永矣，誰箴余闕。嗚呼哀哉！仁焉而終，智焉而斃。黔婁既没，展禽亦逝。其在先生，同塵往世。旌此靖節，加彼康惠。嗚呼哀哉！

（文選卷五七，中華書局影印胡刻本）

宋書陶潛傳

沈　約

陶潛字淵明，或云淵明字元亮，尋陽柴桑人也。曾祖侃，晉大司馬。潛少有高趣，嘗著五柳先生傳以自況，曰：「先生不知何許人，不詳姓字，宅邊有五柳樹，因以爲號焉。閑静少言，不慕榮利，好讀書，不求甚解，每有會意，欣然忘食。性嗜酒，而家貧不能恒得。親舊知其如此，或置酒招之，造飲輒盡，期在必醉。既醉而退，曾不吝情去留。環堵蕭然，不蔽風日，裋褐穿結，簞瓢屢空，晏如也。嘗著文章自娱，頗示己志，忘懷得失，以此自終。」其自序如此，時人謂之實録。親老家貧，起爲州祭酒，不堪吏職，少日，自解歸。州召主簿，不就。躬耕自資，遂抱羸疾。復爲鎮軍、建威參軍，謂親朋曰：「聊欲弦歌，以爲三逕之資，可乎？」執事者聞之，以爲彭澤令。公田悉令吏種秫稻，妻子固請種秔，乃使二頃五十畝種秫，五十畝種秔。郡遣督郵至，縣吏白應束帶見之，潛嘆曰：「我不能爲五斗米，折腰向鄉里小人！」即日解印綬去職，賦歸去來，其詞曰：「歸去來兮，園田荒蕪胡不歸。既自以心爲形役，奚惆悵而獨悲。悟已往之不諫，知來者之可追。實迷塗其未遠，覺今是而昨非。舟超遥以輕颺，風飄飄而吹衣。問征夫以前路，恨晨光之希微。乃瞻衡宇，載欣載奔。僮僕歡迎，稚子候門。三徑就荒，松菊猶存。攜幼入室，有酒停尊。引壺觴而自酌，眄庭柯以怡顔。倚南窗而寄傲，審容膝之易安。園日涉而成趣，門雖設而常關。策扶老以流憩，時矯首而遐觀。雲無心以出岫，鳥勌飛而知還。景翳翳其將入，撫孤松以盤桓。歸去來兮，請息交而絶遊。世與我以相遺，復駕言兮焉求。説親戚之情話，樂琴書以消憂。農人告余以上春，將有事於西疇。或命巾車，或棹扁舟。既窈窕以窮壑，亦崎嶇而經丘。木欣欣以向榮，泉涓涓而始流。善萬物之得時，感吾生之行休。已矣乎，寓形宇內復幾時，奚不委心任去留，胡爲遑遑欲何之？富貴非吾願，帝鄉不可期。懷良辰以孤往，或植杖而耘耔。登東皋以舒嘯，臨清流而賦詩。聊乘化以歸盡，樂夫天命復奚疑。」義熙末，徵著作佐郎，不就。江州刺史王弘欲識之，不能致也。潛嘗往廬山，弘令潛故人龐通之齎酒具，於半道栗里要之。潛有脚疾，使一門生二兒轝籃輿，既至，欣然便共飲酌。俄頃弘至，亦無忤也。先是，顔延之爲劉柳後軍功曹，在尋陽與潛情欵，後爲始安郡，經過，日日造潛，每往必酣飲致醉。臨去，留二萬錢與潛，潛悉送酒家，稍就取酒。嘗九月九日無酒，出宅邊菊叢中坐久，值弘送酒至，即便就酌，醉而後歸。潛不解音聲，而畜素琴一張，無絃，每有酒適，輒撫弄以寄其意。貴賤造之者，有酒輒設。潛若先醉，便語客：「我醉欲眠，卿可去。」其真率如此。郡將候潛，值其酒熟，取頭上葛巾漉酒，畢，還復著之。潛弱年薄宦，不潔去就之迹，自以曾祖晉世宰輔，恥復屈身後代，自高祖王業漸隆，不復肯仕。所著文章，皆題其年月，義熙以前，則書晉氏年號，自永初以來，唯云甲子而已。與子書以言其志，并爲訓戒曰：「天地賦命，有往必終，自古賢聖，誰能獨免。子夏言曰：『死生有命，富貴在天。』四友之人，親受音旨，發斯談者，豈非窮達不可妄求，壽夭永無外請故邪？吾年過五十，而窮苦荼毒，以家貧弊，東西遊走。性剛才拙，與物多忤，自量爲己，必貽俗患，僶俛辭世，使汝幼而飢寒耳。常感孺仲賢妻之言，敗絮自擁，何慙兒子。此既一事矣。但恨隣靡二仲，室無萊婦，抱茲苦心，良獨罔罔。少年來好書，偶愛閑靜，開卷有得，便欣然忘食。見樹木交蔭，時鳥變聲，亦復歡爾有喜。嘗言五六月北窗下卧，遇涼風暫至，自謂是羲皇上人。意淺識陋，日月遂往，緬求在昔，眇然如何。疾患以來，漸就衰損，親舊不遺，每以藥石見救，自恐大分將有限也。恨汝輩稚小，家貧無役，柴水之勞，何時可免？念之在心，若何可言。然雖不同生，當思四海皆弟兄之義。鮑叔、敬仲，分財無猜；歸生、伍舉，班荆道舊。遂能以敗爲成，因喪立功。他人尚爾，況共父之人哉。潁川韓元長，漢末名士，身處卿佐，八十而終，兄弟同居，至於没齒。濟北氾稚春，晉時操行人也，七世同財，家人無怨色。詩云：『高山仰止，景行行止。』汝其慎哉！吾復何言。」又爲命子詩以貽之曰：「悠悠我祖，爰自陶唐。邈爲虞賓，歷世垂光。御龍勤夏，豕韋翼商。穆穆司徒，厥族以昌。紛紜戰國，漠漠衰周。鳳隐于林，幽人在丘。逸虬撓雲，奔鯨駭流。天集有漢，眷予愍侯。於赫愍侯，運當攀龍。撫劍夙邁，顯茲武功。參誓山河，啓土開封。亹亹丞相，允迪前蹤。渾渾長源，蔚蔚洪柯。羣川載導，衆條載羅。時有默語，運固隆汙。在我中晉，業融長沙。桓桓長沙，伊勳伊德。天子疇我，專征南國。功遂辭歸，臨寵不惑。孰謂斯心，而可近得。肅矣我祖，慎終如始。直方二臺，惠和千里。於皇仁考，淡焉虚止。寄迹夙運，冥兹愠喜。嗟余寡陋，瞻望靡及。顧慙華鬢，負景隻立。三千之罪，無後其急。我誠念哉，呱聞爾泣。卜云嘉日，占爾良時。名爾曰儼，字爾求思。温恭朝夕，念兹在兹。尚想孔伋，庶其企而。厲夜生子，遽而求火。凡百有心，奚待于我。既見其生，實欲其可。人亦有言，斯情無假。日居月諸，漸免于孩。福不虚至，禍亦易來。夙興夜寐，願爾斯才。爾之不才，亦已焉哉。」潛元嘉四年卒，時年六十三。（宋書卷九三，中華書局排印本）

陶淵明傳

蕭　統

陶淵明字元亮，或云潛字淵明，潯陽柴桑人也。曾祖侃，晉大司馬。淵明少有高趣，博學善屬文，穎脱不羣，任真自得，嘗著五柳先生傳以自況，曰：「先生不知何許人也，亦不詳姓字，宅邊有五柳樹，因以爲號焉。閒静少言，不慕榮利，好讀書，不求甚解，每有會意，欣然忘食。性嗜酒，而家貧不能恒得，親舊知其如此，或置酒招之。造飲輒盡，期在必醉。既醉而退，曾不悋情去留。環堵蕭然，不蔽風日，短褐穿結，簞瓢屢空，晏如也。嘗著文章自娱，頗示己志，忘懷得失，以此自終。」時人謂之實録。親老家貧，起爲州祭酒，不堪吏職，少日自解歸。州召主簿，不就。躬耕自資，遂抱羸疾。江州刺史檀道濟往候之，偃卧瘠餒有日矣。道濟謂曰：「賢者處世，天下無道則隱，有道則仕。今子生文明之世，奈何自苦如此？」對曰：「潛也何敢望賢，志不及也。」道濟饋以粱肉，麾而去之。後爲鎮軍、建威參軍，謂親朋曰：「聊欲絃歌以爲三徑之資，可乎？」執事者聞之，以爲彭澤令。不以家累自隨，送一力給其子，書曰：「汝旦夕之費，自給爲難，今遣此力，助汝薪水之勞。此亦人子也，可善遇之。」公田悉令吏種秫，曰：「吾常得醉於酒足矣！」妻子固請種秔，乃使二頃五十畝種秫，五十畝種粳。歲終，會郡遣督郵至，縣吏請曰：「應束帶見之。」淵明嘆曰：「我豈能爲五斗米折腰，向鄉里小兒！」即日解綬去職，賦歸去來。徵著作郎，不就。江州刺史王弘欲識之，不能致也。淵明嘗往廬山，弘命淵明故人龐通之齎酒具，於半道栗里之間邀之。淵明有脚疾，使一門生二兒舁籃輿，既至，欣然便共飲酌。俄頃弘至，亦無迕也。先是，顔延之爲劉柳後軍功曹，在潯陽與淵明情款，後爲始安郡，經過潯陽，日造淵明飲焉。每往，必酣飲致醉。弘又邀延之坐，彌日不得。延之臨去，留二萬錢與淵明。淵明悉遣送酒家，稍就取酒。嘗九月九日出宅邊菊叢中坐，久之，滿手把菊，忽值弘送酒至，即便就酌，醉而歸。淵明不解音律，而蓄無絃琴一張，每酒適，輒撫弄以寄其意。貴賤造之者，有酒輒設。淵明若先醉，便語客：「我醉欲眠，卿可去。」其真率如此。郡將常候之，值其釀熟，取頭上葛巾漉酒，漉畢，還復著之。時周續之入廬山事釋惠遠，彭城劉遺民亦遁迹匡山，淵明又不應徵命，謂之「潯陽三隱」。後刺史檀韶苦請續之出州，與學士祖企、謝景夷三人共在城北講禮，加以讐校，所住公廨，近於馬隊。是故淵明示其詩云：「周生述孔業，祖、謝響然臻。馬隊非講肆，校書亦已勤。」其妻翟氏亦能安勤苦，與其同志。自以曾祖晉世宰輔，恥復屈身後代，自宋高祖王業漸隆，不復肯仕。元嘉四年將復徵命，會卒，時年六十三。世號靖節先生。（李公煥箋注陶淵明集，四部叢刊影宋本）

南史陶潛傳

李延壽

陶潛字淵明，或云字深明，名元亮。尋陽柴桑人，晉大司馬侃之曾孫也。少有高趣，宅邊有五柳樹，故嘗著五柳先生傳云：「先生不知何許人，不詳姓字。閑静少言，不慕榮利。好讀書，不求甚解，每有會意，欣然忘食。性嗜酒，而家貧不能恒得，親舊知其如此，或置酒招之，造飲輒盡，期在必醉。既醉而退，曾不吝情去留。環堵蕭然，不蔽風日，短褐穿結，簞瓢屢空，晏如也。常著文章自娛，頗示己志，忘懷得失，以此自終。」其自序如此，蓋以自況，時人謂之實録。親老家貧，起爲州祭酒，不堪吏職，少日自解而歸。州召主簿，不就。躬耕自資，遂抱羸疾。江州刺史檀道濟往候之，偃卧瘠餒有日矣，道濟謂曰：「夫賢者處世，天下無道則隱，有道則至。今子生文明之世，奈何自苦如此？」對曰：「潛也何敢望賢，志不及也。」道濟饋以粱肉，麾而去之。後爲鎮軍、建威參軍，謂親朋曰：「聊欲絃歌，以爲三徑之資，可乎？」執事者聞之，以爲彭澤令。不以家累自隨，送一力給其子，書曰：「汝旦夕之費，自給爲難，今遣此力，助汝薪水之勞。此亦人子也，可善遇之。」公田悉令吏種秫稻，妻子固請種粳，乃使二頃五十畝種秫，五十畝種粳。郡遣督郵至，縣吏白應束帶見之。潛歎曰：「我不能爲五斗米，折腰向鄉里小人。」即日解印綬去職，賦歸去來，以遂其志，曰：「歸去來兮，田園將蕪胡不歸？既自以心爲形役，奚惆悵而獨悲。悟已往之不諫，知來者之可追。實迷塗其未遠，覺今是而昨非。舟遥遥以輕颺，風飄飄而吹衣。問征夫以前路，恨晨光之熹微。乃瞻衡宇，載欣載奔，僮僕歡迎，弱子候門。三徑就荒，松菊猶存。携幼入室，有酒盈罇。引壺觴而自酌，眄庭柯以怡顔，倚南牕而寄傲，審容膝之易安。園日涉而成趣，門雖設而常關。策扶老以流憩，時矯首而遐觀。雲無心以出岫，鳥倦飛而知還。景翳翳其將入，撫孤松而盤桓。歸去來兮，請息交而絶遊。世與我而相遺，復駕言兮焉求。悦親戚之情話，樂琴書以消憂。農人告余以春及，將有事於西疇。或命巾車，或棹扁舟。既窈窕以窮壑，亦崎嶇而經丘。木欣欣以向榮，泉涓涓而始流。善萬物之得時，感吾生之行休。已矣乎，寓形宇内復幾時，曷不委心任去留，胡爲遑遑欲何之？富貴非吾願，帝鄉不可期。懷良辰以孤往，或植杖而芸耔。登東皋以舒嘯，臨清流而賦詩。聊乘化以歸盡，樂夫天命復奚疑。」義熙末，徵爲著作佐郎，不就。江州刺史王弘欲識之，不能致也。潛嘗往廬山，弘令潛故人龐通之齎酒具，於半道栗里要之。潛有脚疾，使一門生二兒舉籃轝，及至，欣然便共飲酌。俄頃弘至，亦無忤也。先是顔延之爲劉柳後軍功曹，在尋陽與潛情款。後爲始安郡，經過潛，每往必酣飲至醉。弘欲要延之一坐，彌日不得。延之臨去，留二萬錢與潛，潛悉送酒家，稍就取酒。嘗九月九日無酒，出宅邊菊叢中坐，久之，逢弘送酒至，即便就酌，醉而後歸。潛不解音聲，而畜素琴一張，每有酒適，輒撫弄以寄其意。貴賤造之者，有酒輒設，潛若先醉，便語客：「我醉欲眠，卿可去。」其真率如此。郡將候潛，逢其酒熟，取頭上葛巾漉酒，畢，還復著之。潛弱年薄宦，不潔去就之迹，自以曾祖晉世宰輔，恥復屈身後代，自宋武帝王業漸隆，不復肯仕。所著文章，皆題其年月，義熙以前，明書晉氏年號，自永初以來，唯云甲子而已。與子書以言其志，并爲訓戒曰：「吾年過五十，而窮苦荼毒。性剛才拙，與物多忤，自量爲己，必貽俗患。僶俛辭事，使汝幼而飢寒耳。常感孺仲賢妻之言，敗絮自擁，何慚兒子。此既一事矣。但恨隣靡二仲，室無萊婦，抱茲苦心，良獨罔罔。少來好書，偶愛閑靖，開卷有得，便欣然忘食。見樹木交蔭，時鳥變聲，亦復歡爾有喜。嘗言五六月北窗下卧，遇涼風暫至，自謂是羲皇上人。意淺識陋，日月遂往，疾患以來，漸就衰損。親舊不遺，每有藥石見救，自恐大分將有限也。汝輩幼小，家貧無役，柴水之勞，何時可免？念之在心，若何可言。然雖不同生，當思四海皆兄弟之義。鮑叔、敬仲，分財無猜；歸生、伍舉，班荆道舊。遂能以敗爲成，因喪立功。他人尚爾，況共父之人哉。潁川韓元長，漢末名士，身處卿佐，八十而終，兄弟同居，至於没齒。濟北氾幼春，晉時操行人也，七世同財，家人無怨色。詩云『高山景行』，汝其慎哉。」又爲命子詩以貽之。元嘉四年，將復徵命，會卒。世號靖節先生。其妻翟氏，志趣亦同，能安苦節，夫耕於前，妻鋤於後云。（南史卷七五，中華書局排印本）

晉書陶潛傳

令狐德棻等

陶潛字元亮，大司馬侃之曾孫也。祖茂，武昌太守。潛少懷高尚，博學善屬文，穎脱不羈，任真自得，爲鄉鄰之所貴。嘗著五柳先生傳以自況，曰：「先生不知何許人，不詳姓字，宅邊有五柳樹，因以爲號焉。閑静少言，不慕榮利，好讀書，不求甚解。每有會意，欣然忘食。性嗜酒，而家貧不能恒得。親舊知其如此，或置酒招之，造飲必盡，期在必醉，既醉而退，曾不吝情。環堵蕭然，不蔽風日，短褐穿結，簞瓢屢空，晏如也。常著文章自娱，頗示己志。忘懷得失，以此自終。」其自序如此，時人謂之實録。以親老家貧，起爲州祭酒，不堪吏職，少日自解歸。州召主簿，不就，躬耕自資，遂抱羸疾。復爲鎮軍、建威參軍，謂親朋曰：「聊欲絃歌，以爲三徑之資，可乎？」執事者聞之，以爲彭澤令。在縣公田悉令種秫穀，曰：「令吾常醉於酒足矣。」妻子固請種秔，乃使一頃五十畝種秫，五十畝種秔。素簡貴，不私事上官。郡遣督郵至，縣吏白應束帶見之。潛歎曰：「吾不能爲五斗米，折腰拳拳事鄉里小人邪！」義熙二年，解印去縣，乃賦歸去來。其辭曰：「歸去來兮，田園將蕪胡不歸？既自以心爲形役，奚惆悵而獨悲。悟已往之不諫，知來者之可追。實迷途其未遠，覺今是而昨非。舟遥遥以輕颺，風飄飄而吹衣，問征夫以前路，恨晨光之希微。乃瞻衡宇，載欣載奔。僮僕來迎，稚子候門。三逕就荒，松菊猶存。携幼入室，有酒盈樽。引壺觴以自酌，眄庭柯以怡顏。倚南窗以寄傲，審容膝之易安。園日涉而成趣，門雖設而常關。策扶老而流憩，時矯首而遐觀。雲無心而出岫，鳥倦飛而知還。景翳翳其將入，撫孤松而盤桓。歸去來兮，請息交以絕游。世與我而相遺，復駕言兮焉求。悦親戚之情話，樂琴書以消憂。農人告余以暮春，將有事乎西疇。或命巾車，或棹孤舟。既窈窕以尋壑，亦崎嶇而經丘。木欣欣以向榮，泉涓涓而始流。善萬物之得時，感吾生之行休。已矣乎！寓形宇内復幾時，曷不委心任去留，胡爲乎遑遑欲何之？富貴非吾願，帝鄉不可期。懷良晨以孤往，或植杖而芸耔，登東皋以舒嘯，臨清流而賦詩。聊乘化而歸盡，樂夫天命復奚疑。」頃之，徵著作郎，不就。既絕州郡覲謁，其鄉親張野及周旋人羊松齡、寵遵等或有酒要之，或要之共至酒坐，雖不識主人，亦欣然無忤，酣醉便反，未嘗有所造詣。所之唯至田舍及廬山游觀而已。刺史王弘以元熙中臨州，甚欽遲之，後自造焉。潛稱疾不見，既而語人云：「我性不狎世，因疾守閑，幸非潔志慕聲，豈敢以王公紆軫爲榮邪？夫謬以不賢，此劉公幹所以招謗君子，其罪不細也。」弘每令人候之，密知當往廬山，乃遣其故人龐通之等齎酒，先於半道要之。潛既遇酒，便引酌野亭，欣然忘進。弘乃出與相見，遂歡宴窮日。潛無履，弘顧左右爲之造履。左右請履度，潛便於坐申脚令度焉。弘要之還州，問其所乘，答云：「素有脚疾，向乘籃輿，亦足自反。」乃令一門生二兒共轝之至州，而言笑賞適，不覺有羨於華軒也。弘後欲見，輒於林澤間候之。至於酒米乏絕，亦時相贍。其親朋好事，或載酒肴而往，潛亦無所辭焉。每一醉，則大適融然。又不營生業，家務悉委之兒僕，未嘗有喜愠之色。唯遇酒則飲，時或無酒，亦雅詠不輟。嘗言夏月虚閑，高卧北窗之下，清風颯至，自謂羲皇上人。性不解音，而畜素琴一張，絃徽不具，每朋酒之會，則撫而和之，曰：「但識琴中趣，何勞絃上聲。」以宋元嘉中卒，時年六十三，所有文集並行於世。（晉書卷九四，中華書局排印本）

蓮社高賢傳

佚名

陶潛字淵明，晉大司馬侃之曾孫。少懷高尚，著五柳先生傳以自況，時人以爲實録。初爲建威將軍，謂親朋曰：「聊欲絃歌，爲三徑之資。」執事者聞之，以爲彭澤令。郡遣督郵至，縣吏白應束帶見之。潛歎曰：「吾不能爲五斗米，折腰拳拳事鄉里小兒。」即解印去縣，乃賦歸去來。及宋受禪，自以晉世宰輔之後，恥復屈身異代。居潯陽柴桑，與周續之、劉遺民並不應辟命，世號「潯陽三隱」。嘗言夏月虚閑，高卧北窗之下，清風颯至，自謂羲皇上人。性不解音，畜素琴一張，絃徽不具。每朋酒之會，則撫而扣之，曰：「但識琴中趣，何勞絃上聲。」嘗往來廬山，使一門生二兒舁籃輿以行。時遠法師與諸賢結蓮社，以書招淵明。淵明曰：「若許飲則往。」許之，遂造焉。忽攢眉而去。宋元嘉四年卒，世號靖節先生。（説郛卷五七下，文淵閣四庫全書本）

陶淵明集序

蕭統

夫自衒自媒者，士女之醜行；不忮不求者，明達之用心。是以聖人韜光，賢人遁世。其故何也？含德之至，莫踰於道；親己之切，無重於身。故道存而身安，道亡而身害。處百齡之内，居一世之中，倏忽比之白駒，寄寓謂之逆旅，宜乎與大塊而榮枯，隨中和而任放，豈能戚戚勞於憂畏，汲汲役於人間。齊謳趙舞之娱，八珍九鼎之食，結駟連鑣之遊，侈袂執圭之貴，樂則樂矣，憂亦隨之。何倚伏之難量，亦慶弔之相及。智者賢人居之，甚履薄冰；愚夫貪士競此，若泄尾閭。玉之在山，以見珍而招破；蘭之生谷，雖無人而猶芳。莊周垂釣於濠，伯成躬耕於野，或貨海東之藥草，或紡江南之落毛。譬彼鴛雛，豈競鳶鴟之肉；猶斯雜縣，寧勞文仲之牲！至如子常、甯喜之倫，蘇秦、衛鞅之匹，死之而不疑，甘之而不悔。主父偃曰：「生不五鼎食，死即五鼎烹。」卒如其言，亦可痛矣！又有楚子觀周，受折於孫滿；霍侯驂乘，禍起於負芒。饕餮之徒，其流甚衆。唐堯四海之主，而有汾陽之心；子晉天下之儲，而有洛濱之志。輕之若脱屣，視之若鴻毛，而況於他乎！是以聖人達士，因以晦跡，或懷玉而謁帝，或披裘而負薪，鼓楫清潭，棄機漢曲。情不在於衆事，寄衆事以忘情者也。有疑陶淵明之詩，篇篇有酒。吾觀其意不在酒，亦寄酒爲跡也。其文章不羣，詞采精拔，跌蕩昭章，獨起衆類，抑揚爽朗，莫之與京。横素波而傍流，干青雲而直上。語時事則指而可想，論懷抱則曠而且真。加以貞志不休，安道苦節，不以躬耕爲恥，不以無財爲病，自非大賢篤志，與道汙隆，孰能如此者乎！余愛嗜其文，不能釋手，尚想其德，恨不同時，故更加搜求，粗爲區目。白璧微瑕者，惟在閑情一賦，揚雄所謂勸百而諷一者，卒無諷諫，何必摇其筆端？惜哉，亡是可也。並粗點定其傳，編之于録。嘗謂有能讀淵明之文者，馳競之情遣，鄙吝之意祛，貪夫可以廉，懦夫可以立，豈止仁義可蹈，爵禄可辭！不勞復傍游太華，遠求柱史，此亦有助於風教爾。（梁昭明太子文集卷四，四部叢刊影印宋刻本）

陶集序録

陽休之

余覽陶潛之文，辭采雖未優，而往往有奇絶異語，放逸之致，棲託仍高。其集先有兩本行於世，一本八卷，無序；一本六卷，並序目；編比顛亂，兼復闕少。蕭統所撰八卷，合序目誄傳，而少五孝傳及四八目，然編録有體，次第可尋。余頗賞潛文，以爲三本不同，恐終至亡失，今録統所闕并序目等，合爲一帙，十卷，以遺好事君子。（陶澍注靖節先生集卷首諸本序録）

私記

宋庠

右集，按隋經籍志，宋徵士陶潛集九卷，又云，梁有五卷，録一卷。唐志陶泉明集五卷。今官私所行本凡數種，與二志不同。有八卷者，即梁昭明太子所撰，合序傳誄等在集前，爲一卷，正集次之，亡其録。有十卷者，即陽僕射所撰。按吴氏西齋録，有宋彭澤令陶潛集十卷，疑即此也。其序並昭明舊序誄傳合爲一卷，或題曰第一，或題曰第十，或不署於集端，别分四八目，自甄表狀杜喬以下爲第十卷，然亦無録。余前後所得本，僅數十家，卒不知何者爲是。晚獲此本，云出於江左舊書，其次第最若倫貫。又五孝傳以下至四八目，子注詳密，廣於他集，惟篇後八儒、三墨二條，此似後人妄加，非陶公本意。且四八目之末，陶自爲説曰：「書籍所載及故老所傳，善惡聞於此者，蓋盡於此。」即知其後無餘事矣。故今不著，輒别存之，以俟博聞者。廣平宋庠私記。（陶澍注靖節先生集卷首諸本序録）

書陶集後

思悦

梁鍾記室嶸評先生之詩，爲古今隱逸詩人之宗。今觀其風致孤邁，蹈厲淳源，又非晉宋間作者所能造也。昭明太子舊所纂録，且傳寫寖訛，復多脱落。後人雖加綜輯，曾未見其完正。愚嘗採拾衆本，以事讎校，詩賦傳記贊述雜文，凡一百五十有一首，洎四八目上下二篇，重條理編次爲一十卷。近永嘉周仲章太守，枉駕東嶺，示以宋朝宋丞相刊定之本，於疑闕處甚有所補。其陽僕射序録、宋丞相私記存於正集外，以見前後記録之不同也。時皇宋治平三年五月望日，思悦書。（陶澍注靖節先生集卷首諸本序録）

陶淵明集序

曾集

淵明集行於世尚矣。校讎卷第，其詳見於宋宣徽私記、北齊陽休之論載。南康蓋淵明舊游處也，栗里上京，東西不能二十里，世變推移，不復可識。獨醉石隱然荒烟草樹亂流中，榛莽蘙翳，人迹不到。鄉來晦翁在郡時，始克芟夷支徑，植亭山巔，幽人勝士因得相與摩莎石上，弔古懷遠，有翛然感慨之意。求其集，顧無有，豈非此邦之軼事歟？集竊不自揆，模寫詩文，栞爲一編。去其卷第與夫五孝傳以下四八目雜著，所爲犯是不韙，非敢有所去取，直欲嚅嚌真淳，吟詠情性，以自適其適，尚庶幾乎所謂遺馳競之情，祛鄙吝之心者，雖以是獲罪世之君子，亦不辭也。紹熙壬子立冬日，贛川曾集題。（涵芬樓據宋紹熙本影印，續古逸叢書之三十四）

郡齋讀書志·陶靖節十卷

晁公武

右晉陶淵明元亮也，一名潛，潯陽人。蕭統云淵明字元亮，晉書云潛字元亮，宋書云潛字淵明，或云字深明，名元亮。按集孟嘉傳與祭妹文皆自稱淵明，當從之。晉安帝末，起爲州祭酒，桓玄篡位，淵明自解而歸。州召主簿，不就，躬耕自資。劉裕起兵討玄，誅之，爲鎮軍將軍，淵明參其軍事，未幾改爲建威參軍。淵明見裕有異志，乃求爲彭澤令，去職。潛少有高趣，好讀書，不求甚解，著五柳先生傳以自況，世號靖節先生。今集有數本：七卷者，梁蕭統編，以序、傳、顔延之誄載卷首。十卷者，北齊陽休之編，以五孝傳、聖賢羣輔録、序、傳、誄分三卷益之，詩篇次差異。按隋經籍志，潛集九卷，又云梁有五卷，録一卷。唐藝文志，潛集五卷。今本皆不與二志同。獨吴氏西齋目有潛集十卷，疑即休之本也。休之本出宋庠家，云江左舊書，其次第最有倫貫，獨四八目後八儒、三墨二條，似後人妄加。（清光緒甲申長沙王氏刻本，卷一七）

陶靖節詩集注自序

湯　漢

陶公詩精深高妙，測之愈遠，不可漫觀也。不事異代之節，與子房五世相韓之義同。既不爲狙擊震動之舉，又時無漢祖者可託以行其志，故每寄情于首陽、易水之間。又以荆軻繼二疏、三良而發詠，所謂「撫己有深懷，履運增慨然」，讀之亦可以深悲其志也已。平生危行遜言，至述酒之作，始直吐忠憤，然猶亂以廋詞，千載之下，讀者不省爲何語。是此翁所深致意者，迄不得白于後世，尤可以使人增欷而累歎也。余偶窺見其指，因加箋釋，以表暴其心事；及他篇有可發明者，亦併著之。文字不多，乃令繕寫模傳，與好古通微之士共商略焉。又按詩中言本志少，説固窮多，夫惟恶于飢寒之苦，而後能存節義之閑，西山之所以有餓夫也。世士貪榮禄，事豪侈，而高談名義，自方於古之人，余未之信也。淳祐初元九月九日，鄱陽湯漢敬書。（拜經樓叢書本）

陶靖節先生集序

焦　竑

古者賢士之詠歎，思婦之悲吟，莫不爲詩，情動於中，而言以導之，所謂詩言志也。後世摛詞者，離其性而自託於人僞，以争須臾之譽，於是詩道日微。余觀漢魏以逮六朝，作者蝟起，能道其中之所欲言者，阮步兵、左太沖、張景陽、陶靖節四人而已。靖節先生人品最高，平生任真推分，忘懷得失，每念其人，輒慨然有天際真人之想。若夫微衷雅抱，觸而成言，或因拙以得工，或發奇而似易，譬之嶺玉淵珠，光采自露，先生不知也。其與華疏彩會，無關胸臆者，當異日談矣。梁昭明太子嘗手葺爲編，序而傳之，歲久頗爲後人所亂，其改竄者什居二三；竊疑其謬，而絶無善本是正。頃友人偶以宋刻見遺，無聖賢羣輔之目，篇次正與昭明舊本脗合，中與今本異者不啻數十處。凡嚮所疑，涣然冰釋，此藝林之一快也。吴君肅卿語余：「陶集得此，幸不爲妄庸所汩没，盍刻而廣之？」余乃以授肅卿，而並道其始末如此。肅卿名汝紀，新安人，今卜築金陵。觀其所好，可以知其人焉。萬曆癸卯秋瑯玡焦竑書。（明萬曆焦竑影刻本）

陶靖節集跋

何孟春

陶公自三代而下爲第一流人物，其詩文自兩漢以還爲第一等作家。惟其胸次高，故其言語妙，而後世慕彼風流，未嘗不欽厥制作；欽厥制作，未嘗不尚論其人之爲伯夷，爲黔婁，爲靈均、子房、孔明也。其詩舊有注者，宋則湯伯紀，元則詹若麟等，而今不見其有傳者。傳而刻者，則元李公焕本，而不見其能爲述作家也。是故余重爲整比之，舟中無事，記憶凡聞於先輩者，以附益之，所謂欽厥制作而論其人之語，班班乎蓋略備矣，無竢余序爲也，是故識之止此。正德戊寅良月望口，郴燕泉何孟春謹識。（明嘉靖癸未重刻本）

陶靖節集序

毛　晉

余家藏宋刻四先生傳，並詩文遺事百篇，迺楚之屈大夫，韓之張司徒，漢之諸葛丞相，晉之陶徵士也。先儒序云：其制行也不同，其遭時也不同，而其明君臣之義之心則一也。余讀而嘉之。然子房爲韓而圖斃吕秦，孔明爲漢而圖誅曹魏，雖未盡快其志，已略略表見矣。若三閭、五柳，無高帝之可倚，無昭烈之可輔，蒿目讒奸，簸弄君國，莫可如何，則不得不託之忠言以洩其憂愁悲思，此予所以每讀屈辭陶詩，而爲之酸鼻隕心也。如讀離騷僅能獵豔詞，拾香草，而閑情一賦，反謂白璧微瑕，不重可惜也哉！予偶摭拾古今評注，凡能言兩先生心事，燦然暴白於千載之下者，輒時存卷末，合爲一編，庶幾痛飲酒快讀一遍，能使汨羅濤沸，南岫雲出，而魂兮歸來云。時萬曆戊午長至日，東吴毛晉漫題。（毛晉緑君亭刻本）

四庫全書總目提要·陶淵明集

紀　昀

陶淵明集八卷，晉陶潛撰。案北齊陽休之序録潛集行世凡三本：一本八卷無序；一本六卷，有序目，而編比顛亂，兼復闕少；一本爲蕭統所撰，亦八卷，而少五孝傳及四八目。四八目即聖賢羣輔録也。休之參合三本，定爲十卷，已非昭明之舊。又宋庠私記稱隋經籍志潛集九卷；又云梁有五卷，録一卷，唐志作五卷。庠時所行，一爲蕭統八卷本，以文列詩前；一爲陽休之十卷本。其他又數十本，終不知何者爲是；晚乃得江左舊本，次第最若倫貫。今世所行，即庠稱江左本也。然昭明太子去潛世近，已不見五孝傳、四八目，不以入集，陽休之何由續得？且五孝傳及四八目所引尚書，自相矛盾，決不出於一手，當必依託之文，休之誤信而增之。以後諸本，雖卷帙多少，次第先後，各有不同，其竄入僞作，則同一轍，實自休之所編始。庠私記但疑八儒、三墨二條之誤，亦考之不審矣。今四八目已經睿鑒指示，灼知其贋，別著録於子部類書而詳辨之，其五孝傳文義庸淺，決非潛作，既與四八目一時同出，其贋亦不待言，今並删除。惟編潛詩文，仍從昭明太子爲八卷。雖梁時舊第，今不可考，而黜僞存真，庶幾猶爲近古焉。（中華書局一九六五年影印本，卷一四八集部別集類一）

聖賢羣輔録序

陶澍

陶靖節聖賢羣輔録，一名四八目，其書每條末皆載所見原書出處。自北齊陽休之編録後，至明何文簡孟春始爲之注。按靖節此録雖爲僞作，究爲北齊以前人所依托，其中甄述兩漢及東、西晉書，皆非班、范史及唐人所撰之史也。如三輔決録、張璠記、謝承書之類。今全書雖佚，猶散見於羣籍。以南、北六朝及唐初諸子書，並李善文選注、虞世南北堂書鈔、徐氏初學記、歐陽氏藝文類聚、太平御覽、册府元龜等書考之，大半符合。何注所采，僅依據正史，頗多疏漏。如韋文高爲韋豹之父，録中所引文高三子，見京兆舊事。考前漢書表及韋氏世系，文高當名浚。京兆舊事凡見御覽十七條，即文高亦見御覽，文簡謂不知，豈偶未深考耶？又下卷「八儁」内有趙典，范書黨錮傳云，唯典名見而已。考典，范書本有專傳，又别見郭泰、皇甫規傳，安得云「唯以名見」，自相矛盾耶？蓋名見者，見於「八儁」也。顧亭林亦不得其解，乃謂有兩趙典，是未嘗考華陽國志及「三君」、「八俊」録也。而文簡直以典事僅見黨錮及羣輔録，是并未全檢范書矣。豈知典事見於謝承、司馬彪書及常璩志，書籍所載，固有不勝録乎。如此之類，均考其同異，正其得失，校何注有增。不揣固陋，謹附所見如此，以質之博雅。安化陶澍叙。（陶澍注靖節先生集卷九）

附録二

陶氏宗譜節録

彭澤定山陶氏宗譜（節録）

定山陶氏宗譜近年發現於江西彭澤縣。據「宗譜目次」，除卷首之外，另有家譜十九卷，無從知其下落。據「歷代修譜人名」，修譜者有「晉淵明公，著有世系入首，即命子儼詩。唐思謙公，手筆世系全帙。宋嚴華公，續修家譜全卷」。後於明萬曆三十八年庚戌（一六一〇）、清順治丙申（一六五六）、康熙三十四年（一六九五）、乾隆十年（一七四四）、乾隆四十一年（一七七六）、嘉慶七年（一八〇二）、道光三年（一八二三）、道光二十四年（一八四四）、同治四年（一八六五）、光緒三十三年（一九〇七）、民國十七年（一九二八）多次重修。此譜主要内容有：遠祖紀略、本宗遷居、各支分遷、先代事實、先代遺迹、祖遺圖券、祖遺家訓、祖遺格言等。現節録其「本宗老系」：

第一世侃。字士行，生於漢後帝延熙十三年辛未五月十八日。夫人龔氏生於漢後帝景耀四年壬午六月十七日，歿於晉惠帝光熙元年甲子十月十七日，葬江州繹山。續娶韓氏。妻妾凡十五。生子十七，曰洪、瞻、夏、琦、茂、斌、範、岱、稱，餘皆早世。第十女適長史孟嘉。公性聰明英斷，嚴密忠勤。少孤力學，佩服母訓，卒成大器。歷事有晉惠、懷、愍、元、明、成，凡六主。自小吏、縣令、遷太守、刺史、八州都督、征西大將軍、侍中太尉、大司馬。尤長於用兵，獨久於外鎮；布澤懷邊，盡忠匡主，討平逆亂，興復淪鼎，屢建大勛，進爵長沙公，食邑六千三百户。在軍四十一年，勵志勤力，未嘗少懈，檢攝衆事，罔有遺漏。恭而近禮，崇尚名教，常以勤敏禮法戒諭吏民，力矯當時沉湎清談之弊，實晉代中流之砥柱也。晚年以盈滿自懼，屢欲告老，吏民苦留之。至成帝咸和九年甲午，始以疾上表辭位。六月初三日，公薨，享年八十有四。敕葬繹山，與龔夫人合墓。追封長沙王，謚曰桓。洪爲荆州參軍。瞻任廣陵、廬江二府太守，遷散騎常侍。蘇峻反，公死難，謚曰愍悼，世稱爲陶三相公。生子二，曰宏、曰安。宏任光禄勳。宏子延壽襲長沙公。夏以太尉功封都亭侯。琦爲司空掾。旗任散騎常侍，封郴縣開國伯，生子空，空生應壽。斌官至尚書。範爲光禄勳。岱任散騎常侍。稱任南平太守、南蠻校尉加威武將軍。

第二世茂。侃公第七子，行量二，字梅九。生於晉懷帝永嘉二年戊辰九月十六日。娶朱氏，生於晉懷帝永嘉三年己巳十月十六日。生子三，曰淡、敏、實。女一適羅遵生。公任武昌太守。卒於晉孝武太元三年戊寅十月二十日。夫人卒於晉孝武寧康三年乙亥八月十四日。淡字處寂，妻死不婚，結廬湘中，號白鹿先生，從祀鄉賢。實字由中，生子敬遠，敬遠生絅，絅生九相公。

第三世敏。茂公次子，行寛七。字奉義。生於晉康帝建元元年癸卯九月二十六日。娶長史孟嘉之第四女，生於晉成帝咸康六年庚子六月十七日。生子一，曰淵明。公任姿城太守，卒於劉宋武帝永初三年壬戌十月二十八日，葬於玆山。夫人卒於晉安帝隆安五年辛丑十一月十八日，與公合墓。

第四世淵明。敏公之子，字元亮。生於晉哀帝興寧三年乙丑六月十五日午時。娶翟氏、陳氏。生子五，曰儼、俟、份、佚、佟。公天性忠孝，外和内剛，少有高趣，安貧好學。文則跌宕爽朗，詩則沖澹有味。心存用世而進退必嚴，不合則去，未嘗以窮通爲欣戚。嘗爲州祭酒、鎮軍參軍，皆不久解歸；後徵主簿，不就。義熙年間，始應召爲彭澤令，不以家屬相隨。後見晉益微弱，劉裕跋扈狡黠，必謀篡逆，身爲晉室勛舊之裔，恥事二姓，欲先去之。適督郵至，吏請束帶相見，遂託爲不能爲五斗（以下殘缺）年號，徵爲著作郎，固辭不就。獨爲有晉完人，大節與夷齊並高。歿於劉宋文帝元嘉四年丁卯十月十一日。士大夫慕之，稱爲靖節先生。翟母生於晉哀帝隆和元年壬戌七月十八日，亦能與公同志，安於勤苦，終始如一。卒於劉宋文帝元嘉十年癸酉十月初四日。公與妣合葬於德化縣楚城鄉鹿子坂面陽山。

都昌西源陶氏宗譜（節録）

江西都昌縣西源陶氏係陶淵明長子儼繁衍而來。據康熙五十六年丁酉（一七一七）重修譜序，此譜是在江西湖口一「重修家牒」的基礎上增補而成，後於嘉慶元年丙辰（一七九六）續修。現存譜乃道光五年乙酉（一八二五）重修，藏於都昌縣西源陶家邊村某陶氏後裔處。其目録爲譜序、凡例、原委、譜引、家訓、葛巾漉酒圖、李太白詩讚、靖節墓山圖、先公祠屋等。現節録該譜卷一「首竹湖老系」部分：

第一世　同　行啓一，漢末避亂居江東。生於光和三年庚申六月十九日亥時。娶陸氏，生於光和二年己未六月十一日巳時，生子曰丹。公歿於延熙十二年己巳十月十七日。妣歿於延熙十四年辛未二月十六日。夫婦合葬廬山西源。

第二世　丹　同公之子，行青二。生東漢建安十八年癸巳八月初七日丑時，爲吴太子舍人，封揚武將軍，加封柴桑侯，贈太師，追封慶國公。娶新淦湛氏，生子曰湛。公歿晉元康元年辛亥十月廿八日，享壽七十有九。葬潯陽鶴問湖仙居鄉興良社。唐勅禁樵採。洪武間官役居民危德看守，永免差役，都爲立廟以祀之。夫人湛氏御葬鄱陽牛岡嘴牛眠地，有碑存誌，追封慶國夫人。嘗截髪延賓，世稱賢母。詳賢母傳。

第三世　侃　丹公之子，字士行。生漢景耀二年己卯。都督荆、江、雍、梁、淮、廣、益、寧八州刺史、中書令、太尉，御賜劍履上殿，封長沙公。娶龔氏，繼娶十五妻，生子十七。長曰洪，次瞻，三夏，四琦，五旗，六宏，七斌、八茂，九稱，十範，十一岱。俱見舊史，餘無考。女適征西大將軍長史孟嘉。公薨東晉咸和九年甲午，享壽七十六，追贈大司馬，謚曰桓。康帝思公有宏濟艱難之勳，勅葬國南二十里。謚曰長沙英佑王。夫人龔氏封益國夫人。

第四世　茂　侃公八子，行量三，任武昌太守，生晉元帝永昌元年壬午十月初五日申時。娶周訪女，生於太寧二年甲申四月十二日未時。生子二，長曰敏，幼曰夔。公殁於太元十一年丙戌。妣殁於隆安三年己亥。公妣合葬先原山。

第五世　敏　茂公長子，字鳳義，行寬七，任姿城太守，生晉康帝建元二年甲辰六月初十日巳時。娶孟嘉第四女，生於永和三年丁未七月十一日寅時。生子三，長恂之，次熙子，幼淵明。公殁於義熙十四年戊午四月初三日，妣殁於永初元年辛酉十月廿二日。公妣俱葬錫類山。

第六世　淵明　字元亮，宅邊有五柳，因號五柳先生。生晉興寧三年乙丑九月初八日子時，初爲州祭酒，不久辭歸。召主簿不就，後爲彭澤令。在官八十餘日，賦歸去來辭。自以世爲晉臣，恥屈身劉裕，拒宋徵召，改名曰潛。娶陳氏、翟氏。生子五，長儼、次俟、三份、四佚、五佟。

公殁於元嘉四年丁卯九月十五日，享壽六十有三，謚靖節先生，世祀彭澤。葬德化縣楚城鄉面陽山。陳妣殁於元嘉十一年甲戌十月十九日，與夫合葬面陽山。翟妣殁於元嘉丙子年八月初十日，葬面陽山。

附録三

陶氏宗譜中之問題

迄今爲止，已發現的陶氏宗譜約十種：一、宜豐秀溪陶氏族譜（簡稱秀溪譜）；二、都昌西源陶氏宗譜（簡稱西源譜）；三、潯陽陶氏宗譜（簡稱潯陽譜）；四、靈龜石陶氏宗譜（簡稱靈龜石譜）；五、栗里陶氏宗譜（簡稱栗里譜）；六、彭澤定山陶氏宗譜（簡稱定山譜）；七、德化套口陶氏宗譜（簡稱套口譜）；八、灊山陶氏宗譜（簡稱灊山譜）；九、黟縣陶氏宗譜（簡稱黟縣譜）；十、星子廖花陶氏宗譜（簡稱廖花譜）。諸譜大多始修于明清期間，最早的秀溪譜始修于南宋度宗咸淳元年（一二六五）。多數譜有關陶淵明的記載大同小異，總的看來史料價值不高。但對于研討陶淵明的籍貫、世系、居址、家庭及生平行事等不無裨益。兹將陶氏宗譜中之問題擇其要者縷述如下。

一

淵明世系各譜記載大致相同。淵明曾祖父爲陶侃，當無疑問。但各譜關於侃生卒年的記載，不盡相同。秀溪譜載侃生於三國蜀漢景耀二年（二五九），卒於東晉成帝咸和九年（三三四），享年七十六歲。西源譜、潯陽譜、栗里譜、潛山譜同。廖花譜載侃生卒年同秀溪譜，却謂侃壽八十三。靈龜石譜、套口譜載侃生於晉元帝大興二年己卯（三一九），卒於晉成帝咸和八年癸巳（三三三），享年六十七。黟縣譜亦謂侃生晉元帝大興二年，未書卒年。定山譜載侃生於漢後主延熙十三年辛未（二五〇）五月，晉成帝咸和九年甲午六月薨，享年八十四。考晉書陶侃傳，侃卒於咸和七年（三三二）六月，年七十六。而晉書成帝紀、資治通鑑卷九十五、許嵩建康實録卷七，皆載侃卒於咸和九年（三三四）。若以侃享年七十六逆推之，當生于漢後主劉禪景耀二年己卯（二五九），正與秀溪譜、西源譜、栗里譜、潯陽譜記載相同。靈龜石譜、套口譜載侃生晉元帝大興二年，卒于咸和八年，得年僅二十四，却謂享年六十七，大誤。廖花譜謂侃壽八十三、定山譜謂侃壽八十四，亦不可信（延熙十三年爲庚午，作辛未誤）。晉書本傳載侃疾篤，上表遜位，稱「臣年垂八十」云云，不久即薨。可見侃享年必不過八十。又晉書周訪傳載，訪小侃一歲，大興三年（三二〇）卒，時年六十一。則大興三年時侃六十二歲，至咸和九年卒，正爲七十六歲。

陶侃有兄，史失載其名。靈龜石譜謂侃父丹生子四，而只載侃。夽口譜謂丹長子名黄，生子二：臻、輿。栗里譜謂丹長子曰僙，生子二曰臻、輿。西源譜、黟縣譜謂丹生子一曰侃。秀溪譜謂丹長子僙，生子臻、輿。廖花譜同，唯僙作黄。考晉書陶璜傳，璜字世英，丹楊秣陵人，父基，吴交州刺史。陶侃爲鄱陽人，籍貫既與陶璜不同，父丹又是吴揚武將軍，與陶璜了不相涉。陶璜傳叙孫皓降晉時，「手書遣璜息融敕璜歸順。」可見璜子名融。因此，陶璜或陶黄絶非陶侃之兄。

關於陶侃諸子及生平行狀，各譜記載亦有異。秀溪譜載侃生子五：「長曰夏；次曰瞻，襲長沙公；三曰茂；四曰洪，同伯僙子臻佐劉宏；五曰岱，守郴城。女一，適晉征西大將軍長史江夏鄂人孟嘉。」潯陽譜載：「十七子長洪，辟丞相。次瞻，廣寧丞相。三旗，郴縣開國伯。四夏，封都亭侯。五琦，司空掾。六宏，襲父爵。七茂，武昌太守。八斌，仕至尚書。九範，太元初拜光禄勳。十岱，散騎常侍。十一綽，襲爵卒。十二稱，任中郎將，尋加揚將監江夏、徐、義陽三郡軍事。十三延壽，襲爵，除吴昌侯，至劉宋元嘉甲子，改封吴昌公，督南康諸軍事。十四、十五、十六、十七俱無聞。」靈龜石譜、栗里譜、夽口譜與潯陽譜同。西源譜記洪、瞻、夏、琦、旗、宏、斌、茂、稱、範、岱等十一人。定山譜載洪、瞻、夏、琦、旗、斌、範、岱、稱等九人，灊山譜載洪、瞻、旗、夏、琦、宏、茂等七人，黟縣譜載洪、瞻、旗、夏、琦、宏、茂、斌、範、岱、綽之等十一人。按晉書陶侃傳，侃有子十七人，唯載洪、瞻、夏、琦、旗、斌、稱、範、岱九人，餘者並不顯。各譜所記侃子，有三種情況：（一）漏載。如秀溪譜僅記侃五子。（二）多載。如潯陽譜較陶侃傳多出宏、茂、延壽。西源譜、黟縣譜多出宏、茂。（三）諸子行第排列混亂。如秀溪譜以夏爲長子，洪爲四子。其餘諸譜中的諸子行第排列亦不盡同。（四）誤載。據陶侃傳，瞻子弘，弘子綽之，綽之子延壽。潯陽譜、靈龜石譜謂侃十一子綽之（潯陽譜誤作綽），十三子延壽。黟縣譜列綽之于侃子之末，又謂「綽之稱延壽」，舛誤竟至如此。諸子生平行事有的亦與晉書不合。如秀溪譜謂次子瞻襲長沙公。按陶侃傳，瞻「爲蘇峻所害，追贈大鴻臚，謚愍悼世子。以夏爲世子」。後夏病卒，「詔復以瞻息弘襲侃爵，仕至光禄勳。卒，子綽之嗣。綽之卒，子延壽嗣。宋受禪，降爲吴昌侯」。西源譜載：「宏贈光禄勳，襲父爵長沙公。」潛山譜所記略同。按，侃子中無宏，宏乃瞻之子，侃之孫。西源譜、潛山譜不審侃傳，誤以宏爲侃六子，襲父爵。疑西源譜、潯陽譜、黟縣譜所記侃子多出宏，多半是修譜者誤讀陶侃傳致誤。

二

關於淵明祖父，各譜記載均爲陶茂，但茂之行第、生卒年及娶妻生子等情況所載有異。秀溪譜謂茂爲侃第三子，居潯陽柴桑，任武昌太守。西源譜謂茂乃侃子，居江州潯陽東林，任武昌太守。其餘各譜皆謂茂爲侃第七子，或曰行量三，或曰行重三，或曰行量二，字梅九，而以「行量三」者居多。茂之生卒年，潯陽譜謂「生晉建元元年（三四三）」，後又加按語云：「按建元元年癸卯，侃公已殁八年矣，前人失者如此。以前後相證，茂公當生在晉懷之間。」據此按語，陶茂生晉建元元年之説乃沿舊譜。靈龜石譜、栗里譜、套口譜、黟縣譜皆謂茂生于晉建元二年（三四四），誤。西源譜謂茂生於晉元帝永昌元年壬午（三二二），卒於太元十一年丙戌（三八六）。定山譜謂陶茂生於晉懷帝永嘉二年戊辰（三〇八）九月，卒于晉孝武帝太元三年（三七八）十月。潛山譜則謂生晉愍帝建興二年甲戌（三一四），而卒年未書。以陶侃生于漢後主景耀二年己卯（二五九）推算，以上三譜載茂生於懷、愍之間，較爲可信，但未知孰是。

陶茂娶妻及生子情況，各譜記載亦有異。秀溪譜謂茂「配朱氏，生子回；繼娶劉氏，生子延，爲伏波將軍」。廖花譜謂茂娶劉氏。其餘各譜均謂茂娶周訪女。但生子情況記載有異。西源譜，廖花譜謂茂生子敏、夔。潯陽譜、靈龜石譜、栗里譜、套口譜、潛山譜、黟縣譜皆謂茂生子四：定、淡、信、敏，惟定山譜謂陶茂生子三，曰淡、敏、實。

陶淵明祖父是誰？這是古今文史學家懸而未決的疑問。淵明命子詩贊頌祖先的榮光，稱「肅矣我祖，慎終如始，直方二臺，惠和千里」。可知其祖任過太守之職。宋傳、蕭傳、蓮傳、南傳皆不書淵明祖名，惟晉傳載：「祖茂，武昌太守。」然令人不解的是，晉書陶侃傳載侃子十七人中不見有茂。如茂爲武昌太守，不能説不顯，陶侃傳不應不書。清全祖望鮚埼亭集外編卷四十陶淵明世系考謂淵明爲侃七世孫，所據之一即陶侃傳中不見有茂名。南宋鄧名世作古今姓氏書辨證，叙陶氏世系云：「後世陶氏望出丹陽，晉太尉侃之祖父同，始居焉。同生丹，吴揚武將軍、柴桑侯，遂居其地，生侃，字士行，娶十五妻，生二十三子，二子少亡，二十一子官至太守。侃生員外散騎岱。岱生晉安城太守逸，逸生彭澤令，贈光禄大夫潛。潛生族人熙之，宋度支尚書。」（詳見陶考）李公煥命子詩注曰：「陶茂麟譜以岱爲祖。按此詩云『惠和千里』，當從晉史以茂爲祖。陶茂爲武昌太守。」陶澍及朱自清陶淵明年譜中之問題已辨陶岱爲祖之説不可信。按，宋傳、蕭傳失載淵明祖名，陶茂之名見於晉書陶淵明傳却不見於陶侃傳，對此疑問，朱自清解釋説：「疑作侃傳者與作淵明傳者所據不同，遂致抵牾；晉書本成於衆人之手，小小疏漏，自難免也。」朱氏的解釋不無道理。今傳大多數陶氏宗譜皆載陶茂爲侃子，當沿自舊譜，又有晉書爲證，因此可論定陶茂爲淵明之祖。

西源譜、潯陽譜等載陶茂娶周訪女，而晉書周訪傳謂訪「以女妻侃子瞻」。按，淵明有諸人共遊周家墓柏下詩，所遊當爲周訪家墓。瞻一系後襲陶侃爵，爲陶氏大宗。淵明贈長沙公詩云「昭穆既遠，以爲路人」，業與瞻一系「人易世疏」。若瞻娶周訪女，淵明未必有興趣去遊周家墓。如陶茂娶周訪女，則訪女乃已祖母，與周家爲近親，淵明游周家墓更合情理。故西源譜等謂陶茂娶周訪女，較晉書周訪傳可信。

潯陽譜、靈龜石譜、栗里譜謂陶茂生子四：曰定、淡、信、敏。陶淡見於晉傳，但淡父非茂，乃夏。淵明歸去來兮辭云：「家叔以余貧苦，遂見用于小邑。」晉故征西大將軍長史孟府君傳云：「淵明從父太常夔。」陶澍注歸去來兮辭，謂家叔當即孟府君傳之叔父太常夔。淵明叔父非一，故歸去來兮辭所稱「家叔」不可遽斷爲陶夔，但夔爲淵明叔父之一當無疑問。諸譜中只有西源譜、廖花譜列夔爲淵明從父，説明此二譜所列世系相對可信。

三

關於陶淵明父親，除秀溪譜外，各譜皆謂陶敏。秀溪譜載：「回，名麟，字若愚，茂長子，母朱氏。姿城太守，孟嘉以二女妻之。生子三：長曰注，次曰淵明，三曰敬遠，承繼胞弟延爲後。」這段記載與史傳及淵明詩文不合之處甚多。考晉書陶回傳：陶回，丹陽人，祖基，吴交州刺史。父抗，太子中庶子。回辟司空府中軍、主簿，並不就。大將軍王敦命爲參軍，轉州别駕。敦死，司徒王導引爲從軍中郎，遷司馬。蘇峻之亂，回與陶侃、温嶠等并力攻峻，又别破韓晃，以功封康樂伯。蘇峻平後，遷征虜將軍，吴興太守。咸和二年卒，年五十一。生子四：汪、陋、隱、無忌。汪嗣爵，位至輔國將軍、宣城内史。陋冠軍將軍。隱少府。無忌光禄勳。據陶璜、陶回二傳，二人皆出於陶基，璜爲基子，回爲基孫，璜、回是伯侄輩。秀溪譜謂侃、僙同出一系，僙爲侃兄，侃子茂生回。則僙當爲回之伯祖。此一誤也。回之長子曰汪，非曰注，回諸子中亦無淵明與敬遠。此二誤也。陶澍注引豫章書曰：「孟嘉以二女妻陶侃子茂之二子，一生淵明，一生敬遠。」淵明祭從弟敬遠文稱：「父則同生，母則從母。」可知敬遠父爲淵明從父，敬遠母爲淵明從母，非如秀溪譜所載孟嘉將二女妻淵明父一人。此三誤也。根據陶回的生卒年，也可證明陶回既非侃孫，亦非淵明敬遠父。晉書校勘記引萬斯同歷代史表一五，陶回卒於東晉成帝咸康二年（三三六）。晉書本傳載回死時年五十一，逆推之，回當生于西晉武帝太康七年（二八六）。陶侃長於回二十七歲，顯然不可能做後者的祖父。據舊説，淵明生於東晉哀帝興寧三年（三六五），而此時陶回已死三十年。秀溪譜又謂陶回三子曰敬遠。按，淵明祭從弟敬遠文云：「歲在辛亥，月惟仲秋，旬有九日，從弟敬遠，卜辰云窆。」又云：「年甫過立，奄與世辭。」若晉安帝義熙七年辛亥（四一一）敬遠三十一歲，則其生年當在晉孝武帝太元六年（三八一），距陶回之死已有四十五六年。死者豈能生子？凡此，皆證明陶回乃淵明父之説荒謬之至。今人張人鑫陶淵明始家宜豐甄辨一文對此考辨較詳（見江西社科院社科情報與資料一九八五年第七期），讀者可參看。

秀溪譜又謂陶茂另一子名延，爲伏波將軍。考陶延其人，見于晉書陶侃傳：「侃使鄭攀及伏波將軍陶延夜趣巴陵，潛師掩其不備，大破之，斬千餘級，降萬餘口。」侃擊敗杜弢不久，王敦深忌侃功，左轉廣州刺史。據晉書元帝紀，大興元年（三一八）冬十月，加廣州刺史陶侃平南將軍，則陶延夜趣巴陵，當在大興元年前不久。若定陶茂生於懷、愍之間，則距大興元年至多不過十餘年，豈有父僅十餘歲，次子却任伏波將軍，馳騁疆場之理？此外陶侃傳叙及侃子或侄，都明白交代，如「遽遺子洪及兄子臻詣弘以自固」。「遺子斌與南中郎將桓宣西伐樊城」。若陶延確爲侃孫，陶侃傳當明書。顯然，陶延乃侃部將。他與陶回一樣，非爲侃裔孫。

其餘各譜，皆謂淵明父爲陶敏。但記載有以下幾點不同：

（一）行第。潯陽譜、靈龜石譜、栗里譜、套口譜皆謂敏爲茂四子，西源譜、廖花譜謂敏爲茂長子，定山譜謂敏爲茂次子。

（二）生子。西源譜、廖花譜、栗里譜、套口譜謂敏「生子三：恂之、熙之、淵明」。定山譜謂敏「生子一，曰淵明」。餘譜只書「生子潛」。按，恂之、熙之是否確爲淵明兄，已不可知，但淵明有兄或弟當可斷定。定山譜謂敏只生淵明，不確。鄧氏書辨則稱熙之乃淵明子。然淵明五子爲儼、俟、份、佚、佟，無熙之，鄧氏書辨誤。

（三）生卒年。潯陽譜、靈龜石譜、栗里譜、灊山譜謂敏生晉永和二年（三四六），而不書卒年。西源譜謂敏生於永和三年丁未（三四七），卒於義熙十四年戊午（四一八）。定山譜謂敏「生於晉康帝建元元年（三四三）癸卯九月二十六日，卒于劉宋武帝永初三年（四二二）壬戌十月二十八日」。陶敏生年有以上三説，未知孰是。至於西源譜、定山譜關於敏之卒年的記載，尋繹淵明詩文，實并不可信。淵明命子詩云：「於皇仁考」，可知作此詩時，其父已卒。又與子儼等疏云：「吾年過五十，少而窮苦，每以家弊，東西游走。」顔誄云：「少而貧病，居無僕妾，井臼弗任，藜菽不給，母老子幼，就養勤匱。」皆可證淵明出仕時父已不在。因此，其父決無活到義熙末或宋初之理。

（四）仕歷。各譜皆載敏「任姿城太守」。按，晉書地理志無姿城，亦無安城。乾隆四十七年安福縣志卷一云：「三國吳寶鼎二年（二六七）析廬陵之平都，長沙之安成，置安成郡，治平都。晉武帝太康元年（二八〇）廢安成郡，改安成曰安復縣。惠帝元康元年（二九一）復立安成郡，統縣如故。」故當作安成是。

淵明父名史失載。陶茂麟家譜始謂淵明父名逸，爲姿城太守。李公焕命子詩注引茂麟家譜，以爲淵明祖名岱，爲散騎員外，父名逸，爲姿城太守，生五子。鄧氏書辨云：「岱生晉安城太守逸。」陶考已辨鄧氏書不可信。然「陶逸」其人從何而來，頗難考索。疑史家初不知淵明父名，而書「史逸」。後陶氏某支後裔修譜時徑以「逸」作淵明父名。這一舛誤，至今尚能隱約從潛山譜、黟縣譜中發現。此二譜皆謂陶敏「即史逸」。「史逸」非淵明父名，亦非淵明父字，當是史所遺逸之意。陶氏後裔修譜時却在陶敏與子虛烏有的「史逸」之間劃上了等號。

又，淵明父陶敏是否作過安成太守，亦爲一大疑問。淵明命子詩稱其父「寄迹風雲，冥兹慍喜」。細味詩意，其父似乎也曾入仕途，但意度深沉，淡於利禄。安福縣志卷一四「人物志」謂淵明「賞遊武功，寓書岡山，今城南有淵明讀書臺」。陶澍疑淵明「或幼隨父任，讀書於此耶」？但書岡山讀書臺是否真與淵明有關，實頗可懷疑。安福縣志録周景春陶潛潭記云：「城中有讀書臺，以殷仲堪安成守邊，至今郡以臺稱，臺以殷稱。兹山獨得於故老之相傳而泯焉，不得與殷臺齊名者，得非淵明解官之後，恐不免於宋之再徵，遂自遁於幽遐窮陋，以晦其迹，使記載之失其傳焉。」可見，所謂書岡山淵明讀書臺不過得之於故老相傳，而不見記載，名氣遠不能與殷仲堪讀書臺相比。淵明解官後，一直居尋陽附近，未有幽遁於距江州千里之遥的安福之蹤迹。總之，淵明父任安成太守事祇可存疑。

四

諸譜都非常推崇陶淵明。栗里譜、套口譜以淵明爲一世祖，淵明之前稱「明前祖」。各譜記淵明生卒年同，爲晉哀帝興寧三年乙丑（三六五）至劉宋文帝元嘉四年丁卯（四二七）。淵明生平行事基本采自史傳，無甚價值。只有淵明娶妻生子之記載，比史傳稍詳。

秀溪譜載：「淵明，回次子。前妻王氏，婚宜豐，生子儼；繼娶尋陽翟氏，生子俟、份、佚、佟。」西源譜、靈龜石譜、潛山譜謂淵明「娶陳氏、翟氏」。西源譜又謂陳氏殁於元嘉十一年甲戌（四三四），翟氏殁於元嘉丙子（四三六）。廖花譜僅載淵明娶翟氏，並謂翟氏卒於元嘉甲戌，生子五。按，淵明怨詩楚調示龐主簿鄧治中詩云：「始室喪其偏。」可知前妻死於淵明三十歲時，故西源譜所載陳氏卒年不可信。定山譜謂「娶翟氏、陳氏」。套口譜謂「娶程氏、翟氏」。黟縣譜謂「娶陳氏，生子三曰儼、俟、份。翟氏生子二曰佚、佟」。翟氏當爲淵明續妻，見於蕭傳、南傳。

前妻未詳，諸譜或謂王氏，或謂程氏，或謂陳氏。按，淵明有妹嫁於武昌程氏，祖陶茂曾爲武昌太守。疑程氏妹所嫁者爲兄嫂親屬，故淵明妻當以「程氏」較可信。

淵明五子所出異母。據責子詩「雍端年十三」，知三子份（雍）、四子佚（端）爲雙生。秀溪譜謂前妻王氏生儼，其餘四子爲翟氏所生，其説不可信（參見責子詩注）。廖花譜謂翟氏生五子，黟縣譜謂前三子爲前妻陳氏所生，後二子爲續妻翟氏所生，皆不可信。因三子四子同年生，淵明又無妾，必出于同母。

據淵明悲從弟仲德詩、癸卯歲十二月中作與從弟敬遠詩及祭從弟敬遠文，淵明至少有敬遠、仲德兩位從弟。靈龜石譜載：「定，茂長子，生子曰敬，移居栗里。」栗里譜載：「定，茂長子，娶陳氏，生子二：襲之、謙之。」套口譜載：「定，娶陳氏，生子三：襲之、謙之、敬，遷居栗里。」潛山譜載：「定公，茂長子，生子曰進遠，居栗里。」定山譜則謂茂三子實，「生子敬遠，敬遠生絅，絅生九相公」。據諸譜，淵明當有襲之、謙之、敬、敬遠四位從兄弟。然諸譜記載如此混亂，連敬遠一人也不能確定其父是定還是實，則諸譜關於淵明從兄弟的記載之可信程度便不難想見了。

關於淵明生平行事，秀溪譜、定山譜記載較詳，偶或有不見於史傳的材料，但真僞錯雜，尚須考辨。秀溪譜「靖節公家傳」云：「癸巳歲起爲江州祭酒，挈家抵任。」所謂「挈家抵任」是指從故里宜豐抵江州任上。這一記載蓋源於圖經「淵明始家宜豐，後徙柴桑」之説，此外再無其他依據。該譜又載：「丙辰冬，乃與翟氏攜幼子佟還宜豐，詩曰：『命氏攜童弱，良日登遠游。』」葺理南山舊宅而居之。日游秀溪之境，課耕論道。父老喜其復來，名其地曰『故里』。時公去此垂三十年矣。遍訪舊游，逝者過半，慨歎不已，每形之於吟詠，具見歸園田居等詩。」上述文字，證以淵明詩文，問題極多。

據舊説，義熙十二年丙辰（四一六），淵明五十二歲。若定淵明二十六歲生子儼，儼與佟相差八歲（見責子詩），至丙辰歲幼子佟已十八九歲，年將弱冠，何須妻室「攜童弱」？淵明詩中的南山概指廬山。雜詩其七云：「去去欲何之？南山有舊宅。」後一句是説廬山有祖先墓塋。秀溪譜却謂宜豐有南山，彼處有淵明舊宅。太元十八年癸巳至義熙十二年丙辰，前後共二十四年，何來「去此垂三十年」？淵明歸園田居詩，作於歸田之初，故云「久在樊籠裏，復得返自然」。若這組詩作于義熙十二年，自彭澤之歸已逾一紀，「久在樊籠裏」二句便説不通。秀溪譜又謂淵明共在宜豐故里四年，永初二年辛酉（四二一）春淵明復返尋陽。然考淵明贈羊長史詩，義熙十三年（四一七）劉裕收復關中，左軍將軍朱齡石遣長史羊松齡往秦川祝賀，路經尋陽，若此時淵明在宜豐，則何由作詩贈松齡？又宋傳云：「義熙末徵著作佐郎，不就。江州刺史王弘欲識之，不能致也。潛嘗往廬山，弘令潛故人龐通之，賫酒具於半道栗里要之。」若淵明不在尋陽，其何由往廬山？王弘亦無從結識之。以上幾點都説明秀溪譜不足信。

定山譜記淵明經歷，多録自蕭傳。如該譜「先代事實」叙江州刺史檀道濟饋以粱肉，淵明麾之而去一事，在作彭澤令之前。按，檀道濟爲江州刺史，在元嘉三年丙寅（四二六）五月，見于宋書文帝紀、資治通鑑。蕭傳叙次失當，定山譜沿其誤。但該譜也有考辨可取之處。如謂淵明爲彭澤令，不以家累自隨；以爲他書云公田悉令種秫，妻子固請種秔者，誤也。清包世臣書韓文後下篇自注云：「八月非種稉秫之時，十一月已去官，焉得有此事？」（藝舟雙楫）定山譜與包氏説同，令人首肯。又謂他書云慧遠立蓮社，與陶元亮諸人同修浄土者，誤。其説亦中肯。

五

關於淵明故里、舊居之記載，各譜不盡相同。

淵明里居有二説：一曰柴桑，一曰宜豐。潯陽譜謂淵明「始居柴桑上京。還舊居詩：『疇昔家上京，六載去還歸。』南康志云：『近城五里，地名上京，有靖節故宅，即柴桑縣之柴桑里。』」靈龜石譜乾隆十年重修族譜舊序云：「淵明祖家於柴桑，即今德化縣楚城鄉。歲戊申變生回禄，庚戌徙於南村紅花尖之西龜形山之谷中，其地曰栗里社，屬我星子縣。」秀溪譜則謂陶回乃淵明父，而回封康樂伯；古康樂後屬宜豐，故稱淵明始家宜豐，中年移居柴桑，晚年又一度歸宜豐故里。定山譜「先代遺跡」亦稱「靖節公故里，在瑞州新昌，讀書臺、洗墨池遺跡尚存，公少暫居此地，後遷居柴桑」。

陶淵明爲尋陽柴桑人，見於宋傳、蕭傳、南傳。判斷此記載是否正確，似有必要先弄清淵明祖輩的居處。晉書陶侃傳載，侃本鄱陽人，吳平，徙家廬江之尋陽。考尋陽縣，西漢置，因處尋水之陽得名，治所原在江北古蘭城（今湖北黄梅縣西南）。永興元年（三〇四），分廬江之尋陽，武昌之柴桑二縣置尋陽郡，隸屬江州。咸和時，温嶠始將江北之尋陽移於江南湓城之南鶴問寨（今江西九江縣城北九公里）。安帝義熙八年（四一二），省尋陽縣入柴桑縣，柴桑仍爲郡。（晉書地理志）這説明義熙八年後，柴桑城亦即江州和尋陽郡治所在，其址在湓城之南鶴問寨。（參見新編九江縣志）諸譜或謂陶丹葬潯陽四十里鶴問湖，或謂侃母湛氏葬潯陽，其父葬饒州牛崗牛眠地。又昌邑陶氏族譜云：「今潯陽郡西北山下，迺吳朝太子舍人丹之墓，即侃之父也。」（見陶考）傳説雖不一，但可肯定侃葬父或母于鶴問湖。按，鶴問湖之名，當出于陶侃的傳説。陶侃傳載：侃以母憂去職，「嘗有二客來弔，不哭而退，化爲雙鶴，沖天而去，時人異之」。王謨江西考古録卷四「鶴問湖」條云：「通志：九江府城西十五里有鶴問湖，世傳晉陶侃擇地葬母，至此遇異人，云前有牛眠處可葬，已而化鶴飛去。」「鶴問當作鶴門。劉義慶幽明録曰：『陶公於尋陽西南一塞取魚，自謂其地曰鶴門。』是亦陶侃故事，後人因以名湖矣。亦作鶴塞。梁元帝輸還江州節表曰『擁麾鶴塞，執兹龍節』。簡文帝玄覽賦曰『泝蛟川於蠡澤，沿鶴塞於尋陽』。諸本有作鵠塞者，非。」據上可知，鶴問、鶴門、鶴塞，名雖異實一。其址説法不一。樂史太平寰宇記「德化縣」條謂「鶴門洞在縣西四十二里」。江西通志卷一百二十「勝迹」條云「在府西白鶴鄉」。讀史方輿紀要卷八十五「鶴問寨」條云：「府西南十五里，志云，即故尋陽縣，宋元時置寨於此，以近鶴問湖得名。」考李吉甫元和郡縣志「江州尋陽縣」條云：「柴桑故城縣西南二十里。」上文已言及，柴桑城址在湓城之南鶴問寨，正位于九江府西二十里左右，相當于今九江市西南賽湖、八里湖一帶。元和郡縣志的説法是可信的。陶侃既然葬父或母於鶴問湖，則其家必在此或附近。侃後以功封柴桑侯（潯陽譜、潛山譜、黟縣譜謂陶丹封柴桑侯，非），子孫遂家於此。因此，史載淵明爲尋陽柴桑人，正確無誤。

然因陶氏宗譜修譜者多不明柴桑故城所在，遂謂淵明故里在德化縣楚城鄉，或謂在星子縣栗里。其誤蓋沿自杜佑通典及宋明以後地志。通典一百八十二「潯陽郡潯陽縣」條云：「今縣南楚城驛，即舊柴桑縣也。」後樂史太平寰宇記卷一百十一「江州德化縣」條云：「柴桑山近栗里原，陶潛此中人。」「栗里原在山南，當澗有陶公醉石。」又云：「陶公舊宅在州西南五十里柴桑山，晉史：『陶潛家于柴桑。』唐白居易有訪陶公舊宅詩。」「楚城驛在縣南，即舊柴桑縣也。」明清地志多襲通典及太平寰宇記之説，遂定柴桑山及柴桑故城在廬山西南麓。對此，逯欽立陶潛里居史料評述從元和郡縣志，參之洪亮吉三國疆域志、東晉疆域志，詳考柴桑故城濱江，必迫近湓口。其説言而有據，足資參考。

考諸史傳及淵明詩文，可證淵明故里與舊居必不在楚城鄉附近。史稱淵明常往廬山游觀，與慧遠、劉遺民、龐參軍等交往。若其舊居在今九江市西南九十里楚城鄉一帶，則往廬山北麓將近百里。淵明有脚疾，如何能辦？又庚子歲五月中從都還阻風於規林二首其一云：「行行循歸路，計日望舊居。」規林在今安徽宿松縣境内，與尋陽城隔江相望。若淵明舊居遠在尋陽郡治西南九十里山谷中，何必去望？又辛丑歲七月赴假還江陵夜行塗口詩云：「臨流別友生。」此「流」明指長江。可見淵明居所必臨江不遠。又歸去來兮辭序稱「彭澤去家百里」。從鶴問寨經長江水路至古彭澤縣治（在今湖口縣小鳳山）正約百里，若楚城鄉至彭澤近二百里。又文選郭璞江賦：「鼓洪濤於赤岸，淪餘波乎柴桑。」若柴桑城在楚城鄉，江波能及于彼地乎？又丙辰歲八月中於下潠田舍穫詩云：「戮力東林隈」、「揚檝越平湖。」東林即廬山東林寺所在的東林。西源譜、潯陽譜謂淵明祖茂居江州尋陽東林。其説證以陶詩，或不爲無根之説。平湖，當指鶴問湖。若淵明故里在楚城鄉，崇山峻嶺中何來平湖？豈能「戮力東林隈」？據上可知，淵明故里與舊居必在尋陽郡治鶴問寨附近，地當廬山北麓，距東林寺較近。

至於潯陽譜引南康志，謂南康近城五里，有靖節故宅，則更屬附會。淵明還舊居詩云「疇昔家上京」，後人遂將南康的玉京山等同於「上京」，進而稱此處有淵明故宅。明桑喬廬山記事引名勝志、大明一統志、南康府志、清曹樹龍陶潛故居辨均持此説。對此，逯欽立陶淵明里居史料評述已辨其不可信。

淵明「始家宜豐」之説源於宜豐圖經。樂史太平寰宇記引圖經云：「淵明始家宜豐，後徙柴桑。」宜豐圖經成於何時不可知，至遲不晚於宋初。南宋熊良輔新昌圖經序云：「自漢晉以來，先賢遺躅，如梅（福）之尉山，陶之故里，皆在境内。」阮薦於南宋紹興年間作陶靖節祠堂記云：

「先生文集及傳誄特載其出仕之後、歸休投老於潯陽時。此邑之書堂石室，蓋未爲江州祭酒時栖隱之地爾。」傅實之於淳祐四年(一二四四)作重修陶靖節祠堂記云：「先生本宜豐人，中年遷潯陽，晚回宜豐，有石洞遺像，父老喜其復歸，號曰故里。」明一統志云：「元亮故里在新昌縣東二十五里。」其他如明清時所修的江西通志、瑞州府志、上高縣志、新昌縣志，皆稱淵明故里在宜豐。至民國初，胡思敬著鹽乘，集淵明始家宜豐説之大成。

但考諸史傳及淵明詩文，此説似是而非。阮薦陶靖節祠堂記對「書堂石室」等所謂淵明故迹的「漫不可考，慨歎徘徊」。後叙一客曰：「晉宋二史暨梁昭明、顔延之諸公，皆云先生自言歸潯陽爲彭澤令，去家百里，則吾邑圖經初何所質。」對圖經「淵明始家宜豐」説表示懷疑。阮無言以對。該文後又稱淵明出仕前隱居宜豐，不過是想當然之臆説。明正德瑞州府志「考異志」云：「新昌志義鈞鄉有陶淵明讀書堂及墓。按，先生自言居潯陽，爲彭澤令，去家百里。列史皆曰潯陽人；又曰：未有所之，惟田舍及廬山游觀而已。太和傳誄亦稱其卒于柴桑。今廬山、柴桑俱在南康、九江，不知新昌何以有堂及墓？或亦陶姓而賢者，誤以爲淵明歟？」瑞州府志編者懷疑宜豐的淵明故迹，認爲可能是「陶姓而賢者，誤以爲淵明」。此點給人以有益的啓示。王謨江西考古録卷五「陶公故居」條，謂江西通志所載靖節故居凡三處，「考之史傳，當以九江柴桑爲正」。「若圖經云始家宜豐，則史傳詩文俱無考證，難以取信」。王謨定淵明故居在九江府西南九十里柴桑山，此説雖不確切，但據史傳及淵明詩文，否定圖經云始家宜豐，得出淵明故居「當以九江柴桑爲正」的結論，這是值得肯定的。

至於淵明始家宜豐説從何而來，這已很難考索。從秀溪譜「宗支之源」謂淵明父乃陶回，官姿城太守判斷，可能同誤以陶回爲淵明父有關。晉書陶回傳載回封康樂伯，江西通志封爵表中列有康樂伯陶回，瑞州府志載：「利睍廟，在高安鳳山，祀陶回，回平蘇峻功封康樂伯。咸康中，食邑苦旱，乃發稟賑濟，民利其睍，建祠祀之。」按晉書地理志，康樂屬豫章郡，三國吴時爲陽樂縣，西晉太康元年（二八〇）改名康樂。其治所在今江西萬載縣境内。萬載縣志卷一之三「古迹」云：「吴陽樂城，晉改名康樂，故址在縣東北四十里，今羅城。」或説在今宜豐境内。同治十一年新昌縣志卷四「古迹」據太平寰宇記云：「陽樂縣城在義鈞鄉，吴大帝分置，唐廢。」萬載、宜豐毗鄰，疆域沿革較複雜，康樂古城址又不易確定，故或謂康樂伯陶回封地在萬載，或謂在宜豐。持後説者便稱淵明始家宜豐。如前所述，陶回、陶淵明非同祖，即或陶回食邑宜豐，也與淵明風馬牛不相及。

六

各譜記載淵明遺跡很多，如秀溪譜「靖節公遺跡」有東皋嶺、賦詩灣、松菊園、顧淵石、靖節橋、故里橋、南山故址等；定山譜「先代遺跡」有靖節公故里、讀書臺、洗墨池、五柳館、三笑亭、醉石、三學祠、靖節祠、靖節墓等。這些所謂淵明遺跡，多係景仰淵明風采的陶氏後裔及文人墨客所立，無甚史料價值。現評述與淵明故里及卒地有關的遺跡三處：醉石、靖節墓、靖節祠。

淵明醉石的傳説，大概不遲於晚唐。晚唐人王貞白與陳光，都有詠淵明醉石詩。然未知此醉石在何處。王詩狀醉石云：「積疊莓苔色，交加薜荔根。」陳詩云：「醉眠芳草合，吟起白雲空。」據此看來，醉石似在陸上。吳騫拜經樓詩話卷二引宋曾達臣獨醒雜志云：江州德化縣楚城鄉陶靖節祠前横小溪，「溪中盤屹一石，人謂之淵明醉石」。據此，醉石乃在楚城鄉淵明祠前小溪中。吳騫後引王貞白、陳光詩，意爲醉石即兩人所詠。樂史太平寰宇記、陳舜俞廬山記、朱熹跋顔魯公栗里詩、曾集陶淵明集跋，皆謂醉石在廬山南栗里山谷亂流中，與獨醒雜志不同。王象之輿地紀勝三十「江州」條云：「栗里原，舊隱基址猶存，有陶公醉石，然山南亦有之，二事重出，故兩存之。」可見，宋時已有二醉石，一在九江西南九十里德化縣楚城鄉，一在南康府西山澗中。其時，人們已不能定何者爲是而「兩存之」。因此，後人以醉石所在而確定淵明故里，勢必緣木求魚，以訛傳訛。淵明故里既在九江西南二十里鶴問寨附近，則楚城鄉及山南栗里之醉石，皆不可信矣。

有關靖節墓的記載，始見於名勝志：「陶公舊宅在治西南九十里柴桑山。晉史：『陶潛家于柴桑。』即今之楚城也。去宅北三里許有靖節墓。」明正德六年（一五一一），楚城鄉鹿子坂大水沖出一碑，題曰「陶靖節先生故里」。提學副使李夢陽據此建靖節墓於面陽山。其事見李夢陽空同集卷四十九陶淵明集序：「予既得淵明墓山封識之矣，又得其故屋祠址田，令其裔老人瓊領業焉。然其山並田，德化縣屬，而老人瓊星子民，會九江陶亨來信，本淵明裔，亨固少年粗知字義者，於是使爲郡學生焉。實欲久陶墓云。」又云：「初淵明墓失焉，越百餘年無尋焉。予既得其山並田，遂遷諸竊據而葬者數塚而封識之，然仍疑焉。及鑑淵明集有自祭文曰『不封不樹』。豈其時真不封不樹，以啓竊據而葬者耶？墓在面陽山德化縣楚城鄉也。」李夢陽又有靖節公墓田屋祠基池州記一文，鐫刻於面陽山靖節祠（該祠已廢，今遷於九江縣沙河街）。定山譜亦録此文。桑喬廬山紀事亦載李夢陽得斷碑復淵明墓田祠址事，又謂靖節祠由九江守馬紀於嘉靖十二年（一五三三）所建。

李夢陽復面陽山之墓田，清人曹龍樹陶潛故居辨據楚城鄉地理環境與淵明詩文之不合，加以否定。逯欽立陶淵明里居史料評述稱李氏「臆定」、「創此妄説」。然李夢陽此舉未可輕議，因楚城鄉有淵明祠實早在北宋宣和年間。曾達臣獨醒雜志云：「江州德化縣楚城鄉乃陶淵明所居之地，詩中所謂柴桑者。宣和初，部刺史即其地立陶淵明祠，洪芻駒父爲之記。」「土人遇重九日，即攜酒擷菊，酹奠祠下，歲以爲常。」明九江府志「補遺」引獨醒雜志後云：「明時建祠之地，並蓋即宋宣和立祠之舊址也。」可見，正德六年李夢陽復淵明墓田，嘉靖十二年馬紀建靖節祠，並非臆定妄説。楚城鄉北宋時即有靖節祠及墓，數百年後經兵燹戰亂及風雨剥蝕，祠廢墓失。李夢陽所得斷碑當爲宋時物，馬紀建靖節祠之地乃北宋時立祠舊址。至于宣和初部刺史憑何根據在楚城鄉立淵明祠，今已無從考索。疑出於該處有淵明醉石的傳説及太平寰宇記「柴桑山在栗里原，陶潛此中人」的不正確説法。

按，顏延之陶徵士誄云：「元嘉四年月日，卒於尋陽縣之某里。」義熙八年（四一二）省尋陽縣入柴桑縣，顏誄所云尋陽縣，仍沿義熙八年前之舊稱也。柴桑既治鶴問寨，故淵明卒地，必在鶴問寨附近，決無可能在廬山西南麓的楚城鄉。但其葬地，却不一定就在居處附近。淵明自祭文云：「不封不樹。」挽歌辭其三云：「嚴霜九月中，送我出遠郊。」雜詩其七云：「去去欲何之，南山有舊宅。」抑淵明祖墓遠在楚城鄉耶？抑當年淵明兒子葬父不遵父囑，墓地立封識耶？此皆無可考索矣。

七

綜觀諸陶氏宗譜，可論定者有五：陶侃爲淵明曾祖，一也。陶茂爲淵明祖父，二也。淵明父爲陶敏，非陶逸或陶回，三也。淵明前後兩娶妻，生子五；叔父陶夔，敬遠爲淵明從弟之一，四也。淵明故里在尋陽郡治鶴問寨附近，今九江市西南二十里賽湖、八里湖一帶，五也。至於淵明父是否任安成太守，淵明墓何在，則祇可存疑。

附録四

陶淵明年譜簡編

自宋至今，陶淵明年譜不下二十種。諸譜對淵明里居、家世、年壽、行事、交游、作品繫年等問題各有發明。筆者研讀陶淵明集有年，鈎稽淵明詩文並參諸史傳，以爲宋傳六十三歲之記載亦有難圓之處，而梁譜、古譜牴牾更多。爰取鄧安生陶淵明年譜五十九歲説編成此譜。聊供讀者觀覽。凡本書前面部分考辨已詳者，譜中一般從略，或只書結論，故名曰「簡編」。

陶淵明字元亮，入宋後更名潛。

陶淵明名字，各史記載不同。宋傳：「陶潛字淵明。或云，淵明字元亮。」蕭傳：「陶淵明字元亮。或云，潛字淵明。」蓮傳：「陶潛字淵明。」晉傳：「陶潛字元亮。」南傳：「陶潛字淵明，或云字深明，名元亮。」吳譜：「按先生之名淵明，見於集中者三；其名，見於本傳者一。集載孟府君傳及祭程氏妹文，皆自名淵明。又按，蕭統所作傳及晉書、南史載先生對道濟之言，則自稱曰潛。孟傳不著歲月，祭文晉義熙三年所作，據此即先生在晉名淵明可見也。此年對道濟，實宋元嘉，則先生至是蓋更名潛矣。」「其實先生在晉名淵明字元亮，在宋則更名潛，而仍其舊字。謂其以名爲字者，初無明據，殆非也。本當曰：陶淵明字元亮，入宋更名潛，如此爲得其實。」

陶考：「晉史謂潛字元亮，南史謂潛字淵明，皆非也。先生於義熙中祭程氏妹，亦稱淵明，至元嘉中對檀道濟之言，則云『潛也何敢望賢』。年譜云在晉名淵明，在宋名潛，元亮之字則未嘗易。此言得之矣。」

按，顔誄稱「晉徵士陶淵明」，元嘉中淵明對檀道濟自稱曰「潛」，則吴譜「在晉名淵明字元亮，在宋則更名潛，而仍其舊字」之説最得其實。宋傳、南傳、蓮傳謂「潛字淵明」，梁譜謂小名潛，古譜引羅翽雲稱「潛乃其名，而淵明其小名也」。皆不確。

江州尋陽柴桑人。

陳舜俞廬山記：「江州在山北二十里，本在大江之北，尋水之陽，因名尋陽。今蘄州之蘭城即其古址。咸和九年，刺史温嶠，始自江北移于湓城之南。」宋傳：「尋陽柴桑人也。」蕭傳、南傳同。按，柴桑縣漢置，因柴桑山得名。清同治德化縣志：「漢高帝六年（前二〇一），分淮南置豫章郡，領縣十八，柴桑隸也。」晉書地理志：「永興元年，分廬江之尋陽，武昌之柴桑二縣置尋陽郡，屬江州。」「安帝義熙八年，省尋陽縣入柴桑縣，柴桑仍爲郡。」江西通志卷四：「柴桑縣初屬武昌郡，永興初屬尋陽郡，咸和中爲尋陽郡治。」據此可知，東晉義熙八年後尋陽郡治和柴桑縣治爲同一地。唐李吉甫元和郡縣志：「柴桑故城縣西南二十里。」則柴桑治所在湓城之南鶴問寨。參見本書附録三陶氏宗譜中之問題。

曾祖陶侃，晉大司馬，封長沙郡公，卒謚桓。

宋傳：「曾祖侃，晉大司馬。」蕭傳、晉傳、南傳同。贈長沙公詩序：「余於長沙公爲族，祖同出大司馬。」命子詩：「桓桓長沙，伊勳伊德。」「肅矣我祖，慎終如始。」顔誄：「韜此洪族，蔑彼名級。」俱證淵明爲陶侃曾孫。清初全祖望著陶淵明世系考（鮚埼亭集外編四十）謂「淵明當爲桓公七世孫」。洪亮吉陶氏族譜序、閻詠左汾近稿疑淵明非陶侃後人。錢大昕跋陶淵明詩集（潛研堂文集卷三十二）已力辨其妄。朱自清陶淵明年譜中之問題仍稱淵明是否陶侃後裔「祇可存疑」。其實，淵明自述與顔誄、史傳記載一致，淵明爲陶侃曾孫無庸置疑。

祖陶茂，武昌太守。

晉傳：「祖茂，武昌太守。」命子詩：「肅矣我祖，慎終如始。直方二台，惠和千里。」李注引陶茂麟家譜，謂淵明祖名岱。陶考已辨其不可信。

父敏，曾出仕，不詳何官。

命子詩：「於皇仁考，淡焉虚至。寄迹風雲，冥兹慍喜。」李注引陶茂麟家譜云：「父名逸，姿城太守，生五子。」陶考已辨其誤。秀溪譜謂陶回爲淵明父，不可信。潯陽譜、栗里譜、西源譜、定山譜等皆謂陶敏爲淵明父。今從之。

母孟氏，孟嘉第四女。

晉故征西大將軍長史孟府君傳：「淵明先親，君之第四女也。」

晉廢帝太和四年己巳(三六九)　一歲

陶淵明生年，各書不載。顏誄僅書卒年，謂「春秋若干，元嘉四年月日」。宋傳：「元嘉四年卒，年六十三。」蕭傳、晉傳同。南傳、蓮傳只書卒年，不記年歲。王譜、吴譜、顧譜、丁譜、陶考、楊譜皆信宋傳六十三歲説。至梁譜始生疑問，舉凡八證，謂淵明得年五十六。傅譜、游國恩陶潛年紀辨疑駁之，朱自清陶淵明年譜中之問題亦辨其不足起信。古譜舉凡三證，謂淵明得年五十二，牽合滯礙之處較梁譜更多，陸侃如陶公生年考——跋古層冰陶靖節年譜已逐項駁之，兹不具列。此外，宋人張縯有七十六歲説(見李注引張縯吴譜辨證)，清人吴汝綸古詩鈔有五十一歲説。前者陶考已辨其非，後者更不足論。古今學者多信奉宋傳六十三歲説，朱自清亦謂「舊説雖於辛丑游斜川詩、癸卯懷古田舍詩及顏誄『中身』之語，尚待研討，然大體固無矛盾也」。然檢覆六十三歲説，除朱氏所稱「尚待研討」之點外，實還有其他滯礙難通之處。兹列項如下：

一、顏誄云：「年在中身，疢維痁疾，視死如歸，臨凶若吉。藥劑弗嘗，禱祀非恤。傃幽告終，懷和長畢。」此八句語意連貫，叙淵明臨死前的超然恬静之狀。「中身」用書無逸「文王受命惟中身」成語。詩文王鄭玄注：「中身謂中年。」梁譜第八證即舉顏誄「年在中身」句，謂淵明壽不及六十。朱自清謂「此證甚堅」。

二、游斜川詩若以序「辛丑」、詩「五十」爲正，依舊譜，則是年淵明三十七，與「開歲倏五十」句相矛盾。若以序「辛酉」、詩「五十」爲正，依舊譜，則是年淵明五十七，又與詩「五十」不合。若將「五十」改爲「五日」，則又與詩中感歎日月擲人的情緒不合(參見游斜川詩注)。

三、依舊譜，淵明於太元十八年癸巳（三九三）初仕江州祭酒，時二十九歲；義熙元年乙巳（四〇五）棄官，時四十一歲，前後在仕途共十三年。然飲酒詩其十六云：「行行向不惑，淹留遂無成。」其十九云：「是時向立年，志意多所恥。」雜詩其十云：「荏苒經十載，暫爲人所羈。」合三詩觀之，可證淵明將近三十歲時「投耒去學仕」，不到四十歲就棄官歸田，在仕途共十載。據此，宋傳六十三歲説難以成立。

四、與子儼等疏云「吾年過五十」，文末又稱濟北氾稚春爲「晉時操行人也」，則此文必作於淵明五十歲後，且晉亡之後。依舊譜，劉裕篡晉稱宋時，淵明已五十六歲。若從王瑶注，此文作於宋永初二年辛酉（四二一），淵明已五十七歲。疏文既言「吾年過五十」，則淵明實際年齡必不會離五十太遠。

五、挽歌詩爲淵明臨終前絶筆，詩云「早終非命促」。梁譜以爲若壽六十三，不得言早終。孟嘉卒年五十三，孟府君傳贊云：「道悠運促，不終遠業。惜哉！仁者必壽，豈斯言之謬乎？」可見，淵明以五十三歲爲不壽。游國恩陶淵明年紀辨疑以「古人六十爲下壽」駁梁譜，但朱自清云：「『下壽』與『早終』當有別也。」其説是。皇甫謐篤終論曰：「故禮六十而制壽，至于九十。」「吾年雖未制壽。」晉書周訪傳：「初訪少時遇善相者廬江陳訓，謂訪與陶侃曰：『二君皆位至方嶽，功名略同，但陶得上壽，周當下壽，優劣更由年耳。』訪小侃一歲，太興三年卒，時年六十一。」據此，晉人以年六十爲下壽，不及六十爲不壽。「早終」更在「下壽」之下，即不及六十。

以上五點，是宋傳六十三歲説難以成立之處，同時亦證明，淵明享年不及六十。鄧譜受逯繫年啓發，謂游斜川詩序「辛丑正月五日」之「辛丑」乃干支紀日，東晉義熙十四年戊午（四一八）正月五日正爲辛丑，詩發端句「開歲倏五十」，此年淵明正五十歲，遂創淵明終年五十九歲説（參見游斜川詩注）。今從之。由義熙十四年戊午（四一八）淵明五十歲上溯生年，當在晉廢帝太和四年己巳（三六九）。

夏四月，大司馬桓温帥衆伐燕，九月，敗於枋頭。（晉書海西公紀、資治通鑑卷一〇二）

桓玄生。

資治通鑑卷一〇三：晉孝武帝寧康元年癸酉（三七三）桓温卒，以少子玄爲嗣，時方五歲。則上溯當生於本年。

晉廢帝太和五年庚午（三七〇）　二歲

晉簡文帝咸安元年辛未（三七一）　三歲

十一月，桓温廢司馬奕爲東海王，迎會稽王司馬昱即帝位，是爲簡文帝，改元咸安。（晉書海西公紀、簡文帝紀）

晉簡文帝咸安二年壬申（三七二）　四歲

夏四月，徙海西公於吴縣西柴里。六月，前護軍將軍庾希舉兵反。七月，桓温遣東海内史周少孫討希，擒之，斬於建康。司馬昱卒，遺詔以桓温輔政。司馬曜即帝位，是爲孝武帝。是歲，三吴大旱，人多餓死。（晉書簡文帝紀、孝武帝紀）

程氏妹生。

祭程氏妹文：「慈妣早世，時尚乳嬰，我年二六，爾纔九齡。」程氏妹小淵明三歲，當生於本年。

晉孝武帝寧康元年癸酉（三七三）　五歲

七月，桓温薨。竟陵太守桓石秀爲寧遠將軍，江州刺史，鎮尋陽。（晉書孝武帝紀、晉書桓石秀傳、資治通鑑卷一〇三）

晉孝武帝寧康二年甲戌（三七四）　六歲

晉孝武帝寧康三年乙亥（三七五）　七歲

晉孝武帝太元元年丙子（三七六）　八歲

春正月，改元。（晉書孝武帝紀）

晉孝武帝太元二年丁丑（三七七）　九歲

八月，謝安爲司徒，使持節，都督荆、梁、寧、益、交、廣六州諸軍事。荆州刺史、征西大將軍桓豁卒。十月，車騎將軍桓沖都督荆、江、梁、益、寧、交、廣七州諸軍事，領荆州刺史。（晉書孝武帝紀）

周續之生。

宋書周續之傳：周續之卒於宋少帝景平元年（四二三），年四十七。則上溯當生於本年。

晉孝武帝太元三年戊寅（三七八）　十歲

晉孝武帝太元四年己卯（三七九）　十一歲

慧遠初至廬山。（高僧傳）

晉孝武帝太元五年庚辰（三八〇）　十二歲

四月，大旱。五月，大水。以司徒謝安爲衞將軍、儀同三司。六月，以驃騎將軍、琅邪王道子爲司徒。（晉書孝武帝紀）

淵明喪父。

祭程氏妹文：「慈妣早世，時尚乳嬰，我年二六，爾纔九齡。」祭從弟敬遠文：「相及齠齔，並罹偏咎。」按，「齠」不與「齔」通，「齠齔」泛指幼年，故不能據家語「男子八歲而齔」一語遂定淵明喪父在八歲時。梁譜謂「慈妣」當爲「慈考」之譌，淵明十二歲丁憂。其説可取。參見祭程氏妹文及祭從弟敬遠文注。

晉孝武帝太元六年辛巳（三八一）　十三歲

孝武帝初奉佛法，立精舍於殿内，引諸沙門居之。六月，揚、荊、江三州大水。（晉書孝武帝紀）

從弟敬遠約生於本年。

祭從弟敬遠文：「歲在辛亥，月惟仲秋，旬有九日，從弟敬遠，卜辰云窆。」又云：「年甫過立，奄與世辭。」假定辛亥年（四一一）敬遠三十一歲，則上溯當生於本年。

晉孝武帝太元七年壬午（三八二）　十四歲

晉孝武帝太元八年癸未（三八三）　十五歲

八月，苻堅率衆渡淮。十月，謝玄、謝石、謝琰諸將與苻堅戰於肥水，大破之。（晉書孝武帝紀）

晉孝武帝太元九年甲申（三八四）　十六歲

顏延之生。

南史顏延之傳：顏延之卒於宋孝武帝孝建三年（四五六），年七十三。則上溯當生於本年。

晉孝武帝太元十年乙酉(三八五)　十七歲

八月，謝安卒。司馬道子領揚州刺史，録尚書，都督中外諸軍事。(晉書謝安傳、資治通鑑卷一〇六)

謝靈運生。

宋書謝靈運傳：謝靈運卒於宋元嘉十年(四三三)，年四十九。則上溯當生於本年。

晉孝武帝太元十一年丙戌(三八六)　十八歲

晉孝武帝太元十二年丁亥(三八七)　十九歲

晉孝武帝太元十三年戊子(三八八)　二十歲

晉孝武帝太元十四年己丑(三八九)　二十一歲

孝武帝司馬曜溺於酒色，重用司馬道子。道子與帝日夕酣飲，又崇尚浮屠，窮奢極靡。左右親近争弄權柄，交通請託，賄賂公行，政局大壞。(資治通鑑一〇七)

晉孝武帝太元十五年庚寅(三九〇)　二十二歲

司馬道子恃寵驕恣，帝不能平，以中書令王恭爲都督青、兖、幽、并、冀五州諸軍事，兖、青二

州刺史，鎮京口，以濳制道子。（資治通鑑卷一〇七）

晉孝武帝太元十六年辛卯（三九一）　二十三歲

江州刺史王凝之集中外僧徒八十餘人，於尋陽南山精舍，翻譯佛經。逯繫年引出三藏記集阿毗曇心經序：「泰元十六年，歲在單閼，貞於重光。其年冬，於尋陽南山精舍，提婆自執胡經，先譯本文，然後乃譯爲晉語，比丘道慈筆受。至來年秋，復重與提婆校正，以爲定本。時衆僧上座竺法根、支僧純等八十八人。地主江州刺史王凝之、優婆塞西陽太守任固之爲檀約，並共勸佐而興立焉。」

晉孝武帝太元十七年壬辰（三九二）　二十四歲

十月，荆州刺史王忱卒。十一月，以黄門郎殷仲堪爲都督荆、益、寧三州諸軍事、荆州刺史，鎮江陵。立皇子德文爲瑯琊王，徙瑯琊王道子爲會稽王。（晉書孝武帝紀、資治通鑑卷一〇八）

晉孝武帝太元十八年癸巳（三九三）　二十五歲

六月，始興、南康、廬陵大水。（晉書孝武帝紀）

晉孝武帝太元十九年甲午（三九四）　二十六歲

七月，荆、徐二州大水，傷秋稼。（晉書孝武帝紀）

長子儼生。

顔誄：「母老子幼，就養勤匱，遠惟田生致親之議，近悟毛子捧檄之懷。」據此知淵明未仕前至少有一子。歸去來兮辭序云：「幼稚盈室。」則義熙元年八月爲彭澤令時已有多子。五子不同母，見與子儼等疏。五子年歲差次，見責子詩：儼長俟二歲，俟長份、佚一歲，份、佚長佟近五歲，前後凡八年有五子。假定前妻僅生儼，餘子爲繼室所生，而儼與俟相差二年，其間服喪、續娶及生子必無餘裕。傅譜假定儼、俟、份、佚皆前妻所出，翟氏僅生一佟。其説是（參見命子詩注）。淵明三十歲喪妻，假定二十九歲生份、佚，儼長份、佚三歲，則生長子儼時淵明二十六歲。

晉孝武帝太元二十年乙未（三九五）　二十七歲

帝擢王恭、郗恢、殷仲堪等使居内外要任，以防道子。道子亦引王國寶等以爲心腹。（資治通鑑卷一〇八）

五柳先生傳約作於本年。

晉孝武帝太元二十一年丙申(三九六)　二十八歲

九月，張貴人弑帝。晉安帝即位，大赦。司馬道子爲太傅攝政，寵信王國寶，與王恭之間矛盾加劇。（晉書安帝紀、資治通鑑卷一〇八）

次子俟生。

責子詩：「阿舒已二八，懶惰故無匹，阿宣行志學，而不愛文術。」據此知俟少長子儼二歲，當生於本年。

初仕江州祭酒，不久即解歸。

宋傳：「親老家貧，起爲州祭酒，不堪吏職，少日自解歸。」飲酒詩其十六云：「疇昔苦長飢，投耒去學仕。是時向立年，志意多所恥。」湯注、吴譜、陶考、逯繫年依六十三歲説，皆定向立年爲太元十八年癸巳（三九三），淵明二十九歲。按，前已證淵明在仕途前後十年，棄官時不足四十歲，舊譜不確，故定淵明本年出仕。此時，淵明已得長子儼和次子俟，正所謂「親老家貧」、「母老子幼，就養勤匱」，出仕以救窮乏。

晉安帝隆安元年丁酉(三九七)　二十九歲

四月，兗州刺史王恭舉兵討王國寶。司馬道子殺國寶，恭乃罷兵。荆州刺史殷仲堪聞國寶死，亦抗表舉兵，道子以書止之。（晉書安帝紀、晉書王恭傳、資治通鑑卷一〇九）

三子份、四子佚生。

晉安帝隆安二年戊戌（三九八）　三十歲

七月，王恭、庾楷、殷仲堪、桓玄、楊佺期等以討譙王司馬尚之、王愉爲辭舉兵。九月，王恭兵敗被殺。十月，殷仲堪等盟於尋陽，推桓玄爲盟主。（晉書安帝紀、資治通鑑卷一一〇）

淵明喪妻。

怨詩楚調示龐主簿鄧治中詩：「弱冠逢世阻，始室喪其偏。」

晉安帝隆安三年己亥（三九九）　三十一歲

十一月，孫恩攻陷會稽。衛將軍謝琰、輔國將軍劉牢之發兵擊之。十二月，桓玄襲殺荆州刺史殷仲堪、南蠻校尉楊佺期。（晉書安帝紀、資治通鑑卷一一一）

本年冬，淵明始仕桓玄。

晉安帝隆安四年庚子（四〇〇）　三十二歲

桓玄都督八州軍事，兼荆州、江州刺史。五月，孫恩陷會稽，謝琰戰死。十一月，鎮北將軍

劉牢之都督會稽五郡，帥衆擊恩。（資治通鑑卷一一一）

淵明仍爲桓玄僚佐，曾因事使都，作庚子歲五月中從都還阻風於規林詩二首。

本年或去年續娶翟氏。

吴譜太元十九年甲午條云：「先生蓋兩娶。本傳：『其妻翟氏，志趣亦同，能安苦節，夫耕於前，妻鋤於後。』則繼室實翟氏。」毛晉緑君亭本雜附十二：「翟氏當是翟湯家。按，翟湯字道深，潯陽人，篤行廉潔，耕而後食，不屑世事，人有餽遺，一無所受。永嘉末寇害相繼，聞湯名德皆不敢犯。王導、庾亮屢薦不起。子莊以孝友稱，有湯之操，征辟亦不就。莊子矯，矯子法賜，世有隱德，時號潯陽四隱。」至於續娶翟氏之年，或曰即在喪偶不久。如顧譜云：「喪偶，旋娶翟氏。」梁譜太元十六年辛卯條云：「先生續娶年歲無考，然長子儼比次子俟僅早兩歲，則續娶或即在喪偶之年。」傅譜云：「昭明傳稱『其妻翟氏，亦能安勤苦，與其同志』。觀責子篇，諸子不同母，則此翟氏之爲繼娶則無疑義。先生喪偶既在三十，五子佟又只小四子四歲，則繼娶之年，必在此一二年内。」按，喪偶即續娶不合古代禮制，梁譜不可取，傅譜較中肯。今將續娶之年暫繫於此。

晉安帝隆安五年辛丑（四〇一）　三十三歲

孫恩攻陷吴國，殺内史袁山松。劉牢之遺劉裕擊破之。桓玄聞孫恩逼京師，上疏請討，詔止之。（晉書劉牢之傳、資治通鑑卷一一二）

七月，淵明由江陵往尋陽休假，假滿還江陵，作辛丑歲七月赴假還江陵夜行塗口詩。

冬，母孟夫人卒。淵明歸尋陽居憂。

祭程氏妹文：「昔在江陵，重罹天罰。」吴譜：「先生以七月還江陵，而祭妹文有『蕭蕭冬月』之語，則居憂在是歲之冬。」王譜謂是年喪父，誤。

劉遺民爲柴桑令。

唐釋元康肇論疏引慧遠所作劉公傳：「禄尋陽柴桑，以爲入山之資。未旋幾時，桓玄東下，格稱永始。逆謀始，劉便命孥，考室林藪。」按，桓玄東下在元興元年壬寅（四〇二）二月（詳下元興元年），劉遺民禄柴桑在此之前不久，故暫定於本年。

晉安帝元興元年壬寅（四〇二）　三十四歲

正月，驃騎大將軍司馬元顯率軍討桓玄。二月，桓玄東下。三月，玄入京師，殺司馬元顯、司馬道子，總攬朝政，改元大亨。（晉書安帝紀、資治通鑑卷一一二）

幼子佟生。

責子詩：「阿舒已二八」「通子垂九齡。」佟與儼相差八歲，儼生時淵明二十六歲，故佟當生於本年。

七月，慧遠、劉遺民等於廬山結白蓮社。劉遺民作誓願文。

古譜元興元年壬寅條云：「七月，東林寺釋慧遠集緇素百二十有三人，於般若雲臺精舍建齋立誓，共期西方。彭城劉遺民、豫章雷次宗、雁門周續之、新蔡畢穎之、南陽宗炳、張萊民、張秀碩等皆與焉，劉遺民爲誓文，世所謂蓮社者也。」劉遺民誓願文：「維歲在攝提格，七月戊辰朔，二十八日乙未，法師釋慧遠貞感幽奧，宿懷特發，乃延命同志、思心貞信之士百有二十三人，集於廬山之陰般若臺精舍阿彌陀像前，率以香華敬薦而誓焉。」（高僧傳）按，攝提格爲太歲年名，是年太歲在寅。查陳垣二十史朔閏表，元興元年壬寅七月朔，正當戊辰，二十八日爲乙未。李注雜詩其六，謂慧遠結白蓮社事在義熙十年甲寅（四一四），陶考、梁譜、王瑶注皆從之，非。

晉故大將軍長史孟府君傳約作於本年。

晉安帝元興二年癸卯（四〇三）　三十五歲

二月，桓玄自稱大將軍。八月，玄又自號相國、楚王。十二月，玄篡位，以安帝爲平固王，遷於尋陽。（晉書安帝紀）

本年，淵明仍因母喪居憂。作癸卯歲始春懷古田舍詩二首、癸卯歲十二月中作與從弟敬遠詩。和郭主簿詩二首及勸農詩約作於本年。

冬，劉遺民棄官隱於廬山。（見前引釋元康肇論疏引慧遠劉公傳）

晉安帝元興三年甲辰（四〇四）　三十六歲

二月，劉裕帥何無忌、劉毅等舉兵討伐桓玄。三月，劉裕爲鎮軍將軍，都督八州諸軍事。四月，桓玄挾安帝至江陵。劉裕諸將與玄軍戰於湓口，大破之，進據尋陽。加劉裕都督江州諸軍事，劉敬宣遷建威將軍、江州刺史。五月，桓玄兵敗被殺。（晉書安帝紀、資治通鑑卷一一三）

淵明服喪而畢，作劉裕鎮軍參軍，東下赴京口。作始作鎮軍參軍經曲阿詩。

晉安帝義熙元年乙巳（四〇五）　三十七歲

三月，晉安帝反正，加鎮軍將軍劉裕爲侍中、車騎將軍、都督中外諸軍事。劉敬宣「自表解職」。四月，劉裕還鎮京口。（晉書安帝紀）

爲劉敬宣建威參軍，三月，奉敬宣之命使都。作乙巳歲三月爲建威參軍使都經錢溪詩。雜詩第九、十、十一首亦作於本年春天。

雜詩其九云：「掩淚汎東逝，順流追時遷。」其十云：「荏苒經十載，暫爲人所羈。」均寫行役之苦。自太元二十一年丙申（三九六）初仕江州祭酒，至義熙元年乙巳（四〇五），前後共十年，與第十首「荏苒」二句相合。而第十一首云「春燕應節起，高飛拂塵梁」，「愁人難爲辭，遥遥春夜長」。可證作於春天，時令亦與經錢溪詩合。

八月，爲彭澤令。十一月，程氏妹卒於武昌，作歸去來兮辭，棄官歸里。

晉安帝義熙二年丙午（四〇六）　三十八歲

十月，論匡復之功，封車騎將軍劉裕爲豫章郡公，撫軍將軍劉毅南平郡公，右將軍何無忌安

成郡公。十二月，何無忌爲都督荆、江、豫三州八郡軍事，江州刺史。（資治通鑑卷一一四）

作歸園田居五首及歸鳥詩。止酒詩約作於本年。

止酒詩云：「逍遥自閑止。」知淵明業已歸隱。又云：「大歡止稚子。」其年幼子佟五歲，正當稚子。又證以歸去來兮辭云：「稚子候門。」則止酒詩與歸去來兮辭作年必相近。王瑶注依六十三歲説，繫此詩爲義熙九年癸丑（四一三）。然依舊譜，此時佟子已十四歲，稱稚子亦嫌未妥。

晋安帝義熙三年丁未（四〇七） 三十九歲

五月，程氏妹服制再周，作祭程氏妹文。

祭程氏妹文：「義熙三年，五月甲辰，程氏妹服制再周，淵明謹以少牢之奠，俯而酹之。」

讀山海經十三首及酬劉柴桑詩約作於本年。

晋安帝義熙四年戊申（四〇八） 四十歲

劉裕爲揚州刺史，録尚書事。從此，晋室朝政由裕獨攬。（晋書安帝紀）

自春至夏，作停雲、時運、榮木三首。

榮木詩：「四十無聞，斯不足畏。」

又作連雨獨飲詩。

連雨獨飲詩：「自我抱兹獨，僶俛四十年。」

六月中遇火，作戊申歲六月中遇火詩。

晉安帝義熙五年己酉（四〇九）　四十一歲

六月，劉裕率師討南燕，大破慕容超於臨朐。九月，加劉裕太尉，裕固辭。（晉書安帝紀、宋書武帝紀、資治通鑑卷一一五）

徙居西廬。春，作和劉柴桑詩。秋，作己酉歲九月九日詩。

晉安帝義熙六年庚戌（四一〇）　四十二歲

三月，廣州刺史盧循舉兵反，進據尋陽，江州刺史何無忌戰死。五月，衛將軍劉毅迎擊盧循，敗績。六月，庾悦爲建威將軍、江州刺史。授劉裕太尉、中書監，加黄鉞。裕受黄鉞，餘固辭。十二月，劉裕破盧循於豫章。（宋書武帝紀、宋書盧循傳、資治通鑑卷一一六）

作庚戌歲西田穫早稻詩及責子詩。

晉安帝義熙七年辛亥（四一一）　四十三歲

三月，劉裕始授太尉、中書監。四月，盧循走交州，刺史杜慧度斬之。（晉書安帝紀、資治通鑑卷

二一六）

八月，從弟敬遠卒。作祭從弟敬遠文。

祭從弟敬遠文：「歲在辛亥，月惟仲秋，旬有九日。」

晉安帝義熙八年壬子（四一二） 四十四歲

四月，劉毅遷江州刺史。九月，劉裕率諸軍西征劉毅。孟懷玉任江州刺史、南中郎將。（宋書武帝紀、宋書孟懷玉傳、資治通鑑卷一一六）

晉安帝義熙九年癸丑（四一三） 四十五歲

劉遺民不應徵辟，劉裕以高尚人相禮，遂其初心。（釋元康肇論疏引慧遠劉公傳）

五月，作五月旦作和戴主簿詩。

九月，慧遠作萬佛影銘。

慧遠萬佛影銘後序：「晉義熙八年，歲在壬子五月一日，共立此臺，擬像本山，因即以寄誠，雖成因人匠，而功無所加。至於歲次星紀赤奮若貞于太陰之墟，九月三日，乃詳檢別記，銘之於石。」（廣弘明集卷一五）按，據萬佛影銘後序，慧遠立臺圖影在義熙八年，銘石在義熙九年。

形影神詩三首作於本年。

晉安帝義熙十年甲寅（四一四）　四十六歲

晉安帝義熙十一年乙卯（四一五）　四十七歲

劉裕發兵討荆州刺史司馬休之。休之上表罪劉裕，舉兵抗之。兵敗，奔後秦。（晉書安帝紀、宋書武帝紀）

劉遺民卒。

釋元康肇論疏引慧遠劉公傳載，劉遺民於桓玄東下格稱永始後，入山隱居，居山十有二年卒。桓玄篡位在元興二年冬，下推十二年，則劉遺民當卒於義熙十一年。陶考、古譜據蓮傳，謂劉遺民卒於義熙六年，誤。

移居南村，與殷晉安爲鄰。作移居詩二首。

與殷晉安別詩序云：「殷先作晉安南府長史掾，因居尋陽，後作太尉參軍，移家東下，作此以贈。」鄧譜據蓮傳，謂殷晉安爲晉安太守殷隱，兼任南中郎將孟懷玉長史及掾，懷玉義熙十一年卒於江州任所，殷於次年春應辟太尉劉裕參軍。詩云：「去歲家南里，薄作少時鄰。」因知淵明移居在義熙十一年。其說發千年未發之覆，今從之。然淵明移居南里究竟在本年何時，似尚待探討。考晉書安帝紀：義熙十二年六月，「新除尚書令、都鄉亭侯劉柳卒」。正如陶考所言，劉柳爲江州刺史實踵孟懷玉之後。而懷玉卒於義熙十一年，唯具體月日不知。據孟懷玉傳所載加持節、丁父艱、上表除解云云，懷玉之卒當在春季之後，此點鄧譜亦已言及。因此，顔延之爲劉柳後軍功曹當在義熙十一年春季之後。據移居其二「春秋多佳日，登高賦新詩」；「農務各自歸，閑暇輒相思」數語判斷，淵明移居最有可能在是年春天，否則無以解「春秋多佳日」數句，而此時顔延之尚未來尋陽。故淵明先從西廬移居南里，與「素心人」殷隱等輩遊從；不久，顔延之來尋陽作劉柳後軍功曹，與淵明結鄰。

江州刺史孟懷玉卒。

宋書孟懷玉傳：「十一年，加持節。丁父艱，懷玉有孝性，因抱篤疾，上表陳解，不許。又自陳弟仙客出繼，喪主唯己，乃見聽。未去任，其年卒官。時年三十一。」

顔延之爲江州刺史劉柳後軍功曹，住尋陽，與淵明結鄰。

宋傳：「顔延之爲劉柳後軍功曹，在尋陽，與潛情款。」蕭傳同。顔誄：「自爾介居，及我多暇。伊好之洽，接閻鄰舍。宵盤晝憩，非舟非駕。」陶考：「劉柳爲江州刺史，晉書柳本傳不記年月。考宋書孟懷玉傳，懷玉義熙十一年卒於江州之任。晉書安帝紀，義熙十二年六月，新除尚書令劉柳卒。南史劉湛傳，父柳，卒於江州。是柳爲江州，實踵懷玉之後，以義熙十一年到官，十二年除尚書令，未去江州而卒。延之來尋陽，與先生情款，當在此兩年也。」

本年或稍後，有詔徵著作郎，稱疾不就。

晉安帝義熙十二年丙辰（四一六）　四十八歲

六月，江州刺史劉柳卒。檀韶遷督江州、豫州之西陽、新蔡二郡諸軍事，江州刺史。八月，劉裕及瑯琊王德文帥衆伐姚泓。十月，攻克洛陽。十二月，詔劉裕爲相國、揚州牧，封十郡爲宋公。（晉書安帝紀、宋書檀韶傳、資治通鑑卷一一七）

春，殷晉安爲劉裕太尉參軍，移家東下。淵明作與殷晉安別詩。

檀韶苦請周續之出山，與祖企、謝景夷三人共在城北講禮校書，所住公廨，近於馬肆。淵明作示周續之祖企謝景夷三郎詩。

八月，作丙辰歲八月中於下潠田舍穫詩。

秋，作飲酒詩二十首。

感士不遇賦約作於本年或去年。

晉安帝義熙十三年丁巳（四一七） 四十九歲

七月，劉裕克長安，執姚泓，收其彝器，歸諸京師。（晉書安帝紀、宋書武帝紀）

八月，釋慧遠卒。

謝靈運廬山慧遠法師誄：「春秋八十有四，義熙十三年秋八月六日薨。」（廣弘明集卷二三）按，高僧傳及世説新語文學注引張野遠法師銘記遠卒於義熙十二年，年八十三。

羊長史銜使秦川，作贈羊長史詩。

還舊居詩約作於本年。

晉安帝義熙十四年戊午（四一八）　五十歲

六月，太尉劉裕始受相國宋公九錫之命。十二月，劉裕殺晉安帝，立恭帝。（晉書安帝紀、資治通鑑卷一一八）

正月五日辛丑，淵明與鄰曲遊斜川，作遊斜川詩。

本年王弘爲江州刺史，以酒饋淵明。

宋書王弘傳：「十四年遷監江州、豫州之西陽、新蔡二郡諸軍事，撫軍將軍、江州刺史。」周濟晉略彙傳七隱逸謂弘爲江州刺史在元熙元年（四一九），不確。

九日閒居詩作於本年或明年。

宋傳：「嘗九月九日無酒，出宅邊菊叢中坐久，值弘送酒至，即便就酌，醉而後歸。」蕭傳、南傳同。

冬，張野卒。

蓮傳記張野「義熙十四年，與家人别，入室端坐而逝，春秋六十九」。

作歲暮和張常侍詩。雜詩前八首作於本年。

雜詩其六：「奈何五十年，忽已親此事。」

和胡西曹示顧賊曹詩或亦作於本年。

晉恭帝元熙元年己未（四一九）　五十一歲

七月，宋公劉裕受進爵爲王之命。八月，移鎮壽陽。十二月，劉裕加殊禮，進王太妃爲太后，王妃爲王后，世子爲太子。（宋書武帝紀、資治通鑑卷一一八）

晉恭帝元熙二年宋武帝永初元年庚申（四二〇）　五十二歲

六月，劉裕篡晉，稱宋，廢晉恭帝爲零陵王，改元永初。八月，荆州刺史宜都王劉義隆進號鎮西將軍。（晉書恭帝紀、宋書武帝紀）

作讀史述九章。秋，作於王撫軍座送客詩。擬古九首約作於本年前後。

宋武帝永初二年辛酉（四二一）　五十三歲

初，劉裕以毒酒一甖授張禕，使酖零陵王。禕自飲而卒。九月，兵人踰垣而入，進藥於王，不飲，兵人以被掩殺之。（晉書恭帝紀、晉書張禕傳、資治通鑑卷一一九）

作述酒詩。詠三良、詠二疏、詠荆軻三詩約作於本年。

與子儼等疏、桃花源記并詩約作於本年。

宋武帝永初三年壬戌（四二二）　五十四歲

正月，江州刺史王弘進號衛將軍。五月，劉裕卒。太子義符即皇帝位，是爲少帝。（宋書武帝紀、資治通鑑卷一一九）

作怨詩楚調示龐主簿鄧治中詩。

詩云：「結髮念善事，僶俛六九年。」六九爲五十四，故知當作於本年。

宋少帝景平元年癸亥（四二三）　五十五歲

春，作五言答龐參軍詩。冬，作四言答龐參軍詩。

張詮卒。

蓮傳記張詮「宋景平元年無疾向西念佛，安卧而卒，春秋六十五」。

宋文帝元嘉元年甲子（四二四）　五十六歲

秋八月，改景平二年爲元嘉元年。衛將軍江州刺史王弘進位司空中書監。（宋書文帝紀）

顔延之爲始安太守，道經尋陽，日至淵明舍酣飲。

資治通鑑卷一二〇：元嘉元年，徐羨之等「出靈運爲永嘉太守，延之爲始安太守」。文選顔延之陶徵士誄李善注引何法盛晉中興書：「延之爲始安郡，道經尋陽，常飲淵明舍，自晨達昏。」宋傳、蕭傳同。

宋文帝元嘉二年乙丑（四二五）　五十七歲

宋文帝元嘉三年丙寅（四二六）　五十八歲

五月，檀道濟爲征南大將軍，江州刺史。（宋書文帝紀、資治通鑑卷一二〇）

梁譜謂檀道濟爲江州刺史在元嘉元年。然考宋書文帝紀，檀道濟元嘉元年實爲南兗州刺史，八月，進號征北鎮軍。資治通鑑卷一二〇同。文帝紀又記元嘉三年夏五月乙未，以征北將軍、南兗州刺史檀道濟爲征南大將軍、江州刺史。可見道濟爲江州刺史確在元嘉三年，梁譜誤。

檀道濟往候淵明，饋以粱肉。淵明揮而去之。

蕭傳：「江州刺史檀道濟往候之，偃卧瘠餒有日矣。道濟謂曰：『賢者處世，天下無道則隱，有道則至。今子生文明之世，奈何自苦如此？』對曰：『潛也何敢望賢，志不及也。』道濟饋以粱肉，麾而去之。」

有會而作、乞食、詠貧士等詩約作於本年。

宋文帝元嘉四年丁卯（四二七）　五十九歲

九月，作自祭文及挽歌詩三首。十一月卒於尋陽某里。顔延之作陶徵士誄，謚曰靖節。

自祭文：「歲惟丁卯，律中無射。陶子將辭逆旅之館，永歸於本宅。」挽歌詩：「嚴霜九月中，送我出遠郊。」顏誄：「春秋若干，元嘉四年月日，卒於尋陽縣之某里。」「詢諸友好，宜謚曰靖節徵士。」按，某里，殆即南里。許嵩建康實録卷一二：元嘉四年十一月，「潛苦貧，求仕爲彭澤令，不屈督郵，棄官而去。及其亡也，顏延之傷而誄之。」朱熹通鑑綱目：「十一月，晉徵士陶潛卒。」蓋從許嵩也。

附録五

陶淵明評論輯要

詩品一則

鍾嶸

宋徵士陶潛，其源出於應璩，又協左思風力。文體省浄，殆無長語。篤意真古，辭典婉愜。每觀其文，想其人德。世歎其質直，至如「歡言酌春酒」、「日暮天無雲」，風華清靡，豈直爲田家語耶！古今隱逸詩人之宗也。（卷中，人民文學出版社排印本）

立命篇（節録）

王通

或問陶元亮，子曰：「放人也。歸去來有避地之心焉，五柳先生傳則幾於閉關也。」（文中子中説，四部叢刊影印宋刊本）

文選六臣注一則

李善等

劉良曰：「潛詩晉時所作者皆題年號，入宋所作者但題甲子而已。意者恥事二姓，故以異之。」（卷二六，四部叢刊影印宋刊本）

與魏居士書

王維

近有陶潛，不肯把板屈腰見督郵，解印綬棄官去。後貧，乞食詩云「叩門拙言辭」，是屢乞而慚也。嘗一見督郵，安食公田數頃。一慚之不忍，而終身慚乎？此亦人我攻中，忘大守小，不□其後之累也。（趙殿成王右丞集箋注卷一八）

高士詠・陶徵君

吴筠

吾重陶淵明，達生知止足。怡情在樽酒，此外無所欲。彭澤非我榮，折腰信爲辱。歸來北窗下，復採東籬菊。（全唐詩卷八五三）

詠陶淵明

顔真卿

張良思報韓，龔勝恥事新。狙擊不肯就，舍生悲縉紳。嗚呼陶淵明，奕葉爲晉臣。自以公

相後，每懷宗國屯。題詩庚子歲，自謂羲皇人。手持山海經，頭戴漉酒巾。興逐孤雲外，心隨還鳥泯。（全唐詩卷一五二）

桃源行

劉禹錫

漁舟何招招，浮在武陵水，拖綸擲餌信流去，誤入桃源行數里。清源尋盡花綿綿，踏花覓徑至洞前。洞門蒼黑煙霧生，暗行數步逢虛明。俗人毛骨驚仙子，争來致詞何至此。須臾皆破冰雪顔，笑言委曲問人間。因嗟隱身來種玉，不知人世如風燭。筵羞石髓勸客飡，燈爇松脂留客宿。雞聲犬聲遥相聞，曉色葱籠開五雲。漁人振衣起出户，滿庭無路花紛紛。翻然恐失鄉縣處，一息不肯桃源住。桃花滿溪水似鏡，塵心如垢洗不去。仙家一出尋無踪，至今流水山重重。（全唐詩卷三五六）

送王秀才序（節録）

韓　愈

吾少時讀醉鄉記，私怪隱居者無所累於世，而猶有是言，及讀阮籍、陶潛詩，乃知彼雖偃蹇不欲與世接，然猶未能平其心，或爲事物是非相感發，於是有託而逃焉者也。若顔氏子操瓢與簞，曾參歌聲若出金石，彼得聖人而師之，汲汲每若不可及，其於外也固不暇，尚何麴蘖之託而

昏冥之逃邪？吾又以爲悲醉鄉之徒不遇也。（朱文公校昌黎先生集卷三，四部叢刊影印元刊本）

效陶潛體詩十六首（録一首）

白居易

吾聞潯陽郡，昔有陶徵君，愛酒不愛名，憂醒不憂貧。嘗爲彭澤令，在官纔八旬，愀然忽不樂，挂印著公門。口吟歸去來，頭戴漉酒巾，人吏留不得，直入故山雲。歸來五柳下，還以酒養真，人間榮與利，擺落如泥塵。先生去已久，紙墨有遺文，篇篇勸我飲，此外無所云。我從老大來，竊慕其爲人，其他不可及，且傚醉昏昏。（白氏長慶集卷五，文學古籍刊行社影印宋刊本）

題東林十八賢真堂

齊己

白藕花前舊影堂，劉雷風骨畫龍章。共輕天子諸侯貴，同愛吾師一法長。陶令醉多招不得，謝公心亂入無方。何人到此思高躅，嵐點苔痕滿粉牆。（全唐詩卷八四四）

書陶潛醉石

王貞白

片石陶真性，非爲麴蘖昏。争如累月醉，不笑獨醒人。積疊莓苔色，交加薜荔根。至今重九日，猶待白衣魂。（全唐詩補遺四）

論陶一則

思悦

文選五臣注云：「淵明詩，晉所作者，皆題年號，入宋所作，但題甲子而已。意者恥事二姓，故以異之。」思悦考淵明詩有題甲子者，始庚子距丙辰，凡十七年間，只九首耳，皆晉安帝時所作也。中有乙巳歲三月爲建威參軍使都經錢溪作，此年秋乃爲彭澤令，在官八十餘日，即解印綬，賦歸去來辭。後一十六年庚申，晉禪宋，恭帝元熙二年也。豈容晉未禪宋前二十年，輒恥事二姓，所作詩但題甲子，以自取異者？矧詩中又無標晉年號者，其所題甲子，蓋偶記一時之事耳。後人類而次之，亦非淵明本意。世之好事者，多尚舊説，今故著於三卷之首，以明五臣之失，且祛來者之惑焉。（陶澍集注靖節先生集卷三）

東坡題跋一則

蘇　軾

評韓柳詩

柳子厚詩在陶淵明下，韋蘇州上。退之豪放奇險則過之，而温麗精深不及也。所貴乎枯澹者，謂其外枯而中膏，似澹而實美，淵明、子厚之流是也。若中邊皆枯，澹亦何足道！佛云如人食蜜，中邊皆甜。人食五味，知其甘苦者皆是，能分别其中邊者，百無一二也。（卷一，津逮秘書本）

與蘇轍書

蘇　軾

古之詩人，有擬古之作矣，未有追和古人者也；追和古人，則始於吾。吾於詩人，無所甚好，獨好淵明之詩。淵明作詩不多，然其詩質而實綺，癯而實腴，自曹、劉、鮑、謝、李、杜諸人，皆莫及也。吾前後和其詩凡一百有九篇，至其得意，自謂不甚愧淵明。今將集而併録之，以遺後之君子，其爲我志之。然吾於淵明，豈獨好其詩也哉，如其爲人，實有感焉。淵明臨終，疏告儼等：「吾少而窮苦，每以家弊，東西游走。性剛才拙，與物多忤，自量爲己，必貽俗患，黽勉辭世，使汝等幼而飢寒。」淵明此語，蓋實録也。吾真有此病，而不早自知，半生出仕，以犯世患，此所以深愧淵明，欲以晚節師範其萬一也。（東坡續集卷三）

宿舊彭澤懷陶令

黄庭堅

潛魚願深渺，淵明無由逃。彭澤當此時，沉冥一世豪。司馬寒如灰，禮樂卯金刀。歲晚以字行，更始號元亮。淒其望諸葛，抗髒猶漢相，時無益州牧，指撝用諸將。平生本朝心，歲月閱江浪，空餘詩語工，落筆九天上。向來非無人，此友獨可尚。屬予剛製酒，無用酌杯盎。欲招千載魂，斯文或宜當。（豫章黄先生文集卷四，四部叢刊影印宋刊本）

韓愈論（節録）

秦觀

昔蘇武、李陵之詩長於高妙，曹植、劉公幹之詩長於豪逸，陶潛、阮籍之詩長於沖澹，謝靈運、鮑照之詩長於峻潔，徐陵、庾信之詩長於藻麗。（淮海集卷二二，四部叢刊影印明刊本）

後山詩話二則

陳師道

鮑照之詩華而不弱；陶淵明之詩切於事情，但不文耳。（後山集卷二三，四部備要本）

學詩當以子美爲師，有規矩，故可學。退之於詩，本無解處，以才高而好耳。淵明不爲詩，寫其胸中之妙爾。學杜不成，不失爲工；無韓之才與陶之妙，而學其詩，終爲白樂天爾。（同上，卷二三）

龜山先生語録一則

楊時

陶淵明詩所不可及者，沖澹深粹，出於自然。若曾用力學，然後知淵明詩非著力之所能成。（卷一，四部叢刊影印宋刊本）

冷齋夜話一則

惠洪

東坡嘗曰：「淵明詩初看若散緩，熟看有奇句。……」大率才高意遠，則所寓得其妙，造語精到之至，遂能如此，似大匠運斤，不見斧鑿之痕。（卷一，津逮秘書本）

論陶一則

曾紘

余嘗評陶公詩造語平淡而寓意深遠，外若枯槁，中實敷腴，真詩人之冠冕也。（李公焕箋注陶淵明集卷四，四部叢刊影印本）

石林詩話一則

葉夢得

梁鍾嶸作詩品，皆云某人詩出於某人，亦以此。然論陶淵明乃以爲出於應璩，此語不知其所據。應璩詩不多見，惟文選載其百一詩一篇，所謂「下流不可處，君子慎厥初」者，與陶詩了不相類。五臣注引文章録云：「曹爽用事，多違法度。璩作此詩，以刺在位，意若百分有補於一者。」淵明正以脱略世故，超然物外爲意，顧區區在位者，何足累其心哉！且此老何嘗有意欲以詩自名，而追取一人而模倣之，此乃當時文士與世進取競進而争長者所爲，何期此老之淺，蓋嶸

之陋也。（卷下，歷代詩話本）

讀陶淵明傳二首（録一首）

郭祥正

陶潛真達道，何以避俗翁。蕭然守環堵，褐穿瓢屢空。粱肉不妄受，菊杞欣所從。一琴既無絃，妙音默相通。造飲醉則返，賦詩樂何窮。密網懸衆鳥，孤雲送冥鴻。寂寥千載事，撫卷思沖融。使遇宣尼聖，故應顔子同。（青山續集卷二，四庫全書本）

歲寒堂詩話一則

張戒

黄魯直自言學杜子美，子瞻自言學陶淵明，二人好惡，已自不同。魯直學子美，但得其格律耳；子瞻則又專稱淵明，且曰「曹劉鮑謝李杜諸子皆不及也」。夫鮑謝不及則有之，若子建、李杜之詩，亦何愧於淵明？即淵明之詩，妙在有味耳，而子建詩，微婉之情、洒落之韻、抑揚頓挫之氣，固不可以優劣論也。（卷上，歷代詩話續編本）

捫蝨新話一則

陳善

予每論詩，以陶淵明、韓、杜諸公，皆爲韻勝。一日，見林倅於徑山，夜話及此。林倅曰：

「詩有格有韻，故自不同。如淵明詩，是其格高；謝靈運『池塘春草』之句，乃其韻勝也。格高似梅花，韻勝似海棠花。」予時聽之，矍然若有所悟。（下集卷一，儒學警悟本）

韻語陽秋二則　葛立方

陶潛、謝朓詩，皆平淡有思致，非後來詩人怵心劌目琱琢者所爲也。老杜云「陶謝不枝梧，風騷共推激。紫燕自超詣，翠駮誰翦剔」是也。大抵欲造平淡，當自組麗中來，落其華芬，然後可造平淡之境。如此，則陶、謝不足進矣。（卷一，歷代詩話本）

韋應物詩擬陶淵明而作者甚多，然終不近也。答長安丞裴説詩云：「臨流意已悽，採菊露未晞。舉頭見秋山，萬事都若遺。」蓋效淵明「採菊東籬下，悠然見南山。此懷有真意，欲辨已忘言」之句也。然淵明落世紛深入理窟，但見萬象森羅，莫非真境，故因見南山而真意具焉。應物乃因意悽而採菊，因見秋山而遺萬事，其與陶所得異矣。（卷四，同上）

碧溪詩話一則　黄徹

世人論淵明，皆以其專事肥遯，初無康濟之念，能知其心者寡也。嘗求其集，若云：「歲月擲人去，有志不獲騁。」又有云：「猛志逸四海，騫翮思遠翥。」「荏苒歲月頹，此心稍已去。」其自

樂田畝，乃卷懷不得已耳。士之出處，未易爲世俗言也。（卷八，知不足齋叢書本）

朱子語類二則

朱熹

淵明所説者莊、老，然辭却簡古。（朱子語類卷一三六）

陶淵明詩，人皆説是平淡，據某看他自豪放，但豪放得來不覺耳。其露出本相者，是詠荆軻一篇，平淡底人，如何説得這樣言語出來。（卷一四〇，同上）

論陶一則

朱熹

晉宋人物，雖曰尚清高，然個個要官職，這邊一面清談，那邊一面招權納貨。陶淵明真箇能不要，此所以高於晉宋人物。（陶澍集注靖節先生集諸本評陶彙集）

語録一則

陸九淵

李白、杜甫、陶淵明，皆有志於吾道。（象山全集卷三四，四部叢刊影印明刻本）

敖器之詩評（節録）

敖陶孫

魏武帝如幽、燕老將，氣概沈雄；曹子建如三河少年，風流自賞；鮑明遠如飢鷹獨出，奇矯

無前；謝康樂如東海揚帆，風日流麗；陶彭澤如絳雲在霄，舒卷自如。（劉壎隱居通議卷六引，海山仙館叢書本）

跋黄瀛甫擬陶詩（節録）

真德秀

予聞近世之評詩者曰：「淵明之辭甚高，而其指則出於莊、老；康節之辭若卑，而其指則原於六經。」以余觀之，淵明之學，正自經術中來，故形之於詩，有不可掩。榮木之憂，逝川之歎也；貧士之詠，簞瓢之樂也。飲酒末章曰：「羲農去我久，舉世少復真。汲汲魯中叟，彌縫使其淳。」淵明之智及此，是豈玄虚之士所可望耶？雖其遺寵辱，一得喪，真有曠達之風，細玩其詞，時亦悲涼感慨，非無意世事者。或者徒知義熙以後不著年號，爲恥事二姓之驗，而不知其眷眷王室，蓋有乃祖長沙公之心，獨以力不得爲，故肥遯以自絶，食薇飲水之言，銜木填海之喻，至深痛切，顧讀者弗之察耳。淵明之志若是，又豈毁彝倫、外名教者可同日語乎！（真文忠公集卷三六，四部叢刊影印明刊本）

滄浪詩話一則

嚴　羽

漢魏古詩，氣象混沌，難以句摘，晉以還方有佳句，如淵明「採菊東籬下，悠然見南山」、謝靈運「池塘生春草」之類。謝所以不及陶者，康樂之詩精工，淵明之詩質而自然耳。（津逮秘書本）

三徑堂記（節録）

趙鼎臣

昔之隱君子常開三徑，以與其友人往來於阡陌之間，初不以是求名也。五柳先生聞而慕之，作歸去來以自見。其詞曰：「三徑就荒，松菊猶存。」先生之言蓋自悲也。夫三徑細事耳，而先生慨然有就荒之歎，以此知士大夫非獨處富貴爲可願也。（竹隱畸士集卷一三，四庫全書本）

李伯時畫陶淵明，其猶子遺余，作此謝之

許景衡

斯人今何在，古冢號寒木。簡編漫遺言，風采不可復。龍眠真偉人，千載識高躅。神交入心匠，醉墨爛盈幅。蕭然出塵意，豈獨舊眉目。仲容還好事，收拾珍笥櫝。世人渾未見，惠然投我欲。乘田元不恥，折腰亦何辱。行藏固有在，今昔豈余獨。新詩第甲乙，三徑森松菊。少陵曾未知，浪疑公避俗。我生癡鈍殺，野性等麋鹿。長恐探道淺，輕比抵鵲玉。人生適意耳，何苦自羈束。低頭拜公像，塵土方碌碌。（横塘集卷二，四庫全書本）

陶令祠堂記（節録）

羅願

淵明之爲縣八十餘日爾，然世稱陶彭澤，用縣配其姓以傳，縣亦世世祀之。味斯人風旨，非

假雕飾，直取諸胸臆，便自宏遠。……又自東漢之末，矯枉既過，正始以來，始尚通曠，本欲稍反情實，然以此相矜，末流之弊愈不勝其僞，叫號裎袒，便足欺世，傾身障簏，猶爲名士。若淵明生百代之後，獨頹然任實。雖清風高節，邈然難嗣；而言論所表，篇什所寄，率書生之素業，或老農之常務。仕不曰行志，聊資三徑而已；去不曰爲高，情在駿奔而已。飢則乞食，醉便遣客。不藉琴以爲雅，故無絃亦可；不因酒以爲達，故把菊自足。真風所播，直掃魏晉澆習。嘗有詩云：「羲農去我久，滿世少復真，汲汲魯中叟，彌縫使其淳。」嗚呼，自頃諸人祖莊生餘論，皆言淳漓樸散，繄周孔禮訓使然，孰知魯叟爲此將以淳之耶。蓋淵明之志及此，則其處已審矣。在縣日淺，事雖不具見，然初不以家累自隨，送一力助其子，而慈祥繾綣之意與視儼等不殊。只此一語，便可祠之百世。（羅鄂州小集卷三，四庫全書本）

艇齋詩話一則

曾季貍

陶淵明詩自宋義熙以後皆題甲子，此説始於五臣註文選云爾，後世遂因仍其説。治平中，有虎丘僧思悦者，編淵明集，獨辨其不然。其説曰：「淵明之詩題甲子者，始庚子迄丙辰，凡十七年間九首，皆晉安帝時所作。及恭帝元熙二年庚申歲，宋始受禪。自庚子至庚申，蓋二十年，豈有宋未受禪前二十年，恥事二姓而題甲子之理哉！」思悦之言信而有證矣。（歷代詩話續編本）

菊墅記（節録）

胡次焱

晉處士不仕寄奴，蓺菊自老于是。世之隱者，率有取于菊，韋表微雖爲松菊主人，天隨子爲杞菊作賦，皆淵明倡之。雖然，菊非素負隱操，淵明果何取焉？博觀草木中，孰有如菊之高蹈者。……淵明之戀晉也，猶夷齊于商；而其鄙劉也，猶園綺于秦。宜其愛菊爲萬世之倡。（梅巖文集卷四，四庫全書本）

靖節先生畫像贊

俞德鄰

不降其志，不辱其身。徜徉三徑，夭夭申申。世指爲晉宋之人，噫，孰知其爲無懷葛天氏之民也耶！（佩韋齋集卷八，四庫全書本）

讀白樂天詩

方夔

淵明避俗士，出語未必俗。銜口吐奇偉，往往寫心腹。外韜中勁剛，芒刃不堪觸。如渠不絃琴，非絲亦非木。樂天後此翁，逸駕追奔躅。未知溝中斷，孰與朱與緑。吾觀外國風，雅麗豈不足。自從受繩削，稗語棄不録。嗟彼千載人，何但詩可續。誰能學柳下，不受嫠也宿。（富

山遺稿卷四，四庫全書本）

次韻劉和德賦淵明　于石

士之生斯世，身窮志彌篤。不惟氣浩然，亦是敦薄俗。淵明晉高士，志豈在微禄。不以進爲榮，不以退爲辱。雲出鳥倦還，吾亦從吾欲。南山豈無豆，東籬亦有菊。日與田父游，氣象和而肅。一枕北窗風，紅塵任奔逐。起視天壤間，四海空兩目。但願樽有酒，寧顧瓶無粟。（紫巖詩選卷，四庫全書本）

九日詩 并序　牟巘

陶公再爲建威參軍，劉裕幕府也。忽棄去屈爲彭澤令，未幾又棄去。裕是時已有異志，劉穆之寧死不與九錫事。王弘自江北來，首以此事風朝廷，裕遂移晉祚，而弘爲吏部尚書、爲江州刺史，遂被心腹之寄。既來江州，柴桑近在境内，於陶公時惓惓，豈非内懷前媿，欲拔高人勝士以自湔祓耶？彼曷不知名節之爲高也。陶公未易致，則使人中路具酒食候其出，醉而要之，庶幾一見。斯蓋已甚迫，則亦可以見吾胸懷本趣固有在，豈端爲一王弘哉。適乘籃輿足以自返，其視華軒爲何物，而弘欲以此榮其歸，此又可笑也。前是論者偶未及，九日蕭然，因賦數語。

秋風颯以至，今日重陽日。明明對南山，尚想陶彭澤。向來建威幕，頗見有此客。驅車不少留，駕言公田秋。如何又棄去，此意誰能識？寄奴趣殊禮，風旨來自北。只今王江州，建白功第一，故是僧彌孫，舉動殊足惜。飲媿望柴桑，稍欲自湔滌。殷勤白衣餉，猶恐不我即，中路候籃輿，要致已甚迫。葛巾赤兩脚，頹然向州宅。此翁本坦蕩，焉能苦違物。一時可計取，中實未易屈。華軒有何羨，自載返蓬蓽。終身書甲子，凛凛義形色。如使磷且緇，安得爲玉雪。籬邊有佳菊，弄黄正堪摘。我方持空觴，千載高風激。（陵陽集卷一，四庫全書本）

仇山邨詩集序（節録）

牟巘

蓋淵明書甲子凡十二詩，自叙其生平出處本末略備。庚子鎮軍參軍使都，已有「静想田園好，人間良可辭」之語。辛丑還江陵，中途欲投冠歸故墟以申前志。乙巳建威參軍使都，則其「田園日夢想」，其意愈迫矣。是秋去爲彭澤令，八十餘日，遂賦歸去來，義熙元年也。其使事往來及留上京還舊居皆在此六年中。自此不復出。乙巳至丙辰又十二年。庚戌西田曰：「遥遥沮溺心。」丙辰下潠田畬曰：「遥謝荷篠翁」，則往而不返，致命遂志，無可復言。論淵明者當以此爲斷。（同上卷一二，四庫全書本）

跋歸去來辭

牟巘

淵明平生志在田園，雖嘗薄宦，未始一日不念歸也。始爲鎮軍參軍經曲阿詩曰：「聊且憑化遷，終返班生廬。」已有歸意。及爲建威將軍幕使都詩曰：「田園日夢想，安得久離析。」歸意愈切矣。俛就彭澤爲三徑資，八十餘日即賦歸去來，翩然遠去，自此不復出矣。此意豈在區區一督郵耶？松雪齋爲虚谷翁書此詞，蓋深知其心事，故虚谷賦詩題其後，因以自見。老筆雅健，讀之敬歎。若子昂字畫之妙，中固已言之。（同上卷一六，四庫全書本）

論詩絶句（録一首）

元好問

一語天然萬古新，豪華落盡見真淳。南窗白日羲皇上，未害淵明是晉人。（施國祁元遺山詩箋註卷一一，人民文學出版社本）

和裴子法韻序（節録）

耶律楚材

頃觀子法跋白蓮社圖，斥淵明攻乎異端。……昔晉武一統之始，不爲後世之遠謀，何曾已識之。既而禍難繼作，骨肉相殘，屠戮忠良，進用讒佞，雖元凱復生，亦不能善其後矣。大厦將頽，非一木所能支，獨淵明何能救其弊哉。適丁天地不交，萬物不通，君子道消，小人道長之時，淵明見幾而作，挂印綬而歸，結社同志，安林泉之樂，較之躁進苟容于小人之側者，何啻九牛毛耶？以淵明之才德，假使生於堯舜湯武之世，又安知不與皋夔伊周並驅争先哉。宣尼有云：

「用之則行，舍之則藏。」又云：「進退存亡不失其正者，其惟聖人乎。」斯亦名教之内昭昭可考者也。何責淵明之深也。（湛然居士集卷一，四庫全書本）

和陶詩序（節録）

郝　經

三百篇之後至漢蘇李，始爲古詩，逮建安諸子，辭氣相高。潘陸顔謝，鼓吹格力，復加藻澤，而古意衰矣。陶淵明當晉宋革命之際，退歸田里，浮沉杯酒，而天資高邁，思致清逸，任真委命，與物無競，故其詩跌宕於性情之表，直與造物者游。超然屬韻，莊周一篇，野而不俗，澹而不枯，華而不飾，放而不誕，優游而不迫切，委順而不怨懟，忠厚豈弟，直出屈宋之上，庶幾顔氏之樂，曾點之適，無意於詩，而獨得古詩之正，而古今莫及也。（陵川集卷六，四庫全書本）

次韻汪以南間舍漫吟十首（録一首）

方　回

晉季有詩人，忽如古伯夷。其人果爲誰？請讀淵明詩。同時顔謝流，望風悉披靡。東阡西陌間，黍稷何薿薿。烹葵酌濁醪，世味無復美。百萬呼盧公，枉爲寄奴死。漫仕心未安，託辭避郵史。自挽何謂亡，宇宙與終始。眷言塵纓客，試問滄浪水。（桐江續集卷八，四庫全書本）

學詩吟十首（録二首）

方　回

三百篇既絶，孔聖作春秋。榮辱繫褒貶，與詩美刺侔。楚騷降一等，尚可風雅儔。漢盛出蘇李，魏興起曹劉。歷覽逮六朝，仰止兹爲優。獨一陶元亮，龍鳳翔九州。韓柳繼李杜，黄陳紹蘇歐。江湖近一種，禽蟲鳴啁啾。

我讀淵明詩，不忍復去手。休官四十一，不肯戀五斗。二十三霜秋，籬下作重九。朝亦一杯酒，暮亦一杯酒。南北幾羈紫，能爾一醉否。義熙所以立，寄奴幸而偶。牧野誅獨夫，夷齊尚弗取。竊評首陽山，乃後有五柳。（同上卷二八，四庫全書本）

士辨（節録）

胡祇遹

自伯夷、叔齊、長沮、桀溺、接輿、荷蕢之後，四皓之避秦，管寧之蹈海，滄海横流，以及東晉，中間鄙夷國步隱逸之士不爲不多，千載而下，獨推淵明何也？誦其詩，讀其書，見其爲人，不得不爲之稱道。觀淵明之詠貧士諸詩，暨「羲農去我久」、「東方有一士」、「先師有遺訓」、「清晨聞叩門」、「辭家夙嚴駕」、「少時壯且勵」諸章，則淵明之所學、所以自任者，豈徒嗜酒傲世、賞花柳、醉盡江山而已耶。後人之知淵明者，目爲閒適放曠，長於作詩而已，豈真知淵明者哉！（紫山

文章宗旨

盧摯

兩晉之文，淵明歸去來辭、李令伯陳情表、王逸少蘭亭叙而已。（陶宗儀南村輟耕録卷九）

陶詩註序

吴澄

楚三閭大夫竭其忠，志欲强宗國，懷王信讒疎之。國事日非，竟客死於秦。襄王又信讒放之江南。原不忍見宗國駸駸趍於亡，遂沈江而死。韓爲秦所滅，韓臣之子子房自以五世相韓，散財結客爲韓報讐，博浪之椎不中，則匿身下邳以俟時。山東兵起，從沛公入關。立韓公子成續韓後。秦亡而楚霸，王沛公於漢，又殺韓成，良乃輔漢滅楚，而後隱去。諸葛孔明初見昭烈，已知賊之必亡漢，而勸昭烈跨有荆益，圖霸業、復帝室。後卒償其所言。晉陶淵明自其高祖長沙桓公爲晉忠臣，及桓玄簒逆，劉裕起自布衣誅勦，又滅秦滅燕，挾鎮主之威，晉祚將易，既無昭烈可輔以興復，又無高皇可倚以報復，志願莫伸，其憤悶之情往往發見於詩。蓋四賢者，其遇時不同，其爲人不同，而君臣之義重，則其心一也。子房、孔明得伸其志願者，屈陶二子抑鬱無聊，因其情每託之空言。然楚騷二十五篇，解者莫能名其心，自朱子作集注，而原之心始得白於千載之下。陶之詩，人亦莫能名其心，惟近世東澗湯氏略發明一二，不能悉解也。吾里詹天麟徧歷廬阜之東西南北，則即柴桑故居，訪淵明遺迹，考其歲月，本其事蹟，以注釋其詩，使陶公之心亦燦然明著於千載之下，蓋其功與朱子注楚辭等。予既悲陶公之志，而嘉天麟之能發其隱秘也。故爲序其卷端。嗚呼，後世有厚於君臣之義者，必有適讀是詩而流涕者焉。（吴文正集卷二一，四庫全書本）

送袁用和赴彭澤教諭詩序（節録）

吴　澄

淵明千載士也，有華焉，有實焉。其實也，事業不及試；其華也，文章猶有傳。玩其華可與王風、楚騷相上下。究其實當與子房、孔明相後先。然其爲詩也沖澹，華而不衒，如絅裏之錦，讀者莫知其藏絢麗之美也。其爲人也隱退，實而不沽，如匣中之劍，論者莫所其負經濟之畧也。然則淵明之華之實，知之者鮮矣。（同上卷三一，四庫全書本）

五柳先生傳論

趙孟頫

志功名者，榮禄不足以動其心；重道義者，功名不足以易其慮。何則？紆青懷金，與荷鋤畎畝者殊途；抗志青雲，與徼倖一時者異趣；此伯夷所以餓於首陽，仲連所以欲蹈東海者也。

矧名教之樂，加乎軒冕，違己之痛，甚於凍餒，此重彼輕，有由然矣。仲尼有言曰：「隱居以求其志，行義以達其道。吾聞其語，未見其人。」嗟乎，如先生近之矣！（松雪齋文集卷六，四部叢刊影印元刊本）

跋袁静春詩（節録）

陸文圭

選詩唯陶阮近古，神思清曠，意趣高遠，直寄興耳。魏晉宋之間廢興之事可感矣，悲遇之詩以寫其懷，詩不自知也，況寓之酒乎？或譏其流連光景，殢情花草，似矣而非也。千載而下復有如二子之所遭者，則知二子之心者矣。（牆東類稿卷九，四庫全書本）

白石樵唱序（節録）

章祖程

詩自三百篇楚辭以降，作者不知幾人，求其關國家之盛衰，係風教之得失，而有合乎六義之旨者，殆寥乎其鮮聞也。惟陶淵明以義熙爲心，杜子美以天寶爲感，爲得詩人忠愛遺意。（霽山文集原序，四庫全書本）

菊逸説（節録）

徐明善

春華似得時，秋華似違世。得時似軒冕，違世似山林。晉陶靖節見宋業漸隆，不復出仕，又甚愛菊。故子周子云，菊花之隱逸，言菊似陶也。人知靖節逍遥酣暢，不爲簪組所勞，斯之謂逸。然夫子列逸民，首夷齊，下聖人一等，其品級甚高。靖節夙志聖賢，任重道遠，在榮木一詩，讀者當有省矣。他如：「古人惜寸陰，念此使人懼。」此意娓娓。集中至謂「宴安自逸，歲暮奚冀」，直與七月、無逸相表裏，此所以貞而不渝，窮而愈堅，下夷齊一等，千載之下，未易倫擬也。（芳谷集卷下，四庫全書本）

張文先詩序（節録）

劉岳申

陶淵明本志不在子房、孔明下，而終身不遇漢高皇、蜀昭烈，徒賦詩飲酒，時時微見其意，而託於放曠，任其真率，若多無所事者，其在晉人中可與劉越石、陶士行並驅争先，而超然遠引，不可爲孔文舉、嵇叔夜。故其詩以至腴爲至澹，以雄奇恢詭爲隱居放言，要使人未易窺測。（申齋集卷一，四庫全書本）

問答一則

陳櫟

陶元亮忠義曠達，優游樂易，以白樂天比之亦似之。但優游樂易相似，而論其至到處，樂天不能及淵明也。（定宇集卷七，四庫全書本）

詩譜一則

陳繹曾

陶淵明心存忠義，心處閒逸，情真景真，事真意真，幾於十九首矣，但氣差緩耳。至其工夫精密，天然無斧鑿痕跡，又有出於十九首之表者，盛唐諸家風韻皆出此。（歷代詩話續編本）

跋廬阜三笑圖

宋濂

廬阜三笑圖蓋寫徵士陶淵明、道士陸修静及浮屠慧遠也。相傳圖始於廬楞伽，世人臨摹甚多，而儒先是非之者亦不少。其非之者則曰：慧遠卒於晉義熙十二年丙辰，年八十三，修静没於宋元徽五年丙辰，壽七十二。丙辰相去正六十載，推而上之，修静生於義熙三年丁未，慧遠亡時，修静纔十歲耳。至宋元嘉末，修静始來廬山，則慧遠之亡已三十年餘，淵明之死亦二十餘歲矣。若淵明生於晉興寧二年乙丑，少慧遠三十一歲，終於元嘉四年丁卯，距慧遠亡年已五十矣，固宜相從也，安取所謂三笑哉？其是之者則曰：自蘇長公作三笑圖贊，而黄太史遂以三人者實之，如蒲傳正、劉巨濟、晁無咎之流皆明著之篇翰，陳舜俞造廬山記亦與太史正同。此數公者，皆號博學多識，修静之事其有不考者乎？蓋晉有兩修静，議者弗是之察，故遂致此紛紜也。維揚郭君逵以此趙彦通廬岳獨笑之編，乃黄口小兒强作解事者耳，二者之論其不同有如此者。

卷求題。凡淵明之出處，國朝諸大老若蕭貞敏公、同文貞公、楊文獻公、商文定公及司業硯公論之已詳，區區末學，何敢妄贊一辭，姑取前輩是非之未決者，就洽聞之士質焉。（文憲集卷一四，四庫全書本）

答董秀才論詩書（節録）

宋　濂

……獨陶元亮天分之高，其先雖出於太沖、景陽，究其所自得，直超建安而上之。高情遠韻，殆猶大羹充鉶，不假鹽醯，而至味自存者也。（同上卷二八，四庫全書本）

題李伯時畫淵明歸來圖

劉　基

江左昔潰亂，桓盧遞相尋。劉裕起寒微，長驅掃氛祲。秋草雖未枯，霜雪已駸駸。陶公節義士，素食豈其心。我才非管葛，誰能起淪沉。所以歌去來，歸卧五柳陰。悠悠多感激，愴悢寄謳吟。哲人貴知幾，芳名留至今。展圖三歎息，懷古一何深。（誠意伯文集卷三，四庫全書本）

淵明圖贊

唐桂芳

先生傲羲皇而高卧，慕魯叟以返淳，所謂狂瀾之砥柱，衰世之獲麟。雖當晉宋之間，水火鼎革，猶得栗里以全身。菊黄九日，柳翠三春，歸來乎，歸來乎！酒漉頭上之巾，所以異世不可復者，尚有於畫圖之真。（白雲集卷七，四庫全書本）

西齋和陶詩序（節録）

朱右

陶淵明當晉祚將衰，欲仕則出，一不獲志，則幡然隱去，夫豈有患得失之意與。故其發於言也，清而不肆，澹而不枯，後之人雖竭力倣效而不可得，趣不同也。蘇子瞻方得志爲政，固未始尚友淵明；逮其失意，迺有和陶之作，豈其情也。（白雲稿卷四，四庫全書本）

和陶詩集序（節録）

謝肅

詩自聖人删後，有正始風氣，成一家語，其惟陶靖節乎。蓋靖節乃晉室大臣之後，豪壯廓達，有志事功，遭時易代，遂蕭然遠引，守拙田園。故其賦詠多忠義所發，激烈慷慨。然讀山海經諸篇，有屈大夫遠遊之志；詠荆軻一首，有豫國士吞炭之心。其他未易悉數也。第其尋常措辭雅順，而人不覺焉。後世慕之者衆，或效其體，或次其韻。不失之槁，則失之華；不失之俗，則失之奇；不失之弱，則失之豪。其於似枯而腴，似易而高，似麤而微，即自然之趣，寓無窮之悲者，則求之千百無十一也。是其詩豈易和哉。……夫靖節山澤之逸，凍餒所纏，進不偶時，而

退安於命，然以氣節學問弗獲表見於天下，故託詩酒以自娱，非真酣於麴糵，汩於辭章也。（密庵集卷七，四庫全書本）

畦樂詩集原序（節録）

楊士奇

詩以道性情，詩之所以傳也。古今以詩名者多矣，然三百篇後得風人之旨者，獨推陶靖節，由其沖和雅澹，得性情之正，若無意於詩，而千古能詩者，卒莫過焉。故能輕萬鍾、芥千駟，翛然物表，俯仰無慚，豈非足乎己而無待於外者乎。是雖不必以詩名，而誦其詩者，慨然想見其爲人。（畦樂詩集，四庫全書本）

張彦輝文集序（節録）

方孝孺

下此魏晉至隋，流麗淫靡，浮急促數，殆欲無文，惟陶元亮以沖曠天然之質，發自肺腑，不爲雕刻。其道意也達，其狀物也覈，稍爲近古。（遜志齋集卷一二，四庫全書本）

成趣軒記（節録）

王　洪

予始讀晉書，竊怪何曾、王戎以盛名卿相，當晉室多故，士習侈誕，不克正己格物，少振頹靡，而貪得黷貨，銖稱寸較，戚戚若負販，無斯須寧。及觀陶潛詩，見其超曠踔絶，春容怡愉，視己窮達一不足以累其心，静而詠之，令人消去渣滓，悠然釋然，不知天之高、地之廣、萬物之衆，何其快也。然後知曾輩之達，有不如潛之窮，而孔子所謂鄙夫，而與沂上之詠歎者，蓋有以也歟。且當潛時，天下多事，栖栖栗里、柴桑之間，衣食不給，非潛之賢不能一日堪，使其得志，固亦去何曾輩萬萬也。（毅齋集卷六，四庫全書本）

論詩（節録）

何喬新

如蘇李之高妙，嵇阮之沖澹，曹劉之豪逸，謝鮑之峻潔，其詩非不工也，然嘲詠風月，亡裨風教。求其有補風化者，晉之淵明而已。觀其自晉以前皆書年號，自宋以後惟書甲子，是豈可與刻繪者例論耶？（椒丘文集卷一，四庫全書本）

讀陶詩二首

沈周

采菊見南山，賦詩臨清流。偶爾與物會，微言適相疇。浩蕩思惟表，其心共天遊。江不阻水逝，天不礙雲浮。後人涉雕斲，七竅混沌愁。掩卷三太息，至山莫容丘。

元氣本無聲，宣和偶宫徵。渢渢合自然，其音無澁灃，流之天地間，六代澂綺靡。遡觀删餘

什，雅豈不在是。後來庶有知，韋柳實興起。更後邈無人，斯文止于此。（石田詩選卷八，四庫全書本）

題陶淵明集

章懋

古今論淵明者多矣，大率以其文章不羣，詞彩精拔，沖淡深粹，悠然自得爲言，要皆未爲深知淵明者。獨子朱子稱其不臣二姓，有得於天命民彝君臣父子之義。吴草廬稱其述酒、荆軻等作，殆亦欲爲漢相孔明之事。而魏鶴山則曰有謝康樂之忠而勇退過之，有阮嗣宗之達而不至於放，有元次山之漫而不著其迹。觀是三言，足以見其爲人。而節概之高，文章之妙，固有不待言者。嗚呼，若淵明豈徒詩人逸士云乎哉！吾不意兩晉人物有若人也。（楓山集卷三，四庫全書本）

題陶淵明詩集

黄仲昭

陶靖節詩蕭散沖澹，如行雲流水，出於自然，而變化開闔，涵泓演迤，自有無窮之趣。故予嘗妄意題品，以爲自漢古詩十九首而下，惟蘇子卿可以頡頏之，其餘皆當避竈而煬也。或疑靖節累世仕晉，留侯三世相韓，大致相似，而留侯始終爲韓報仇，靖節則託於酒而逃焉，雖終身不仕宋，清節可尚，視留侯終有不能及者。予謂不然。留侯得漢高爲之依歸，故終能滅秦項以遂其報韓之願，靖節遭時無漢高者可託以行其志，是以適意於酒以終身也。然其疾宋祖之弑奪，閔晉室之陵遲，忠憤激烈之氣，往往於詩焉發之，觀其詠荆軻者可見矣。靖節之與留侯，迹雖不同，而心則未始不同，所謂易地則皆然者也。予因論其詩遂併述之，以祛羣惑。（未軒文集卷四，四庫全書本）

陶靖節歸去來圖

吴　寛

摇摇輕舟，曖曖故里。柔櫓將停，長纜斯理。迎候者誰，曰維五子。陶翁歸來，僮僕咸喜。家人相見，孰云寡歡。督郵何人，縣令何官。治我舒宣前拜，繼以阿端，雍佟傍門，翟氏整冠。力耕雖勞，賴有濁酒。一杯對持，田父我友。歲荒乞食，翁則不貧。束帶則難，荷鉏何有。蓽門柴車，素琴葛巾。孤松可撫，高柳可薪，佳菊可采，幽蘭可紉。使翁乏此，中亦自樂。樂夫天命，而無愧怍。白雲遥遥，懷古有作。班廬既返，斯語自昨。兩晉文章，惟歸來篇。畫史運筆，丹青乃傳。王室終燬，相門獨全。荆軻之詠，又孰傳焉。（家藏集卷八，四庫全書本）

藝苑卮言二則

王世貞

淵明託旨沖澹，其造語有極工者，乃大入思來，琢之使無痕跡耳。後人苦一切深沈，取其形

似，謂爲自然，謬以千里。（歷代詩話續編本，卷三）

每歎嵇生琴、夏侯色，令千古他人覽之，猶爲不堪，況其身乎！與陶徵士自祭預輓，皆超脱人累，默契禪宗，得藴空解證無生忍者。陶云：「但恨在生時，飲酒未得足。」此非牽障語，第乘謔去耳。（同上卷八）

陶詩析義自序

黄文焕

古今尊陶，統歸平淡；以平淡概陶，陶不得見也。析之以鍊字鍊章，字字奇奥，分合隱現，險峭多端，斯陶之手眼出矣。鍾嶸品陶，徒曰隱逸之宗；以隱逸蔽陶，陶又不得見也。析之以憂時念亂，思扶晉衰，思抗晉禪，經濟熱腸，語藏本末，湧若海立，屹若劍飛，斯陶之心膽出矣。若夫理學標宗，聖賢自任，重華、孔子，耿耿不忘，六籍無親，悠悠生歎，漢、魏諸詩，誰及此解？斯則靖節之品位，竟當俎豆於孔廡之間，彌朽而彌高者也。開此三例，懸之篙年，佳詠本原，方免埋没。否則摩詰、韋、孟，羣附陶派，誰察其霄壤者！（明刻本陶詩析義卷首）

詩源辯體五則

許學夷

靖節詩，初讀之覺其平易，及其下筆，不得一語彷彿，乃是其才高趣遠使然，初非琢磨所至也。王元美云：「淵明託旨沖淡，造語有極工者，乃大入思來，琢之使無痕跡耳。」此唐人淘洗造詣之功，非所以論漢、魏、晉人，尤非所以論靖節也。朱子云淵明詩平淡出於自然，斯得之矣。

晉、宋間詩，以俳偶雕刻爲工。靖節則真率自然，傾倒所有，當時人初不知尚也。顔延之作靖節誄云：「學非稱師，文取指達。」延之意或少之，不知正是靖節妙境。

靖節詩不爲冗語，惟意盡便了，故集中長篇甚少，此韋、柳所不及也。

靖節與靈運詩，本不當並稱。東坡云：「陶謝之超然。」但謂其意趣超遠耳。子美詩云：「爲人性僻耽佳句，語不驚人死不休。焉得思如陶謝手，令渠述作與同遊。」豈以靖節亦爲性僻耽佳句者乎？

晉人作達，未必能達。靖節悲歡憂喜，出於自然，所以爲達。（手稿本，卷六）

詩藪二則

胡應麟

元亮得步兵之澹，而以趣爲宗，故時與靈運合也，而於漢離也。（外編卷二）

子美之不甚喜陶詩，而恨其枯槁也；子瞻劇喜陶詩，而以曹、劉、李、杜俱莫及也。二人者之所言皆過也，善乎鍾氏之品元亮也，千古隱逸詩人之宗也。而以源出於應璩，則亦非也。

（同上）

雪濤詩評一則

江盈科

陶淵明超然塵外，獨闢一家，蓋人非六朝之人，故詩亦非六朝之詩。（續説郛本，卷三四）

湯義仍（節録）

袁宏道

人生幾日耳，長林豐草，何所不適，而自苦若是！每看陶潛非不欲官者，非不醜貧者，但欲官之心，不勝其好適之心；醜貧之心，不勝其厭勞之心。故竟歸去來兮，寧乞食而不悔耳。（梨雲館類定袁中郎全集，萬曆刊本）

稗史一則

王圻

陶詩淡，不是無繩削，但繩削到自然處，故見其淡之妙，不見其削之迹。（陶澍集注靖節先生集諸本評陶彙集）

古詩歸三則

鍾惺 譚元春

鍾云：人知陶公高逸，讀榮木、勸農、命子諸四言，竟是一小心翼翼、温慎憂勤之人。東晉

放達，少此一段原委，公實補之。（清刻本，卷九）

鍾云：其語言之妙，往往累言説不出處，數字回翔略盡，有一種清和婉約之氣在筆墨外，使人心平累消。（同上）

鍾云：陶公山水朋友詩文之樂，即從田園耕鑿中一段憂勤討出，不別作一副曠達之語，所以爲真曠達也。（同上）

古詩評選

王夫之

鍾嶸目陶詩「出于應璩」，「爲古今隱逸詩人之宗」，論者不以爲然。然自非沈酣六義，豈不知此語之確也。平淡之于詩，自爲一體。平者取勢不雜，淡者遺意不煩之謂也。陶詩于此，固多得之，然亦豈獨陶詩爲爾哉？若以近俚爲平，無味爲淡，唐之元、白，宋之歐、梅，據此以爲勝場。……陶詩恒有率意一往，或篇多數句，句多數字，正唯恐愚蒙者不知其意，故以樂以哀，如聞其哭笑，斯惟隱者弗獲。已而與田舍翁嫗相酬答，故習與性成；因之放不知歸爾。夫乃知鍾嶸之品陶爲得陶真也。（船山遺書本）

采菽堂古詩一則

陳祚明

千秋以陶詩爲閒適，乃不知其用意處，朱子亦僅謂詠荆軻一篇露本旨。自今觀之，飲酒、擬古、貧士、讀山海經，何非此旨，但稍隱耳。往味其聲調，以爲法漢人而體稍近，然揆意所存，宛轉深曲，何嘗不厚？語之暫率易者，時代爲之，至於情旨，則真十九首之遺也。駕晉宋而獨遒，何王、韋之可擬。抑文生於志，志幽故言遠，惟其有之，非同泛作，豈不以其人哉。千秋之詩，謂惟陶與杜可也。（清刻本，卷一三）

詠陶白祠詩

施閏章

陶白兩先生，昔年官此地。前後不相蒙，各自行其意。垂之千載後，考跡若符契。一豈折腰人，官爲五斗棄。一非司馬才，貶作江州吏。一彈無絃曲，一灑琵琶淚。陶歸辟三徑，白去縈香山。豈惟同出處，又復媲詞翰。今讀二公詩，如登一將壇，清空復靈異，欲辨無痕瘢。詩中覓昆季，千古成二難。並享潯陽祀，道同心始安。（清同治十一年刊德化縣志）

詩辯坻一則

毛先舒

靖節好飲，不妨其高，解者多曲爲辯説，亦如解杜詩，句句引著每飯不忘君，膠繞牽合，幾無復理，俱足噴飯。（清刻本，卷二）

原詩一則

葉　燮

陶潛胸次浩然，吐棄人間一切，故其詩俱不從人間得，詩家之方外，別有三昧也。……唐人學之者，如儲光羲，如韋應物。韋既不如陶，儲雖在韋前，又不如韋。總之，俱不能有陶之胸次故也。（清詩話本，卷四）

古歡堂集雜著二則

田　雯

典午之末，陶公出焉。絶唱高蹤，清才逸響，亦從蘇李、十九首來，特襟懷不同，故詩境異耳。（清詩話續編本，卷一）

建安之盛，思王爲宗；鄴下之末，阮籍爲最。至於典午之朝，左思、郭璞、劉琨稱鼎立焉。淵明一出，空前絶後，學者誰敢輕加位置？由其詩高，其人異也。……又如畫然，淵明秋山平遠，烟樹寒林。野水斜陽，天光雲影，翛然於篇幅之外。（同上）

峴齋詩談一則

張謙宜

陶詩句句近人，却字字高妙，不是工夫，亦不是悟性。只緣胸襟浩蕩，所以矢口超絶。（卷

四，清刻家學堂遺書二種本）

論陶一則

吴　菘

淵明非隱逸流也；其忠君愛國，憂愁感憤，不能自已，間發於詩，而詞句溫厚和平，不激不隨，深得三百篇遺意。或觸目興懷，或因時致慨，或寓言，或正寫，或全首寄託，或片言感發。其一段無可如何心事，第託之飲酒、學仙、躬耕，聊以自遣耳。若以飲酒詩便作飲酒讀，讀山海經詩便作山海經讀，田舍詩便作田舍翁讀，所謂「作詩必此詩，便知非詩人」矣。然此第言其命意大概，若必沾沾以某句爲指某人，某首爲指某事，支離穿鑿，失之又遠。況當桓靈寶以後，迄劉寄奴受禪，幾廿年，雖國是日非，而玉步未改，隱憂寄意，時時有之，豈可遽牽合易代耶？（吴瞻泰輯陶詩彙注卷末，拜經堂刻本）

野鴻詩的一則

黄子雲

古來稱詩聖者，唯陶杜二公而已。陶以己之天真，運漢之風格，詞意又加烹煉，故能度越前人。若杜兼衆善而有之者也。余以爲靖節如老子，少陵如孔子。（清詩話本）

詩筏一則

賀貽孫

唐人詩近陶者，如儲、王、孟、韋、柳諸人，其雅懿之度，樸茂之色，閒遠之神，澹宕之氣，雋永之味，各有一二，皆足以名家，獨有一段真率處，終不及陶。陶詩中雅懿、樸茂、閒遠、澹宕、雋永，種種妙境，皆從真率中流出，所謂「稱心而言，人亦易足」也。真率處不能學，亦不可學，當獨以品勝耳。（清詩話續編本）

説詩晬語三則

沈德潛

晉人多尚放達，獨淵明有憂勤語，有自任語，有知足語，有悲憤語，有樂天安命語，有物我同得語。倘幸列孔門，何必不在季次、原憲下。（卷上，清詩話本）

陶詩合下自然，不可及處，在真在厚。謝詩經營，而反於自然，不可及處，在新在俊。陶詩勝人不在排，謝詩勝人正在排。（同上）

陶詩胸次浩然，其中有一段淵深樸茂不可到處。唐人祖述者，王右丞有其清腴，孟山人有其閒遠，儲太祝有其樸實，韋左司有其沖和，柳儀曹有其峻潔；皆學焉而得其性之所近。（同上）

古詩源一則

沈德潛

晉人詩曠達者徵引老、莊，繁縟者徵引班、揚，而陶公專用論語。漢人以下，宋儒以前，可推聖門弟子者，淵明也。康樂亦善用經語，而遜其無痕。（原刻本，卷八）

媕雅堂詩話一則

趙文哲

陶公之詩，元氣淋漓，天機瀟灑，純任自然。然細玩其體物抒情，傅色結響，並非率易出之者，世人以白話爲陶詩，真堪一哂。（荔牆叢刻本）

昭昧詹言二則

方東樹

莊以放曠，屈以窮愁，古今詩人不出此二大派，進之則爲經矣。漢代諸遺篇，陳思、仲宣，意思沈痛，文法奇縱，字句堅實，皆去經不遠。阮公似屈兼似經，淵明似莊兼似道，此皆不得僅以詩人目之。（民國初年刻本，卷一）

陶公所以不得與於傳道之統者，墮莊、老也。其失在縱浪大化，有放肆意，非聖人獨立不懼，君子不憂不惑不懼之道。聖人是盡性至命，此是放肆也。（同上卷四）

詩比興箋

陳沆

案讀陶詩者有二蔽。一則惟知歸園、移居及田間詩十數首，景物堪玩，意趣易明，至若飲酒、貧士，便已罕尋，擬古、雜詩，意更難測，徒以陶公爲田舍之翁，閒適之祖，此一蔽也。二則聞淵明恥事二姓，高尚羲皇，遂乃逐景尋響，望文生義，稍涉長林之想，便謂「采薇」之吟。豈知考其甲子，多在强仕之年，寧有未到義熙，預興易代之感？至於述酒、述史、讀山海經，本寄憤悲，翻謂恒語，此二蔽也。宋王質、明潘璁均有淵明年譜，當並覽之，俾知早歲肥遯，匪關激成，老閲滄桑，别有懷抱；庶資論世之胸，而無害志之鑿矣。（中華書局排印本，卷二）

詩義固説二則

龎塏

晉詩不取達意，而徒騖文詞，堆砌排比，雖多奚爲？陶公獨爲近古，然較漢魏氣稍疎、味稍薄，句意間有不完，押韻間有不穩者，然於聖人辭達之旨未遠，故足尚也。（清詩話續編本）

陶公，漢魏後一人，若「鬼神茫昧然」、「曲肱豈傷沖」、「芳菊開林耀」、「我來淹已彌」，皆不渾成，習氣未除耳。（同上）

小澥草堂雜論詩三則　牟願相

陶淵明詩如天春氣靄，花落水流。（清詩話續編本）

曹子建全副精神在君臣上用，陶淵明全副精神在朋友、田園上用，謝康樂全副精神在山水上用，子夜讀曲諸詩人全副精神在兒女情艷上用。（同上）

讀淵明詩，覺一草一木，一酒一琴，都有「吾與點也」之意。淵明只去得一「傲」字，其詩遂高妙乃爾。可見「傲」字壞人。（同上）

李重華貞一齋詩説跋　沈楙悳

向讀漢書揚雄傳，見其所作反離騷，雜湊奇字，堆垜成文，與屈宋全然不類。又讀晉書隱逸傳，知陶公高致，獨絶千古，魯褒、戴逵，雖與同卷，弗如也。（清詩話本）

論陶一則　張楊園

蕭統陶淵明傳無一語得淵明之實。所載五柳先生傳，雖其自作，亦非本來如此。蓋必其晚年文字，隱居以後所著也。「性嗜酒」三字，全非隱，乃有託而然。「自以曾祖晉世宰輔，恥屈身

後代」，亦非其本指。然則劉裕未篡以前，何爲即不仕乎？淵明學識，晉宋間無能及之者，讀其詩自見之。（楊希閔晉陶徵士年譜引）

龍性堂詩話初集一則

葉矯然

阮陶二公，抗跡塵寰，神致沖澹，妙寄筆墨之外。學者無此種襟抱，傚之未免易人心手，尋常者藏拙耳。（清詩話續編本）

静居緒言二則

佚名

陶謝之詩變極矣，新至矣。然不悖物理，不乖人情，無戾乎辭而正其氣，斯爲善變者也。靖節人與詩俱臻無上品，生非其時，而樂有其道，與世浮沉，涅而不淄，自得之趣，一寓于詩，故其詩多未經人道語。「獨寐寤言，永矢弗諼」，靖節之謂乎！（清詩話續編本）

常謂陶詩之停雲，而知伐木之詩有深思於故舊，非徒燕樂也。讀騷之漁父，而知陶公「清晨聞扣門，田父有好懷」之詩之有默契也。陶公之心淵如，其詩穆如，寄意之微，有神無跡。趙泉山、張九成輩，必謂某篇指某事，何其謬哉！（同上）

小清華園詩談一則

王壽昌

何謂真？曰：自來言情之真者，無如靖節；寫景之真者，無如康樂、玄暉；紀事之真者，無如潘安仁、左太沖、顔延年。少陵皆兼而有之，故往往有生字拙句，人皆不解其故，不知乃直書所見，初不假乎雕飾者，但嫌其發洩太盡耳。如言情，陶但云：「銜戢知何謝，冥報以相貽。」杜則曰：「誓將與夫子，永結爲弟昆。」又曰：「過門更相呼，有酒斟酌之。」杜則曰：「高聲索果栗，欲起還被肘。」又曰：「脱有經過便，念來存故人。」杜則云：「何時一樽酒，重與細論文。」（清詩話續編本）

雜説（節録）

梅曾亮

太白之詩豪而夸，子美之詩深而悲，子建之詩怨而忠，淵明之詩和而傲，其人然，其詩亦然，真也。（柏梘山房文集）

答張翰風書（節録）

包世臣

然足下專推阮陶，世臣則兼崇陸謝。嘗謂詩本合於陳思，而别於阮陸，至李杜而復合。既合，而其末遂分而不可止，此則同之微異者也。蓋格莫峻於步兵，體莫宏於平原。步兵之激揚易見，平原之鼓盪難知，天挺兩宗，無獨有偶。太冲追步公幹，安仁接武仲宣，雖云遒麗，無足與參。彭澤沉鬱絶倫，惟以率語爲累，然上攀阮而下啓鮑，孟韋非其嗣也。康樂清脆，夷猶以行沉鬱，如夏雲秋濤，乘虚變滅。故論陶於獨至，時出謝右，以言竟體芳馨，去之抑遠。宣城得其清脆，而沉鬱無聞；參軍有其沉鬱，而猶夷不顯。（安吴四種，臺北文海出版社印行中國近代史料叢刊正編）

書韓文後下篇（節録）

包世臣

歸去來詞，論其外言則不麗，求其内意復無則，不唯與其詩之骯髒沉鬱殊科，即比閑情賦寄意修辭亦大有間。而永叔唱於前，子瞻和於後，想以淵明恥事二姓爲南朝獨行，意詞爲拔足始基，重人以及文耶。考淵明自序，稱乙巳十一月作此詞，宋武以甲辰三月起義，旬日間遂剗僞楚，迎安帝於荆州，自退藩於徐州。乙巳五月，安帝還都，宋武此時，可謂功蓋宇宙，忠貫金石。淵明豈能逆料十五年後之必代晋哉？（同上）

答姚石甫明府書（節録）

張際亮

亮嘗謂杜詩如漢高祖，韓詩如楚項羽，自是三代後第一雄杰。若三代之英，則曹子建、阮嗣宗、陶淵明，乃其人也。此三人者，亦得風人比興之旨多耳，然豈可遂以此薄杜詩。（張亨甫全集）

藝概三則

劉熙載

曹子建、王仲宣之詩出於騷，阮步兵出於莊，陶淵明則大要出於論語。（清同治刻本，卷二詩概）

謝才顔學，謝奇顔法，陶則兼而有之，大而化之，故其品爲尤上。（同上）

屈靈均、陶淵明皆狂狷之資也。屈子離騷，一往皆特立獨行之意；陶自言性剛才拙，與物多忤，自量爲己，必貽俗患，其賦品之高，亦有以矣。（同上）

峴傭説詩一則

施補華

凡作清淡古詩，須有沈至之語，樸實之理，以爲之骨，乃可不朽；非然，則山水清音，易流於薄，且白腹人可以襲取，讀陶公詩知之。（清詩話本）

金粟山房詩集序（節録）

李元度

淵明之飲酒，景純之游仙，康樂之登山，太沖之詠史，各有所以傷心之故，特借題發之，未可契舟而求劍也。（天岳山館文鈔卷二四）

十二石齋詩話一則

梁九圖

洪稚存太史云：晉陶徵士潛詩家第一流也，然家柴桑而官彭澤，蹤迹所到不出數百里焉。余謂有陶公之天分，庶幾可以勿游，不然恐胸襟不盪，所見者尠耳。（清詩話訪佚初編，卷六，臺灣新文豐出版公司印行）

湘綺樓説詩二則

王闓運

詩之旨則以詞掩意，如以意爲重，便是陶淵明一派。鍾嶸以爲陶詩出於百一，不言出於詠懷者，陶語句更明白易曉也。學阮陶只可處悲憤亂世，若富貴閑適便無詩。（湘綺樓説詩卷六）

陶謝俱出自阮。陶詩真率，謝詩超艷。（同上卷七）

人間詞話一則

王國維

有有我之境，有無我之境。……「採菊東籬下，悠然見南山」，「寒波澹澹起，白鳥悠悠下」，無我之境也。有我之境，以我觀物，故物皆著我之色彩；無我之境，以物觀物，故不知何者爲我，何者爲物。古人爲詞，寫有我之境者爲多，然未始不能寫無我之境，此在豪傑之士能自樹立耳。（中華書局排印本）

修訂後記

拙著陶淵明集校箋自二十世紀九十年代中期問世以來，十多個年頭過去了。託陶公的百世英名，也承蒙喜愛他的讀者和研究者的不棄，這本書在中國大陸先後印刷了四次。另外，在臺北也有它的修訂本。

此書問世之初，我就發現其中的錯誤。一是校勘不精所致的文字舛誤，二是個別注釋不夠正確。謬誤令我汗顏，但幾次印刷都得不到改正。看著新印的書却舊誤猶在，簡直有芒刺在背之感，對讀者的愧疚之情油然而生。

二〇〇五年末，臺北里仁書局來函商洽出版拙著的修訂本。乘此機會，改正了校勘方面的問題，同時也糾正並完善了少數注釋。之後，我將修訂稿的複製件交給上海古籍出版社，希望再版時能糾正謬誤。

現在，終於等來了改正的機會，雖然遲來，還是值得欣慰。我深知，精益求精應該是作者、讀者和出版人的共同追求。所以，我代表自己，同時也允許我代表讀者，對上海古籍出版社表示謝意和敬意。

今次修訂主要在兩個方面。一、重新審視陶集異文，擇善而從。例如五月旦作和戴主簿詩「南窗罕悴物」一句，初版從陶澍本作「明兩萃時物」，今取湯漢本「南窗罕悴物」。理由是「明兩萃時物」之「明兩」，只能作「日光」解，但在晉宋詩歌語境中，「明兩」多喻明君，未見作「日光」的例子。若作「南窗罕悴物」，則與下句「北林豐且榮」相對，皆寫五月欣欣向榮之景色。二、改正「箋注」、「集評」部分的錯誤或補充完善。例如贈羊長史詩序「左軍羊長史，銜使秦川」之「左軍」，初版從劉履選詩補注之說，謂「左軍」是左將軍朱齡石。今次修訂，從逯欽立陶淵明事蹟詩文繫年所謂「左軍」乃檀韶之說，並舉三點理由以證之。

修訂後的上海古籍版與臺北里仁書局版基本一致，唯有「校記」部分兩個版本略有不同。前者「校記」一仍其舊，而後者用了明代萬曆年間吴興淩濛初刻、焦竑作序的陶淵明集八卷本。這裏特作説明。

我認爲，一流的古籍整理工作，絶不僅僅是異文的排列和取捨，或者僅僅解釋字詞，疏通文義，更重要的是體現出研究價值。只有站在這一研究領域的前沿，深刻揭示文本的歷史真貌，揭示文本藴含的文化意義，才算得上是有價值的、上乘的古籍整理著作，才能對讀者、對後來的研究者有所啓示。筆者當年撰寫陶集校箋，以及今次修訂，都始終堅持這種認識。當然，我自知離上述境界還很遠。

我也曾說過：求真，乃是研究者的終極追求。整理陶集，尤其要有求真的態度、求真的精神。在中國古代典籍中，如陶集那樣異文之多且難於董理者，十分少見。形成這一現象的原因，當然也非常複雜。但只要遵循版本學、校讎學的基本原則和方法，熟悉魏晉南北朝的文化背景以及文學語境，還是可以大致接近陶集原貌的。然而，近年有絶個别的海外學者，過分誇大陶集文本的流動性，稱今天通行的陶集，是宋人通過「控制」異文而有目的地製造出來的；又以爲一般被捨棄的陶集異文反而接近原貌，並據這些異文解構陶淵明，把中國文化史上的偶像「還原」成爲非常矛盾、萎瑣、平庸、狡猾、虛僞的人物。大陸上有一些年輕的研究者，也在有意無意地附和這種將陶淵明低俗化的所謂「重新解讀」。

時代在前進，陶淵明研究出現新現象、新特點本在情理之中，完全不足爲怪。但從西方後現代主義思潮出發，否定英雄、否定崇高，以顛覆傳統的陶淵明崇高形象爲最終目的，這是我不贊成的。唐之前的陶集確實出現了許多異文，但自宋代蘇寫本、曾集本、汲古閣本、湯漢本成爲通行本之後，陶集基本固定下來，很少有新的異文出現。除少數異文影響到整首陶詩的理解之外，絶大多數異文其實都不至於影響對陶詩和對陶淵明的總體評價。

「不阿世、不媚俗」，是歷來爲人推崇的治學態度。我心嚮往之，努力實踐之。我相信，以現行的陶集爲可靠文本，以史傳中的事實爲依據，結合魏晉文化背景和詩歌語境，經過長期沉潛玩索與深思，是可以大體探知歷史上的陶淵明的真面的，何必一定要乞靈於西方後現代主義思潮，以顛覆陶淵明的崇高形象、抹殺陶詩的審美性，然後自詡爲「新意」和「新見」呢？

陶淵明集校箋問世後，我的另一本著作陶淵明傳論於二〇〇一年初出版。此後，偶爾寫過一些有關文章，對陶淵明研究中的個別問題也有開拓，不過在總體上都無法超越陶淵明集校箋。我希望這本修訂過的書能夠給讀者和研究者提供一個比較可靠的文本，讓讀者喜愛陶詩、理解陶淵明的崇高人格，讓研究者得到研究的便利——這是筆者最大的願望。當然，我也熱切盼望讀者和研究者指出拙著存在的謬誤，以便進一步改正。

龔斌

二〇一〇年八月於守拙齋

修訂二版後記

拙著陶淵明集校箋問世至今，已有二十年了。二〇一〇年作過一次修訂，改正陶集正文中的個别錯字和箋注中的幾處錯誤。今次作系統性的再修訂，大致有以下四個方面：

一、恢復陶澍注靖節先生集十卷本的原貌。筆者當年校箋陶集，以陶澍十卷本爲底本。然陶澍以爲卷八五孝傳、卷九集聖賢羣輔録（一名四八目）上、卷十集聖賢羣輔録下是僞作。陶澍之前，四庫總目提要就以爲五孝傳、集聖賢羣輔録是僞作。我當年信從五孝傳、集聖賢羣輔録爲贋作説，删而去之，編爲七卷。最近五六年，反復思考與論證，認爲前人判斷五孝傳、集聖賢羣輔録是贋作，證據似是而非。故恢復陶澍十卷本的原貌，增補八、九、十共三卷，編次一依陶澍本其舊，並箋注五孝傳和集聖賢羣輔録。

二、再次校勘陶集，修訂校記。拙著從初版至修訂版至修訂二版，前後共校勘三次。這次再校，仍以清道光二十年陶澍本（續修四庫全書本）爲底本，參校宋刻遞修本（汲古閣藏十卷本），湯漢注陶靖節集四卷本，曾集刻本，李公焕箋注陶淵明集十卷本，明萬曆吴興凌濛初刻、焦竑作序的陶靖節集八卷本。初版及修訂版所用莫友芝題咸豐旌德李文翰影刻汲古閣藏十卷本（簡稱「咸豐本」），今次再校時直接采用宋刻遞修本（簡稱「汲古閣本」）。初版、修訂版校記及箋注中的「咸豐本」，一律改作「汲古閣本」。

三、增補、修訂部分箋注與集説。最近十年來，陸續發現前人研究陶集的一些資料。例如南京大學圖書館藏胡小石手批陶淵明集、南京圖書館藏章炳麟手批陶淵明集、韓國高麗大學藏陳正孫精刊陶淵明詩注。其中精刊陶淵明詩注一種國内早佚，吉光片羽，殊可寶貴。今次再修訂，根據國内學者發表的論文，擇取上述資料中有價值的内容。再修訂的重點是據我近十年閲讀與研究所得，修改或重寫部分箋注和集説數十處，但基本保持修訂版的原貌。唯有幾處集説，例如贈長沙公詩一篇，因涉及陶淵明世系研究中的各種歧説，關係實在太大，故不惜筆墨，詳加考辨。

四、王運熙先生所作的序，原刊於拙著陶淵明集校箋臺北里仁書局二〇〇七年版卷首。今次再修訂，仍以運熙先生的舊序爲序，以此表示感念之情。

我讀陶研陶已有三十餘年了，時有收獲與感悟。拙著初版、修訂版、修訂二版，是我的收獲和感悟的階段性的體現。由此也證明陶淵明是豐富的文化寶藏，入其中而探索不止，必有新收獲。我讀前輩學者如古直、逯欽立的有關陶淵明的研究著作，發現他們對陶淵明的理解多有前後不同之處。現在，我覺得自己也走着與他們相似的路。我當初信從四庫總目提要和陶澍的意見，以爲五孝傳、集聖賢羣輔録是僞作。後來經不斷思考，改變初識，作長文考辨，論證它們出於淵明之手。入山覓寶，因悟性差，初不識寶，後終於識寶，雖遲，亦是快事。「學無止境」，確實是顛撲不破的至理名言。

一個誠實、勇敢的學者，必定體認和躬行實事求是的原則，以求真爲唯一目的。我相信以後研讀陶淵明，還會有新收獲與新感悟，也還會修正自己的謬誤，求真的過程不會結束。從這種意義上説，拙著增訂本的問世，也没有理由稱它是終極意義的定本。當然，這樣説，并不意味以後一定再有「定本」。我已垂垂老矣，「前途漸就窄」，恐怕不會再有「定本」了。

完成拙著的修訂稿後，常有「欣慨交心」之感。欣者，徂年如流，學有增舊，恢復了陶澍十卷本的原貌，給讀者提供了一個新的完整的陶集注釋本。慨者，求真談何容易。陶集中的疑問很多，研究者歧見紛呈，雖經數百年也難有共識。我一生難窮陶集幽渺矣！然明知難窮，仍願上下求索。

在拙著修訂稿完成前夕，南京大學卞東波教授爲我提供胡小石手批陶集的整理文字，老同學滕志賢教授替我查看、核對原書。又關於五孝傳及集聖賢羣輔録，究竟照陶澍本原來的編次爲八卷、九卷、十卷，還是作爲附録，我雖傾向於前者，却一時猶豫未決。遂請教復旦大學陳允吉老師，陳老師以爲不宜作附録，應照陶澍本編次。陳老師的意見，堅定了我完全恢復陶澍本原貌的想法。再有上海古籍出版社，允許我對拙著一改再改，修正謬誤，不斷完善，前任與現任的社領導及不少編輯，都給我許多幫助。在此，一併致以真誠的謝意！

龔斌

二〇一六年十月三日

秋笳集	[清]吴兆騫撰　麻守中校點
漁洋精華録集釋	[清]王士禛著 李毓芙、牟通、李茂肅整理
聊齋志異會校會注會評本	[清]蒲松齡著　張友鶴輯校
敬業堂詩集	[清]查慎行著　周劭標點
納蘭詞箋注	[清]納蘭性德著　張草紉箋注
方苞集	[清]方苞著　劉季高校點
樊榭山房集	[清]厲鶚著　[清]董兆熊注 陳九思標校
劉大櫆集	[清]劉大櫆著　吴孟復標點
儒林外史彙校彙評(增訂版)	[清]吴敬梓著　李漢秋輯校
小倉山房詩文集	[清]袁枚著　周本淳標校
忠雅堂集校箋	[清]蔣士銓著　邵海清校 李夢生箋
甌北集	[清]趙翼著　李學穎、曹光甫校點
惜抱軒詩文集	[清]姚鼐著　劉季高標校
兩當軒集	[清]黄景仁著　李國章校點
惲敬集	[清]惲敬著　萬陸、謝珊珊、林振岳 標校　林振岳集評
茗柯文編	[清]張惠言著　黄立新校點
瓶水齋詩集	[清]舒位著　曹光甫點校
龔自珍全集	[清]龔自珍著　王佩諍校點
龔自珍詩集編年校注	[清]龔自珍著　劉逸生、周錫䪖校注
水雲樓詩詞箋注	[清]蔣春霖著　劉勇剛箋注
人境廬詩草箋注	[清]黄遵憲著　錢仲聯箋注
嶺雲海日樓詩鈔	[清]丘逢甲著　丘鑄昌標點

袁宏道集箋校	[明]袁宏道著　錢伯城箋校
珂雪齋集	[明]袁中道著　錢伯城點校
隱秀軒集	[明]鍾惺著　李先耕、崔重慶標校
譚元春集	[明]譚元春著　陳杏珍標校
張岱詩文集(增訂本)	[明]張岱著　夏咸淳輯校
陳子龍詩集	[明]陳子龍著 施蟄存、馬祖熙標校
夏完淳集箋校(修訂本)	[明]夏完淳著　白堅箋校
牧齋初學集	[清]錢謙益著　[清]錢曾箋注 錢仲聯標校
牧齋有學集	[清]錢謙益著　[清]錢曾箋注 錢仲聯標校
牧齋雜著	[清]錢謙益著　[清]錢曾箋注 錢仲聯標校
牧齋初學集詩注彙校	[清]錢謙益著　[清]錢曾箋注 卿朝暉輯校
李玉戲曲集	[清]李玉著 陳古虞、陳多、馬聖貴點校
吴梅村全集	[清]吴偉業著　李學穎集評標校
歸莊集	[清]歸莊著
顧亭林詩集彙注	[清]顧炎武著　王蘧常輯注 吴丕績標校
安雅堂全集	[清]宋琬著　馬祖熙標校
吴嘉紀詩箋校	[清]吴嘉紀著　楊積慶箋校
陳維崧集	[清]陳維崧著　陳振鵬標點 李學穎校補
屈大均詩詞編年校箋	[清]屈大均著　陳永正等校箋

放翁詞編年箋注(增訂本)	[宋]陸游著　夏承燾、吴熊和箋注　陶然訂補
渭南文集箋校	[宋]陸游著　朱迎平箋校
范石湖集	[宋]范成大撰　富壽蓀標校
范成大集校箋	[宋]范成大撰　吴企明校箋
于湖居士文集	[宋]張孝祥著　徐鵬校點
稼軒詞編年箋注(定本)	[宋]辛棄疾撰　鄧廣銘箋注
辛棄疾詞校箋	[宋]辛棄疾著　吴企明校箋
姜白石詞編年箋校	[宋]姜夔著　夏承燾箋校
後村詞箋注	[宋]劉克莊著　錢仲聯箋注
瀛奎律髓彙評	[元]方回選評　李慶甲集評校點
雁門集	[元]薩都拉著　殷孟倫、朱廣祁校點
揭傒斯全集	[元]揭傒斯著　李夢生標校
高青丘集	[明]高啓著　[清]金檀注　徐澄宇、沈北宗校點
唐寅集	[明]唐寅著　周道振、張月尊輯校
文徵明集(增訂本)	[明]文徵明著　周道振輯校
震川先生集	[明]歸有光著　周本淳校點
海浮山堂詞稿	[明]馮惟敏著　凌景埏、謝伯陽標校
滄溟先生集	[明]李攀龍著　包敬第標校
梁辰魚集	[明]梁辰魚著　吴書蔭編集校點
沈璟集	[明]沈璟著　徐朔方輯校
湯顯祖詩文集	[明]湯顯祖著　徐朔方箋校
湯顯祖戲曲集	[明]湯顯祖著　錢南揚校點
白蘇齋類集	[明]袁宗道著　錢伯城校點

歐陽修詞校注	[宋]歐陽修著　胡可先、徐邁校注
蘇舜欽集	[宋]蘇舜欽著　沈文倬校點
嘉祐集箋注	[宋]蘇洵著　曾棗莊、金成禮箋注
王荆文公詩箋注(修訂版)	[宋]王安石著　[宋]李壁箋注 高克勤點校
王令集	[宋]王令著　沈文倬校點
蘇軾詩集合注	[宋]蘇軾著　[清]馮應榴注 黄任軻、朱懷春校點
東坡樂府箋	[宋]蘇軾著　[清]朱孝臧編年 龍榆生校箋
東坡詞傅幹注校證	[宋]蘇軾著　[宋]傅幹注 劉尚榮校證
欒城集	[宋]蘇轍著　曾棗莊、馬德富校點
山谷詩集注	[宋]黄庭堅著　[宋]任淵、史容、 史季温注　黄寶華點校
山谷詩注續補	[宋]黄庭堅著　陳永正、何澤棠注
山谷詞校注	[宋]黄庭堅著　馬興榮、祝振玉校注
淮海集箋注	[宋]秦觀撰　徐培均箋注
淮海居士長短句箋注	[宋]秦觀著　徐培均箋注
清真集箋注	[宋]周邦彦著　羅忼烈箋注
石門文字禪校注	[宋]釋惠洪撰　周裕鍇校注
石林詞箋注	[宋]葉夢得著　蔣哲倫箋注
樵歌校注	[宋]朱敦儒著　鄧子勉校注
李清照集箋注(修訂本)	[宋]李清照著　徐培均箋注
吕本中詩集箋注	[宋]吕本中著　祝尚書箋注
陳與義集校箋	[宋]陳與義著　白敦仁校箋
蘆川詞箋注	[宋]張元幹著　曹濟平箋注
劍南詩稿校注	[宋]陸游著　錢仲聯校注

韓昌黎文集校注	[唐]韓愈著　馬其昶校注 馬茂元整理
劉禹錫集箋證	[唐]劉禹錫著　瞿蜕園箋證
白居易集箋校	[唐]白居易著　朱金城箋校
柳宗元詩箋釋	[唐]柳宗元著　王國安箋釋
柳河東集	[唐]柳宗元著　[宋]廖瑩中輯注
元稹集校注	[唐]元稹著　周相録校注
長江集新校	[唐]賈島著　李嘉言新校
張祜詩集校注	[唐]張祜著　尹占華校注
三家評注李長吉歌詩	[唐]李賀著　[清]王琦等評注 蔣凡校點
樊川文集	[唐]杜牧著　陳允吉校點
樊川詩集注	[唐]杜牧著　[清]馮集梧注
温飛卿詩集箋注	[唐]温庭筠著　[清]曾益等箋注
玉谿生詩集箋注	[唐]李商隱著　[清]馮浩箋注 蔣凡校點
樊南文集	[唐]李商隱著　[清]馮浩詳注 錢振倫、錢振常箋注
皮子文藪	[唐]皮日休著　蕭滌非、鄭慶篤整理
鄭谷詩集箋注	[唐]鄭谷著 嚴壽澂、黄明、趙昌平箋注
韋莊集箋注	[五代]韋莊著　聶安福箋注
李璟李煜詞校注	[南唐]李璟、李煜著　詹安泰校注
張先集編年校注	[宋]張先著　吴熊和、沈松勤校注
二晏詞箋注	[宋]晏殊、晏幾道著　張草紉箋注
樂章集校箋	[宋]柳永著　陶然、姚逸超校箋
梅堯臣集編年校注	[宋]梅堯臣著　朱東潤編年校注
歐陽修詩文集校箋	[宋]歐陽修著　洪本健校箋

蕭繹集校注	[南朝梁]蕭繹著　陳志平、熊清元校注
玉臺新咏彙校	吴冠文、談蓓芳、章培恒彙校
王績集會校	[唐]王績著　韓理洲校點
王梵志詩校注(增訂本)	[唐]王梵志著　項楚校注
盧照鄰集箋注	[唐]盧照鄰著　祝尚書箋注
駱臨海集箋注	[唐]駱賓王著　[清]陳熙晉箋注
王子安集注	[唐]王勃著　[清]蔣清翊注
陳子昂集(修訂本)	[唐]陳子昂撰　徐鵬校點
孟浩然詩集箋注(增訂本)	[唐]孟浩然著　佟培基箋注
王右丞集箋注	[唐]王維著　[清]趙殿成箋注
李白集校注	[唐]李白著　瞿蜕園、朱金城校注
高適集校注(修訂本)	[唐]高適著　孫欽善校注
杜詩趙次公先後解輯校	[唐]杜甫著　[宋]趙次公注　林繼中輯校
新刊校定集注杜詩	[唐]杜甫著　[宋]郭知達輯注　聶巧平點校
新定杜工部草堂詩箋斠證	[唐]杜甫著　[宋]魯訔編　[宋]蔡夢弼會箋　曾祥波新定斠證
杜詩鏡銓	[唐]杜甫著　[清]楊倫箋注
錢注杜詩	[唐]杜甫著　[清]錢謙益箋注
杜甫集校注	[唐]杜甫著　謝思煒校注
岑參集校注	[唐]岑參著　陳鐵民、侯忠義校注
戴叔倫詩集校注	[唐]戴叔倫著　蔣寅校注
韋應物集校注(增訂本)	[唐]韋應物著　陶敏、王友勝校注
權德輿詩文集	[唐]權德輿撰　郭廣偉校點
王建詩集校注	[唐]王建著　尹占華校注
韓昌黎詩繫年集釋	[唐]韓愈著　錢仲聯集釋

《中國古典文學叢書》已出書目

詩經今注	高亨注
楚辭集注	[宋]朱熹撰　黄靈庚點校
楚辭今注	湯炳正、李大明、李誠、熊良智注
司馬相如集校注	[漢]司馬相如著　金國永校注
揚雄集校注	[漢]揚雄著　張震澤校注
張衡詩文集校注	[漢]張衡著　張震澤校注
阮籍集	[魏]阮籍著　李志鈞等校點
陸機集校箋	[晉]陸機著　楊明校箋
陶淵明集校箋(修訂本)	[晉]陶潛著　龔斌校箋
世説新語箋疏(修訂本)	[南朝宋]劉義慶撰　余嘉錫箋疏　周祖謨等整理
世説新語校釋(增訂本)	[南朝宋]劉義慶撰　[南朝梁]劉孝標注　龔斌校釋
鮑參軍集注	[南朝宋]鮑照著　錢仲聯增補集説校
謝宣城集校注	[南朝齊]謝朓著　曹融南校注集説
江文通集校注	[南朝梁]江淹著　丁福林、楊勝朋校注
文心雕龍義證	[南朝梁]劉勰著　詹鍈義證
詩品集注(增訂本)	[梁]鍾嶸著　曹旭集注
文選	[梁]蕭統編　[唐]李善注